제5판

부동산금융법
이론과 실무

노상범 · 고동원

박영사

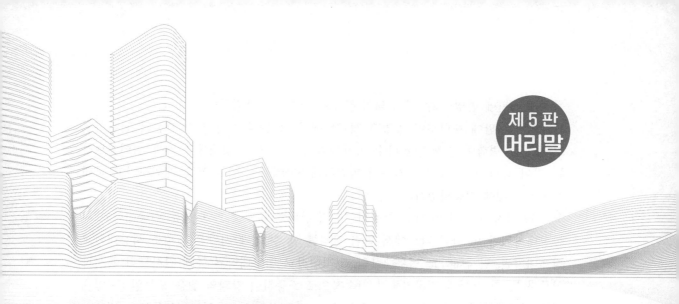

2020년 2월에 4판이 출간되고 벌써 4년이 훌쩍 지나 버렸다. 그 동안 독자들과 수강생들의 성원에 힘입어 4판이 수차례 추가 인쇄되는 과분함을 뒤로하고 부동산 시장 내지 부동산금융시장에는 많은 변화, 예로서 코로나 사태 발발 이후 부동산 시장의 변화, 강원도 레고랜드 사태 이후 부동산 PF 시장 및 관련 자본시장의 변동성 확대, 부동산 및 부동산금융시장 관련 정부정책과 규제의 변화 등으로 개정의 필요성이 점점 높아지고 독자 및 수강생 분들의 지속적인 요청도 있었지만 저자의 게으름으로 차일피일 미룬 것이 못내 마음에 걸렸다. 하지만 더 이상 미룰 수 없다는 판단 하에 비록 지식과 사고력이 정점을 찍고 내리막에 서있음에도 불구하고 이번에 감히 5판을 출간하게 되었다. 모든 것이 독자들과 수강생분들의 지원과 격려 덕분이라고 생각한다.

4판에 대한 그 동안의 독자 및 수강생 분들의 많은 조언과 시장 및 정부 정책과 관련 규제의 변화 등을 반영하여 5판 출간에는 다음과 같은 몇 가지 점을 고려하였다.

첫째, 부동산금융법이라는 제목으로 법서라는 선입견에 따른 독자 및 수강생분들의 거부감과 책자와 서체 사이즈가 모두 작아 독해하기가 어려운 점 등을 감안해 이번 5판에서는 책자와 서체 사이즈 모두 크게 하였고 여러 가지 면에서 법서의 틀에서 벗어나고자 하는 결단을 내리고 이 점을 출판사에 요청하였고 박영사에서 이를 흔쾌히 수락해 주셨다. 박영사에 깊은 감사를 드리며 이로 인해 독자 및 수강생 분들이 5판에 한 발 더 가까이 다가설 수 있는 계기가 되기를 바란다.

둘째, 그 동안 상대적으로 부동산프로젝트 금융(PF)과 부동산신탁 부문이 저자가 보기에 다소 체계적이지 못해 항상 마음에 걸렸는데 이번 5판에는 다양한 강의주제와 축적된 자료 등을 바탕으로 이를 보다 체계화하여 서술하였다. 특히 부동산신탁 시장의 괄목할 만한 성장과 진화, 신탁 관련 법제도 및 정책의 변화, 신탁의 향후 잠재력 등을 감안하면 다시 한번 부동산신탁 부분을 정리할 필요가 있었는바 이를 이번 5판에 반영할 수 있게 되어 참으로 다행으로 생각한다.

셋째, 4판에 포함되어 있었던 제7장 해외부동산 투자와 개발 부문과 관련하여 그 골자는 변함이 없겠지만 다수 국가들의 관련 법제와 정책들을 계속 업데이트하는 것이 능력 밖의 일로 생각하여 과감하게 5판에서는 이 부문을 제외시키고 국내 시장과 법제에 집중하였다.

5판까지 이르게 된 데는 부동산금융법 강의의 물꼬를 트게 해준 건국대학교 부동산대학원과 또 다른 각도에서 관련 강의를 할 수 있게 시각을 넓혀준 서강대학교 경제대학원, 단국대학교 법무대학원, 고려대학교 법무대학원 등에 감사드리며 시장 실무자 및 각 분야의 전문가들과 지속적으로 소통하여 강의의 질을 드높일 수 있게 해준 한국금융연수원, 금융투자교육원에 감사드리고 오프라인 강의의 틀을 벗어나 온라인강의의 지평선을 열게 해준 패스트캠퍼스(주식회사 데이원), 구조화금융에 대해 새로운 시각으로 볼 수 있게 특강의 기회를 주신 한국부동산원, 부동산 PF 관련 또 다른 관점에서 들여다 볼 수 있게 특강의 기회를 주신 한국주택금융공사, 주택도시 보증공사, SGI 서울보증, 부동산신탁을 보다 심층적으로 연구할 수 있게 특강의 기회를 주신 무궁화신탁, 한국투자부동산신탁, 부동산투자회사(리츠)에 대한 보다 실무적 접근을 가능하게 특강의 기회를 주신 KT Estate, 부동산금융에 대한 legal mind 를 지속적으로 심화시켜 준 법무법인 한결, 법무법인 로백스 등에 각각 특별히 감사의 표시를 하고 싶다.

끝으로 짧은 기간에 5판을 출간하는 데 도움을 주신 박영사 관계자분들께도 깊은 감사의 말씀 전하고 싶다.

2024년 봄을 맞이하면서
공저자 올림

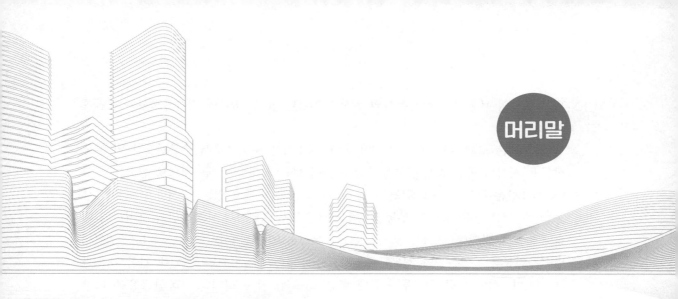

우리나라에서 본격적으로 부동산금융(real estate finance)이 활성화되기 시작한 것은 1997년 말 외환위기 이후라고 볼 수 있다. 외환위기 이후 국내 부동산 시장이 대외에 개방되면서 외국인 부동산 투자가 늘어나고, 더불어 선진 부동산금융 기법도 도입되었다. 특히 '부동산의 증권화'(securitization)를 통해 부동산금융이 많이 활성화되었다. 즉, 「자산유동화에 관한 법률」상의 자산유동화증권(asset-backed securities: ABS)의 발행을 통한 부동산금융, 「부동산투자회사법」상의 부동산투자회사를 이용한 부동산금융, 「자본시장과 금융투자업에 관한 법률」(종전의 「간접투자자산 운용업법」)상의 투자회사나 투자신탁 등의 집합투자기구(collective investment vehicle)를 이용한 부동산금융, 「한국주택금융공사법」상의 주택저당증권(mortgage-backed securities: MBS)의 발행을 통한 부동산금융, 그리고 「자산유동화에 관한 법률」의 적용을 받지 않는 '비등록(비정형) 유동화' 형태로서의 자산담보부기업어음(asset-backed commercial paper: ABCP) 발행이나 자산담보부대출(asset-backed loans: ABL) 방식을 통한 부동산금융이 활성화되었다. 이 외에도 부동산 개발 목적으로 많이 이용되는 부동산 프로젝트금융(project financing)(실무상으로 "부동산 PF"라고 많이 부른다)도 부동산금융 시장과 그 금융기법의 발달에 기여한 면이 있다고 볼 수 있다.

이와 같이 부동산시장과 부동산금융이 활성화되면서 관련 전문가들, 즉 부동산금융에 있어서 자금 조달의 역할을 하는 금융기관의 종사자, 부동산 투자 및 개발 자문(consulting) 전문기관의 종사자, 회계 전문가 및 법률 전문가 등이 나타나게 되었다. 이에 따라 관련 전문 서적이 출간되는 등 이 분야에 있어서의 연구도 이루어져 왔다. 그러나 부동산금융 관련 법률 분야에서 심도 있는 분석을 한 전문 서적을 찾아보기는 아직 어려운 편이다. 저자들은 이러한 점을 인식하고 부동산금융법의 이론과 실무에 관련된 서적이 부동산금융 관련 업무에 종사하는 분들에게 도움이 될 수 있지 않을까 하는 생각으로 이 책을 저술하기로 하고 관련 자료를 수집하면서 집필 작업을 시작하였다. 이 책이 부동산금융법에 관심을 갖고 있는 독자들에게 조그마한 도움이 되고 더불어 부동산금융법 분야의 발전에 기여를 할 수 있다면 저자들로서는 대만족이다.

이 책은 크게 6장으로 구성되어 있다. 제 1 장은 총론으로서 부동산시장 및 부동산금융 시장의 발전 과정과 부동산금융 관련 법규에 대하여 개략적으로 살펴보고 있다. 제 2 장은 부동산 프로젝트금융(project financing)을 다루고 있는데, 신탁을 이용한 부동산 프로젝트금융 방식과 부동산 프로젝트금융과 관련하여 대출자인 금융기관의 대출채권 보전 방안(보증 등 인적 담보제도, 양도담보 및 질권 설정 등 물적 담보제도 등), 그리고 「법인세법」상 인정되고 있는 프로젝트금융투자회사(project financing vehicle: PFV)에 관한 내용과 「사회기반시설에 대한 민간투자법」에 따른 프로젝트금융 방식의 부동산금융을 다루고 있다. 제 3 장에서는 '부동산 증권화' 현상의 하나인 자산유동화를 이용한 부동산금융을 다루고 있는데, 「자산유동화에 관한 법률」과 「한국주택금융공사법」이 그 주요 분석 대상이 되고 있으며, 최근 금융기관의 새로운 자금 조달 기법으로 주목 받고 있는 '담보부채권'(covered bond)에 관한 내용도 다루고 있다. 제 4 장에서는 집합투자기구와 부동산투자회사를 이용한 부동산금융을 다루고 있는데, 「자본시장과 금융투자업에 관한 법률」과 「부동산투자회사법」상의 관련 내용이 주 연구 대상이 되고 있다. 제 5 장은 부동산 투자 및 금융 관련 조세 법규에 대해서 주요 쟁점이 되는 부분을 중심으로 해서 다루고 있다. 마지막 제 6 장에서는 우리나라의 해외 부동산 개발 투자 및 금융과 관련하여 발생되는 위험 요소(risk factors)와 그 위험 관리(risk management) 방안에 대해 다루면서, 해외 부동산 개발 투자가 많이 이루어지고 있는 베트남, 캄보디아, 인도네시아, 필리핀 등 아시아 국가들의 부동산 관련 법제 및 투자법제에 대해서도 살펴보고 있다.

특히 이 책은 부제에서 알 수 있듯이 부동산금융 관련 이론뿐만 아니라 실무에서 쟁점이 되는 부분도 다루고 있다. 따라서 이 책은 법무법인 등에서 부동산금융을 다루는 관련 법률 전문가뿐만 아니라 부동산금융 관련 업무를 담당하는 금융기관 종사자, 부동산자문업체, 부동산개발업체 및 관련 종사자들에게 많은 도움을 줄 수 있을 것으로 본다. 이 외에도 이 책은 부동산금융법의 지침서로서 이러한 분야에 관심을 갖고 있는 학생들에게도 도움이 될 수 있을 것으로 본다. 따라서 이 책은 부동산 관련 전문 대학원이나 학부에서도 교재로 쓰기에도 충분할 것이다.

이 책의 부족한 점들은 독자들의 기탄 없는 질책과 고견으로 보완될 것으로 믿는다. 독자 여러분들의 고견을 기대한다. 의견이 있으신 분들은 언제든지 저자들의 전자우편주소(nonald@naver.com, dwko@skku.edu)로 보내주시기 바란다.

이 책이 출판되기까지 많은 도움을 주신 분들께 깊은 감사의 말씀을 드리고 싶다. 우선 이 책의 집필 동기를 부여해준 건국대학교 부동산대학원 원우회원님들을 비롯한 부동산 산업 및 부동산 금융업 종사자분들께 감사를 드린다. 그리고 건국대학교 부동산대학원의 고성수 교수님, 손재영 교수님, 조주현 교수님께도 깊은 감사의 말씀을 드린다. 또한 제 5 장 조세 부분의 초고를 읽고 고견을 주신 성균관대학교 법학전문대학원의 이준봉 교수님에게도 감사드린다.

마지막으로 어려운 출판 시장임에도 불구하고 훌륭한 출판사의 이름으로 이 책을 발간할 수 있게 해 주신 박영사 안종만 회장님, 출판 기획에서부터 출판 일정까지 꼼꼼히 챙겨주며 이 책이 나오도록 적극 도와주신 박영사 김중용 차장님과 처음부터 편집 일을 맡아서 꼼꼼하게 챙겨주신 박영사의 나경선 과장님에게도 깊은 감사의 말씀을 드린다.

2010년 8월
공저자 씀

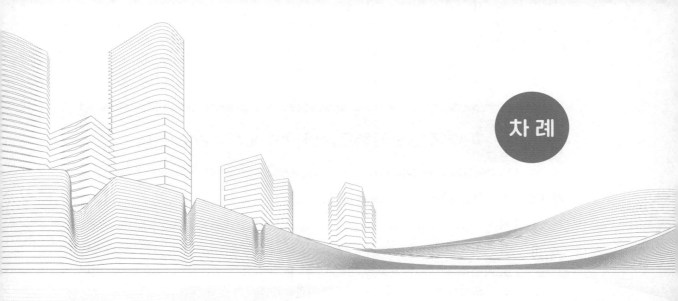

차 례

제1장 총 론

제 2 장 부동산 프로젝트금융(Project Financing)

제 3 장   부동산신탁

제 4 장 증권화(Securitization)를 통한 부동산금융 [Ⅰ]
- 자산유동화를 이용한 부동산금융

제 6 장　부동산 투자·금융 관련조세 제도

제1장

총 론

Real Estate Finance Law

제1절 부동산 시장과 부동산금융 시장

우리나라의 부동산 시장이 종래(전통적 의미)의 부동산 시장에서 현대적 의미의 부동산 시장[1]으로 전환되는 분기점은 1997년 말에 발생된 외환위기로 볼 수 있다. 외환위기 이후의 이러한 변화의 이면에는 다음과 같은 몇 가지 특징적인 요소들이 내재되어 있다.

첫째는 세계화(globalization)이다. 부동산의 본질적 특성인 부동성(不動性, 또는 고정성)과 개별성(또는 비대체성)에 연유하여 부동산 시장 내지 산업은 전통적 자산운용(portfolio) 투자 대상인 주식(株式)이나 채권(債權) 등의 자산과 비교하면 국지적이고 폐쇄적일 수밖에 없었으나, 외환위기를 계기로 소위 부동산과 금융의 본격적[2] 결합, 나아가 부동산과 유가증권의 결합[3] 현상이 나타남에 따라, 특정 투자가에서 다수의 투자가, 그리고 국내 투자가에서 외국 투자가들까지도 시장에 참여할 수 있는 보다 광범위하고 개방화된 또는 세계화된 부동산 시장으로 변모하게 되었다.[4]

---

1 손재영 편, 『한국의 부동산금융』(건국대학교출판부, 2008), 21면에서는 '현대적 의미의 부동산 산업'은 1998년에 시작되었다고 서술하고 있다.

2 종래에도 주택담보대출 등 부동산과 금융의 결합이 제한적으로 존재하였지만, 1997년 말의 외환위기를 계기로 부동산 대출의 여신금지 업종에서의 해제, 부동산 신탁상품의 등장, 부동산 자산의 증권화를 통한 직접 금융시장의 태동 등에 의하여 활성화되었다는 의미에서 '본격적'이란 용어를 사용하였다.

3 부동산의 증권화(securitization) 현상으로서 일반적으로 부동산의 증권을 통한 유동화 또는 부동산 유동화로 일컬어진다. 일반 투자자에게 다양한 부동산 투자 수단을 제공할 필요가 있어 부동산 유동화증권(asset-backed securities: ABS), 부동산투자회사(real estate investment company)(실무에서는 real estate investment trust(REIT)로 많이 사용되나, 신탁 형태가 아니므로 정확하게 말하면 이 용어가 타당하다고 본다)가 발행한 주식, 부동산집합투자기구의 집합투자증권(collective investment securities) 등이 시장에 출시되면서 부동산 직접 금융시장의 매개체로서 증권이 활용된다는 의미이다.

4 부동산 산업 구조의 변화로 볼 수 있으며, 부동산 시장이 사적인 시장에서 공적인 시장으로 변

둘째는 규제 완화(deregulation)이다. 종래 우리나라의 부동산 시장은 소위 '부동산 불패 신화'의 관념하에 보유에 따른 지속적 부동산 가격의 상승, 소수 부유층의 전유물로서 투기에 의한 치부 대상 등의 부정적 인식으로 정부 정책 수립이나 운용 과정에서 대부분 규제 일변도였고, 대외적으로도 매우 폐쇄적이었다. 그러나 기업의 과잉투자와 높은 부채 비율 및 금융의 방만한 경영과 무분별한 대출 등의 원인으로 발생한 외환위기로 인해 국내 부동산 가격마저 폭락하여 정부는 외환보유고의 증대를 위해서는 부동산 시장의 대외 개방(기술한 세계화(globalization)의 중요한 원인 중의 하나이다)과 규제 완화 조치가 불가피하였다. 1998년에 종전의「외국인 토지 취득 및 관리에 관한 법률」이「외국인토지법」으로 개정되면서 비거주자를 포함한 모든 외국인에 대하여 토지 취득을 허용하였고, 취득 면적이나 용도 등의 제한을 폐지하였다.[1] 또한 건물 분양 공급업 및 임대업과 토지 개발 공급업 및 임대업이 대외에 개방되었고, 한국은행의「금융기관여신운용규정」의 개정으로 은행의 부동산에 대한 여신 제한도 폐지되어 부동산의 금융에 대한 접근성 제한이 없어졌고,「신탁업법」[2] 개정에 의해 부동산 신탁상품도 출현하게 되었다. 특히 외환위기 이후 1998년 9월에 제정된「자산유동화에 관한 법률」은 동 법에 의거하여 자산유동화를 실행할 경우에는 각종 특례 규정을 통해 혜택을 부여함으로써 이른바 규제법이 아닌 지원법 내지 조성법으로서 성격을 보유하고 있으며 2012년 7월에 전면 개정된「신탁법」도 계약법으로서의 본질을 가지지만 신탁구조를 통한 구조화 금융의 활성화를 도모하기 위하여 규제완화의 차원에서 각종 새로운 제도를 도입하였다.

셋째는 전문화(specialization)이다. 기술한 세계화의 과정 속에서 부동산과 금융의 결합 내지 부동산의 증권화(securitization)로 종래 간접 금융 중심의 부동산금융 시장에 직접 금융 방식이 활성화되고, 사적 거래 시장이 공적 거래시장으로, 위험(risk) 집중 체제(system)에서 위험 분산 내지 전가(轉嫁) 체제로 전환되는 양상을 띠게 되었다. 이러한 과

모이어 투자자 보호의 필요성이 대두되었고, 특별히 in-out 투자의 활성화로 우리나라의 부동산 산업을 '수출산업'이라고 표현하는 학자도 있다(손재영, "우리나라 부동산 산업의 동향과 전망,"『BFL』제21호(서울대학교 금융법센터, 2007. 1), 33, 42면).

[1]「외국인토지법」은 2016년 1월 19일에 폐지되었고「부동산 거래신고 등에 관한 법률」이 제정되어 2017년 1월 20일부터 시행되고 있다.

[2] 1991년 제정된「부동산신탁업무운용요강」에 의해 본격적인 부동산신탁업무가 개시되었고「신탁업법」은 2007. 8. 3. 제정된「자본시장과 금융투자업에 관한 법률」에 흡수되었다.

정 속에서 부동산금융에 대한 다양한 외국의 선진 제도가 도입되고 입법화되었다. 이러한 변화된 시장에 다수의 국내 일반 투자가 외에 전문화된 외국 투자가와 국내 기관 투자가(Institutional Investors) 등이 참여하게 되면서 그들의 수요에 부응하기 위해 부동산 시장이 상당히 전문화되고 합리화되게 되었다. 다양한 부동산 금융상품 및 구조의 개발, 부동산 사업의 위험과 수익(return)의 분석을 통한 사업 타당성 분석(feasibility analysis),[1] 위험 회피(hedge) 및 관리 방안 강구, 각종 금융거래에 관련되는 법률 해석 및 적정한 계약서의 작성 등 전문적 용역이 필요하게 되었고, 이에 따라 관련 전문기관이나 전문가들이 생겨났다.[2]

넷째는 다변화이다. 2008년 미국 발 금융위기를 분기점으로 건설사 직접보증(연대보증, 채무인수 등)일변도의 전형적인 국내 부동산 프로젝트 금융(PF) 구조가 동 위기로 인해 건설시장, 금융시장의 시스템이 불안해지고 부동산시장마저 급랭한 상황에서 시장 참여자들은 다양한 신용보강 구조 내지 채권 보전 방안 등을 바탕으로 대체 금융 수단을 강구할 수밖에 없었다. 다시 말하면 종래 건설사 직접 보증이라는 신용보강에 기반한 1금융권의 대출 중심의 PF 구조가 2금융권(특히 증권사)의 자산유동화를 통한 PF 구조(이른바 PF Loan 유동화 구조)로 추세가 전환되는 특징을 보이게 된다. 즉, 금융구조의 변화에 따른 적절한 신용보강 내지 채권보전 방안을 PF 구조에 접목시키거나 신용보강의 주체도 기존 건설사 중심에서 증권사, 제3의 보증기관 등으로 다변화되고 나아가 부동산 개발프로젝트의 다양한 단계에서 소요 자금을 공여함으로써 냉각된 부동산 금융 시장 하에서도 부동산 개발 프로젝트가 진행될 수 있었다.

이상과 같이 세계화, 규제 완화, 전문화, 다변화로 특징지어지는 우리나라의 부동산 시장 내지 부동산금융 시장은 외환위기 이후 약 10여 년에 걸친 짧다면 짧은 기간 내에 괄목할 만한 정도로 질적·양적으로 성장해왔다. 특히 부동산금융 시장은 부동산 산업의 활성화를 위한 윤활제 역할을 해온 것도 부인할 수 없다. 그러나 놀라

---

1 부동산에 대한 투자나 개발, 그리고 관리를 효율적으로 수행하기 위해 법·제도적, 기술적, 시장·경제적 타당성과 실행가능성을 분석하는 일련의 체계적이고 종합적인 분석 및 판단 과정을 말한다.
2 제 1 금융권 및 제 2 금융권의 부동산 프로젝트금융(PF) 전문가, 부동산 자산운용, 부동산 자문(consulting) 전문가, 회계법인, 감정평가법인 및 신용평가법인, 부동산금융 전문 법무법인, 보험회사 및 그 전문가 등을 말한다.

운 성장 속도의 이면에는 여러 가지 보완되고 개선되어야 할 점도 있다.[1]

우리나라 부동산금융 시장에 있어서 향후 해결되어야 할 과제로서는 부동산금융 수단 및 신용보강의 다변화, 부동산금융 시장의 효율성 및 안정성 제고, 국민의 주거 안정과 같은 공공적 목표의 실현, 부동산 금융 관련 법규의 체계적 정비 등을 들 수 있다. 구체적인 사항과 쟁점은 각 장의 관련 부분에서 정책 방안 내지 입법론으로 제시하기로 한다.

---

1 손재영 편, 앞의 책, 35~41면에서는 주택금융 및 주택저당채권 유동화의 문제점 개선, 부동산 개발 사업 구조의 개선, 부동산 집합투자상품의 정비 등을 우리나라 부동산금융의 과제로 들고 있다.

제 2 절 부동산금융과 부동산금융 관련 법규

I 부동산금융의 범위

부동산금융의 범위를 명확하게 정의하기는 어려우나, 크게 세 가지 형태로 구분할 수 있다.

첫째, 전통적인 부동산금융 방식으로서 부동산 내지 부동산 관련 권리(이하 '부동산 등'이라 한다)를 담보로 하여 자금을 융통하는 것으로서 기본적으로 부동산 등의 교환가치에 중점을 두고 있으며, 자산을 기초로 한 금융(asset-based financing)이라고 할 수 있다.

둘째, 부동산 개발 금융으로서 이른바 '부동산 프로젝트금융'(project financing) 방식이다. 부동산 프로젝트의 미래 현금 흐름(cash flow)을 기본적 상환 재원으로 하는, 즉 프로젝트의 사업성을 중시하는 금융 기법이며, 부수적으로 관련 유무형의 자산이나 계약상의 지위 등을 담보로 한다.

셋째, 우리나라에서 현대적 의미의 부동산금융 시장의 태동의 기초로서 '부동산 증권화'(Securitization)를 통한 부동산금융 방식이다. 여기에는 크게 '자산유동화형 부동산 증권화'와 '자산운용형 부동산 증권화'로 구분할 수 있다.[1]

'자산유동화형 부동산 증권화'는 물건(자산) 중심의 증권화 형태로서 주로 부외거

---

1 三菱UFJ信託銀行 編著, 『信託の法務と實務』, 社團法人 金融財政事情研究會, 2008, 585面도 유사한 취지로 설명하고 있다. 김기형 외 4인, 『부동산개발사업의 Project Finance—금융조달의 이론과 실무—』, 부연사, 2010. 3, 35면에서는 부동산금융의 범위로 표현하지 않고 프로젝트금융의 유형으로서 이를 프로젝트금융의 대출 방식(project financing), 유동화 방식(PF-ABS, PF-ABCP), 간접투자 방식(Fund)으로 분류하고 있다.

래(off-balance)의 목적으로 발생된 것이며, 여기에는 「한국주택금융공사법」에 의한 주택저당증권(mortgage-backed securities: MBS)과 「자산유동화에 관한 법률」에 의한 자산유동화증권(asset-backed securities: ABS), 그리고 비등록(비정형)[1] 유동화 형태로서 자산담보부기업어음(asset-backed commercial paper: ABCP) 방식과 전자단기사채(asset-backed short term bond: ABSTB) 방식을 통한 증권화가 해당한다고 볼 수 있다.

'자산운용형 부동산 증권화'는 금전 중심의 증권화 형태로서 투자자로부터 금전을 투자받아 '사모'(private placement)나 '공모'(public offering) 형태의 집합투자기구(collective investment vehicle)를 설정하거나 투자회사(investment company)를 설립하여 부동산 등에 투자하는 방식인데, 「자본시장과 금융투자업에 관한 법률」상의 '부동산집합투자기구'를 통한 부동산 증권화와 「부동산투자회사법」상의 '부동산투자회사'를 통한 부동산 증권화를 그 예로 들 수 있다.

추가적으로 앞서 기술한 부동산금융의 유형별로 개발 구조, 담보 구조 또는 유동화 구조상에 하나의 법적 도구(vehicle)로서 활용되는 것이 바로 「신탁법」상의 신탁(trust)인데, 신탁을 이용한 부동산금융도 광의의 부동산금융의 범위에 속하는 중요한 부동산금융 수단으로 볼 수 있다.[2]

Ⅱ 구조화 금융으로서 부동산금융

앞서 언급했듯이 국내 부동산금융 시장의 변화의 특징 중의 하나가 부동산과 금융이 본격적으로 결합한 것이다. 구체적으로 말하자면 부동산금융 시장에 각종 법제 등을 통해 이른바 구조화 금융(structured finance) 기법이 접목되면서 시장을 다변화시키고 진화시켰다. '구조화 금융'이란 일반적으로 특정 목적에 적합한 새로운 금융 또는

---

1 '비등록'이라는 의미는 「자산유동화에 관한 법률」의 적용을 받지 않는, 즉, 이 법상 요구되는 금융위원회 등록을 하지 않고 하는 유동화라는 것이다.

2 1961년에 제정된 「신탁법」의 전면 개정안이 2009년 10월 27일 입법 예고되었고, 2010년 2월 16일 국무회의를 통과하여 2010년 2월 24일 국회에 제출된 이후, 2011년 6월 29일에 국회 본회의를 통과하여 2011년 7월 25일 공포되었고(「신탁법」 전부 개정 법률 제10924호) 2012년 7월 26일부터 시행되었다. 개정 「신탁법」의 주요 개정 내용과 개정 「신탁법」이 부동산금융 시장에 미치는 영향에 대해서는 관련 장에서 설명한다.

관리 구조를 조성(구조화)하거나 법률적 · 회계적으로 독립된 특수목적기구(special purpose vehicle, 이하 'SPV')를 이용하여 자금을 조달하거나 기타 파생상품이나 리스크 관리 기법을 활용하는 금융기법을 의미한다. 이러한 구조화 금융에 증권화(securitization) 기법을 접목하여 보다 다변화된 금융구조를 창출시킬 수 있다. 여기서 구조화 금융의 가장 핵심적인 요소는 바로 '특수목적기구(SPV)'를 사용한다는 사실이다.

1. 특수목적기구(special purpose vehicle: SPV)

구조화 금융거래 구조에서 이용되는 특수목적기구로서는 회사형으로서 특수목적회사(spcial purpose company, 이하 'SPC'), 신탁형으로서 신탁(trust), 조합형으로서 조합[1] (partnership) 등을 들 수 있다. 이때 특수목적회사는 이른바 명목회사(paper company)로서 (i) 직원과 상근 임원이 없으며(외부기관에 자산관리 및 업무 위탁), (ii) 본점 이외의 영업소를 둘 수 없고,[2] (iii) 단일사업을 영위하며, (iv) 한시적인 법인이라는 특성을 가진다.[3]

2. 구조화 금융과 주요 법적 쟁점

(1) 구조화 금융과 '도산절연(bankruptcy remoteness)'

구조화 금융의 특장점으로 들 수 있는 것으로 우선 도산절연이 있다. 구조화 금융은 특정사업을 수행하기 위하여 별도의 특수목적기구(SPV)를 설정 혹은 설립하는 바, 그것의 주된 목적 중의 하나가 당해 프로젝트를 추진하는 사업자 내지 시행자들이 보유하고 있는 도산(「채무자 회생 및 파산에 관한 법률」상 '파산' 혹은 '회생')의 위험으로부터

---

1 특수목적기구(SPV) 중 '조합' 형태로서 부동산집합투자기구의 유형으로 상법상 합자조합 형태인 '투자합자조합'과 상법상 익명조합 형태인 '투자익명조합'이 있는바, 전자의 경우에는 「자본시장과 금융투자업에 관한 법률」에서 특수목적회사(SPC)로 취급하고 있고 법상 조합의 명칭을 가지고 있지만 「주택법」상 주택조합은 그 본질이 법인격 없는 사단, 「도시 및 주거 환경 정비법」상 재건축 조합 및 재개발 조합과 「도시개발법」상 도시개발조합은 특수목적회사(SPC)가 아닌 실체법인이다.

2 「조세특례제한법」 제104조의31 제 1 항 제 2 호, 제 3 호, 「자본시장과 금융투자업에 관한 법률」 제182조 제 1 항, 제184조 제 7 항 참조.

3 명목회사(paper company)와 관련된 주요 법적 쟁점에 대해서는 제 5 장 부동산투자 · 금융 관련 조세제도에서 설명한다.

프로젝트가 영향을 받지 않도록 단절시키는 데 있다. 기본적으로 도산절연과 관련하여 법적 쟁점으로서 제기되는 것이 특수목적기구가 특수목적회사(SPC) 형태인 경우에는 '진정한 양도(True Sale)', 신탁(trust) 형태인 경우에는 '사해신탁(詐害信託)'이다.

'진정한 양도'가 아닌 경우 회계적으로 매각처리가 될 수 없고 담보차입거래로 간주되어 장부상 자산매각의 효과를 거둘 수 없으며, 법률적으로는 매도인이 도산할 경우 프로젝트 자산이 도산으로부터 절연되지 않고 매도인에 대해 채권자적 지위로 전락하게 되어 프로젝트가 위험에 처하게 된다. 일정한 매매거래가 진정한 양도이냐를 판단하는 기준에 대해서는 법령에서 일반적으로 규정한 것은 없으며 실무상 법률전문가로부터 의견서를 받아 이를 근거로 업무를 진행해 왔고, 특히 부동산 등의 거래에 있어서 참고할 만한 기준으로서 금융감독위원회가 2006년 11월 29일에 발표한 《「재무보고에 관한 실무의견서 2006－6, 양도자의 관여가 있는 부동산 등의 양도에 대한 회계처리」: 부동산 등을 타인에게 양도하고 양도자가 양도 자산에 대해 '지속적으로 관여(continuing involvement)'하고 있는 경우의 회계처리 방안》이 '매각거래'인지 '담보차입거래'인지에 대해 구체적인 기준을 제시한 것으로 볼 수 있다. 한편, 「자산유동화에 관한 법률」 제13조에서 매매형(양도방식) 자산유동화의 경우 양도방식을 규정하고 이 규정된 방식대로 하는 경우 담보권 설정으로 보지 않는다고 하여 일응 진정한 양도의 요건을 규정하고 있는데, 이것은 사법상 거래에 있어서 '진정한 양도'에 대한 일반적 원칙을 규정한 것이라기보다는 「자산유동화에 관한 법률」 상 유동화 계획의 등록을 통해 각종 특례를 적용 받기 위해서는 동 조의 요건을 구비해야 한다는 소극적 의미에서 이른바 '안전항 조항'(safe harbor clause)의 성격을 가진다고 보는 것이 통설이다.[1]

신탁방식인 경우에 어떠한 경우가 이른바 '진정한 신탁'이냐에 대해서는 명문규정도 없으며 별도의 기준도 현재까지는 제시된 것이 없어 이에 대해 특히 신탁형 자산유동화 거래구조와 관련하여 의견이 분분하나, 일반적으로 「신탁법」 상의 법 논리를 원용하여 「신탁법」 제 8 조에서 규정하고 있는 '사해신탁(詐害信託)'이 아닌 경우를 '진정한 신탁'으로 보는 것이 실무상 통설이다. 우리나라 대법원 판례에서는 담보의 목적으로 신탁을 하는 담보신탁의 경우에도 위탁자인 채무자의 도산과 절연된다는

---

1 제 4 장 증권화를 통한 부동산금융(I), 제 1 절 자산유동화를 이용한 부동산금융 참조.

판지를 유지하고 있어서 신탁의 목적이 담보의 목적이냐 아니냐는 양도방식과는 달리 구별할 실익이 없다.[1]

(2) 구조화 금융거래 구조와 '실질과세의 원칙'

우리나라 「국세기본법」(제14조)과 「국제조세조정에 관한 법률」(제3조)에서는 각각 국내거래와 국제거래에서 세법의 해석 방법론으로서 '실질과세의 원칙'이 중요한 원칙으로 동일하게 규정되어 있다. 그 내용으로 '귀속의 실질'(과세의 대상이 되는 소득, 수익, 재산, 행위 또는 거래의 귀속이 명의일 뿐이고 사실상 귀속되는 자가 따로 있는 때에는 사실상 귀속되는 자를 납세 의무자로 하여 세법을 적용), '내용의 실질'(소득, 수익, 재산, 행위 또는 거래의 명칭이나 형식에 불구하고 그 실질 내용에 따라 적용), 그리고 '단계거래의 원칙'(제3자를 통한 간접적인 방법이나 2개 이상의 행위 또는 거래를 거치는 방법으로 관련 세법의 혜택을 부당하게 받기 위한 것으로 인정되는 경우에 그 경제적 실질 내용에 따라 당사자가 직접 거래를 한 것으로 보거나 연속된 하나의 행위 또는 거래를 한 것으로 봄)이 있다.

구조화 금융거래 구조에 있어서 기본적으로 특수목적기구(SPV)를 이용하기에 그 기구로서 사용되는 명목회사, 신탁 기타 조합 등이 하나의 도관(conduit)이냐 아니면 실체냐에 따라서 납세의무자가 달라지는 결과가 발생할 수 있다. 소득과세에 있어서 SPV가 회사형일 경우에 '귀속의 실질'과 관련하여 SPC가 명의상의 귀속주체이고 사실상 귀속되는 자가 따로 있는 경우에는 이 원칙에 따라 납세의무자가 사실상 귀속되는 자로 될 수 있을 것이다. 신탁형일 경우에는 투자신탁(배당과세요건 구비 여부에 따라 상이함)이냐 일반신탁이냐, 원천징수 의무자가 누구냐, 원천징수 시점은 언제냐, 일반신탁인 경우 세목이 무엇이냐 및 실질적인 거래 구조와 내용 등 여러 가지 변수에 따라 그 결과가 달라질 수 있다. 신탁조세와 관련해서는 관련 부문에서 별도로 설명하기로 한다.

(3) 구조화 금융거래 구조와 '법인격(法人格) 부인(否認)의 법리'

우리나라 대법원 판례에서는 "회사가 외형상으로는 법인의 형식을 갖추고 있으나 법인의 형태를 빌리고 있는 것에 지나지 아니하고 실질적으로는 완전히 그 법인격의 배후에 있는 타인의 개인기업에 불과하거나, 그것이 배후자에 대한 법률 적용을

---

1 대법원 2001. 7. 13. 선고 2001다9267 판결; 대법원 2003. 5. 30. 선고 2003다18685 판결; 대법원 2002. 12. 26. 선고 2002다49484 판결 참조.

회피하기 위한 수단으로 함부로 이용되는 경우에는, 비록 외견상으로는 회사의 행위라 할지라도 회사와 그 배후자가 별개의 인격체임을 내세워 회사에게만 그로 인한 법적 효과가 귀속됨을 주장하면서 배후자의 책임을 부정하는 것은 신의성실(信義誠實)의 원칙에 위반되는 법인격의 남용으로서 심히 정의와 형평에 반하여 허용될 수 없고, 따라서 회사는 물론 그 배후자인 타인에 대하여도 회사의 행위에 관한 책임을 물을 수 있다고 보아야 한다"라고 판시하여[1] 이른바 '법인격 부인의 법리' 혹은 '법인격 형해론(形骸論)'이 일정한 요건 하에 제반 사정을 고려하여 적용되고 있다. 따라서 구조화 금융거래 구조에 있어서 특수목적회사(SPC)의 법인격을 남용하는 경우 회사는 물론 그 배후에 대해서도 책임을 물을 수 있는 경우가 있다.

3. 구조화 금융과 세제혜택

구조화 금융의 활성화를 위해 관련 법령에서는 각종 세제혜택을 부여하고 있는 것이 일반적이다. 기본적으로 일반 법인의 경우 법인 단계에서 법인세를 납부하고 그 주주(개인 혹은 법인) 단계에서 배당금 수령 시 소득세 내지 법인세를 부담하는 이른바 이중과세의 문제를 해소하기 위해 개인주주의 경우 「소득세법」상 배당세액공제제도(「소득세법」제56조), 법인주주의 경우 수입배당금 익금 불산입 제도(「법인세법」제18조의3) 등을 두고 있으나 이는 완전한 이중과세의 해소가 어려워 별도로 일정한 요건을 갖춘 명목회사의 경우에 배당금 손금산입방식에 의하여 이중과세조정의 효과를 극대화하고 있다(「법인세법」제51조의2).

그 밖에 프로젝트 수행을 특수목적기구를 통하여 하는 경우에 과밀억제권역 내 부동산 취득 시 취득세(부동산집합투자기구, 부동산투자회사, 프로젝트금융투자회사), 법인 설립 시 등록면허세(부동산집합투자기구 중 투자회사, 위탁관리부동산투자회사, 기업구조조정부동산투자회사) 3배 중과 규정의 적용을 배제하며(「지방세특례제한법」제180조의2),[2] 공모의 경우(부동산집합투자기구, 부동

---

1 대법원 2001. 1. 19. 선고 97다21604 판결 참조. 법인격 부인이 되기 위한 요건으로 1) 실질적으로 대표이사가 주식의 대부분을 소유하고 있고, 2) 주주총회나 이사회의 결의가 외형상으로는 있으나, 실질적으로는 법적 절차가 지켜지지 아니한 채 대표이사 개인의 의사대로 회사 운영에 관한 일체의 결정이 이루어져 왔고, 3) 법인의 사무실은 폐쇄되어 있고 직원도 없으며, 4) 회사 돈을 자신이 임의로 사용하고 있는 등의 여러 정황들을 요구하고 있다.
2 2024년 12월 31일까지 한시적으로 적용된다.

산투자회사) 배당소득에 대해 저율분리과세가 적용되고(「조세특례제한법」 제87조의7),[1] 일정한 경우에 보유토지에 대해 재산세가 분리과세되고 종합부동산세는 비과세된다(공모 부동산집합투자기구와 공모 부동산투자회사 및 일정한 투자자로 구성된 일반사모 집합투자기구와 사모 부동산투자회사)(「지방세법」 제106조 제1항 제3호 '아목, 시행령 제102조 제8항 제3호, 제9호). 한편, 일정한 요건을 갖춘 미분양주택을 취득하는 경우에는 취득세의 25%가 감경된다(「지방세특례제한법」 제31조의2).[2]

4. 구조화 금융과 기타 특례

1998년에 제정된 「자산유동화에 관한 법률」에서는 이 법에 의거하여 감독기관에 유동화계획을 등록하는 경우에 자산이전 절차상의 특례, 자산이전 비용상의 혜택, 투자자보호를 위한 안전장치, 「자본시장과 금융투자업에 관한 법률」 혹은 「상법」에 대한 특례 등을 두면서 구조화 금융이 활성화될 수 있도록 지원하고 있다. 자세한 내용은 각 관련된 장에서 설명하기로 한다.

5. 구조화 금융과 부동산개발금융

구조화 금융의 구조 하에 현행법제 상 부동산개발금융의 도구로 사용될 수 있는 것으로는 첫째, 「법인세법」에서 규정하고 있는 이른바 프로젝트금융투자회사(PFV)(「법인세법」 제51조의2)이다. 이 도구는 본질적으로 부동산개발사업의 도구로서 이 법에서 정하고 있는 특정사업을 운용하여야 하며 부동산개발사업에 운용하는 데에는 운용자산의 제한이 없다. 둘째, 「자본시장과 금융투자업에 관한 법률」 상 부동산집합투자기구로서 7가지 유형이 있으며 이 법에서 정하는 다양한 형태와 구조로 부동산개발사업에 재산을 운용할 수 있으며 집합투자재산의 50%를 초과하여 운용할 수 있기에 역시 운용자산의 제한은 없다. 다만, 종래 투자회사의 유형인 경우 집합투자재산의 100분의 70을 초과하여 부동산에 투자할 수 없었으나(개정 전 「자본시장과 금융투자업에 관한 법률」 제194조 제11항 제1호) 2016년 3월에 법 개정을 통해 이 제한을 제거하였다. 따라서 본질적으로 유사한 「부동산투자회사법」 상 부동산투자회사에 대한 경쟁력 면에서 상호 대등하게 되었다. 셋째, 「부동산투자회사

---

1 2026년 12월 31일까지 한시적으로 적용된다.
2 2016년 12월 31일까지 최초로 취득하는 경우에 적용된다.

법」상 부동산투자회사로서 3가지 유형을 규정하고 있다. 2004년 10월 22일 4차 개정에서 부동산투자회사의 재산의 30%를 초과하여 부동산개발사업에 투자하는 것이 금지되었으나 2007년 7월 13일 5차 개정 때 이른바 개발전문부동산투자회사 제도를 도입하여 이 경우 총 자산의 100분의 70을 초과하여 부동산개발사업에 투자할 수 있게 되었다. 그 후 부동산집합투자기구와의 형평성에 대해 지속적으로 논란이 있어 오다 2015년 6월 22일 법 개정을 통해 총 자산 중 부동산개발사업에 대한 투자비율을 주주총회에서 자율적으로 결정할 수 있게 되어 제한이 없어졌다.

한편, 「부동산개발업의 관리 및 육성에 관한 법률」에서는 법에서 정한 일정 규모 이상의 부동산개발사업을 영위하기 위해서는 개발업 등록을 요구하고 있는데(법 제4조 제1항), 본질적으로 그 요건을 충족할 수 없는 특수목적회사(SPC)의 경우에는 예외적으로 개발업 등록을 허용하고 있다(법 제4조 제3항). 개발업 등록이 가능한 특수목적회사로 규정하고 있는 것은 주식회사형으로서 「부동산투자회사법」상 위탁관리부동산투자회사, 기업구조조정부동산투자회사, 「자본시장과 금융투자업에 관한 법률」상 투자회사, 「법인세법」상 프로젝트금융투자회사(PFV)이다(법 시행령 제6조).

여기서 개발업 등록을 할 수 없는 특수목적기구(SPV)의 경우 부동산개발사업을 어떻게 영위할 수 있는지가 문제가 된다. 부동산집합투자기구 중에서 실무상 가장 많이 사용되는 유형인 투자신탁, 그 외 투자유한회사, 투자유한책임회사, 투자합자회사, 투자합자조합 등의 경우이다. 하지만 이 경우에는 특수목적기구들이 토지소유자로서 등록사업자와 공동으로 부동산 개발을 할 수 있으며, 이 때에는 토지소유자와 등록사업자를 공동사업주체로 간주한다(법 제4조 제4항). 토지소유자는 부동산개발의 대상이 되는 토지의 소유권을 확보하고 있어야 하며, 그 토지가 저당권·가등기담보권·가압류 등(이하 '저당권등')의 목적으로 되어 있는 경우에는 해당 부동산의 판매 전까지 그 '저당권등'을 말소하여야 하고 다만, '저당권등'의 권리자로부터 해당 사업의 시행에 대한 동의를 받은 때에는 그러하지 아니하다. 또한 공동으로 부동산개발을 하려는 토지소유자와 등록사업자는 개발된 부동산의 사용·처분, 수익의 분배, 사업비의 부담, 사업기간, 그 밖에 사업추진상의 각종 책임 등에 관하여 협약을 체결하여야 한다(법 시행령 제7조).[1]

---

1 「부동산개발 공동사업의 협약에 관한 규정」(「국토해양부 고시 제2016-213호」, 2016. 4. 19) 참조.

Ⅲ 부동산금융 관련 법규의 범위

지금까지 부동산금융 관련 법규의 개념에 대해 명확히 정의되어 있지는 않은 것으로 보인다. 부동산, 금융, 법규 라는 3가지 요소로 구성되어 있는 부동산금융 관련 법규란 일반적으로 부동산금융에 관련되는 법규의 총체라고 말할 수 있다. 이하에서는 우선 부동산 관련 법규의 범위에 대해서 살펴보고, 다음에 부동산금융 관련 법규의 범위에 대해서 살펴본다.

1. 부동산 관련 법규의 범위

우선 부동산 사업 자체와 관련되는 부동산 관련 법규는 일반적으로 법규의 성질에 따라, 크게 부동산 사법(私法)과 부동산 공법(公法)으로 나눌 수 있다.

부동산 사법 분야는 「민법」이나 「민사소송법」 중 부동산 관련 규정(법률행위, 물권, 임대, 가압류, 가처분, 경매, 강제집행 등)과 관련 특별법(「가등기담보 등에 관한 법률」, 「동산·채권 등의 담보에 관한 법률」, 「집합건물의 소유 및 관리에 관한 법률」, 「주택임대차보호법」, 「상가건물임대차보호법」, 「채무자 회생 및 파산에 관한 법률」, 「기업구조조정촉진법」, 「부동산거래신고 등에 관한 법률」 등)을 들 수 있다.[1]

부동산 공법 분야는 「택지개발촉진법」, 「주택법」, 「도시 및 주거환경정비법」, 「관광진흥법」, 「체육시설의 설치·이용에 관한 법률」, 「국토의 계획 및 이용에 관한 법률」, 「산업입지 및 개발에 관한 법률」, 「산업집적 활성화 및 공장 설립에 관한 법률」, 「도시개발법」, 「경제자유구역의 지정 및 운영에 관한 법률」, 「공공기관 지방이전에 따른 혁신도시 건설 및 지원에 관한 특별법」, 「신행정수도 후속대책을 위한 연기·공주 지역 행정중심복합도시 건설을 위한 특별법」, 「기업도시개발특별법」, 「역세권의 개발 및 이용에 관한 법률」, 「국가통합교통체계 효율화법」, 「도시재생 활성화 및 지원에 관한 특별법」, 「도시재정비 촉진을 위한 특별법」, 「빈집 및 소규모주택 정비에 관한 특례법」, 「전통시장 및 상점가 육성을 위한 특별법」, 「도시재생 활성화 및 지원

---

1 실체법과 절차법으로 분류할 경우 「민사소송법」은 절차법에 해당한다.

에 관한 특별법」,「도시 재정비 촉진을 위한 특별법」,「전통시장 및 상점가 육성을 위한 특별법」,「건축법」,「건축물의 분양에 관한 법률」,「민간임대주택에 관한 특별법」,「공공주택특별법」,「산림자원의 조성 및 관리에 관한 법률」,「산지관리법」,「농지법」 등을 들 수 있다.

2. 부동산금융 관련 법규의 범위

부동산금융 관련 법규는 좁은 의미의 부동산금융 관련 법규와 넓은 의미의 부동산금융 관련 법규로 나눌 수 있다.

좁은 의미의 부동산금융 관련 법규는 1997년 말 외환위기 이후 부동산과 금융의 결합이라는 맥락에서 입법되었던 일련의 법률과 관련 규정으로서 부동산금융에 직접적으로 관련되는 법률과 관련 규정이라고 할 수 있다. 이러한 법률은「신탁법」(1961. 12. 31. 제정),「자산유동화에 관한 법률」(1998. 9. 16. 제정),「사회기반시설에 대한 민간투자법」(1998. 12. 31. 제정),「부동산투자회사법」(2001. 7. 1. 제정),「간접투자 자산운용업법」(2003. 10. 4. 제정),[1]「법인세법」(2004. 1. 29. 개정),[2]「한국주택금융공사법」(2003. 12. 31. 제정),「자본시장과 금융투자업에 관한 법률」(2007. 8. 3. 제정)이 해당된다고 볼 수 있다.[3] 이 책은 주로 좁은 의미의 부동산금융 관련 법규의 내용에 대하여 고찰한다.

한편, 넓은 의미의 부동산금융 관련 법규는 부동산금융 거래에 직 · 간접적으로 관련되는 법률로서 먼저 등기와 관련된 법규로서「부동산등기법」,「부동산등기특별조치법」,「부동산등기 규칙」,「부동산 실권리자 명의 등기에 관한 법률」,「신탁등기 사무처리에 관한 예규」,「농지의 소유권 이전등기에 관한 사무처리지침」 등이 있고, 조세 관련 법규로서「법인세법」,「소득세법」,「조세특례제한법」,「국세기본법」,「지방세법」,「지방세기본법」,「지방세 특례 제한법」,「국세징수법」,「지방세징수법」,「부가가치세법」 등이 있으며, 국제 거래 관련 법규로서「외국환거래법」,「국제조세조

---

1 2007. 8. 3. 제정된「자본시장과 금융투자업에 관한 법률」에 흡수되었다.

2 보다 정확하게 말하면, 2004. 1. 29. 개정된「법인세법」제51조의2 제 1 항과「조세특례제한법」 제104조의31 및 같은 법 시행령 제104조의28에 규정된 프로젝트금융투자회사(project financing vehicle: PFV)에 관한 규정을 말한다.

3 보다 정확하게 말한다면, 해당 관련 법률상의 관련 규정이라고 할 수 있다.

정에 관한 법률」, 「외국인투자촉진법」, 끝으로 전자금융거래 관련 법규로서 「전자금융거래법」, 「주식·사채 등의 전자등록에 관한 법률」 등이 있다.

이외에도 위에서 언급한 부동산 관련 법규들 중 부동산금융과 관련되는 해당 규정들도 넓은 의미의 부동산금융 관련 법규의 범위에 포함될 수 있다.

Ⅳ 부동산금융 관련 법규의 구분

부동산금융 거래의 유형을 본질에 따라 크게 부동산 유동화, 부동산 집합투자, 부동산 개발 금융으로 구분하고, 앞서 기술한 부동산금융 관련 법규들을 부동산금융 거래의 유형을 기준으로 구분해보면 다음의 [표 1-1]과 같으며, 모든 법규가 1997년 말 외환위기 이후에 제정되거나 개정되었음을 알 수 있다.

[표 1-2]는 각 부동산금융 관련 법규별 금융주체(vehicle)와 그 법적 성격에 대해 비교해 본 것이다. 구체적인 사항은 각 해당 법률의 분석 내용에서 다루도록 한다.

표 1-1 **부동산금융 거래 유형별 부동산금융 관련 법규**

부동산금융 거래 유형	법률명	제정 시기	소관 부처	참 고
부동산 유동화	자산유동화에 관한 법률	1998. 9. 16.	금융위원회[1]	
	한국주택금융공사법	2003. 12. 31.	금융위원회	
	이중 상환 청구권부 채권 발행에 관한 법률	2014. 1. 14.	금융위원회	

---

1 1997년 12월 31일에 제정되고 2008년 2월 29일 개정된 「금융위원회의 설치 등에 관한 법률」에 따라 설립된 중앙행정기관이다.

부동산 집합투자	자본시장과 금융투자업에 관한 법률[1]	2007. 8. 3.	금융위원회	종전의 증권거래법, 선물거래법, 신탁업법, 종합금융회사에관한법률, 한국증권선물거래소법, 간접투자자산운용업법을 통합하여 제정한 법
	부동산투자회사법	2001. 7. 1.	국토교통부	
부동산 개발 금융	사회기반시설에 대한 민간투자법	1998. 12. 31.	기획재정부	
	법인세법[2]	2004. 1. 29. 개정	기획재정부	법인세법상의 프로젝트금융투자회사(PFV) 관련 규정
	신탁법[3]	1961. 12. 31. 제정	법무부	2011. 7 전면개정 2012. 7 시행

---

1 이 법은 부동산의 증권화 현상과 관련하여 부동산 자산에 대한 투자 방식으로 증권을 통해 투자자를 모집함에 있어서, 특히 공모(公募)의 경우 투자자 보호와 관련된 규정들이 중요한 의미를 갖게 된다

2 정확히 말하면 「법인세법」 제51조의 2 제 1 항과 시행령 제86조의3이다.

3 「신탁법」상 신탁 중 부동산 및 부동산 관련 권리를 수탁재산으로 하는 부동산신탁 중에 실무상 부동산개발금융에 많이 활용되는 신탁으로 토지(개발)신탁이 있다. 토지신탁은 실무상 사업비조달의무주체에 따라 관리형토지신탁과 차입형토지신탁으로 구분되며 전자는 일반관리형토지신탁과 책임준공조건부관리형토지신탁으로 구분된다. 자세한 설명은 해당 부문에서 다루도록 한다.

표 1-2   부동산금융 법규별 금융주체(vehicle)와 법적 성격

금융거래유형	법률명	금융주체	법적 성격
부동산 유동화	자산유동화에 관한 법률	유동화전문회사	명목회사(paper company)
	한국주택금융공사법	한국주택금융공사	유동화중개기관
	이중 상환 청구권부 채권 발행에 관한 법률	금융회사 등	실체회사
부동산 집합투자	자본시장과 금융투자업에 관한 법률	부동산집합투자기구	계약구조 : 투자신탁, 투자익명조합 명목회사 : 투자회사, 투자유한회사, 투자유한책임회사, 투자합자회사, 투자합자조합[1]
	부동산투자회사법	부동산투자회사	자기관리부동산투자회사: 실체회사 기업구조조정부동산투자회사 및 위탁관리부동산투자회사: 명목회사
부동산 개발 금융	사회기반시설에 대한 민간투자법	사회기반시설 투융자집합투자기구	계약구조 : 투융자신탁 명목회사 : 투융자회사
	법인세법 조세특례제한법	프로젝트금융투자회사 (project financing vehicle : PFV)	명목회사

---

1 「자본시장과 금융투자업에 관한 법률」 제182조 제 1 항은 투자회사, 투자유한회사, 투자유한책임회사, 투자합자회사, 투자합자조합을 포괄하여 '투자회사 등'이라고 하고, 제184조 제 7 항에서 '투자회사 등'은 "상근임원 또는 직원을 둘 수 없으며, 본점 이외의 영업소를 설치할 수 없다"고 하면서 모두 명목 회사로 규정하고 있다.

제 2 장

부동산 프로젝트금융
(Project Financing)

Real Estate
Finance Law

제1절 | 프로젝트금융(Project Financing) 개관

I 개 념

　　프로젝트금융(Project Financing)의 개념에 대해서는 다양한 방식의 정의가 가능하나, 일반적으로 프로젝트를 실질적으로 추진하는 사업주(sponsor)와는 법적으로 독립된 특정 단위의 사업으로부터 창출되는 미래의 현금흐름(cash flow) 및 수입(revenue)을 프로젝트 대출금융기관의 대출원리금의 주요 상환 재원으로 하고, 당해 프로젝트의 자산 및 다양한 이해관계자와의 계약을 담보로 하여 사업주의 제한적인 책임 부담하에 당해 프로젝트의 건설 및 운영에 소요되는 자금을 조달하는 금융 기법을 지칭한다.[1] 즉, 개발사업 주체와 법적으로 독립된 개발 프로젝트에서 발생하는 미래의 현금흐름을 금융기관 대출금의 상환재원으로 하여 자금을 조달하는 금융기법으로서 구조화금융(Structured Financing)의 한 유형이다. 말하자면, 차입자의 신용이나 일반 재산이 아닌 프로젝트의 사업성 자체가 담보가 되는 것이다.[2] 프로젝트 사업의 종류에 따라 자원에너지 개발 사업, 기반시설(plant) 건설 사업, 사회간접자본시설(social overhead capital: SOC) 사업, 부동산 개발 사업 등으로 구분할 수 있다.[3] 부동산과 직·간접적으

---

1 박동규, 『프로젝트 파이낸싱의 개념과 실제』(명경사, 2007), 3면; 서극교, 『프로젝트 파이낸스 원리와 응용』(한국수출입은행, 2004), 3면.

2 이런 의미에서 일반적인 프로젝트금융(PF)은 프로젝트 자체의 사업 타당성(수익성, 안정성 등) 이외에 건설 시공사 및 시행사의 채무인수 또는 연대보증 등 인적 담보, 부동산에 대한 저당권 설정 및 주식이나 예금채권에 대한 질권 설정 등 물적 담보, 약속어음 공증 등 기타 대출 채권 확보를 위한 최대한의 수단을 마련함으로써 전통적 의미의 프로젝트금융(PF)과는 다소 괴리가 있다.

3 프로젝트 사업의 유형에 대해 법률상 명시하고 있는 예로는 「조세특례제한법」(설비투자, 사회

로 관련되는 프로젝트 사업에 필요한 자금을 조달하는 것을 넓은 의미의 부동산 프로
젝트금융이라고 할 수 있다.

Ⅱ 특   징

1. 특수목적기구(special purpose vehicle: SPV)의 사용

프로젝트금융 방식은 프로젝트 시행주체(sponsor)의 법률적 위험에 프로젝트가 영
향을 받지 않도록 특수목적기구를 사용한다. 법률적 위험으로는 시행주체의 도산위
험과 시행주체의 채권자들의 권리행사로 인한 우발적 채무의 발생 등을 그 예로 들
수 있다. 이러한 위험에서 프로젝트가 절연되기 위해서는 별도의 독립된 프로젝트 회
사(project company)로서 특수목적회사(SPC)를 설립하는 방안[1]과 프로젝트 자산을 수탁
회사에게 신탁하는 방안[2]을 사용할 수 있으며 필요한 경우 관련 법규가 허용하는 범
위 내에서 양 방안을 결합할 수도 있다.

2. 프로젝트의 미래 현금흐름이 대출원리금의 기본적 상환 재원

프로젝트금융 방식에서 대출원리금의 일차적 상환재원은 프로젝트로부터 발생
되는 미래의 현금흐름(cash flow) 즉 사업으로부터 창출되는 예상 수입이며 따라서 프
로젝트금융에 있어서 사업성 분석 내지 검토가 기본적으로 중요시된다. 사업성 분석

간접자본 시설투자, 자원개발, 그 밖의 상당한 기간과 자금이 소요되는 특정사업) (법 제104조
의31 제 1 항 제 1 호)과 「사회기반시설에 대한 민간투자법」(경제활동의 기반이 되는 시설, 사
회서비스의 제공을 위하여 필요한 시설, 일반 공중의 이용을 위하여 제공하는 공공용시설)(법
제 2 조 제 1 호)이 있다.

1 현행법제상 부동산 개발금융에서 「법인세법」상 프로젝트금융투자회사(PFV), 「자본시장과 금
  융투자업에 관한 법률」상 부동산집합투자기구(투자회사, 투자유한회사, 투자유한책임회사, 투
  자합자회사 등), 부동산투자회사법상 부동산투자회사(위탁관리부동산투자회사, 기업구조조정
  부동산투자회사), 「자산유동화에 관한 법률」상 유동화전문회사 등이 있다.
2 부동산개발사업에 실무상 많이 활용되는 부동산신탁 유형으로 토지신탁, 담보신탁, 분양관리
  신탁 등이 있으며 동일한 신탁계약 구조로서 「자본시장과 금융투자업에 관한 법률」상 부동산
  집합투자기구의 한 유형인 투자신탁이 있다.

내지 검토의 방식은 기본적으로는 동일하나 프로젝트의 유형이나 상황에 따라 차별화될 수 있으며 사례에 따라 사업의 현금흐름의 보충이 필요한 경우 다양한 약정방안이 추가로 강구될 수 있다.

3. 비소구(non-recourse) 내지 제한적 소구(limited recourse) 금융

사업주(sponsor)는 기존 사업들과는 별도로 분리된 특수목적기구를 통하거나 이를 사용하여 프로젝트를 수행하기에 원칙적으로 출자금 한도 내에서만 책임을 지거나(비소구금융) 약정을 통해 일부 제한적 위험만을 부담하게 된다(제한적 소구금융). 환언하면 사업주의 신용도가 아닌 프로젝트 자체의 신용도를 바탕으로 일정한 한도 내에서만 책임을 부담하고 최소 비용 내지는 지분 투자로 대규모 소요 자금을 조달할 수 있는 장점이 있다.[1] 프로젝트의 사업성에 따라 제한적 소구의 정도는 차별화된다.

4. 전문적 금융주관사(manager)

프로젝트를 추진하기 위해 초기 단계부터 사업계획서 작성, 금융구조 자문, 사업타당성 검토, 대출 등의 조건 협상 및 관련 계약서 작성, 대출자금 집행, 사후 관리 등 전반적인 프로젝트에 대한 전문성 있는 주관기관(manager)이 필요하며 이에 대해 높은 수수료가 부과된다.

Ⅲ 프로젝트금융(Project Finance)의 일반적 절차

프로젝트금융에 있어서 절차의 단계별 주요 내용은 아래 [표 2-1]과 같다.

---

[1] 사업주의 신용도가 중시되는 '기업금융'(corporate finance)과 목적물의 교환가치가 중시되는 '자산기초금융'(asset-based finance)과 비교된다.

표 2-1 프로젝트금융의 주요 절차와 내용

주요 절차	내 용
사업 개요 및 구조 검토	• 프로젝트 유형 분석 • 사업구조, 계약구조 검토(SPV 관련 검토) • 관련 법률 및 조세 검토 • 근거자료, 전문가의 의견 검토
사업성 분석 및 검토	• 기술적, 경제적, 법률적 타당성 조사 • 수익성 분석(사업이익률, IRR 등) • 현금수지 분석(DSCR분석, 민감도 분석) • 프로젝트 위험 분석 • 추정재무제표 가정 • 주관사회사 선정 / 전문가그룹 구성
구조화	• 기본적 현금흐름(Basic Cash Flow) 도출 / 계약 조건 협상 • 위험배분 / 위험경감 / 위험 전가 작업 • 채권 보전 및 신용보강(원리금 상환 보장 구조 도출 / 원리금 상환 재원 관리 / 자금집행 순위 등) • Exit Strategy 수립 • 금융구조 확정
금융약정 등 각종 계약서 작성	• 각종 계약서 작성(사업약정서, 대출약정서, 공사도급계약서, 신용보강 내지 채권보전 관련 약정서, 신탁계약서 등) • 약정서간 일관성 확보 • 약정서간 적용순위 결정 • 약정서 관련 법령상 규제 사항 체크
Signing	계약서 등 조인
Closing	자금인출(인출선행조건 및 후행조건 체크)

Ⅳ 프로젝트금융의 일반적 구조 및 주요 당사자

1. 사업주(sponsor)

프로젝트를 실질적으로 추진하는 주체로서 단독 또는 다수의 결합체(consortium)로 구성된다. 사업주들이 다수인 경우 사업주들 간에 합작투자계약(joint venture agreement)이나 주주간계약(shareholders' agreement)을 통해 상호 투자와 운영, 이익 배분 등에 대한 사항을 규정한다.

2. 프로젝트 도구(project vehicle)

프로젝트금융(project finance)도 구조화 금융(structured finance)의 일종으로서 앞서 기술한 바와 같이 구조화 금융의 도구인 특수목적회사(SPC), 신탁(trust), 조합(partnership) 등 다양한 형태로 프로젝트 주체를 설정할 수 있다. 프로젝트 도구는 일반적으로 프로젝트 관련 각종 계약서의 법적 주체가 된다.

프로젝트금융과 관련 프로젝트 주체를 어떠한 형태로 가져갈 것인가에 대해서는 크게 두 가지 요소가 기본적으로 고려되어야 한다. 첫째는 책임의 문제이다. 특수목적회사(SPC)의 경우 그 구성원(주주, 출자자 등), 신탁(trust)의 경우 수탁자(trustee)의 계약상 책임 혹은 불법행위책임이 무한책임이냐 유한책임이냐의 문제이다. 프로젝트 도구(vehicle)가 특수목적회사(spc)인 경우에는 프로젝트로부터 발생될 수 있는 위험(risk)을 고려하여 원칙적으로 사업주(sponsor)들이 투자 내지 출자 한도액의 범위 내에서 책임을 지는 구조가 필요하기에 일반적으로 상법상 주식회사나 유한회사의 형태로 설립되며, 신탁(trust)구조로 가져가는 경우에는 신탁계약상 위탁자의 사무를 처리하는 수탁자의 경우 대외적인 계약이나 법률행위에 따른 책임을 신탁재산만으로 지는 방안 들을 강구한다.[1] 둘째는 조세문제이다. 일반적으로 프로젝트의 주체가 법인인 경우에는 1차적으로 법인차원에서 사업소득에 대해 법인세가 부과되고 배당가능이익으로 주주에게 배당할 경우 배당소득세를 원천징수하기에 이른바 이중과세문제가 발생한다. 프로젝트의 주체가 법인이 아닌 경우에는 구성원에 대한 과세만 되기에 이중과세문제가 발생하지 않으며, 다만 특수목적회사(SPC)의 경우 비록 법인이지만 관련 법령에 따라 일정한 방식으로 이중과세문제를 해소하고 있다. 이중과세의 해소여부는 전체 프로젝트의 수익성에 영향을 미치기 때문에 사업주들에게는 매우 중요하다고 볼 수 있다.

아래 [표 2-2]과 [표 2-3]은 국내법상 프로젝트금융에 있어서 활용될 수 있는 특수목적기구(special purpose vehicle: SPV)와 미국법상 프로젝트 주체를 각각 정리한 것이다.

---

1 책임재산한정특약, 유한책임신탁 등이 있다.

표 2-2 국내법 상 특수목적기구(SPV)

SPV	특징/구분	참고사항
특수목적회사 (SPC)	상근 임원 및 직원 부재 본점 외 영업소 설치 금지 한시적 법인 단일사업 영위	특수목적회사(SPC) 중 「법인세법」 제51조의2 제1항에서 규정하고 있는 각종 특별법상 회사(법인)와 「조세특례제한법」 제104조의31 및 같은 법 시행령 제104조의28에서 규정하고 있는 요건을 구비한 법인의 경우에는 실무상 프로젝트금융투자회사(PFV)로 명명하고 이 경우 일반 법인과는 달리 이중과세 해소의 혜택을 부여하고 있다.
신탁(trust)	일반신탁	부동산신탁으로 담보신탁, 토지신탁, 분양관리신탁 등이 있다.
	투자신탁	「자본시장과 금융투자업에 관한 법률」 상 집합투자기구의 한 유형
조합	투자합자조합	상법상 합자조합으로 「자본시장과 금융투자업에 관한 법률」 상 집합투자기구의 한 유형이나 같은 법에서 명목회사(paper company)로 간주하고 있다.
	투자익명조합	상법상 익명조합으로 「자본시장과 금융투자업에 관한 법률」 상 집합투자기구의 한 유형

표 2-3 미국 법 상 프로젝트 주체[1]

구분		특성	참고사항
전통적 형태	C−corporation	· 주주 유한 책임 · 이중과세문제 존재 · 외국인 설립 가능	
	S−corporation	· 주주 유한 책임 · 이중과세부재(구성원 과세) · 주주의 수가 100인 이하 · 단일 종류의 주식 · 영주권 없는 외국인 주주 불가	· 「International Revenue Code」(26USC1471) Subchapter S · 주주 자격제한 존재
	GP	· 파트너 무한 책임 · 구성원 과세	·미국 각 주마다 차이 존재

---

1 전휴재, "주식회사 이외의 미국 기업 형태의 개관," 「법률신문」 제3627호(2008. 2. 21) 참조.

LLP(Limited Liability Partnership)		· 파트너 유한책임 · 구성원 과세(pass through)	· 불법행위책임 면제 (partial shield) · 계약상 책임까지 면제(full shield) · 책임보험 가입 강제 · Law firm, Accounting firm
LP (Limited Partnership)	General Partner	· 무한 책임/구성원 과세	· LP가 경영참가 시 무한책임 부담 · 조세회피수단으로 악용 (감가상각공제) · 1986년 「조세개혁법」에서 차단
	Limited Partner	· 유한 책임/구성원 과세	
LLLP (Limited Liability Limited Partnership)		· GP에 대해 일정부분 기업 채무 면제 · LP는 유한책임	· LP의 변종 · 전미통일주법위원회 (ULPA: 2001)
LLC (Limited Liability Company)		· 유한책임 · 이중과세 부재	· S−corporation 규제 회피 · 불법행위 및 계약책임 모두 유한책임 · 파트너십과 주식회사 과세 중 택일 가능(check−the−box rule)
Statutory Trust		· 법인격 보유 (권리능력/소송능력 인정) · 수탁자 유한책임 · 도관과세 · 법인과 조직변경/합병 허용 · 시리즈신탁(책임재산분별신탁)	· 「Uniform Statutory Trust Entity Act」(2009. 8)

3. 정부(government)

국내 · 외 대형 프로젝트 사업의 경우 보통 중앙정부 내지 지방정부가 사업권 부여, 인 · 허가, 당해 프로젝트로부터 발생되는 각종 서비스의 활용 등의 형태를 통해 직 · 간접적으로 관여하게 되고, 각종 혜택과 지원을 위한 입법조치를 취하게 된다.

4. 제품 또는 용역 구매자(off-taker)

프로젝트를 통해 생산되는 제품이나 용역의 장기·안정적 판매는 프로젝트의 성패를 좌우하는 것으로서, 하나 또는 다수의 구매자들과 장기 구매 또는 사용 계약을 체결하여 미래의 현금흐름을 확보한다.

5. 원자재 공급자(supplier)

프로젝트 제품 생산이나 용역 제공에 소요되는 원자재(원료)의 장기·안정적 공급원 확보도 프로젝트 성패의 중요한 요소이며, 적정한 가격에 의한 계약 체결이 관건이다.

6. 사업 운영자(operator)

프로젝트 사업의 전문적인 운영을 위해 특정 사업주가 직접 운영하는 경우도 있지만, 전문적인 운영회사와 별도의 계약을 통해 사업을 운영하는 것이 일반적이며 책임의 명확화와 전문화를 꾀할 수 있다.

7. 시공사(contractor)

프로젝트의 설계, 감리, 자재 조달, 시공 및 건설 기간 동안의 관리 등의 업무를 담당하며, 부동산 프로젝트의 경우 책임 준공을 포함하여 예산을 고려한 '총액 고정부 일괄 도급 계약 방식' 등 건설 관련 위험을 회피하기 위한 장치를 계약을 통해 마련한다. 건설 시공사는 신용도·전문성·경험 등을 고려하여 선정된다.

8. 금융기관(financial institutions)

프로젝트에 소요되는 자금을 지원하여 프로젝트의 위험을 실질적으로 부담하는 주체이다. 금융기관 중 일부는 금융주관사(manager)로서 각종 단계별 프로젝트에 대한 자문을 한다.

9. 보험회사(insurer)

프로젝트와 관련한 각종 위험에 대비하기 위해 각종 보험에 가입한다. 보험 구조의 복잡성을 감안할 때, 보험료 수준 등의 결정을 위하여 전문적인 보험중개인을 통한 가입이 바람직하다.

10. 프로젝트금융의 구조와 계약

[그림 2-1]은 일반적인 프로젝트금융의 구조(프로젝트 주체가 회사인 경우)와 관련 당사자들 및 계약서들을 나타낸 것이다.

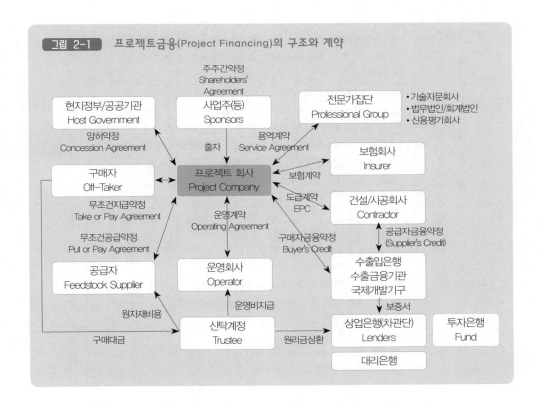

그림 2-1   프로젝트금융(Project Financing)의 구조와 계약

표 2-4 PF 관련 주요 계약(약정)서와 내용

주요 계약(약정)서	주요 내용	참고사항
주주간약정서 (Shareholders' Agreement)	– 사업주간 혹은 투자자간 체결 – 투자지분, 경영권의 배분, 자금조달방법, 자금보충약정, 프로젝트 회사의 설립 및 운영에 관한 사항, 프로젝트에 대한 투자지분 납입과 추가적인 지원(back–ended equity), 현물납입의 허용여부와 가액산정 방식, 사업실패 시 책임분담과 처리절차, 주식 또는 지분권의 양도에 관한 사항(우선 매수권 포함), 이익의 충돌, 경업금지, 사업종료 후 잔여재산 분배 등	합작 계약서
양허계약서 (Concession Agreement)	– 정부 또는 지방자치단체와 사업수행주체 간 체결 – 양허되는 권리내용과 양허요건, 양허료의 지급에 관한 사항, 양허기간, 프로젝트회사의 시공의무와 공사완료시기에 관한 사항, 정부 등의 관리 및 감독권에 관한 사항, 양허되는 권리의 양도에 관한 사항, 양허되는 권리의 종료시기와 조기종결사유, 위험의 배분, 정부의 인허가에 관한 사항, 생산물 판매에 관한 정부의 보장, 생산물의 가격 혹은 사용료에 관한 사항, 양허기간 종료 후 양허권의 처리 등에 관한 사항	실시 협약서
건설계약서 (EPC Contract)	– 공사완공책임에 관한 사항, 공사대금에 관한 사항, 공사완공시기에 관한 사항(손해배상액의 예정), 공사완공의 결정에 관한 사항, 소유권과 위험의 이전 시기, 공사완공 보증할 담보의 제공에 관한 사항, 하자담보에 관한 사항, 디자인과 도면의 결함으로 인한 성능 부족 시 책임관계, 보험의 부보, 분쟁의 해결 – 대출약정서와의 관계 / 완공시점의 결정 – 금융에 대한 책임	공사도급 계약서
대출계약(약정)서 (Loan Agreement)	– 대출선행조건: 각종 계약 체결 증명서류, 인허가서류, 보험증서, 감리관련 서류, 사업주의 투자에 관한 사항 – 자금인출상의 특성: 건설 진행 정도에 따라 인출(직접지급방식, 사후지급방식, 신용장방식 등) / disbursement – 현금흐름 보전 및 배당금 지급(신탁 / Escrow): 대출원리금지급 > 배당금 혹은 후순위채 원리금지급(Recapture 조항) – 현지비용, 건설이자, 보험료 등 지원 – 공사완공시점 – 진술과 보장(representations and warranties): 사업설명서의 진실성 및 정확성 확인 – 특별조항(special covenants): 사업주의 약정 사항 – 채무불이행(event of defaults)과 기한의 이익 상실(acceleration clause) – 대출금 상환 특칙 – 보험부보: 공사완공보험, 화재보험 등 손해보험, 상해보험, 사업운영보험, 정치적 위험 보험 등 (보험금이 직접 대주에게 지급)	

담보 등 채권보전관련 서류	– 지급보증서류: 공사완공보증, 선수금환급보증, Comfort Letter(정부나 지자체의 양허권 보장, 인허가보장, 법률 및 제도의 보장, 이익금 회수 및 대출원리금송금보장 등), 서약서 – 담보서류: 프로젝트회사 소유 동산, 부동산 및 기타 재산권에 대한 담보권 취득 관련 서류(저당권, 질권, 양도담보 등 설정 계약 및 등기, 등록, 공시 등 대항요건 구비), 담보대리인 내지 담보수탁자 지정 – 직접계약서(direct agreement) – 보험금청구권 양수계약서(assignment of insurance coverage)

Ⓥ 프로젝트금융 관련 위험과 위험 관리

프로젝트금융과 관련된 일반적인 위험은 프로젝트 참여자들 각각의 신용 위험, 프로젝트의 완성 위험, 제품의 판매 위험과 원자재 조달 위험, 운영 위험, 경제적 · 재무적 위험, 환경 위험, 사업기반(infra) 위험, 정치적 위험, 불가항력(force majeure) 위험 등을 들 수 있다. 이러한 다양한 위험을 관리하기 위해서 관련 계약서나 약정서상에 다양한 장치(책임 준공, 자금 보충, 후순위대출(subordinated loans), 성과급(incentives), 자금 관리 등)를 마련하며, 필요한 경우 보증(guarantee)(보증신용장(standby letters of credit(L/C)), 이행보증(performance bond, comfort letter 등), 보험(수출신용기관(export credit institution), 국제개발기구, 기타 특별법상의 각종 기관 등이 제공하는 보험) 등의 제도를 활용하고, 나아가 대출자(lender)의 대출 원리금 보전을 위해 인적 · 물적 담보 및 기타 각종 채권 보전 수단을 강구하고 있다.

제 2 절 부동산 프로젝트금융

I 부동산개발사업과 (단계별) 주요 법적 쟁점

1. 부동산개발사업의 정의

(1) 「부동산개발업의 관리 및 육성에 관한 법률」 (법 제 2 조 / 제 1 호)

"부동산개발"이란 다음의 어느 하나에 해당하는 행위를 말한다. 다만, 시공을 담당하는 행위를 제외한다.

가. 토지를 건설공사의 수행 또는 형질변경의 방법으로 조성하는 행위

나. 건축물을 건축 · 대수선 · 리모델링 또는 용도변경하거나 공작물을 설치하는 행위(「건축법」 제 2 조 제 1 항 제 8 호~제10호, 제19조)

(2) 「자본시장과 금융투자업에 관한 법률」 (법 제81조 제 1 항 / 제 2 호 가목 단서)

부동산개발사업은 "토지를 택지 · 공장용지 등으로 개발하거나 그 토지 위에 건축물, 그 밖의 공작물을 신축 또는 재축하는 사업"을 말한다.

(3) 「부동산투자회사법」 (법 제 2 조 / 제 4 호)

4. "부동산개발사업"이란 다음 각 목의 어느 하나에 해당하는 사업을 말한다.

가. 토지를 택지 · 공장용지 등으로 개발하는 사업

나. 공유수면을 매립하여 토지를 조성하는 사업

다. 건축물이나 그 밖의 인공구조물을 신축하거나 재축(再築)하는 사업

라. 그 밖에 가목부터 다목까지의 사업과 유사한 사업으로 대통령령으로 정하는
사업[1]

2. 부동산개발사업의 종류

부동산개발사업의 종류는 개발대상, 사업주체 그리고 사업의 종류에 따라 아래
[표 2-5]와 같이 분류할 수 있다.

표 2-5 **부동산개발사업의 종류**

구분 기준	주요내용	근거법령/참고사항
개발 대상	주거시설, 상업시설, 산업시설, 공공시설, 복합시설, 복합단지 개발사업	Exit 방법에 따라 분양형과 운용 · 매각형으로 구분
사업 주체	제1섹터: 공공개발방식 개발사업 제2섹터: 민간개발방식 개발사업 제3섹터: 민관합동개발방식 개발사업(민간 ＋공공법인) 제4섹터: 주민조합 공공개발사업(주민조합 ＋공공법인) 제5섹터: 주민조합 민간개발사업(주민조합 ＋민간법인) 제6섹터: 합동개발사업(주민조합＋공공법인 ＋민간법인)	정부, 지자체, 공공법인, 특수법인, 정부투자법인 일반법인, 단체, 개인(단독 혹은 공동개발방식) 공모형 PF사업, 사회기반시설민간투자사업 PPP(Public－Private Partnership), PFI(Private Finance Initiative)
사업의 종류	1. 신도시 개발사업 2. 주거 환경 개선 사업, 재개발사업, 재건축 사업 3. 관광 숙박업 및 관광객 이용 시설업 개발 사업, 관광 단지개발 사업 4. 등록 체육 시설업 개발 사업	「택지개발촉진법」, 「주택법」, 「도시개발법」 「도시 및 주거환경정비법」 「관광진흥법」 「체육시설의 설치 · 이용에 관한 법률」

---

1 ① 건축물이나 그 밖의 인공구조물을 연면적의 100분의 10 이상의 범위에서 증축하거나 개축
하는 사업으로서 증축 또는 개축되는 면적이 3천제곱미터를 초과하는 사업.
② 건축물이나 그 밖의 인공구조물을 이전하는 사업(시행령 제 2 조 제 4 항).

	5. 도시 계획 시설 사업	「국토의 계획 및 이용에 관한 법률」
	6. 산업 단지 개발 사업	「산업입지 및 개발에 관한 법률」
	7. 공공주택 사업	「공공주택특별법」
	8. 민간임대주택 사업	「민간임대주택에 관한 특별법」
	9. 도시 개발 사업	「도시개발법」
	10. 경제자유구역 개발 사업	「경제자유구역의 지정 및 운영에 관한 법률」
	11. 혁신도시 개발 사업	「혁신도시 조성 및 발전에 관한 특별법」
사업의 종류	12. 행정중심복합도시 건설 사업	「신행정수도 후속대책을 위한 연기·공주지역 행정중심복합도시 건설을 위한 특별법」
	14. 기업도시 개발 사업	「기업도시개발특별법」
	15. 역세권 개발 사업	「역세권의 개발 및 이용에 관한 법률」
	16. 복합 환승센터 개발 사업	「국가통합교통체계 효율화법」
	17. 도시재생사업	「도시재생 활성화 및 지원에 관한 특별법」,「도시재정비 촉진을 위한 특별법」
	18. 빈집정비사업, 자율주택정비사업, 가로주택정비사업, 소규모재건축사업, 소규모재개발사업	「빈집 및 소규모주택 정비에 관한 특례법」
	19. 시장정비사업	「전통시장 및 상점가 육성을 위한 특별법」

3. 부동산개발 주요단계

일반적으로 국내 부동산개발사업을 단계별로 구분해보면 아래 [표 2−6]과 같이 세분화할 수 있으며 여러 단계 중 분쟁발생의 개연성이 상대적으로 높은 단계는 협상 및 계약단계, 사업실행단계 및 사업완성단계이다.

표 2-6 부동산개발 주요단계

주요단계	세부단계	내용	참고
	부지물색(발굴)		
기획단계	부지분석	용도분석 권리분석 인허가분석 입지분석	
	개발 개념설정		

사업계획단계	상품결정		
	규모확정		
	사업구도확정		
	자금조달계획		
	분양마케팅계획		
	사업타당성검토		
	사업계획수립		
사업성검토단계	수익성검토		
	분양성검토		
	공사비검토		
	사업비검토		
	분양마케팅비검토		
협상 및 계약단계	협상단계	토지소유자와 토지계약협상 금융기관 협의 시공사 협의	분쟁발생의 가능성이 높은 단계
	계약단계	토지매매계약 용역계약 시공사도급계약 금융회사업무협약 분양대행계약	
사업실행단계	사업계획확정		
	건축설계		
	인허가		
	PF		
	착공 및 분양		
사업완성단계	준공 및 입주		
	정산 및 관리		

4. 국내 부동산개발사업(부동산 PF 포함)의 계약 구조

국내 부동산개발사업의 일반적 계약구조는 [그림 2-2]에서 보듯이 개발사업의 단계에 따라 사업지의 소유자와 시행사 간에 토지매매계약, 시행사·시공사·대출기관 간의 사업약정서 체결(시공사의 보증계약, 여신거래약정, 필요한 경우 신탁계약과 동시에 체결), 시행사와 시공사 간의 공사도급계약, 설계 및 감리자와 시행사 간에 설계 및 감리계약, 사업에 따라 필요한 경우 분양보증기관과의 분양보증계약(엄밀히 말하면 주택사업의 경우 분양받은 자들의 보호를 위해 주택도시보증공사와 분양보증계약을, 기타 건축물의 경우에는 이른바 「건축물의 분양에 관한 법률」에 따라 '분양관리신탁'(실무상 통칭) 계약을 통해 분양보증의 효과를 거둠), 끝으로 분양받는 자들과 시행사 간의 분양계약을 체결하는 구조이다.

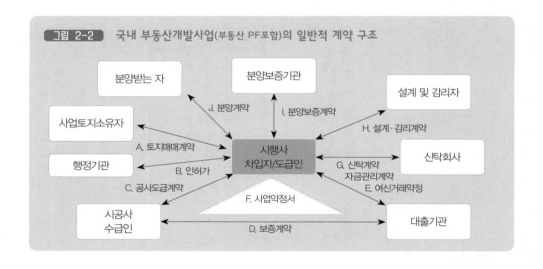

그림 2-2 국내 부동산개발사업(부동산 PF포함)의 일반적 계약 구조

표 2-7   국내 부동산 PF 주요 약정과 내용

계약서	주요 내용
사업약정서	사업의 개요 상호 업무분장 및 협력 의무 공사도급계약(책임준공) 자금조달 및 채권 확보 방안 자금집행방법 및 관리, 자금집행순서 사업시행권 포기 및 양수도 채무인수 사업수익금의 정산 약정 해지 및 손해배상 약정의 효력 분쟁해결 및 관할 법원 기타 사항(적용순위 등)
신탁사업약정서 (토지신탁)	약정 당사자의 업무 분담 및 협력 의무 위탁자의 토지소유권 확보 공사도급(책임준공, 지체상금, 설계변경 및 공사비조정, 공사계약 이행 보증) 자금조달 자금집행순서 분양방법 대물변제(공사비) 수익의 교부 제세공과금 약정의 해지 건설사의 시공권 양도 약정서의 효력과 지위 특약사항의 운용 수익자 변경
신탁계약서(토지신탁)	신탁의 목적 소유권이전 및 신탁등기 이행 시공사 선정 자금차입 설계 및 감리 하자담보책임 건물의 인도 및 신탁 공시 신탁부동산의 처분 및 관리 운용 방법 선관주의의무 및 충실의무 소송수행과 면책 신탁재산의 범위

신탁계약서(토지신탁)	신탁수익
	수익자와 수익권
	수익권증서
	수익권의 양도, 승계, 질권설정
	채무보증
	신탁재산에 속하는 금전의 운용 방법
	신탁사무 처리 비용의 지급
	수탁자의 지급, 대 지급, 상환
	신탁재산의 환가에 의한 제 비용 충당
	신탁계산 및 수익교부
	신탁보수
	신탁기간
	신탁계약의 해지
	신탁의 종료
	특약사항의 운용
	사해신탁의 금지
	계약의 효력 순위
	사업시행자 변경
	분양대금 수납관리
	손실보전의 금지
	위탁자의 사업자 등록 의무
대출계약서	대출조건
	인출선행조건
	자금관리
	진술 및 보장
	준수서약
	채무불이행 및 기한의 이익 상실
	인출후행조건
	대출자의 동의 조항
	대출금 상환조항
	채권보전방안
	세금보상
	우선지위조항
	대출자간 약정
공사도급계약서	공사이행보증금
	공사기간 및 연장
	선금
	불가항력
	공사대금 조정
	책임준공 및 손해배상책임
	공사중단권(항변사유)
	지체상금

	하자담보책임
공사도급계약서	하도급계약 해제
	미분양물건에 대한 권리 확보 (대물변제, 신탁수익권)
	유치권
	저당권 설정 청구권

5. 국내 부동산개발 단계별 주요 법적 쟁점

(1) 사업부지(토지) 매입 단계

일반적으로 개발사업자(시행자)가 사업부지를 매입하는 절차는 토지소유자와의 약정서(혹은 확약서) 체결, 계약금 차입(필요한 경우), 매매계약 체결 및 계약금 지급, (중도금)잔금 차입, 잔금지급 및 소유권이전등기의 순으로 진행된다.

이 단계에서 주로 발생되는 법적 쟁점으로는 (i) 관행상 사용되는 매도확약서 내지 매매약정서의 법적 성격, (ii) 매도인의 계약해제와 매수인의 각종 권리보호, (iii) 토지 상의 권리제한 사항 등 해결방안, (iv) 매수인의 잔금지급시기, (v) 매도인의 이중매매, (vi) 사업부지의 특성에 따른 확보방안 등이 있다.

1) 매도확약서 내지 매매약정서의 법적 성격

매매약정서 내지 매도확약서의 주요 내용으로는 (i) 유사시 사업주체 변경 승낙 조항(매수인의 지위 승계 동의 조항), (ii) 매매대금 용적률 연계 등인바, 이러한 약정이 민법 상 이른바 매매의 일방예약(「민법」제564조)에 해당되는가에 대해 대법원은 매매의 예약은 당사자의 일방이 매매를 완결할 의사를 표시한 때에 매매의 효력이 생기는 것이므로, 적어도 일방예약이 성립하려면 그 예약에 기초하여 맺어질 본 계약의 요소가 되는 매매목적물, 이전방법, 매매가액 및 대금 지급방법 등의 내용이 확정되어 있거나 적어도 확정할 수 있어야 한다고 판시하고 있다.[1] 한편, 매수인의 권리보호를 위해 매도대상 사업부지에 보전처분의 하나인 매도금지 가처분 신청이 가능한가에 대해 구체적인 상황에 따라 차이가 있겠지만, 대법원은 가처분 신청의 피보전권리(彼保全權利)는 가처분 신청 당시 확정적으로 발생되어 있어야 하는 것은 아니고, 이미 그 발생의 기초가 존재하고 그 내용이나 주체 등을 특정할 수 있을 정도의 요건만 갖추어져 있으

---

1 대법원 1993. 5. 27. 선고 93다4908, 4915, 4922 판결.

면, 조건부 내지 부담부청구권이라 할지라도 피보전권리가 될 수 있다고 판시하고 있어 긍정적으로 고려할 수 있다.[1]

2) 매도인의 계약해제와 매수인의 각종 권리보호

통상 토지소유자와의 사업부지 매매계약을 하기 전에 가계약을 하는 경우가 많으며 동시에 가계약금을 지급하는 경우가 많다. 이 경우 가계약에서 "매도인은 가계약일로부터 일정기간(통상 구체적인 일수를 기재) 이내에 본 계약을 체결하기로 하고 만약 이를 불이행 시는 본 계약을 무효로 하고 매수인은 어떤 이의도 민·형사 상의 문제를 제기할 수 없다"고 약정하는 경우가 많은데, 매도인이 본 계약 체결을 이행하지 않는 경우 매수인은 가계약금의 반환을 청구할 수 있느냐가 문제가 된다. 대법원은 이 약정만으로 매도인의 계약불이행 시 매수인이 이미 지급한 가계약금의 반환청구를 포기하기로 하는 위약금약정이 있었던 것으로는 볼 수 없다라고 판시하고 있다.[2] "계약이 일단 성립한 후에는 당사자의 일방이 이를 마음대로 해제할 수 없는 것이 원칙이고 다만, 주된 계약과 더불어 계약금계약을 한 경우에는 「민법」 제565조 제 1 항의 규정(解約金)에 따라 임의 해제를 할 수 있기는 하나, 계약금계약은 금전 기타 유가물의 교부를 요건으로 하므로(즉, 要物契約) 단지 계약금을 지급하기로 약정만 한 단계에서는 아직 계약금으로서의 효력, 즉 「민법」 규정에 의해 계약해제를 할 수 있는 권리는 발생하지 않는다고 할 것이다. 따라서 당사자가 계약금의 일부만을 먼저 지급하고 잔액은 나중에 지급하기로 약정하거나, 계약금 전부를 나중에 지급하기로 약정한 경우, 교부자가 계약금의 잔금이나 전부를 약정대로 지급하지 않으면 상대방은 계약금의 지급의무의 이행을 청구하거나 채무불이행을 이유로 계약금약정을 해제할 수 있고, 나아가 위 약정이 없었더라면 주 계약을 체결하지 않았을 것이라는 사정이 인정된다면 주 계약도 해제할 수 있을 것이나, 교부자가 계약금의 잔금 또는 전부를 지급하지 아니하는 한, 계약금계약은 성립하지 아니하므로 당사자가 임의로 주 계약을 해제할 수는 없다"고 판시하고 있다.[3] 그리고 매매계약서상에 중도금 이행기의 약정이 있고 매도인이 그 기한 전에 약정해제권을 행사하려는 경우에 이러한 경우라 하더라도 당사자가 채무의 이행기 전에는 이행에 착수하지 아니하기로 하는 특약을 하는 등

---

1 대법원 2002. 8. 23. 선고 2002다1567 판결.

2 대법원 2007. 10. 25. 선고 2007다40765 판결.

3 대법원 2008. 3. 13. 선고 2007다73611 판결.

특별한 사정이 없는 한, 이행기 전에 이행에 착수할 수 있느냐에 대해 "매매계약의 체결 이후 시가 상승이 예상되자 매도인이 구두로 구체적인 금액의 제시 없이 매매대금의 증액요청을 하였고 매수인은 이에 대하여 확답하지 않은 상태에서 중도금을 이행기 전에 제공하였는데, 그 이후 매도인이 계약금의 배액을 공탁하여 해제권을 행사한 사안에서, 이행기 전의 이행의 착수가 허용되어서는 안 될 만한 불가피한 사정이 있는 것도 아니므로, 매도인은 위의 해제권의 행사를 할 수 없다"고 판단하여 매도인이 무리한 요구를 하면서 약정해제권을 악용할 우려가 있을 경우에는 중도금지급기한 전 중도금지급으로 약정해제권을 배제시킬 수 있는 것으로 판시한 바 있다.[1] 약정해제권과 관련하여 시행자가 대규모 건설사업을 추진하기 위한 목적으로 사업부지를 매수한다는 점을 매매계약의 목적에서 명시적으로 정하고 사업부지를 구성하는 일부 필지의 매매를 할 경우에는, 해석상 약정해제권의 묵시적 배제합의가 있는 것으로 해석될 수 있다.[2] 잔금지급 기일이 경과한 후 매도인의 매매계약해제와 관련하여 "부동산매매계약에 있어서 '매수인이 잔금 지급 기일까지 그 대금을 지급하지 못하면 그 계약이 자동적으로 해제된다는 취지의 약정'이 있더라도 매도인이 이행의 제공을 하여 매수인을 이행지체에 빠뜨리지 않는 한 그 약정기일의 도과 사실만으로는 매매계약이 자동 해제된 것으로 볼 수 없으나, 매수인이 수회에 걸친 채무불이행에 대하여 잔금 지급 기일의 연기를 요청하면서 새로운 약정 기일까지는 반드시 계약을 이행할 것을 확약하고 불이행 시에는 매매계약이 자동적으로 해제되는 것을 감수하겠다는 내용의 약정을 한 '특별한 사정'이 있다면 매수인이 잔금 지급 기일까지 잔금을 지급하지 아니함으로써 그 매매계약은 자동적으로 실효된다"고 판시하고 있다.[3]

3) 사업부지 상의 각종 권리제한 사항의 해결방안

사업부지 소유권을 이전 받기 위해 잔금을 지급하기 이전에, 사업부지상의 각종 문제점과 권리제한 요소들이 존재하는 경우, 반드시 이를 해결하여야 하는 바, [표 2-8]은 각종 문제점과 권리제한 요소들이 존재하는 경우의 해결 방안 등을 정리한 것이다.

---

1 대법원 2006. 2. 10. 선고 2004다11599 판결.
2 대법원 2008. 7. 10. 선고 2005다41153 판결.
3 대법원 2007. 12. 27. 선고 2007도5030 판결.

| 표 2-8 | 사업부지 상의 각종 문제점 및 권리제한 요소 등 사안별 해결방안 |

사안	구분	해결방안
매매계약 체결 후 잔금 지급 전 소유권이전등기청구권 보전 방안	협의 가능한 경우	• 매매예약의 가등기(매도인의 협력 필수, 본등기 경료를 위한 인감증명서(3개월 내 발행) 확보 필요)
	협의 불가능한 경우	• 법원에 처분금지가처분 신청(일정한 경우 채권자대위권 행사도 가능)[1]
사업부지 중 미매입지의 처리 방안	구제방법 존재 경우[2]	• 매도청구권(주택법, 도시및 주거환경정비법) • 수용권(도시개발법, 택지개발촉진법, 관광진흥법 등)
	구제방법 부존재 경우	• 고가매입 후 형사상 부당이득죄 고소 • 「민법」 제104조 불공정한 법률행위로 인한 계약 무효를 원인으로 부당이득반환청구소송 등을 통해 토지매입비 회수(승소율 매우 낮음) • 판례: 긍정(대법원 2006. 2. 24. 선고 2005도8386 판결; 대법원 2006. 9. 22. 선고 2006도5274 판결; 대법원 2008. 5. 29. 선고 2008도2612 판결)
소유권을 제한하는 권리제한 사항 처리 방안	가압류, 압류등기	• 매매계약상에 매매대금에서 피압류금액을 공제하여 대금을 지급한 후, 이를 매도인의 채권자에게 직접 변제 또는 변제공탁(가압류해방공탁 포함) 할 수 있다는 조항 삽입
	저당권, 근저당권 등기	• 상동 • 부동산의 매수인이 매매목적물에 관한 근저당채무, 가등기담보부채무, 가압류채무 또는 임차보증금반환채무 등을 인수하는 한편 그 채무액을 매매대금에서 공제하기로 약정한 경우, 그 인수는 특별한 사정이 없는 한 매도인을 면책시키는 면책적 채무인수가 아니라 이행인수로 보아야 하고, 면책적 채무인수로 보기 위해서는 이에 대한 채권자의 승낙이 있어야 한다.
	가처분 등기	• 가처분등기가 경료된 경우 우선 가처분의 피보전권리가 무엇인지 정확히 파악해야 함 • 피보전권리가 담보물권인 저당권설정등기청구권이나 사해행위에 기한 소유권이전등기말소청구권 등 외관상 비금전채권이나 그 실질은 금전채권인 경우에는 가처분권자의 의사를 확인하여 금전을 지급하는 방법으로 가처분취하신청 서류를 수취하되, 가처분권자가 다른 의도로 정당한 대가 이상을 요구하는 경우에는 특별사정에 의한 가처분취소신청절차를 통해 금전을 공탁한 후 가처분을 취소하는 절차 취해야 함

---

1 대법원 2001. 5. 8. 선고 99다38699 판결.

2 구제방법이 법령상 존재하는 경우에도 해결이 되기까지 상당히 오랜 기간이 소요될 수 있어 사실상 사업진행에 장애요인이 될 수 있다.

소유권을 제한하는 권리제한 사항 처리 방안	가처분 등기	• 피보전권리가 매매계약에 기한 소유권이전등기청구권이나 용익물권(임대차 등)과 관련된 부분인 경우, 시행자의 매매계약이 이행불능에 이를 수 있으므로, 반드시 그 권리자와 합의한 후 해결방안을 문서로 작성한 후 계약을 체결해야 함
	지상권	• 우선 약정지상권이 성립되어 있다면 이를 사전에 파악해 지상권계약을 해지시키는 조치를 취해야 함 • 법정지상권의 경우 소유권을 제한하는 적법한 권리가 되기에 소유자로 하여금 지상권자와 합의(지상권 포기 유도)후 혹은 최소한 매매계약과 동시에 이를 처리해야 함 • 최단기간 규정하고 있으며 이보다 짧은 기간을 약정한 경우 이를 최단기간까지 연장되는 것으로 해석함에 주의(견고한 건물이나 수목 30년, 그 밖의 건물 15년, 건물 이외의 공작물 5년) /「민법」제280조
	가등기	• 매매대상 목적물에 가등기가 경료되어 있는 경우 매매예약 가등기인지 담보가등기(「가등기담보등에 관한 법률」)인지 파악 • 직접 권리자와 접촉하여 전자인 경우 선행 매매계약의 해지를, 후자인 경우 채권액의 변제방안을 직·간접적으로 강구하여 해결 (동시에) 매매계약 체결
	임차인 존재	• 실무상 가장 흔한 경우 • 원칙은 매도인이 부담해야 할 사항이나 매도인이 적극적으로 이를 처리하지 않을 경우 신속한 사업의 실행을 위해 매수인이 직접 관여할 필요 • 임차인을 분류:「상가건물임대차보호법」이나 「주택임대차보호법」보호 대상인 경우 협의에 치중 • 임대차계약기간 천차만별이기에 매도인과 임차인간에 임대차계약 기간 변경 유도 • 임대차계약기간 단축합의에도 불구하고 착공시기에 명도를 거부하는 경우 대비 매도인과 임차인 사이에 명도에 관한 '제소전화해조서' 작성 유용함

4) 매수인의 잔금지급채무와 채무이행시기 관련 법적 쟁점

부동산 매수인이 매매목적물에 관한 채무를 매도인으로부터 인수하는 대신에 그 채무액을 매매대금에서 공제하기로 상호 약정하는 경우, 매수인은 언제 잔금 지급채무의 이행을 다하였다고 볼 수 있는지에 대해 대법원은 "매매 잔금을 지급하는 대신에 저당채무를 인수한 매수인이 그 인수채무를 변제하지 않아도 매매당사자 사이에는 매매대금 지급에 관한 결제가 완료되었다 할 것이므로 매수인은 매도인에게 그 매매부동산에 관한 소유권이전등기를 청구할 수 있다"고 판시하면서,[1] 나아가 "부동산의 매수인이 매매목적물에 관한 채무를 인수하는 한편, 그 채무액을 매매대금에서 공제하기로 약정한 경우, 매수인은 매매계약 시 인수한 채무를 현실적으로 당장 변제할 의무를 부담하는 것은 아니고, 특별한 사정이 없는 한 매수인이 매매대금에서 그 채무액을 공제한 나머지를 지급함으로써 잔금지급의무를 다하였다고 할 것이므로, 설사 매수인이 위 채무를 현실적으로 변제하지 아니하였다고 하더라도, 그와 같은 사정만으로 매도인은 매매계약을 해제할 수 없고, 다만, 매수인은 인수채무의 이행시기 등에 관하여 다른 약정이 없는 한, 그 인수채무가 가지는 본래의 내용에 따라 이행하면 족하고, 그 이행을 지체함으로써 매매대금의 일부를 지급하지 않은 것과 동일하다고 평가할 수 있는 특별한 사유가 있을 때 계약해제권이 발생한다"고 하여 매도인의 계약해제권 발생의 요건을 엄격히 해석하고 있다.[2]

한편, 매도인의 채무를 인수하면서 동시에 매매에 따른 양도소득세 등을 매수인이 부담하기로 약정하는 경우가 있는데, "매수인이 대출금채무의 이행인수로써 매매대금의 지급에 갈음하고 그 소유권이전등기를 미리 넘겨주되, 그에 따른 양도소득세 등을 매수인이 부담하기로 약정하면서, 양도소득세 부담의무의 이행기간에 관하여 특별한 약정을 하지 않은 경우, 특별한 사정이 없는 한 매수인은 매도인의 이름으로 '자산양도차익 예정신고 자진납부' 또는 '과세표준 확정신고 자진납부'를 하거나 그에 상당하는 금액을 매도인에게 교부하여야 한다고 풀이함이 상당하다 할 것이고, 양도소득세 부담약정은 매매계약에 부수하는 것이 아니라 그 중요한 요소를 이루는 것이므로, 매수인이 위 약정에 따른 의무를 지체하였다면 매도인은 이을 이유로 매매계약을 해제할 수 있다"고 판시한 바 있다.[3]

5) 매도인의 사업부지 이중매매(二重賣買)

종래 부동산개발사업을 위해 매도인과 당초 매수인 간에 사업부지 매매계약을 한 이후에 매도인이 더 좋은 매매조건을 제시하는 새로운 매수인에게 사업부지를 양도함으로써 결국 부동산을 이중 매매하는 결과가 발생하는 경우가 있었다. 이 때 구

---

1 대법원 1957. 6. 29. 선고 4290민상18 판결.
2 대법원 1998. 10. 27. 선고 98다25184 판결; 대법원 1995. 8. 11. 선고 94다58599 판결; 대법원 1993. 6. 29. 선고 93다19108 판결.
3 대법원 1993. 6. 29. 선고 93다19108 판결; 대법원 1991. 5. 29. 선고 90다카27471 판결.

매수인이 매도인을 상대로 취할 수 있는 방안으로 민사책임을 묻는 방안과 형사책임을 묻는 방안으로 대별할 수 있다. 전자로는 「민법」 제103조(반사회질서의 법률행위) 위반으로 소유권이전등기말소청구소송, 소유권이전등기청구소송, 채무불이행 혹은 불법행위에 따른 손해배상청구소송, 기 지급 계약금 혹은 중도금 반환청구소송 등을 들 수 있고, 후자로는 형사상 배임죄(「형법」 제355조 제 2 항)를 묻는 방안이 있다. 대법원은 "부동산 매도인이 매수인으로부터 계약금과 중도금까지 수령한 이상 특단의 약정이 없다면 잔금수령과 동시에 매수인 명의로의 소유권이전등기에 협력할 임무가 있으므로 이를 다시 제 3 자에게 처분함으로써 제 1 차 매수인에게 잔금 수령과 상환으로 소유권이전등기절차를 이행하는 것이 불가능하게 되었다면 배임죄의 책임을 면할 수 없다"고 판시하고 있다.[1] 관련 판례로서 채무자가 채권자에 대한 채무변제일이 도달하자 자기 소유의 부동산으로 대물변제하기로 약정하였으나 채무자가 그 부동산의 소유권을 채권자에게 이전등기 하기 전에 제 3 자에게 매각하고는 이전등기를 해 준 사안에서 "배임죄 성립여부가 중도금에 좌우되지 않고 본 건의 경우 매수인이 이미 지급한 채권 금액의 담보조로 대물변제의 약정을 하였으므로 그 채권은 이미 중도금 및 잔금지급의 실질이 충족되었다"고 하면서 이 경우 배임죄를 인정하고 있다.[2] 부동산매도인이 매수인으로부터 계약금과 중도금에 갈음하여 매수인 소유 부동산을 이전 받기로 하고 소유권이전등기 필요서류를 모두 교부 받은 후, 그 매매대상 부동산을 제 3 자에게 이중 양도한 사안에서도 사회통념 내지 신의칙(信義則)상 계약금 및 중도금이 지급된 것과 마찬가지로 볼 수 있으므로 배임죄가 성립한다고 판시하였으며,[3] 제 2 매수인이 소유권자를 적극적으로 유혹해서 제 1 매수인의 소유권을 적극적으로 침해하고자 하는 해악(害惡)의 뜻을 가지고 당해 부동산을 매수하였을 경우에는 「민법」상 정당한 원인에 의한 소유권취득으로 볼 수 없고 배임죄의 공동정범(共同正犯)으로 볼 수 있을 것이라고 판시한 바 있다.[4]

하지만, 일정한 경우에는 배임죄를 인정하지 않고 있는데, 첫째, 매수인의 계약위

---

1 대법원 1988. 12. 13. 선고 88도750 판결.

2 대법원 1984. 8. 21. 선고 84도691 판결.

3 대법원 1986. 10. 28. 선고 86도936 판결.

4 대법원 1966. 1. 31. 선고 65도1095 판결.

반 사실이 존재하는 경우,[1] 둘째, 계약이 무효 혹은 취소된 경우,[2] 셋째, 매매계약해제가 부적법한 경우나 행위자가 적법한 것으로 착오한 경우[3] 등을 들 수 있다.

6) 사업부지의 특성에 따른 법적 쟁점

① 토지거래허가구역 내 사업부지 확보 「부동산거래신고 등에 관한 법률」에서는 국토의 이용 및 관리에 관한 계획의 원활한 수립과 집행, 합리적인 토지 이용 등을 위하여 토지의 투기적인 거래가 성행하거나 지가(地價)가 급격히 상승하는 지역과 그러한 우려가 있는 지역으로서 일정한 지역에 대해서는 5년 이내의 기간을 정하여 토지거래계약에 관한 허가구역으로 지정할 수 있다고 규정하고 있다($\frac{법}{제4장}$). 부동산개발 사업부지가 여기에 해당하는 경우에 실무상 매매계약서 상에 토지거래허가를 득하는 것을 조건으로 매매계약을 체결한다는 조항을 삽입한다. 이 매매계약의 효력은 허가를 받을 때까지는 이른바 '유동적 무효'상태이며 허가를 받으면 소급하여 유효하게 된다. 유동적 무효의 상태이더라도 계약 당사자는 토지거래허가절차에 협력할 의무를 지게 되며,[4] 이를 기초로 매수인이 매도인을 상대로 '처분금지 가처분'을 신청하는 경우에도 허용되고 매매계약 중 주된 급부의무는 유동적 무효이나 그 외 위약금약정 등은 유효하다. 유동적 무효상태의 매매계약을 체결하고 그에 기하여 임의로 지급한 계약금 등은 그 계약이 유동적 무효 상태에 있는 한 그를 부당이득으로서 반환을 구할 수 없으며, 유동적 무효 상태가 확정적 무효 상태가 되었을 때 비로소 부당이득으로 반환을 구할 수 있다. 추후 관할 시장, 군수 또는 구청장에 의한 불허가처분이 있는 경우와 당사자 쌍방이 허가신청 협력의무의 이행거절 의사를 명백히 표시한 경우

---

1 공사수급인이 잔여공사를 하지 않아 공사비 담보조로 분양하기로 한 아파트를 타인에 처분한 경우(대법원 1984. 7. 24. 선고 84도815 판결).

2 통정허위표시로 부동산을 처남에게 매도하고 가등기를 한 후 다시 타인에 매도한 경우(대법원 1983. 7. 12. 선고 82도2941 판결), 농가가 아니고 자영할 의사도 없어 농지개혁법상 농지를 취득할 수 없는 자에 대하여 농지를 매도한 경우(대법원 1979. 3. 27. 선고79도141 판결), 내연의 처와의 불륜관계를 지속하는 대가로서 부동산에 관한 소유권이전등기를 해주기로 약정한 경우(대법원 1986. 9. 9. 선고 86도1382 판결).

3 이중매매는 배임죄가 될 수 있으나 행위자가 적법한 것으로 착오한 경우 고의가 인정될 수 없어 배임죄가 성립되지 않는다(대법원 1970. 4. 28. 선고 70도480 판결).

4 대법원은 '토지거래허가 신청절차 협력의무'를 인정한 바 있으며(대법원 1992. 10. 27. 선고 92다34414 판결), 나아가 협력의무 불이행으로 인한 손해배상청구권도 인정하고 있다(대법원 1995. 4. 28. 선고 93다26397 판결).

확정적 무효로 인정된다.[1]

　　이 법에서는 토지거래계약을 허가 받은 자는 일정한 사유가 있는 경우를 제외하고는 지정기간 동안 그 토지를 허가 받은 목적대로 이용해야 할 의무가 있다(법 제17조 제 1 항). 일정한 사유 중에는 토지거래계약허가를 받은 자가 (i) 허가 받은 목적이 주택 또는 준주택을 건축·분양하는 것일 것, (ii) 토지거래계약허가를 받은 자가 신탁업자에게 토지의 개발, 담보 또는 분양관리를 하게 하는 내용으로 신탁계약을 체결할 것, (iii) 토지거래허가계약을 받은 자와 신탁업자가 (i)의 목적으로 토지를 이용할 것 등의 요건을 모두 충족하는 경우에는 허가 받은 목적대로 이용할 필요는 없다(시행령 제14조 제 1 항 제10의2 호 '가목~'다'목). 따라서 토지거래허가구역에 속하는 토지를 신탁방식으로 주택 혹은 준주택을 건축하여 분양하는 것이 법적으로 가능하게 되었다.

　　② 사업부지 중 농지(農地)의 확보 방안　　「농지법」에서는 농지를 취득하려면 원칙적으로 농지 소재지 관할 시장, 구청장, 읍장, 면장으로부터 농지취득자격증명을 발급받아야 하고(농지법 제8조 제1항) 소유권에 관한 등기를 신청할 때에는 반드시 농지취득자격증명을 첨부하여야 한다(농지법 제8조 제6항). 농지취득자격증명이 없이 이행된 소유권이전등기는 효력이 없으며[2] 공매의 경우도 마찬가지다. 다만 매각결정과 대금을 납부한 이후에 추완(追完)은 가능하다. 한편,「국토의 계획 및 이용에 관한 법률」상 도시 지역 안의 농지는「농지법」제8조의 적용을 배제하고 있으며 다만, 녹지지역 안의 농지로서 도시·군계획시설사업에 필요하지 아니한 농지는 농지취득자격증명이 필요하다(법 제83조 제 3 호). 그리고 이 법에서는 토지거래허가구역 내의 농지에 대해 거래허가를 받은 경우 '농지취득자격증명'을 얻은 것으로 의제한다(「부동산 거래신고 등에 관한 법률」제20조 제 1 항). 또한, 예외적으로 일정한 경우에는 농지자격취득증명이 불필요하다.[3]

1　대법원 1997. 11. 11. 선고 97다36965 판결.

2　대법원 2012. 11. 29. 선고 2010다68060 판결.

3　국가나 지방자치단체가 농지를 소유하는 경우, 상속(상속인에게 한 유증(遺贈)을 포함)으로 농지를 취득하여 소유하는 경우, 담보농지를 취득하여 소유하는 경우, 농지전용협의를 마친 농지를 소유하는 경우,「한국농어촌공사 및 농지관리기금법」에 따라 한국농어촌공사가 농지를 취득하여 소유하는 경우,「농어촌정비법」제16조·제25조·제43조·제82조 또는 제100조에 따라 농지를 취득하여 소유하는 경우,「공유수면매립법」에 따라 매립농지를 취득하여 소유하는 경우, 토지수용으로 농지를 취득하여 소유하는 경우, 농림축산식품부장관과 협의를 마치고「공익사업을 위한 토지 등의 취득 및 보상에 관한 법률」에 따라 농지를 취득하여 소유하는 경우, 농업법인의 합병으로 농지를 취득하는 경우, 공유 농지의 분할이나 그 밖에 대통령령으로 정하

특히 담보농지를 취득하는 경우에 농지취득자격증명이 필요하지 않는바, 여기에는 「자산유동화에 관한 법률」 제3조에 따른 유동화전문회사등이 「농업협동조합법」에 따른 지역농업협동조합, 지역축산업협동조합, 품목별·업종별협동조합 및 그 중앙회와 농협은행, 「수산업협동조합법」에 따른 지구별수산업협동조합, 업종별수산업협동조합, 수산물 가공 수산업협동조합 및 그 중앙회, 「산림조합법」에 따른 지역산림조합, 품목별·업종별산림조합 및 그 중앙회, 한국농어촌공사, 「은행법」에 따라 설립된 은행이나 그 밖에 대통령령으로 정하는 금융기관(상호저축은행, 신용협동조합, 새마을금고 및 중앙회, 한국농수산식품 유통 회사, 「금융회사부실자산 등의 효율적 처리 및 한국자산관리공사의 설립에 관한 법률」에 따라 설립된 한국자산관리공사 등이 저당권자일 때 이 저당권자들로부터 농지를 취득하는 경우를 포함한다) 등이 포함된다. 등기예규 제1068호 「농지의 소유권이전등기에 관한 사무처리지침」에서 '농지취득자격증명'이 필요한 경우와 필요하지 않는 경우를 구분하여 구체적으로 제시하고 있다.

③ 사업부지 중 국·공유지 확보 방안   각종 사업계획의 인가, 승인 시 사업부지 중에 국·공유지가 있는 경우, 국유재산의 무상귀속(무상양도), 용도폐지 가능여부, 매각가능 여부 및 기타 필요사항을 사전에 반드시 재산관리청과 협의할 필요가 있다. 무상귀속의 대상은 특정한 사업으로 인해 그 기능이 대체되어 용도가 폐지되는 국유재산인 종래의 공공시설을 의미하며 용도폐지와 관련해서 주의할 점은 용도폐지가 가능해도 절차상 상당한 기일이 소요될 수 있기에 조기이행과 대체시설의 신속한 확보가 필요하다. 원칙적으로 사업시행자가 사업계획 승인 후 착공 전까지 그 국·공유지의 소유권을 취득하되, 용도폐지 등의 문제로 불가피하게 지연되는 경우에도 가능한 준공시점 이전까지 사업시행자가 소유권을 취득하도록 하는 조건이 사업승인 시에 부가될 수 있다. 「국토의 계획 및 이용에 관한 법률」, 「택지개발촉진법」 등 특별법에 의한 각종 사업계획 구역 내 국유지가 포함되어 있는 경우, 사업시행자가 새로이 공공시설을 설치하거나 기존의 공공시설에 대체되는 공공시설을 설치할 경우(도시계획

는 원인으로 농지를 취득하는 경우, 시효의 완성으로 농지를 취득하는 경우, 「징발재산정리에 관한 특별조치법」 제20조, 「공익사업을 위한 토지 등의 취득 및 보상에 관한 법률」 제91조에 따른 환매권자가 환매권에 따라 농지를 취득하는 경우, 「국가보위에 관한 특별조치법 제5조 제4항에 따른 동원대상지역 내의 토지의 수용·사용에 관한 특별조치령에 따라 수용·사용된 토지의 정리에 관한 특별조치법」 제2조 및 같은 법 제3조에 따른 환매권자 등이 환매권 등에 따라 농지를 취득하는 경우, 농지이용증진사업 시행계획에 따라 농지를 취득하는 경우 등.

실시계획 인가 등), 새로이 설치한 공공시설은 그 시설을 관리할 국가 또는 지방자치단체로 귀속시키고 용도폐지된 종래의 공공시설은 사업시행자에게 무상으로 귀속된다.[1]

(2) 시공 및 인허가 단계

1) 공사대금 관련 쟁점

시행사와 시공사 간에 약정하는 공사도급계약서의 주요 내용으로는 공사대금에 대한 지급방법(대물변제합의), 공사대금의 증액사항인 설계변경에 관한 사항, 물가변동, 공사기간연장 등에 관한 사항, 수급인이 가지는 유치권에 관한 사항, 「민법」 제666조의 저당권 설정 청구권, 「민법」 제536조 제 2 항의 쌍무계약상의 항변권(동시이행의 항변권) 등 수급인의 권리확보에 관한 사항 등이 있다. 우선 공사대금지급방법의 유형으로는 기성조건부로 공사대금을 지급하는 방안(기성불), 기성비율에 관계없이 특정 시점에 지급하는 방안(약정불), 건축물의 분양수입금으로 지급하는 방안(분양불), 기타 선급·준공급 등의 방안들이 있다. 여기서 기성불이나 약정불의 경우에는 시공사가 공사대금을 지급받지 못하는 경우, 이른바 공사중단권이라는 권리를 행사할 수 있으나 분양불, 즉 종래 국내 부동산 PF의 전형적 방식의 경우에는 시행사, 시공사, 대출금융기관 간에 사업약정을 통해 대출원리금 전액 상환 시까지 공사중단권을 명시적으로 포기하거나 일정 기한까지 사업의 목적물을 완성해야 하는 책임준공약정을 규정하기에 이러한 사업약정이 효력을 상실하기 전까지는 공사를 중단할 수 없으며 만일 중단하게 되면 그로 인한 손해배상책임이 발생한다. 따라서 종래의 부동산 PF 구도하에서는 대출원리금이 상환될 때까지 혹은 책임준공의무가 완수될 때까지는 공사대금과 관련한 분쟁의 소지는 없는 것이다. 설사 공사도급계약서상 일정한 사유에 해당하여 공사중단의 요건이 충족된다고 해도 사업으로 발생한 수익금으로 대출원리금을 모두 상환할 때까지는 공사대금을 지급받지 못하게 되는 구조이다. 다만, 대출원리금이 전액 상환된 이후에는 공사대금과 관련해서는 공사도급계약서의 내용에 따라 시행사와 시공사 간의 권리의무관계가 정해지며 이 계약서는 양 계약당사자 간에만 효력을 미치게 된다.[2] 다시 말하면 종래 국내 부동산 PF 구도에서는 기본적으로 시공사의 신용

---

1 「국토의 계획 및 이용에 관한 법률」 제65조, 제99조, 「택지개발촉진법」 제25조.
2 대법원 2010. 3. 11. 선고 2009다 20628 판결.

보강에 의해 대출이 실행되므로 사업약정서 상의 대출금융기관의 대출채권이 공사도급계약서 상의 시공사의 공사대금채권보다 우위에 있다는 것이다. 그리고 통상적으로 사업약정서 상에 해당 사업에서 미분양물건이 발생하는 경우에는 이를 신탁하고 이 때 시공사는 공사대금채권의 담보를 신탁의 수익권(대출채권금융기관보다 후순위임)을 통해 확보하는 방식을 취한다. 따라서 일정한 경우에 공사대금청구소송을 제기하는 것은 공사대금을 지급받기 위한 수단이라기보다는 집행권원의 확보라는 의미에 불과하다.

일반적으로 공사대금채권을 가진 수급인이 목적물을 점유하는 경우에는 채권의 변제를 받을 때까지 목적물을 유치할 권리, 즉 유치권을 가진다.[1] 유치권은 담보물권의 일종이지만 등기로 공시할 수 없고 우선변제를 받을 권리는 없으나 현실적으로 채권을 변제 받을 때까지 부동산을 점유할 권리가 있기 때문에 사실상 우선변제력이 있다고 할 수 있으며 부동산매수인은 유치권자에게 그 유치권으로 담보하는 채권을 변제할 책임이 있으며(「민사집행법」 제91조 제5항) 유치권자는 채권의 변제를 받기 위하여 유치물을 경매할 수 있다는 점이 이를 뒷받침하고 있다(「민법」 제322조 제1항). 공사도급계약서 상에도 유치권에 관한 사항이 포함된다. 이러한 유치권은 성립요건으로 (i) 공사대금채권이 점유하고 있는 부동산에 관하여 발생한 것일 것(견연성), (ii) 공사가 완료될 것, (iii) 공사가 완료된 이후부터 변제 받을 때까지 계속 점유를 할 것 등이 있으며 점유상실, 피담보채무변제 등의 원인으로만 소멸한다.[2] 그런데 종래 국내 부동산 PF 구도에서와 같이 사업약

---

[1] 민법 제320조 제1항, 상법 제58조. 상법상 상사유치권의 경우 동 조 단서에서 당사자간에 다른 약정을 할 수 있게 하고 있다. 하청업자가 공급한 건축자재가 수급인 등에 의해 건물의 신축공사에 사용됨으로써 결과적으로 건물에 부합되었다고 하여도 건축자재의 공급으로 인한 매매대금채권이 건물 자체에 관하여 생긴 채권이라고 할 수 없다(대법원 2012. 1. 26. 선고 2011다96208 판결).

[2] 대법원 1995. 9. 15. 선고 95다16219 판결. 채권자에 의해 채무자의 부동산에 가압류등기가 경료된 경우, 채무자가 당해 부동산에 관한 처분행위(양도, 용익물권설정, 담보물권 설정)를 해도 이로써 가압류채권자에게 대항하지 못한다(대법원 2011. 11. 24. 선고 2009다19246 판결). 여기에서 말하는 '처분행위'에는 특별한 사정이 없는 한 '점유의 이전'과 같은 '사실행위'는 해당하지 않는다. 하지만, 부동산에 경매개시결정의 기입등기가 완료된 경우 법상 압류의 효력이 발생하며 채무자의 당해 부동산의 점유 이전(사실행위)으로 제3자가 유치권을 취득하는 경우에는 (비록 취득자가 선의, 무과실이라 하더라도) '처분행위'에 해당하여 압류채권자에게 대항할 수 없다(대법원 2009. 1. 15. 선고 2008다70763 판결). 하지만 국세징수법의 체납처분절차에 따라 체납처분의 압류가 되어 있는 부동산이라도 그 사정만으로 경매개시결정등기 전에 민사유치권을 취득한 유치권자는 경매절차의 매수인에게 유치권 행사가 가능한 바, 이것은 체납처분압류

정서상 유치권을 포기한 경우는 물론, 포기하지 않은 경우라도 약정의 취지상 건축물의 분양으로 인해 소유권이 이전되고, 그 분양대금을 재원으로 금융기관의 대출원리금을 상환하고 공사대금을 지급하게 되므로 분양된 건축물에 대해서는 물론이고, 미분양된 건축물에 대해서도 유치권을 행사하기 어렵다.[1] 또한, 시행자와 신탁회사간의 신탁계약상 신탁된 부동산의 관리뿐만 아니라 완성된 건축물의 신탁이 이루어지므로 비록 시공사가 신탁계약의 당사자가 아니라도 사업약정은 건축물의 처분(분양)을 전제로 하므로 시행사나 금융기관에 대해 유치권 주장이 어렵다는 것이다. 다만, 금융기관 대출원리금을 전부 상환한 후에도 공사대금을 지급하지 않는 경우 사업약정서상의 공사중단이 가능한 지가 문제가 될 수 있다. 즉, 사전 약정으로 인해 포기했던 유치권의 행사가 가능한지 여부가 문제가 된다. 당초 시공사가 책임준공으로 인해 공사중단권리나 유치권을 포기하였던 것은 대출금융기관이 가지는 담보권의 보강을 위한 측면이 강하므로 대출원리금이 전부 변제된 이상 일단 시행사에 대한 관계에서 시공사의 이러한 권리는 부활하는 것으로 해석함이 타당하다고 본다.[2] 공사도급(혹은 승계)

후 바로 공매절차가 개시되는 것이 아니며 반드시 공매절차로 이어지는 것도 아니기 때문이다 (대법원 2014. 3. 20. 선고 2009다60336 판결).

1 근저당권을 설정받으려는 은행에 대해 담보로 제공된 건물에 대한 담보가치를 조사할 당시 유치권을 주장하지 않겠다는 취지의 각서를 작성하여 주었다면, 그 담보권의 실행으로 인한 경매절차에서 건물을 낙찰 받은 원고에게도 '금반언'과 '신의칙'에 의해 유치권으로 대항할 수 없다 (수원지방법원 2009가단5267 판결). 1순위 근저당권이 설정되어 있는 채무자 소유의 건물에 2순위 근저당권자가 채무자와 건물 일부에 관하여 임대차계약을 체결하고 건물 일부를 점유한 후 1순위 근저당권자가 채무자 소유 건물에 대해 경매를 신청하고 경매절차에서 2순위 저당권자가 낙찰자로부터 우선변제를 받기 위해 법원에 유치권신고를 한 경우에 1순위 근저당권자에 의해 경매절차가 개시되리라는 사정을 충분히 인식하면서 임대차계약을 체결하고 그에 따라 유치목적물을 점유하였다면, 1순위 근저당권자의 신청에 의하여 개시된 경매절차에서 유치권을 주장하는 것은 신의칙상 허용될 수 없다는 판결도 유사한 취지이다(대법원 2011. 12. 22. 선고 2011다84298 판결).

2 불완전한 공시방법의 유치권 특성을 악용하는 사례가 증가하고(예로서 경매절차에서 공사대금채권으로 건설업자가 유치권 행사), 특히 부동산유치권제도는 유치권이 등기부에 공시되지 않음에도 사실상 우선변제를 받는 결과를 낳아 제3자에게 예측 불가능한 손해를 입힐 가능성이 높고, 유치권자가 점유하는 동안 타인이 부동산을 사용 내지 수익하지 못하는 사회경제적 효용을 감소시키는 문제점 등을 감안하여 유치권제도의 적용범위를 제한하고, 한편 유치권 상실로 지위가 약화되는 채권자를 위해 별도의 채권자 보호장치를 마련한 바 있었다. 2013년 1월 16일 민법 개정안 입법예고에서는 (i) 등기부동산에 대한 유치권 폐지(법안 제320조), (ii) 미등기부동산 유치권에 대한 저당권설정청구권 인정(법안 제372조의2), (iii) 유치권자가 아닌 채권자에 대한 저당권설정청구권 부여(법안 제372조의3) 등을 규정하였으나 아직까지 입법화되지 못하고 있다.

계약 체결 시 시공사인 수급인에게 유치권포기각서를 받은 경우에도 수급인으로부터 하도급을 받은 하수급인에게는 그 효력이 미치지 않는다. 따라서 실무상 시공사의 자금경색 등으로 인해 공사를 중단하여 시공사를 교체하여야 할 필요가 있는 경우에 토지신탁 구조로 부동산개발사업을 계속하고자 하는 경우 수탁자가 시공사로부터 일반적으로 유치권포기각서 및 명도확약서를 받는데 이 각서는 당해 시공사에게만 효력이 있을 뿐 하수급인에게는 그 효력이 미치지 않으므로 하수급인들이 공사대금을 이유로 유치권을 행사하는 경우가 발생하는바 이 경우 공사승계인인 신탁사가 현장을 지배할 수 없는 문제가 발생한다. 그러므로 특히 토지신탁 중 관리형토지신탁이 아닌 책임준공조건부 관리형토지신탁이나 차입형토지신탁 구조인 경우에는 하수급인으로부터도 유치권포기각서를 받거나 하도급공사비를 신탁사가 직불하는 방식을 택하는 것이 바람직하다.

2) 책임준공 관련 쟁점

① **책임준공의 개념과 취지**　　　책임준공이란 천재지변, 내란 등 불가항력적인 경우가 아닌 한 어떠한 사유에도 불구하고 시공사가 예정된 공사기간 내에 대상 건축물을 준공해야 할 의무를 의미한다.[1] 본질적으로 부동산 프로젝트금융에서 대출원리금의 기본적 상환재원은 프로젝트로부터 발생되는 현금흐름이지만 현실적으로 여기에만 의존하는 것은 대출원리금 회수에 한계가 있기 때문에 신용보강의 차원에서 시공사에게 책임준공의 의무를 부담시킨다. 구체적으로 설명하면 분양사업의 경우 분양률이 예상보다 저조하거나 시공사가 공사대금을 제때에 지급받지 못하거나 기타 민원 등의 사유로 인해 시공사가 공사를 중단하거나 포기하는 경우에는 프로젝트의 진행이 어려워지고 결국에는 대출원리금의 회수에 지장을 초래하기에 목적물의 완성을 통해 담보권을 설정하거나 할인 분양 등을 통해 대출원리금을 회수할 수 있도록 하기 위한 취지가 반영된 것으로 볼 수 있다.

② **책임준공의 범위와 상대방**　　　(i) 책임준공의 범위에 대해서는 분쟁의 여지를 없애기 위해 약정에 구체적으로 적시하는 것이 바람직하며 예로서 책임준공의 범위를 단순히 사실상 건축물의 완공이 아닌 대출금융기관의 추후 담보물권 취득이나 처분가능성 등을 고려하여 주무관청으로부터 사용승인필증 혹은 준공확인필증 취득까

---

[1] 법무법인(유) 지평 건설부동산팀, 『부동산PF개발사업법 ─ 제3판 ─』, 박영사, 2021, 130면.

지로 약정하는 것이 일반적이며 나아가 시공사에게 시행사의 소유권보조등기 완료의
무까지 부과하는 경우도 존재한다.

　(ii) 실무상 분양계약 시 시행사와 함께 시공사도 날인하며 분양계약조건 중 시공
사의 하자보수의무나 책임준공의무 등을 규정하는 경우가 많다. 쟁점은 분양받은 자
의 지위에서 분양계약상 혹은 사업약정상 시공사의 책임준공의무를 「민법」 상
'제3자를 위한 계약'으로 보아 수익의 의사표시를 한 후 이를 직접 시공사에게 책임
준공의무이행을 청구할 수 있느냐라는 의문이 생길 수 있다. 「민법」 상 '제3자를 위
한 계약'인지 여부는 당사자의 의사가 그 계약에 의해 제3자에게 직접 권리를 취득
하게 하려는 것인지에 관한 의사해석의 문제이며 당사자의 행위의 성질, 계약으로 인
하여 당사자 사이 또는 당사자와 제3자 사이에 생기는 이해득실, 거래 관행, 제3자
를 위한 계약제도가 갖는 사회적 기능 등 제반 사정을 종합하여 계약당사자의 합리적
의사를 해석해야 한다.[1] 사업약정이나 분양계약상 책임준공약정을 기초로 분양받은
자가 직접 시공사에게 책임준공의무 이행 및 그 위반으로 인한 손해배상청구를 할 수
있을 것으로 보이나, 시공자의 책임준공의 의미를 금융기관의 시행사에 대한 대출원
리금 채무의 상환을 위하여 추후 담보물권의 취득을 전제로 한 보완적 성격을 가지는
것으로 해석할 경우에는, 분양받은 자들이 직접 시공사에게 책임준공의무를 이행하
라는 청구는 부당하다고 판단된다. 사안에 따라 제3자를 위한 계약으로 볼 것이냐
아니면 시공사의 보증채무에 대한 보완적 약정으로 볼 것이냐에 따라 달라질 수 있을
것이다.[2]

　③ 책임준공의 약정 방식　　　책임준공에 대한 약정은 먼저 시행사와 시공사 간
의 공사도급계약상에 준공의 의무를 약정하고 아울러 시행사, 시공사, 대출금융기관
간의 사업약정서상에 대출금융기관의 대출채권보전을 위해 시공사가 제공하는 신용

1　대법원 1997. 10. 24. 선고 97다28698 판결.
2　주택건설사업자와 시공권이 있는 등록업체 사이에 아파트 준공 및 그 대지의 저당권 말소를 입
　주 전까지 이행할 것을 연대 보증하는 내용의 약정을 체결하고 그 공증서를 소관청에 제출한
　경우, 주택건설사업자와 등록업체는 장래의 불특정 분양계약상의 입주자를 위하여 주택건설사
　업자가 위 아파트의 준공과 그 대지의 저당권 말소를 이행하지 아니하는 경우 등록업체가 이를
　대신 이행하여 주택건설사업자와 사이에 적법하게 분양계약을 체결한 입주자들에게 분양계약
　상의 주택공급의무를 이행하기로 하는 '제3자를 위한 계약'을 체결하였다고 할 것이므로, 분양
　계약자로서는 등록업체에 대하여 그 수익의 의사표시를 하여 기존의 분양계약 상의 권리를 행
　사할 수 있다고 판시한 바 있다(대법원 1997. 10. 10. 선고 97다7264, 7288, 7301 판결).

보강의 방안으로서 약정한다. 여기서 공사도급계약상에 일정한 사유가 발생하는 경우 시공사가 공사를 중단할 수 있다는 이른바 항변사유를 정하고 있는데 이로 인한 시공사의 책임 없는 사유로 인한 책임준공 이행 거절의 문제가 발생한다. 이 경우에도 시공사는 책임준공의 의무를 부담하는 지에 대해 시행사와 시공사 간에 체결한 공사도급계약서 상에 책임준공의 예외사유를 규정하고 있다 하더라도 동일한 책임준공의무를 사업약정서 상에 규정한 취지와 당사자들의 의도, 사업약정이 공사도급계약 등 개별계약의 내용과 상충하는 경우에는 사업약정이 우선하다는 사업약정서상 조항 등을 근거로 시행사와 시공사 간에 책임준공 약정의 의미를 제한하는 경우에도 그 효력은 당사자간에만 유효한 것으로 보고 시공사는 시행사에 대해서만 항변사유를 주장할 수 있을 뿐 대출금융기관에 대해서는 이를 주장할 수 없다는 취지의 대법원 판결이 있다.[1] 한편 시행사의 건물디자인 변경을 이유로 설계변경에 따라 공사기간이 연장되어 준공기간을 지키지 못한 사안에 있어서 건물디자인 변경은 준공보증확약서에 명시되어 있지 않은 사유인 점, 공사도급계약에서 시공사는 책임없는 사유로 공사가 지연되는 경우 시행사에게 공사기간의 연장을 요구할 수 있다고 하고 이 경우 책임준공의무 기간이 연장된다고 규정한 점, 사업약정서에 시공사의 귀책사유 없이 관계 행정기관의 명령 등으로 준공기간을 지키지 못하더라도 대출금융기관, 시공사, 시행사가 상호 합의하여 준공기간을 연장할 수 있다고 규정한 점을 근거로 시공사에게 책임준공의무 위반 책임을 물을 수 없다고 한 판결도 있다.[2]

④ **책임준공의무 위반의 효과**   시공사의 책임준공확약의 위반 유형으로는 (i) 예정 준공기한 내에 준공을 하지 못하는 경우, (ii) 시공사가 일정한 사유(회생 혹은 파산 등)로 공사능력을 상실하여 준공이 불가능해진 경우, (iii) 공사대금 미지급 등의 이유로 공사를 중단하고 유치권을 행사하는 경우 등 다양하다. 책임준공의무는 본질적으로 '작위 채무"이기에 공사가 지체되거나 공사가 중단되는 경우 그 이행을 청구하는 것은 가능하지만 실제로 여러 가지 문제(의무이행 내용의 특정, 강제집행의 방식 등)로 인해 한계가 있다. 따라서 실무적으로는 손해배상을 구하거나 약정으로 시행사의 채무를 인수하는 등의 방식을 취하고 있다.

---

1 대법원 2010. 3. 11. 선고 2009다20628 판결.

2 서울고등법원 2014. 9. 26. 선고 2013나75283 판결; 대법원 2015. 10. 29. 선고 2014다75349 판결.

책임준공확약 위반의 효과를 명시적으로 인정한 판례에서 시공사의 책임준공의무가 대출금융기관의 대출원리금에 실질적인 담보 역할을 하고 있고 사업약정이 개별약정(공사도급계약)보다 효력이 우선한다는 조항을 근거로 시공사의 책임준공의무 불이행에 귀책사유가 있는지, 의무불이행으로 인해 대출금융기관에게 손해가 발생했는지 등을 심리해서 손해배상책임의 존부와 범위에 대해 판단해야 한다면서 시공사의 책임준공의무는 대출원리금에 대한 담보적 성격을 가지며 시공사가 책임준공의무를 이행하지 않을 경우 대출금융기관에 대해 손해배상책임을 부담하게 됨을 판시한 바 있다[1] 여기서 손해배상의 범위에 대해 하급심 판결에서 "시공사의 책임준공의무 위반으로 대출금융기관이 입은 손해는 해당 사건 시설이 완공되었을 경우의 가액을 한도로 하여 대출금융기관들이 상환 받지 못한 대출원리금 상당이라고 보는 것이 타당하다"고 판시한 바 있다.[2] 손해배상의 범위와 관련해서 분쟁의 소지를 없애기 위해 민법상 손해배상액의 예정을 책임준공확약에 포함시키는 방법(「민법」 제398조 제2항)도 고려할 수 있으며 구체적으로 '공사대금 또는 건축물의 준공가액을 상한선으로 책임준공확약 이행 불능 시 미상환 대출원리금'을 손해배상액으로 미리 정하는 방법이나 선술한 바와 같이 시행사의 대출원리금 채무를 인수하는 행태의 확약도 고려할 수 있다.[3]

⑤ 결어   부동산 PF 개발사업에서 책임준공확약은 대출금융기관과 시공사의 이해관계가 대립되는 부분이나 대출금융기관의 입장에서는 PF 개발사업에서의 대출원리금의 안정적 회수라는 대출채권에 대한 일종의 신용보강 수단으로 약정하고자 하고 앞서 설명한 판례에서도 책임준공확약을 일종의 대출채권원리금 상환에 대한 실질적인 보증의 성격을 인정하고 있기에 실무상 약정을 할 때 책임준공의무의 발생요건, 책임준공의무의 예외사유(항변사유), 책임준공의 위반 시 효과(손해배상이냐 채무인수냐, 손해배상의 범위, 손해배상액의 예정) 등을 구체적으로 약정하여 사전에 분쟁의 여지를 최소화할 필요가 있다.

3) 예금의 소유권 관련 쟁점

근래에는 부동산 PF 구도하에서 대출금 내지 분양수입금 등은 신탁회사와 자금관리대리사무 약정을 통해 신탁회사가 관리하는 것이 일반적이나 종래 대출금융기관

---

1 대법원 2010. 3. 11. 선고 2009다20628 판결.

2 서울중앙지방법원 2013. 9. 26. 선고2013가합500447 판결.

3 법무법인(유) 지평, 앞의 책, 149면도 같은 취지.

으로부터 대출받은 금원을 예치하기 위해서 예금주의 명의는 시행사의 단독명의, 예금 인출 시에는 시행사 및 시공사가 공동날인 혹은 시행사가 단독날인하는 방식, 분양수입금이 예치되는 분양수입금 계좌의 경우에는 예금주의 명의는 시행사와 시공사의 공동명의 혹은 시공사의 단독명의로 하고 인출 시 공동날인하는 방식 등 상황에 따라 가변적이었다.

　문제는 시행사나 시공사, 대출금융기관 등 사업약정 당사자들의 각종 채권자들이 분양수입금 계좌 등에 보전처분 즉, 압류 내지 가압류하는 경우가 실무적으로 발생하였다는 사실이다. 이것은 결국 예금주가 누구냐에 귀결되는 것이며 나아가 사업약정상 일반적으로 인출순서까지 정해놓고 있는데 이것을 가지고 약정 당사자들의 채권자들에게 대항할 수 있는 것이냐 등이 문제가 되었다. 금융실명거래를 유도하고 금융거래의 투명성을 확보하고자 1998년에 시행된 「금융실명거래 및 비밀보장에 관한 법률」에 의하면 금융거래는 거래자의 실제 명의로 해야 하며(법 제3조) 이를 위반한 경우에는 각종 행정처분, 벌칙, 과태료 등의 제재를 받게 된다. 하지만 이 법률은 이른바 효력규정이 아닌 단속규정이어서 사법적 법률행위의 효과에는 영향을 미치지 않는다는 한계가 있다. 실제로 판례는 사안에 따라서 예금명의인이 소유자가 아니라 예금출연자를 소유자로 판시한 바가 있다.[1] 하지만 금융기관과 출연자 등과 사이에서 실명확인절차를 거쳐 서면으로 이루어진 예금명의자와의 예금계약을 부정하여 예금명의자의 예금반환청구권을 배제하고 출연자 등과 예금계약을 체결하여 출연자 등에게 예금반환청구권을 귀속시키겠다는 명확한 의사의 합치가 있는 극히 예외적인 경

1　노인회가 소유하던 건물이 재개발지구에 편입되면서 그에 대한 보상으로 분양받은 아파트를 기본재산으로 하는 노인회가 노인회 회장 등의 명의로 예금계좌를 개설하여 아파트를 처분한 대금을 예치하고 있었는데, 이전의 회장이었던 예금명의인이 노인회에 대하여 예금통장을 반환하기로 하는 약정을 이행하지 아니하자 노인회가 예금구좌 명의변경을 신청한 데 대하여, 이 사건 예금계좌는 원고 노인회가 그 회원인 피고들의 명의를 빌려서 개설한 것으로서, 원고 노인회가 자기의 출연에 의하여 자기의 예금을 한다는 의사를 가지고 예금계약을 하고 이를 실질적으로 지배하고 있는 것이므로 위 예금계좌의 예금주는 원고 노인회라 할 것이라고 판시하였다(서울고법 1997. 6. 11. 선고 96나24684 판결). 금융실명제 이후 「금융 실명거래 및 비밀 보장에 관한 법률」 제3조 제1항에 따라 금융기관은 거래자의 실명에 의하여 금융거래를 해야 하므로 원칙적으로 예금명의자를 예금주로 보아야 하지만, 특별한 사정으로 예금의 출연자와 금융기관 사이에 예금명의인이 아닌 출연자에게 예금반환채권을 귀속시키기로 하는 명시적 또는 묵시적 약정이 있는 경우에는 그 출연자를 예금주로 보아야 한다고 판시하였다(대법원 2005. 6. 24. 선고 2005다17877 판결; 대법원 1998. 11. 13. 선고 97다53359 판결; 2001. 12. 8. 선고 2001다17565 판결; 2002. 5. 14. 선고 2001다75660 판결; 2004. 2. 13. 선고 2003다5264 판결).

우로 제한하는 것이 바람직하다. 즉, 「금융실명 거래 및 비밀보장에 관한 법률」에 따라 실명확인 절차를 거쳐 작성된 예금계약서 등의 증명력을 번복하기에 충분할 정도의 명확한 증명력을 가지고 구체적이고 객관적인 증거에 의해 매우 엄격하게 인정할 필요가 있다고 본다.

판결의 요지를 고려하면 시공사 명의의 예금에 대해서는 원칙적으로 예금명의자인 시공자의 예금채권이라 할 것이므로, 시행사의 채권자는 직접 예금채권에 ㈎압류 등은 어려워져 대부분 시행사를 채무자, 시공사를 제3채무자로 한 시행이익금채권에 대해 ㈎압류하는 것이 일반적이다. 하지만 시공사 명의의 예금이 실질은 시행사의 분양대금채권에 기한 분양대금이 입금된다는 점, 대출금융기관은 분양수입금에서 대출채권을 상환하기 위한 목적으로 분양수입금 계좌에 대해 질권을 설정받는 등의 방법으로 실제 분양수입금이 시행사의 분양수입금이라는 것을 잘 알고 있다는 점 등을 고려하여 예금명의자인 시공사가 아닌 출연자인 시행사의 예금 채권임을 대출금융기관이 인정하는 경우에는 시행사의 채권자가 시행자의 예금채권임을 이유로 ㈎압류할 수도 있을 것으로 판단된다.

시행사의 채권자가 시행사의 예금에 대한 채권을 압류(押留) 혹은 전부(轉付) 시 사업약정에서 분양수입금 계좌의 예금 인출 순서를 미리 정한 경우, 이를 근거로 압류채권자에게 대항할 수 있느냐는 문제가 생길 수 있다. 구체적으로 말하자면 대출금융기관에서 시행사가 분양수입금에서 대출원리금과 공사비를 상환한 이후에 사업이익금만을 지급하기로 사업약정을 한 경우, 이 지출순서에 따라 분양수입금 중 시행사의 권리는 대출원리금과 공사비를 공제한 금액이므로, 시행사의 채권자에게 예금 중 대출원리금과 공사비는 지급할 수 없다는 항변을 할 수 있는가 하는 것이다. 이에 대해 3자(시행사, 시공사, 대출금융기관)간 합의를 통해 사실상 압류금지재산을 창출시킬 수 있다는 점에서 위와 같은 항변을 부정하는 견해, 채권의 압류 및 추심명령을 통해 시행사의 채권자가 시행사보다 더 큰 권리를 보유하게 되는 것은 불합리하다는 점에서 항변을 인정해야 한다는 견해 등이 있을 수 있으나 양도금지특약이 있는 채권의 경우에도 압류 또는 전부(轉付) 명령에 따라 이전이 가능하며 압류채권자의 선의 혹은 악의 여부는 전부(轉付) 명령의 효력에 영향을 미치지 않는다는 입장에서 항변을 부정하고

있는 것으로 해석된다.[1]

한편, 가압류 대상에 장래에 입금되는 예금이 포함되는가라는 문제와 관련하여 가압류 명령의 송달 이후에 채무자의 계좌에 입금될 예금채권도 그 발생의 기초가 되는 법률관계가 존재하여 현재 그 권리의 특정이 가능하고 가까운 장래에 예금채권이 발생할 것이 상당한 정도로 기대된다고 볼만한 예금계좌가 개설되어 있는 경우 등에는 가압류의 대상이 될 수 있다.[2] 다만, 주의할 것은 채권 가압류에 있어서 가압류될 채권에 장래에 채무자의 계좌에 입금될 예금채권을 포함시키려면 가압류명령에서 정한 가압류할 채권에 그 예금채권도 포함되어야 할 것이다.

4) 사업(시행)권 양수도 관련 쟁점

① 사업(시행)권의 개념 　　사업(시행)권의 개념은 매우 포괄적인 것으로서 명확한 정의는 정립되어 있지 않으나 사업과 관련하여 시행사가 가지는 건축인허가상의 명의(건축주), 사업부지 소유권(소유권이전등기청구권 포함), 신탁의 경우 위탁자로서의 제반 권리, 공사도급계약, 분양계약, 설계계약, 감리계약 등 제반 계약상의 모든 지위와 권리, 사업으로 인해 축조되었거나 축조될 건축물(지상물)에 대한 소유권 및 일체의 권리, 각종 사업상의 명의 등 포괄적으로 사업과 관련되어 시행사가 가지는 모든 권리를 의미한다.

② 사업(시행)권의 포기 및 양도와 그 의의 　　부동산 프로젝트금융을 포함하여 일반 프로젝트금융에 있어서 시행사의 계약 내지 법률 위반이나 부실 등의 원인으로 사업 진행이 더 이상 어려워지거나 불투명해지는 경우 사업을 중단하고 대출채권 회수를 위한 각종 방안을 실행하는 것도 하나의 방안이나 사업의 성격상 사업의 지속적 수행과 완수를 통해 현금흐름을 발생시키고 현금흐름에서 투입한 자본이나 대출금을 회수하는 것이 더 바람직한 방안으로 볼 수 있어 프로젝트금융 사업약정상 사업(시행)권 양도에 관한 규정을 삽입하거나 사업(시행)권 포기 각서를 요구하기도 한다. 사업(시행)권 양도란 일반적으로 대출약정서 상 지정된 신용사건(credit event)이 발생한 경우(즉, 차입자가 채무 불이행 상태에 빠지거나 기한의 이익 상실 사유가 발생한 경우 등) 차입자인 사업시행사는 사업(시행)권을 포기하고 이를 대출자 또는 대출자가 지정한 자에게 양도하

---

1 대법원 2000. 5. 30. 선고 2000다2443 판결.
2 대법원 2002. 11. 8. 선고 2002다7527 판결 ; 대법원 2009. 6. 11. 선고 2008다7109 판결.

여야 한다는 것을 말한다. 실무상 이러한 사업(시행)권을 양수받는 자는 당해 프로젝트에 신용을 공여한 시공사가 되는 것이 대부분이다. 시공사가 사업(시행)권 인수의 전제조건으로 시행사 채무를 대위변제하는 경우 포기각서를 대출금융기관으로부터 반환받아야 한다.[1] 사업(시행)권 포기 각서에는 사업시행사가 포기하여야 할 사업(시행)권의 범위와 사업(시행)권을 포기하더라도 기존의 대출 원리금 상환 의무는 계속해서 존속한다는 내용 등이 들어 있다. 비신탁방식으로 부동산개발사업을 진행하는 경우의 여러 가지 문제점을 극복하기 위해 사용되는 신탁방식의 부동산개발사업과 관련하여 먼저 관리형토지신탁의 구조로 하는 경우에는 사업주체가 위탁자인 시행사가 아니라 수탁자인 신탁회사이기에 사업의 정상화를 위하여 시공사가 사업(시행)권을 인수해야 할 당위성은 감소하나 담보신탁의 구조로 하는 경우에는 신탁 후에도 여전히 사업주체는 위탁자인 시행사이기에 일정한 경우 사업(시행)권의 양수도는 여전히 중요한 의미를 가진다.

③ 사업(시행)권 양수도 관련 법적 쟁점

(i) 시행사의 사업(시행)권 양수도에 대한 약정은 사업약정서에 시행사에게 일정한 사유가 발생하는 경우 대출금융기관의 결정으로 시행사에게 서면 통지하는 경우 시행사는 사업(시행)권을 포기하고 시행사가 보유하는 일체의 권리가 시공사 또는 대출금융기관이 지정하는 자에게 이전된다는 취지의 내용이 들어가며 아울러 시행사와 시공사 간의 공사도급계약에도 공사도급계약의 해제 또는 해지사유를 약정하면서 이 경우 시행사의 사업(시행)권을 시공사에게 조건없이 이전하기로 하며 사업이익의 정산은 준공완료 후 하기로 하는 취지의 내용이 들어가는 것이 일반적이다. 또한 대출계약서에도 약정상 채무불이행 사유가 발생하는 경우에 채무자인 시행사의 사업(시행)권 포기각서가 실행되고 시공사 또는 대출금융기관이 지정하는 자에게 사업(시행)권을 이전한다는 취지의 내용이 들어가며 특히 대출계약서가 여타 약정서보다 우선한다는 규정이 들어가는 경우가 많다. 다만 시행사에게 채무불이행 사유가 발생하여 대출금융기관이 채무불이행선언을 한다고 하여 시공사가 곧바로 사업(시행)권을 인수할 수 있는 것은 아니며 시공사가 대출금융기관에 대한 채무를 인수하거나 연대보증의무를 이행하는 등 대출약정에서 정한 전제조건을 충족해야 한다.

---

1 법무법인(유) 지평, 앞의 책, 233~234면.

(ii) 사업(시행)권 인수 방식 관련 쟁점　　　　사업(시행)권 양수도 내지 포기 관련 약정은 프로젝트금융 약정 체결단계에서 포괄적으로 이루어질 수 있으나 시행사(양도인)가 시공사(양수인)에게 시행사의 지위 등을 이전해 줄 의무를 부담하는 것으로 해석하는 것이 타당하며 별도의 절차 없이 바로 이전되는 것으로 해석할 수 없다.[1] 대법원도 "… 약정한 사유가 발생하는 경우 별도의 절차 없이 곧바로 시행사가 개발 사업과 관련하여 갖는 지위가 포괄적으로 당연히 시공사에게 이전되는 것은 아니고 시행사가 시공사에게 시행사 지위 등을 이전하여 줄 의무를 부담하는 데 불과하다고 봄이 상당하고, 제3자와의 관계에서는 그에 따른 별도의 채권양도 또는 채무인수 절차를 거쳐야 하는 것이다"라고 판시한 바 있다.[2]

[표 2-9]는 사업(시행)권의 양수도와 관련하여 주요 항목별 개별적 이전 절차의 법적 쟁점에 관한 것을 정리한 것이다.

표 2-9　　사업(시행)권 양수도 방안 및 관련 법적 쟁점

사업권 항목	확보 방안(양수도 방식)	법적 쟁점 및 참고사항
사업부지의 소유권	-소유권이전등기 -소유권이전등기청구권 양수[3] -담보신탁구조 　1. 수탁자의 공매처분 　2. 대출금융기관 지정자에 처분 　　(신탁계약상 규정)	-시행사의 소유권 기 확보 및 이전등기 협조 -대항요건: 채무자의 동의 혹은 승낙 필요 -사업초기 단계로서 분양 전, 분양실적 저조 시 시공사의 대위변제(변제자대위의 법리) → 우선수익권 승계 → 낙찰 → 매매계약 -처분대상자를 시공사로 하고 시공사, 대출금융기관, 수탁자의 사전 협의 필요

---

1 서울고등법원 2008. 6. 12. 선고 2007나24474 판결.
2 대법원 2010. 3. 11. 선고 2009다20628 판결.
3 사업권의 일부로서 양도인이 가진 사업부지에 대한 부동산이전등기청구권의 경우에 판례는 "부동산의 매매로 인한 소유권이전등기청구권은 물권의 이전을 목적으로 하는 매매의 효과로서 매도인이 부담하는 재산권이전의무의 한 내용을 이루는 것이고, 매도인이 물권행위의 성립요건을 갖추도록 의무를 부담하는 경우에 발생하는 채권적 청구권으로 그 이행과정에 신뢰관계가 따르므로, 소유권이전등기청구권을 매수인으로부터 양도받은 양수인은 매도인이 그 양도에 대하여 동의하고 있지 않다면 매도인에 대해 채권양도를 원인으로 하여 소유권이전등기절차의 이행을 청구할 수 없고, 따라서 매매로 인한 소유권이전등기청구권은 특별한 사정이 없는 이상 그 권리의 성질상 양도가 제한되고 그 양도에 채무자의 승낙이나 동의를 요한다고 할 것이므로 통상의 채권양도와 달리 양도인의 채무자에 대한 통지만으로 채무자에 대한 대항력이 생기지 않으며 반드시 채무자의 동의나 승낙을 받아야 대항력이 생긴다"고 판시하였다(대법원 2005. 3. 10. 선고 2004다67653, 67660 판결). 실무상 매매계약서 내에 "매도인은 매수인 또는

건물의 소유권	− 건축 중인 건물 : 단계별 고려 　1. 기초단계 　2. 주벽 및 일부 층 건축[1] 　3. 거의 완공 단계 　　(준공검사 직전)	− 사업부지 확보 및 인허가 명의 변경 − 권리관계 공시 부재로 채권자의 집행대상 불가 → 인허가 명의 변경 − 채권자의 집행대상 가능 → 미등기 건물도 법원의 조사 하에 소유권보존등기 후 경매 가능(강제경매신청)[2]
인허가권[3]	− 건축인허가 명의 변경 신청 − 사업시행권 인수 소송 　1. 기존 방안 　2. 위탁자 지위 이전 청구 소송 　3. 경영권 탈취 방안	− 사업시행권 포기 각서 내지 건축인허가 명의 변경 동의서(인감증명서의 효력기간, 구 시행사의 반대 시 행정청의 입장) − 분양 개시로 공매처분 부적절한 경우기존 신탁계약 해지 → 기존 시행사로 소유권이전등기 → 시행권 양수인으로 소유권이전등기 → 양수인을 위탁자로 신탁계약체결(복잡한 등기절차와 관련 비용, 일시적인 채권자의 권리행사 위험) − 신탁계약에 위탁자 지위 이전에 대한 조항 존재 시(「신탁법」 제10조(2012. 7 개정 시행) 위탁자 지위 이전 청구 소송으로 신탁원부 변경등기 − 분양이 거의 완료되고 준공 직전의 경우로서 시행사가 준공절차에 비협조적인 때 • 주식근질권계약에 의거하여 주식처분 조항에 따라 해당 주식을 제3자에게 처분하거나 대출금융기관 명의로 직접 취득 가능 → 이사회 및 주주총회를 통해 경영진 교체[4]

매수인이 지정하는 자에게 소유권이전을 위한 서류를 제공한다"고 규정하는 것이 일반적인데 판례는 매매계약상 피고 매수인(종전 매수인)의 지위를 甲(신규 매수인)에게 양도한 것은 원고 (매도인)들이 이를 승낙하는 등 특별한 사정이 없는 한 甲이 피고(매수인)를 대신하여 이 사건 매매계약에 따른 매수인으로서의 의무를 이행하기로 하는 '이행인수' 약정에 불과하다고 판시하고 있다(대법원 2006. 9. 28. 선고 2006다24353 판결).

1 별개의 부동산으로 간주(대법원 2006. 11. 9. 선고2004다67691 판결).

2 「민사집행법」 제81조 제1항 제2호 단서.

3 기존 시행사의 채권자가 시행사의 신탁회사에 대한 신탁계약 해지를 원인으로 하는 소유권이전 등기청구권을 압류 또는 가압류한 경우에는 우선수익자인 대출금융기관의 요청 하에 사업 부 지를 양수인에게 처분하고 양수인이 신탁회사와 신탁계약을 체결하는 방식이 고려될 수 있다.

4 기명주식의 이전 시 대항요건은 명의 개서인바 이에 시행사가 협조하지 않는 경우 각종 가처분 내지 소송절차를 경유해야 하며 주주권 취득 후에도 신임 이사, 대표이사 선임절차 경유해야 하 고 주식 취득 시 시행사의 과점주주가 되면 그 동안 체납한 세금의 2차 납세의무를 부담해야 된 다는 문제가 존재한다(「국세기본법」 제39조)(법무법인(유) 지평 건설부동산팀, 앞의 책, 241면).

인허가권		• 문제점으로 기명주식의 이전 시 대항요건은 명의개서인바 이에 시행사가 협조하지 않는 경우 각종 가처분 내지 소송절차를 경유해야 하며 주주권 취득 후에도 신임 이사, 대표이사 선임절차 경유해야 하고 주식 취득 시 시행사의 과점주주가 되면 그 동안 체납한 세금의 2차 납세의무 부담 문제 존재(「국세기본법」 제39조)
분양대금채권 또는 분양계약자의 지위 이전	− 사업재개동의서 수령	− 사업주체 변경을 통해 사업계획변경승인을 받은 경우에도 새로운 사업주체가 기존 사업주체의 제3자에 대한 사법상의 권리의무를 당연 승계하는 것은 아님(대법원 1987. 6. 23. 선고 86다카2336 판결; 대법원 2013. 11. 14. 서고 2012다97840, 97857 판결) − 사업재개동의서를 제출하지 않은 분양받은 자는 시공사에 대해 그 지위를 주장할 수 없음(서울중앙지방법원 2008. 7. 4. 선고 2007가합98547 판결) − 시행권을 인수하더라도 특별한 사정이 없는 한 시행사의 채무까지 인수한 것으로 볼 수 없다(대법원 2011. 9. 8. 선고 2009다34866 판결)
시행사 비용 정산 내지 수익금 교부	− 시행사가 일정 사유로 사업 진행이 현저히 곤란하다고 대출금융기관이 판단하는 경우 시행사의 사업상, 법상 모든 권리, 사업 부지 및 그 지상 건축물의 소유권, 분양권 등을 즉시 시공사에게 이전하되 양자 간의 정산은 준공 후 사업 정산 시 일괄 처리하기로 약정하는 것이 일반적임. − 시행권 양도 시 시행사가 시공사를 상대로 초기 투입자금의 정산을 요구할 경우 하급심판례는 시공사의 정산의무를 인정하지 않고 있음(서울중앙지방법원 2008. 7. 9. 선고 2007가합22779 판결).	

④ 사업(시행)권 양수도와 제소 전 화해(提訴 前 和解)　　　사업약정서에는 사업시행권 이전과 관련하여 정한 각 조건이 성취되는 경우를 나열(정지조건 혹은 해제조건)하고 있으며, 실무상 약정의 이행에 대한 실효성을 확보하기 위해 '제소전화해' 조서를 작성한다. 제소 전 화해 사건은 상대방의 보통재판적 관할에 속하나 실무상 보통 쌍방의 관할 합의가 되어 있는 경우가 대부분이다. 제소전화해 신청서에는 청구취지, 청구원인(필요적 명시사항), 쟁의의 실정(임의적 명시사항) 등이 기재된다.[1] 화해 조항의 내용은 강행법규 내

---

1 당사자 간 이미 성립된 계약에 공증 및 집행력을 얻고자 하는 대부분의 화해신청의 경우에 그 청구취지에 신청인의 상대방에 대한 청구 이외에 신청인이 상대방에 대하여 하여야 하는 의무까지 함께 표시하는 경우가 많다(예로서 피신청인인 시행사의 건축주 명의변경절차 이행의무,

지 공서양속(公序良俗)을 위반하지 말아야 한다(위반 시 정정명령의 대상이 되며 정정에 불복 시 각하될 수 있음). 불명확한 조항으로 인해 집행이 불가능해질 수도 있다.[1] 제소 전 화해 조서는 확정판결과 같은 효력이 있어 당사자 사이에 기판력(旣判力)이 생기는 것으로 그 내용이 강행법규에 위반된다 할지라도 준재심(準再審)절차에 의하여 취소되지 않는 한, 그 화해가 통정허위표시로서 무효라는 취지의 주장은 할 수 없다고 판시하고 있다.[2]

5) 건축 인허가 관련 쟁점

① 건축허가, 사업승인 등 실무상 인허가의 법적 성격   '인허가'는 법령상 일반적으로 금지하고 있는 것을 특정한 경우에 이를 해제하는 행정행위로 정의될 수 있다. 이는 행정법상 명령적 행위로서 '허가'의 일종이며 인허가신청을 전제로 하는 '쌍방적 행정행위'이고, 일정한 요식절차에 따라 허가하는 '요식행위'이며, 행정청의 재량이 있는 동시에 일정한 법규에 기속되는 '기속재량행위(羈束裁量行爲)'이고, 건축물의 축조를 허가대상으로 하는 '대물적 허가'이며, 인허가내용에 따라 건축물을 건축할 수 있는 이익을 신청자에게 부여하는 '수익적 행정행위'인 동시에 건축물의 건축과정이나 그 결과로 인해 발생 가능한 불이익을 이해관계자들이 감내할 것을 내용으로 하는 이른바 '이중효과적 행정행위'로 볼 수 있다.[3]

② 부관(附款)   행정행위의 부관은 행정행위의 일반적인 효력이나 효과를 제한하기 위해 의사표시의 주된 내용에 부가되는 종(從)된 의사표시이다. 따라서 그 자체로서 직접 법적 효과를 발생하는 독립된 처분은 아니다.[4] 인허가는 기술한 바와 같이 행정청의 재량행위로서 여기에는 부관을 붙일 수 있다.[5]

인증된 위임장 등).

1 건물의 일부분의 명도에서 도면이 첨부되었는지를 반드시 확인하고 명도 부분을 특정할 필요가 있다.

2 대법원 1992. 10. 27. 선고 92다19033 판결.

3 "건축허가권자는 건축허가신청이 건축법 등 관계 법령에서 정하는 어떠한 제한에 배치되지 않는 이상 같은 법령에서 정하는 건축허가를 하여야 하고, 중대한 공익상의 필요가 없음에도 불구하고 요건을 갖춘 자에 대한 허가를 관계 법령에서 정하는 제한 사유 이외의 사유를 들어 거부할 수는 없다(대법원 2012. 11. 22. 선고 2010두22962 전원합의체 판결)"고 하여 건축허가를 원칙적으로 기속행위로 보고 있다.

4 대법원 1992. 1. 21. 선고 91누1264 판결.

5 "주택건설사업계획의 승인은 상대방에게 권리나 이익을 부여하는 효과를 수반하는 소위 '수익적 행정처분'으로 법령에 행정처분의 요건에 관하여 일의적으로 규정되어 있지 않는 한, 행정청의 재량행위이며 재량행위에는 법령상 근거가 없다고 해도 부관을 붙일 수 있는바, 그 부관

인허가와 관련하여 부관의 대표적인 것으로 '기부채납(寄付採納)'을 들 수 있는바, 일반적으로 주택건설사업을 함에 있어서 그 사업을 위하여 취득한 토지의 일부를 그 사업의 승인조건에 따라 분양토지의 이용편의를 제공하기 위해 도로로 조성하여 지방자치단체에 기부채납한 경우와 같이 일반적으로 행정청이 부관부 행정처분을 함에 있어서 부관의 내용으로서 부가되는 '기부채납'은 부관의 종류 중 '부담(負擔)'에 해당한다. 여기서 부담이란 행정행위에 부수하여 그 행정행위의 상대방에 대해 작위 혹은 부작위 급부 혹은 수인의 의무를 명하는 것을 의미하는데, 행정행위의 효력 발생 또는 소멸과 직결되는 것이 아니므로 부담이 붙여져도 행정행위의 효력은 처음부터 당연히 발생하고 부담의 불이행이 있다고 해도 당연히 행정행위의 효력이 소멸하는 것은 아니다.

기부채납을 포함하여 부관의 한계와 관련하여 (i) 헌법, 법령 기타 법에 적합하여야 하며, (ii) 이행 가능해야 하고, (iii) 당해 행정목적 달성에 필요 최소한도로 해야 하고(비례의 원칙), (iv) 평등해야 하며(평등의 원칙), (v) 행정처분의 본질적 효력을 해하지 말아야 한다는 원칙들이 적용된다. 이러한 한계를 넘은 부관은 무효이며,[1] 한계를 넘어 행정청이 재량권을 남용하였는지 여부는 구체적인 사안에 따라 판단해야 한다.[2]

부관을 위반한 경우의 효력과 관련하여 부담상의 의무위반을 행정처분 철회사유로 정하고 있는 경우에는 행정행위 자체를 철회할 수 있으며, 심지어 철회권(撤回權)이 유보되지 않은 경우라도 의무위반을 이유로 행정행위를 철회할 수 있다고 판시한 판

의 내용은 적법하고 이행가능하여야 하며 비례의 원칙 및 평등의 원칙에 적합하고 행정처분의 본질적 효력을 해하지 아니하는 한도의 것이어야 한다"고 판시하고 있다(대법원 1997. 3. 14. 선고 96누16698 판결).

1 대법원 1997. 3. 14. 선고 96누16698 판결; 대법원 1992. 4. 28. 선고 91누4300 판결.

2 주택건설사업계획승인 시 부가한 20M 도로부지를 확보하여 기부채납하라는 부관은 재량권남용이라고 판시하였다(대법원 1994. 1. 25. 선고 93누13537 판결). 형질변경 허가신청을 한 토지 위에 폭 4M의 도로를 개설하여 기부채납하라고 사전 제시한 부관을 위법하다고 본 원심판결을 기부채납 도로 규모의 적정 여부에 대한 심리미진을 이유로 파기한 사례(대법원 1999. 2. 23. 선고 98두17845 판결). 65세대 공동주택을 건설하려는 사업주체(지역주택조합)에게 「주택건설촉진법」 제33조에 의한 주택건설사업계획 승인처분을 함에 있어서, "그 주택단지의 진입도로 부지의 소유권을 확보하여 진입도로 등 간선시설을 설치하고 그 부지 소유권 등을 기부채납하며 그 주택건설사업 시행에 따라 폐쇄되는 인근 주민들의 기존통행로를 대체하는 통행로를 설치하고 그 부지 일부를 기부채납하도록 조건을 붙인 경우, 다른 특별한 사정이 없는 한 필요한 범위를 넘어 과중한 부담을 지우는 것으로서 형평의 원칙 등에 위배되는 위법한 부관이라고 할 수 없다"고 판시하였다(대법원 1997. 3. 14. 선고 96누16698 판결).

례도 있다.[1] 부관인 부담상의 의무불이행을 이유로 그 이후의 단계적인 조치를 거부하는 것도 가능하며 부담불이행으로 행정상의 강제집행이나 제재의 대상이 되는 경우도 있다.

③ 건축주의 명의변경　　　건축물을 건축하거나 대수선하려는 자는 특별자치시장 · 특별자치도지사 또는 시장 · 군수 · 구청장의 허가를 받아야 하며, 일정한 경우에는 특별시장이나 광역시장의 허가를 받아야 한다(「건축법」 제11조). 특정한 경우에는 신고를 하게 되면 허가를 받은 것으로 본다(「건축법」 제14조). 건축 허가를 받거나 신고한 자가 사업권 양도 등으로 인해 건축물을 양도하는 경우에는 건축관계자 변경신고서에 변경 전 건축주의 명의변경동의서 또는 권리관계의 변경사실을 증명할 수 있는 서류를 첨부하여 허가권자에게 '건축관계자 변경신고'를 해야 한다(「건축법」 시행령 제11조). 공사 중 건축주를 포함하여 공사 시공사나 공사 감리자를 변경한 때에도 동일하게 적용된다.

건축관계자 변경신고로서 건축주 명의변경 신고는 단순히 행정관청의 사무집행의 편의를 위한 것에 지나지 않는 것이 아니라 허가대상 건축물의 양수인에게 건축주의 명의변경을 신고할 수 있는 공법상의 권리를 인정함과 동시에 행정관청에게는 그 신고를 수리할 의무를 지게 한 것으로 보고 허가대상건축물의 양수인이 법령에 규정되어 있는 형식적 요건을 갖추어 관할 관청에 적법하게 건축주의 명의변경을 신고한 때에는 관할관청은 그 신고를 수리하여야지 실체적 이유를 내세워 그 신고의 수리를 거부할 수는 없는 것이다.

나아가 '건축관계자 변경신고서' 수리 거부행위는 행정청이 허가대상 건축물 양수인의 '건축관계자 변경신고'라는 구체적인 사실에 관한 법 집행으로서 그 신고를 수리하여야 할 법령상의 의무를 지고 있음에도 불구하고, 그 신고의 수리를 거부함으로써 양수인이 건축공사를 계속하기 위하여 또는 건축공사를 완료한 후 자신의 명의로 소유권보존등기를 하기 위하여 가지는 구체적인 법적 이익을 침해하는 결과가 되었다고 할 것이므로, 비록 건축허가가 대물적 허가로서 그 허가의 효과가 허가대상건축물에 대한 권리변동에 수반하여 이전된다고 하여도 양수인의 권리의무에 직접 영향을 미치는 것으로서 취소소송의 대상이 되는 처분으로 보고 있다.[2]

1　대법원 1989. 10. 24. 선고 89누2431 판결.
2　대법원 1992. 3. 31. 선고 91누4911 판결.

첨부서류인 '권리관계의 변경사실을 증명할 수 있는 서류'의 하나로 법원의 판결문을 들 수 있는데, 대법원은 건축 중의 건축물을 양수한 자는 건축공사를 진행함에 있어서 장차 건축주 명의로 허가에 갈음하는 신고를 할 필요가 있는 경우가 있고, 중간검사를 신청할 필요가 있는 경우도 있으며, 공사를 완료한 날로부터 7일 이내에 준공신고를 하여야 하고, 이에 위반할 때는 처벌을 받게 되어 있으므로 건축공사를 계속하기 위해서는 건축주 명의변경을 할 필요성이 있고 이를 위해 건축주 명의의 변경을 구하는 소 이외에 달리 그 목적을 달성할 수 있는 방법이 없다고 판시한 바 있다.[1]

나아가 건축허가서의 건축주 명의를 타인에게 신탁한 자가 이를 해지하고 건축주 명의변경에 동의하지 않는 수탁자를 상대로 그 의사표시에 갈음하여 건축허가서의 건축주 명의변경 절차 이행을 구하는 소는 소의 이익이 있다고 판시하였다.[2] 소송의 종류가 확인의 소든 이행의 소든 법원의 확정판결문을 국토교통부에서는 권리관계의 변경사실을 증명할 수 있는 서류로 인정하고 있다.[3]

한편, 건축중인 건축물의 대지 및 건축물을 경매를 통해 취득하는 경우에 광역자치단체의 경우에도 단순히 토지소유권이 이전된 것이 아니라, 건축허가 후 공사 진행중 어떠한 사유로 경매절차를 통해 대지뿐 아니라 공사중인 건축물도 포함하여 경락 받은 경우라면, 건축주 명의변경에 관한 건축법 시행규칙 제11조의 권리관계의 변경사실을 증명할 수 있는 서류로 인정하고 있다.[4] 이 경우 실무상 '공사중인 건축물을 포함하여 경락 취득하였다는 사실'은 법원의 경매사건 기록(감정평가서 등)을 통하여 관할 행정청이 건축물의 경매대상물건에 포함여부를 확인하여 처리하는 방법을 취하고 있다.

6) 분양 관련 쟁점

① 선분양 관련 쟁점   분양계약의 당사자는 시행사와 분양받는 자이며 분양계약의 본질은 민법상 매매계약이지만 공사 목적물이 완성되기 전에 분양계약을 체결(실무상 '선분양'이라 칭함)하려면 아래 [표 2 – 10]에서와 같이 일정한 공법적 규제에 기속된다.

---

1 대법원 1989. 5. 9. 선고 88다카6754 판결.
2 대법원 1996. 10. 11. 선고 95다29901 판결.
3 국토교통부 질의회신 건축 58558 – 53호, 1999. 1. 7.
4 서울특별시 건지 58550 – 4875 질의회신 2001. 9. 25.

표 2-10 선분양의 요건

대상	분양시기	필수요건	규정
주택	착공과 동시	다음의 i)과 ii)의 요건을 모두 갖춘 경우 i) 대지소유권 확보 • 주택이 건설되는 대지를 신탁한 경우 포함 • 매도청구소송 대상 대지의 경우(사용검사 전까지 소유권 확보 조건) ii) 분양보증(주택도시보증공사 / 지정보험회사)[1]	국토교통부령 「주택공급에 관한 규칙」 제15조 제1항, 제2항, 「주택도시기금법 시행령」 제21조 제1항 제1호
	일정한 공정 완료 후	i) 대지소유권 확보 ii) 일정요건 충족 등록사업자 2인의 연대보증 및 공증 iii) 일정한 공정 완료 a. 아파트의 경우 –전체 동의 골조공사가 완료된 때 b. 연립주택, 다세대주택 및 단독주택의 경우 –분양주택: 조적공사가 완성된 때 –공공임대주택: 미장공사가 완성된 때	
건축물	착공 신고 후	i) 「자본시장과 금융 투자업에 관한 법률」에 따른 신탁업자와 신탁계약 및 대리사무계약을 체결한 경우[2] 또는 금융기관 등으로부터 분양보증을 받는 경우 ii) 신탁회사가 분양사업자로 되는 신탁계약이 체결된 경우 별도 신탁계약 불필요	「건축물의 분양에 관한 법률」 제4조 제1항, 제2항
	골조공사의 3분의 2 이상 완료 후	해당 건축물의 사용승인에 대하여 다른 건설업자 둘 이상의 연대보증을 받아 공증받은 경우	

② 분양계약 해제 시 수분양자 보호 관련 쟁점

(i) 비신탁구조   분양형 개발사업에서 수분양자에 대해 중도금대출금융기관으로부터 시행사 및 시공사의 대출금반환채무를 연대보증하는 조건으로 중도금대출(집단대출)이 실행되는 경우에 비신탁구조에서 일반적으로 시행사와 시공사가 분양수입금을 공동관리하는바, 일정한 사유로 분양계약 해제가 된 경우 수분양자는 분양계약 해제로 인한 분양대금 반환청구를 분양자인 시행사에 대해 청구할 수는 있지만 현

---

1 사업주체가 파산 등의 사유로 분양계약을 이행할 수 없게 되는 경우, 해당 주택의 분양(「주택법」 제29조에 따른 사용검사 또는 「건축법」 제22조에 따른 사용승인과 소유권보존등기를 포함한다)의 이행 또는 납부한 계약금 및 중도금의 환급(해당 주택의 감리자가 확인한 실행 공정률이 100분의 80 미만이고, 입주자의 3분의 2 이상이 원하는 경우로 한정한다)을 책임지는 보증(「주택도시기금법」 시행령 제21조 제1항 제1호 '가'목).

2 실무상 '분양관리신탁'이라고 칭함.

실적으로 해결되기 어려운 상황이 될 수 있고 수분양자의 중도금 반환 가부와 순서는 시행사와 시공사 간의 체결한 약정에 따라 합의된 순서 하에 충당되므로 수분양자의 기 납부 분양대금을 우선적으로 환급받는 것이 어려워지거나 환급 시기가 늦어져 수분양자에게 피해(연체이자 등)가 발생될 수 있다. 물론 수분양자가 대출금을 변제하지 않는다면 연대보증인으로서 대위변제해야 할 것이고 이후 수분양자에 대해 구상권을 행사할 수 있다.

하지만 만일 3자(시행사, 시공사, 중도금대출금융기관) 간에 일정한 사유로 분양계약 해제 시 대출금은 분양대금수입계좌에서 직접 중도금대출금융기관에게 지급함으로써 수분양자의 중도금 대출금 반환채무에 우선 충당하기로 하는 협약이 존재하는 경우에 이 약정을 단지 중도금대출금융기관의 대출금 회수의 편의를 위해 협조를 구하는 정도의 약정으로 해석할 것인지 아니면 분양계약의 해제에 따른 권리관계의 해결을 위한 약정으로 볼 것인지에 따라 수분양자의 보호와 관련해서 그 결과가 달라질 수 있다. 판례는 3자간 협약을 단순한 내부 합의에 그치는 것이 아니라 분양수입금의 공동관리자인 시공사가 수분양자를 위해 대출금 상환처리의무를 이행할 의무를 부담하는 내용의 「민법」상 '제 3 자를 위한 계약'(민법 제539조)으로 인정하여 시공사는 분양계약이 해제된 경우 수분양자가 반환받아야 할 분양대금을 대출금에 우선하여 상환해야 할 의무를 부담하고 이에 반해 자신의 공사대금채권에 먼저 충당했다면 동 약정 위반으로 수분양자에게 발생한 손해를 배상할 책임이 있다고 판시했다.[1] 즉 수분양자는 비록 협약의 당사자가 아니더라도 협약의 수익자 지위를 갖는다고 보고 분양계약의 해소에 따른 당사자들의 채권채무관계를 포괄적으로 정산하기 위한 협약의 목적에 부합한다고 볼 수 있다. 따라서 시공사의 구상권 행사는 인정하되 수분양자는 처음부터 시공사가 분양대금을 대출금상환에 충당하지 아니함으로써 발생한 손해를 주장해서 상계 항변할 수 있다고 볼 수 있다.

(ii) 신탁구조

㉠ 담보신탁 및 자금관리대리계약 구조   '담보신탁 및 자금관리대리계약' 구조 하에서 분양자(위탁자)의 채무불이행 등의 사유로 우선수익자(채권자)가 신탁재산의 환가를 요청한 경우에 신탁계약에 따라 공매 등을 통해 처분한 경우 그 처분대금에

---

1 대법원 2010. 12. 9. 선고 2010다48349 판결.

대해 수분양자의 분양계약 해제로 인한 분양대금의 반환과 우선수익자의 수익 지급 간에 충당 순서와 관련하여 논란의 여지가 있다. 우선수익권은 분양계약 이전에 이미 발생된 권리로서 우선수익자의 입장에서 신탁재산에 대해 수분양자를 포함한 분양자(위탁자)의 다른 채권자보다 우선하여 채권을 회수할 수 있다고 보기 때문이다.

이와 관련하여 대법원은 수분양자가 분양계약 해제 후 신탁재산의 환가절차에서 다시 매매계약을 체결한 경우에 수탁자가 매각대금으로 수분양자에 반환될 분양대금과 상계하거나 공탁한 사례에서 이는 우선수익자인 대출금융기관의 권리침해가 아니라고 판시하면서 담보신탁계약서 제21조 처분대금 등 정산 조항에서 수분양자의 분양계약 해제로 인한 분양대금 반환의 순서는 1순위로 정산하여야 하는 채무 또는 그보다 앞선 순위로 정산하여야 할 채무에 해당하는 것으로 보고 대출금융기관의 우선수익권을 침해한 것으로 볼 수 없다고 판시한 바 있다.[1] 다만 동 판례는 미분양건물을 처분하여 정산하는 경우와 이미 분양된 건물을 처분하여 정산하는 경우를 구분하고 있는 것이 특징이다.

하지만 그 후 유사 사안에서 하급심 판결[2]에서는 우선수익자인 대출금융기관의 원리금 상환이 우선순위라는 취지로 판시하였고 2014년 이후 다수의 사건에서 대법원은 ① 담보신탁계약과 자금관리대리계약은 별개의 독립된 계약이며(동 구조에서는 분양자와 자금관리주체가 상이함), ② 분양수입금은 담보신탁계약상 신탁부동산의 처분대금 혹은 이에 준하는 것과 상이하고, ③ 분양대금반환은 담보신탁 약정 상의 정산순위 위반이며, ④ 분양계약 해제가 반드시 담보신탁계약의 실효 혹은 일부 해지를 의미하

---

1 대법원 2009. 7. 9. 선고2008다19034 판결. 우선수익자는 수분양자가 이미 납부한 분양대금으로 공사를 함으로써 신탁재산의 담보가치가 증가되거나 대출이자 등 채권의 일부 변제를 받았음에도 수분양자에게 분양대금을 반환하지 아니한 채 분양물건의 매각대금에 대해 우선권을 행사함으로써 수분양자의 희생 하에 이중의 만족을 얻게 되는 불합리한 결과를 초래하기 때문으로 이해된다(최진숙, "신탁부동산의 처분 시 우선수익자에 우선하여 수분양자의 분양대금이 반환되어야 하는지," 『건설부동산 뉴스레터』(법무법인 지평, 2015년 7월호, 2면).

2 서울중앙지방법원 2011. 1. 14. 선고 2010가합58778 판결; 서울고등법원 2013. 2. 22. 선고 2012나56285 판결. 이 두 판결의 공통점은 우선수익자의 환가 요청 이전에 이미 분양자에 대해 분양계약 해제의 의사표시를 하여 당시 수분양자의 지위를 가지지 못하고 다만 분양자에 대한 분양대금반환채권만을 보유한 자들로서 건물이 매각되어 부득이 분양계약이 해제될 수밖에 없는 수분양자들과 동일한 보호가치를 부여할 수 없다는 취지로 판결하고 있어 환가 요청 이전에 사실상 미분양 상태로 된 부동산에 대해서는 우선수익자의 권리행사가 제한없이 가능하다는 취지로 해석될 수 있다(최진숙, 앞의 글, 3면).

지 않으며 따라서 수분양자가 위탁자의 신탁계약해지권을 대위행사 할 수 없으며, 분양계약 해제가 특별한 사정이 없는 한 분양대금의 반환 법률관계를 형성하지 못하고, ⑤ 공사비를 제외한 사업비 지출에는 시공사, PF대출금융기관의 확인을 서면으로 요청해야 하는바 이를 충족하는 증거가 없다는 등의 이유로 판결한 바 있다. 따라서 실무상 분양관리신탁같이 법령으로 "신탁계약 상 신탁을 정산할 때에 분양 받은 자가 납부한 분양대금을 다른 채권 및 수익자의 권리보다 우선하여 정산하여야 한다"는 사항을 반드시 포함해야 하는 경우(「건축물의 분양에 관한 법률」 시행령 제3조 제3호) 외에는 관련 약정 유무를 확인할 필요가 있으며 약정이 없는 경우에는 법리 해석에 따라 그 결과가 달라질 가능성이 존재한다.

ⓒ 토지신탁 구조　　토지신탁 구조에서는 담보신탁 & 자금관리대리계약 구조와 달리 분양자와 자금관리자가 수탁자로 동일하며 선분양이 가능하다(주택의 경우 분양보증 필요). 신탁계약 상 수분양자에 대한 분양대금 반환을 신탁의 우선수익권 지급보다 우선하는 것으로 명시하는 경우에는 문제가 없지만 그렇지 않은 경우에는 논란이 있을 수 있다.

최근 관리형토지신탁 구조 하에 수탁자가 분양자가 되는 상가분양 사례에서 분양계약 해제로 인한 수분양자의 수탁자에 대한 분양대금반환청구 소송과 관련하여 분양계약(제6조 제1항)에서 수탁자는 소유권이전업무 외에는 일체의 책임을 부담하지 않고 분양대금반환의무를 포함한 분양과 관련한 매도인으로서의 일체의 의무는 위탁자가 부담하기로 약정하였음에도 불구하고[1] ① 분양계약 상 상기 문구는 단순히 관리형토지신탁계약의 내부적 분담관계를 표현한 것으로서 수분양자에게는 그 효력이 없거나 위탁자가 수탁자의 대금반환의무 등에 대하여 연대책임을 지겠다는 의미를 가질 뿐이라고 해석함이 상당하여 수탁자는 이 사건 분양계약의 당사자로서 중도금반환의무를 부담한다고 할 것이어서 결국 수탁자의 면책주장은 이유가 없으며, ② 관리형토지신탁계약은 차입형토지신탁계약과 달리 신탁회사가 부동산개발사업에 소요되

---

[1] 이 계약에서 수탁자는 분양물건에 대한 매도인의 지위를 가지는 자로서 신탁계약에 의거 신탁재산의 범위 내에서만 매도인으로서의 책임을 부담하고, 신탁재산으로 분양과 관련한 매도인으로서의 일체의 의무(분양계약 해제/해지 시 분양대금 반환 채무 이행, 입점 지연 지체상금 등을 말하며 이에 한하지 아니함)는 위탁자가 부담하며 수탁자는 소유권 이전 업무 외 일체의 책임이 없음을 계약당사자는 인지하고 동의한다.

는 자금을 직접 차입하여 조달할 의무는 없지만, 대외적인 관계에서 사업주체 및 분양자의 지위에서 형식적인 명의자로서의 모든 책임을 부담하고 다만 이러한 신탁회사의 대외적인 책임을 분담하기 위하여 내부적으로 시행사가 1차적으로 그 의무를 부담하고 시공사가 2차적으로 시행사의 의무를 이행보증하는 약정을 체결하는 것이 원칙이고, ③ 이 사건 분양계약과 같은 매매계약은 매도인의 재산권 이전의무와 매수인의 대금지급의무가 대가적 관계에 있는 유상, 쌍무계약이라 할 것인데, 수탁자 스스로 소유권이전의무가 있음을 인정하면서 자신이 지정하는 계좌로의 대금납부만을 유효한 방법으로 보고 있는 이상 계약이 해제된 경우 그 대금반환의무도 당연히 수탁자가 부담한다고 해석함이 위 매매계약의 속성에 들어맞는 해석이며, ④ 이 사건 신탁계약과 같은 관리형토지신탁계약에서는 위탁자는 자신의 소유토지를 수탁자에게 이전하는 외에 사업비 조달을 위하여 거액의 채무까지 부담하는 등 별다른 재산이 없을 터인데, 만약 수탁자의 주장대로 이 사건 분양계약이 해제된 경우 대금반환의무가 수탁자에게 없고 위탁자에게만 있다고 해석한다면 수분양자는 변제 자력이 없는 위탁자에게만 그 책임을 물을 수 있을 뿐 토지 등 책임재산을 소유하고 있는 수탁자에게는 추궁할 수 없게 되는 불공정한 결과가 발생한다고 하면서 원고 승소 판결을 내린 바 있다.[1]

동 판결은 분양계약상 분양자의 면책조항의 효력을 계약상대방에게 인정하지 않았는데 만일 신탁계약서에 동 조항이 포함되어 있는 경우에 신탁계약은 신탁등기 시 신탁원부로서 부동산등기부의 일부로 보아 제3자 대항력을 가지는바 동일한 해석을 할 수 있는 지가 논란이 될 수 있다. 신탁회사의 이른바 '면책항변'이 타당한지 여부는 일률적으로 판단될 것은 아니고 개별 사안마다 분양계약서, 신탁계약서 등 여러가지 사실관계를 종합적으로 고려하여 판단할 필요가 있다고 본다.

7) 기타 관련 법률상 주요 쟁점

① 「기업구조조정촉진법」상의 쟁점   「기업구조조정촉진법」에 따라 구성된 채권금융기관협의회의 법률에 규정한 채무조정($^{법 제}_{17조}$)의 결의는 모든 채권금융기관에 대하여 그 법적 구속력이 미쳐 그 결의에 참석하지 않거나 반대의사를 표시한 채권금융기관들도 그 결의에 따른 이행의무를 부담한다($^{대법원 2007. 4. 27. 선}_{고 2004다22292 판결}$). 「기업구조조정촉진

---

1 서울고등법원 2022. 4. 27. 선고 2021나2033624 판결(상고기간 도과로 확정).

법」에 따라 주채무가 축소 내지 감경되는 경우에 주채무에 대한 보증채무도 연동하여 축소 내지 감경되는가란 문제와 관련하여 「채무자 회생 및 파산에 관한 법률」 제567조(구「화의법」제61조, 파산법 제298조 제2항)에서 "면책은 파산채권자가 채무자의 보증인 그 밖에 채무자와 더불어 채무를 부담하는 자에 대하여 가지는 권리와 파산채권자를 위하여 제공한 담보에 영향을 미치지 아니한다"고 규정하여 보증채무의 부종성을 인정하지 않고 있으나 「기업구조조정촉진법」에는 그러한 조항이 없기에 보증인으로서 원래의 채무 전액에 대하여 보증채무를 부담한다는 의사표시를 하거나, 채권금융기관들과의 사이에 그러한 내용의 약정을 하는 등의 특별한 사정이 없는 한 보증채무의 부종성에 의하여 기업개선약정(work-out)에 의하여 축소 내지 감경된 주채무의 내용에 따라 보증채무를 부담한다.

「기업구조조정촉진법」 제9조 제2항에 따라 채권행사의 유예가 의결되는 경우에 동 의결에 기속되는 채권에 이른바 담보신탁계약에 의한 우선수익자의 수익권도 포함되느냐에 대해 담보신탁의 수익권자는 위탁자인 채무자의 회생절차가 개시되어도 판례에 의해 「채무자 회생 및 파산에 관한 법률」 제250조 제2항에 해당한다고 보아 회생절차의 효력이 미치지 않으나(도산절연효과), 「기업구조조정촉진법」 제9조 제2항에 따른 채권행사의 유예 의결의 경우에는 비록 담보신탁 구조하에 수익자가 보유하는 우선수익권이 물상보증인의 재산에 설정된 담보와 유사한 성격을 가지고 있다고 하여도 그 피담보채권의 행사가 유예가 되는 이상, 그 수익권에 기한 처분절차 역시 유예의 효력을 받는 채권행사에 포함된다고 본다.

「기업구조조정촉진법」 제2조 제8호에서 규정하는 '신용공여'에 시공사의 책임준공의무 미이행으로 인해 약정상 대출금융기관이 갖는 시공사에 대한 손해배상채권이 해당되는가에 대해 '신용공여'의 범위를 "대출, 어음 및 채권 매입, 시설대여, 지급보증, 지급보증에 따른 대지급금의 지급, 기업의 지급불능시 거래상대방에 손실을 초래할 수 있는 직접적·간접적 금융거래, 위의 규정에 해당하는 거래는 아니나 실질적으로 그에 해당하는 결과를 가져올 수 있는 거래"라고 하고 있어 시공사의 책임준공약정의무가 실무상 어떠한 의미를 가지고 있는지에 대한 해석이 중요하다. 비록 책임준공약정의무의 법적 형식이 향후 대출금융기관 대출의 물적 담보가 될 물건을 준공하겠다는 내용의 채무이나 동 의무 위반으로 공사완성 여부에 관한 위험이 현실화되는 경우 프로젝트금융대출을 한 금융기관이 그 책임준공의무를 이행강제하여 완성된 물적 담보로서 대출원리금을 회수하는 데 목적이 있다기보다는 시공사로 하여금 책임준공의무 위반으로 대출금융기관이 입은 손해를 배상하게 함으로써 그 한도 내에서 대출원리금 상당액을 직접 회수하는 데 그 목적이 있다고 본다면, 사실상 차입자의 대출채무에 대한 보증으로서의 기능이나 경제적 실질을 가지는 것으로 볼 수 있다. 따라서 책임준공 미이행시 손해배상 약정은 「기업구조조정촉진법」 제 2 조 제 8 호 '바'목에서 정한 "기업의 지급불능 시 거래상대방에 손실을 초래할 수 있는 직접적·간접적 금융거래"에 해당한다고 볼 수 있다.

② 「체육시설의 설치·이용에 관한 법률」 관련 법적 쟁점　　　　「체육시설의 설치·이용에 관한 법률」 제27조 제 2 항에 의하면 일정한 절차에 따라 문화체육관광부령으로 정하는 체육시설업의 시설 기준에 따른 필수시설을 인수한 자는 체육시설업의 등록 또는 신고에 따른 권리의무(법 제17조에 따라 회원을 모집한 경우에는 그 체육시설업자와 회원 간에 약정한 사항을 포함한다)를 승계한다. 그리고 일정한 절차에는 i) 「민사집행법」에 따른 경매, ii) 「채무자 회생 및 파산에 관한 법률」에 의한 환가, iii) 「국세징수법」, 「관세법」 또는 「지방세기본법」에 따른 압류재산의 매각, iv) 그 밖에 i)부터 iii)까지의 규정에 준하는 절차 등이 포함된다. 여기서 '부동산 담보신탁에 따른 공매절차'가 iv)에 해당되는 절차로 볼 수 있는가가 문제가 된다. 부동산담보신탁의 신탁계약에 따라 이루어지는 공매는 법률에서 특별히 규정하고 있는 절차는 아니지만 i) 매수대상자 모집 등과 관련하여 매매절차의 진행이 일반인에게 공시되고, ii) 부동산신탁업자가 행하는 신탁업무 자체는 「자본시장과 금융투자업에 관한 법률」 등 관련 법령에 따라 국가의 엄격한 감독을 받는 절차이기에 경매, 환가, 압류재산매각에 준하는 공개성이나 절차적 공정성이 어느 정도 담보되고 본질상 경매와 상이하지 않으며 체육시설업의 운영이 인수 후에도 지속되게 하는 것이 규정의 취지라는 점을 고려하면 부동산담보신탁 하의 공매절차에도 준용할 수 있다는 입장이 있을 수 있지만,[1] 종래 판례는 동 법 제27조 제 2 항 제 1 호부터 제 3 호의 절차는 법률의 규정에 의한 권리변동절차인 반면에 「신탁법」상 신탁재산의 처분은 반드시 공매를 거쳐야 하는 강제성이 없으며 당사자들의 협상의 여지가 존재하는 법률행위에 의한 재산권 이전이라는 점, 입법자가 신

---

1 문화체육관광부 유권해석.

탁계약에 따른 공매를 포함시키지 않았다는 입법의도를 고려해야 하는 점, 법에서 규정하는 절차는 체육시설의 소유자 의사와 무관하게 발생되나 공매는 소유자인 수탁자의 의사에 의해 매각절차가 진행된다는 점, 공매로 처분되어도 신탁재산 상의 제한물권이나 보전처분 등의 부담이 소멸되지 않는다는 점, 「채무자 회생 및 파산에 관한 법률」상 파산관재인의 환가방법 중 임의매각의 경우에도 반드시 법원의 허가를 필요로 하고(법 제496조 제2항) 「국세징수법」상 수의계약도 그 요건을 법으로 엄격히 규정하고 있는 점(법 제62조 제1항 제1호 내지 제6호) 등을 고려하여 공매절차에 준용할 수 없다고 판시하였으나[1] 최근 판례는 담보신탁에 따른 공매나 수의계약을 통해 골프장 등 체육필수시설이 이전된 경우에도 회원에 대한 권리, 의무의 승계를 인정하는 것이 문언 해석에 부합한다며 담보신탁의 기능 등에 비춰 공매절차를 저당권 등 담보권 실행을 위한 경매절차 등과 구별해 다뤄야 할 만큼 실질적인 차이가 없다고 하면서 「체육시설의 설치 및 이용에 관한 법률」 제27조는 체육필수시설을 이전하는 경우 인수인 등이 회원에 대한 권리, 의무를 승계함으로써 회원의 권익을 보호하려는 목적을 가지고 있고 규정의 문언이 포괄적이어서 담보신탁에 따른 공매나 수의계약을 포함하는 데 문제가 없고 이 같은 해석이 입법 연혁에서 드러나는 입법자의 의사에 부합할 뿐만 아니라 담보신탁의 실질에 비추어 공평한 해결 방안이라고 볼 수 있다고 판시하였다.[2]

한편, 필수시설의 전 소유자가 체육시설업자이어야 하는가의 문제와 관련하여 건물소유자가 체육시설업자에게 건물을 임대하고 그 체육시설업자가 회원을 모집한 경우에 추후 건물 소유자의 사정으로 건물이 경매되는 과정을 거치는 때에 건물주 본인은 실제 그 대가를 얻지 못했던 회원들에 대한 가입금반환채무를 고려해서 낮은 금액으로 낙찰될 수 있는 가능성이 커 손해를 입을 수 있고 나아가 건물 소유자 이외에 담보채권자나 일반채권자도 피해를 입을 수 있다. 이러한 경우 건물 소유자는 체육시설업자에게 임대하기를 꺼려하는 현상도 발생할 수 있다. 회원의 입장에서도 기존 체육시설업자와 약정에 따라 정상적으로 시설이 운영되는데 전혀 무관한 제3자에게

---

1 서울고등법원 2011나21268 판결; 대법원 2012. 4. 26. 선고 2012다4817 판결.

2 대법원 2018. 10. 18. 선고 2016다220143 전원합의체 판결. 다만 이에 대해 소수 대법관은 담보신탁을 근거로 한 매매는 그 절차나 법적 성격이 상이하며 매매를 통해 체육필수시설을 취득한 제3자에게 신탁재산과 절연된 위탁자의 부담을 곧바로 전가해버리는 결과를 낳아 부당하다는 의견을 제시하였다.

필수시설이 승계되는 경우 회원의 권익보호에도 반한다. 그러므로 동 법 제27조 제2항의 해석 및 적용 시 필수시설의 전 소유자가 체육시설업자인 경우에만 적용하는 것으로 좁혀서 해석하는 것이 법리상 타당하다고 본다(서울고등법원 2011나21268 판결 참조).

Ⅱ 부동산 프로젝트금융과 채권보전 방안

1. 총   설

앞서 설명한 바와 같이 프로젝트금융의 대상이 되는 부동산 개발사업의 위험(사업의 단계별 위험, 사업 관련 주체 별 위험 등)과 프로젝트금융의 특징(프로젝트금융 원리금의 기본적 상환재원은 미래의 현금흐름, 비소구 내지 제한적 소구 금융 등)을 고려했을 때 대출금융기관의 대출채권 보전방안은 크게 두 가지 방향으로 고려될 수 있다. 첫째, 개발사업의 원활한 진행을 통해 대출원리금 상환에 필요한 지속적인 현금흐름을 창출시키는 방안이 있다. 여기에 속하는 것으로 (i) 개발사업 관련 중요한 자산에 대한 선순위 담보 내지 지위를 확보하여 여타 채권자들의 권리행사 등으로 인한 사업의 지연, 중단 등의 사태를 미연에 차단하는 방안, (ii) 개발사업 관계자 들과 관련된 각종 위험에 대비하는 방안 (iii) 현금흐름을 안정적으로 보전하거나 보충할 수 있는 수단을 강구하는 방안, (iv) 유사시에 대출원리금을 상환받고 위험을 해소할 수 있는 방안(실무상 대출금융기관의 Exit 방안이라고도 함) 등을 들 수 있다. 둘째, 프로젝트 관계자나 기타 제3자로부터 프로젝트금융 차입자의 대출원리금 상환과 관련하여 일정한 보장을 받거나 신용보강을 받는 방안을 강구하는 것이다.

2. 담보제도에 대한 기본적 고찰

(1) 인적 담보

부동산 프로젝트금융에 있어서 부가적으로 대출채권 확보를 위한 인적 담보로서 흔히 사용되는 것으로서 '보증'과 '채무인수'가 있다. 양자 모두 재무 상태가 열악한 시행사에게 부동산 개발과 관련하여 대출을 할 경우 대출자인 금융기관의 입장에서 채무불이행 위험에 노출되게 되는데, 이러한 채무불이행 위험을 상당 부분 회피하기 위해서 실무상으로는 시공사가 보증을 제공하도록 하거나 채무를 인수하도록 하는 것이 일반적이며, 이 경우 시행사는 시공사의 신용 등급에 상응하는 조건으로 대출을 받을 수 있는 장점이 있게 된다.

1) 보   증

① 의   의   주(主)채무자가 채무를 이행하지 않을 경우 타인(즉 보증인)이 채무를 이행할 의무를 지는 것을 민법상 보증채무라 한다(「민법」 제428조 제1항). 보증은 채권자와 보증인 간에 계약에 의해 성립하며 법상 불요식(不要式) 계약, 낙성(諾成) 계약으로 특별한 형식을 요하지 않으며, 구두의 보증계약도 유효하다.[1] 당사자 간 계약에 의해 신속하게 채권 담보의 기능을 도모할 수 있다는 점에서 많이 활용되고 있다.

보증계약에 의해 보증인이 부담하는 주채무의 범위는 당사자 간 약정에 의해 결정되나, 이러한 약정이 없는 경우 주채무의 원본 및 주채무의 이자, 위약금, 손해배상액, 기타 주채무에 종속한 채무를 포함한다(「민법」 제429조 제1항). 다만 보증채무의 주채무에 대한 부종성(附從性)하에 보증인의 부담이 주채무의 목적이나 형태보다 클 때에는 주채무의 한도로 감축한다고 규정하여(「민법」 제430조) 보증인을 보호하고 있다.

채권의 변제기가 도래하면 채권자는 주채무자와 보증인에게 동시에 또는 순차적으로 채무의 이행을 청구할 수 있으나 채권자가 보증인에게 먼저 채무의 이행을 요청할 경우 보증인은 주채무자의 변제 자력(資力)이 있는 사실 및 그 집행이 용이하다는 것을 증명하여 먼저 주채무자에게 청구할 것과 그 재산에 대하여 집행할 것을 항변할 수 있다(「민법」 제437조). 즉, 보증채무의 보충성에 근거한 보증인의 최고 · 검색(催告 · 檢索)의 항변권(抗辯權)을 인정하고 있다. 만일 주채무자의 채무불이행으로 인해 보증인이 이를 이행한 경우에는 보증인은 주채무자에 대해 구상권(求償權)을 갖게 된다(「민법」 제441조).

---

1 김형배, 『채권총론』(박영사, 1999), 495면. 다만, 2009년 2월 6일 제정된 「보증인 보호를 위한 특별법」에 의하면, 보증인 보호 및 합리적 보증 계약의 관행 정립을 위해 보증 계약은 보증인의 의사가 보증인의 기명 날인 또는 서명이 있는 서면으로 표시되어야 효력이 발생하며(법 제3조 제1항), 보증 채무의 최고액을 서면으로 특정하여야 하고(법 제4조), 보증 기간의 약정이 없는 때에는 이를 3년으로 간주하며(법 제7조 제1항), 보증 계약을 갱신할 때에도 서면으로 하여야 한다(법 제4조).

② 종   류

(i) 근보증(根保證)   채권자와 주채무자 사이의 특정한 계속적 거래 계약이나 그 밖의 일정한 종류의 거래로부터 발생하는 채무 또는 특정한 원인에 기하여 계속적으로 발생하는 채무에 대하여 성립하는 보증을 근보증(根保證)이라 한다. 민법상 주채무자의 채무가 장래의 채무일 경우에도 보증을 할 수 있다는 규정(「민법」 제428조 제2항)과 주채무의 범위에 대해서는 법률상 제한이 없다는 점, 보증 대상·보증 한도·보증 기간 등에 대해 특별한 정함이 없는 포괄 근보증도 유효하다는 판례를 통해서 근보증에 관한 법리가 그 동안 형성되어 왔으나, 2009. 2. 6. 제정된 「보증인 보호를 위한 특별법」에서 명시적으로 근보증에 대한 정의(법 제6조)를 하고 있다. 「보증인 보호를 위한 특별법」에서는 근보증의 경우 그 보증하는 채무의 최고액을 서면으로 특정할 것을 요구하면서 동 채무의 최고액을 서면으로 특정하지 않은 근보증계약은 효력이 없다고 규정하고 있다(법 제6조, 제8조). 근보증의 종류로는 포괄근보증, 한정근보증, 특정근보증이 있으며, 실무상으로는 한정근보증이나 특정근보증의 형태가 많이 이용되고 있다.[1]

(ii) 공동보증   수인(數人)의 보증인이 각자의 행위로 보증채무를 부담한 경우로서 이에 대해서는 분할채권 관계 규정(「민법」 제408조)을 준용하여 특별한 의사표시가 없는 경우, 각 보증인은 균등한 비율로 채무를 부담한다(「민법」 제439조).

(iii) 연대보증   채무자의 채무불이행 내지 약정상의 기한의 이익 상실 사유 발생 시 채권자는 주채무자에 대한 청구를 거치지 않고 바로 연대보증인에게 채무 변제를 요구할 수 있다. 채무 변제 청구는 재판상 또는 재판 외의 방법 모두 가능하며 연대보증인 각자에 대해 동시에 또는 순차적으로 채무 전액 변제의 청구가 가능하다. 다만 일반적인 보증인이 가지고 있는 최고·검색의 항변권은 없으며, 변제한 연대보증인은 주채무자에 대해 변제 채무 전액을, 다른 연대보증인에 대해 자신의 부담분 초과분에 대해 각 연대보증인의 부담 비율에 해당하는 금액을 청구할 수 있는 구상권을 가진다.[2]

③ 수탁보증인의 사전 구상권

(i) 개   념   '수탁보증인의 사전 구상권'이란 주채무자의 부탁에 의해 보증

---

1 김기형 외 4인, 앞의 책, 304~305면.

2 대법원 1988. 10. 25. 선고 81다카1729 판결; 대법원 1990. 3. 27. 선고 89다카19337 판결; 대법원 1993. 5. 27. 선고 93다4656 판결 참조.

인이 된 자가 일정한 요건하에서 채권자에게 대위 변제를 하지 않고도 주채무자에 대하여 구상금의 지급을 사전에 청구할 수 있는 권리를 말한다(「민법」 제442조, 제443조). 연대보증인도 수탁보증인이기 때문에 사전 구상권을 가진다.[1]

(ii) 요　　건　　　사전 구상권을 행사하려면 다음의 요건 중의 하나를 충족해야 한다(「민법」 제442조).

㉠ 보증인이 과실없이 채권자에게 변제할 재판을 받은 때

㉡ 주채무자가 파산선고를 받은 경우에 채권자가 파산재단에 가입하지 아니한 때

㉢ 채무의 이행기가 확정되지 아니하고 그 최장기도 확정할 수 없는 경우로 보증계약 후 5년을 경과한 때

㉣ 채무의 이행기가 도래한 때

(iii) 효　　과　　　사전 구상권의 행사에 의한 법적 효과는 다음과 같다(「민법」 제443조).

㉠ 연대보증인은 주채무자에 대하여 미리 자신이 지급하게 될 대위 변제금에 대한 구상금의 지급을 재판상 또는 재판 외의 방법으로 청구할 수 있다.

㉡ 주채무자가 사전구상금을 지급한 경우 자기를 면책하게 하거나, 자기에게 담보를 제공할 것을 보증인에게 청구할 수 있다.

㉢ 주채무자는 배상할 금액(즉 사전구상금)을 공탁하거나 담보를 제공하거나 또는 보증인을 면책하게 함으로써 이 배상 의무를 면할 수 있다.

④ 실무상 보증제도의 활용　　　동산 프로젝트금융에 있어서 보증제도의 활용과 관련하여, 보증의 범위에 따라 이자 지급 보증, 원금 지급 보증, 원리금 지급 보증으로 형식상 구분할 수 있으며, 주로 원리금 지급 보증이나 이자 지급 보증을 많이 활용한다. 이러한 보증들의 경우 이자의 범위는 대출 기간 중 발생하는 이자 이외에 원리금 상환 연체로 인한 지연 이자도 포함한다. 따라서 원리금 지급 보증의 경우 채무 불이행 기간(즉, 연체 기간)이 길어질 경우 이자 총액이 원금을 초과하는 극단적인 경우도 발

---

1 다만 물상보증인의 경우에는 채무를 변제한 후나 저당권 실행으로 저당물의 소유권을 상실한 경우에만 구상권을 취득할 수 있으며, 판례도 (i) 물상보증인의 구상권 발생요건을 보증인의 경우와 달리 정하고 있는 점, (ii) 물상보증인은 담보물로서 물적 유한책임만을 질뿐, 채권자에 대해 채무를 부담하지 않는 점, (iii) 물상보증인의 구상권의 범위는 담보권의 실행으로 담보물의 소유권을 상실하게 된 시점에 확정된다는 점 등을 이유로 물상보증인에게는 수탁보증인의 사전 구상권에 관한 「민법」 제442조가 적용되지 않는다고 판시하고 있다(대법원 2009. 7. 23. 선고 2009다19802, 19819 판결). 김준호, 『민법강의 ― 이론, 사례, 판례』(법문사, 2010), 809면.

생할 수 있는데, 이 경우 보증인의 지위가 매우 불안정하고 그 부담이 커질 수 있어 그 대신 이자 지급 보증 방식으로 하여 보증인의 부담을 최소화시킬 수 있는 방법이 있다. 따라서 대출자인 금융기관의 입장에서는 원금은 물적 담보의 실행을 통해 확보하고, 상환 여부가 불확실한 이자 부분에 대해서는 시공사의 보증을 통해 확보한다. 이 방법은 보증을 제공하는 시공사의 입장에서 부담을 최소화하는 한편 대출자인 금융기관의 채권 확보를 도모하는 형태가 된다. 보증의 형태 면에서 본다면 주로 연대보증과 근보증을 병존적으로 활용한다.[1]

2) 채무인수

프로젝트금융의 경우 연대보증의 대안으로 민법상 '채무인수'를 이용하는 경우가 증가하고 있다. 실무적으로 일정한 요건을 구비한 시공사가 사업의 타당성 등을 분석하여 사업시행자의 채무를 인수하는데, 그 대가로 공사비를 증액하거나 사업 시행 이익을 공유하기도 한다. 부동산 프로젝트금융에 있어서 '채무인수'란 "사업시행자에게 파산이나 기한의 이익 상실 사유 등이 발생하는 경우, 주로 시공사가 사업시행자의 대출 채무를 비롯한 특정 부동산 프로젝트금융 사업과 관련한 일체의 채무를 인수하는 것"을 말한다.[2]

기술한 연대보증의 경우는 연대보증인이 보증인의 지위에서 대출자에 대해 대출 원리금 상환 의무를 포함한 피담보채무의 이행을 보증하나, 채무인수의 경우에는 주채무자와 동일한 지위에서 대출자에 대해 채무인수의 대상이 되는 채무를 이행할 의무가 있다는 점에서 다르다. 일반적으로 '채무인수'란 채무의 동일성을 유지하면서 계약에 의해 인수인에게 이전되는 것을 말한다. 민법은 "채무의 성질이 인수를 허용하는 때에는 제3자는 채권자와의 계약으로 채무를 인수하여 채무자의 채무를 면하게 할 수 있다"(「민법」 제453조 제1항)고 하여 '면책적 채무인수'를 규정하고 있다. 비교되는 개념으로서 인수인이 종전의 채무자와 병존하여 같은 내용의 채무를 인수하는 '중첩적 채무

---

1 우리나라 부동산 개발 사업 실무상 시공사를 통한 신용 보강 이외에 차입자나 차입자의 대표이사의 연대보증을 별도로 요구하고 있는데, 실질적으로 금융 규모를 고려할 때, 이들의 변제 자력은 제한적이며 크게 도움이 되지 않는다. 그럼에도 불구하고 이를 요구하는 것은 차입자(시행사)의 적극적인 업무 추진과 대출금의 적기 상환을 압박하기 위한 수단으로서의 의미를 지닌다. 궁극적으로 시공사의 구상권 행사로 인한 최종 책임을 피할 수는 없을 것이다.

2 이종훈, "프로젝트금융에 관한 법적 연구," 서울대학교 법학박사학위논문, 2007. 2, 68면.

인수(또는 병존적 채무인수)'가 있으며,[1] 채무자의 변제 의무를 채무인수인이 채무자에 대해 부담하는 '이행인수'가 있다.

'중첩적 채무인수'는 채권 보전의 목적으로 실무상 주로 활용되는 것으로서 채무인수인은 기존 채무자의 채무이행 여부와 관계없이 채권자의 이행 요구에 따라 채무를 이행하여야 한다는 점에서 실질적으로 인적 담보의 기능을 수행한다. 부동산 프로젝트금융에 있어서는 주로 '중첩적(병존적) 채무인수'의 형태를 취하며 채무인수의 효력이 발생하는 경우[2] 채무인수인(시공사)은 이미 기한이 도래한 채무의 경우에는 일시에 변제하여야 하나, 아직 기한이 도래하지 않은 채무에 대해서는 예정된 일정에 따라 변제하는 방식을 가장 많이 사용하고 있다. 판례는 채무인수가 면책적 채무인수인지 중첩적 채무인수인지는 계약상의 당사자의 의사 해석의 문제라고 하면서도,[3] 특별한 사유가 없는 한 중첩적 채무인수로 보아야 한다고 하고 있다.[4] 이렇게 해석하는 것이 채권자의 보호를 극대화한다고 볼 수 있다.

그런데 만일 중첩적 채무인수 약정에 따라 채무인수인이 채무자의 채무를 이행하였을 경우, 채무인수인은 채무자에 대해 보증의 경우처럼 구상권을 행사할 수 있느냐는 문제가 있을 수 있다. 채무인수와 관련해서 구상권에 대해서는「민법」상 명문규정이 없다. 이에 대해 다툼이 있을 수 있으나, 판례는「표준 채무인수 약정서」처럼 채권자, 채무자, 채무인수인의 3면 계약을 요구하는 체계하에서는 연대채무관계에 있다고 보는 것이 타당하다고 판시하고 있다.[5] 따라서 이 경우에는 연대보증채무에 있어서 채무자와 보증인과의 관계와 동일하다고 볼 수 있을 것이다. 그러므로 중첩적 채무인수 약정하에서 채무인수인이 채무자의 채무를 이행하였을 경우에는 채무인수인은 채무자에 대해 구상권을 가진다고 볼 수 있다.[6]

---

1 금전소비대차 계약상 채무에 대해 제3자가 채무자를 위해 약속어음을 발행하는 경우 중첩적 채무인수로 보고 있다(대법원 1989. 9. 12. 선고 88다카13806 판결).
2 채무인수의 효력 발생 시점과 관련하여 (i) 대출자단의 별도의 의사표시 없이 일정 사유가 발생하면 자동적으로 효력이 발생하게 규정하는 방법과 (ii) 일정한 사유가 발생한 후 대출자단이 재량 판단에 따라 채무인수인(시공사)에게 통지함으로써 채무인수의 효력이 발생되도록 규정하는 방법이 있는데, 실무상 후자의 방법을 선호하고 있다(이종훈, 앞의 학위논문, 48면).
3 대법원 1998. 11. 24. 선고 98다33765 판결.
4 대법원 2002. 9. 24. 선고 2002다36228 판결.
5 대법원 1994. 12. 13. 선고 94다18157 판결.
6 김기형 외 4인, 앞의 책, 308면.

'이행인수'의 경우 이행 책임은 채무인수인의 채무자에 대한 것으로서 채권자가 직접 채무인수인에게 청구할 수 없다.

면책적 채무인수에 있어서는 이해관계가 없는 제3자는 채무자의 의사에 반하여 채무를 인수하지 못한다(「민법」 제453조 제2항). 제3자가 채무자와의 계약으로 채무를 인수한 경우에는 채권자의 승낙에 의하여 그 효력이 생긴다(「민법」 제454조 제1항). 이 때 제3자나 채무자는 상당한 기간을 정하여 승낙 여부의 확답을 채권자에게 최고할 수 있다(「민법」 제455조 제1항). 채권자가 그 기간 내에 확답을 발송하지 아니한 때에는 거절한 것으로 본다(「민법」 제455조 제2항). 또한 제3자와 채무자 간의 계약에 의한 채무인수는 채권자의 승낙이 있을 때까지 당사자는 이를 철회하거나 변경할 수 있다(「민법」 제456조). 채권자의 채무인수에 대한 승낙은 다른 의사표시가 없으면 채무를 인수한 때에 소급하여 그 효력이 생기지만 제3자의 권리를 침해하지 못한다(「민법」 제457조). 채무의 인수인은 전(前) 채무자의 항변할 수 있는 사유로 채권자에게 대항할 수 있다(「민법」 제458조). 전(前) 채무자의 채무에 대한 보증이나 제3자가 제공한 담보는 채무인수로 인하여 소멸하지만, 보증인이나 제3자가 채무인수에 동의한 경우에는 그러하지 아니하다(「민법」 제459조).

3) 특수기관의 보증 상품

국내 부동산 프로젝트금융과 관련하여 보증기관의 역할을 하는 대표적인 기관은 주택도시보증공사[1]와 한국주택금융공사이다.

① 주택도시보증공사

(i) **주택분양보증**　　　사업자가 파산 등의 사유로 분양계약을 이행할 수 없게 되는 경우 당해 주택의 분양의 이행 또는 납부한 계약금 및 중도금의 환급을 책임지는 보증 상품이다. 보증채권자는 입주예정자(분양계약자)이며 보증채무자는 주택사업자이다. 보증금액은 사업자가 당해 주택사업의 분양계약자로부터 받게 될 계약금과 중도금을 합한 금액이며 보증기간은 당해 주택사업의 입주자 모집공고 승인일로부터 건물소유권보존등기일(사용검사 포함)까지이다. 주택분양보증은 「주택공급에 관한 규칙」 제8조에 의거 시장 등에게 입주자모집승인 신청 시 구비되어야 하는 요건중의 하나이며 이 경우 반드시 해당 주택 또는 대지가 입주예정자의 동의 없이는 양도하거나 제한물권을 설정하거나 압류 · 가압류 · 가처분 등의 목적물이 될 수 없는 재산임을 소유권등

---

1 종래 대한주택보증(주)가 2015년 7월 주택도시보증공사로 출범했다.

기에 부기등기(附記登記)하여야 한다.

부기등기일 이후에 해당 대지 또는 주택을 양수하거나 제한물권을 설정받은 경우 또는 압류 · 가압류 · 가처분 등의 목적물로 한 경우에는 그 효력을 무효로 한다. 사업자의 재무 상황 및 금융거래 상황이 극히 불량한 경우 등에는 사업자는 그 주택건설대지를 신탁할 수 있다. 사업자가 주택건설대지를 신탁하는 경우 신탁등기일 이후부터 입주예정자가 해당 주택건설대지의 소유권이전등기를 신청할 수 있는 날 이후 60일까지의 기간 동안 해당 신탁의 종료를 원인으로 하는 사업자의 소유권이전등기청구권에 대한 압류 · 가압류 · 가처분 등은 효력이 없음을 신탁계약조항에 포함하여야 한다. 신탁등기일 이후부터 입주예정자가 해당 주택건설대지의 소유권이전등기를 신청할 수 있는 날 이후 60일까지의 기간 동안 해당 신탁의 종료를 원인으로 하는 사업자의 소유권이전등기청구권을 압류 · 가압류 · 가처분 등의 목적물로 한 경우에는 그 효력을 무효로 한다.[1]

(ii) 주택사업금융보증 　　　주택건설사업의 미래 현금수입 및 사업성을 담보로 주택건설사업자가 대출받는 토지비 등 사업비에 대한 주택사업금융의 원리금 상환을 책임지는 보증상품으로 여기에는 '표준PF대출보증'과 '유동화보증'이 있다.

㉠ 표준PF대출보증 　　　주택건설사업계획승인(건축허가 포함)을 신청한 경우로서 분양보증 또는 임대보증금보증의 대상이 되는 주택사업을 대상으로 일정한 주관금융기관의 PF대출조건 등(대출금리, 상환방식, 금융수수료 등)을 표준화한 대출에 대해 원리금 상환을 보증하는 상품이다. 표준PF대출조건 중 금리를 저렴하게 그리고 금융수수료 등을 면제하는 등의 방식으로 하는 점에서 주택사업을 활성화하려는 취지가 있으며 일정한 경우 원리금 만기 일시 상환방식을 취할 수 있다는 점에서 수급자나 하도급자에게 자금이 선순환될 수 있다는 장점이 있다.[2] 표준PF대출보증의 보증채권자는 주관금융기관이며 보증채무자는 주택사업금융을 받는 차입자 혹은 시행사이다. 보증을 받기 위해서는 일정한 자기자금을 선투입해야 하며 일정한 요건을 구비한 시공사의

---

1 「주택법」 제40조 및 시행령 제45조 참조.
2 시공사의 신용등급이 BBB＋이하이거나, 대금 지급을 2회 연체한 경우 등의 경우에는 하도급 업체에 대해 대금을 직접 지불하는 방식을 진행할 수 있으며, 대출금의 만기 일시 상환방식은 사업수익률 등을 감안하여 결정한다. 대출금의 만기 일시 상환방식은 선진국의 이른바 'Construction Loan'에 대응하는 것으로서 이 경우에는 책임준공 내지는 이행보증의 기능이 중시된다.

책임준공의무가 있어야 하고 사업부지는 신탁되어야 한다.

ⓛ 유동화보증　　　유동화보증은 입주자모집공고 승인 전에 주택건설사업의 미래 현금수입 및 사업성을 담보로 주택건설업자가 토지비 등 사업비를 유동화구조의 주택사업금융에 의해 조달하는 경우 유동화대출금의 원리금 상환을 책임지는 'PF유동화보증'과 입주자모집공고 승인 후에 주택건설업자가 이미 분양된 사업장의 분양대금 채권을 상환재원으로 하여 조달한 유동화대출금의 원리금 상환을 책임지는 '분양대금유동화보증'으로 구분된다. 유동화보증의 보증채권자는 유동화전문회사 혹은 특수목적회사(SPC)이며 보증채무자는 주택사업 유동화대출을 받는 시행사 혹은 차입자이다. 유동화보증 역시 일정한 자기자금의 선투입이 필요하며 사업부지는 신탁되어야 하고 시공사의 책임준공의무, 유동화증권(ABCP)에 대한 매입보장약정이 있어야 한다.

ⓒ 정비사업 관련 보증　　　소규모주택 정비사업 자금(이주비 대출원금, 부담금 대출원금)보증, 사업비 대출원금 보증 등을 통해 정비사업 활성화를 위해 조합 혹은 조합원 등이 금융기관으로부터 각종 대출을 받을 때 금융기관에 대해 그 원리금 상환을 책임지는 보증이다.

② 한국주택금융공사　　　한국주택금융공사가 하는 주택사업자보증 중 주택사업자가 분양 또는 임대주택건설을 위하여 건설자금을 대출받을 때 이용하는 보증으로서 대표적인 것이 건설자금보증과 PF보증이 있다.

(i) 건설자금보증　　　건설자금보증에는 i) 주택사업자 또는 사업주가 분양하거나 임대할 목적으로 주택을 건설하기 위하여 주택도시기금으로부터 대출[주택건축비(총사업비에서 일반분양설치비, 상가건축비, 사업대지비를 차감한 금액)]을 받는 경우에 지원되는 보증(기금계정), ii) 주택사업자가 분양주택 또는 임대주택건설을 위해 은행으로부터 건설자금(사업대지비, 주택건축비, 일반분양설치비)을 대출받고자 하는 경우 지원되는 보증(은행계정)이 있다.

(ii) PF보증　　　주택건설사업자가 분양을 목적으로 주택을 건설하는 데 필요한 자금을 금융기관으로부터 프로젝트금융 방식으로 받는 대출에 대하여 지원되는 보증이다. 보증대상은 사업대지비, 건축공사비, 기타사업비 등이다.

4) 보험회사의 관련 보험상품

① 분양 손실 보험　　　분양 건축물 준공 후 일정 기간이 경과한 시점에서 실제

분양율이 보험계약 체결 당시의 약정 분양률에 미달할 경우 그 차액을 보상하는 보험 상품으로서 분양율 부진으로 인한 대출금융기관의 대출금 손실에 대한 담보 기능을 한다. 보험계약자는 시행사이며, 피보험자는 대출금융기관이 되는 것이 보통이다. 피보험자가 대출금융기관인 경우 보통 보험금 청구권에 질권을 설정하는 것이 일반적이다. 보험 기간은 최초 분양 개시일로부터 준공 후 분양 촉진 기간의 만료일까지이며, 보험금액은 총 대출 금액 한도 이내에서 설정된다. 보험료율은 보통 보험금액의 약 5~10%에 달한다.[1]

② 잔존물 가치 보장 보험(Assured Value Insurance: AVI) 또는 잔존물 가치 배상 보험

'부동산 보장 가액 보상 보험'이라고도 하며, 이것은 부동산 담보부 대출금융기관의 담보물 가치 하락으로 인한 손실 위험을 보상하는 보험으로서 대출 원리금 미회수 위험을 보험회사에 전가하는 상품이다. 수익성이 높은 부동산의 프로젝트금융을 활성화할 목적으로 고안된 상품이다. 보통 대출금융기관의 요청에 따라 시행사가 보험료를 납입하므로 대출금융기관의 입장에서 추가 비용의 부담 없이 대출 원리금 미상환의 위험을 회피할 수 있다. 기술한 주택도시보증공사의 주택사업금융보증이 시행사나 시공사의 위험을 보호하는데 주안점이 있었다면 이 보험은 대출금융기관의 대출 원금을 보호하는 역할을 담당한다.[2] 시행사가 보험계약자로서 대출금융기관을 피보험자로 하며, 보험 기간은 대출 기간과 처분 기간 및 손해 사정 기간을 합하여 설정하며, 보험료는 보통 보장 가액의 4~6% 수준이다. 보상 금액은 보험회사와 피보험자 간에 사전 약정한 미래의 보험 목적물의 가격인 부동산 보장 가액에서 공매, 법원 경매 또는 사전 약정한 절차에 따라 매각한 실제 가액인 실제 매도 가액을 공제한 금액이다.[3] 실무상 부동산 개발 사업에 있어서 사업부지 매입을 계약하고 시공사 및 대출금융기관을 선정하는 경우, 사업의 수익성에 큰 무리가 없다면 시공사 및 대출금융기관의 안전 보장을 위해 '잔존물 가치 보장 보험(AVI)'을 활용하여 대출금융기관 및 시공사와의 원활한 계약을 이끌어 낼 수도 있다. 보통 보험료는 대출 금액에 합산되어 미리 지급된다. [그림 2-3]은 '잔존물 가치 보장 보험(AVI)'에 따른 보험금 지급

---

1 선명법무법인 · 선명회계법인, 앞의 책, 106~107면.
2 윤정환, "프로젝트에 수반하는 리스크 대응 방안 — 보험을 중심으로 한 위험관리기법 모색," 『PF Insight』(한국기업평가, 2007. 12), 44면.
3 실제 계산식은 엄밀하게는 (보장가액 − 실제매도가액 − 자기부담금)×(1 − 공동보험비율)이다.

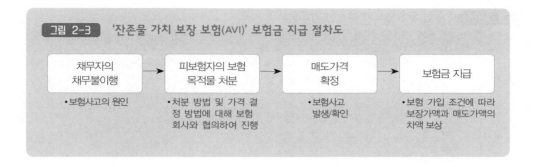

그림 2-3 '잔존물 가치 보장 보험(AVI)' 보험금 지급 절차도

채무자의 채무불이행	→	피보험자의 보험 목적물 처분	→	매도가격 확정	→	보험금 지급
• 보험사고의 원인		• 처분 방법 및 가격 결정 방법에 대해 보험회사와 협의하여 진행		• 보험사고 발생/확인		• 보험 가입 조건에 따라 보장가액과 매도가액의 차액 보상

절차를 나타낸 것이다.

그러나 '잔존물 가치 보장 보험(AVI)'은 본질적으로 보험회사들이 인수(underwriting) 할 수 있는 시점이 적어도 개발 사업의 인·허가가 완료된 후 시공사가 선정되어 공사가 실제로 진행되거나 또는 진행될 것이 확실시되는 시점이며, 사업 초기 토지 확보를 위해 차입이 불가피한 영세 사업자의 경우에는 이 보험의 활용도가 떨어질 수밖에 없고, 또한 보험료가 상당한 부담이 되며 자기자금 부담금이나 공동 보험 비율 등 시행사가 적지 않은 비용 부담을 감수해야 하므로 시공사의 신용 공여를 통해 자금 조달이 가능한 상황하에서는 굳이 추가로 비용을 지급하면서까지 '잔존물 가치 보장 보험(AVI)'을 이용할 이유가 없게 된다.[1]

(2) 물적 담보

부동산 프로젝트금융에서 일반적으로 많이 이용되는 물적 담보는 양도담보, 질권, 근저당권 설정이다. 이하에서는 이에 대해서 자세히 살펴보기로 한다.

1) 양도담보

① 개   념   일반적으로 부동산 프로젝트금융에 있어서 대출금융기관의 대출 원리금 상환을 위한 담보 장치로 활용되는 것 중의 하나가 시행사의 주식이나 예금채권, 사업 시행권, 계약상의 권리 등에 대한 양도담보이다. 이는 본질적으로 동산·채권의 양도담보이다. [표 2-11]는 동산 양도담보의 개념 및 법적 성격, 그리고 부동산 양도담보의 경우와의 차이점 등에 대해서 정리한 것이다.

---

1 김기형 외 4인, 앞의 책, 331면.

표 2-11 동산 양도담보와 부동산 양도담보의 비교

구　분	동산 양도담보	부동산 양도담보
개념	채무이행의 담보를 위해 채무자 소유의 동산을 채권자에게 양도할 것을 합의	담보부동산의 소유권을 채권자에게 이전해 놓고 채무이행이 있을 경우 다시 이전받기로 약정(소비대차 계약 전제)[1]
형식	합의[2] + 점유개정(改定)에 의한 인도 (「민법」 제189조) 비점유담보	담보계약 + 소유권 이전등기 비점유담보
준거 법규	관습법	「민법」 제607조,[3] 제608조[4] 「가등기 담보 등에 관한 법률」
실행	처분정산형 귀속정산형	귀속정산형(원칙) 「가등기 담보 등에 관한 법률」 제4조 제2항
법적 성격	담보물권설[5] 신탁적 소유권 이전설[6]	담보물권설 신탁적 소유권 이전설
주된 합의 내용	설정자의 처분권 제한 (양도, 질권 설정)	양도담보권자의 제3자 처분 가능 (「가등기 담보 등에 관한 법률」 제11조)
소유권 상실 위험	채권자(점유개정(占有改定) 방식)	채무자
양도담보권자의 권리	합의에 의한 권한(불분명)	경매권, 우선변제권

---

1 채무불이행 시에 담보물을 양도(가등기 → 본등기)하기로 하는 가등기담보와 엄연히 구별된다.
2 합의의 내용이 담보계약 시 목적물의 소유권을 채권자에게 이전하고 채무를 변제하면 소유권을 반환하고, 그렇지 않으면 청산 절차에 의해 그 목적물로부터 변제를 받기로 합의하는 '양도합의형(소유권 이전형)'과 채무불이행 시에 소유권을 이전할 것을 예약해두는 '대물변제 예약형(소유권 이전 예약형)'으로 구분할 수 있다. 전자의 경우에는 소유권 이전형 변칙 담보에 속하고 후자의 경우 비전형 담보물권으로 볼 수 있다(이은영, 『물권법』 제4판(박영사, 2006. 8), 735면).
3 '대물반환(代物返還)의 예약'에 관한 조항이다.
4 '차주에 불이익한 약정의 금지'에 관한 조항이다.
5 양도담보권자가 취득하는 권리는 소유권이 아니라 제한물권의 성격을 가지는 담보권이라는 견해이다.
6 물건의 소유권은 양도담보권자에게 이전되고 그 담보권자는 담보 목적으로만 그 소유권을 행사할 신탁계약상의 채무(대내적 채무)를 진다는 견해이다(대법원 1994. 8. 26. 선고 93다44739 판결). 주식 양도담보의 경우 신탁적 소유권 이전설이 견지된다(대법원 1995. 7. 28. 선고 93다61338 판결).

② 법적 성격　　　동산 양도담보의 법적 성격에 대해 신탁적 소유권 이전설과 담보물권설이 대립한다. [표 2－12]은 동산 양도담보의 법적 성격에 따른 쟁점을 비교·분석한 것이다.

표 2-12　동산 양도담보의 법적 성격에 따른 비교

법적 쟁점	신탁적 소유권 이전설	담보물권설
대내적 소유권	채권자(담보권자)	채무자(담보권 설정자)
대외적 소유권	채권자(담보권자)	채무자(담보권 설정자)
양도담보권자의 채권자	직접 강제집행 가능	양도담보권자 권리의 대위행사만 가능(직접 강제집행 불가)
담보권 설정자의 소유권 제3자 양도	무권리자로부터의 양수 (선의취득만 가능)	소유권 이전(단, 점유개정 방식으로 양도 시 먼저 현실 인도 받은 자가 소유권 취득)
채무자의 파산시 파산재단 소속 여부	채권자의 소유권 행사 가능	채권자의 소유권 행사 불가능
담보권자의 소유권 제3자 양도	완전 소유권 취득 (정산 의무 부재)[1]	무권리자로부터 양수
청산과 소유권 이전	청산 전 담보권자는 사용·수익권은 없으나 제3자에 대해 소유권 주장이나 권리 행사 가능[2]	청산금 지급 후 소유권 취득 가능 (담보권자의 채권자나 제3 양수인도 동일)
이중 양도담보[3]	나중에 양도담보 받은 담보권자가 목적물을 처분하는 경우 선(先)담보권자의 권리를 침해하는 위법 행위가 됨[4] 나중에 다른 채권자와의 사이에 양도담보 설정 계약을 체결하고 점유개정 방식으로 인도하더라도 선의 취득이 인정되지 않아 후(後)채권자의 양도담보권 취득이 불가함[5]	가능

---

1 대법원 1995. 7. 28. 선고 93다61338 판결 참조.
2 대법원 1994. 8. 26. 선고 93다44739 판결 참조.
3 실무상 선순위 대출자와 후순위 대출자의 동시 양도담보 설정 및 대출자 간 약정하에 순위를 결정한다.
4 대법원 2000. 6. 23. 선고 99다65066 판결 참조. 다만 판례는 채무자가 이중으로 양도담보한 경우 형사상 배임죄나 횡령죄는 인정하고 있지 않아 신탁적 소유권 이전설과는 다소 상충되는 점이 있다.
5 대법원 2004. 12. 24. 선고 2004다45943 판결; 대법원 2005. 2. 18. 선고 2004다37430 판결 참조.

③ 담보권 실행　　　동산 양도담보의 경우, 채무자의 변제가 없는 경우 상당한 기간을 정하여 이행을 최고하고, 그 기간 내에 변제가 없으면 담보권 실행 통지를 해야 한다. 담보권자는 청산금을 지급하고 채무자인 담보권 설정자에 대해 완전한 소유권을 행사할 수 있으며, 청산 절차가 완료된 후 담보권 설정자로부터 소유권을 취득하게 된다(이는 담보 물권설의 입장에서 보는 견해이다).

부동산 양도담보의 경우, 「가등기 담보 등에 관한 법률」에 따라 귀속 정산을 원칙으로 하나, 당사자의 합의에 따라 처분 정산의 방법으로 실행할 것을 합의한 경우에는 처분 정산을 해야 한다. 방법으로는 경매에 의한 매각과 임의 매각이 있다. 경매에 의한 매각에 대해서는 「민사집행법」이 적용되고, 임의 매각 시 부당하게 저가로 매각하는 사유 등으로 채무자에게 불이익을 가하는 경우 「민법」 제103조의 반사회적 법률행위 또는 「민법」 제104조의 불공정한 법률행위로서 무효가 될 수 있다.

④ 집합물 양도담보　　　판례는 양어장, 돈사육장, 공장내 자재 등 집합물에 대한 양도담보를 인정하고 있는바, 이는 일물일권주의(一物一權主義)의 예외로서 목적 동산의 종류와 수량의 범위를 지정하고 소재 장소를 특정하는 경우 하나의 재산권으로 보아 담보권 설정이 가능하다고 하고 있다.[1] 나아가 판례는 유동적인 집합물에 대해서도 양도담보권을 인정하고 있으나, 다만 담보권 실행 시에는 확정이 필요하다고 하고 있다.[2]

⑤ 「동산 · 채권 등의 담보에 관한 법률」

(i) 법 제정 배경　　　부동산 자산이 부족한 중소기업 등의 자금 조달을 다변화하기 위해 동산(원자재, 재고자산, 집합동산 등)이나 채권(매출채권 등), 지적재산권 등을 담보로 자금 조달을 할 수 있게 하기 위해 기존 동산, 채권(債權) 등의 불완전한 공시방법을 개선하고(담보권 등기) 담보권자가 용이하게 채권을 실행할 수 있도록(귀속 정산 내지 처분 정산) 하기 위해 법률안이 마련되었다. 종래의 부동산 담보 중심의 대출 관행에서 벗어나 다양한 자금 조달 방안을 강구할 수 있게 하기 위한 목적이다. 이 법안은 2009년 7월 3일 입법 예고되었으며, 2010년 6월 10일 제정되었고, 2012년 6월 11일 시행되었다.

---

1 대법원 1988. 10. 25. 선고 85누941 판결.
2 대법원 1990. 12. 26. 선고 88다카20224 판결.

(ii) 주요 내용

㉠ 체　　　제　　　이 법률은 총 6장, 조문 64조, 부칙 4조로 구성되어 있다.

㉡ 담보권의 목적　　　이 법 하에서 담보권의 목적물로는 기존의 동산, 채권 이외에 다수의 동산, 채권 또는 장래에 취득할 동산, 채권과 지적재산권[1]을 포함하고 있다(법 제2조 제2호, 제3호, 제3조, 제34조). 기존에 논란이 많았던 장래 발생 채권에 대한 담보 설정이나 실무상 변칙 담보로서 활용되어온 집합동산에 대한 담보 설정은 이 법을 통해서 가능하게 된다.

㉢ 근담보권　　　피담보채권의 최고액만을 정하고 채무의 확정을 장래에 보류한 경우에도 담보권 설정이 가능하며, 피담보채권의 확정 전까지 채무의 소멸이나 이전은 담보권에 영향을 미치지 아니한다(법 제5조 제1항, 제37조).

㉣ 담보권 설정자의 자격 제한　　　이 제도의 악용 내지 남용을 방지하고 거래의 안전을 위해 법인 및 상호를 등기한 자로 그 자격 요건을 제한하고 있다(법 제2조 제5호).[2]

㉤ 담보권등기의 효력　　　동산 담보권은 담보 등기부에 등기한 때 효력이 발생한다(법 제7조 제1항). 채권 담보권은 담보 등기부에 등기한 때 제3의 채무자를 제외한 제3자에 대한 대항력을 취득한다(법 제35조 제1항). 지적재산권 담보권은 등록부에 등록한 때에 그 지적재산권을 규율하는 개별 법률에 따라 질권을 설정한 것과 같은 효력이 발생한다(법 제59조 제1항).

㉥ 담보권 실행　　　담보권 실행을 위한 경매 이외에 담보권자가 담보 목적물의 취득(귀속 정산) 또는 직접 처분(처분 정산)하는 방법으로 담보권의 실행이 가능하다(법 제21조 제1항, 제2항). 피담보채권 변제기 도래 후 채무자 및 이해관계인에게 담보권 실행 방법을 통지하고 1개월이 경과하여야 사적 담보권 실행이 가능하도록 하여(법 제23조 제1항) 채무자와 이해관계인을 보호하고 있다. 다만, 지적재산권 담보권의 경우 담보 가치의 객관적 평가가 어려워 경매의 방법으로 실행하도록 하고 있다(법 제60조, 제61조).

㉦ 담보권의 성질과 내용　　　담보권의 본질적 효력인 우선변제권을 부여한다(법 제8조). 「민법」의 일반적인 경우와 달리 물상 대위의 범위를 담보 목적물이 매각되거

1　공동담보나 근담보에 제공될 수 있는 특례를 마련하여 다수의 지적재산권을 포괄적으로 담보로 제공하여 자금을 조달받을 수 있도록 하고 있다(법 제58조).

2　일본은 법인만 동산ㆍ채권 양도에 관한 등기를 할 수 있도록 제한하고 있다(일본의 「동산 및 채권 양도의 대항 요건에 관한 민법의 특례에 관한 법률」 참조).

나 임대된 경우까지 확대하고 있다($^{법}_{제14조}$). 담보 목적물의 가액이 감소한 경우 담보권 설정자에게 원상 회복 또는 상당한 담보의 제공을 청구할 수 있으며($^{법}_{제17조}$), 제 3 자의 권리 행사 방해에 대한 제거나 예방 청구 등 물권적 청구권 행사가 가능하다($^{법}_{제20조}$).

◎ **기존 관습법상 양도담보와의 관계**　　이 법이 제정되어도 기존의 양도담보는 병존하여 허용되며, 다만 기존 양도담보는 공시할 방법이 없어 그 담보권 실행에 있어서 이해관계인과 분쟁이 불가피한 점을 감안하여 선택해야 할 것이다.

㋩ **집합물의 담보**　　기존 집합물의 양도담보에 관한 판례[1]와 같이 목적물의 특정 방법은 동일하다($^{법 제 3 조 제 2 항,}_{제34조 제 2 항}$).

㋪ **「공장 및 광업재단 저당법」과의 관계**　　「공장 및 광업재단 저당법」의 대상이 되는 동산은 주로 기계 설비 등이 될 것이나, 이 법의 대상이 되는 동산에는 제한이 없다.

㋫ **선의 취득**　　동산 담보권이 설정된 동산에 대해서도 「민법」상 선의 취득이 가능하다. 양도담보의 경우에 있어서 선의 취득과 양도담보권의 충돌 쟁점과 같이 이 법 하에서도 충돌 가능성이 있다. 다만 공시 관련 서류를 누구나 열람할 수 있게 하여 이러한 충돌을 최소화하여 거래 안전을 도모할 수 있다.

(iii) **법 시행의 기대 효과**　　이 법이 시행됨으로써 경우 중소기업들이 원자재나 재고 자산, 매출채권, 지적재산권 등을 담보로 손쉽게 자금 조달을 할 수 있을 뿐만 아니라, 부동산 담보 중심의 금융권 대출 관행도 개선될 수 있을 것으로 기대된다.

2) 질　권

① **개념 및 법적 성격**　　'질권(質權)'은 크게 '동산질권'과 '권리질권'으로 나눌 수 있는데, '동산질권'은 채권자가 피담보채권의 변제를 받기 위해 동산을 담보물로서 점유하고 그 환가금으로부터 우선 변제받을 수 있는 권리이며($^{「민법」}_{제329조}$), '권리질권'은 채권 기타 재산권을 담보의 객체로 하는 담보물권으로서 채권의 추심이나 양도 등의 방법으로 변제에 충당하는 권리이다($^{「민법」}_{제345조}$). 점유 질권으로서 채권자가 담보물의 점유를 통해 물권을 공시하고 채무자에 대해 변제 압력을 가하는 두 가지 효과를 도모할 수 있다. 질권은 약정담보물권으로서 당사자의 계약에 의해 성립하며 피담보채권을

---

1 대법원 1990. 12. 26. 선고 88다카20224 판결; 대법원 2004. 11. 12. 선고 2004다22858 판결.

발생시키는 소비대차 내지 준소비대차 등 기본계약에 부수하여 체결한다. 질권의 설정은 질권자에게 목적물을 인도함으로써 효력이 발생한다($\binom{\text{「민법」}}{\text{제330조}}$). 인도의 방법에는 현실인도, 간이인도, 점유개정, 목적물반환청구권의 양도 등 네 가지 방법에 의할 수 있다. 질권자는 담보물의 경매권과 우선변제권을 보유한다.

② 부동산 프로젝트금융 실무상 질권의 활용 방법　　　실무상 사업시행자(차입자)의 채무를 담보하기 위해 사업시행자(차입자)의 발행 주식에 대해 근질권을 설정하고 차입자가 보유하는 예금계좌에 대해서도 근질권을 설정하는 방법(보통 대출 약정금의 130%를 채권 최고액으로 한다)을 많이 이용하고 있다.

주식 근질권과 관련하여 차입자인 사업시행자의 발행 주식을 소유하고 있는 출자자로부터 주식을 담보로 취득하는 경우, 대출자단에 은행이 포함되어 있는 것이 대부분인데, 2010년 11월 개정 전 「은행법」 제38조 제 5 호에 따르면, "은행은 직접·간접을 불문하고 다른 주식회사의 발행 주식의 100분의 20을 초과하는 주식을 담보로 하는 대출"을 하는 것이 금지되어 있었으며, 사업시행자의 당해 주식 전부를 담보로 취득하지 못하게 되는 불합리한 결과가 발생하였다.[1] 다만 "사회간접자본시설에 대한 민간투자사업자 등 대통령령이 정하는 사업자"에 대한 대출은 제외된다고 하고 있었으므로($\binom{\text{구「은행법」}}{\text{제38조 제 5 호}}$) 「사회기반시설에 대한 민간투자법」 제 2 조 제 7 호의 규정에 의한 사업시행자(즉 사회기반시설 관련 사업시행자)에 대해서는 예외를 인정하고 있었다($\binom{\text{구「은행법」}}{\text{시행령 제}}$ $\binom{\text{21조}}{\text{의3}}$). 이에 대해 사회기반시설 사업과 그 이외의 부동산 사업을 구별할 필요가 없으며 나아가 사업시행자가 주식회사인 경우에만 문제가 되고 그 밖에 유한회사나 합자회사의 경우에는 문제가 되지 않는 사실은 설득력이 없어 부동산 프로젝트금융 사업에는 구「은행법」 제38조 제 5 호의 적용을 배제하는 것이 타당하다는 주장이 있어 왔고[2] 2010년 11월 18일 시행된 개정 「은행법」에서는 제38조 제 5 호를 삭제하고 대신에 사후보고제도로 변경하였다($\binom{\text{「은행법」 제}}{\text{47조 제 8 호}}$).

예금계좌에 대한 근질권 설정은 차입자인 근질권 설정자가 대출자인 근질권자에게 근질권을 설정하여 주는 방식이다. 피담보채무의 범위는 대출 약정에 따라 차입자

---

1 실무상 이러한 점을 해결하기 위해 차입자인 사업시행자의 발행 주식의 20%에 해당하는 주식만을 담보로 취득하고, 나머지 80%에 해당하는 주식을 주권 보호예수(stock custody)하는 방법을 활용하였다.
2 이종훈, 앞의 학위논문, 85면.

가 근질권자에게 현재 및 장래에 부담하는 일체의 채무가 된다. 실무상 예금 근질권은 사업시행자(차입자)와 시공사를 질권 설정자로 하고 대출자를 근질권자로 하여 계약을 체결하며, 보통 인장을 질권 설정자가 점유하고, 통장을 근질권자가 점유한다. 예금채권은 「민법」상 지명채권으로서 예금 근질권을 설정할 때 제3자에 대한 대항요건을 갖추려면 대상 예금이 예치되어 있는 은행(제3채무자)에 확정일자가 있는 통지를 하거나 해당 은행의 승낙을 얻어야 한다(^{「민법」}_{제450조}). 통지의 경우에는 은행이 통지를 받는 시점까지 근질권 설정자에게 대항할 수 있는 사유가 있는 경우 이 사유를 가지고 대항할 수 있으므로 이의를 유보하지 않은 승낙을 받는 것이 대출자의 입장에서는 유리하며[1] 보통 '확정일자부 동의서'를 받는다. 그런데 요구불예금계좌인 경우 예금의 특정 가능성의 결여로 근질권 설정이 가능한가에 대해 다툼이 있으며, 금융기관에 따라 차이가 있는데, 실제 근질권 설정 시 필요 서류인 제3채무자(금융기관)의 '확정일자부 동의서'를 받을 수 있는지 여부를 사전에 확인할 필요가 있다.

한편, 예금채권에 대한 근질권 설정 이외에 차입자의 자금계좌에 대한 통제 수단의 하나로서 "Escrow 계좌" 설정이 있는데, 부동산 개발 사업으로부터 발생되는 현금흐름에 대해 대출자나 대출자가 지정하는 제3자가 직접 입출금을 통제하는 방식이다. 예를 들면, 분양 대금 등이 입금되는 계좌에 대해 대출자 등의 동의하에 인출이 가능하도록 약정하거나 대출자 등이 지정한 대리은행(agent bank)이 계좌에 대한 관리를 행하는 등의 방식을 이용한다.[2] 그리고 시공사가 신용을 공여하는 경우에 주로 차입자 명의로 개설한 대출금 수령계좌에 대한 인출 관리를 시공사에게 위탁(인감 공동 날인 등)하여 대출자와 사전 협의한 용도로만 사용됨을 원칙으로 하며, 시공사 명의로 분양대금계좌를 개설하되 인출하기 전에 대출자에게 사전 통보 내지 동의를 얻도록 하고 있다. 나아가 인출에 있어서 항목별로 우선 순위를 정해놓고 있다.

③ 질권 실행

(i) 원　　칙　　　질권자는 채권의 변제를 받기 위해 목적물인 질물(質物)을 경매할 수 있다(^{「민법」}_{조 제1항} 제338). 경매는 「민사집행법」에서 정하는 경매 절차에 따른다(^{「민사집행법」}_{제271조}). 질권자는 질물의 매각 대금으로부터 자기의 채권을 우선변제받으며, 잔액은 후순위

---

1 위의 학위논문, 98면 각주 214).
2 김기형 외 4인, 앞의 책, 320면.

채권자 및 질권 설정자에게 귀속한다.

'유질계약(流質契約)'이란 피담보채권의 변제기 전에 합의함으로써 채무불이행 시 질물의 소유권을 질권자에게 양도하기로 한 계약을 말하며, 「민법」은 "질권 설정자는 채무변제기 전의 계약으로 질권자에게 변제에 갈음하여 질물의 소유권을 취득하게 하거나, 법률에 정한 방법에 의하지 아니하고 질물을 처분할 것을 약정하지 못한다" 고 하고 있다(「민법」제339조). 예외적으로 청산금을 지급할 것을 조건으로 하는 유질계약은 '대물 반환의 예약'으로서 「민법」 제607조에 비추어 볼 때 유효하다고 인정되며,[1] 상행위로 인한 채권을 담보하기 위한 질권(즉, 상사질권)에 대해서는 「상법」 제59조는 "「민법」 제339조의 규정은 상행위로 인하여 생긴 채권을 담보하기 위하여 설정한 질권에는 적용하지 아니한다"고 규정하고 있어 유질계약이 허용된다.

(ii) 주식 및 예금채권에 대한 질권 실행 방법   부동산 프로젝트금융에 있어서 흔히 사용되는 주식과 예금채권에 대한 질권의 실행 방법은 각각 다음과 같다.

㉠ 주식 질권에 기한 실행 방법   주식에 대해 질권을 설정한 경우, 일반적인 질권 실행 방법으로는 (i) 주식에 대해 경매를 신청하여 경매 대금으로부터 우선변제를 받는 방법, (ii) 사전 약정 방식 또는 적정한 방식에 의해 평가된 가격으로 임의 처분하여 그 대가로부터 대출금을 회수하는 방법, (iii) 사전 약정 방식 또는 적정한 방식에 의해 목적물인 주식을 평가한 후, 그 차액 상당을 지급한 후에 주식의 소유권을 취득하는 방법, (iv) 미리 정산을 하지 않기로 상호 약정한 경우, 별도의 정산 절차 없이 바로 소유권을 취득하는 방법 등 다양하다.[2] 주식의 소유권을 취득하는 방식의 경우에는 반드시 주식 발행회사(즉, 시행사)에 대해 질권 실행의 통지를 하고, 주주명의 개서도 청구해야 한다.[3]

㉡ 예금채권 질권에 기한 실행 방법   일반 채권에 질권을 설정한 경우에는 질권자는 제3채무자가 있는 경우 그에게 직접 채무를 이행하도록 요청할 수 있다. 반면에, 예금채권에 질권을 설정한 경우에 있어서 일반 채권질과 마찬가지로 제3채무자

---

1 이은영, 앞의 책, 713면. 판례는 상사질권 설정계약에 있어서 유질계약의 성립을 인정하기 위해서는 그에 관하여 별도의 명시적 또는 묵시적인 약정이 성립되어야 한다고 판시하고 있다(대법원 2008. 3. 14. 선고 2007다11996 판결).

2 선명법무법인 · 선명회계법인, 앞의 책, 93면.

3 위의 책, 93면.

(은행)에게 직접 자신에게 예금을 지급할 것을 요청할 수 있느냐라는 문제와 관련하여, 「금융실명거래 및 비밀보장에 관한 법률」상 쟁점이 될 수 있다.

보통 예금채권 질권의 요건으로 채권증서(즉, 예금통장)의 지급과 제 3 채무자에 대한 통지 또는 승낙이 요구되므로 질권 설정 사실, 채무의 미변제, 질권자의 신분 확인, 예금증서 등을 제시하면 직접 지급을 요청할 수 있는 것으로 해석되나, 이것이 안 될 경우 「민사집행법」 제273조에 의한 실행 즉, 관할법원에 증명 서류를 제출하고 전부(轉付)명령 및 추심명령을 받은 후 집행하는 방법이 유효하다고 볼 수 있다.[1] 만일 질권자가 예금계좌가 개설되어 있는 대출자인 금융기관인 경우 대출금 채권과 예금 지급 채권을 상계하면 결과적으로 우선 변제 효과가 발생한다.[2]

3) 담보신탁과 근저당

부동산 담보 제도로서 일반 부동산에 대한 근저당권 설정과 부동산담보신탁을 활용하는 경우를 비교할 때, [표 2 - 13]과 같이 부동산담보신탁의 특징 및 장점이 있을 수 있다.

표 2-13 담보신탁과 근저당권의 비교

구 분	담보신탁	근저당권
담보 설정 방식	소유권 이전(신탁등기 부기)	근저당권 설정(근저당권 설정 등기)
추가 담보	추가 담보신탁 용이	새로운 설정 계약 필요
담보부동산 관리	수탁자 및 우선수익자의 동의 없이 임대차 계약 등 담보가치 저감 행위 불가능	소유자의 임대차계약 등 담보가치 저감 행위 가능
재산권 보호	신탁등기 후 제 3 자의 권리 설정 (압류 또는 가압류) 불가능	제 3 채권자의 권리 설정 및 행사 가능 (후순위근저당권, 부동산가압류 · 압류)
최우선변제권[3] 발생 여부	신탁등기 이후 발생 불가	발생 가능
재산보전 처분 대상[4]	대상에서 제외	대상에 포함

---

1 위의 책, 94면.
2 '자행예금 질권'으로서 「여신거래기본약관」에 이러한 취지로 규정되어 있다.
3 「주택임대차 보호법」이나 「상가건물 임대차 보호법」상의 소액 임차보증금 반환 채권, 「근로기준법」상의 임금 채권, 「국세기본법」 또는 「지방세법」상의 조세 채권 등을 말한다.
4 「채무자 회생 및 파산에 관한 법률」에 따라 채무자의 회생 절차가 개시된 경우 근저당권자는 회생 절차에 의해서만 변제 받을 수밖에 없으나, 담보신탁의 경우에는 이 법 제250조 제 2 항

강제집행 방식	신탁회사의 공매	법원의 임의경매
강제처분 소요 기간	약 2개월	약 6개월
후순위 권리자의 강제집행	원칙 불가(「신탁법」 제21조 제 1 항)[1]	제 3 채권자의 강제경매[2]신청 또는 후순위 근저당권자의 임의경매 신청 가능
부동산 처분 금지 가처분[3] 등기 경료	공매(환가 처분)에 제약[4]	임의경매 제한 없음[5]
담보목적물이 수용되는 경우 물상대위권(物上代位權) 행사 요건	사전 압류 불필요[6]	사전 압류 필요[7]
절차의 탄력성 유무	우선수익자의 요청에 의해 공매 절차 중지 가능하며 재진행도 우선수익자의 요청으로 바로 가능	경매 신청 후 사유 발생으로 절차 중지 시 경매절차 취하 필요. 다시 경매하려면 새로운 경매 절차 요
매각 대금	우선수익자가 요청 시 감정평가액 이상으로도 가능	감정평가액이 제 1 차 최저 경매가격
일괄매각(부지상 미완성 건축물, 인·허가권 등)	가능	불가능

이러한 '부동산담보신탁'의 특징 및 장점에도 불구하고 그동안 근저당권에 비해 활용도가 상대적으로 낮은 이유는 ① 종전의 담보권에 비해 아직까지 일반에게 널

제 2 호의 '채무자 이외의 자가 회생 채권자 또는 회생 담보권자를 위하여 제공한 담보'에 해당하므로 영향을 받지 않고 환가 처분할 수 있다. 판례도 같은 입장이다(대법원 2001. 7. 13. 선고 2001다9267 판결).

1 다만, 신탁 설정 이전에 위탁자에 대해 채권을 가지고 있는 채권자는 그 재산에 가압류 등을 설정하는 경우에만 가능하며, 신탁 설정 이후 위탁자에 대해 취득한 권리로는 당연히 신탁재산에 대해 강제집행할 수 없다.

2 집행권원(執行權源)으로서 판결문, 지급명령, 민사조정 조서, 약속어음 공정증서 등이 있다.

3 채무자 소유의 해당 부동산에 대한 매매, 증여, 저당권·전세권·임차권 설정 등 일체의 처분 행위를 금지하는 보전 처분을 말한다. 신탁과 관련하여 「신탁법」 제 8 조의 '사해(詐害)신탁'에 대응하여 채권자가 사해행위 취소로 인한 '소유권 이전 등기 말소 등기 청구권' 보전을 위해 신탁회사 상대로 이 가처분을 신청하는 경우가 많다.

4 이 경우 가처분채권자와 위탁자 간에 합의로 해제 신청을 통해 공매를 진행할 수도 있으나 가능성은 희박하며, 신탁부동산에 가처분 등기 경료 시 우선수익자가 공매를 요청하는 경우 낙찰자가 가처분에 관련된 모든 책임을 부담하는 조건으로 신탁회사가 공매를 진행할 수 있으나, 이 경우에는 저가 낙찰의 우려가 존재한다(선명법무법인·선명회계법인, 앞의 책, 933면).

5 임의경매로 인한 낙찰 시 저당권 설정 이후에 설정된 등기부상의 권리는 직권 말소된다.

6 수용보상금 등이 신탁재산에 귀속된다.

7 보상금청구권에 압류가 필요하다.

리 알려지지 않았다는 점, ② 위탁자로부터 수탁자에게 신탁재산의 소유권을 이전함으로써 생기는 심리적 불안감이 있다는 점, ③ 통상 채권자가 우월한 지위를 가지는 반면 담보권 설정 비용은 채무자가 부담함으로써 채권자의 입장에서 굳이 제3자(수탁자)를 끌어 들여 법률관계를 복잡하게 만들 필요가 없다는 점, ④ 담보신탁을 이용하면 도산 격리 효과를 누리게 되나 도산 자체가 이례적인 것이므로 담보신탁을 이용할 유인이 크지 않다는 점, ⑤ 1997년 외환위기 당시 부동산신탁회사의 부실화에 따른 불신 및 입법적 뒷받침의 부족 등을 들 수 있다.[1]

3. 채권보전 내지 신용보강방안의 연혁적 고찰

채권보전 내지 신용보강 방안과 관련하여 국내 부동산 프로젝트금융 시장의 특징을 연혁적으로 보면 크게 3단계로 구분할 수 있다. 1단계는 외환위기 이전 단계로 부동산 개발사업이 대부분 건설사가 직접 시행과 시공을 맡아 관련 자금을 조달을 했던 시기로서 자금공여의 주체가 주로 1금융권인 은행중심으로 건설사의 신용등급을 근거로 자금을 공여했기에 본질적으로 기업금융의 성격을 띠었다. 2단계는 외환위기 이후 금융위기 이전 단계로 동 기간에는 시행과 시공이 분리되어 토지매입과 인허가는 시행사가 시공 및 신용보강은 건설사가 각각 역할분담을 하였는바, 외환위기 이전에 비해 외형상 프로젝트금융방식을 취했지만 역시나 실질적으로는 건설사의 신용보강에 근거하여 자금을 공여하는 기업금융의 본질을 띠었다. 다만 자금의 공여주체가 은행 이외에 저축은행 등으로 확대된 점이 특징이다. 3단계는 금융위기 이후단계로서 당시 건설사의 부도, 신용등급 하락, 저축은행의 영업정지 등 어려운 환경 속에서 2009년부터 한국채택국제회계기준(K-IFRS)의 단계적 도입으로 건설사의 연대보증이나 채무인수 등 직접보증 방식의 신용공여에 제동이 걸리면서 간접보증 내지 유사보증,[2] 조건부 신용보강(2단계 신용보강) 방식[3]으로 변화되는 양상을 보였고 자금공여 주체

---

1 양진섭, "부동산담보신탁에 관한 소고," 『BFL』 제52호(서울대학교 금융법센터, 2012. 3), 80면 각주 36).

2 책임준공, 자금보충약정, 책임분양 및 임대차, 자산매입약정, 시행사 부도발생방지의무 부담, 위탁자 의무이행보증, 수분양자 분양계약 해제위험 부담, 담보자산유지의무, 손해담보약정, 리파이낸싱 약정 등.

3 간접보증 내지 유사보증 형태의 의무를 이행하지 못하는 경우 직접보증(채무인수)으로 전환되

도 기존 은행, 저축은행 이외에 증권회사,[1] 보험회사, 여신전문금융회사, 상호금융기관, 자산운용사 등으로 다변화되었다. 아울러 금융위기 이전 건설사로의 위험집중 구조의 위험성을 인식하여 신용보강의 주체가 증권사,[2] 부동산신탁회사, 제3의 보증기관,[3] 공적 주체[4] 등으로 위험이 분산되고 이전되는 방식의 프로젝트금융 구조가 활성화되었다.

4. 사업관계자 별 각종 채권보전수단 개관

부동산 프로젝트금융의 채권보전방안은 상황에 무관하게 기본적으로 활용될 수 있는 수단들은 존재하지만 부동산 및 금융시장의 상황, 프로젝트의 유형, 금융감독기관의 관리감독 상황, 관련 법제, 참여 관계자들의 상황 등에 따라 다변화될 수 있다. [표 2-14]는 관련 주체 별 다양한 채권보전방안과 그 유의사항을 정리한 것이다.

표 2-14 부동산 프로젝트금융의 다양한 채권보전방안

관련 주체	채권보전방안	유의사항
시행사(차입자)	사업부지 및 건축물 신탁 사업시행권 포기 및 양도각서 시행사 주식 근질권(양도담보) 예금채권 근질권 보험금청구권 근질권 대표이사 연대보증	신탁구조(담보신탁, 토지신탁 등) 앞에서 설명함 시행사 주식의 20% 이상 담보권 설정 시 금융감독원장에게 지체없이 보고 확정일자부 증서, 제3채무자의 동의 건설종합보험, 화재보험 등 발행주식을 담보로 제공한 주주에게 연대보증 추가 요구 불가(「은행법」 제52조의2 제 1 항 제 2 호, 시행령 제24조의2 제 1 항 제 3 호) → 위반 시 불공정영업행위

는 구조.

1 이른바 실무상 PF Loan 유동화 구조(프로젝트금융대출채권을 기초자산으로 유동화사채, 유동화기업어음 등 유동화증권 발행을 통해 자금을 조달하여 시행사에게 대여하는 구조)를 통한 자금공여 주체로 증권사가 국내 부동산 PF 시장을 주도하면서 이를 통해 프로젝트금융 시장과 자본시장의 연계성이 높아지게 되었다.

2 특히 PF Loan 유동화 구조에서 유동화증권매입보장약정, 대출채권매입확약, 사모사채인수확약.

3 주택도시보증공사, 한국주택금융공사, 건설공제조합, SG서울보증 등.

4 공모형 PF 사업, 사회기반시설민간투자사업.

건설사(시공사)		직접보증(연대보증, 채무인수 등)	변제자 대위의 법리 적용
		책임준공확약(준공보증확약)	앞에서 설명함
			미 이행 시 손해배상 혹은 채무인수
		손해담보약정	
		리파이낸싱확약	
		자금보충약정	추가출자, 후순위 대출
		책임분양/책임임대차	
		위탁자의무이행보증	신탁구조
		위탁자부도발생방지의무	신탁구조
		공사비 지급 유보	
		시공권 양도 및 유치권 포기 각서	
제 3 자	신탁회사	책임준공조건부관리형토지신탁	신탁사의 책임준공확약 및 미 이행 시 손해배상
		자금관리대리	
	제3의 보증기관	한국주택금융공사	주택사업자보증(건설자금보증, PF보증)
		주택도시보증공사	표준 PF 대출 보증, 후분양 PF 대출 보증
			유동화보증
		SGI 서울보증	건설이행보증, 유동화보증
	금융기관	미분양부동산담보대출확약	금전소비대차계약(저축은행, 여신전문금융기관, 증권사등)
		유가증권매입보장약정	유동성위험 인수(증권사)
		사모사채인수확약	금전소비대차계약(증권사)
		대출채권매입확약	신용위험 인수(증권사)
	공적 주체 (주무관청)	매매계약 해제 시 매매대금반환청구권 양도담보, 신탁	공기업, 공사 등
		대출원리금 상당액 반환 확약	3자간 약정
		관리운영권의 근저당권설정	주무관청 등록
		최소사업운영비 보장	BTO-a
		사업위험 분담	BTO-rs
		실시협약 해지시지급금	사회기반시설 건설 혹은 운영 기간 중에 불가피한 사유로 계약이 해지되는 경우 민간사업시행자의 매수요청에 따라 정부가 해당 시설의 관리운영권을 회수하는 대가로 보상하는 지급금

5. 국내 부동산 프로젝트금융(PF) 제도의 문제점과 개선 방향

(1) 국내 부동산 프로젝트금융(PF) 사업의 현황

1) 국내 부동산 프로젝트금융(PF) 사업의 특성과 위험

부동산 PF 사업은 대상 사업에 따라 위험 – 수익(Risk – Return) 구조가 차별화되지만 기본적으로 국내외 부동산 시장(경기) 및 금융시장 상황 변화, 인허가 및 관련 정책과 법제의 변화, 장기 개발기간 및 대규모 자금 소요, 사업시행주체의 영세한 자본력, 참여자 간의 이해 갈등 등 각종 변동성(위험) 요소가 내재되어 있다.

2) 국내 부동산 프로젝트금융(PF) 사업의 자금조달 및 상환 구조

부동산 PF사업 추진절차는 일반적으로 ① [1단계] 토지매입과 인허가 완료까지의 '착공 전 단계', ② [2단계] 개발과 분양(분양형 개발사업)이 시작되는 '공사 단계', ③ [3단계] 공사가 완료된 이후인 '준공 이후 단계'로 구분 가능하다. 각 단계별 소요자금과 자금조달방안을 정리하면 다음 [표 2 – 15]와 같다.

표 2-15 부동산 PF 단계별 소요자금과 조달방안

단계	착공 전 단계	공사 단계	준공 후 단계
주요 업무	• 토지매입 • 인허가 • 시공사 선정 • 자금조달	• 착공 • 분양(선분양/후분양) • 선매각	• 입주 • 관리 • 임대 등 운영
필요자금 (상환대상)	• 초기 사업비 • 토지비(계약금, 중잔금)	• 브릿지론 상환 • 준공필수사업비(공사비 등) 및 기타비용 • 본PF 대출원리금상환	• 본PF 대출원리금상환
자금조달	• 자기자본 • 브릿지 론(bridge loan) • 재무투자자(FI)	• 본 PF • 분양수입금(분양형) – 중도금대출(집단대출) • 선매각	• 담보대출 • 매각대금 (할인분양 포함)

자금조달 조건	• 자기자본 −출자, 후순위대출 • 브릿지 론 −토지대금의 상당비율(중잔금의 일부 또는 전부)대여, 계약금 대여도 존재 −1년 미만 −높은 취급수수료와 대출금리	• 대출기간 2년 ~ 5년 • 대출조건 : 트렌치별로 차등화 • 기준금리 ＋ 스프레드	
자금공여주체	증권사, 자산운용사, 상호금융기관, 여신전문금융회사, 새마을금고, 저축은행 등	기관투자자(은행, 보험사, 연기금 등), 상호금융기관, 여신전문금융 회사, 새마을금고, 저축은행 등	은행, 저축은행, 상호금융기관, 보험사 등

　　부동산 PF 실무상 자금조달 방식은 첫째, 자금조달 매개체의 성질에 따라 지분금융, 부채금융, 메자닌 금융으로 구분할 수 있고 둘째, PF 구조에 따라 대출금융기관의 대출(신티케이티트 론), 증권사의 대출채권유동화(PF Loan 유동화), 부동산집합투자기구(투융자집합투자기구 포함) 혹은 부동산투자회사, 부동산신탁(책임준공조건부 관리형토지신탁, 차입형토지신탁) 중 하나 이상을 활용하고 있다.

3) 국내 부동산 프로젝트금융(PF)과 신용보강

　　① PF(Project Financing)란 본질적으로 투자대상이 되는 사업으로부터 발생하는 미래 현금흐름을 상환재원으로 하여 자금을 조달하는 금융기법으로서 기본적으로 사업성 분석을 근거로 실행되는 투자금융의 성격을 띤다. 따라서 차입 주체의 신용도나 담보 제공 등을 토대로 금융이 이뤄지는 '기업금융'(corporate financing)과는 상이하다. 일반적으로 PF는 사업추진을 위해 금융을 필요로 하는 사업주체와는 별개의 법률적 사업시행주체(특수목적기구)가 사업수행 내지는 금융조달의 주체가 되는 구조화금융의 형태를 나타내며, 사업이 부실화되는 경우에도 채권단의 사업주체에 대한 소구권이 제한되는(비소구 내지는 제한적 소구) 특징이 존재한다.[1]

　　② 신용보강의 필요성　　　정통 PF와는 달리 국내 부동산 PF는 부동산 PF 사업 주체의 영세성, 부동산 PF 사업의 구조적 취약(부동산 개발 시행사는 자금력이 부족하여 브릿

---

1 김정주, "'부동산PF위기' 원인 진단과 정책적 대응방안," 『건설이슈포커스』, 건설산업연구권, 2022. 11, 7면 참조

지론으로 토지를 구입한 후 본PF 자금으로 이를 상환하며, 수(受)분양자의 자금으로 공사비, PF 대출원리금 상환에 충당), 부동산 개발사업의 변동성(위험), 중장기 대규모 자금 소요 등의 이유로 본 PF의 대출금융기관은 채권의 상환을 확실하게 확보하기 어려워 추가적인 신용보강방안이 요구된다.

③ **국내 부동산 PF 신용보강의 연혁적 고찰**　　　국내 부동산 PF 시장은 신용보강의 측면에서 보면 크게 3단계의 기간으로 구분하여 검토할 수 있다. 1단계는 1997년 외환위기까지 기간으로 건설사가 직접 은행으로부터 기업금융 대출을 받아 시행사 및 시공사 역할을 모두 담당하면서 부동산 개발사업을 진행하였다. 이 경우 건설사가 용지매입, 개발, 분양을 수행하는 과정에서 대규모 자금이 투입되면서 유동성 위기에 직면하게 될 수 있었으며, 부동산시장 침체와 미분양 발생시에 건설업 전체 위험이 증가하게 되었다. 2단계는 1997년 외환위기 이후 2008년 글로벌 금융위기까지 기간으로서 용지매입 및 인허가 등 사업 초기 위험과 분양 등 사업성 위험을 시공 위험과 분리하려는 시도가 진행되어 시행사와 시공사(건설사)가 분리되고 외관상 PF 형태를 갖추기 시작했다. 다만, 시행사가 차주인 부동산PF 대출을 시공사가 (직접)보증하면서, 여전히 사업 위험과 시공 위험이 분리되지 못하고 위험 대부분이 시공사로 전가되는 한계가 있었다. 3단계는 2008년 글로벌 금융위기 이후 2009년부터의 기간으로 부동산 PF 사업에서 각 참여자들의 역할이 종래보다 좀 더 세분화되었다. 시공사는 시공에 집중하면서 책임준공을 보증하고,[1] 금융권이 부동산 개발사업의 위험을 일부 부담하게 되었다. 부동산PF는 건설사 보증의 은행 대출 중심에서 제2금융권의 대출 및 건설사나 금융사가 보증한 유동화증권 발행 방식으로 다양화되었다. 자금공여 및 보증주체가 다양해지면서[2] 부동산PF 부실의 1차적인 충격은 분산되었다고 볼 수 있지만, 부동산PF 위험과 금융사간 연계성은 오히려 증가하였다. 또한, 증권사 등이 신용보강을 하여 유동화증권을 발행하는 방식이 증가하면서 부동산PF와 단기자금 및 채권시장 간 연계성도 높아지게 되었다.[3]

---

1 부동산신탁사가 시공사의 책임준공 보증에 대해 보충적 책임준공의무를 지고 이를 기한 내 이행하지 못할 경우 PF대출금융기관에 대해 손해배상책임을 지는 이른바 책임준공 조건부 관리형토지신탁(책임준공형 토지신탁)이 시장에서 활성화되었다.

2 제3의 보증기관으로서 주택도시보증공사(HUG), 한국주택금융공사(HF), SG서울보증, 건설공제조합 등.

3 장근혁 · 이석훈 · 이효섭, "국내 증권업 부동산 PF 위험요인과 대응 방안," 『이슈보고서

(2) 국내 부동산 프로젝트금융(PF)의 구조적 취약점

1) 시차를 둔 연쇄적인 자금조달 및 상환 구조

국내 부동산PF는 연계대출(bridge loan), 본 PF라는 상이한 성격의 PF가 사업추진 과정에서 시차를 두고 실행되면서, 앞서 실행된 대출이 이후에 실행된 대출을 통해 상환되는 연쇄적인 조달 및 상환구조를 가지고 있다는 특징이 존재한다.[1] 시행사의 영세한 초기 자금력으로 인해 건설단계에서 조달하는 본 PF의 자금으로 토지구입자금을 상환, 즉 본 PF가 건설자금에만 쓰이는 것이 아니라 연계대출(bridge loan)의 상환재원으로 연결되어 있어 이로 인해 본 PF 단계에서의 자금조달 부담이 크고 유사시 각 대출의 대출기관이나 투자자 간 위험이 전이될 가능성이 크다.[2] 부동산PF가 가진 단계적 상환구조는 기본적으로 부동산시장 경기 변화에 따라 부실가능성이 쉽게 발생할 수 있는 취약한 구조로 판단된다. 또한 개발사업의 추진기간이 비교적 장기인데 반해, 연계대출(bridge loan) − 본PF − 집단대출의 실행 여부가 금융공급주체 들의 부동산시장에 대한 미래 전망에 따라 크게 달라질 수 있기 때문에, 상황 변화에 따라 PF의 상환 단계 중 어느 특정 부분에서 채무불이행이 일어나기 쉬운 구조이다. 특히 최근부동산PF는 과거에 비해 금융공급주체들이 다양해진 상태에서 금융시장과의 연계성도 높아져 있어, 부실 촉발요인이 다양하고 그에 따른 파급효과도 커질 수 있는 상태이다.

2) 대출채권 유동화(PF Loan 유동화) 구조의 내재적 위험

대출채권 유동화(PF Loan 유동화) 구조는 기본적으로 유동화증권(보통 ABCP나 ABSTB 등 단기금융상품)의 발행을 통해 조달한 단기성자금으로 PF사업에 중장기 대여를 해주는 구조로서 상환기간이 상호 일치하지 않는 불안전한 구조를 띤다. 여러 가지 이유로 PF사업이 악화되는 경우 유동화증권 상환에 문제가 생겨 신용위험으로 이어질 수 있고 이에 대해 신용보강을 한 주체로 그 위험이 전가될 수 있으며 단기금융시장의 환경 악화로 유동화증권의 차환 발행이 어려워져 유동성위험으로 이어질 수 있다.

3) 국내 부동산 프로젝트금융(PF)의 구조적 위험은 궁극적으로 건설사로 귀속

PF구조에서 시공사의 대출금융기관에 대한 신용보강의 형태는 다양한데 차입자

---

23 − 10』, 자본시장연구원, 3면.

1 김정주, 앞의 논문, 8면.

2 이보미," 우리나라 부동산 PF 구조의 문제점과 시사점,"『금융브리프(제32권 제12호)』, 한국금융연구원, 5면.

의 채무에 대한 연대보증, 채무인수 등 시공사의 직접 보증, 각종 간접보증 내지 유사보증(각종 선행의무이행 조건 미행 시 채무인수의 형태로서 이른바 2단계 신용보강), 시공사의 책임준공보증 미이행 시 손해배상 혹은 채무인수, 책임준공조건부 관리형토지신탁 구조의 경우 신탁사의 책임준공 미이행시 손해배상에 따른 시공사에 대한 구상권 행사로 인한 위험 부담,[1] PF Loan 유동화 구조에서 유동화 SPC에 대한 건설사의 신용보강 등에 의해 궁극적으로 구조적 위험이 건설사에 귀착되게 된다. 따라서 국내 부동산 PF는 금융위기 이후 다양한 신용보강 주체의 등장으로 위험 분산을 도모하고 있지만 본질적으로 정통 PF가 아닌 기업금융의 특성을 여전히 띠고 있다.

한편, 국내 분양형 개발사업에 있어서 일정한 경우에 개발단계에서 미리 분양을 할 수 있으며[2] 일반적으로 이 때 유입된 수분양자의 분양수입금으로 사업비에 충당하거나 본 PF 대출원리금 상환에 사용되는 것을 전제로 한다. 이는 두 가지 측면에서 위험의 유인이 될 수 있다. 첫째, 분양시장이 악화되는 경우 미분양물건의 증가로 인해 분양수입금이 예상보다 감소하여 사업비 지출이나 PF 대출원리금의 적기상환에 애로가 생길 수 있다. 둘째, 시행사나 시공사의 부도 등 분양계약 해제 사유가 발생되었을 경우 수분양자의 기 납입 분양대금의 환급문제가 발생하며 이는 수분양자 보호 문제와 직결된다.[3]

미국, 캐나다, 영국, 호주 등에도 선분양 방식의 부동산개발이 존재하는데, 수분양자의 자금을 사업비로 활용하지 않는다. 우리나라에서는 매우 일반적인 수분양자의 중도금 납입이 없으며, 수분양자는 분양 물건 5%에서 10% 수준의 계약금만 지불

---

1 부동산신탁사들이 토지신탁을 통해 제공하는 '책임준공확약' 역시 실질적으로는 부동산신탁사가 시공사와 체결하는 공사도급계약을 통해 시공사가 대주단에게 제공하는 시공사 보증의 또 다른 형태에 불과하다(김정주, 앞의 논문, 16면).

2 주택의 경우 주택도시보증공사나 보증보험회사의 분양보증을 받는 경우 착공시점에서, 등록사업자 둘 이상의 연대보증을 받아 공증받는 경우 골조공사의 2/3 이상 완료된 후 각각 입주자모집(분양)을 할 수 있으며(「주택공급에 관한 규칙」 제15조 제 1 항, 제 2 항), 적용대상이 일반 건축물인 분양에서는 신탁업자와 신탁계약 및 대리사무계약을 체결하거나(실무상 '분양관리신탁'이라 칭함) 금융기관 등으로부터 분양보증을 받는 경우 착공신고 후 건설업자 둘 이상의 연대보증을 받아 공증받는 경우 골조공사의 2/3 이상 완료된 후 분양이 가능하다(「건축물의 분양에 관한 법률」 제 4 조 제 1 항).

3 유사시 환급해야 할 분양수입금을 미리 사용하게 됨으로써 법령에서 정한 조건 하에 선분양을 하고 일정한 이유로 분양계약이 해제되는 경우 수분양자는 보호가 가능하지만 그렇지 않은 경우에는 선의의 피해가 발생할 수 있다.

하는데 이는 보통 제 3 기관에 예치되고 사업비로 사용되지 않는다. 또한 분양계약은 개인 간의 계약으로 보아 개인이 계약금에 대해 사적 보험을 들도록 하고 있어 보증기관에 담보물에 대한 권리가 이전되지 않는다. 미국의 분양형 콘도미니엄 사업의 경우 건설자금 대출 시 대주단이 50% 이상의 선분양비율을 요구하는데 선분양은 사업비 확보 목적이 아닌 사업성을 증명하는 용도로 선분양비율이 높을수록 대출 이자율도 낮아진다. 따라서 수분양자의 자금이 건설자금으로 쓰이는 우리나라와 달리 대출기관이 토지와 건물에 대한 담보권을 확실히 보장받을 수 있게 된다.[1]

PF 대출금융기관의 입장에서 보면 주택분양개발사업에서 입주자모집시기를 개발단계(착공시점)에서 하고자 하는 경우에는 주택도시보증공사나 보증보험회사의 분양보증을 조건으로 하는데[2] 전자의 경우 사업주체가 일정한 사유에 해당하는 경우 공사가 분양보증을 하면서 주택건설대지를 공사로 신탁하는 경우 존재(공사가 수탁자인 동시에 수익자)한다. 이 때신탁의 종료를 원인으로 하는 사업주체의 소유권이전등기청구권을 압류, 가압류, 가처분 등의 목적물로 한 경우(또는 소유권이전등기청구권에 압류, 가압류, 가처분 등을 한 경우)는 법상 무효이며[3] 주택건설대지의 소유권이 수탁자인 공사에 있기에 PF 대출금융기관은 대출원리금에 대한 온전한 담보의 취득이 불가능하고 신탁계약에 구속된다. 일반 건축물분양개발사업에서도 개발단계(착공시점)에서 분양을 하고자 하는 경우에는 신탁업자와 신탁계약 및 자금관리대리계약(실무상 '분양관리신탁')을 체결하여야 하며[4] 이 때에 계약에 반드시 "신탁을 정산할 때에 분양받은 자가 납부한 분양대금을 다른 채권 및 수익자의 권리보다 우선하여 정산하여야 한다"는 사항이 포함되어야 한다.[5] 따라서 이 구조하에서는 수분양자의 분양대금 환급이 PF 대출기관의 대출원리금상환보다 선순위가 되므로 PF 대출기관은 대출원리금에 대한 온전한 담보를 취득하는 것이 불가능하며 신탁계약이나 자금관리대리계약에 구속된다. 따라서 PF 대출금융기관은 안전판으로서 시공사의 신용보강이 필요하게 된다. 글로벌 금융

---

1 이보미, 앞의 논문, 6면.

2 「주택공급에 관한 규칙」 제15조 제 1 항 제 2 호 '가'목, 「주택도시기금법」 제26조 제 1 항 제 2 호, 시행령 제21조 제 1 항 제 1 호 '가'목.

3 「주택법」 제61조 제 6 항, 제 7 항, 시행령 제72조 제 5 항.

4 「건축물의 분양에 관한 법률」 제 4 조 제 1 항 제 1 호 전단.

5 「건축물의 분양에 관한 법률 시행령」 제 3 조 제 1 항 제 3 호.

위기 이후 지급보증 등 시공사의 직접적 신용보강은 많이 줄어들었으나 여전히 시공사의 신용도에 대한 의존도는 높다고 볼 수 있다. 대표적으로 연계대출(bridge loan)이나 PF의 대주단은 시공사의 신용등급, 시공능력평가순위 등을 여신심사의 주요 항목으로 포함시켜 이를 토대로 대출 여부를 결정하고 있다. 시공사의 책임준공이나 조건부 채무인수 등을 요구하는 경우가 많다. 또한 유동화증권 발행 시에도 유동화증권의 신용등급이 시공사의 신용등급과 연계되는 경우가 대부분이며, 증권사가 제공하는 매입보증 등은 시행주체나 시공사의 신용등급 하락 시 의무가 면책되는 구조인 경우가 많다(이른바 '신용회피조항').

(3) 국내 부동산 프로젝트금융(PF) 개선 과제

부동산 프로젝트금융(PF) 사업은 기본적으로 거시경제흐름에 따라 수익 측면에서의 변동성이 매우 큰 고위험, 고수익 사업으로 부동산경기 호황 시 적은 자본을 투입해 고수익을 누릴 수 있으나, 정부 정책 변화, 인허가 과정에 서의 낮은 예측 가능성, 상황 변화에 따른 참여자 간 이해갈등 발생 등 다양한 위험 요소들이 내재하고 있으며 이러한 고위험 · 고수익 사업의 안정성을 높이기 위해서는 일정수준 이상의 자본력을 갖춘 사업참여 주체들 간 적절한 위험과 수익의 배분이 필요하다.

1) 시행주체의 자본력 제고를 위한 재무투자가(FI) 플랫폼 저변 확대

우선 시행주체의 자본력이 제고될 필요가 있으며 이를 위해 재무투자가(FI)의 플랫폼이 확대될 필요가 있다. 재무투자가들의 자기자본 투자로 사업의 대상인 토지를 안정적으로 확보할 수 있다. 미국의 경우 사모펀드, 개인투자조합, 연기금, 리츠(REITs) 등의 부동산 투자가 활발하고, 자본력이 충분한 시행사와 함께 유한책임회사(LLC), 프로젝트금융투자회사(PFV) 등을 설립하여 초기 투자금을 조달할 수 있는 금융시장이 발달되어 있다. 따라서 다양한 초기 투자자가 위험을 분산시킬 수 있고, 시행주체는 전체 개발비의 20%에서 30% 수준까지 자금확보가 가능하다. 반면 우리나라는 시행사가 다양한 투자자로부터 자금을 확보하지 못하고 시행사의 적은 자본금만으로 사업을 시작하는 경우가 많기 때문에 수분양자와 시공사 등이 위험을 분담하는 구조로 발전했다고 볼 수 있다.[1] 국내에서도 부동산 집합투자기구(REF), 부동산투자회사(REIT),

---

1 이보미, 앞의 논문, 8면.

금융기관 자기자본투자(PI), 온라인투자연계금융(P2P), 토큰형 증권(STO) 발행 등 재무투자 플랫폼을 확대해 나갈 필요가 있다. 시행사(혹은 시행사가 설립하는 SPC)의 초기 자금력 차이로 인해 우리나라의 경우 건설단계에서 조달하는 본PF의 자금으로 토지구입 자금을 상환하는 반면 미국은 LLC 등이 투자자들로부터 추가 자금을 확보해 대출금을 모두 상환하고 토지 담보를 해제한 후 건설자금만 조달한다는 큰 차이점이 있다. 즉 우리나라는 본PF가 건설자금에만 쓰이는 것이 아니라 연계대출(bridge loan)의 상환 재원으로 연결되어 있으며, 이로 인해 본PF 단계에서의 자금조달 부담이 크고 유사시 각 대출의 대출기관이나 투자자 간 위험이 전이될 위험 또한 크다.[1]

2) 부동산 프로젝트금융(PF) 사업 리스크의 분산 및 신용보강 주체의 다변화

2008년 글로벌 금융위기 이전 신용보강의 주체가 건설사 중심이었고 부동산 프로젝트금융(PF)사업의 위험은 궁극적으로 건설사에 집중되는 구조에서 2009년 이후 건설업계의 재편, 다양한 자금공여주체의 참여로 인한 PF 구조의 다변화, 한국형 국제재무회계기준(K-IFRS)의 단계적 도입, 제3의 보증기관 들의 역할 확대 등에 힘입어 신용보강의 주체가 다변화되는 현상을 보였다. 그럼에도 불구하고 약정상 최종 위험의 부담 주체가 건설사가 되는, 즉 건설사의 신용도에 의존하는 실질적인 기업금융의 본질에서 벗어나지 못하는 경우가 있는바, 프로젝트금융(PF)의 구조 개선을 통해 개발사업 대상 부동산과 개발사업의 사업성(현금흐름)에 근거하여 자금이 공급되는 시스템으로 전환될 필요가 있다.

3) 분양형개발사업의 구조적 문제 개선

특히 분양형 개발사업의 경우 앞서 서술한 바와 같이 선분양 구조의 비중을 단계적으로 축소하고 후분양구조로의 단계적 전환이 필요하며 선분양 구조의 경우에도 제도적으로 수분양자 보호장치가 치밀하게 마련될 필요가 있다. 이를 뒷받침하기 위해 분양수입금의 사업비 내지 원리금상환으로의 사용을 규제하고[2] 분양수입금 납입 구조에서도 중도금의 비중을 축소할 필요가 있으며 현행 집단대출 관련 제도나 약정 구조의 개선이 필요하다.

---

1 이보미, 앞의 논문, 5면.
2 현행 법령 하에서 토지신탁 구조의 경우에 적용되는 토지신탁 수익의 신탁계약 종료 전 선지급 규제 관련 제도도 동일한 취지로 판단된다(「금융투자회사의 영업 및 업무에 관한 규정」 제 2-65조 별표 15).

4) 개발사업 위험의 파급 차단

사업참여주체들의 자본력을 통해 사고 발생 위험을 사전적으로 최소화하는 한편, 실제 손실 발생시 이를 1차적으로 사업참여 주체들이 부담함으로써, 사업부실의 효과가 금융시장 전반으로 파급되는 것을 차단하는 것이 필요하다. 특히 PF 대출채권 유동화(PF Loan 유동화) 구조의 경우 부동산 프로젝트금융(PF) 시장과 자본시장이 연계되는 구조로 다양한 단계에서 다양한 변수로 인해 위험 발생 가능성이 있다는 점을 고려해야 한다. 국내 부동산프로젝트금융(PF)의 특징으로 높은 레버리지와 사업기간 중 연속적인 자금조달 구조를 들 수 있다. 부동산시장의 침체, 고금리 지속, 공사비용 증가 등 시장요인의 악화로 부동산 개발사업의 수익성이 떨어지게 되면 자금조달 구조의 취약성이 드러나면서 부동산 프로젝트금융(PF)의 위험이 증가하게 된다. 시장요인이 악화되는 시나리오에서도 수익성이 크게 훼손되지 않고 사업이 유지될 수 있도록 부동산 프로젝트금융(PF) 취급 과정에서 위험관리를 강화할 필요가 있다. 대출채권 유동화 구조 하에 부동산 프로젝트금융(PF)과 단기자금시장 간 연계성이 높아져 있다는 점과 거시경제나 금융환경에 민감할 수 있는 단기자금시장의 속성을 고려하여 유동성 관리를 할 필요가 있다. 부동산 시장 호황기에는 부동산 프로젝트금융(PF)의 위험은 항상 과소평가될 가능성이 크다. 따라서 부동산 프로젝트금융(PF) 참여자들은 이 기간중에도 부동산 프로젝트금융(PF) 익스포저 확대에 신중해야 하며 단기자금시장과 부동산시장을 포함한 거시환경을 종합적으로 모니터링하며 대응할 필요가 있다.[1]

5) 감독기관의 건전성 규제 시스템 재정비 필요성

부동산 프로젝트금융(PF) 시장에서 자금공여의 역할을 하는 각종 대출기관 또는 투자기관의 범위가 확대되고 다변화되는 상황에서 각 업권별 법제, 규제 시스템 등을 업권별 특수성을 감안하여 차별할 필요가 있으며 동일한 자금공여주체에 있어서도 위험 가중치 내지 건전성 규제의 틀은 차별화될 필요가 있다. 예로서 증권사의 부동산 프로젝트금융(PF) 채무보증에 대한 금융당국의 위험액 제도 정비가 요구된다. 먼저 부동산 프로젝트금융(PF)의 위험 정도에 따라 위험액 산정 비율을 차등화할 필요가 있는데 위험 구분 지표로, 연계대출(bridge loan) 여부, 시공사, 지역, 용도, 선·중·후순위, 시행사 자본 및 프로젝트금융(PF) 규모, LTV(Loan to Value), STV(Subordinated financing

---

1 장근혁 · 이석훈 · 이효섭, 앞의 논문, 19면 참조.

to Value)[1] 등을 고려하여 판단할 필요가 있고 또한 과다한 위험의 집중현상을 방지하기 위해 부동산 프로젝트금융(PF) 규모나 개별 건설사 익스포저에 대한 집중위험액 제도 도입도 고려해 볼 수 있다.[2] 한편, 부동산신탁사 취급 상품 중 책임준공조건부 관리형토지신탁, 차입형토지신탁 등의 계약 구조에 대한 해당 신탁사의 적정한 위험액 측정을 기반으로 한 대응책을 사전에 마련할 수 있는 제도적 장치가 마련될 필요가 있다. 그 밖에 비은행예금취급기관 및 기타 금융기관으로서 저축은행, 상호금융기관, 새마을금고, 여신전문금융회사 등의 참여가 활성화되는 만큼 이에 대한 적절한 감독 및 규제 시스템 정비가 지속적으로 모니터링될 필요가 있다.

6) 자금공여 기관별, 건설사별 리스크 관리 및 대응과 내부 통제 시스템 개선

각사 상황에 맞도록 리스크를 평가하여야 하고 이를 기반으로 유동성 확보 계획을 수립할 필요가 있다. 과도한 위험을 보유하고 있는 주체는 부동산 프로젝트금융(PF) 포지션 매각도 고려해 볼 수 있다. 부동산 프로젝트금융(PF) 시장 안정을 위한 대응도 필요하다. 펀드를 활용한 유동화증권 매입 등 PF 사업장과 건설사의 유동성 확보 및 사업 재구조화 지원 방안을 생각해 볼 수도 있다. 신용사건 발생에 대한 대응도 준비할 필요가 있다. PF 사업장 채무불이행 사태 발생에 대비하여 매각이나 정리절차를 수립하고, 부동산신탁사의 책임준공 확약 실행 가능성에 대한 점검도 필요하다. 중장기적으로 증권사는 개별 증권사별로 기대수익과 위험을 고려한 부동산 프로젝트금융(PF) 위험관리 기준을 정비하여야 한다. 시공사(건설사)에 대한 위험관리 기준도 필요하며, 특히 익스포저의 과다한 쏠림을 유의하여야 한다. 아울러 공사 및 입주, 그리고 프로젝트금융(PF) 대출원리금 상환 완료 이후에 위험이 해소되는 부동산 프로젝트금융(PF)의 특성을 고려한 임직원 성과보수체계 설계나 심사부서의 요건 정비 등 부동산 프로젝트금융(PF) 관련 내부통제 강화도 필요하다. 또한, 유동화증권 차환발행 위험을 완화하기 위해 프로젝트금융(PF) 대출채권과 만기를 매칭한 유동화증권 발행을 검토해 볼 필요도 있다.[3]

---

1 'Subordinated Finance to Value'로서 기존 LTV 지표 이외에 이용되는 신용위험의 측정지표로서 부동산 가치(value) 대비 후순위성 자금(해당 금융기관의 익스포저보다 담보권 및 변제 순위에 있어서 명백히 후순위에 있는 금원으로서 출자지분(equity), 후순위 대출, 약정에 의한 공사비 유보금 등)을 포함한다. LTV는 낮을수록 안정적이나 STV는 높을수록 안정적으로 평가된다.

2 장근혁 · 이석훈 · 이효섭, 앞의 논문, 20면.

3 장근혁 · 이석훈 · 이효섭, 위의 논문, 19면~20면 발췌 및 보완.

7) 구조화 금융의 활성화를 위한 각종 특수목적기구(SPV) 관련 법제, 세제 정비

정부는 시기에 따라 다소 변화는 있었지만 부동산 개발과 프로젝트금융(PF) 시장의 활성화와 지원을 위해 그 동안 각종 법제도상의 정책을 펼쳐왔다. 각종 선진 구조화금융(structured finance) 관련 법제를 도입하고 관련 법 규제의 완화 내지는 정책적으로 다양한 지원을 해오고 있다. 대표적으로 프로젝트금융투자회사(PFV) 제도 도입을 통한 세제 지원, 회사형 특수목적기구의 대안 내지 보충 수단으로서 신탁(trust) 제도의 활성화를 위한 각종 정책(2012년 7월 「신탁법」 전면 개정, 2022년 10월 「신탁업 혁신 방안」 발표, 각종 신탁조세 관련 세제개편 등)을 펼쳐 왔다. 한편 자산운용형 증권화를 통한 부동산 금융 도구로서 부동산집합투자기구(펀드)와 부동산투자회사(리츠)의 선의의 경쟁을 통한 간접투자의 활성화와 공모ㆍ상장 펀드 및 리츠의 활성화를 통한 투자자 저변 확대, 「자산유동화에 관한 법률」 개정을 통해 등록 자산유동화의 활성화 등을 도모해오고 있다. 하지만 여전히 구조화금융활성화를 위한 과제가 남아 있다. 금산분리의 원칙의 적용 하에 금융기관 및 일반기업의 특수목적법인에 대한 각종 출자 규제, 「신탁법」 개정 내용의 「자본시장 및 금융투자업에 관한 법률」 반영을 통한 신탁의 경쟁력 제고 미흡(신탁업자의 수탁재산 규제, 신탁구조의 유연성 규제, 각종 판례에 있어서 신탁 법리에 대한 컨센서스 결여, 신탁업자의 건전성 규제 등), 공모ㆍ상장ㆍ등록 시장 활성화 대책의 한계, 각종 금융기관에 대한 건전성 규제, 신탁조세의 일관성 결여, 각종 구조화금융 도구의 법제 간 규제 차익의 문제 등이다.

Ⅲ. 「법인세법」 상의 프로젝트금융투자회사(PFV)를 이용한 부동산금융

1. 연　　혁

각종 부동산 개발 사업이 대형화되고 참여 주체가 다양화되면서 프로젝트금융(즉, 사업의 현금흐름에 기초하여 금융을 일으키는 프로젝트금융) 방식이 활성화되었는데, 사업주가 금융기관과 공동으로 출자하여 별도의 실체가 있는 프로젝트회사(project company)를 설립하고 일정한 사업을 추진하는 경우 그 프로젝트회사는 법인세를 납부하고 이익 배당 시 프로젝트회사의 출자자는 배당 소득세도 납부해야 되는 이중 과세 문제가 있었고,[1] 사업주가 프로젝트회사에 현물 출자를 하는 경우에 부동산인 경우 취득세 · 등록세 등 거래 관련 세금을 납부해야 하는 부담이 있었다.

이에 따라 2001년 국내 부동산시장을 활성화시키기 위하여 특별법으로서 「프로젝트금융투자회사법안」이 의원 입법으로 발의된 적이 있었다.[2] 이 법안은 프로젝트를 수행하는 회사를 명목회사(paper company)의 형태로 하여 설립 근거와 요건 등을 규정하고, 아울러 기존의 금융 및 세제상의 제약을 해소하여 금융기관이 사업성있는 프로젝트에 대한 자금 지원을 적극적으로 하도록 유도함으로써 사회간접자본시설(SOC), 주택 건설, 기반시설(plant) 건설 등의 사업을 활성화하기 위한 목적이었다.

이 법안에서는 '프로젝트금융투자회사'의 경우 (i) 본점 외의 영업소를 설치할 수 없으며 직원을 고용하거나 상근임원을 둘 수 없도록 하고(법안 제2조 제3호, 제7조 제1항), (ii) 납입자본금 50억 원 이상인 주식회사로 설립하여 당시 금융감독위원회에 등록하도록 하며(법안 제4조, 제8조), (iii) 자기자본의 10배를 초과하지 않는 범위 안에서 사채를 발행할 수 있도록 하고(법안 제19조 제1항), (iv) 자산 운용 업무를 자산관리회사에 위탁하도록 하며(법안 제26조), (v) 구 「신탁업법」에 의한 신탁업을 겸영하는 금융기관에 자금 관리 업무를 위탁하도록 하는 것(법안 제33조) 등을 주요 골자로 하고 있었다.

그러나 이 법안의 좋은 취지에도 불구하고 당시 부동산 투기 과열 상황 하에서 이 법안이 통과될 경우 발생할 수 있는 부작용 때문에 국회에서 표류되다가 결국 본회의에 상정되지 못하고 폐기되었으며, 이 후 특별법의 형태가 아닌 2004년 1월 29일 「법인세법」 및 「조세특례제한법」의 일부 개정(「법인세법」 제51조의2 제1항 제6호, 같은 법 시행령 제86조의2, 「조세특례제한법」 제119조 제6항 제3호)을 통해 특수목적회사(SPC)인 프로젝트금융투자회사(project financing vehicle: PFV)의 설립 근거와 요건 및 각종 특례 등을 규정함으로써 금융 및 세제상의 문제점을 완화하고, 재원 조달의 투명성 · 자산관리의 효율성 증대 등을 도모할 수 있게 되었다. 이후 2020년 12월 29일에 [표 2−16]와 같이 관련 법제가 재편되었다.

---

1 종전의 실체가 있는 회사를 통한 사업의 경우, 사업 시공이나 인 · 허가 등에 따른 비용을 과다 계상하여 이익을 최소화시키는 시도로 인해 「법인세법」 제52조의 부당행위 계산 부인 규정이 적용될 수 있는 법적 위험이 있었다.
2 프로젝트금융투자회사법안, 의안번호 1213, 2001. 11. 24. 강운태 의원 등 33명이 발의한 법안이었다.

표 2-16 **법인세 소득공제 대상 법인**

구분	요건		세제혜택
명목회사 형태인 각종 법정 내국법인 (투자회사)	「법인세법」 제51조의2 제 1 항 제 1호~ 제 8 호 규정 내국법인	「법인세법 시행령」 제86조의 3 제 1 항	소득공제 (배당금 손금산입 방식)
	배당가능이익의 100분의 90 이상 배당	'배당가능이익' 정의	
프로젝트 금융투자회사	「조세특례제한법」 제104조의31 제 1 항 제 1 호 ~ 제 8 호	「조세특례제한법」 시행령 제104조의28	
	2025년 12월 31일 이전에 종료하는 사업연도 대상(한시법)	'배당가능이익 정의' (「법인세법 시행령」 원용)	

「법인세법 제51조의2 제 1 항에서 규정하고 있는 소득공제 대상이 되는 내국법인 (투자회사)에는 「자산유동화에 관한 법률」에 따른 유동화전문회사, 「자본시장과 금융투자업에 관한 법률」에 따른 투자회사, 투자목적회사, 투자유한회사, 투자합자회사 및 투자유한책임회사, 「기업구조조정투자회사법」에 따른 기업구조조정투자회사, 「부동산투자회사법」에 따른 기업구조조정 부동산투자회사, 위탁관리 부동산투자회사, 「선박투자회사법」에 따른 선박투자회사, 「민간임대주택에 관한 특별법」 또는 「공공주택특별법」에 따른 특수목적법인, 「문화산업진흥기본법」에 따른 문화산업전문회사, 「해외자원개발 사업법」에 따른 해외자원개발투자회사 등이 있다.

2. 「조세특례제한법」 상의 프로젝트금융투자회사(PFV)의 요건

프로젝트금융투자회사의 요건은 원래 「법인세법」 제51조의2 제 1 항 제 9 호와 시행령 제86조의2 제 4 항과 제 5 항에 규정되어 있었으나, 2020년 12월 법 개정에 의해 「조세특례제한법」 제104조의31 제 1 항과 시행령 제104조의28에 규정되었다.

이하에서는 「조세특례제한법」과 같은 법 시행령이 규정하고 있는 프로젝트금융투자회사(PFV)의 요건을 살펴보기로 한다. 관련 조문은 「조세특례제한법」 제104조의31 제 1 항과 시행령 제104조의28이다.

(1) '특정 사업'에 운용할 것

「조세특례제한법」상 프로젝트금융투자회사는 그 "자산을 설비 투자,[1] 사회간접자본시설 투자, 자원 개발, 그 밖에 상당한 기간과 자금이 소요되는 특정 사업에 운용하고 그 수익을 주주에게 배분"하여야 한다(법 제104조의31 제1항 제1호). 여기서 '사회간접자본시설'의 범위는 「사회기반시설에 대한 민간투자법」 제2조에서 정의하고 있는 사회기반시설을 포함한다고 해석할 수 있다. 그러나 '사회간접자본시설'이 「사회기반시설에 대한 민간투자법」에 의해 추진되는 사회기반시설사업에 한하는 것은 아닐 것이다.[2]

'특정 사업'의 개념과 범위에 대해서는 「조세특례제한법」상 명확한 규정이 없어 어디까지가 프로젝트금융투자회사의 요건을 충족할 수 있는가에 대해 실무상 의견이 분분하나, 국세청 예규에 따르면, 일반적으로 도시 개발 사업, 복합 시설 신축 사업 등 부동산 개발 사업, 아파트 · 주상복합 등 주택 개발 사업, 복합 개발 프로젝트금융(PF) 사업 등 대규모 상업 부동산 개발 사업 등도 여기에 해당하는 것으로 보고 있다.[3]

그러나 이미 완공된 상업 부동산 · 골프장 등을 프로젝트금융투자회사로 이전하여 이를 운영하는 경우나 프로젝트금융투자회사가 타 법인과 실질적 공동 사업 형식으로 건물을 신축하는 사업을 수행하는 경우, 또는 프로젝트금융투자회사가 2개 이상의 실질적 사업을 수행하는 경우에는 「조세특례제한법」상의 프로젝트금융투자회사로 인정받기가 어려울 것이다.[4]

여기서 주택 개발 사업의 경우에, 「주택법」에 의하면 주택 건설 사업을 시행하는 경우 주택 사업 등록자는 건축 분야 기술자 1인 이상을 반드시 고용해야 되는 등 실체 회사이어야 한다는 법적 요건이 부과되는데(「주택법」 제46조, 시행령 제10조), 프로젝트금융투자회사는 한시적 명목회사로서 본점 외의 영업소와 직원 및 상근임원을 두는 것이 허용되지 않

---

1 예로서 「집단에너지사업법」에 따른 집단 에너지 시설 투자를 들 수 있다.

2 같은 견해로서 염성오, "프로젝트금융투자회사(PFV) 적용에 따른 효과 분석," 『PF Insight』(한국기업평가, 2007), 126면.

3 국세청 예규에 따르면, 「기업도시개발특별법」하의 기업 도시 개발 사업, 국제 업무 단지 시설 개발사업(국세청 서면2팀 − 1474, 2006. 8. 2.), 공동주택 건설 사업, 공동주택 주상복합건물 신축 분양 사업(국세청 서면2팀 − 691, 2006. 4. 28.), 상업용 건물 신축 분양 사업, 부동산 개발 신탁, 실버주택 사업, 종합리조트단지(콘도, 온천, 골프장 및 부대사업)(국세청 법인 − 454, 2007. 6. 15.) 등을 '특정 사업'으로 인정하고 있다.

4 같은 설명은 김진, "PFV의 발전동향과 사례분석," 2007년 한국부동산분석학회 추계학술대회 발표 자료, 2007, 4면.

으므로, 프로젝트금융투자회사가 단독으로 주택 건설 사업을 수행하는 것이 불가능했고, 이에 따라 불가피하게 주택 건설 등록사업자와 공동으로 시행하는 형식을 취할 수밖에 없었다. 이에 대해 당시 국세청에서도 프로젝트금융투자회사가 주택 건설 등록사업자와 공동으로 사업을 시행하되 양자간에 협약을 체결하여 주택 건설 사업에 따른 실질적 권리 및 의무의 경제적 손익이 프로젝트금융투자회사에 귀속됨을 명시하여 주택 건설 사업을 시행하는 사업이 공동 사업에 해당하는지 여부는 사업의 실질 내용에 따라 판단할 사항이라고 하여 다소 모호하면서도 유동적인 해석의 여지를 남겼다.[1,2] 이에 따라 2007년 2월 28일 「법인세법 시행령」 개정 및 2021년 2월 17일 「조세특례제한법」 시행령 개정을 통해 프로젝트금융투자회사의 제반 설립 요건을 갖춘 특수목적회사(SPC)가 주택 건설 사업자와 공동으로 주택 건설 사업을 수행하고 해당 수익을 주주에게 배분하는 경우 이를 프로젝트금융투자회사 요건을 구비한 것으로 본다고 명시함으로써(제104조의28 제2항) 이 부분에 대한 불확실성을 제거하였다.

한편, 국세청 예규에 의하면, 「조세특례제한법」 제104조의31 제 1 항 제 1 호 내지 제 8 호의 요건을 충족한 프로젝트금융투자회사가 존립 기간을 정관에 한시적으로 정하여 설립하고, 토지를 취득하여 상업용 건물을 신축·완공한 후 신축 건물을 존속 기간의 범위 내에서 수익성 제고 등을 위해 일시 임대한 후 양도하는 경우에는 「조세특례제한법」 제104조의31 제 1 항 제 1 호에서 규정하고 있는 '특정 사업'의 운용 요건을 갖춘 것으로 보고 있다.[3]

또한 현재 토목 공사 중인 프로젝트 건을 사업권 인수 형식으로 해서 프로젝트금융투자회사를 설립하는 것이 가능한지에 대해서는 기존에 진행된 사업 부분이 상당히 진행된 상태라면 가능한 것으로 판단되고 있다.[4]

---

1 국세청 질의 회신, 국세청 서면2팀 − 1474, 2006. 8. 2.

2 이에 대해 그 형식에도 불구하고 사업의 손익 귀속이 실질적으로 프로젝트금융투자회사로 되는 경우에 한해 당해 주택 건설 사업이 「법인세법」상의 특정 사업에 해당하여 세제 혜택을 받을 수 있다는 해석이 가능하다고 하면서도, 프로젝트금융투자회사가 세제 혜택을 받기 위해 형식적인 공동 사업을 수행한다면 「주택법」상의 공동 시행의 취지에 어긋나 사실상 공동 시행 규정을 잠탈하는 우려도 있다는 견해가 있다(이경돈·전경준·한용호, "부동산거래 유형과 쟁점," 『BFL』 제21호(서울대학교 금융법센터, 2007. 1), 49면).

3 국세청 서면2팀 − 152, 2007. 1. 22. 후술하는 프로젝트금융투자회사의 '(3) 존립 기간' 참조.

4 기존 시행사로부터의 현물출자 또는 사업권 양수 방안 등이 고려될 수 있으며, 다만 이 때 전자의 경우 평가 및 법원의 승인, 후자의 경우 양수 가액의 적정성 등이 쟁점이 될 수 있다.

기술한 바와 같이, 이미 완공된 건물 등을 프로젝트금융투자회사로 이전하여 이를 운영하는 경우에는 개발이라기보다는 자산의 운용에 해당하므로 프로젝트금융투자회사의 '특정 사업'에 해당한다고 볼 수 없으나, 국세청은 프로젝트금융투자회사가 노후화된 건물을 취득하여 구조 변경(remodeling) 공사 후 분양함에 있어 구조 변경 사업에 상당한 기간과 자금이 소요되는 경우에는 '특정 사업'에 해당하는 것으로 보고 있으며, 구조 변경 공사를 완료한 상가를 양도함에 있어 당해 회사의 정관상 존립 기간 범위 내에서 수익성 제고 등을 위해 당해 상가를 일시 임대한 후 양도하는 경우에는 '특정 사업'의 운용 요건을 갖춘 것으로 보고 있다.[1] 이 때 상당한 기간과 임대 기간 등의 개념 정의와 요건 부합 여부가 사실 판단의 대상이 된다.[2]

(2) 법인 형태

프로젝트금융투자회사는 본점 외의 영업소를 설치해서는 안 되고, 직원과 상근 임원을 두어서는 안 된다(「조세특례제한법」 제104조의31 제1항 제2호). 즉 프로젝트금융투자회사는 명목회사 (paper company)의 형태로 설립되어야 함을 의미하며, 관리 및 운영은 별도의 자산관리회사(asset management company: AMC)를 통해서 하여야 한다는 것이다.

(3) 존립 기간

프로젝트금융투자회사는 한시적으로 설립된 회사로서 존립 기간이 2년 이상이어야 한다(「조세특례제한법」 제104조의31 제1항 제3호). 그리고 이러한 한시적 존립 내용을 정관 등의 서류에 포함시켜야 요건이 충족된다. 이와 관련하여 프로젝트금융투자회사의 존립 기간의 상한이 있는지에 대해 명문화된 것은 없지만, 지나치게 장기인 경우에는 프로젝트금융투자회사가 한시적 법인으로 인정되지 않을 우려가 있으며, 이러한 이유 때문에 실무상 5년 내지 15년 정도를 존립 기간으로 정하고 있다.[3]

---

1 국세청 법인 – 2523, 2008. 9. 18.; 국세청 법인 – 880, 2006. 12. 6.
2 국세청 법인 – 2523, 2008. 9. 18.; 국세청 법인 – 880, 2006. 12. 6.
3 프로젝트금융투자회사는 명목회사로서 한시적 법인이기에 프로젝트를 종료하게 되면 해산 및 청산의 절차를 밟아 소멸하는 것이 일반적이다. 이 경우 부동산을 분양받은 자들이 추후 하자보수책임을 물을 상대방이 없어지는 결과가 되어 피해를 입을 수 있는데 이를 해결하기 위해 「집합건물의 소유 및 관리에 관한 법률」의 개정을 통해 공동주택의 경우 시행사 및 시공사에 대해 하자보수책임을 지도록 하여 문제를 해결하였다(법 제9조 이하, 2012년 12월 18일 개정).

한편 존립 기간과 관련하여 프로젝트금융투자회사가 부동산 개발 사업을 시행하여 그 후에 '임대 사업'을 영위하는 경우에 「조세특례제한법」상 '특정 사업'에 해당되는가에 대해 의문이 있을 수 있는데, 프로젝트금융투자회사는 원칙적으로 운용을 사업 목적으로 할 수 없으며, 따라서 그 주된 목적이 운용에 있다고 한다면 프로젝트금융투자회사로 인정되지 않을 가능성이 있다. 다만, 수익성 제고를 위하여 일시 임대한 후 양도하는 것은 허용될 것으로 보인다. 이와 관련하여 약 4~5년 정도 임대하는 것은 일시적인 임대로 인정될 가능성이 높으나, 이를 초과하여 초기부터 8~9년 정도의 기간을 임대하는 것으로 계획하는 경우 일시적인 임대로 인정될 것인지에 대해서는 논란이 있을 수 있다.[1]

(4) 법인 설립 방법

프로젝트금융투자회사는 상법 그 밖의 법률의 규정에 의한 주식회사로서 발기설립의 방법으로 설립하여야 한다(「조세특례제한법」 제104 조의31 제 1 항 제 4 호). 이는 「사회기반시설에 대한 민간투자법」에 따른 사회기반시설투융자회사의 경우 모집설립 또는 발기설립 모두 가능하다는 점(법 제41조의 3, 제41조의4)과는 다르다. 다만, 국세청은 일반 주식회사를 설립한 후에 「조세특례제한법」 제104조의31 제 1 항 각 호의 요건을 구비하는 경우에는 이러한 발기설립 요건은 적용되지 않는 것으로 보고 있다.[2]

(5) 발기인의 요건

프로젝트금융투자회사의 발기인은 「기업구조조정 투자회사법」 제 4 조 제 2 항

---

1 법인의 목적 사업 및 정관에 '부동산임대업'과 '부동산매매업'을 등재하고, 건물 완공 후 4~5년 정도 건물 전체를 임대한 이후, 당해 4~5년 정도 경과 이후 건물 가격 상승 요인 등을 감안하여 건물 전체를 특정인에게 매각하거나 층별로 나누어 매각하고자 하는 경우(임대 및 매각까지의 전체 사업 기간은 총 10년 이내임), 정관상 부동산임대업과 부동산매매업을 목적 사업에 등재하고 총 10년 이내의 사업 기간으로 할 때, 「조세특례제한법」 제104조의31 제 1 항 제 1 호(특정사업) 및 제 3 호(사업기간이 2년 이상인 경우로서 한시적 설립)의 요건을 갖춘 것으로 볼 수 있는지 여부에 대한 질의에 대하여 국세청은 "「조세특례제한법」 제104조의31 제 1 항 제 1 호 내지 제 8 호의 요건을 충족한 투자회사가 상가를 신축하여 양도함에 있어서 당해 회사의 정관상 존속 기간 범위 내에서 수익성 제고 등을 위해 신축된 상가를 일시 임대한 후 양도하는 경우에는 제 1 호에서 규정하고 있는 '특정 사업'의 운용요건을 갖춘 것으로 본다"라고 하고 있다(국세청 법인-880, 2006. 12. 6).

2 국세청 서면2팀-973, 2006. 5. 30.

각 호의 어느 하나[1]에 해당하지 아니하고, 「조세특례제한법 시행령」이 정하는 요건을 충족하여야 한다(「조세특례제한법」 제104조의31 제1항 제5호). 여기서 「조세특례제한법 시행령」은 발기인 중 1인 이상은 은행, 특수은행으로서 한국산업은행 · 중소기업은행 · 한국수출입은행, 농업협동조합중앙회 및 농협은행, 수산업협동조합중앙회 및 수협은행, 「자본시장과 금융투자업에 관한 법률」상 투자매매업자 · 투자중개업자 · 신탁업자 · 종합금융회사, 상호저축은행, 상호저축은행중앙회, 보험회사, 여신전문금융회사, 새마을금고중앙회만으로 구성되어야 한다고 규정하고 있다(「조세특례제한법 시행령」 104조의28 제3항 제1호 가목, 「법인세법 시행령」 제61조 제2항).[2·3] 한편 「국민연금법」에 의한 국민연금관리공단은 「사회기반시설에 대한 민간투자법」 제4조 제2호의 규정에 의한 방식(즉, 건설 – 이전 – 임차(Build – Transfer – Lease: BTL) 방식)으로 민간 투자 사업을 시행하는 프로젝트금융투자회사의 경우에 한해 발기인으로 참여할 수 있다(「조세특례제한법 시행령」 제104조의28 제3항 나목). 금융기관이 자신의 출자지분을 신탁하고 수익자로

---

1 「기업구조조정 투자회사법」 제4조 제2항이 발기인이 될 수 없는 자로 규정하는 자는
  1. 미성년자 · 피성년후견인 · 피한정후견인
  2. 파산선고를 받은 자로서 복권되지 아니한 자
  3. 금고 이상의 실형의 선고를 받거나 이 법 기타 대통령령이 정하는 금융관련법령(이에 상당하는 외국의 법령을 포함한다. 이하 같다)에 의하여 벌금형 이상의 형을 선고받고 그 집행이 종료(집행이 종료된 것으로 보는 경우를 포함한다)되거나 면제된 후 5년이 경과되지 아니한 자
  4. 금고 이상의 형의 집행유예의 선고를 받고 그 유예기간 중에 있는 자
  5. 이 법 기타 대통령령이 정하는 금융관련법령에 의하여 영업의 허가 · 인가 또는 등록 등이 취소된 법인 또는 회사의 임 · 직원이었던 자(그 허가 등의 취소사유의 발생에 관하여 직접 또는 이에 상응하는 책임이 있는 자로서 대통령령이 정하는 자에 한한다)로서 당해 법인 또는 회사에 대한 취소가 있은 날부터 5년이 경과되지 아니한 자
  6. 이 법 기타 대통령령이 정하는 금융관련법령을 위반하여 해임되거나 면직된 후 5년이 경과되지 아니한 자이다.
2 신탁업자도 발기인이 될 수 있다고 규정하고 있는데 실무상 신탁회사가 출자한 PFV로부터 부동산을 수탁해야 할 필요가 있는 경우(예로서 「건축물의 분양에 관한 법률」상 선분양의 요건으로서 분양관리신탁의 경우)에 「신탁법」 제36조(수탁자의 이익 향수 금지), 제34조(이익에 반하는 행위의 금지) 등의 이유로 가능성 여부에 대해 논쟁이 있을 수 있는데 PFV는 하나의 독립된 법인격이며 신탁업자가 PFV의 주주 중의 하나인 사실과 신탁업자로서 신탁재산의 권리를 취득하는 것은 별개의 문제이고 나아가 관련 법령에 따라 적법하게 절차를 수행한 것이며, 신탁업자가 다수의 주주 중의 한 주주로서 「신탁법」 제36조 단서에서 공동수익자의 1인인 경우에는 예외로 하고 있다는 점 등을 고려할 때 가능하다고 생각된다.
3 은행이 PFV에 출자할 때 출자 원천이 은행의 고유계정이 아닌 신탁계정인 경우에 법이 요구하는 금융기관의 출자요건을 충족하느냐에 대해서는 신탁계정은 실질적인 신탁재산의 수익은 수익자에게 귀속하는 것이어서 금융기관이 직접 출자한 것이 아니라고 판단되므로 법이 요구하는 출자요건을 충족하지 못한다고 본다.

된 경우 신탁계약에 따라 의결권 행사를 계속할 수 있다면 해당 금융기관의 출자로 볼 수 있을 것이다.

따라서 재무적 투자자로 참여하는 다른 연·기금, 각종 공제회, 사회기반시설투 융자집합투자기구 등은 발기인의 범위에 포함되지 않음에 유의해야 한다.[1] 그리고 프로젝트금융투자회사에 발기인으로서 1인 이상 반드시 참여해야 하는 금융기관의 범위에 금융기관이 선호하는 간접투자 방식인 기관전용 사모집합투자기구가 포함되지 않아 실무상 금융기관의 프로젝트금융투자회사에 대한 투자를 간접적으로 제약하는 요인으로 작용하고 있어 향후 이에 대한 검토가 필요하다고 본다.

(6) 이사 및 감사의 요건

프로젝트금융투자회사의 이사는 「기업구조조정 투자회사법」 제12조 각 호의 어느 하나에 해당해서는 안되며($^{「조세특례제한법 제104조의31}_{제1항 제6호}$), 감사는 「공인회계사법」에 의한 회계법인에 소속된 공인회계사 등 「기업구조조정 투자회사법」 제17조의 규정에 적합한 자이어야 한다($^{「조세특례제한법」 제104조의31}_{제1항 제7호}$). 이사의 경우 상법상 자본금이 10억 원 이상일 경우 3인 이상이 필요한데($^{「상법」 제383조}_{제1항}$), 실무상 시공사 및 대출자인 금융기관 등 프로젝트금융투자회사 출자자의 담당자가 주로 이사가 된다. 다만 자산관리회사의 발행 주식 총수의 100분의 1 이상을 소유하고 있는 자 및 그 특수관계인이나 자산관리회사로부터 계속적으로 보수를 지급받는 자는 이해상충(conflict of interest) 때문에 이사가 될 수 없다($^{「기업구조조정 투}_{자회사법」 제12조}$).

(7) 자 본 금

프로젝트금융투자회사의 자본금은 현물출자를 포함한 주식의 액면총액을 의미하며 회사 설립일을 기준으로 50억 원 이상이어야 한다($^{「조세특례제한법 시행령」}_{제104조의28 제4항 제1호}$). 다만, 「사회기반시설에 대한 민간투자법」 제4조 제2호의 규정에 의한 방식(즉, 건설 ― 이전 ― 임차(Build ― Transfer ― Lease: BTL) 방식)으로 민간 투자 사업을 시행하는 프로젝트금융

---

1 산림조합중앙회, 한국주택금융공사, 자금중개회사, 금융지주회사, 신협중앙회, 신용보증기금, 기술보증기금, 무역보험공사, 신용보증재단, 예금보험공사, 정리금융공사, 유동화전문회사, 대부업자, 근로복지공단, 농협자산관리회사 등은 발기인 자격이 없다.

투자회사의 경우에는 10억 원 이상이어야 한다(「조세특례제한법 시행령」 제104조의28 제 4 항 제 1 호 단서). 여기서 자본금 기준일이 언제인지에 대하여 의문이 있을 수 있는데, 국세청은 '회사 설립일'을 기준일로 보고 있다.[1]

출자와 관련하여 프로젝트금융투자회사의 발기인인 금융기관 및 국민연금관리공단은(다수인 경우 합산) 최소 5% 이상 출자를 하여야 한다(「조세특례제한법 시행령」 제104조의28 제 3 항 제 2 호). 출자금의 성격은 무관하므로 무의결권 우선주도 가능하며,[2] 실무상 주로 누적적 · 비참가적 무의결권 우선주를 많이 이용한다.[3] 이 최소 출자 요건은 프로젝트금융투자회사의 성립 요건인 동시에 존속 요건이다.[4] 실무상 금융기관 출자자가 자신의 출자금을 보호받기 위해 프로젝트금융투자회사의 예금채권에 근질권을 설정하는 경우가 있는데, 이는 주식회사의 법리인 채권자가 출자자보다 우선이라는 원칙에 반하는 것으로서 보호받지 못할 가능성이 크다.

(8) 자산관리회사와 자금관리사무수탁회사

프로젝트금융투자회사는 상근 임 · 직원이 없는 이른바 명목회사이므로 자산 관리, 운용 및 처분에 관한 업무를 (i) 당해 프로젝트금융투자회사에 출자한 법인 또는 (ii) 출자자가 단독 또는 공동으로 설립한 법인에게 위탁해야 한다(「조세특례제한법 시행령」 제104조의31 제 4 항 제 2 호).[5] 이 회사를 '자산관리회사'라 한다. 그리고 자금관리업무는 「자본시장과 금융투자업에 관한 법률」에 의한 신탁업을 경영하는 금융회사 등에 위탁해야 하는데(「조세특례제

---

1 국세청 서면2팀 – 2348, 2004. 11. 15.

2 국세청 서면2팀 – 1167, 2006. 6. 20.

3 우선주에 대해서 '금리 확정형 배당방식'은 원칙적으로 허용되며, 다만 배당가능이익이 없을 경우에는 배당을 할 수 없다(「상법」 제462조 제 2 항).

4 국세청 서면2팀 – 258, 2008. 2. 12. 프로젝트금융투자회사의 설립 신고 후 금융기관인 출자자가 금융기관 이외의 자에게 출자지분을 양도하는 경우 동 사유 발생일로부터 1월 이내에 당해 요건을 보완하면 계속 요건을 충족한 것으로 간주된다(국세청 서면3팀 – 1194, 2008. 6. 13; 국세청 서면2팀 – 2394, 2007. 12. 28).

5 출자자와 비출자자가 공동으로 설립한 법인은 요건을 갖추지 못한 것으로 본다(국세청 서면2팀 – 1954, 2006. 9. 28). 또한 자산관리회사가 아닌 별도의 내국법인과 사업운영계약(Project Management Agreement)이나 건설운영계약(Construction Management Agreement)을 하는 경우에도 프로젝트금융투자회사의 요건을 충족하지 못한 것으로 본다(국세청 서면2팀 – 1528, 2007. 8. 20).

한법 시행령」제104조
의31 제4항 제3호), 이를 '자금관리사무수탁회사'라 한다.[1] 자산관리회사의 업무는 주로
토지 소유권의 확보, 설계 및 인·허가 업무, 프로젝트금융 대출, 시공사 선정, 분양,
임차인 유치, 임대 및 운영 업무 등이다.

　　자산관리회사는 프로젝트금융투자회사에 출자한 법인 또는 그 출자자가 단독 또
는 공동으로 설립한 법인이어야 하므로, 프로젝트금융투자회사에 출자한 법인이 계
약에 의해 직접 수행하거나 출자자가 단독 또는 공동으로 별도 법인을 만들어 그 법
인으로 하여금 자산관리 업무를 수행해도 무관한 것으로 해석된다.[2] 이때 별도 법인
을 설립하는 경우 출자자의 수와 출자 비율에 있어서는 반드시 프로젝트금융투자회
사와 동일할 필요는 없는 것으로 해석된다. 실무상 자금관리사무수탁회사 업무의 경
우는 프로젝트금융의 대리은행[3]이 그 업무를 수행하고, 자산관리회사 업무의 경우는
출자자가 본 사업을 위해 별도 설립한 법인이 그 업무를 수행하거나 기존 출자자 법
인 중 운영전문회사가 그 업무를 대신하는 것이 일반적이다. 자산관리회사와 자금관
리사무수탁회사는 동일인이 될 수 없다(「조세특례제한법」제104조
의31 제4항 제6호 본문). 다만 프로젝트금융투자
회사가 「건축물의 분양에 관한 법률」 제4조 제1항 제1호에 따라 신탁계약과 대리
사무계약을 체결한 경우(실무상 '분양관리신탁'이라 지칭함)는 제외한다(「조세특례제한법」제104조
의31 제4항 제6호 단서).

　　자산관리회사를 복수로 설립하여 그 업무를 분할하여 위탁할 수 있는가? 이에
대해 국세청은 자산관리회사가 법령상의 요건을 갖추는 한 위탁하는 업무의 성격에
따라 2개의 자산관리회사에 위탁하더라도 문제 없다고 보고 있다.[4] 또한 국세청은 자
산관리회사의 설립 시기에 대해 자산관리회사가 프로젝트금융투자회사보다 먼저 설
립되었는지 여부는 자산관리회사의 요건 충족 여부 판단에 영향을 미치지 않는다고
보고 있다.[5] 자산관리회사의 변경도 가능하나, 다만 변경 후 자산관리회사의 요건 충

---

1 자산관리회사와 자금관리사무수탁회사가 동일한 회사인 경우 프로젝트금융투자회사의 요건을
　구비하지 못한 것으로 보고 있다(국세청 서면2팀 – 682, 2008. 4. 15).
2 같은 견해는 염성오, 앞의 글, 129면.
3 '대리은행'이라 함은 공동대출자단을 대표하여 프로젝트 내 다른 당사자들과 의사표시를 교환
　하는 자로서, 프로젝트금융에서 실제로 대출이 실행된 이후에 제1차적인 관리 책임을 부담
　하는 은행이다. 이 대리은행에 대해서는 별도의 대리은행 수수료가 지급된다.
4 국세청 서면2팀 – 79, 2007. 1. 11.
5 국세청 서면2팀 – 79, 2007. 1. 11.

족 사실과 변경 사실을 신고해야 한다.[1] 자산관리회사의 임·직원 구성에 대해서는 명문 규정은 없으나, 기술한 바와 같이 자산관리회사의 보수를 받는 자가 프로젝트금융투자회사의 이사나 감사가 되지 못하는 것처럼(「조세특례제한법」 제104조의31 제 1 항 제 7 호), 프로젝트금융투자회사의 이사나 감사는 자산관리회사의 임·직원이 될 수 없다고 보아야 할 것이다.[2]

(9) 설립 신고

프로젝트금융투자회사 법인 설립 등기일로부터 2월 이내에 정관의 목적 사업, 이사 및 감사의 성명·주민등록번호, 자산관리회사의 명칭, 자금관리사무수탁회사의 명칭 등 일정한 사항을 명목회사설립신고서에 기재한 후 정관 등 관련 서류를 첨부하여 납세지 관할 세무서장에게 신고해야 한다(「조세특례제한법 시행령」 제104조의28 제 4 항 제 5 호, 「조세특례제한법 시행규칙」 제47조의4 제 1 항).[3] 실무상 납입자본금과 이사와 감사 구성원 및 주주 구성원을 확정한 경우, 주금 납입일로부터 법인 설립등기 및 사업자등록증 발급까지는 약 1주일 정도 소요된다.

(10) 설립 구조

프로젝트금융투자회사를 통한 부동산 프로젝트금융 추진은 실제로 사업 시행자가 차입자가 되는 일반적인 프로젝트금융 구조와 유사하나, 사업 시행자가 프로젝트금융투자회사에 사업권을 양도할 때 토지 소유권을 100% 확보한 경우와 그렇지 않은 경우로 구분하여 볼 수 있다.

전자의 경우(즉 토지 소유권을 100% 확보한 경우)에는 토지를 프로젝트금융투자회사에

---

1 국세청 법인 − 2453, 2008. 9. 16.

2 한 때 실무상 프로젝트금융투자회사 출자법인의 직원을 자산관리회사에서 근무하게 하고자 할 경우에 직원을 출자법인에서 퇴직시키고 자산관리회사로 신규 채용할 것인가 아니면 파견 형식으로 근무할 수 있는가에 대해 이해상충(Conflict of Interests)의 차원에서 논쟁이 있었다. 한편, 자산관리회사가 도산하는 경우 프로젝트금융투자회사와의 도산절연 여부에 관해서는 명문 규정이 없어 「자산유동화에 관한 법률」 상 자산관리회사에서처럼 안정성을 보유하고 있지는 못하다(「자산유동화에 관한 법률」 제12조 참조).

3 당초 프로젝트금융투자회사법안에서 당시 금융감독위원회에 등록하도록 했던 것과 다르다. 프로젝트금융투자회사가 납세지 관할 세무서에 설립 신고를 한 후 관할 구청에 사업자 승인신청을 하기 전에 토지를 매입한 경우 종래 적용되었던 「조세특례제한법」 상의 지방세(취득세) 감면 혜택(50% 감경)의 적용을 받을 수 있는가가 문제된 바 있었다. 당시 납세지 관할세무서로부터 신고필증(申告必證)을 교부 받아 제출하면 지방세 감면 혜택을 부여하는 것으로 해결하였다.

현물출자하는 형태가 될 것이고, 이 경우에는 프로젝트금융투자회사가 초기 토지 소유권을 확보한 상태에서 사업이 진행되므로 사업이 안정적이기는 하지만, 사업시행자가 프로젝트금융투자회사 설립 이전에 자기자본과 토지 담보 대출을 통한 토지 매입 대금을 완납해야 하는 부담이 있어서 대규모 부동산 개발 사업에 적용하기는 어려운 면이 있다. 한편 후자의 경우(즉, 토지소유권을 100% 확보하지 않은 경우)는 사업시행자의 초기 사업 비용이 줄어 들지만, 사업 추진이 지연되거나 금융기관의 참여가 지체될 경우 사업비가 증가하고, 관련 법령상의 프로젝트금융투자회사 요건을 충족하기 어려워질 가능성이 존재한다. 최근에 진행되는 복합 개발 프로젝트금융 사업의 경우, 발주기관(예로서 한국토지주택공사, 한국철도공사 등)이 토지 소유주와 사업시행자를 겸한다고 볼 수 있어 위와 같은 문제는 발생되지 않으며, 그렇지 못한 경우에도 개발 단계에서 상업 부동산을 사전에 확보하고자 하는 투자자를 모색하여 완공 후 자산 선(先)매입 계약 또는 선(先)임대차 계약을 체결하여(투자자가 직접 프로젝트금융투자회사에 출자하는 경우도 있다) 사업을 안정적으로 추진하기도 한다.[1] PFV는 설립 후 2개월 내에 납세지 관할 세무서장에게 명목회사설립신고(「조세특례제한법」 시행령 제104조의28 제4항 제5호)를 하고 일정한 요건을 구비하는 경우 소득공제신청(「조세특례제한법」 시행령 제104조의28 제4항 제8호)을 통해 소정의 세제혜택을 받을 수 있다(「조세특례제한법」 제104조의31 제1항, 제5항). 그런데 PFV는 명목회사이지만 개발 내지는 시행주체로서 자금조달, 선분양 등을 위해 신탁구조가 필요한 경우가 있고 한편 PFV에 대출을 실행하는 대출금융기관의 입장에서도 채권보전을 위해 PFV의 도산위험 내지는 우발채무의 위험 등으로부터 절연하기 위해 신탁구조를 요구하는 경우가 있다. 즉, 자금조달을 위해 토지의 담보신탁구조를 활용하는 경우, 「건축물의 분양에 관한 법률」에 따라 분양형개발사업에서 선분양을 하고자 하는 경우로서 분양관리신탁구조를 활용하는 경우, 토지의 소유권 이외에 PFV의 사업권을 수탁자로 이전하여 수탁자가 사업주체가 되는 토지신탁이 필요한 경우 등과 관련하여 이러한 신탁구조에서도 PFV는 관련 법령에 따른 소득공제를 통한 세제혜택을 받을 수 있느냐는 문제가 생긴다.

현행 관련 법령에서는 PFV의 자산관리회사와 자금관리사무수탁회사가 동일인이 될 수 있는 예외로서 분양관리신탁의 경우만을 명시하고 있어(「조세특례제한법 시행령」 제104조의28 제4항 제2호 단서, 제6호) 일응 PFV설립 후 분양관리신탁이 허용되며 분양관리신탁 구조 하에서는 소

---

[1] 이 경우에 분양 대금의 납부 일정과 방식은 합의에 따라 신축적으로 정해진다.

득공제를 통한 세제혜택이 가능한 것으로 해석될 수 있다. 하지만 담보신탁이나 토지신탁에 대해서는 명시적인 조항이 없다. 종래 해석상 담보신탁의 경우처럼 PFV 소유 토지가 담보신탁을 통해 수탁자로 소유권은 이전되지만 여전히 사업권을 보유하는 시행주체는 PFV이기에 세제혜택이 적용된다고 하고 반면에 사업주체가 변경되는 토지신탁의 경우에는 부정적이었다. 담보신탁은 선분양과 관련된 내용 이외에는 기본적으로 분양관리신탁과 동일한 구조를 취하고 있기 때문이다. 하지만 선분양 등을 이유로 토지신탁 구조를 취하는 경우에는 PFV 소유 토지의 소유권이 수탁자로 이전되는 점 이외에 위탁자인 PFV의 사업권이 수탁자로 이전되는 결과를 초래하기에 세무관청은 법인세 소득공제 혜택을 적용하지 않고 있다.[1]

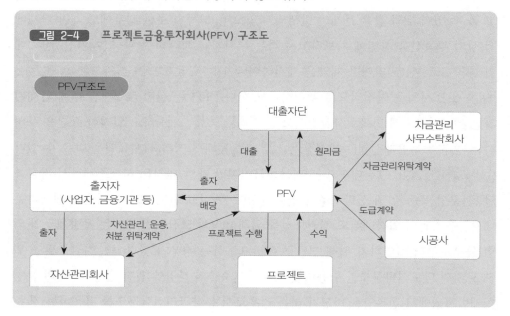

그림 2-4 프로젝트금융투자회사(PFV) 구조도

---

1 반얀트리 카시아속초 생활숙박시설 개발사업 PF 구조.

3. 프로젝트금융투자회사에 대한 세제 혜택

법인세법령상의 요건을 충족하는 프로젝트금융투자회사에 대해서는 법인세 감면 등 여러 가지 세제 혜택을 부여하고 있는데, 이하에서는 그 내용에 대하여 살펴본다.

(1) 법인세 감면

프로젝트금융투자회사가 「법인세법 시행령」 제86조의3 제 1 항이 정하는 배당가능이익의 100분의 90 이상을 배당한 경우 그 금액(배당금액)은 2025년 12월 31일 이전에 끝나는 사업연도의 소득금액 계산에서 이를 공제한다(「조세특례제한법」 제104조의31 제 1 항). 일반적으로 부동산 집합투자의 소득 과세와 관련하여 법인 단계와 투자자 단계에서의 이중 과세 문제가 발생하는데, 이중 과세 조정과 관련하여 실체적 법인인 일반 법인의 경우에는 개인 투자자의 경우 '배당세액공제방식'(즉 법인세주주귀속방식), 법인 투자자의 경우 '수입배당금익금불산입방식'이 적용되며,[1] 명목회사(SPC)의 경우에는 '배당금손금산입방식'이 적용된다. 프로젝트금융투자회사는 명목회사이므로 후자인 '배당금손금산입방식'이 적용된다.[2]

1) '배당가능이익'의 범위

"법인세법 시행령이 정하는 배당가능이익"이란 "기업회계기준에 따라 작성한 재무제표상의 법인세 비용 차감 후 당기순이익에 이월 이익잉여금을 가산하거나 이월 결손금을 공제하고, 「상법」 제458조에 따라 적립한 이익준비금을 차감한 금액"을 말한다(「법인세법 시행령」 제86조의3 제 1 항 전단). 이 경우 "자본준비금을 감액하여 받는 배당, 당기순이익, 이월 이익잉여금 및 이월 결손금 중 유가증권 시가법에 의한 평가에 따른 손익"은 제외하되, 프로젝트금융투자회사가 보유한 집합투자재산의 시가법에 의한 평가 손익은 포함된다(「법인세법 시행령」 제86조의3 제 1 항 제 1 호, 제 2 호). 여기서 당기순이익에 가감하는 이월 이익잉여금과 이월

---

1 이 방식하에서 현행 '배당 세액 공제율'로는 이중 과세 문제를 완전히 해결하지 못하며, 이를 조정하는 것도 금융소득 종합과세제도와 얽혀 있어 복잡한 문제를 야기하고 있다. 이에 대해서는 이창희, 『세법강의』(박영사, 2006), 510~517면 참조. 이에 대한 자세한 내용은 뒤의 제 5 장 부동산 투자 · 금융 관련 조세에서 다룬다.

2 이 방식이 적용되는 경우는 주체가 명목회사로서 하나의 투자 도관체(conduit)로서의 성격을 보유하는 경우이다. 여기에는 자산유동화전문회사, 위탁관리부동산투자회사, 기업구조조정부동산투자회사가 해당된다.

결손금은 세법상의 결손금이 아니라 「기업회계기준」에 의한 금액을 말한다.[1]

2) '배당금액'의 범위

여기서 '배당금액'이란 현금배당은 물론 주식배당을 포함한다.[2] 「상법」 제462조의3의 규정에 의한 중간배당을 하는 경우에도 배당금액으로 간주한다.[3] 그리고 결산 재무제표상의 배당가능이익 한도를 초과하여 배당하는 경우에도 배당금액으로 본다.[4] 배당 결의는 했으나 배당금을 실제 지급하지 않은 경우에 대해, 국세청은 "유동화 전문회사가 「자산유동화에 관한 법률」 제30조 제3항의 규정에 의해 정관이 정하는 바에 따라 배당 가능 이익을 초과하여 배당 결의하는 경우에도 실제 배당금의 지급 여부에 불구하고 배당 결의 금액을 배당 금액으로 보아 잉여금 처분의 대상이 되는 사업 연도의 배당 금액으로 본다."라고 하고 있다.[5]

나아가 「기업회계기준」의 변경에 따라 기업 회계와 세무 회계의 차이가 발생함으로써 「기업회계기준」에 따라 작성된 재무제표상의 배당가능이익의 100%를 배당하였음에도 불구하고 「법인세법」상의 배당가능이익의 90%에 미달하는 경우에도 소득 공제의 대상이 된다.[6] 배당가능이익의 100분의 90 이상 배당 처분 결의 후 현금 부족 등의 사유로 미지급 배당금 등에 대한 지급을 면제받는 경우에도 소득 공제가 적용된다.[7]

3) 소득공제 시기

배당가능이익의 90% 이상을 배당한 경우에는 그 금액을 해당 배당을 결의한 잉여금처분의 대상이 되는 사업연도의 소득 금액에서 공제한다(「조세특례제한법」 제104조의31 제1항). 배당가능이익을 배당으로 처분하고 이를 미지급금으로 계상하고 있는 경우에도 당해 잉여금의 처분 대상이 되는 사업연도에서 소득 공제한다.[8]

---

1 국세청 서면2팀-11793, 2003. 10. 17.

2 국세청 법인-172, 2001. 10. 4.

3 국세청 법인-23, 2000. 2. 8.

4 국세청 서면2팀-10440, 2002. 3. 11.

5 국세청 법인-720, 2000. 3. 16.; 국세청 서면2팀-10267, 2002. 2. 20.

6 국세청 법인-58, 2003. 10. 6.

7 국세청 서면2팀-537, 2004. 3. 23.

8 국세청 법인-720, 2000. 3. 16.

4) 법인세 감면 효과 분석

아래 전제 요건하에서 법인세 감면 효과의 분석 결과는 다음과 같이 정리할 수 있다.

표 2-17 일반 법인 대비 프로젝트금융투자회사의 법인세 감면 효과

(단위: 억 원)

구 분	일반 법인	프로젝트금융투자회사	차 이
사업 이익(A)	100	100	—
법인세(B)	21.76[1]	—	(−)21.76
배당 금액(C) C=A−B	78.24	100	(+)21.76
개인 주주 배당 금액 C×0.95	74.328	95	
소득세	20.07[2]	33.11[3]	
세후 배당 금액	54.24	61.89	7.65

(1) $(2억 \times 0.1) + (98 \times 0.22) = 21.76$
(2) $\{(74.328 \times 1.12) - 0.88\} \times 0.35 + 0.1666 - (74.328 \times 0.12) = 20.07$
(3) $(95 - 0.88) \times 0.35 + 0.1666 = 33.11$

① 전제 요건　　　전제 요건은 (i) 주주 개인 1인의 지분율이 95%(즉 금융기관 출자자의 5% 제외 지분율)이고, (ii) 2009년 회계연도 귀속분인 사업 이익이 100억 원이며, (iii) 100% 배당하고 이익준비금의 적립이 없다고 가정한다.

② 효　　과　　　위의 전제 요건에 따른 법인세 감면 효과는 위의 [표 2−16]과 같이 정리할 수 있다.

(2) 취득세 · 등록면허세 감면

법인세 감면 이외에 지방세 관련 혜택도 있는데, 프로젝트금융투자회사가2016년 12월 31일까지 최초로 취득하는 미분양주택에 대해서는 취득세의 25%가 감면된다(「지방세특례제한법」 제31조의2). 한편 프로젝트금융투자회사가 과밀억제권역 내에서 부동산을 취득하는 경우 2024년 12월 31일까지 취득하는 부동산에 대해서는 「지방세법」 상 취득세 중과 규정(「지방세법」 제13조 제2항, 제3항)의 적용을 배제하며, 과밀억제권역 내에 프로젝트금융투자회사를

2024년 12월 31일까지 설립하는 경우(설립 후 5년 이내에 자본 또는 출자액을 증가하는 경우를 포함) 「지방세법」상 설립등기 등록면허세 중과 규정(「지방세법」 제28조 제2항, 제3항)의 적용을 배제한다(「지방세특례제한법」 제180조의2 제1항 제3호).

4. 관련 법적 쟁점 분석

(1) 세제와 관련된 법적 쟁점

1) 법인세 감면과 대출약정상의 배당 제한 문제

프로젝트금융투자회사의 세제상의 혜택의 중심은 법인세 감면이며, 이는 배당을 전제로 하고 있는 것인데, 일반적으로 프로젝트금융에서 대출자단이 대출을 하는 경우 원리금 상환을 고려하여 배당을 제한하는 것이 실무상 통상적이어서 배당을 전제로 해야 하는 것과 상충되는 면이 있다. 이에 대한 대안으로 실무적으로는 연도별로 배당 결의만 하고, 실제로는 배당을 지급하지 않고 전액 프로젝트금융투자회사에 추가 출자하거나 후순위차입금(subordinated borrowings) 등의 형식으로 자금 보충을 한 이후에 원리금 전액이 상환된 후에 일괄적으로 배당하는 방법이 활용되고 있는데, 대출자의 입장에서는 이를 금융구조에 반영하여 주주간계약서와 대출약정서에 명시할 필요가 있다.

2) 부당행위 계산의 부인(否認) 대상 가능성의 문제

시공사가 프로젝트금융투자회사의 이사 등의 임원 선임권 등을 통해 경영에 대하여 사실상 영향을 미치는 경우에는 시공사와 프로젝트금융투자회사 간에 특수관계자 관계가 될 수 있다(「법인세법」 제52조 제1항). 이 경우 시공사의 건설 도급 금액이 시장가격보다 과도하게 높을 때에는 「법인세법」 제52조에 의하여 부당행위 계산의 부인(否認) 대상이 되어 과세당국이 그 초과 금액을 손금(損金)으로 인정하지 않을 가능성이 있다(「법인세법 시행령」 제88조 제1항).

(2) 금융규제법상의 문제: 금융기관의 프로젝트금융투자회사 출자 시의 법적 쟁점

1) 서   설

앞서 살펴본 것처럼, 은행, 보험회사, 투자매매업자·투자중개업자 등 금융회사는 프로젝트금융회사에 5% 이상 출자를 하여야 한다(「조세특례제한법 시행령」 제104조의28 제3항 제2호). 이 경우에 해당 금융회사의 설립 근거법령이나 관련 법령상 출자가 가능한 지 여부와 금융감독 당국의 승인을 얻어야 하는지 등에 대한 금융규제법적인 쟁점이 제기될 수 있다. 이와 관련된 법률로는 각 개별 설립 근거법(은행의 경우는 「은행법」, 보험회사는 「보험업법」, 투자매매업자·투자중개업자인 경우에는 「자본시장과 금융투자업에 관한 법률」)과 「금융산업의 구조개선에 관한 법률」 제24조가 해당된다. 이하에서는 우선 「금융산업의 구조개선에 관한 법률」 제24조와 실무상 많이 부딪치는 「은행법」, 「보험업법」, 「독점규제 및 공정거래에 관한 법률」상의 관련 조항에 대해 분석해본다.

2) 「금융산업의 구조개선에 관한 법률」 제24조에 따른 금융감독당국의 승인 여부 문제

「금융산업의 구조개선에 관한 법률」 제24조는 소위 '금융자본의 산업자본 지배를 방지'[1]하기 위해 1997년 1월 13일 종전의 「금융기관의 합병 및 전환에 관한 법률」을 전면 개정하여 「금융산업의 구조개선에 관한 법률」을 제정할 때 신설된 조항이다.

① 승인 대상   「금융산업의 구조개선에 관한 법률」 제24조는 (i) 동일계열 금융기관이 다른 회사의 의결권 있는 발행 주식 총수의 20% 이상을 소유하게 되는 경우이거나 또는 (ii) 동일계열 금융기관이 다른 회사의 의결권 있는 발행 주식 총수의 5% 이상(또는 10% 이상이나 15% 이상) 소유하면서 동일계열 금융기관 또는 동일계열 금융기관이 속하는 기업집단이 당해 회사를 '사실상 지배'하는 것으로서 '대통령령이 정하는 경우'에는 금융위원회의 승인을 얻도록 하고 있다(제1항 제1호, 제2호). 위의 승인 대상 요건 중 두 번째 요건은 동일계열 금융기관이 다른 회사의 의결권 있는 발행 주식 총수의 5% 이상 소유하면서 동일 기업집단에 속하는 회사가 실제로 다른 회사의 주식을 소유하지 않더라도 당해 회사를 '사실상 지배'하면 승인 기준에 해당될 수 있다는 것이다.

여기서 "동일계열 금융기관"이라 함은 "금융기관 및 그 금융기관과 같은 기업집단에 속하는 금융기관"을 말하며(법 제24조 제1항 본문), "기업집단"이라 함은 「독점규제 및 공정거래에 관한 법률」 제2조 제11호의 규정에 의한 기업집단을 말한다(법 제24조 제2항). 「금융산업의 구조개선에 관한 법률」 제24조의 적용 대상이 되는 금융기관의 범위는 거의 모든 주요 금융기관이 포함되는데, 은행, 「자본시장과 금융투자업에 관한 법률」에 따

---

1 즉 동일계열 금융기관이 일정한 한도를 초과하여 다른 회사의 의결권 있는 주식을 소유하고자 하는 경우에는 금융감독당국인 금융위원회의 승인을 얻어야 하는데, 이 경우에도 비금융회사를 '사실상 지배'하는 수준의 주식 소유는 할 수 없다. 바로 후자가 금융자본이 산업자본을 지배하는 것을 막기 위한 것이다.

른 투자매매업자 · 투자중개업자 · 집합투자업자 · 투자자문업자 · 투자일임업자 · 신탁업자 · 종합금융회사, 보험회사, 상호저축은행, 금융지주회사, 「여신전문금융업법」에 따른 여신전문금융회사가 해당된다(법 제2조, 시행령 제2조).

그리고 법 제24조에서 "대통령령이 정하는 경우"라 함은 (i) 주식 소유 비율이 제 1 위에 해당하거나 또는 (ii) 주식의 분산도로 보아 주주권 행사에 의한 지배관계[1]가 형성되는 것을 말한다(법 시행령 제6조 제2항). 따라서 「금융산업의 구조개선에 관한 법률」 제24조 상의 "사실상 지배"라는 의미는 5% 이상 소유하면서 당해 회사의 최대주주이거나 또는 주주권 행사에 의한 지배관계가 형성되는 것을 말하는 것으로 볼 수 있다.

② 승인 기준   한편 금융위원회의 승인 기준에 대하여 「금융산업의 구조 개선에 관한 법률」 제24조는 시행령에서 정하도록 하고 있는데, 승인 기준은 두 가지이다. 첫째, 비금융업종 회사를 "사실상 지배"하기 위한 것이 아닐 것,[2] 둘째, 해당 주식소유가 관련 시장에서의 경쟁을 실질적으로 제한하지 아니할 것이다(법 시행령 제6조 제1항, 법 제24조 제6항). 즉 위 두 가지 요건을 모두 충족시켜야 금융위원회가 승인을 해 줄 수 있는 것이다.

③ 관련 설립 근거법상의 승인 대상인 경우   다만, 「금융산업의 구조개선에 관한 법률」상의 승인 요건에 해당하더라도, 당해 금융기관의 설립 근거가 되는 법률에 의하여 인가 · 승인 등을 얻은 경우에는 「금융산업의 구조개선에 관한 법률」상의 금융위원회 승인을 요하지 않는다(법 제24조 제1항 단서).

④ 검   토   여기서 프로젝트금융투자회사가 금융업종에 속하는 회사인지 여부가 중요하다. 만약 금융업종에 속하는 회사가 아니라면 금융기관은 프로젝트금융투자회사를 사실상 지배하는 수준의 주식 소유를 할 수 없기 때문이다. 즉, 프로젝트금융투자회사가 금융업종에 속하는 회사인지가 문제될 수 있는데, 「금융산업의 구조개선에 관한 법률」은 「사회기반시설에 대한 민간투자법」 제 8 조의2에 따라 정부가

---

1 법은 "주주권 행사에 의한 지배관계 형성"이 어떤 경우인지에 대하여 정의를 하고 있지 아니하나, 해석상 임원의 임면 등의 방법으로 경영권 행사를 하는 경우로 볼 수 있을 것이다.

2 하지만 예외적으로 당해 주식 소유가 첫째, "통계청장이 고시하는 한국표준산업분류에 의한 '금융 및 보험업'을 경영하는 회사", 둘째, 「사회기반시설에 대한 민간투자법」 제 8 조의2에 따라 주무관청이 지정한 민간투자대상사업을 경영하는 회사, 그리고 셋째, 「신용정보의 이용 및 보호에 관한 법률」에 따른 신용정보업 등 그 금융기관의 업무와 직접적인 관련이 있거나 그 금융기관의 효율적인 업무수행을 위하여 필요한 사업을 경영하는 회사를 지배하는 경우에는 승인을 받아야 할 수 있다(법 제24조 제6항 제1호).

지정한 민간투자대상 사업을 영위하는 프로젝트금융투자회사의 경우에는 이를 금융업종 회사로 보고 있다(법 제24조 제6항 제1호 나목).

따라서 은행, 보험회사 등 금융기관이 민간투자 대상 사업을 영위하는 프로젝트금융투자회사의 의결권 있는 주식 20% 이상 출자하고자 하는 경우이거나 5% 이상(또는 10% 이상이나 15% 이상) 출자하면서 프로젝트금융투자회사를 사실상 지배(즉, 최대출자자가 되거나 주주권 행사에 의한 지배관계가 형성되는 경우)하는 경우에는 「금융산업의 구조개선에 관한 법률」 제24조에 따른 금융위원회의 승인을 얻어야 한다. 다시 말해서, 은행 등 금융기관이 민간투자 대상 사업을 영위하는 프로젝트금융투자회사의 의결권 있는 발행 주식 총수의 5% 이상 20% 미만으로 소유하면서 프로젝트금융투자회사를 사실상 지배하지 않으면 금융위원회의 승인을 받을 필요는 없는 것이다. 더 나아가서 20% 이상 소유하고 나서 추가로 25% 초과 및 33% 초과 소유하고자 하는 경우에는 금융위원회의 승인을 다시 얻어야 한다(법 제24조 제5항).

한편 민간투자 대상 사업이 아닌 사업을 영위하는 프로젝트금융투자회사는 비금융업종 회사로 볼 가능성이 크고, 이 때에는 동일계열 금융기관이 그러한 프로젝트금융투자회사를 "사실상 지배"하는 수준의 주식을 소유할 수는 없을 것이다.

그리고, 당해 금융기관의 설립 근거가 되는 법률에 의하여 인가·승인 등을 얻은 경우에는 「금융산업의 구조개선에 관한 법률」상의 금융위원회 승인을 요하지 않으므로(법 제24조 제1항 단서), 해당 금융기관의 관련 설립 근거법상 프로젝트금융투자회사에 대한 5% 이상 출자가 해당 법률상 금융위원회의 인가나 승인을 얻어야 하는지 살펴볼 필요가 있다. 만약 해당 설립 근거법령상 별도의 인가나 승인이 필요 없게 되면 「금융산업의 구조개선에 관한 법률」상의 승인만 얻으면(물론 승인 요건에 해당하는 경우에만 해당될 것이다) 되는 것이다.

3) 「은행법」상의 승인 여부 문제

「은행법」상 은행은 일정한 경우를 제외하고는 다른 회사 등의 의결권 있는 지분증권(주식·지분 등을 말한다)의 15%를 초과하여 보유할 수 없다(「은행법」 제37조 제1항). 그런데 「은행법」 제37조 제2항은 "은행은 제1항에도 불구하고 금융위원회가 정하는 업종에 속하는 회사 등에 출자하는 경우 또는 기업구조조정 촉진을 위해 필요한 것으로 금융위원회의 승인을 얻은 경우에는 의결권 있는 지분증권의 100분의 15를 초과하는 지분증권을 소유할 수 있다"라고 규정하고 있다. 그리고 "금융위원회가 정하는 업종에 속하는 회사"는 금융위원회가 제정한 「은행업감독규정」 제49조[1]가 정하고 있는데, 금융업종에 속하는 회사를 말한다. 은행법은 다른 회사 등의 의결권 있는 지분증권의 15%를 초과하여 소유하고 있는 그 회사를 '자회사'라고 정의하고 있다(법 제37조 제2항). 따라서 금융업종에 속하는 자회사의 주식 소유에 대해서는 「은행법」상 승인은 필요 없게 될 것이다.

---

1 제49조(자회사의 업종) 법 제37조 제2항에서 정하는 "금융위원회가 정하는 업종"이라 함은 다음 각호의 1에 해당하는 업종을 말한다.
  1. 「은행법」에 따른 은행업
  2. 「자본시장과 금융투자업에 관한 법률」에 따른 다음 각목의 어느 하나에 해당하는 업종
    가. 금융투자업
    나. 종합금융회사의 업무
    다. 집합투자기구업무(같은 법 제6조 제5항 제1호에 해당하는 집합투자기구업무를 포함한다)
    라. 일반사무관리회사업무
    마. 경영참여형 사모집합투자기구의 지분소유를 목적으로 하는 회사의 업무
  2의2. 사모(私募)의 방법으로 금전 등을 모아 운용·배분하는 것으로서 「자본시장과 금융투자업에 관한 법률」 제6조 제5항 제1호에 해당하는 업무
  3. 「보험업법」에 의한 보험업
  4. 「상호저축은행법」에 의한 상호저축은행업무
  5. 「여신전문금융업법」에 의한 여신전문금융업
  6. 「신용정보의 이용 및 보호에 관한 법률」에 따른 신용정보업, 본인신용정보관리업, 채권추심업
  7. 은행업무의 수행과 직접 관련된 금융연구업 및 다음 각 목의 어느 하나(해당 업무 수행과 관련된 매출액 또는 운영비용이 각각 총매출액 또는 총운영비용의 100분의 70 이상인 경우에 한한다)에 해당하는 금융전산업
    가. 은행업무 관련 자료를 처리·전송하는 프로그램을 제공하고 이를 관리하는 업무
    나. 은행업무 관련 전산시스템을 판매 또는 임대하는 업무
    다. 은행업무 관련 자료를 중계·처리하는 부가통신 업무
    라. 인터넷을 통해 지급결제서비스를 제공하는 업무
  8. 팩토링업
  9. 「자산유동화에관한법률」에 의한 유동화전문회사업무 및 자산관리업무
  10. 삭제(2023. 4. 14)
  11. 「사회기반시설에대한민간투자법」 제8조의2에 따라 주무관청에 의하여 지정을 받은 민간투자대상사업(「법인세법」 제51조의2 제1항 제9호에 해당하는 회사를 통하여 영위하는 경우에 한한다)
  12. 은행의 자기자본 조달업무(해당 은행의 자기자본 조달만을 목적으로 설립되고, 의결권 있는 발행주식 또는 지분총수를 소유한 경우에 한한다)
  13. 제1호부터 제12호에 준하는 것으로서 국외현지법인이 해당 국가에서 영위하는 업종
  13의2. 국외현지법인이 해당 국가에서 영위하는 은행지주회사 업무 또는 이에 준하는 업무
  14. 그 밖에 제1호부터 제12호에 준하는 것으로 금융위가 인정하는 업무

금융업종의 자회사의 범위에 대하여 「은행업감독규정」 제49조 제11호는 "「사회기반시설에 대한 민간투자법」 제 8 조의2에 따라 주무관청에 의하여 지정을 받은 민간투자 대상 사업(「법인세법」 제51조의2 제 1 항 제 9 호에 해당하는 회사를 통하여 영위하는 경우에 한한다)"의 업종을 그 범위로 규정하고 있다. 따라서 은행이 민간투자 대상 사업에 투자하는 프로젝트금융투자회사에 출자하는 경우는 금융업종 자회사 업종에 해당할 수 있을 것이고, 그러한 프로젝트금융투자회사의 의결권 있는 발행 주식 총수의 15%를 초과해서 보유할 수 있을 것이다. 그리고 이 경우 「은행법」상 금융위원회의 승인은 필요 없게 된다.

한편, 민간투자 대상 사업이 아닌 다른 특정 사업(부동산 개발 사업 등)에 투자하는 프로젝트금융투자회사는 「은행업감독규정」 제49조에 열거된 업종에 속한다고 보기 어려우므로(물론 제14호의 "그 밖의 제 1 호 내지 제12호에 준하는 것으로서 금융위원회가 인정하는 업무"의 범위에 포함한다고 볼 여지도 있으나 명확하지 않을 것으로 보며, 이는 감독당국의 해석에 따라 달라질 수 있을 것이다), 「은행법」 제37조 제 1 항에 따라 15%까지 소유할 수 있을 것이다.[1] 물론 이 경우에도 「은행법」상 금융위원회의 승인은 필요 없다.

한편, 「은행법」상 감독당국의 승인이 필요 없는 경우(금융자회사의 주식을 소유하는 경우이거나 15%까지 소유하는 경우)에 「금융산업의 구조개선에 관한 법률」 제24조 제 1 항 단서의 개별 설립 근거법률상의 인가나 승인을 얻은 경우로 볼 수 있느냐에 대해서 견해가 나누어질 수 있는데(즉, 금융자회사의 경우 승인을 받은 것으로 간주하여 보는 입장이 있을 수 있다), 승인이 이루어지는 것이 아니기 때문에 「금융산업의 구조개선에 관한 법률」 제24조 제 1 항 단서에 해당할 여지가 없다고 보는 것이 타당하다고 본다.[2] 따라서 이 경우에는 「금융산업의 구조개선에 관한 법률」 제24조에 따른 승인 대상 요건에 해당하는 때에는 금융위원회의 승인을 받아야 한다고 보는 것이 타당할 것이다. 물론 이 경우 비금융업종 회사를 사실상 지배하는 수준으로 소유할 수 없다는 승인 기준을 충족시켜야 할 것이다.

---

1 은행법 제37조 제 2 항의 "기업구조조정 촉진을 위해 필요한 것으로 금융위원회의 승인을 얻은 경우"에 해당한다고 보기도 어려울 것이다.

2 자세한 논의는 고동원, 『금융규제와 법』(박영사, 2008), 387~390면 참조.

4) 「자본시장과 금융투자업에 관한 법률」상의 승인 여부 문제

「자본시장과 금융투자업에 관한 법률」상 투자매매업자 및 투자중개업자의 경우 다른 회사에 대한 출자와 관련하여 특별히 금융감독당국의 승인 등을 요하는 규정은 없으므로 「금융산업의 구조개선에 관한 법률」 제24조 제 1 항 단서가 적용될 여지가 없다. 따라서 「금융산업의 구조개선에 관한 법률」상의 승인 대상 요건에 해당하는 경우에는 「금융산업의 구조개선에 관한 법률」상의 승인을 얻으면 된다.[1]

5) 「보험업법」상의 승인 여부 문제

보험회사는 다른 회사의 의결권 있는 발행 주식(출자지분을 포함한다) 총수의 100분의 15를 초과하는 주식을 소유할 수 없는데(^{「보험업법」}_{제109조}), 다만 금융위원회의 승인을 받은 자회사의 주식에 대하여는 15%를 초과하여 소유할 수 있다(^{「보험업법」}_{제115조 제 1 항}). 「금융산업의 구조개선에 관한 법 률」 제 2 조 제 1 호에 따른 금융기관이 경영하는 금융업, 「신용정보의 이용 및 보호에 관한 법률」에 따른 신용정보업 및 채권추심업, 보험계약의 유지 · 해지 · 변경 또는 부활 등을 관리하는 업무, 그 밖에 보험업의 건전성을 저해하지 아니하는 업무로서 대통령령으로 정하는 업무(외국에서 하는 사업, 기업의 후생복지에 관한 상담 및 사무처리 대행업무, 「신용정보의 이용 및 보호에 관한 법률」에 따른 본인 신용정보관리업, 기타 금융위원회가 인정하는 업무)(^{「보험업법시행령」}_{제59조 제 2 항}) 등을 주로 하는 회사는 금융위원회의 승인을 받아 자회사로 소유할 수 있으며(^{「보험업법」 제115조}_{제 1 항 제 1 호~제 4 호}), 다만, 보험업 경영과 밀접한 관련이 있는 업무 등으로서 대통령령으로 정하는 업무(^{「보험업법」 제115조 제 2 항, 「보험업법 시행령」}_{제59조 제 3 항})[2]를 주로

---

1 이에 따라 「금융투자업규정」 제2 – 14조는 투자매매업자 등 금융투자업자의 「금융산업의 구조개선에 관한 법률」 제24조에 따른 출자 승인의 요건 등에 관해 규정하고 있다.

2 「보험업법 시행령」 제59조 제 3 항
  1. 보험회사의 사옥관리업무
  2. 보험수리업무
  3. 손해사정업무
  4. 보험대리업무
  5. 보험사고 및 보험계약 조사업무
  6. 보험에 관한 교육 · 연수 · 도서출판 · 금융리서치 · 경영컨설팅 업무
  7. 보험업과 관련된 전산시스템 · 소프트웨어 등의 대여 · 판매 및 컨설팅 업무
  8. 보험계약 및 대출 등과 관련된 상담업무
  9. 보험에 관한 인터넷 정보서비스의 제공업무
  10. 자동차와 관련된 긴급출동 · 차량관리 · 운행정보 등 부가서비스 업무
  11. 보험계약자 등에 대한 위험관리 업무
  12. 건강 · 장묘 · 장기간병 · 신체장애 등의 사회복지사업 및 이와 관련된 조사 · 분석 · 조언

하는 회사를 자회사로 소유하려는 경우에는 금융위원회에 사전 신고를 하고 신고 수리를 받으면 된다(「보험업법」제115조 제 2 항, 제 6 항). 그리고, 보험회사는 자산운용과 밀접한 관련이 있는 업무로서 대통령령으로 정하는 업무를 주로 하는 회사를 금융위원회의 승인을 받지 아니하고 사후 보고만으로 자회사로 소유할 수 있는데(법 제115조 제 3 항), 여기에는 "「사회기반시설에 대한 민간투자법」에 따른 사회기반시설사업 및 사회기반시설사업에 대한 투융자사업"이 포함되어 있다(「보험업법 시행령」제59조 제 4 항 제 3 호). 「은행업감독규정」과 달리 프로젝트금융투자회사(PFV)를 통하여 영위한다는 명시적인 규정은 없지만 프로젝트금융투자회사가 사회기반시설사업에 투자한다는 점(「조세특례제한법」제103조의31 제 1 항 제 1 호)에서 프로젝트금융투자회사는 사회기반시설사업에 대한 투융자사업을 영위하는 회사의 범위에 포함한다고 볼 수 있다. 그렇다면 보험회사가 프로젝트금융투자회사를 자회사로 두는 경우에는 「보험업법」에 따른 승인을 받을 필요가 없기 때문에 「금융산업의 구조개선에 관한 법률」제24조 제 1 항 단서가 적용되지 않아 본문에 따라 금융위원회의 승인 대상 요건에 해당하면 승인을 받아야 한다고 보아야 할 것이다.

한편 프로젝트금융투자회사가 사회기반시설 사업이 아닌 다른 특정 사업에 투자하는 경우에는 그 회사는 승인이나 신고 또는 보고 대상이 되는 자회사 업종이 아니므로 보험회사는 그러한 회사의 의결권 있는 발행 주식 총수의 15%까지만 소유할 수 있으며(「보험업법」제109조), 이 경우에는 「보험업법」상 금융감독당국의 별도의 승인이 필요 없게 된다. 따라서 해석상 「금융산업의 구조개선에 관한 법률」제24조 본문이 적용되어 승인 대상 요건에 해당하면 승인을 받아야 할 것이다.

6) 「여신전문금융업법」상의 승인 여부 문제

신용카드회사 등 여신전문금융회사의 경우에는 「여신전문금융업법」상 다른 회사의 주식 소유에 대하여 특별히 규제를 하는 규정이 없으므로 「금융산업의 구조개선에 관한 법률」제24조가 바로 적용될 것이다. 이는 「여신전문금융업법」제52조 제 2 항이 「금융산업의 구조개선에 관한 법률」제24조가 여신전문금융회사에 적용된

업무

13. 「노인복지법」제31조에 따른 노인복지시설의 설치 · 운영에 관한 업무 및 이와 관련된 조사 · 분석 · 조언 업무

14. 건강유지 · 증진 또는 질병의 사전 예방 등을 위해 수행하는 업무

15. 외국에서 하는 보험업, 보험수리업무, 손해사정업무, 보험대리업무, 보험에 관한 금융리서치 업무, 투자자문업, 투자일임업, 집합투자업 및 부동산업

다고 명시적으로 규정하고 있는 점에 비추어 볼 때 더욱 그렇다.

(3) 「독점규제 및 공정거래에 관한 법률」상의 법적 쟁점

「독점규제 및 공정거래에 관한 법률」상 쟁점이 될 수 있는 사항은 우선 프로젝트 금융투자회사가 계열회사의 범위에 포함될 수 있는가 하는 문제(계열회사에 포함되게 되면 상호출자제한기업집단 규제 대상이 될 수 있고 채무보증 제한 규제 대상이 될 수 있다)와 금융기관이나 건설 시공사가 프로젝트금융투자회사에 출자할 때 기업결합 신고 의무 대상인지에 관한 문제가 있게 된다.

1) 동일한 기업집단에 속하는지 여부 문제

「독점규제 및 공정거래에 관한 법률」상 "기업집단"이라 함은 "동일인이 … 대통령령이 정하는 기준에 의하여 사실상 그 사업내용을 지배하는 회사의 집단"을 말하며 (법 제2조 제11호), "둘 이상의 회사가 동일한 기업집단에 속하는 경우에 이들 회사는 서로 상대방의 계열회사"가 된다(법 제2조 제12호). 시행령 제 4 조는 기업집단의 범위를 자세히 규정하고 있는데, 대표적으로 (i) 동일인이 단독으로 또는 동일인관련자(친족이나 사업 내용을 지배하는 회사 등)와 합하여 당해 회사의 의결권 있는 주식 총수의 30% 이상을 소유하면서 최다출자자인 회사이거나 (ii) 주식을 소유하고 있지 않더라도 "해당 회사의 경영에 대하여 지배적인 영향력을 행사하고 있다고 인정되는 회사"("동일인이 다른 주요 주주와의 계약 또는 합의에 의하여 대표이사를 임면하거나 임원의 100분의 50 이상을 선임하거나 선임할 수 있는 회사"이거나 "동일인이 직접 또는 동일인관련자를 통하여 당해 회사의 조직 변경 또는 신규 사업에의 투자 등 주요 의사 결정이나 업무 집행에 지배적인 영향력을 행사하고 있는 회사" 또는 "동일인이 지배하는 회사와 당해 회사간에 임원의 겸임이 있는 경우" 등)는 동일 기업집단의 범위에 포함되게 된다.

따라서, 금융기관이나 건설 시공사들이 프로젝트금융투자회사에 출자하면서 의결권 있는 주식 30% 이상을 소유하면서 최다출자자가 되는 경우나 또는 프로젝트금융투자회사의 대표이사를 임면하거나 임원의 50% 이상을 선임하거나 선임할 수 있는 경우 내지는 임원 겸임이 있거나 프로젝트금융투자회사의 주요 의사 결정이나 업무 집행에 지배적인 영향력을 행사하는 경우에는 그 프로젝트금융투자회사도 기업집단의 범위에 포함되게 되어 계열회사가 될 수 있다.

2) 상호출자제한기업집단 해당 여부 문제

공정거래위원회는 자산총액이 5조원 이상인 기업집단을 공시대상기업집단으로 지정하고 이 중 자산총액이 국내총생산액의 1천분의 5에 해당하는 금액 이상인 기업집단을 상호출자제한기업집단으로 지정한다(법 제31조 제1항). 상호출자제한기업집단에 속하는 국내회사는 자기의 주식을 취득 또는 소유하고 있는 국내 계열회사의 주식을 취득 또는 소유해서는 아니 된다(법 제21조 제1항).[1]

따라서 금융기관이나 건설 시공사들이 프로젝트금융투자회사와 계열회사 관계에 있고 상호출자제한기업집단에 해당되게 되면 위의 상호출자 금지 대상이 될 수 있다.

3) 계열회사에 대한 채무보증 금지

「독점규제 및 공정거래에 관한 법률」상 상호출자제한기업집단에 속하는 국내회사(금융업 또는 보험업을 영위하는 회사를 제외한다)는 일정한 경우를 제외하고는 국내 계열회사에 대하여 채무보증을 하는 것이 금지된다(법 제24조).

따라서 건설 시공사들이 프로젝트금융투자회사에 출자하여 계열회사 관계가 되고 상호출자제한기업집단에 속하게 되면 프로젝트금융투자회사에 대하여 채무보증을 하는 것이 금지될 수 있는 것이다.

4) 기업결합 신고 의무 대상 문제

「독점규제 및 공정거래에 관한 법률」 제11조는 일정한 요건에 해당하는 회사에 대해서 법이 정하고 있는 일정한 유형의 기업결합을 하고자 하는 경우에는 사전에 공정거래위원회에 신고하도록 하고 있다. 즉, 자산총액 또는 매출액의 규모가 3천억 원 이상인 회사("기업결합신고대상회사") 또는 그 특수관계인이 자산총액 또는 매출액의 규모가 300억 원 이상인 다른 회사에 대하여 (i) 그 다른 회사의 의결권 있는 발행 주식 총수의 20% 이상(상장회사의 경우에는 15% 이상)을 소유하게 되는 경우, (ii) 그 다른 회사의 발행 주식을 20%(상장회사의 경우 15%) 비율 이상으로 소유한 자가 당해 회사의 주식을 추가로 취득하여 최다출자자가 되는 경우, (iii) 임원 겸임의 경우(계열회사의 임원을 겸임하는 경우를 제외한다), (iv) 다른 회사와의 합병이나 다른 회사의 영업의 전부 또는 주요 부분의 양수·임차 또는 경영의 수임이나 다른 회사의 영업용 고정자산의 전부 또는 주

---

[1] 회사의 합병 또는 영업전부의 양수, 담보권의 실행 또는 대물변제의 수령으로 주식을 취득하는 경우는 제외된다(법 제21조 제1항 단서).

요 부분의 양수의 경우에는 기업결합 신고를 하여야 한다(법 제11조 제1항, 시행령 제18조 제1항, 제2항). 또한 기업결합 신고 대상 회사 또는 그 특수관계인이 상대 회사 또는 그 특수관계인과 공동으로 새로운 회사 설립에 참여하여 그 회사의 최다출자자가 되는 경우에도 기업결합 신고를 하여야 한다(법 제11조 제1항).

　　따라서 금융기관이나 건설 시공사들이 프로젝트금융투자회사에 출자할 때 위의 요건에 해당하게 되면 기업결합 신고를 하여야 한다. 다만, 「독점규제 및 공정거래에 관한 법률」 제11조 제3항은 신고 대상에서 제외되는 경우를 규정하고 있는데, 기업결합신고대상회사가 (i) 「사회기반시설에 대한 민간투자법」에 따라 사회기반시설 민간투자사업시행자로 지정된 회사나 (ii) 사회기반시설 민간투자사업시행자로 지정된 회사에 대한 투자목적으로 설립된 프로젝트금융투자회사(PFV)의 의결권 있는 주식을 20%(상장회사의 경우는 15%) 이상으로 소유하게 되거나 회사 설립에 다른 회사와 공동으로 참여하여 최다출자자가 되는 경우가 해당한다(법 제11조 제3항 제3호 가목, 나목). 따라서 사회기반시설 민간투자사업 이외의 사업(즉, 부동산 개발 사업 등)을 운영하는 프로젝트금융투자회사의 경우에는 이 신고 대상에서 제외되지 않으므로 위의 요건에 해당하는 때에는 공정거래위원회에 기업결합 신고를 하여야 할 것이다.

5. 향후 과제

(1) 프로젝트금융투자회사 제도의 전망과 과제: 기획재정부의 「법인세법」 개정안 입법 예고(2008. 9. 2.)의 교훈

　　기획재정부가 2008년 9월 2일 프로젝트금융투자회사 제도를 폐지하는 내용의 「법인세법」 개정안을 입법 예고 하였다가, 관련 업계 및 학계의 강력한 반발로 같은 달 22일 이를 철회하여, 프로젝트금융투자회사 제도 폐지에 관한 논의가 일단락된 바 있다. 그러나 프로젝트금융투자회사 제도를 이용하여 사업을 진행하고 있거나, 진행할 예정인 사업 주체의 입장에서는 기획재정부가 언젠가 또다시 프로젝트금융투자회사 제도를 폐지하려 하지 않을까 하는 우려도 있다.

　　기획재정부가 프로젝트금융투자회사 제도의 폐지를 추진한 이유가 명확하게 알려져 있지 않지만, 프로젝트금융투자회사 제도에 따른 세제 혜택에 비하여 프로젝트금융투자회사 관리를 위한 제도가 충분하지 못하고, 그로 인하여 프로젝트금융투자회사의 부실이 커진 것이라는 이유에서 비롯된 것으로 추측되고 있다. 그러나 프로젝트금융투자회사 제도의 폐지와 관련하여 진행된 논쟁 과정에서 나타난 것처럼, (i) 프로젝트금융투자회사 제도는 투명한 프로젝트금융 사업 추진을 위한 제도로서 이를 통하여 프로젝트금융 대출의 부실을 오히려 완화시킬 수 있다는 점, 그리고 (ii) 법인세의 이중 과세를 해소하는 것이 세계적인 과세 추세라는 것에 대한 폭 넓은 공감대가 형성되었다는 점을 감안할 때, 기획재정부가 다시 프로젝트금융투자회사 제도를 폐지하려고 할 가능성은 낮은 것으로 보인다.

다만 프로젝트금융투자회사 제도가 받는 세제 혜택에 비하여 프로젝트금융투자회사 관리를 위한 제도가 충분히 마련되지 않은 점에 대해서는 개선이 요구된다고 할 것이다. 현행 제도에 의하면, 법인세법령과 조세특례제한법령이 정하는 요건을 갖추어 법인을 설립한 후 관할 세무서에 명목회사 설립 신고서를 제출하는 것만으로 프로젝트금융투자회사로 인정받을 수 있도록 되어 있고, 그 밖에 프로젝트금융투자회사 관리를 위한 제도가 잘 마련되어 있지 않은 것은 사실이다. 이러한 사정으로 인하여 프로젝트금융투자회사 현황이 잘 파악되지 않고 있으며, 심지어는 명목회사 설립 신고서를 제출한 회사가 프로젝트금융투자회사 요건을 갖춘 것인지도 공식적으로 확인되지 않는 것이 현실이다. 이는 사회적으로 볼 때 프로젝트금융투자회사의 건전성을 담보하기 위한 관리 감독의 소홀로 프로젝트금융 대출 부실이 방치될 수 있는 측면도 있고, 사업적인 측면에서 볼 때도 프로젝트금융투자회사가 공적으로 확인받을 수가 없어 법적 안정성을 기대하기 어려운 측면이 있다. 따라서 이러한 문제점을 개선하기 위해서는 아래 (3)에서 논의하는 바와 같이 별도의 근거법을 제정하여 관련 규제를 명확하게 할 수 있도록 하는 입법 조치가 필요하다고 본다.

(2) 제도 개선 과제

이러한 제반 정황을 고려하여 프로젝트금융투자회사를 금융위원회나 금융감독원 등 금융감독기관에 등록하도록 하고, 일정한 보고 의무를 부과하는 한편, 금융감독기관이 프로젝트금융투자회사에 대하여 일정한 감독·규제 권한을 행사할 수 있도록 하는 등 제반 제도를 정비할 필요가 있다.

더 나아가 프로젝트금융투자회사 제도가 특정의 공동 사업만을 위한 특수목적법인으로 운영된다는 점을 고려하여, 사회기반시설 민간 투자 사업 이외의 사업을 운영하는 회사에 투자할 목적으로 설립된 프로젝트금융투자회사의 경우에도 기업결합 신고 대상에서 제외되도록 하는 것이 바람직하다고 본다.

(3) 별도 근거법의 제정 필요

프로젝트금융투자회사에 대한 독립된 별도의 근거 법률이 부재한 상황 하에서 「법인세법」 및 같은 법 시행령, 「조세특례제한법」 및 같은 법 시행령에 근거하여 운영되고 있어서 자세한 사항을 규정할 수 없는 한계가 있고, 이에 따라 한정된 몇 개의 규정에 의존하여 해석해야 하는 불확실성이 존재하고 있다. 따라서 그때 그때 해당 기관의 유권 해석에 의존해야 하는 상황이 발생하고 있으며, 축적된 유권 해석이나 판례가 부족한 상태에서 몇몇 관련 규정에 의존해서 프로젝트금융투자회사를 이용한 부동산 프로젝트금융을 진행하기에는 현실적으로 한계가 많다. 입법론으로 프로젝트금융투자회사의 요건과 규제에 관해 규정하는 별도의 근거 법령이 마련될 필요가 있을 것으로 본다.

6. 공모형 부동산 개발 사업 프로젝트금융

(1) 의   의

공모형 PF는 공공부문이 보유하고 있는 토지를 대상으로 민간사업자를 공모하여 공공과 민간이 공동으로 출자하여 개발하는 민관합동개발방식(제3섹터)의 개발 사업의 자금을 프로젝트금융방식으로 조달하는 것이다. 공공 측면에서는 공익성과 민간 측면에서는 수익성, 지역주민의 측면에서 편의성을 도모하기 위해 2000년 이후 시작되어 2006년부터 2007년 사이에 본격화되면서 부동산 시장 및 건설경기 활성화에 기여한 바 있다. 다수 당사자가 참여하는 부동산 개발을 위한 공동사업약정의 특징을 지니며 사업의 위험을 완전히 인수하는 자가 존재하지 않는 경우로서 외부 여건 변동에 의한 외부적 위험과 각 당사자간 복합적 이해관계의 충돌로 인한 내부적 위험이 발생할 가능성이 있다.

공모형 PF의 주요 대상 사업으로는 공기업, 공사, 지자체 등의 특정 개발 사업, 택지개발지구의 중심상업지역, 특별계획구역, 경제자유구역의 중심업무지구 등에서의 대규모 복합단지 개발 사업, 도시개발사업으로서 역세권 개발사업 등을 들 수 있다.

(2) 구조적 특성

본질적으로 공동사업(약정)의 특성은 추구하는 사업의 목적을 실현하기 위해 참여 당사자들이 단지 자신이 부담한 법적 의무만을 이행할 뿐이며, 그 의무의 범위 내에서 책임을 지게 되고, 그 범위를 벗어나 통제할 수 없는 외부적 요인에 의해 사업을 추진할 수 없게 되거나 사업 목적을 달성하지 못하더라도 당사자들의 책임을 야기하지 않고 사업을 중단하고 청산하는 것이 보통이다. 대규모의 공모형 부동산 개발 사업은 어느 특정 사업 주체가 실질적인 위험 인수자로서 역할을 수행하는 구조와 달리 부동산 개발 사업에 내재된 본질적인 위험이 각 당사자들 상호간의 복합적인 이해관계와 밀접하게 관련되어 상호 작용하는 특징을 가진다는 점에서 공동사업 약정에 해당한다고 볼 수 있다.[1]

(3) 공모형 개발 사업의 절차

일반적으로 공모형 개발 사업의 절차적 단계는 「사회기반시설에 대한 민간투자법」상의 민간투자 절차와 기본적으로 유사한 바, 주요 절차는 다음과 같다. 첫째, 주로 공기업이 특정 지역에서 개발 사업을 구상하여 기획한 다음 '사업자 공모 지침'을 공표하여 경쟁 입찰에 부친다. 둘째, '사업자 공모 지침'에 따라 민간 사업자들이 주로 연합체(consortium)를 구성하여 이 지침에서 요구하는 요건과 기준에 따라 사업 계획서를 작성하여 참여한다. 셋째, 해당 공기업은 전문가들로 구성된 심사위원을 통해 각 응찰 연합체의 사업 계획서에 대한 타당성을 심사하고, 정해진 평가 기준에 따라 가장 우수한 자를 사업자로 선정하여 공표한다. 넷째, 선정된 민간 사업자는 해당 공기업과 협상 절차를 거쳐 사업협약서를 체결한다. 다섯째, 사업협약서에 따라 사업 주체로서 공동으로 출자한 회사(SPC)를 설립한다.[2] 여섯째, 이 사업주체가 구체적인 사

---

1 김형두·변동열, "부동산개발사업에 대한 법적 조명 — 공모형 대규모 부동산개발사업에서의 시사점을 중심으로 —,"『BFL』제52호(서울대학교 금융법센터, 2012. 3), 8면.

2 실무상 사업 시행 법인의 형태는 조세 특례가 적용되는 「조세특례제한법」제104조의31에서 규

업 시행에 필요한 업무(토지매입, 인허가 획득, 계약체결, 착공 및 준공)를 수행한다. 일곱째, 분양(매각)등 사업을 완료하고 지분을 청산한다.

(4) 사업주체(SPC)의 주요 업무

사업 주체의 주요 업무로는 (i) 사업 시행자(SPC)에 대한 출자금[1]과 금융기관으로부터의 차입금을 통해 사업비를 조달하는 업무, (ii) 공기업으로부터 토지를 매입하여 취득하고 필요시 제3자로부터 추가적으로 토지를 취득하는 업무,[2] (iii) 각종 행정상의 인허가를 취득하는 업무, (iv) 설계 용역 계약, 도급 계약 등을 통해 공사를 완료하는 업무, (v) 시설물의 매각이나 분양을 통해 수입금을 발생시키는 업무, (vi) 차입금 상환과 사업 완료 후 최종적으로 사업 시행자(SPC)를 청산하여 출자자들에게 자금을 분배하는 업무 등이 있다.

(5) 각종 주요 계약서

1) 사업계획서

공모형 부동산 개발 사업에 있어서 민간 연합체(consortium)가 공기업에 제출하는 '사업계획서'는 법적 형식이 정해져 있는 것은 아니나, '사업자 공모 지침'에서 요구하는 형식과 요건을 구비하여 제출되는 것이 보통이며, 제출 당시 여러 가지 여건과 향후 예측과 전망에 따라 참여 당사자들 간의 합의하에 사업의 목적을 달성하기 위한 약정을 체결하기 위해 필수 전제 조건으로서 작성되는 문서이다. 사업계획서는 사업에 참여하는 당사자들간에 사업 목적을 달성하기 위한 상호간의 합의 사항을 객관적으로 확인하고, 향후 사업 진행에 있어서 발생 가능한 외부 변수의 변동성(volatility), 즉 위험에 대한 공감된 합리적 예측이 반영되어 있는 것으로서 향후 당사자들간의 약정이나 공기업과의 사업 협약 체결에 기준이 되는 것이다. 사업계획서에 반영될 주요 내용으로는 (i) 공간 계획, (ii) 자금 조달 계획,[3] (iii) 사업비 지출 계획, (iv) 사업 완료시

정하는 주식회사인 프로젝트금융투자회사(PFV)이다.

1 해당 공기업이 직접 출자에 참여하는 경우도 있고 그렇지 않은 경우도 있다.

2 보통 「도시개발법」 등 관련법상 허용된 공용 수용권 행사를 통해 협의 취득하거나 수용 재결에 의해 취득한다.

3 자금 조달 계획에는 출자 자본금에 대한 사항, 외부 금융기관 차입금에 대한 사항, 선분양 수입금 등에 관한 사항 등의 내용이 포함된다.

사업 수지 계획, (v) 완공된 시설물의 매각 및 분양 계획 등이 있다. 사업계획서의 각 항목은 별도의 독립된 요소로서가 아니라 전체적인 사업 계획의 틀 아래 해석되어야 할 필요가 있으며, 추후 체결되는 사업 협약과 불가분의 관계에 있게 된다.

2) 연합체(consortium) 협약서

공모형 부동산 개발 사업에 참여하는 민간 사업자들은 입찰에 참여하기 위해 상호 연합체를 구성하게 되는 바, 이 때 각 민간 사업자들은 서로 다른 각자의 목적을 추구하게 된다. 여기에는 공사를 수주하기 위해 참여하는 건설 투자자, 개발 이익을 추구하거나 운영자로서 참여하기 위한 전략적 투자자(strategic investors: SI), 사업비를 대출하여 이자 수입을 얻을 목적으로 참여하는 재무적 투자자(financial investrors: FI) 등이 공동 출자자로서 참여하는 구조를 띠게 된다. 이들 상호간에 각각의 목적을 실현하기 위해 필요한 협력 관계를 규정할 필요가 있는바, 이것을 실무상 '연합체(consortium) 협약서'라고 한다.

이 협약서에는 구성원 전체가 당사자가 되는 '기본협약서'와 건설회사들 상호간에 필요한 사항을 규정하는 '건설투자자 협약서'가 있는바, '기본협약서'를 일종의 상위 계약으로 삼고 거기서 위임된 근거 조항에 따라 '건설투자자 협약서'가 체결되도록 하여 결과적으로 전체 연합체 구성원 전원이 '건설투자자 협약서'를 준수할 법적 의무를 부담하도록 명확히 할 필요가 있다.[1] '연합체 협약서' 체결의 핵심 목적은 시행법인의 민간 기업 주주들 상호간에 일종의 의결권 약정을 통한 협력 의무를 미리 설정해두는 데 있다고 볼 수 있다. '연합체 협약서'는 추후 시행법인 설립 이후에 보통 체결되는 '주주간 협약서'와 병존하도록 구성되어야 하며, 특히 공기업이 향후 시행법인의 주주로 참여하게 되는 경우에는 더욱 더 그렇다.

'연합체 협약서'에 일반적으로 포함되는 내용으로는 (i) 각 구성원의 역할과 업무 분장, (ii) 연합체(consortium)를 대외적으로 대표하는 당사자의 권한, (iii) 건설 투자자에 대한 건설 공사 시공권 부여 및 시공 물량 배분 기준, (iv) 시행법인이 수의(隨意) 계약에 의해 건설 공사를 발주할 것을 전제로 그 계약 조건의 공정성 확보를 위해 필요한 기본적 사항, (v) 시행법인이 전략적 투자자 및 재무적 투자자에게 부여할 사업 참여 기회, 금융거래, 자금 관리 수탁 업무의 인수 등 여러 가지 우선적 사업 기회, (vi) 경업

---

1 김형두 · 변동열, 앞의 글, 14면.

금지 약정, (vii) 각 당사자의 비용분담과 책임 분담에 관한 기준, (viii) 우선 협상자로 선정될 경우 사업 협약 협상에 관한 권한의 대표사에 대한 위임, (ix) 대표사가 공모 주관사인 공기업과 사업 협약에 관한 협상을 종료한 경우 연합체 당사자들이 협상 결과를 승인할 의무에 관한 사항, (x) 시행법인의 이사회 구성에 관한 추천권, (xi) 시행법인 설립 이후 '연합체 협약서'의 약정 내용이 지속적인 실효성을 유지할 수 있도록 보장하는 데 필요한 각종 약정, (xii) 협약 위반에 대한 책임과 구제 방법, (xiii) 시행법인의 업무를 대행할 자산관리회사에 관한 사항, (xiv) 기타 일반 조항 등이 있다.[1]

3) 주주간 협약(약정)서

'주주간 협약서'는 '사업 협약서' 체결과 동시에 또는 '사업 협약서'의 일부 내용으로 편입되어 작성되는바, 별도의 문서로 작성되는 경우에는 '사업 협약서'와 밀접하게 연계되도록 보장하는 조항을 명시하는 것이 바람직하다. '주주간 협약서'에 포함되어야 할 일반적인 조항으로는 (i) '사업 협약서'와의 상호 관계에 관한 사항, (ii) 시행법인에 대한 공동 출자를 통한 최소 자본금에 의한 설립 및 그 이후의 증자에 관한 사항, (iii) 주식 양도 제한에 관한 특약 및 예외적으로 허용되는 경우의 절차와 효과에 관한 사항, (iv) 주식 양도 제한 약정을 위반한 당사자에 대한 제재에 관한 사항, (v) 주식의 우선매수권에 관한 사항, (vi) 전환사채 등 주식과 연계된 특수한 사채의 발행을 통한 자금 조달에 관한 사항, (vii) 시행법인의 주주총회 및 이사회에 관한 사항, (viii) 시행법인의 정관에 관한 사항, (ix) '주주간 협약서'의 일부 당사자에 대한 해지 및 탈퇴에 관한 사항, (x) 기타 일반 조항 등이 있다.[2]

4) 사업협약서

① 법적 성격   '사업협약서'는 공모형 개발 사업에 있어서 일정한 절차를 거쳐 사업자를 선정한 이후 해당 공기업과 민간 사업자들로 구성된 연합체(consortium)간에 협상 절차를 거쳐 체결하는 것으로서 실무상 '공동사업 약정'이라고 불리며, 부동산 개발 사업의 특수성을 가장 잘 반영하는 계약이다. 이 '공동사업 약정'은 실질적으로 민법상 조합 계약의 성질을 가지나, 각종 법률관계의 명확한 처리를 위해[3] 상법상

---

1 위의 글, 17면.
2 위의 글, 18면.
3 공동 사업과 관련하여 민법상 조합 계약의 한계로서는 다음과 같은 것을 생각할 수 있다. 즉, 민법상 조합은 부동산 물권을 보유하는 주체로서 현실적인 역할을 수행하는 데 한계가 있고, 행

의 주식회사(PFV)를 설립하여 공동 사업을 영위하기로 하는 '특수 비전형 무명(無名)계약'으로 볼 수 있다.[1] 따라서 기본적으로 주식회사 형태의 시행법인을 설립하여 운영하는 방식에 따라 공동사업을 영위하기로 명확히 합의한 사항에 대해서는 회사법의 법리가 적용되어야 하지만, 회사법과 무관한 당사자들간의 법률관계를 해석함에 있어서는 민법상의 조합계약에 관한 법리를 유추 적용할 필요가 있다.[2]

② 주요 내용   '사업협약서'에 포함되는 주요 내용으로는 (i) 당사자들의 법적 지위와 상호 관계, (ii) 당사자들이 계약을 통해 달성하고자 하는 목적, 사업 내용, 사업 기간, (iii) 사업협약서의 상위 계약으로서의 법적 지위와 다른 하위 계약과의 상호 관계, (iv) 사업 부지의 특정, 사업 구역의 변경 가능성이 있는 경우의 변경 절차, 사업 구역이 변경되는 경우 그 변경 전의 법률관계를 조정하는 방법, (v) 사업의 추진 방법, (vi) 당사자들의 역할, (vii) 민원에 대한 대책과 적정한 처리 방법, (viii) 각종 공사에 관한 사항, (ix) 사업계획서상의 자금 조달 계획 중 기한에 관한 사항, (x) 사업부지상의 기존 시설물 처리 방법, (xi) 사업부지상의 기존 권리 관계를 해소하는 방법, (xii) 사업협약 이행보증금의 납부 및 반환, (xiii) 사업 시행법인 및 자산관리업무수탁회사의 설립, 출자, 경영진 구성 및 경영 방법, (xiv) 회계 처리 및 자금 관리, 자금관리업무수탁회사의 선정 및 해지, (xv) 사업부지의 취득방법 및 토지 매입 계약의 법적 성격, (xvi) 행정법령에 따른 인허가, (xvii) 부지 조성 및 시설물 건축의 준공, (xviii) 시설물의 분양, (xix) 사업협약서 당사자의 의무 불이행이 없음에도 불구하고 사업 계획의 실행을 불가능하게 하는

정상 인허가를 획득하는 주체로서 역할을 수행하기도 어려우며, 사업 참여자들의 책임을 합리적으로 통제하는 데 필수적인 유한책임의 법적 보호를 누리기도 어렵고, 조세법상의 특례를 향유할 수도 없으며, 세무상의 취급도 불투명하고, 제3자와 각종 계약을 체결하는 것도 현실적으로 어렵다는 점을 들 수 있다.

1 김형두 · 변동열, 위의 글, 19면.

2 위의 글, 19면. 특히 이 글은 공동사업 약정 구도에서 각 당사자들이 자기의 의무를 충실히 이행하였음에도 불구하고 공동사업을 더 이상 영위할 수 없는 객관적인 상황이 초래된 경우, 특정 당사자가 그 위험 영역을 자신의 의무와 책임으로 인수하지 않았다면, 단순히 계약 종료의 법리를 규정하고 있는 「민법」 제537조의 "당사자 일방의 채무가 당사자 쌍방의 책임 없는 사유로 이행할 수 없게 된 때"를 근거로 하여 계약 해제 또는 해지를 논하는 것 외에 부동산 개발 사업에 있어서 공동사업 약정이 실질적 · 기능적 관점에서 민법상 조합계약과 본질적 유사성을 가지므로 "쌍방 책임 없는 사유로 인한 공동사업 약정의 목적 달성 불능사유"로서 「민법」 제720조의 조합 계약 해산 청구 사유와 대비해서 형평의 관점에서 적절한 균형감을 유지할 수 있도록 해석할 필요가 있다고 피력하면서 대법원 판례(2004. 3. 26. 선고 2003다22448)를 그 논거로 들고 있다. 위의 글, 19면.

장애 사유의 종류와 범위, 장애 사유의 해소 방안, 사업계획서 및 사업협약서의 변경, 변경에 합의하지 못하는 경우의 사업 종료 방법, 사업계획서의 변경이 필요한 경우 그 변경에 관한 절차, 사업계획서의 변경이 사업협약서상의 권리 의무를 변경할 것을 필연적으로 요구하는 경우 사업협약서의 변경을 위한 일방 당사자의 제안, 다른 당사자와의 협의 절차, 사업계획서 및 사업협약서 변경을 협의함에 있어서 당사자들이 준수하여야 할 기준과 그 변경을 통하여 달성하려는 목적, (xx) 어느 당사자의 의무 불이행에 따른 법적 구제 방법, 쌍방의 책임 없는 사유로 인하여 사업 목적의 달성이 불가능한 경우의 처리 방법, 사업협약서의 종료 사유와 종료 방법, 사업협약서의 종료에 따른 법적 효과, 상위 계약인 사업협약서의 종료에 다른 하위 계약의 처리 방법, 하위 계약의 종료가 사업협약서에 미치는 법적 효과, (xxi) 기타 일반 조항[1] 등이 있다.[2]

(6) 법적 쟁점

1) 채권보전 방안 관련 쟁점

종래 일반적 부동산 개발 사업에 있어서는 사업의 위험이 어느 특정 당사자(기업)가 인수함으로써 전통적 의미의 기업금융 방식에서 크게 벗어나지 못했으나, 공모형 부동산 개발 사업에서는 어느 특정 당사자가 실질적인 지배자로서 전면적인 사업 위험을 인수하는 구조가 아니라 공동사업 약정에 따라 주어진 채무를 각자 수행하며 예상하지 못했던 외부적인 변수에 의해서 사업이 중단되는 경우가 아니면 사업의 목적이 실행되는 전통적인 프로젝트금융에 근접한다는 점에서 프로젝트금융 사업의 전환점이라는 의미를 가지고 있다.

어느 특정인으로부터 전통적인 인적 담보나 물적 담보의 제공 없이 굳이 사업 시행 주체가 가지는 채권보전 방안이라고 하는 것은 공기업으로부터 토지를 매입하는 계약이 일정한 사유로 사업이 중단되어 해제될 경우 '토지 대금을 반환 받을 수 있는 채권' 또는 '반환되는 토지 대금을 감안하여 공기업이 대출자단에게 제공하는 토지 대금 반환 가액 중 차입금 상당의 금액을 대출자단에게 무조건적으로 지급하기로 하는 별도의 확약'으로 볼 수 있다. 그러나 전자의 방안(채권보전 방안을 토지 대금 반환 청구권으로

---

1 기타 일반 조항으로서는 비밀 유지에 관한 조항, 분쟁 해결 관할 조항 등이 있다.
2 김형두 · 변동열, 앞의 글, 19~20면.

보는 것)에 대해서는 당시 전문가들의 견해가 나누어졌고, 이 권리(즉, 토지 대금 반환 청구권)는 장래 발생 여부가 불확정적인 채권이기 때문에 법적 불확실성이 존재하였다. 왜냐하면, 이 권리는 장래 발생 채권의 양도에 대해 대법원 판례[1]가 요구하는 요건인 (i) 권리의 특정 가능성과 (ii) 가까운 장래 발생의 상당한 기대성을 충족시키기가 어렵기 때문이다. 따라서, '토지 대금 반환 채권을 양도하는 방식'(구체적으로 양도담보 혹은 신탁)보다는 '반환할 토지 대금과 같은 액 상당의 자금을 지급하기로 하는 대출자단에 대한 직접 확약' 방식이 선호되었다.[2]

그러나, 이것만 가지고는 대규모 공모형 부동산 개발 사업에 있어서 충분한 신용 보강 방안이 될 수 없었으므로 일부 프로젝트에 있어서는 사업협약서 변경을 통해 공기업에 대한 토지 대금의 지급 시기를 재조정할 수 있도록 사업협약서에 협약 변경 절차를 미리 마련하기도 했다.

2) 사업계획이 실행 불능에 빠진 경우의 사업 정상화 방안 관련 쟁점

공모형 대규모 부동산 개발 사업의 경우 당초 제시된 사업계획서를 토대로 하여 공동사업을 추진하기로 하는 공동사업 약정인 사업협약서를 체결함으로써 참여 당사자들 간에 사업방식에 대해 합의를 하게 되며, 본질적으로 사업계획과 사업협약은 상호 유기적인 관계를 가지는 것이 특징이다. 그러나 당사자들의 책임 없는 사유로 인해 이미 합의한 방식으로는 더 이상 공동사업의 목적을 달성하는 것이 객관적으로 불가능한 상태(즉 사업계획이 작동할 수 없는 사태)에 직면하는 경우를 대비해서 사업협약서에 사업협약서 변경을 위한 협의 절차를 규정하는 것이 보통이며, 재량 조항의 형식으로 규정되는 것이 일반적이다.

---

1 대법원 1982. 10. 26. 선고 82다카508 판결.
2 종래 용산 국제 업무 지구 도시개발사업과 관련하여 당시 사업추진의 방식이 이른바 공모형PF 방식(민관합동PF사업)이었던바, 개발사업의 주체는 프로젝트금융투자회사(PFV)로서 드림허브 프로젝트금융투자(주)이었고 금융구조는 PF－ABS방식이었으며 신용보강방안으로는 (i) 차주, 신탁회사, 한국철도공사(KORAIL) 간에 체결되는 "공동요청서"와 "토지귀속 및 대금반환 등에 관한 합의사항"에 근거하여 대출약정서 상 대출원리금 등 미지급, 차주의 부도 등 토지대금반환사유가 발생하는 경우에 신탁회사 또는 한국철도공사의 통지일로부터 175일 이내에 공사는 대출원금 상당액을 신탁회사에 반환하고 신탁회사는 토지를 공사에 반환하기로 하는 약정, (ii) 2차, 3차 매매토지 중 일부에 대해 대주를 부동산 담보신탁계약에 따른 우선수익자로 지정하는 약정, (iii) 5회분에 해당하는 대출이자 상당액을 유보하고 그 예금채권을 담보신탁한 후 우선수익권 제공하는 약정 등이 있었다.

이 경우에는 사업협약서상 당사자들의 권리 의무의 변경 없이 사업 계획을 수정 보완하여 실행 가능 상태를 회복할 수 있는지 여부를 검토하고, 만일 이것이 불가능하다면 사업협약서상의 권리 의무를 어떻게 변경하여야 하는지를 검토하여 사업 정상화 방안을 마련할 필요가 있다. 보통은 민간 당사자가 사업 정상화 방안을 마련하여 공기업에 제시하고 이에 공기업의 성실한 협의 절차 참여를 기대하는 것일 것이다.[1] 만약 쌍방 당사자 간에 성실한 협의 절차를 거쳤음에도 사업 정상화 방안이 마련되지 못하는 경우에는 결국 민간 당사자는 사업협약의 해제 또는 해지를 공기업에 통지할 수 있을 것으로 본다. 나아가 공기업에 귀책 사유가 있다면 이를 근거로 민간 당사자는 일방적으로 해제권 내지 해지권을 행사할 수 있을 것이다.[2] 이 경우 이미 수령한 협약 이행보증금은 반환하여야 할 것이며, 또한 토지 매매 계약에 기해 수령했던 토지 대금을 위약금 없이 전액 반환해야 할 것이다.[3]

(7) 공모형 PF의 문제점과 개선 방안

2000년대 초반부터 활성화되기 시작한 공모형 PF 구조의 사업에 있어서 문제점으로 거론된 것으로는 첫째, 민간 사업자 선정 과정에 있어서 지원자들 간의 과당경쟁으로 토지가격의 상승을 초래하게 됨으로써 전체 사업성을 악화시킨 점, 둘째, 정부의 갑작스런 정책 변경(예로서 분양가상한제 등)으로 인한 시장 변동으로 자금조달 상황이 악화된 점, 셋째, 특히 2008년 미국 발 금융위기로 인해 급작스런 부동산 경기 침체와 투자심리의 위축으로 인한 미분양사태가 발생한 점, 넷째, 이에 따른 사업의 지연 내지 사업성 악화로 인한 사업주체들 간의 이해 충돌로 해결책을 모색하지 못한 점 등이 있다. 공모형 PF 사업이 공적 주체와 사적 주체가 공동으로 사업을 하는 구조라는 점에서 양자 간의 추구 목적, 의사결정 시스템, 변화에 대한 신축적 대응 태도 등

---

1 실무적으로 공기업의 경우 여러 가지 이유로 적극적인 참여와 신속한 처리가 잘 되지 않는 경우가 많은데, 객관적으로 사업협약서 변경을 거부하고 사업 중단을 선언하는 경우와 사업 정상화 방안을 도출하는 경우를 비교 형량하여 판단해야 할 것이다. 사업 정상화 방안의 효율적 처리를 위해 국토해양부는 2011년 12월 「민관합동 부동산 프로젝트금융 사업 정상화를 위한 조정위원회 설치 및 운영에 관한 규정」(국토해양부 훈령 제774호)을 제정하였다(2021년 4월 17일 국토교통부훈령 제134호).

2 같은 설명은 김형두 · 변동열, 앞의 글, 29면.

3 같은 설명은 위의 글, 29면.

의 면에서 존재하는 상이한 점 들이 장애가 될 수 있다. 그리고 사업 자체가 대규모 장기 사업의 성격을 띠면서 각종 상황 변화에 따라 변동성이 커질 수 있기에 관련 약정서상에 명확한 규정이 없는 경우 상호간에 분쟁의 소지가 생길 여지도 많다. 따라서 이러한 문제점들을 최소화하기 위해서는 발주기관의 역할에 대한 기본적 정립, 합리적 사업자 공모방식의 채택(적정한 토지가격 평가, 적절한 공모기간, 사업에 대한 공신력 제고, 참여자 간 과당경쟁의 배제 등), 공익과 사익의 조율 속에 적절한 사업수익을 실현할 수 있는 구조 수립, 공적 주체의 위험분담과 관리에 대한 유연한 태도, 분쟁 발생 시 적절한 해결 장치의 마련, 기타 제세공과금 등 관련 부담의 경감 등 각종 인센티브 제공, 다양한 투자 주체(재무투자자, 전략투자자 등)와 건설주체의 활발한 참여, 합리적 사업계획하에 적정한 자금 조달 구조의 도출 등이 필요하다.

Ⅳ 「사회기반시설에 대한 민간투자법」에 따른 프로젝트금융 방식의 부동산금융

1. 의   의

일반 부동산 프로젝트금융과는 별도로 사회기반시설 관련 사업에 대한 프로젝트금융을 촉진하기 위한 법률로서 「사회기반시설에 대한 민간투자법」이 있다. 이 법은 "민간투자 사업에 관하여 관계 법률의 규정에 우선하여 적용한다"라고 규정하고 있어(법 제3조 제1항), 다른 관계 법률에 우선하여 적용되는 특별법적인 성격을 띠고 있다고 할 수 있다.

「사회기반시설에 대한 민간투자법」은 "사회기반시설에 대한 민간의 투자를 촉진하여 창의적이고 효율적인 사회기반시설의 확충·운영을 도모함으로써 국민경제의 발전에 이바지함"을 목적으로 한다(법 제1조).

여기서 '사회기반시설'이란 "각종 생산 활동의 기반이 되는 시설, 해당 시설의 효용을 증진시키거나 이용자의 편의를 도모하는 시설 및 국민 생활의 편익을 증진시키는 시설"을 말하는데(법 제2조), 도로, 철도, 항만, 하수도, 하수·분뇨·폐기물처리시설, 재이용시설 등 경제활동의 기반이 되는 시설, 유치원, 학교, 도서관, 과학관, 복합문화시설, 공공보건의료시설 등 사회서비스의 제공을 위하여 필요한 시설, 공공청사, 보훈시설, 방재시설, 병영시설 등 국가 또는 지방자치단체의 업무수행을 위하여 필요한 공용시설 또는 생활체육시설, 휴양시설 등 일반 공중의 이용을 위하여 제공하는 공공용 시설 등 그 대상이 다양하다. 따라서 사회기반시설에 대한 투자를 위한 자금 조달도 프로젝트금융 방식의 부동산금융의 한 유형으로 분류할 수 있는 것이다.

이러한 사회기반시설에 대한 민간 투자 사업 제도의 도입 배경을 살펴보면, 종래 사회기반시설 사업은 정부 주도하에 정부의 재정을 기반으로 이루어져 왔으나, 현대 복지국가의 이념을 표방하는 국가에서 복지에 대한 재정 수요가 급증하게 되고 국가의 재정 능력만으로 한계가 있어 이러한 사회기반시설 사업에 민간 자본을 참여할 수 있게 함으로써 사회기반시설 사업을 활성화시키고 궁극적으로 국가 경제 발전에 이바지할 수 있게 하자는 데 있다.

「사회기반시설에 대한 민간투자법」에 따르면, 정부 또는 지방자치단체(이하 '주무관청'이라 한다)는 매년 국책 사업 중 민간 자본을 통해 추진하고자 하는 사업을 '민간투자사업기본계획'($^{법\ 제7조}$)과 '민간투자시설사업기본계획'($^{법\ 제10조,}_{제11조}$)을 통하여 정하며, 주무관청은 정부제안 사업($^{법의2\ 제8조}$)이냐 민간제안 사업($^{법}_{제9조}$)이냐에 따라 해당 절차(실시 계획의 승인 및 공고 등)($^{법\ 제10조,}_{제15조}$)를 거쳐 최종적으로 사업시행자와 '실시협약'[1]을 맺어 사업을 시행하게 된다.

2. 연　　혁

민간 투자 사업과 관련한 특별법의 제정 과정과 그 특징을 기준으로 하여 연혁적으로 [표 2−18]과 같이 크게 3기로 구분할 수 있는데,[2] 제 1 기는 1994년부터 1998년까지, 제 2 기는 1999년부터 2004년까지, 제 3 기는 2005년 이후 현재까지로 구분할 수 있다.

---

1 '실시협약'이라 함은 "이 법에 의하여 주무관청과 민간투자사업을 시행하고자 하는 자간에 사업 시행의 조건 등에 관하여 체결하는 계약을 말한다"(법 제 2 조 제 7 호).

2 김재형, "사회기반시설에 대한 민간투자 프로젝트 파이낸스 현황 및 과제,"『BFL』제37호(서울대학교 금융법센터, 2009. 9), 8면에서는 1968년~1994년을 1기로 보아 크게 4기로 구분하고 있다.

(1) 제 1 기(1994년~1998년)

제 1 기(1994년~1998년)에는 1994년 8월 「사회간접자본시설에 대한 민간자본 유치 촉진법」의 제정(1994년 11월 4일 시행)으로 국내 사회간접자본시설에 대한 프로젝트금융 시장이 본격적으로 시작되었으며, 주로 대규모기업집단 소속의 건설회사를 중심으로 신용도에 근거하여 프로젝트금융이 실행되었다. 그러나 이 시기에는 전문 자문(consulting)업체의 부재로 위험 분석이나 사업 타당성 검토보다는 채권보전책 강화에 초점이 맞추어졌다. 그리고 1997년 말 외환위기의 발발로 인한 국내 주요 금융기관의 구조조정으로 프로젝트금융 시장이 다소 위축되게 되었다.

표 2-18 민간투자 사업의 연혁

제1기	제2기	제3기
1994년~1998년	1999년~2004년	2005년 이후
「사회간접자본시설에 대한 민간자본 유치 촉진법」	「사회간접자본시설에 대한 민간투자법」	「사회기반시설에 대한 민간투자법」
• 1994년 특별법 제정하에 체계적 민간자본 유치 추구 • 민간투자 사업 절차 명확화 • 무상 사용 기간, 시설 사용료, 정부 지원 등의 기준 명확화 • 사업자에 대한 부대사업 허용으로 사업성 제고	• 민간투자 대상 시설 구분 폐지 • 사업 추진 방식 다양화 • 민간 제안 방식 구체화 • 타당성 분석에 근거한 대상 사업 선정 의무화 • 일괄제 도입 • 민간투자지원센터의 건립 • 민간의 창의, 효율에 대한 혜택(incentive) 제공 • 사업기반신용보증기금 제도 개선 • 사회간접자본투융자회사의 설립 및 운영 • 매수청구권의 인정	• 사업 대상 범위 확대[1] • 사업 추진 방식 다양화(BTL 방식 도입)

(2) 제 2 기(1999년~2004년)

제 2 기(1999년~2004년)는 1998년 12월에 「사회간접자본시설에 대한 민간자본 유

---

[1] 종전의 도로, 철도, 항만 등 사회간접자본시설 중심의 생산 기반 시설에서 학교, 병원 등과 같은 모든 생활 기반 시설에까지 확대되었다.

치 촉진법」을 전면 개정하여 「사회간접자본시설에 대한 민간투자법」(1999년 4월 1일 시행)으로 명칭을 변경하면서 민간 투자 사업을 활성화시키기 위하여 정부가 사업성을 보장하는 지원 방안을 구체화하고, 사업 추진 방식도 다양화시키면서 전체 절차의 투명성도 제고하는 등 재도약의 발판을 마련한 시기였다. 아울러 1998년 9월 「자산유동화에 관한 법률」의 제정에 의하여 자산 유동화를 통한 자금 조달 등 금융 수단도 다양화되었다. 특히 2000년대 초반에는 부동산 경기가 다시 활성화되고 저금리 기조가 이어짐에 따라 금융기관들의 자금 운용 수단으로서 프로젝트금융을 적극적으로 활용하기 시작했다.

(3) 제 3 기(2005년 이후)

제 3 기(2005년 이후)에 들어서는 2005년 1월 '사회간접자본시설'을 '사회기반시설'로 명칭을 변경하면서 법 명칭도 「사회기반시설에 대한 민간투자법」으로 바꾸었으며(2005년 1월 27일 시행), 사업 대상의 범위를 확대하고 사업 추진 방식도 다양화 하는 등 민간 투자 사업이 양적 · 질적으로 보다 성숙화되었다.

대상사업의 검토, 사업타당성의 분석, 사업계획의 평가 등 각종 지원업무를 수행하기 위해 「정부출연연구기관 등의 설립 · 운영 및 육성에 관한 법률」에 따라 한국개발연구권의 부설로 공공투자관리센터를 두게 되었다.

3. 민간투자사업의 시행 방식

(1) 시행 방식

「사회기반시설에 대한 민간투자법」에 의한 민간투자사업 시행방식은 크게 '정부고시방식'과 '민간제안방식'으로 나누어진다($^{법 제 2 조}_{제 6 호}$).[1] '정부고시방식'은 일정한 요건을 갖춘 사업으로서 주무관청이 민간투자대상사업으로 지정한 사업을 민간투자방식

---

1 "민간 투자 사업"이라 함은 "[법] 제 9 조의 규정에 의한 민간 제안 사업 또는 [법] 제10조의 규정에 의한 민간투자시설사업기본계획에 따라 제 7 호의 규정에 의한 사업시행자가 시행하는 사회기반시설 사업을 말한다. 다만, 「국가재정법」 제23조에 따른 계속비에 의한 정부 발주 사업 중 초과 시공(국가와 계약 상대자가 미리 협의한 한도액 범위에서 해당 연도 사업비를 초과하여 시공하는 것을 말한다. 이하 같다)되는 부분은 민간투자사업으로 본다"(법 제 2 조 제 5 호).

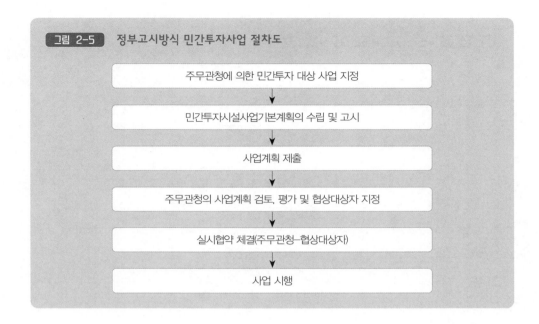

그림 2-5 정부고시방식 민간투자사업 절차도

> 주무관청에 의한 민간투자 대상 사업 지정
>
> ↓
>
> 민간투자시설사업기본계획의 수립 및 고시
>
> ↓
>
> 사업계획 제출
>
> ↓
>
> 주무관청의 사업계획 검토, 평가 및 협상대상자 지정
>
> ↓
>
> 실시협약 체결(주무관청–협상대상자)
>
> ↓
>
> 사업 시행

으로 시행하는 방식을 말한다($^{법 제 8 조}_{의2 제 1 항}$). '민간제안방식'은 민간 부문이 민간 투자대상 사업으로 지정되지 아니한 사업으로서 민간투자방식으로 추진할 수 있는 사업을 제안하여 시행하는 방식을 말한다($^{법}_{제 9 조}$). 두 가지 방식의 단계적 절차는 다음과 같다.

1) 정부 고시 방식

① 주무관청에 의한 민간투자 대상 사업 지정($^{법 제 8 조}_{의2 제 1 항}$)

② '민간투자시설사업기본계획'의 수립 및 고시($^{법 제10조}_{제 1 항, 제 3 항}$)

③ 민간투자사업을 시행하고자 하는 자의 사업 계획 제출($^{법 제13조}_{제 1 항}$)

④ 주무관청의 사업 계획 검토, 평가 및 협상대상자 지정($^{법 제13조}_{제 2 항}$)

⑤ '실시협약' 체결(주무관청과 협상대상자 간) 및 사업시행자 지정($^{법 제13}_{조 제 3 항}$)

⑥ 사업 시행

2) 민간제안방식

① 민간 부문의 사업제안서 제출($^{법 제 9 조}_{제 2 항}$)

② 제안서 검토($^{법 제 9 조}_{제 3 항}$)

③ 제 3 자 제안 공고($^{법 제 9 조}_{제 3 항}$)[1]

---

1 주무관청이 최초 제안자 외의 제 3 자에 의한 제안이 가능하도록 제안 내용의 개요를 공고하는 것을 말한다(법 제 9 조 제 3 항).

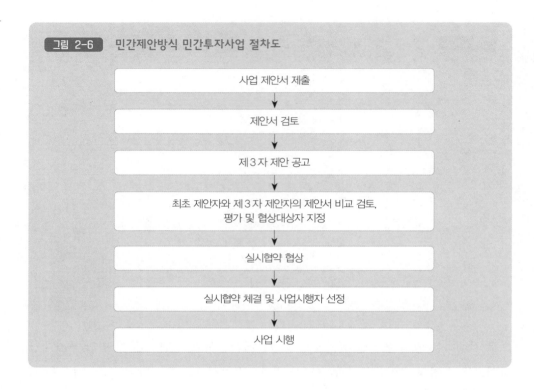

그림 2-6 민간제안방식 민간투자사업 절차도

사업 제안서 제출

↓

제안서 검토

↓

제3자 제안 공고

↓

최초 제안자와 제3자 제안자의 제안서 비교 검토, 평가 및 협상대상자 지정

↓

실시협약 협상

↓

실시협약 체결 및 사업시행자 선정

↓

사업 시행

④ 최초 제안자와 제3자 제안자의 제안서 비교·검토, 평가 및 협상대상자 지정 $\binom{법 제9조}{제4항}$

⑤ '실시협약' 체결 및 사업시행자 지정 $\binom{법 제9조}{제5항}$.

⑥ 사업 시행

(2) 법적 쟁점

'정부고시방식'의 경우에 있어서 '민간투자시설사업기본계획'(민간제안방식의 경우 제3자 제안 공고)에 어긋나는 내용의 사업 제안을 한 자를 우선 협상대상자로 지정한 처분이 위법한 처분인지에 대하여 다음과 같이 견해가 나누어질 수 있다.

1) 제1설: 재량행위설

'민간투자시설사업기본계획'에서 정하는 사항을 성질별로 구분하여, 사업 규모 같은 사항은 당사자 간에 동질성을 크게 벗어나지 않는 한도 내에서 협상 시 그 조정을 자유로이 할 수 있는 것이며, 협상대상자 선정을 위한 평가 기준 같은 사항은 엄격히 지켜져야 한다는 견해가 있을 수 있다.[1] 따라서, 만일 평가 기준에 어긋나는 사업 제안을 한 자를 우선협상대상자로 지정한 경우에는 이 견해에 따르면 위법한 처분으로 보게 된다.

2) 제 2 설: 구속적 행정계획설

'민간투자시설사업기본계획'은 사업제안자, 주무관청 및 국민을 구속하는 효력이 있는 '구속적 행정계획'이라는 입장에서 '민간투자시설사업기본계획'의 내용에 어긋나는 사업 제안을 한 자를 우선협상대상자로 지정하는 처분은 위법한 처분으로 간주된다는 견해가 있을 수 있다.[2]

3) 판   례

판례는 "우선협상대상자 지정 처분이 사실 오인 등에 근거하여 법령에 위반 되거나 행정청 스스로 정한 기준에 어긋난 평가를 기초로 한 것이라고 인정되는 경우에 재량권을 일탈, 남용한 것으로 위법하다"고 하고 있다.[3]

4) 소   결

주무관청의 우선협상대상자 지정 처분은 특정인에게 권리나 이익을 부여하는 수익적 행정행위로서 일종의 재량행위에 속하며(효과 재량설의 입장이다),[4] 이를 위해 일정한 기준을 수립하고 이에 따라 사업계획을 평가하는 것은 전문성과 기술성을 요하는 행위로서 특별한 사정이 없는 한 주무관청의 재량행위로 볼 수 있다고 본다. 다만 그러한 처분이 단순한 사실 오인 등에 근거하여 법령에 위반되거나 주무관청이 스스로 정한 기준을 거스르는 평가를 하는 경우에는 판례와 같이 재량권을 일탈 · 남용한 것으로 위법하다고 보아야 할 것이다.[5]

4. 민간투자사업의 추진 방식

민간투자사업의 추진 방식으로서 「사회기반시설에 대한 민간투자법」이 규정하

---

1 황호동 · 황학천 · 김길홍, "사회기반시설에 대한 민간투자법에 따른 실시협약에 대한 해석," 『BFL』 제37호(서울대학교 금융법센터, 2009. 9), 42면.
2 위의 글, 42면.
3 서울고등법원 2004. 6. 24. 선고 2003누64833 판결.
4 홍정선, 『행정법원론(상)』(박영사, 2008), 307면.
5 같은 취지의 견해로 황호동 · 황학천 · 김길홍, 앞의 글, 42면 각주 1.

고 있는 유형은 다음과 같다$\binom{\text{법 제 4 조 제 1 호}}{\text{내지 제 6 호}}$.

(1) 건설-이전-운영(Build-Transfer-Operate: BTO) 방식

"사회기반시설의 준공과 동시에 당해 시설의 소유권이 국가 또는 지방자치단체에 귀속되며 사업시행자에게 일정 기간의 시설관리운영권을 인정하는 방식"으로 $\binom{\text{법 제 4 조}}{\text{제 1 호 본문}}$ '수익형 민간투자사업'이라고 한다. 다만 건설－이전－임차(Build－Transfer－Lease: BTL) 방식에 해당하는 경우는 제외된다$\binom{\text{법 제 4 조}}{\text{제 1 호 단서}}$.

BTO방식은 이후 위험분담방식(BTO－rs)이나 손익공유방식(BTO－a)으로 다변화된다. 위험분담방식은 기본적으로 민간사업시행자가 설계, 재원조달, 건설 운영의 책임을 부담하고 사용료, 수입으로 투자금을 회수하는 구조는 기존의 수익형 민간투자사업과 동일하나 정부가 총민간투자비의 일부에 대하여 투자위험분담을 약정하고 운영기간 중 실제 운영수입이 정부가 약정한 투자위험분담기준금에 미달할 경우 그 차액을 정부가 지원하는 규정을 구체적으로 제시하는 방식이다.

구체적으로 설명하면 총민간사업비 및 위험부담액 결정은 총사업비를 기초로 정부가 건설보조금을 지원하는 부분을 제외한 총민간사업비를 정부의 투자위험 부담부분과 사업시행자의 투자위험 부담부분으로 구분하고 사업의 특성에 따라 상호 분담

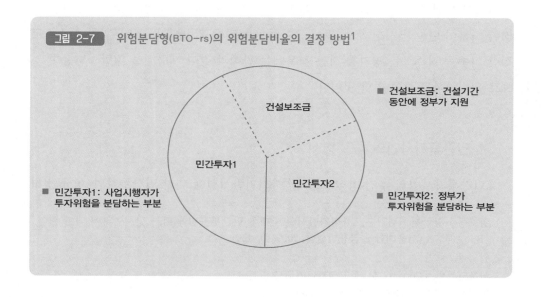

그림 2-7 위험분담형(BTO-rs)의 위험분담비율의 결정 방법[1]

비율을 설정하는 방식이다.

　손익공유방식은 총민간투자비를 기초로 정부의 위험분담 비율에 따라 보전대상 민간투자비와 미보전대상 민간투자비로 구분하며 정부의 위험분담금에는 운영기간 중 운용비용을 포함한다. 정부의 위험분담금을 도식화 하면 [그림 2−8]과 같다.

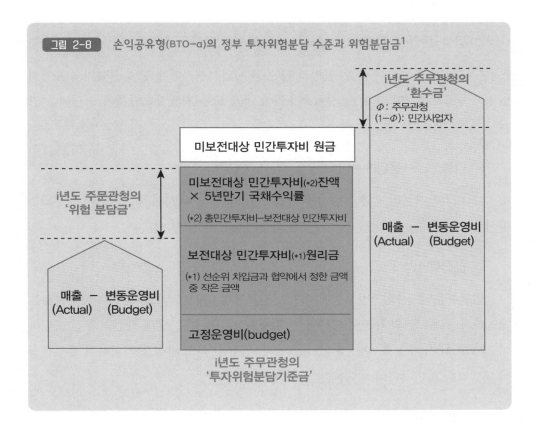

그림 2-8　손익공유형(BTO-α)의 정부 투자위험분담 수준과 위험분담금[1]

(2) 건설-이전-임차(Build-Transfer-Lease: BTL) 방식

　"사회기반시설의 준공과 동시에 당해 시설의 소유권이 국가 또는 지방자치단체에 귀속되며, 사업시행자에게 일정 기간의 시설관리운영권을 인정하되, 그 시설을 국

---

1 KDI 공공투자관리센터, "민간투자사업 새로운 위험분담 방식 제도화 방안 연구," 『2016년도 정책연구보고서』, 2016. 12, 17면.

2 KDI 공공투자관리센터, "민간투자사업 새로운 위험분담 방식 제도화 방안 연구," 『2016년도 정책연구보고서』, 2016. 12, 18면

가 또는 지방자치단체 등이 협약에서 정한 기간 동안 임차하여 사용 · 수익하는 방식"으로 '임대형 민간투자사업'이라고 한다($\substack{법 제4조 \\ 제2호}$). BTO 방식은 운영기간 동안 사업위험은 민간사업시행자에게 귀속되나 BTL 방식은 임차기간 사업위험은 공적 주체에게 귀속된다는 점에서 차이가 있다. BTL 방식은 BTO 방식에 비해 낮은 수익을 얻지만 비교적 안정적인 수입구조를 취하게 된다.

(3) 건설-운영-이전(Build-Operate-Transfer: BOT) 방식

"사회기반시설의 준공 후 일정 기간 동안 사업시행자에게 당해 시설의 소유권이 인정되며, 그 기간의 만료 시 시설소유권이 국가 또는 지방자치단체에 귀속되는 방식"을 말한다($\substack{법 제4조 \\ 제3호}$).

(4) 건설-소유-운영(Build-Own-Operate: BOO) 방식

"사회기반시설의 준공과 동시에 사업시행자에게 당해 시설의 소유권이 인정되는 방식"이다($\substack{법 제4조 \\ 제4호}$).

(5) 민간제안방식

민간부문이 「사회기반시설에 대한 민간투자법」 제9조의 규정에 의하여 사업을 제안하거나 제12조의 규정에 의하여 변경 제안을 하는 경우 당해 사업의 추진을 위하여 제1호 내지 제4호 방식(위 (1)~(4)의 방식을 말한다) 외의 방식을 제시하여 주무관청이 타당하다고 인정하여 채택한 방식을 말한다($\substack{법 제4조 \\ 제5호}$).

(6) 기타 방식

주무관청이 법 제10조의 규정에 의하여 수립한 민간투자시설사업기본계획에서 제시하는 방식이 있는데($\substack{법 제4조 \\ 제6호}$), 이러한 방식으로는 다음과 같은 유형이 있다.

1) 건설-임대-이전(Build-Lease-Transfer: BLT) 방식

사업시행자가 사회기반시설을 준공한 후 일정 기간 동안 타인에게 임대하고 임대기간 종료 후 시설물을 국가 또는 지방자치단체에 이전하는 방식이다.

2) 재건(정비)-운영-이전(Rehabilitate-Operate-Transfer: ROT) 방식

국가 또는 지방자치단체 소유의 기존 시설을 정비한 사업시행자에게 일정기간 동 시설에 대한 운영권을 인정하고 일정 기간 이후 시설물을 국가 또는 지방자치단체에게 이전하는 방식이다.

3) 재건(정비)-소유-운영(Rehabilitate-Own-Operate: ROO) 방식

기존시설을 정비한 사업시행자에게 당해 시설의 소유권을 인정하는 방식이다.

4) 재건(정비)-이전-임대(Rehabilitate-Transfer-Lease: RTL) 방식

사회기반시설의 개량·보수를 시행하여 공사의 완료와 동시에 당해 시설의 소유권이 국가 또는 지방자치단체에 귀속되며, 사업시행자는 일정기간 시설관리운영권을 인정받아 시설을 타인에게 사용·수익하도록 하는 방식이다.

5. 사회기반시설사업 프로젝트금융의 구조 및 주요 관련 계약

이하에서는 사회기반시설사업 대상의 프로젝트금융의 구조와 주요 관련 계약서를 살펴 보기로 한다.

(1) 사회기반시설사업 프로젝트금융의 구조

사회기반시설사업 프로젝트금융의 구조를 그림으로 나타내면 [그림 2-9]와 같다.

(2) 실시협약(주무관청과 사업시행자 간)

1) 의   의

정부고시사업이든 민간제안사업이든 주무관청은 협상대상자와 사업 시행의 조건 등에 관하여 '실시협약'을 체결함으로써 사업시행자를 지정한다(법 제13조 제3항). 따라서 실시협약은 사회기반시설사업의 근간을 이루는 중요한 약정이다.[1] 실시협약의 체결에 의하여 즉시 사업시행자 지정의 효력이 발생하므로 별도로 주무관청의 지정 행위나 통지 같은 절차는 필요 없다.[2] 이 사업시행자 지정 행위는 주무관청이 당해 사업시행자로 하여금 사회기반시설사업을 시행할 수 있게 하는 독점적(獨占的)·배타적(排他的) 권리를 설정하여 주는 행정행위로서 일종의 특허(特許)에 해당한다고 볼 수 있다.[3]

---

1 이종훈, 앞의 학위논문, 191면.
2 황호동·황학천·김길홍, 앞의 글, 43면.
3 위의 글, 43면.

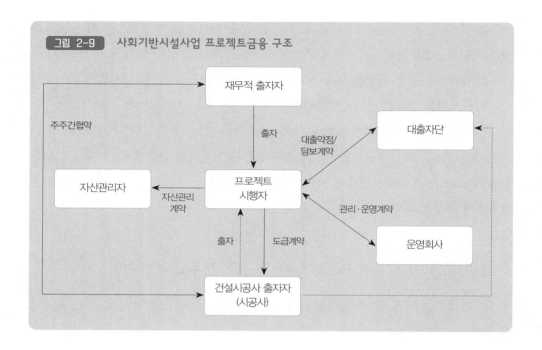

그림 2-9 사회기반시설사업 프로젝트금융 구조

실시협약을 통해 주무관청의 입장에서는 일정 프로젝트 사업을 일정 기간 내 합의된 금액으로 완공하여 이를 운영하도록 사업시행자를 구속할 필요성이 있으며, 사업시행자의 입장에서는 최소운영수입보장(minimum revenue guarantee: MRG), 해지 시 지급금 등 중요한 사항에 대해 사전 합의를 통해 전체 프로젝트의 위험을 최소화 할 필요가 있다. 따라서 실시협약은 전체 사업과 그에 대한 프로젝트금융의 성공을 간접적으로 담보하는 역할을 한다.[1]

2) 법적 성질

실시협약의 계약상 법적 성질이 무엇이냐에 대해 사법상 계약설과 공법상 계약설로 견해가 나누어지고 있다.

① **사법(私法)상 계약설**   실시협약은 사법상 계약이라는 견해가 있다. 그 근거로는 (i) 실시협약의 체결 시 별도의 주무관청의 행정행위가 필요하지 않고 주무관청과 협상대상자가 대등한 지위에서 「사회기반시설에 대한 민간투자법」이 정하는 각 사항에 대해 협의하여 결정하는 점, (ii) 양 당사자가 실시협약 위반으로 인한 채무불이행에 대해 민사상 책임을 부담하는 점, (iii) 계약에서 정한 요건이 충족되면 어느 당

---

1 이종훈, 앞의 학위논문, 192면.

사자라도 계약을 해지할 수 있는 점 등을 근거로 실시협약은 사법상 계약이라는 견해이다.[1]

② 공법(公法)상 계약설   실시협약은 공법상 계약이라는 견해가 있다. 그 근거로는 「사회기반시설에 대한 민간투자법」 및 관련 법령에서 찾아볼 수 있는 여러 가지 공법적인 요소, 예를 들면, (i) 사업시행자 지정의 경우 인정된 사업 이외의 사업은 영위할 수 없다는 점, (ii) 관리운영권의 처분이나 출자자 변경의 경우 주무관청의 사전 승인이 필요하며(법 제27조 제2항), 별도로 주무관청의 포괄적 감독명령권이 존재한다는 점(법 제45조)과 (iii) 기본적으로 공공성을 위해 사법상의 제한 내지 수정이 존재한다는 점 등을 든다.[2] 이 견해는 본질적으로 볼 때, (i) 민간투자사업은 성격상 '급부(給付)행정'에 속하며, (ii) 공(公) 행정작용의 일환으로 사회기반시설인 공물(公物)을 대상으로 하고, (iii) 사업시행자의 입장에서도 수용권(收用權) 등의 특권(법 제20조 제1항)과 관리·운영 상 사용료 부과 내지 징수권 등의 권한(법 제25조 제4항)을 부여 받으며, (iv) 실시협약의 체결은 사업시행자 지정이라는 행정처분을 초래한다(법 제13조 제3항)는 점 등에 착안한 것이다.[3]

③ 판례: 공법상 계약설의 입장   판례는 "우선협상대상자 지정 행위도 사업시행자로 지정되기 위한 전제 요건으로서 사업시행자의 실체적 권리 관계에 밀접하게 관련되어 있으므로 사업 계획을 제출한 사업자의 권리 관계에 영향을 미치는 것으로서 항고 소송의 대상이 되는 행정처분에 해당한다"고 하면서, 실시협약에 대해서도 "「사회기반시설에 대한 민간투자법」 제18조 내지 제20조에 의하면 사업시행자는 민간투자사업의 시행을 위해 타인의 토지에 출입 등을 할 수 있고, 국·공유 재산을 무상으로 사용할 수 있으며, 토지 등을 수용 또는 사용할 수 있으므로 사업시행자 지정의 효력을 가진 실시협약의 체결은 단순한 사법적·일반적 계약 관계라고 할 수 없다"고 판시하고 있다.[4]

④ 소   결   실시협약이 주무관청과 협상대상자(사업시행자) 간에 대등한 지위에서 협상을 통해 체결된다고 전제하더라도, 「사회기반시설에 대한민간투자법」상 절차상·관리감독상 주무관청의 공익에 근거한 다수의 권한(포괄적 감독명령권, 법령 위반

---

1 황호동 · 황학천 · 김길홍, 앞의 글, 43면.

2 위의 글, 43면.

3 위의 글, 43면. 판례도 같은 입장이다(서울고등법원 2004. 6. 24. 선고 2003누6483 판결).

4 서울고등법원 2004. 6. 24. 선고 2003누6483 판결.

에 대한 처분권, 공익을 위한 처분권 등)이 규정되어 있고, 다른 한편으로 실시협약 체결을 통한 사업자 지정이 사업자에게 법상 다수의 배타적 권리를 부여하는 행정처분적 성격을 가진다는 점을 고려하면 실시협약은 본질적으로 공법상 계약에 해당한다고 본다.

3) 실시협약이 「사회기반시설에 대한 민간투자법」이나 '민간투자시설사업기본계획' 내지 '제3자 제안 공고'의 각 규정과 다르게 체결된 경우의 효력 문제

주무관청과 협상대상자 간에 체결한 실시협약의 내용이 근거법인 「사회기반시설에 대한 민간투자법」이나 이 법에 근거하여 수립한 '민간투자시설사업기본계획' 내지 '제3자 제안 공고'의 내용과 상이하게 체결된 경우에 있어서 실시협약 또는 실시협약 관련 규정의 효력 여부에 대해서는 다음과 같이 견해가 나누어질 수 있다.

① 무효설   '민간투자시설사업기본계획'은 기술한 바와 같이 '구속적 행정계획'의 성질을 가지는 것으로 원칙적으로 이를 고시한 주무관청과 민간 사업자 모두를 기속(羈束)하는 것이기 때문에 고시된 내용과 다르게 정하거나 새로운 조건을 설정한 것이 이와 배치된다고 판단되는 경우에는 원칙적으로 실시협약은 무효라고 보는 견해가 있다.[1]

② 제한적 무효설   관련당사자들이 「사회기반시설에 대한 민간투자법」이나 '민간투자시설사업기본계획' 내지 '제3자 제안 공고'에서 정한 절차나 기준 등에 어긋나게 협상을 진행하여 체결한 실시협약의 경우, "당연 무효가 되는 것이 아니라 그 하자(瑕疵)가 「사회기반시설에 대한 민간투자법」이 지향하는 공공성과 공정성을 현저히 침해할 정도의 중대한 하자(瑕疵)로서 상대방이 이를 알았거나 알 수 있었을 정도이거나 누가 보아도 이 법에서 정한 처분 등이 선량한 풍속 기타 사회질서에 반하여 이루어진 행위가 분명하여 이를 무효로 하지 않으면 이 법의 취지를 거스르는 결과가 되는 특별한 사정이 있는 경우에 무효"로 보는 견해로서 하급심 판례의 입장이다.[2]

---

1 황호동 · 황학천 · 김길홍, 앞의 글, 44면.

2 대전지방법원 2002. 3. 21. 선고 2002카합71 판결. 하자의 정도나 상대방의 악의 유무 등 여러 가지 사항을 고려하여 제한적으로 판단하자는 취지에서 '제한적 무효설'이라고 할 수 있다. 이와 유사한 판례로서 「국가를 당사자로 하는 계약에 관한 법률」에 따른 낙찰자 결정과 관련한 대법원 2001. 12. 11. 선고 2001다33604 판결 참조.

(3) 주주간계약(사업시행자의 출자주주들 간)

주주간계약으로 각 주주들의 권리와 의무를 규정하며, 주로 사업시행자에 대한 출자자인 재무적 출자자 및 건설회사 출자자들 간에 체결된다.

(4) 대출계약 및 각종 담보계약(대출자와 사업시행자 간)

주로 재무적 출자자인 금융기관이 대출자가 되며, 대출자와 사업시행자 간에 대출계약 및 관련 각종 담보설정계약을 체결한다. 각종 담보 수단에 대해서는 후술한다.

(5) 도급계약 및 기타 약정

일반적으로 건설시공사는 사업시행자에 출자함과 동시에 사업시행자와 도급계약을 체결하고 아울러 대출자의 원리금 상환채권을 보전하기 위해 신용 보강 내지 제고 차원에서 요구되는 자금보충의무 등 각종 약정을 체결한다.

(6) 관리·운영계약

공사 완료 후 시설 관리·운영을 위한 관리운영회사와 관리·운영계약을 체결한다.

6. 사회기반시설투융자집합투자기구

(1) 총   설

2011년 8월 4일 「사회기반시설에 대한 민간투자법」이 개정되기 전까지는 법상 사회기반시설 사업에 투자하는 이른바 '인프라펀드'의 형태는 회사형으로서 '사회기반시설투융자회사'밖에 없었다. 다만, 시장에서 실무적으로 몇 가지 이유로 은행 등 금융기관이 사회기반시설투융자회사 대신에 「자본시장과 금융투자업에 관한 법률」상의 투자신탁 형태의 집합투자기구를 이용하여 사회기반시설사업에 투자하는 것이 가능한지에 대한 문제가 제기되었다. 이에 따라 실제로 투자신탁 형태의 '인프라펀드'가 설정되기도 했지만 「자본시장과 금융투자업에 관한 법률」의 규제를 받음과 동시에 「사회기반시설에 대한 민간투자법」상의 각종 혜택도 적용이 되지 않는 한계가 있어서 투자신탁 형태의 인프라펀드를 입법적으로 도입하자는 요구가 계속 제기되었다.

2008년 세계적 금융위기 이후 거시 경제 환경 악화와 민간투자 사업의 구조적 여건 악화로 민간투자 신규 사업 추진에 애로가 많았고, 또한 정부의 재정 여건상의 제약을 감안할 때 민간투자 사업을 통한 사회기반시설에 대한 재정 투자 보완 역할이 지속되어야 한다는 필요성이 제기되었다. 이에 따라 민간투자 사업 활성화 차원에서 2009년 8월에 발표한 「제 2 차 민간투자 사업 활성화 방안」에 따른 후속 조치로서,[1] 투자자의 수익 구조 및 자금 조달 여건을 개선하여 민간투자 사업에 대한 적극적 투자 환경을 조성하기 위해 2011년 8월 4일에 법이 개정된 것이다. 그리고, 그 주요 내용 중의 하나로서 그 동안의 시장에서의 요구를 반영하여 인프라펀드의 형태를 투자신탁형으로 확대하는 조치가 취해진 것이다.

(2) 법 개정 전 인프라펀드 형태에 관한 논의

2011년 8월 4일 법이 개정되기 전까지 시장에서 논의되었던 「자본시장과 금융투자업에 관한 법률」상의 투자신탁 형태의 특별자산집합투자기구를 이용한 사회기반시설사업에 대한 투자 관련 문제에 대해 살펴보면 다음과 같다.

1) 논의 배경

은행의 경우 자기자본 비율 계산에 있어서 "금융업을 영위하는 비연결 자회사"에 대한 출자 금액은 은행의 자기자본에서 공제되게 된다(「은행업감독업무시행세칙」 [별표 3의3] 『신용리스크 위험가중자산에 대한 자기자본 산출기준(바젤 I 기준)』 라. (3) (나)). 따라서 은행의 경우 자기자본 비율을 높이기 위해서는 비연결 자회사가 될 수 있는 집합투자기구인 투자회사에 대한 출자보다는 투자신탁 형태를 선호하는 경향이 있었다.

따라서 은행 등 금융기관이 사회기반시설투융자회사 대신에 「자본시장과 금융투자업에 관한 법률」상의 투자신탁 형태의 집합투자기구를 이용하여 사회기반시설사업에 투자하는 것이 가능한지에 대한 문제가 제기될 수 있었다.

2) 「자본시장과 금융투자업에 관한 법률」상 투자신탁 형태의 특별자산집합투자기구

「자본시장과 금융투자업에 관한 법률」은 집합투자기구의 종류로서 '특별자산집

---

1 재정 부담은 최소화하면서 적극적인 투자를 위한 환경 조성을 위해 「제 2 차 민간투자 사업 활성화 방안」이 마련되었고, 그 전에 「제 1 차 민간투자 사업 활성화 방안」(산업은행 특별 융자 및 보증 한도 확대 등)은 2009년 2월에 마련한 즉시 시행된 바 있다.

합투자기구'를 인정하고 있다. 즉 '특별자산집합투자기구'란 "집합투자재산의 100분의 40 이상으로서 대통령령으로 정하는 비율(현재 100분의 50 이상)을 초과하여 특별자산(증권 및 부동산을 제외한 투자 대상 자산을 말한다)에 투자하는 집합투자기구"를 말한다(「자본시장과 금융투자업에 관한 법률」 제229조 제3호). 따라서 이러한 특별자산집합투자기구는 증권 및 부동산을 제외한 투자 대상 자산에 투자할 수 있는 것이고, 투자 대상 자산의 범위는 넓게 해석할 수 있으므로, 은행 등 금융기관이 사회기반시설사업에 주로 투자하는(즉, 사업시행사의 주식을 취득하는) 특별자산집합투자기구를 설정 내지는 설립할 수 있는 것이다. 그리고 투자신탁 형태의 특별자산집합투자기구를 이용할 수 있는 것도 물론이다. 따라서 은행의 경우 자기자본 비율을 고려하여 사회기반시설투융자회사에 대한 출자 대신에 투자신탁 형태의 특별자산집합투자기구를 이용하여 사회기반시설사업에 투자하는 형태를 선호할 수도 있다.

3) 투자신탁 형태의 특별자산집합투자기구 구조와 사회기반시설투융자회사 구조의 차이점

투자신탁 형태의 특별자산집합투자기구 구조와 사회기반시설투융자회사 구조는 다음과 같은 차이점이 있을 수 있다. 우선, 「사회기반시설에 대한 민간투자법」상 사회기반시설투융자회사는 투자회사로 간주되므로(법 제41조 제2항), 투자자는 사회기반시설투융자회사에 자본을 출자하여 주식을 취득하게 된다. 그러나 투자자가 특별자산집합투자기구인 투자신탁에 투자하는 경우에는 신탁형으로서 수익증권을 취득하게 된다. 이 점이 근본적으로 상이한 점이다. 또한 투자회사인 사회기반시설투융자회사의 경우 회사 내부에 '투자위원회'를 구성하여 투자와 관련한 의사 결정을 하는 것이 일반적이나, 신탁형인 특별자산집합투자기구인 투자신탁의 경우 집합투자업자가 실질적으로 투자 의사 결정을 하게 된다는 점에 차이가 있다. 더욱이 설정 내지 설립 절차에 있어서도 특별자산 투자신탁의 설정이 사회기반시설투융자회사의 설립 절차보다 간편하다는 점이 있다.

4) 투자신탁 형태의 특별자산집합투자기구를 이용하여 사회기반시설사업에 투자하는 구조의 경우 고려 사항

이처럼 은행 등 금융기관이 투자신탁 형태인 특별자산집합투자기구를 이용해 사회기반시설사업에 투자할 수 있다고 하더라도 이 경우 다음과 같은 점을 고려할 필요가 있었다. 첫째, 「자본시장과 금융투자업에 관한 법률」상 투자신탁에 적용되는 자산 운용 규제가 그대로 투자신탁인 특별자산집합투자기구에 적용된다는 점, 둘째, 「사회 기반시설에 대한 민간투자법」상의 사회기반시설투융자회사에 적용되는 특례 규정이 적용되지 않는다는 점, 셋째, 만일 특별자산집합투자기구인 투자신탁의 수익자가 은 행 등 금융기관인 경우 투자신탁을 통하여 사회기반시설사업 시행사의 주식을 취득 하는 때에 수익자인 금융기관이 투자신탁을 통해 우회적으로 시행사의 주식을 소유 하는 것으로 볼 수 있어 금융기관이 실질적으로 시행사 법인을 '지배'하게 되는 것으 로 볼 가능성이 있고, 이 경우에는 「금융산업의 구조개선에 관한 법률」 제24조의 적 용 문제(즉 일정한 요건에 해당하는 경우 금융위원회의 승인 문제)가 발생할 수 있다는 점이다.

5) 투자신탁 형태를 이용한 사회기반시설사업에의 투자 활성화를 위한 조치

앞서 본 것처럼, 「사회기반시설에 대한 민간투자법」은 사회기반시설투융자회 사에 대해서는 「자본시장과 금융투자업에 관한 법률」상의 자산운용 제한 등 여러 가 지 규제 사항의 적용을 배제하고 있는데(법제44조), 투자신탁형 구조의 투자 수요가 증가 하고 있는 상황에서 사회기반시설사업의 시행사 법인에 대한 출자자의 자격 요건에 명시적으로 투자신탁을 허용하고 투자신탁에 대해서도 사회기반시설투융자회사와 마찬가지로 자산운용 제한 등 여러 가지 제한에 예외를 두는 것이 필요하다는 주장 이 제기되었다. 이러한 요구를 반영하여 2010년 2월 9일 정부가 발표한 「사회기반시 설에 대한 민간투자법」 개정 입법 예고안은 민간투자사업에 있어서 자금 조달의 활 성화를 위해 기존의 회사형 이외에 투자신탁형 집합투자기구를 허용하는 방안을 포 함하고 있었다.

(3) 종   류

개정 「사회기반시설에 대한 민간투자법」은 '사회기반시설집합투자기구'(이하 "투융 자집합투자기구")의 종류를 크게 회사형과 신탁형으로 구분하고 전자를 '사회기반시설투 융자회사'(이하 "투융자회사"), 후자를 '사회기반시설투융자신탁'(이하 "투융자신탁")이라고 하고 있다. 법 제41조에서 제44조까지 관련되는 사항에 대해 각각 규정하고 있으며, 구체적으로 살펴보면 다음과 같다.

⑷ 사회기반시설 투융자집합투자기구의 설립 목적

투융자집합투자기구의 설립 목적은 사회기반시설 사업에 자산을 투자하여 그 수익을 투자자에게 배분하는 것에 있다($^{법\ 제41조}_{제1항}$). 구체적으로 설명하면 투융자회사의 경우 주주에게, 투융자신탁의 경우 수익자에게 각각 수익을 배분하게 된다.

⑸ 「자본시장과 금융투자업에 관한 법률」의 적용

투융자회사와 투융자신탁은 각각 「자본시장과 금융투자업에 관한 법률」에 따른 '투자회사'와 '투자신탁'으로 간주되므로($^{법\ 제41조}_{제2항}$), 「사회기반시설에 대한 민간투자법」에서 특별히 정하는 경우를 제외하고는 「자본시장과 금융투자업에 관한 법률」이 적용된다($^{법\ 제41조}_{제4항}$). 다만, 사회기반시설 사업의 특성과 민간 투자의 촉진이라는 법의 취지를 감안하여 「자본시장과 금융투자업에 관한 법률」상의 집합투자업자의 자산운용 제한, 금전 차입의 제한, 성과 보수의 제한, 의결권에 대한 제한, 명칭 제한, 자기 집합투자증권의 취득 제한, 신주발행가액 산정에 관한 조항, 환매금지형집합투자기구에 대한 제한, 기준가격 산정 및 공시에 관한 규제 등의 규정은 적용되지 않는다($^{법\ 제44조}_{제1항}$).

한편, 투융자회사가 「독점규제 및 공정거래에 관한 법률」 제 2 조 제 7 호의 규정에 의한 지주회사에 해당되는 경우 「독점규제 및 공정거래에 관한 법률」 제18조 제 2 항 제 2 호의 규정도 적용되지 않는다($^{법\ 제44조}_{제2항}$).

⑹ 법적 형태와 성격

1) 집합투자기구

투융자회사는 「자본시장과 금융투자업에 관한 법률」에 따른 '투자회사'로 간주되므로($^{법\ 제41조}_{제2항}$), 「자본시장과 금융투자업에 관한 법률」에 따른 집합투자기구의 한 유형으로서 상법상 주식회사의 형태가 되며($^{「자본시장과\ 금융투자업에\ 관}_{한\ 법률」\ 제9조\ 제18항\ 제2호}$) 투융자신탁은 「자본시장과 금융투자업에 관한 법률」에 따른 '투자신탁'으로 간주되므로($^{법\ 제41조}_{제2항}$), 「자본시장과 금융투자업에 관한 법률」에 따른 집합투자기구의 한 유형으로서 집합투자업자인 위탁자가 신탁업자에게 신탁한 재산을 신탁업자로 하여금 그 집합투자업자의 지시에 따라 투자운용하게 되는 신탁형태의 집합투자기구가 된다($^{「자본시장과\ 금융투자업}_{에\ 관한\ 법률」\ 제9조}$ $^{제18항}_{제1호}$).

2) 환매금지형집합투자기구만 허용

사회기반시설집합투자기구는 투융자회사이든 투융자신탁이든 「자본시장과 금융투자업에 관한 법률」 제230조 제1항에 따른 환매금지형집합투자기구의 형태로만 설립하여야 한다(법 제41조 제3항). 「자본시장과 금융투자업에 관한 법률」상 투자회사와 투자신탁의 경우 개방형(환매형)과 폐쇄형(환매금지형)으로 구분되나, 사회기반시설집합투자기구의 경우 반드시 환매금지형으로만 설립되어야 한다는 것이 다른 점이다.

3) 명목회사(Paper Company)로서의 투융자회사

투융자회사는 「자본시장과 금융투자업에 관한 법률」상 투자회사로 간주되어 상근 임원 또는 직원을 둘 수 없으며, 본점 이외의 영업소를 설치할 수 없는 이른바 명목회사이다(「자본시장과 금융투자업에 관한 법률」 제184조 제7항). 따라서 투융자회사의 업무 수행을 위해서 「자본시장과 금융투자업에 관한 법률」상의 투자회사의 경우처럼, 다음과 같은 자에게 업무 위탁을 하여야 한다. 우선 투융자회사 재산운용 업무는 그 회사의 법인이사인 집합투자업자가 수행하며(「자본시장과 금융투자업에 관한 법률」 제184조 제2항), 투융자회사의 재산을 보관·관리하는 업무는 신탁업자에게 위탁하며(「자본시장과 금융투자업에 관한 법률」 제184조 제3항), 투융자회사의 주식을 판매하고자 하는 경우에는 「자본시장과 금융투자업에 관한 법률」에 따라 업무 인가를 받은 투자매매업자와 판매계약을 체결하거나 투자중개업자와 위탁판매계약을 체결하여야 한다(「자본시장과 금융투자업에 관한 법률」 제184조 제5항). 이외에도 투융자회사는 다음의 업무를 일반사무관리회사에 위탁해야 한다. 즉 투융자회사 주식의 발행 및 명의개서(名義改書), 회사 재산의 계산, 법령 또는 정관에 의한 통지 및 공고, 이사회 및 주주총회의 소집·개최·의사록 작성 등에 관한 업무, 그 밖에 투융자회사의 사무를 처리하기 위하여 필요한 업무로서 '대통령령으로 정하는 업무'[1]를 일반사무관리회사에 위탁해야 한다(「자본시장과 금융투자업에 관한 법률」 제184조 제6항). 한편, 투융자신탁의 경우 집합투자업자가 이를 금융위원회에 등록을 해야 하며(「자본시장과 금융투자업에 관한 법률」 제182조 제1항), 투자신탁재산에 속하는 지분증권(그 지분증권과 관련된 증권예탁증권을 포함한다)의 의결권 행사는 그 투융자신탁의 집합투자업자가 수행하여야 하며(「자본시장과 금융투자업에 관한 법률」 제184조 제1항), 투융자신탁재산 운용업무는 그 투융자신탁의 집합투자업자가 이를 수행하고(「자본시장과 금융투자업에 관한 법률」 제184조 제2항), 투융자신탁의 집합투자업자는 집합투자재산의 보관·관리업무를 신탁업자에게 위탁하여

---

1 사회기반시설투융자회사 재산의 기준가격 산정 업무(「자본시장과 금융투자업에 관한 법률」 제238조 제8항에 따라 위탁받은 업무를 말한다) 및 사회기반시설투융자회사의 운영에 관한 업무이다(「자본시장과 금융투자업에 관한 법률 시행령」 제212조).

야 한다($\binom{\text{자본시장과 금융투자업에}}{\text{관한 법률}}$제184조 제 3 항). 투융자신탁의 집합투자업자는 집합투자기구의 집합투자증권을 판매하고자 하는 경우, 투자매매업자와 판매계약을 체결하거나 투자중개업자와 위탁판매계약을 체결하여야 한다($\binom{\text{자본시장과 금융투자업에}}{\text{관한 법률}}$제184조 제 5 항). 다만, 투융자신탁의 집합투자업자가 투자매매업자 또는 투자중개업자로서 집합투자기구의 집합투자증권을 판매하는 경우에는 판매계약 또는 위탁판매계약을 체결하지 아니한다.

4) 유사명칭 사용의 금지

「사회기반시설에 대한 민간투자법」에 의한 투융자집합투자기구가 아닌 자는 투융자집합투자기구, 투융자회사, 투융자신탁 또는 이와 유사한 명칭을 사용하여서는 아니 된다($\binom{\text{법 제41조}}{\text{제 5 항}}$).

(7) 사회기반시설투융자집합투자기구의 설립(설정) 및 운영

1) 자 본 금

투융자신탁의 경우 설립금액에 대해서는 제한이 없으나 투융자회사의 경우 자본금에 대한 제한 규정이 존재한다. 투융자회사의 자본금은 등록[1] 신청 당시를 기준으로 100억 원을 초과하지 아니하는 범위 안에서 대통령령이 정하는 금액 이상이어야 하는데($\binom{\text{법 제41조}}{\text{의2 제 1 항}}$), 현행 시행령상 10억 원이다($\binom{\text{법 시행령 제}}{\text{34조 제 1 항}}$).

2) 최저 순자산액

투융자회사의 최저 순자산액은 50억 원을 초과하지 아니하는 범위 안에서 대통령령이 정하는 금액 이상이어야 하는데($\binom{\text{법 제41조}}{\text{의2 제 2 항}}$), 현행 시행령상 투융자회사가 등록한 날부터 6개월 이내인 경우에는 10억 원, 투융자회사가 등록한 날부터 6개월이 지난 경우에는 50억 원이다($\binom{\text{법 시행령 제}}{\text{34조 제 2 항}}$).

3) 설립 방식

투융자회사의 설립은 발기설립 방식 또는 모집설립 방식 모두 가능하다($\binom{\text{법 제41}}{\text{조의3, 제}}$ 41조의4). 발기인이 주식을 인수하는 경우에는 인수가액 전액을 현금으로 납입하여야 하며($\binom{\text{법 제41}}{\text{조의3}}$), 모집설립 방식을 취하는 경우에도 발기인은 자본금의 100분의 10에 상당하는 금액 이상의 주식을 인수해야 한다($\binom{\text{법 제41조의4 제 4 항, 이 법}}{\text{시행령 제34조의2 제 4 항}}$).

---

1 「자본시장과 금융투자업에 관한 법률」상 투자회사가 집합투자기구를 설정·설립한 경우에는 그 집합투자기구를 금융위원회에 등록하여야 한다(법 제182조 제 1 항).

4) 금융위원회에 대한 등록

투융자집합투자기구를 설립 또는 설정할 때에는 금융위원회에 등록하여야 하며($\binom{\text{「자본시장과 금융투자업에}}{\text{관한 법률」 제182조 제 1 항}}$), 투융자집합투자기구 등록신청서를 제출받은 경우 금융위원회는 제출일로부터 5영업일 이내에 기획재정부 장관에게 등록신청서와 집합투자규약 등의 모든 첨부서류의 사본을 송부하여야 하고 등록여부에 대한 결과를 지체 없이 기획재정부 장관에게 통보하여야 한다($\binom{\text{법 제41조}}{\text{의6 제 1 항}}$).

5) 투융자회사의 주요 기관: 주주총회, 이사(법인이사, 감독이사), 이사회, 감사

투융자회사는 「자본시장과 금융투자업에 관한 법률」상의 투자회사로 간주되므로, 이 법에 따라 주주총회 및 이사회를 두게 된다($\binom{\text{제200조,}}{\text{제201조}}$). 이사는 집합투자업자인 법인이사와 감독이사로 구분되는데($\binom{\text{제197조}}{\text{제 1 항}}$), 법인이사 1인과 감독이사 2인 이상을 선임하여야 한다($\binom{\text{제197조}}{\text{제 2 항}}$). 법인이사는 사회기반시설투융자회사를 대표하고 그 업무를 집행하며($\binom{\text{제198조}}{\text{제 1 항}}$), 감독이사는 법인이사의 업무 집행을 감독한다($\binom{\text{제199조}}{\text{제 1 항}}$). 그리고 사회기반시설투융자회사는 주식회사 형태이므로 상법의 적용을 받게 되고 상법에 따라 감사를 선임하게 된다($\binom{\text{「상법」}}{\text{제409조}}$).

6) 투융자집합투자기구의 주식 또는 수익증권의 상장

투융자회사 및 투융자신탁의 집합투자업자는 「자본시장과 금융투자업에 관한 법률」 제390조 제 1 항에 따른 상장규정의 상장 요건을 갖추게 된 때에는 그 주식 또는 수익증권을 증권 시장에 상장하기 위한 절차를 지체 없이 진행하여야 한다($\binom{\text{법 제}}{\text{41조의}}$ $^{8}_{\text{제 1 항}}$). 기획재정부장관은 투융자회사 및 투융자신탁의 집합투자업자가 정당한 사유 없이 증권시장에 상장하기 위한 절차를 진행하지 아니하는 때에는 기간을 정하여 그 이행을 명할 수 있다($\binom{\text{법 제41조}}{\text{의8 제 2 항}}$).

7) 투융자집합투자기구의 자산운용의 범위 및 자금 조달 방법

① 자산운용의 범위　　　투융자집합투자기구는 법이 정한 다음의 범위 내에서만 자산운용 업무를 수행할 수 있다. 즉, (i) 사회기반시설사업의 시행을 목적으로 하는 법인이 발행한 주식, 지분 및 채권의 취득, (ii) 사회기반시설사업의 시행을 목적으로 하는 법인에 대한 대출 및 대출채권의 취득($\binom{\text{법 제41조 제 1 항에 따른 투융자신탁의 경우}}{\text{수익증권 총액의 100분의 30을 넘지 못한다}}$), (iii) 하나의 사회기반시설사업의 시행을 목적으로 하는 법인에 대하여 (i) 또는 (ii)의 방식으로 투자하는 것을 목적으로 하는 법인(투융자집합투자기구는 제외한다)에 대한 (i), (ii)의 방식에

의한 투자 또는 (iv) 금융위원회가 (i) 내지 (iii)의 목적을 달성하기 위해 필요한 것으로 승인한 투자 업무만을 수행할 수 있다($^{법\ 제43조}_{제1항}$). 즉 투융자집합투자기구는 위에서 정한 자산운용 업무 이외의 업무를 영위할 수 없다($^{법\ 제}_{42조}$). 이외에도 투융자집합투자기구는 위의 자산운용 업무를 영위하기 위하여 필요한 때에는 그 자산을 담보로 제공하거나 보증을 할 수 있다($^{법\ 제43조}_{제2항}$). 투융자집합투자기구는 여유 자금을 금융회사에 예치를 하거나 국·공채 매입과 해당 투융자집합투자기구가 금융회사 등에 예치한 금액과 매입한 국·공채의 가액을 합한 금액 한도 내에서 국채·공채와 동일한 신용등급의 채권 및 기업어음을 매입하는 방법으로 운용할 수 있다($^{법\ 제43조}_{제3항}$).

　② 자금 조달 방법: 차입 또는 사채 발행　　　한편, 투융자집합투자기구는 운용 자금이나 투자 목적 자금의 조달을 위하여 투융자회사의 경우 회사 자본금의 100분의 30을 초과하지 아니하는 범위 안에서, 투융자신탁의 경우 수익증권 총액의 100분의 30을 초과하지 아니하는 범위안에서 차입 하거나 사채 발행을 할 수 있다($^{법\ 제41조의5}_{제1항\ 본문,\ 시행}$ $^{령\ 제34}_{조의3}$). 그러나 「자본시장과 금융투자업에 관한 법률」 제 9 조 제19항에 따른 사모집합투자기구에 해당하는 투융자집합투자기구에 대하여는 위의 차입 또는 사채 발행의 한도가 적용되지 아니한다($^{법\ 제41조}_{의5\ 제2항}$). 투융자집합투자기구가 운용자금의 조달을 위하여 차입 또는 사채 발행을 하는 때에는 주주총회 또는 수익자총회의 승인을 얻어야 한다($^{법\ 제41조의}_{5\ 제1항\ 단서}$).

(8) 사회기반시설투융자회사와 「자본시장과 금융투자업에 관한 법률」상의 투자 회사와의 비교

　투융자회사와 「자본시장과 금융투자업에 관한 법률」상의 투자회사와의 차이점을 표로 정리해보면 [표 2 – 19]와 같다.

표 2-19 투자회사와 투융자회사와의 비교

항목	투자회사		투융자회사	
근거 법규	「자본시장과 금융투자업에 관한 법률」 → 「상법」	법 제9조 제18항 제2호	「사회기반시설에 대한 민간투자법」 → 「자본시장과 금융투자업에 관한 법률」 → 「상법」	법 제41조 제2항, 제4항
최저 순자산액	제한 없음		10억 원 이상(등록일로부터 6개월 이내) 또는 50억 원 이상(6개월 경과 후)	법 제41조의2 제2항, 시행령 제34조 제2항
등록신청 당시 자본금	제한 없음		10억 원 이상	법 제41조의2 제1항, 시행령 제34조 제1항
환매	개방형 또는 폐쇄형(환매금지형) 둘 다 허용	법 제196조 제4항, 제230조 제1항	폐쇄형(환매금지형)만 허용	법 제41조 제3항
신주 발행	가능	법 제196조	가능	법 제41조의7
신주 발행 가액	집합투자증권의 기준가격 계산 방법 적용(환매금지형 투자회사의 경우 추가로 증권시장 거래 가격 고려)	법 제196조 제5항, 제238조 제6항, 시행령 제230조	집합투자증권의 기준가격 산정 방법 적용. 다만 상장 주식의 경우 거래가격, 비상장 주식의 경우 공정한 가치 고려 가능	법 제41조의7, 시행령 제34조의5
등록/상장 의무	설립 후 금융위원회에 등록 의무 환매금지형 투자회사: 주식 최초 발행일로부터 90일 이내 상장 의무	법 제182조, 법 제230조 제3항	설립 후 금융위원회에 등록(기획재정부장관에게 등록서류송부, 결과통보의무) 상장 요건 구비 시 지체 없이 진행	자본시장법 제182조 제3항, 법 제41조의6 제1항, 제41조의8 제1항
유사 명칭 사용	원칙: 금지 예외: 각종 특별법(부동산투자회사법, 선박투자회사법 등)상 사모집합투자기구의 주체	법 제183조, 제6조 제5항 제1호	금지	법 제41조 제5항

자산운용 대상 (범위)	재산적 가치가 있는 투자 대상 자산(즉, 금융투자상품)	법 제 6 조 제 5 항	사회기반시설사업 시행자의 발행 주식, 지분 및 채권의 취득, 또는 대출 및 대출채권의 취득 등	법 제43조 제 1 항
자산운용 제한	투자회사 자산총액의10% 이내에서 동일 종목 증권 투자 등의 제한	법 제81조 제 1 항 제 1 호 다목	「자본시장과 금융투자업에 관한 법률」상의 자산 운용 제한 적용 (제81조 등) 배제	법 제44조 제 1 항
자금 차입	원칙: 불가 예외: 대량 환매, 대량 주식 매수 청구 한도: 집합투자재산 총액의 10/100 이하	법 제83조	공모: 자본금의 30/100 이하(사채 발행 포함) 사모: 제한 없음	법 제41조의 5 시행령 제34조의3
채무 보증, 담보 제공	불가	법 제83조 제 5 항	필요시 가능	법 제43조 제 2 항
의결권 제한	존재	법 제87조 제 2 항 이하	적용 배제	법 제44조
기준가격 공고	매일 공고 및 게시 의무	법 제238조 제 7 항	적용 배제	법 제44조
성과 보수 제한	성과 보수 지급: 원칙적으로 불가 예외: 사모 집합투자기구 등	법 제86조 제 1 항 시행령 제88조	가능	법 제44조

(9) 조세 감면 혜택

사회기반시설에 대한 민간 투자를 활성화시키기 위하여 「사회기반시설에 대한 민간투자법」은 「조세특례제한법」이나 「지방세특례제한법」상[1] 조세를 감면할 수 있도록 하는 근거 규정을 두고 있다(법 제57조). 해당 법률상 조세 감면 제도를 살펴보면 다음과 같다.

1) 「조세특례제한법」상의 조세 감면 혜택

사회기반시설채권의 이자 소득에 대한 원천분리 과세   「조세특례제한법」은 사회기반시설 사업시행자나 은행(한국산업은행 및 중소기업은행 포함)이 2014년 12월 31일까지 발행한 만기 7년 이상인 사회기반시설채권(법 제58조)의 이자에 대해 종합 소득이

---

1 지방세 감면 및 특례에 관한 사항은 2010년 3월 31일 제정되고 2011년 1월 1일에 시행된 「지방세특례제한법」이 적용된다.

아닌 분리 과세를 인정하고 있다($\left[\substack{\text{조세특례제} \\ \text{한법}}\right.$, 제29조).

2) 「법인세법」상 배당 금액의 소득 금액 공제

투융자회사가 배당가능이익의 100분의 90 이상을 배당한 경우 그 금액을 당해 사업연도의 소득 금액에서 공제한다($\left[\substack{\text{법인세법} \text{ 제51조} \\ \text{의2 제1항 제2호}}\right.$).[1]

3) 지방세 감면 혜택

「사회기반시설에 대한 민간투자법」 제41조 제2항에서는 "투융자회사와 투융자신탁은 각각 「자본시장과 금융투자업에 관한 법률」에 따른 투자회사와 투자신탁으로 본다"라고 규정하고 있어서 「지방세특례제한법」상 2024년 12월 31일까지 취득하는 부동산에 대해 「지방세법」 상의 중과세율의 적용을 배제하고 하고 있으며 ($\left[\substack{\text{지방세특례제한법}」 \text{ 제180} \\ \text{조의2, 제1항, 제2호}}\right.$), 과밀억제권역내에서 투융자회사를 설립하거나 설립 후 5년 이내에 자본 또는 출자액을 증가하는 경우에 행하는 등기에 대해 「지방세법」 상의 설립등기 등록면허세 중과세율의 적용을 배제하고 있다($\left[\substack{\text{지방세특례제한법} \\ \text{제180조의2, 제2항, 제1호}}\right.$).

7. 사회기반시설사업 프로젝트금융의 담보와 신용 보강 수단

(1) 총 설

프로젝트금융이란 앞서 기술한 바와 같이 특정 프로젝트의 소요 자금을 조달하기 위해 프로젝트의 운영 수입 및 자산을 바탕으로 비소구(非遡求)(non-recourse) 내지 제한적 소구(遡求)의 금융방식을 말한다. 금융 수단으로는 자기자본(equity) 투자와 타인자본(debt)을 통하는 방식이 있으며, 후자에는 대표적으로 금융기관의 대출, 회사채 발행과 그와 연계된 자산유동화 등이 있다.[2] 대출자의 입장에서는 원리금 상환 위험을 회피하기 위해 일정한 자산이나 현금흐름 등에 담보를 설정하는 것은 앞서 본 부동산 프로젝트금융과 동일하지만 사회기반시설을 대상으로 하는 장기적이고 특수한 사업의 경우 담보를 확보하거나 그 밖에 다양한 신용 보강 수단을 강구하는 데는 특별한 이유가 있다.

---

1 투융자회사도 「자본시장과 금융투자업에 관한 법률」상의 투자회사로 간주되므로 법인세법 제 51조의2 제1항 제2호의 적용 대상이 되는 것이다.

2 우리나라에서는 천안-논산 간 고속도로 사업에서 최초로 대출자의 대출채권을 기초자산으로 자산유동화를 한 사례가 있다.

사실 일반적 부동산 프로젝트금융에 있어서 담보 설정은 유사 시 담보권 실행에 의해 원리금 회수를 도모하는 것이지만, 사회기반시설사업 같은 경우 관련 자산의 특수성으로 인해 자산의 가치 산정이나 자산의 제3자 매각이 어려우며, 그 밖에 예금이나 주식 등에 대한 담보도 실제로 사업의 수익성과 연계되어 있어 효과적인 담보 확보 수단이 되지 못한다. 따라서 담보 확보의 실질적 이유는 차입자인 사업시행자의 제3채권자들의 그 자산에 대한 권리 실행 가능성을 사전에 차단하거나 감소시켜 사업 자체의 지속성을 도모하는 데에 있다. 나아가 사업 자체의 수익성이 어떠한 이유로 현저히 저하될 경우 대출자단 또는 대출자단이 지정하는 제3자가 그 사업의 사업권 자체를 취득하여 계속 수행함으로써 원리금 상환을 위한 현금흐름의 창출을 지속시킨다는데 그 의의가 있다.

다만, 자산에 대한 담보 설정으로 유사 시 담보 실행을 통해 사업권의 인수를 추진할 수는 있겠지만, 현실적으로 절차상이나 비용상 상당히 어려운 문제가 있으며, 외국처럼 사업 전체에 대한 포괄적 담보권(공장저당, 기업저당 등)이 인정되지 않으므로 효율성도 높지 않다. 차선책으로 사업시행자가 발행한 주식의 이전을 통해 사업권 이전을 도모할 수도 있으나, 이것 또한 기존 사업시행자에 대한 출자자들이 사업시행자에 대해 보유하는 구상권(求償權)(즉, 대출자단이 사업시행자에 출자한 출자자들이 보유한 출자지분(주식)에 설정한 담보권 실행의 결과로 입은 손해에 대한 구상권)이 제3의 주식 양수인보다 우위이고 사업시행자의 다른 채권자들에 대해서도 후순위가 되기 때문에 주식 양도에 의한 사업권 이전도 만족스런 담보 확보 수단으로 보기도 힘들다.

앞서 일반 부동산 프로젝트금융에 있어서 자산에 대한 담보 설정과 신용 보강을 위한 각종 일반적 담보 수단[1] 및 이에 관련한 법적 쟁점에 대하여는 이미 설명하였으므로, 여기에서는 「사회기반시설에 대한 민간투자법」상 활용되는 각종 신용 보강 수단에 대해 살펴보고, 이와 관련한 법적 쟁점에 대해 검토한다.

(2) 정부의 지원을 통한 신용 보강 방안

1) 최소운영수입보장(Minimum Revenue Guarantee: MRG) 제도

① 개 념   수익형 민간투자사업(BTO사업)에서 주무관청과 사업시행자 간

---

1 주식, 예금채권, 보험금청구권, 사업계약(사업권) 등을 대상으로 하는 담보 수단을 말한다.

에 체결되는 실시협약에 규정되는 것으로서 특정 운영 기간 동안 실제 사업 운영 수입이 당초 실시협약상의 추정 운영 수입에 미치지 못할 경우에 일정 한도까지 주무관청이 그 위험을 부담하는 제도로서 1998년 12월부터 도입된 제도이다. 그 법적 근거는 「사회기반시설에 대한 민간투자법」 제53조 및 같은 법 시행령 제37조 제 1 항 제 4 호이다.[1]

이는 실질적으로 사회기반시설 사업 시장에 대한 투자 확대와 시장의 활성화를 목적으로 하는 것으로서 정부에 어느 정도 사업 위험을 부담시키게 하는 결과를 초래하므로 궁극적으로 정부의 재정 부담 문제와 맞물리게 된다.

② 연　　혁

표 2-20 최소운영수입보장 제도의 변천[2]

구　분	1999. 1.		2003. 5.	2006. 1.		2009. 10
	정부고시	민간제안		정부고시	민간제안	
기간	운영 전(全)기간		15년간	10년간	폐지	폐지
보장 수준	90%까지	80%까지	1~5년: 90% 6~10년: 80% 11~15년: 70%	1~5년: 75% 6~10년: 65%		
제한	없음		실제 운영수입〈추정 수입의 50% → 보장 없음	좌동		

[표 2 – 20]에서 보듯이 최소운영수입보장 제도는 그 동안 재정 부담의 가중과 도덕적 해이와 같은 문제점 등으로 제도에 변화가 있었다. 도입 직후에는 운영 수입보장 기간이 대부분 20년 이상이었고, 보장 비율도 80% 이상을 상회했으며, 보장 비율이 정부고시사업이 민간제안사업보다 상대적으로 높았다. 이후 시장과 금융 여건의 변화로 2003년 5월에는 보장 기간을 15년 이내로 단축하고, 보장 비율도 5년 단위

---

1 국가 또는 지방자치단체는 "실제 운영 수입(당해 시설의 수요량에 사용료를 곱한 금액을 말한다)이 실시협약에서 정한 추정 운영 수입에 훨씬 못 미쳐 해당 시설의 운영이 어려운 경우"(제 4 호)에는 시설의 건설 또는 운영기간 중 예산의 범위 안에서 사업시행자에게 보조금을 지급할 수 있다(시행령 제37조 제 1 항).

2 김재형, "사회기반시설에 대한 민간투자 프로젝트 파이낸스 현황 및 과제,"『BFL』제37호(서울대학교 금융법센터, 2009. 9), 18면 〈표 5〉.

로 단계적으로 축소하였으며, 실제 운영 수입이 추정 수입의 50%에 미치지 못할 경우에는 아예 보장을 하지 않는 등[1] 사업 이익 추정의 합리성 내지 적정성과 사업자의 운영에 대한 적극성을 모두 도모하였다.

2006년 1월에는 민간제안사업에 대한 운영 수입 보장을 폐지하고 정부 고시 사업의 보장 수준을 축소하였다. 이렇게 보장 수준을 축소한 이유는 민간투자사업의 증가에 따른 재정 부담의 증가 문제와 사업시행자의 경영 개선 노력을 저해하는 문제점을 해결하고자 하는 데 있다고 볼 수 있다.[2]

최소운영수입보장제도(MRG)는 점차 축소되다가 2009년 10월에 폐지되고 최소비용보전제도(Minimum Cost Compensation: MCC)로 변화되었다. MCC는 2014년부터 도입된 제도로서 실제운영수입이 최소사업운영비에 미치지 못하는 경우 부족분을 주무관청에서 지원하는 제도이다. 투자원리금과 운영비를 보장기준으로 하고 운영수입과 부속사업수익의 합을 실제수입으로 했을 때 보장기준에 실제수입이 미달하는 경우 그 차액을 지원하고 만일 실제수입이 보장기준을 초과하는 경우 초과수입을 주무관청에서 환수하는 방식이다. 다만, 실제 지출한 비용이 협약에서 정한 기준운영비를 초과하더라도 보전을 받을 수 없어 반드시 필요한 유지보수 등에 소홀할 수 있으며, 이로 인해 서비스의 질적 문제를 야기할 수 있다. 이러한 제도 변화에도 불구하고 정부의 재정지출 문제가 지속되자 앞서 기술한 바와 같이 위험분담형(BTO-rs)과 손익공유형(BTO-a) 사업방식이 도입된 것이다.

2) '해지(解止) 시 지급금' 제도

민간투자사업에 있어서 '해지 시 지급금'(termination payment 또는 termination compensation) 제도는 사회기반시설사업의 건설 또는 운영 기간 중에 불가피한 사유로 계약이 해지될 경우에, 민간사업시행자의 매수 청구 요청에 따라 정부가 해당 시설의

---

1 그 이유는 추정 수입액이 과도하게 부풀려져 사업성이 왜곡되거나 정부의 보장 금액이 많아지는 부작용을 방지하기 위함이다(반기로, 「프로젝트 파이낸스」 제 6 판, 한국금융연수원, 2009, 562면 각주 16). 실무상 '제한적 MRG조항'이라고 한다.

2 2004년 및 2005년도 정기국회 건설교통위원회 국정감사 자료 중 신영철, "민자고속도로의 허와실," 우이령 포럼 발표 자료, 2006. 3. 23, 16~17면 및 정희창, "민자고속도로의 법과 제도상의 문제점," 우이령 포럼 발표 자료, 2006. 3. 23, 5면에서는 교통 수요 예측 등의 불확실함을 이유로 최소운영수입이 보장되는 우리나라 프로젝트금융 방식을 비판하였으며, 마침내 2006년부터는 민간제안사업에 대해서는 최소운영수입보장 제도를 폐지하게 되었다.

관리운영권을 회수하는 대신 민간사업시행자에게 보상하는 지급금을 말한다.[1] 지급금 산정방식은 주무관청과 민간사업시행자 간에 협의에 의해 실시협약에 반영된다. 한국개발연구원(KDI)에서는 BTO 방식의 민간투자사업에 대한 표준실시협약이 마련되어 있으며 여기에 해지시지급금에 대해 해지사유와 귀책사유의 주체별로 구체적인 산정방식이 정해져 있다.

　　수익형민간투자사업에서는 건설기간 중에는 기 투입 민간투자자금을 기준으로 하되, 투입자금의 기회비용 보상범위는 귀책사유별로 지급수준을 차등화하여 산정하고 운영기간 중에는 기 투입 민간투자자금의 상각액과 미래기대수익의 현가액을 기준으로 하되 귀책사유 별로 지급수준을 차등화하여 산정하는 방식이다. 임대형민간투자사업에서는 건설기간 중에는 기 투입된 민간투자자금(민간투자비 − 건설이자)을 기준으로 하되, 투입자금의 기회비용 보상금액은 귀책사유별로 차등화하여 산정하고 운영기간 중에는 잔여기간의 시설임대료의 현가액을 기준으로 하되, 귀책사유별로 차등화하여 산정하는 방식이다.[2] 이 제도는 최소운영수입보장 제도와 함께 민간사업시행자에게는 자금 조달을 원활하게 하고 대출금융기관에게는 대출 자금 회수의 보장 장치로서 작용해 초기 민간투자사업 활성화에 기여를 했다고 볼 수 있지만, 역시 정부의 재정 부담과 도덕적 해이의 문제점을 안고 있다.

　　이와 관련하여 실시협약 상 해지시지급금 조항에 대한 상반된 판례가 있어 향후 유사 사례가 있을 경우 대법원 판단의 귀추가 주목된다. 한편으로 해지시지급금의 법적 성질을 계속적 계약관계인 실시협약의 청산에 관한 약정으로 보아 귀책사유를 불문하고 지급될 수 있다는 점을 명확히 하고 계약상 약정 해지사유로 규정된 해지시지급금 조항이 법률상 법정 해지사유에 따라 해지권이 행사된 경우에도 적용된다고 하여 파산과 같은 법정해지 상황에서도 실시협약이라는 계약관계의 청산에 관한 당사자의 의사는 그대로 존중되어야 한다고 본 판례가 있는 반면,[3] 다른 한편으로 실시협약에 따라 관리운영권 설정으로 이미 서로 담보로서 기능하는 채무가 완료되었고 이후 주무관청은 관리운영권 보유 하에 유지관리의무에 상응하는 소극적 의무만 보유하며 관리운영 상 쌍방 부담 의무는 대가관계가 없으며 견연성이 없다면서 결론적으

1　김재형, 앞의 글, 20면.

2　기획재정부 공고 제2023−84호, 『민간투자사업기본계획』(2023. 4. 13), [별표 4] 참조.

3　의정부 경전철 사업 판례(의정부 지방법원 민사합의 12부 판결, 2019. 10. 16).

로 실시협약이 「채무자의 회생 및 파산에 관한 법률」 상 쌍방 미이행 쌍무계약에 해당되지 않는다고 보고 해지시지급금 의무를 부정한 판례가 존재한다.[1]

(3) 출자자의 약정을 통한 신용 보강 방안

프로젝트금융 특성 중의 하나인 사업주(sponsor)에 대한 '제한적 소구'라는 관점에서 사업시행자가 사업을 수행하는 데 필요한 자금이 부족한 경우에 대출자인 금융기관이 출자자로 하여금 사업시행자에 추가 출자를 하도록 하거나 사업시행자에게 후순위대출(subordinated loans)을 하도록 하는 의무를 규정하는 경우가 많다. 사업을 수행하는 데 필요한 자금이 부족한 경우의 예를 들면, (i) 당해 사업의 공사비 기타 사업비의 증액으로 총 소요 자금이 대출 약정 체결 당시 예상한 자기자본 금액 및 총 대출약정 금액의 합계액을 초과하는 경우, (ii) 사업시행자의 부채 상환 능력을 유지하기 위해 필요한 경우, (iii) 실시협약의 중도 해지 시 주무관청으로부터 지급받게 되는 해지시 지급금 또는 사업시행자의 매수 청구권 행사로 인해 주무관청이 매수 가액으로 사업시행자에게 지급하는 금액이 사업시행자의 총 채무액보다 적은 경우 등을 들 수 있다. 실무상 구체적인 경우에 따라서 모든 출자자가 부담하는 경우와 건설시공사 출자자가 부담하는 경우로 구분되나, 건설시공사 출자자들이 부담하는 경우가 더 일반적이다. 이는 실무상 '자금보충약정'(cash deficiency support)으로 불리어지며, 주로 출자자와 대출자 간에 'Comfort Letter'[2] 형식으로 작성된다.

이와 관련되는 실무상 쟁점으로는 다음과 같은 것이 있다. 첫째, 건설-이전-임차(BTL) 방식 사업의 경우, 건설 기간 동안 발생되어 주무관청이 지급하는 금리와 실제 자금조달 금리 간의 금리 차이를 누가 어떤 방식으로 보전할 것인가가 하는 문제가 있다. 이러한 문제는 실시협약상에 주무관청이 지급하는 금리를 시장의 금리 변동을 반영하는 변동 금리가 아니라 확정 금리로 하는 데서 발생하는 것인데, 확정 금리

---

1 대법원 2021. 5. 6. 선고 2017다273441 전부금(가) 전원합의체 판결.

2 'Comfort Letter'는 법적으로 구속력이 있는 확약서를 제공하기 힘든 경우에 많이 활용되며, 하급심 판례는 "컴포트 레터가 법적 구속력을 가지는지 여부는 컴포트 레터의 문언뿐만 아니라 작성 동기 및 경위, 당사자의 의사, 거래 관행 등을 종합적으로 고려하여 판단해야 한다"고 판시한 바 있다(서울지방법원 2002. 4. 26. 선고 2001가합29150 판결). Comfort Letter의 법적 효력에 대해서는 김규식, "컴포트레터 및 기타 유사 보증 행위에 대한 검토," 『BFL』 제33호(서울대학교 금융법센터 2009. 1), 51~57면 참조.

가 시장 자금조달 금리와 큰 격차를 보이기 때문에 건설-이전-임차(BTL) 방식의 사업을 진행하기 위해서는 은행과 금리스왑계약[1]을 체결함과 동시에 주무관청이 지급하는 금리와 금리스왑계약에서 지급받는 금리 간의 차이에 대해 건설시공사 출자자가 이를 보전하여 줄 의무를 부담하는 자금보충 약정을 체결하여 실무상 이 문제를 해결하고 있다.[2]

둘째, 특히 건설-이전-임차(BTL) 방식 사업의 경우, 금리스왑계약이 일정한 사유로 해지되는 경우에 보험으로 부보되는 부분과 실시협약 해지로 인해 정부로부터 지급받게 되는 '해지 시 지급금'에 의해 해결되는 금액을 제외한 나머지 손실을 누가 부담하느냐 하는 문제이다. 이는 사업의 위험 부분을 어떻게 배분할 것인가의 쟁점과 관련되는 것인데, 실무상 건설시공사 출자자들이 보다 많은 부분을 부담하는 경향이 있다.[3]

한편, 사업시행자와 재무적 출자자(financial investor) 간에 체결되는 약정에 예견하지 못한 사유로 인해 사업시행자의 재무 구조가 악화되는 상황 등 일정한 사유가 발생하는 경우에 재무적 출자자로 하여금 기존의 프로젝트금융에 후순위인 새로운 추가 대출을 하는 의무를 부담하게 하는 내용을 규정하기도 한다. 이러한 추가 대출 약정은 사회기반시설사업 관련 프로젝트금융의 위험을 감소시켜 궁극적으로 사회기반시설사업을 담보하는 역할을 수행한다고 볼 수 있다. 당초에 후순위 대출은 재무적 출자자가 출자금의 장기 무수익화를 우려하여 그 보완 장치로 활용된 것이다. 즉 후순위 대출은 선순위 대출과 비교해서 상환 면에서 열위에 있으며, 이에 대한 대가로 후순위 대출 금리는 상대적으로 높아 출자금에서 보상받지 못하는 수익률을 여기서 보상받을 수 있어, 출자금에 대한 배당 수익과 후순위 대출을 통한 이자 수익을 통합한 투자 수익률을 기준으로 사회기반시설사업 프로젝트금융에 참여할지 여부가 결정되는 중요한 의미가 있게 된다. 다시 말하면, 사회기반시설사업 프로젝트금융에 대한 재무적 출자자의 참여는 자본금 출자와 후순위 대출을 함께 묶어 투자하는 것이 추세

---

1 사업시행자와 은행 간에 체결되는 파생상품계약으로서 사업시행자는 상대방인 은행에게 일정한 스왑 비용(swap rate)을 지급하고 그 대가로 상대방은 일정한 금리를 보장하는 것이 주된 내용이다.
2 이러한 내용을 자금보충약정서에 규정할 수도 있고 별도의 자문(consulting)계약에 포함시키기도 한다.
3 일반적으로 금융수수료 등 여타 조건을 대출자단으로부터 양보받는 대가로 이 위험을 부담한다.

가 되고 있다.

자금보충약정의 경우 사업시행자의 대출금 상환 재원이 부족할 때 출자자들이 사업시행자에게 후순위 대출 또는 추가 출자를 해주기로 약정하는 것을 말하는데, 그 법적 성질은 사업시행자에게 신용을 공여해줘 채무불이행을 방지한다는 점에서 보증과 기능이 유사하다고 볼 수 있다. 즉, 자금보충약정에 따른 자금보충인의 자금보충 의무는 차주를 주채무자로 하는 유사보증과 같은 기능을 발휘하는 것으로 이해되고 취급되어 왔으나, 최근 법원의 판결 등에 따라 불완전성이 부각 되는 등 인적 담보로서의 한계성을 내포하고 있다. 이와 관련하여 「독점규제 및 공정거래에 관한 법률」(이하 '공정거래법')에서는 '채무보증'에 대한 각종 규제가 있는데[1] 자금보충약정이 이 법상 '채무보증'에 해당하는가, 해당한다면 어떤 규제가 있으며 그 위반 효과는 어떤 지가 문제가 된다. 만일 자금보충약정을 공정거래법상 채무보증에 해당하는 것으로 본다면 규제의 대상이 될 수 있다. 다만, 공정거래법은 효력규정이 아니라 단속규정이기에 위반시 동 법상 시정조치(법 제37조), 과징금(법 제38조), 형사처벌(법 제124조 제1항 제8호)의 대상은 되지만 그 사법적(私法的) 효력은 유효하다는 점에 유의할 필요가 있다.

금전대여 방식으로 자금보충약정을 한 경우 법적으로 「민법」상 금전소비대차계약에 해당한다. 따라서 자금보충약정의 취지(대출금융기관에 대한 원리금 상환에 대한 실질적 보증)를 살리려면 「민법」상 금전소비대차계약과 관련된 다음의 세 가지 조항에 유의해야 한다.

① 파산과 소비대차의 실효(「민법」 제599조)   금전소비대차계약의 경우 당사자 일방이 파산선고를 받은 때에는 계약의 효력이 상실된다.

따라서 자금보충약정을 한 시공사가 파산선고를 받은 경우에는 동 규정에 따라 계약의 효력이 상실될 수 있는 위험이 존재한다.

② 무이자소비대차의 임의해제권(「민법」 제601조)   이자 없는 소비대차의 당사자는 언제든지 계약을 해지할 수 있다. 따라서 자금보충약정의 임의해제 위험을 제거하기 위해

---

1 공정거래법은 채무보증을 기업집단에 속하는 회사가 다음의 각목의 어느 하나에 해당하는 국내금융기관의 여신과 관련하여 국내 계열회사에 대하여 하는 보증으로 정의하고 있고(법 제2조 제18호) 관련 규제로서 상호출자제한기업집단의 지주회사 설립 시 채무보증을 해소함을 요건으로 규정하고 있으며(법 제19조), 상호출자제한기업집단의 계열회사에 대한 채무보증을 금지하고 있다(법 제24조).

서는 반드시 이자부금전소비대차계약이어야 한다.

③ 불안의 항변권(민법 제536조 제 2 항)　　　계약 당사자 일방이 상대방에게 먼저 이행하여야 할 경우에 상대방의 이행이 곤란할 현저한 사유가 있는 때에는 상대방이 채무이행을 제공할 때까지 자기의 채무이행을 거절할 수 있다.

자금보충약정이 부동산 PF 대출에 있어서 대출금융기관의 대출원리금 상환에 대한 신용보강장치로서 실질적인 보증의 효과를 상실하지 않으려면 상기 금전소비대차계약에 관련된 규정의 적용을 약정상 배제하거나 해당되지 않도록 유의해야 한다.

(4) 기타 약정서상 각종 신용 보강 수단

프로젝트금융 관련 약정서(예를 들면, 실시협약, 관리운영계약, 주주간계약, 공사도급계약 등) 상에 내재된 신용 보강 수단이다. 각종 약정서상의 관련 주요 조건을 어떻게 협상하고 규정하느냐에 따라 실제로 사업시행자의 지위나 사업의 현금흐름에 영향을 미치게 되고, 이것이 실질적·간접적으로 대출자의 원리금 회수에 영향을 미치게 된다.

1) 실시협약상의 주요 신용 보강 수단

① 건설 이자 지급 조항　　　건설 기간 동안 건설 이자를 어느 정도의 수준으로 인정하여 지급할 것인가의 문제이다. 이것은 대출 원리금 상환에 있어서 회수 기간과 연계되며 앞서 언급한 건설시공사 출자자 약정과 관련된다.

② 관리운영권의 저당권 설정　　　「사회기반시설에 대한 민간투자법」상 건설-운영-이전(BOT) 방식 사업과 건설-이전-임차(BTL) 방식 사업의 경우에 준공 확인 후 무상으로 사용할 수 있는 일정 기간 동안 이 시설을 유지·관리하고 시설 사용자로부터 사용료를 징수할 수 있는 권리인 '관리운영권'을 설정할 수 있으며(법 제26조 제 1 항), 구체적으로 약정 기간 동안 사용료 징수 권리(건설-운영-이전(BOT)방식 사업의 경우)와 임대료 및 운영비를 받을 권리(건설-이전-임차(BTL) 방식 사업의 경우) 등을 의미한다.

이러한 관리운영권은 「사회기반시설에 대한 민간투자법」상 주무관청에 등록하면 물권으로 간주되며, 「사회기반시설에 대한 민간투자법」에 특별한 규정이 있는 경우를 제외하고는 「민법」 중 부동산에 관한 규정이 준용된다(법 제27조 제 1 항). 따라서 대출자단은 담보의 일환으로 주무관청의 동의를 얻어 관리운영권에 저당권을 설정할 수 있다(법 제28조 제 1 항).

실무상 유사 시에 관리운영권에 대한 저당권을 실행하는 경우, 경매를 통해 관리운영권을 취득한 경매 낙찰자의 지위와 관련하여, 관리운영권을 취득한 자가 총체적인 사업시행자로서의 지위를 자동으로 취득하는지, 아니면 단지 그 권리의 내용상 사용료 징수 권한 등만을 가지는지에 대해 논란이 있을 수 있다. 「사회기반시설에 대한 민간투자법」상 실시협약의 체결을 통해 사업시행자의 지위를 부여받으므로 실시협약상의 지위를 이전받는 절차를 별도로 거치지 않으면 관리운영권의 경매 낙찰자가 바로 사업시행자로서의 지위를 양수 받지는 못한다고 보는 것이 타당하다고 본다.

사업시행자의 지위가 승계되려면 주무관청의 동의가 있어야 하는데, 주무관청이 동의를 하지 않는 경우 문제가 발생할 수 있다. 기술한 바와 같이 관리운영권은 독립된 물권으로서 주무관청의 동의 여부에 따라 발생·소멸하는 것은 아니나, 「사회기반시설에 대한 민간투자법」상 관리운영권의 분할 또는 합병 등의 처분을 하고자 하는 경우에는 사전에 주무관청의 승인을 받아야 하므로(법 제27조 제2항) 관리운영권이 사업시행자의 지위와 별도로 자유롭게 양수도 되는 것을 제한하고 있는 것으로 이해된다.

다만, 담보권 실행하의 관리운영권의 이전은 「민법」 제186조의 법률행위에 의한 것이 아닌 「민법」 제187조의 법률의 규정에 의한 물권 취득으로 보아 사업시행자의 지위와 분리된 관리운영권의 이전도 인정될 수 있으나, 「사회기반시설에 대한 민간투자법」상 사회기반시설의 공공성을 고려할 때, 관리운영권만 따로 독립하여 자유롭게 이전하는 것은 적절하지 않으므로 입법적 보완이 필요하다고 본다.[1]

③ 소비자 물가지수 변동분 반영 조항　　장기간이 소요되는 사업의 경우 현실적이고 적정한 운영비를 보장 받는 수단이 된다.

④ 총 투자비 및 총 민간투자비 조항　　총 투자비와 총 민간투자비를 적절하게 구별하여 사용하는 것이 주무관청과 사업시행자의 이해 관계를 조정하는 데 중요하며 이는 궁극적으로 사업성에 영향을 미칠 수 있다.

⑤ 공사 도급 관련 조항　　자재 구입 시 지역 업체를 우선해야 한다든지 하도급 시 지역 업체를 우선 선정해야 하는 등의 규정은 전체 사업성에 영향을 미친다.

⑥ 직접 지급 조항　　도급인(都給人)인 사업시행자가 수급인(受給人)에 대한 채무

1　허익렬·김규식·김건소, "프로젝트 파이낸스에서의 담보에 대한 검토," 『BFL』 제37호(서울대학교 금융법센터, 2009. 9), 61면.

를 이행하지 않는 경우를 대비해 주무관청이 수급인에게 직접 지급하는 강제 수단 규정으로 어떤 면에서 사업성에 부정적 영향을 미칠 수 있다.

⑦ 지체보상금(遲滯報償金) 조항　　　정당한 사유 없이 실시협약상의 준공 예정일까지 공사를 준공하지 못하는 경우,「국가를 당사자로 하는 계약에 관한 법률」에 따라 준공 예정일 다음날부터 준공일까지 지체보상금을 사업시행자로 하여금 주무관청에 납부할 의무를 규정하는 조항이다. 지체보상금 계산의 기준이 되는 총 민간투자비에서 공제되는 부분과 관련하여 이미 완성된 부분이 있어서 이를 인수한 경우에 이 부분에 대한 지체보상금을 면제할 것인가가 문제되는데,「국가를 당사자로 하는 계약에 관한 법률 시행령」제74조 제2항은 성질상 분할 가능한 공사에 대한 완성부분으로서 인수된 경우에는 그 부분에 상당하는 금액을 계약금액에서 공제한 금액을 기준으로 지체보상금을 계산하여야 한다고 하고 있어, 이미 완성되어 인수한 부분은 지체보상금 계산시 공제하는 것이 타당하다고 본다.[1]

⑧ 성과 평가 기간 동안의 임대료 및 운영비 지급 의무 조항　　　건설－이전－임차(BTL) 사업의 실시협약의 경우, '유지 관리 및 운영에 관한 계획'에 입각하여 일정 기간마다 성과 평가를 하게 되는데, 이 성과 점검 절차가 진행되는 기간 동안에 임대료 및 운영비를 지급해야 하는가라는 문제가 존재한다. 만일 이러한 비용을 지급하지 않으면 이 기간 동안에는 자금의 압박을 받게 될 것이므로 사업성에 부정적 영향을 미칠 수 있다. 따라서 이 기간 동안에도 정상적인 임대료 및 운영비를 지급하도록 하는 것이 사업의 안정성에 기여한다고 볼 수 있다.

⑨ 불가항력(Force Majeure) 조항[2]　　　실시협약상 불가항력 사유가 발생하는 경우 ⅰ) 공사 기간 연장, ⅱ) 무상 사용 기간 조정, ⅲ) 총 사업비 증가분 중 보험으로 처리되지 않는 부분의 일정 비율을 정부가 부담하는 등의 방법으로 처리되는 것이 보통이며, 여기에 정치적 불가항력 사유와 비정치적 불가항력 사유를 구분하여 전자의 경우

---

1 이종훈, 앞의 학위논문, 제195면도 같은 입장이다.
2 계약 당사자의 귀책사유 없는 (후발적) 불이행에 관한 쟁점으로서 영미법상 "Impossibility, Impracticability, Frustration" 등을 포괄하는 의미이며, 일정한 요건을 구비하는 경우 "doctrine of frustration"이 적용되어 면책된다. 사후 분쟁을 미연에 방지하기 위해 불가항력의 정의를 사전에 합의하여 계약서에 미리 반영하는 것이 바람직하다. 불가항력 조항은 계약상 채무 이행이 불가능하지는 않으나 상업적으로 현저히 곤란한 경우에 적용되는 'hardship' 조항과 구분해야 한다(한국수출입은행,『영문국제계약해설』, 2004, 85~86면).

에 후자의 경우보다 그 보상 비율을 높게 책정하는 것이 통상적이다. 이와 관련하여 양자의 구분이 모호한 경우도 발생할 수 있는데, 이것은 어디까지나 당사자 간 협상력의 문제이지만 원활한 해결 방안을 상호 모색하여 규정할 필요가 있으며, 이것은 한편으로 사업에 대한 투자의 불확실성을 제거하는 역할을 하게 된다.

⑩ 실시협약 해지 시 효과 조항   실시협약 해지 시점에서 관련 사업 시설은 즉시 주무관청에 귀속하고 사업시행자의 권리나 권한 등은 소멸하게 되며, 관리운영권의 설정 기간이 종료하게 된다. 이 경우 사업시행자는 계약상의 권리나 시설 등이 실시협약의 당사자인 주무관청으로 하자 없이 이전될 수 있도록 모든 조치를 수행해야 할 의무를 지게 된다.

⑪ 출자자 지분 변경 조항   재무적 출자자의 출자 자본의 조기 회수 방안으로서 의의가 있다. 사업 실시계획 승인 전에는 원칙적으로 사업계획서 제출 당시의 예정 출자자와 그 지분율을 변경하는 것이 불가능하며, 사업 실시계획 승인 후에는 보유 지분율에 따라 지분 양도 요건을 차별화하는 것이 보통이다. 5% 이상 출자자 지분을 제3자에게 양도하는 경우 주무관청의 사전 승인을 필요로 하며, 5% 미만 출자자의 경우 주무관청에 통지함으로써 가능하게 규정하는 것이 보통이고, 부득이한 때 주무관청이 승인하는 경우는 예외로 한다.

2) 관리운영계약상의 신용 보강 수단

관리운영계약은 사회기반시설사업의 프로젝트금융 구조에서 사업시행자와 운영을 담당할 운영회사 간에 체결되는 계약(실무상 대표 건설시공사 출자자가 운영회사가 되는 것이 대부분이다)으로서 특히 고도의 운영기술을 요하는 사업의 경우 그 중요성이 크다. 계약 당사자는 위탁자인 사업시행자와 수탁자인 운영회사이며 운영자인 수탁자의 선관주의(善管主意) 의무와 의무이행 담보를 위한 보증금 납부 의무 등이 그 주요 내용이 된다.

3) 주주간계약상의 신용 보강 수단

사업시행자의 주주들, 즉 재무적 출자자와 건설시공사 출자자 간에 체결되는 계약으로서 양자 간의 권리의무 관계를 규정하는 중요한 계약이다. 재무적 출자자의 출자 비율이 정부의 사업 평가 과정에서 중요한 요소로 작용하며, 재무적 출자자는 사회기반시설사업에 있어서 건설·운영 관련 전문적 지식이 부족하므로 계약을 통하여 건설시공사 출자자의 신뢰에 의존하는 경향이 있다. 재무적 출자자는 건설시공사 출자자에게 일정한 요구 사항에 대해 서면으로 보증할 것을 요구하는 것이 일반적이며, 이것은 향후 분쟁 가능성을 배제함으로써 사업의 성공에 대한 간접적인 담보 역할을 하게 된다.

주주간계약상의 신용 보강을 위한 수단으로서 주요 내용은 (i) 주주의 주식 인수 의무(인수 비율별 주식 인수 의무 및 의무 불이행 시 위약벌로서의 연체 이자) 규정, (ii) 건설시공사 출자자의 추가 출자 또는 후순위 대출 의무 규정(즉, 자금보충약정 조항), (iii) 실시협약 중도 해지 시 당해 해지 지급금의 지급이 지연될 경우 대출자에 대한 대출 원리금 상환 부족분 제공 의무 등이다.

4) 공사도급계약상의 신용 보강 수단

다수의 시공사들이 참여하는 경우, 공동수급인의 연대책임 준공의무 등을 규정한다.

(5) 장래 수입(현금흐름)에 대한 담보권 설정

프로젝트금융에 있어서 가장 중요한 상환 재원은 사업으로부터 발생되는 현금흐름, 즉, 예를 들어, 시설 사용료나 도로 통행료 등이며, 이는 장래에 불특정 다수인으로부터 수령하는 수익으로서 현행법상 이러한 현금흐름에 담보를 설정하는 것은 불가능하다. 다시 말하면, 유동화를 위해 장래 발생 채권을 양도하기 위해서는 양도 시점에 채권이 특정되어야 하며, 설사 특정이 가능하다 하더라도 채권의 양도 시점에 채무자에 대한 통지나 승낙 등 「민법」상의 지명채권 양도의 대항 요건(제450조)을 구비하기가 쉽지 않다.[1]

다만 「동산·채권 등의 담보에 관한 법률」 제34조 제 2 항에 따르면, "채권의 종류, 발생원인, 발생 연월일을 정하거나 그 밖에 이와 유사한 방식으로 특정할 수 있는 경우에는 이를 목적으로 하여 담보 등기가 가능하다"고 규정하고 있고, 제35조 제 1 항에서는 "약정에 따른 채권 담보권의 득실 변경은 담보등기부에 등기 한 때에 지명채권의 채무자(이하 "제 3 채무자"라 한다) 외의 제 3 자에게 대항할 수 있다"는 특례가

---

1 그러나 일정한 경우 장래 매출채권 등을 근거로 자산담보부대출(asset−backed loans: ABL) 등 비등록 유동화(즉 「자산유동화에 관한 법률」의 적용이 되지 않아 감독당국에 등록할 필요가 없는 유동화를 말한다)가 가능한 것은 별론으로 한다.

규정됨으로써 일응 이러한 문제를 해결하고 있는 것으로 보인다. 그러나 특정하는 방식이나 기간 등에 대해서는 명확한 규정이 없어 논란이 있을 것으로 본다.

(6) 개입권(Step-in Rights)

1) 의   의

'개입권'(step-in rights)이란 프로젝트금융에 있어서 사업이 내부 요인(사업시행자의 법령 위반, 의무 해태 등)이나 외부 요인(경기침체, 금융위기 등)에 의해 실시협약의 해지 여부와 연계된 담보권의 실행이나 사업의 구조조정(restructuring)을 선택해야 할 상황하에서 대출자(또는 주무관청)가 직접 사업시행자의 지위를 대체(substitution)하거나 제3자로 하여금 대체하도록 할 수 있는 권리를 말한다.

구체적으로 보면, 대출자가 사업시행자에 대한 대출채권 담보를 보전하기 위해 주요 사업 관련 계약(실시협약, 도급계약, 관리운영계약, 장기공급계약, 장기구매계약 등)상 사업시행자의 지위를 인수하는 권리라고 할 수 있다. 이것은 각종 계약상의 상대방 당사자의 경솔한 계약 해지를 통제하고, 사업의 정상화를 도모하는 방어적 기능과 동시에 사업시행자의 의무 이행을 통제하는 공격적 기능도 가지고 있다.[1]

연혁적으로 보면, 종래 국내 민간투자사업에 있어서는 어떠한 사유로든 실시협약이 해지되는 경우 주무관청이 총 선순위채무 이상의 금액을 해지시지급금(termination payment)으로 지급하였는데, 이러한 구조하에서는 개입권의 의의가 퇴색할 수밖에 없었으나, 최근의 실시협약에서는 해지 시 지급금 규정을 하지 않거나 규정하더라도 해지시지급금이 일정한 산식에 의해 계산되고, 이 금액도 총 선순위채무 금액을 하회하는 것이 보통이라서 개입권의 의의가 크게 제고되게 되었다.

2) 규정 방식

① **직접계약서(Direct Agreement) 체결 방식**   해외 프로젝트금융의 경우에 주로 채택하는 방식으로서, 사업시행자, 사업권 양허자 및 대출자의 세 당사자 간에 직접계약서(Direct Agreement)를 체결하고, 이 계약상에 개입권을 규정하는 방식이다. 사업시행자가 사업계약상의 의무를 위반하여 해당 사업계약의 상대방 당사자가 계약을 해지

---

1 김동은 · 김광열, "프로젝트파이낸스에 있어서 개입권의 유형과 내용," 『BFL』 제37호(서울대학교 금융법센터, 2009. 9), 27면.

하기로 한 경우에 개입권이 발생하며, 대출자는 사업시행자의 사업계약상의 지위에 개입할 수 있으며, 특정 기간 동안 해당 위반 사유를 치유함으로써 사업을 정상화할 수도 있고, 이에 부가하여 대출자가 지정한 대체사업시행자(substitute obligor)와 상대방 당사자가 계약 관계를 형성할 수도 있다.

② **국내 실무 사례**   일반 부동산 프로젝트금융에 있어서는 기술한 바와 같이 사업시행자와 대출자 간에 사업권 또는 시행권 양도담보 내지 양도 확약서 또는 사업권 포기각서 등을 작성하고, 제소 전 화해를 통해 집행력을 확보하는 방안을 구사하는데, 이 경우 인·허가권자의 입장이 매우 중요하다.

민간투자사업의 경우 해외 프로젝트금융과 같은 직접계약서체결 사례는 없으며, 다만 실시협약상에 양도 조항과 대체 사업시행자 선임 조항을 두거나 각종 담보설정 계약에 담보권 실행 조항을 통해 개입권과 유사한 효과를 거둘 수는 있다. 예로서 (i) 사업시행자가 발행한 주식에 대한 질권 설정 및 실행을 통한 출자주식의 대체 사업시행자로의 양도, (ii) 사업계약상의 지위 내지 권리의 양도담보 설정 및 실행을 통한 사업시행자의 사업상 지위의 대체 사업시행자로의 양도, (iii) 관리운영권에 대한 저당권 설정 및 실행을 통한 관리운영권의 대체 사업시행자로의 양도(물론 불완전하지만) 등을 들 수 있다.

제 3 장

부동산신탁

Real Estate
Finance Law

제1절 ▶ 총   설

Ⅰ 국내 신탁 관련 법제의 연혁

국내 신탁 관련 법제를 연혁적으로 보면 1960년대 초에 기본적인 양대 법률인 「신탁업법」과 「신탁법」이 제정되었다. 대륙법 국가로서 영미법 국가의 법리인 신탁의 법리가 관련 법률의 제정에도 불구하고 그다지 활성화되지 못했으며 이후 사채발행에 물상담보를 부가할 수 있도록 하는 「담보부사채신탁법」이 제정되었지만 비슷한 이유로 시장에서 실제적 활용도가 낮았다. 1960년대 말에 자본시장에서 「증권투자신탁업법」이 제정되고 본격적으로 영국법상의 투자신탁(Unit Trust) 제도를 근간으로 하는 간접투자 관련 법제가 시장에 도입되면서 직접투자의 대체 혹은 보완 수단으로서 투자신탁 제도가 활성화되어 왔다. 1991년에는 「부동산신탁 업무 운용 요강」이 제정되면서 부동산신탁 제도가 본격적으로 도입되었다. 1997년 외환위기 발발 직후에 유동성 확보를 위한 자산유동화의 필요성이 부각되면서 구조화금융의 근간이 되는 「자산유동화에 관한 법률」이 제정되었고, 동 법률에서 신탁형 자산유동화(유동화신탁)에 관한 제도가 마련되면서 신탁에 대한 관심도가 다소간 증가하였고 이어 증권 이외에 다른 자산에 대한 간접투자를 포괄하는 「간접투자자산운용업법」이 제정되면서 시장에서 투자신탁의 활용도는 가속화되었다.

한편, 부동산개발금융시장에서도 부분적으로 신탁을 활용하는 법제가 제정되었고, 본격적으로 신탁업에 대한 규제와 투자자 보호를 위해 「신탁업법」과 「간접투자자산운용업법」을 통합하는 「자본시장과 금융투자업에 관한 법률」에서 집합투자 개념의 도입, 신탁업에 관련된 규정 등이 재정비되었고, 이후 2011년에 구조화금융을 활성화하기 위해 신탁제도의 유연성 제고와 시장 활용도를 높이기 위해 「신탁법」을 전면 개정하여 기존 제도를 정비하고 각종 새로운 제도를 도입하게 되었다.

아래 [표 3-1]은 신탁 관련 국내의 법제를 연혁적으로 정리한 것이다.

표 3-1 신탁 관련 법제의 연혁

법률	제정시기	참고사항
「신탁업법」	1961. 12. 30	신탁업 규제 「자본시장과 금융투자업에 관한 법률」에 흡수 통합
「신탁법」	1961. 12. 31	「신탁법」 전면 개정 시행(2012. 7. 26)
「담보부사채신탁법」	1962. 1. 20	담보부사채의 발행 규제
「증권투자신탁업법」	1969. 8. 4	투자신탁 제도 도입
「부동산신탁업무운용요강」	1991	부동산신탁 제도 도입
「주택공급에 관한 규칙」	1995. 2. 11	주택공급신탁계약(분양보증), 「주택도시기금법」 제26조 제1항 제2호, 제2항
판례 「부동산 실권리자 명의 등기에 관한 법률」	1995. 7. 1	• 명의신탁 • 대법원 2019. 6. 20. 선고 전원합의체 판결
「자산유동화에 관한 법률」	1998. 9. 16	• 유동화신탁(신탁형 자산유동화) • 각종 특례 규정
「간접투자자산운용업법」	2003. 10	투자대상의 확대 「자본시장과 금융투자업에 관한 법률」에 흡수 통합
「건축물의 분양에 관한 법률」	2004. 10. 22	분양관리신탁
「자본시장과 금융투자업에 관한 법률」	2007. 8. 3	• 「증권거래법」, 「신탁업법」, 「간접투자자산운용업법」 흡수통합 • 신탁업 인가 • 신탁업자 규제 (진입, 지배구조, 건전경영, 영업행위 준칙, 집합투자재산의 보관관리, 겸영업자 특칙, 관리형 신탁을 제외한 상사신탁에 대한 각종 규제) • 2009. 2. 4. 시행 • 「금융투자업규정」 • 「금융투자회사의 영업 및 업무에 관한 규정」

Ⅱ 신탁의 유형

위탁자가 신탁업자에게 신탁재산을 신탁하는 목적을 기준으로 신탁을 분류하면, (i) 자산운용의 전문가인 신탁업자에게 보유자산의 운용을 맡기는 자산운용형신탁(갑종 관리 신탁, 임대형 토지신탁), (ii) 신탁업자가 위탁자의 지시에 따라 단순히 신탁재산의 보관·관리업무를 수행하는 자산관리형신탁(갑종관리신탁, 을종관리신탁, 임대형 토지신탁), (iii) 위탁자가 자금조달을 목적으로 보유자산을 유동화하는 자산유동화형신탁(유동화신탁), (iv) 자산의 처분업무를 수행하는 자산처분형신탁(분양형 토지신탁, 분양관리신탁, 처분신탁, 담보신탁) 등이 있다.[1]

Ⅲ 신탁의 법제도적 기능

신탁은 위탁자가 신탁하는 신탁재산을 관리, 운용, 처분 등을 통해 재산을 관리(광의)하는 기능, 위탁된 신탁재산을 신탁계약이 정하는 목적에 따라 수익권으로 전환(변환)하는 기능,[2] 위탁자 및 수탁자의 도산위험으로부터 절연되는 도산절연의 기능(「신탁법」 제22조 이하), 명목회사로서 특수목적회사(SPC)와 함께 구조화 금융의 도구로서 과세에 있어서 도관으로서 역할을 하는 도관과세기능, 유사 법률관계(대리, 위임, 임치, 사무관리, 위탁매매 등) 등에 비해 재산관리자인 수탁자의 책임과 의무가 상대적으로 엄격하게 규정되고 있어 위탁자와 수탁자 간의 신임관계가 매우 중시되는 타인의 재산을 관리하는 도구의 하나로서 기능, 법률관계의 유연성을 제고하는 장치(신탁의 변경, 신탁관계자의

---

1 유사한 분류로 오영표, "신신탁법 시행에 따른 자본시장법상의 법적 쟁점 — 신탁법과 자본시장법의 조화로운 공존을 모색하며 —,"『은행법연구』제5권 제1호(은행법학회, 2012. 5), 112~113면.

2 이와 관련하여 수익권을 양적·질적으로 분할하는 기능으로 설명하는 견해(오영표, 앞의 논문, 113면)와 (i) 권리자의 속성을 전환하는 기능, (ii) 권리자의 수를 전환시키는 기능, (iii) 수익권 향유시점의 전환 기능, (iv) 재산권의 성질과 형태를 전환하는 기능으로 세분화하는 견해(안성포, "신탁제도의 발전을 위한 입법과제 — 집단신탁을 중심으로,"『비교사법』제14권 제3호(한국비교사법학회, 2007), 1025~1028면)가 있다.

지위 이전, 수익권의 분화 등)를 통해 구조화 금융에 있어서 금융구조 및 신용보강 구도 설정 등의 면에 있어서 차별화된 기능 등을 신탁의 주요 법제도적 기능으로 들 수 있다.[1]

---

1 특히 부동산개발사업에 있어서 신탁의 기능으로는 (i) 신인도제고, (ii) 신용보강, (iii) 자금조달의 원활, (iv) 분양받는 자의 보호 등을 들 수 있다.

제 2 절 ▶ 신탁 일반론

I 신탁의 정의

　　신탁이란 재산권을 가진 자(위탁자)가 관리자(수탁자)와의 특별한 신임관계에 기하여 자기(자익신탁) 또는 제 3 자(타익신탁)의 이익을 위해 당해 재산권을 수탁자에게 관리·처분하게 하는 제도이다. 대법원은 "「신탁법」상의 신탁은 위탁자가 특정의 재산권을 수탁자에게 이전하거나 기타의 처분을 하고 수탁자로 하여금 수익자의 이익을 위하여 또는 특정의 목적을 위하여 그 재산권을 관리·처분하게 하는 것이므로 부동산의 신탁에 있어서 수탁자 앞으로 소유권이전등기를 마치게 되면 대내외적으로 소유권이 수탁자에게 완전히 이전되고, 위탁자와의 내부관계에 있어서 소유권이 위탁자에게 유보되어 있는 것은 아니라 할 것이며, 이와 같이 신탁의 효력으로서 신탁재산의 소유권이 수탁자에게 이전되는 결과 수탁자는 대내외적으로 신탁재산에 대한 관리권을 갖는 것이고, 다만 수탁자는 신탁의 목적 범위 내에서 신탁계약에 정하여진 바에 따라 신탁재산을 관리하여야 하는 제한을 부담함에 불과하다"고 판시한 바 있다.[1] 「신탁법」은 신탁을 "신탁을 설정하는 자(위탁자)와 신탁을 인수하는 자(수탁자)간의 신임관계에 기하여 위탁자가 수탁자에게 특정의 재산(영업이나 저작재산권의 일부를 포함한다)을 이전하거나 담보권의 설정 또는 그 밖의 처분을 하고 수탁자로 하여금 일정한 자(수익자)의 이익 또는 특정의 목적을 위하여 그 재산의 관리, 처분, 운용, 개발 그 밖

---

[1] 대법원 2002. 4. 12. 선고 2000다70460 판결. 따라서 신탁재산의 관리처분권을 위탁자가 공동 행사하거나 수탁자의 권리에 실질적인 제한을 가하는 것은 신탁의 본질에 반하며 내부적으로 소유권이 위탁자에게 유보될 수 없다(대법원 2003. 1. 27.자 2000마2997 결정).

에 신탁 목적의 달성을 위하여 필요한 행위를 하는 법률관계"로 매우 포괄적으로 정의하고 있다(제2조).

Ⅱ 신탁과 투자신탁

1. 투자신탁

(1) 연   혁

투자신탁은 영국의 「금융서비스시장법(Financial Services and Market Act)」의 규제를 받는 집합투자기구(Collective Investment Scheme) 중 투자신탁(Unit Trust) 제도를 근간으로 1969년 「증권투자신탁업법」을 통해 국내에 도입된 제도이다. 투자 대상을 증권에서 다른 자산으로 확대한 것이 2003년에 제정한 「간접투자자산운용업법」이며, 이는 2007년에 「신탁업법」 등과 함께 「자본시장과 금융투자업에 관한 법률」에 흡수 통합되었다.

(2) 관련 규정

투자신탁은 2인 이상의 투자자로부터 집합투자업자인 위탁자(자산운용회사)가 모집 혹은 매출 방식을 통해 (판매자를 매개로 하여) 자금을 모아 이를 투자자를 대신하여 운용하고 그 운용에서 발생된 수익을 투자자에게 배분하는 제도이다. 이 때 집합투자업자인 위탁자는 수탁자와 반드시 신탁계약을 체결하여야 한다(「자본시장과 금융투자업에」 관한 법률」 제188조 제1항).[1] 신탁계약에는 법이 규정하고 있는 필수사항과 기타 수익자 보호를 위한 사항이 포함되어야 한다.[2] 집합투자업자는 투자신탁의 수익권을 균등하게 분할하여 수익증권을

---

[1] 금융투자업자는 금융투자업의 다른 금융업무(법 제40조 제1항 각호), 부수업무(법 제41조 제1항)와 관련하여 그 금융투자업자가 영위하는 업무의 일부를 제삼자에게 위탁할 수 있기에 (법 제42조) 투자신탁재산을 보관·관리하는 업무를 신탁업자에게 위탁할 수 있다(법 제80조).

[2] 법 시행령 제215조.
   1. 투자신탁의 종류(법 제229조의 구분에 따른 종류를 말한다)
   2. 투자신탁의 명칭
   3. 투자대상자산(법 제229조 제4호에 따른 혼합자산집합투자기구인 경우를 제외하고는 주된

발행하여야 하며(법 제189조 제1항), 수익자명부의 작성에 관한 업무를 「주식·사채 등의 전자등록에 관한 법률」 제 2 조 제 6 호에 따른 전자등록기관에 위탁하여야 한다(법 제189조 제6항). 그리고 필요에 따라 집합투자업자인 위탁자는 수익자총회를 소집할 수 있으며(법 제190조 제2항), 금융위원회의 승인을 받아 투자신탁을 해지할 수 있다(법 제192조 제1항).

(3) 투자신탁의 법률관계

투자신탁의 법률관계와 관련하여 이것이 진정한 신탁관계이냐를 둘러싸고 학자들 간에 견해 차이가 있다. 투자자로부터 투자관리를 위탁 받은 집합투자업자가 그 업무의 일부인 신탁재산의 보관·관리 업무만을 수탁회사에게 신탁한 것이라는 견해(단순신탁설), 집합투자업자와 신탁업자의 신탁계약이 신탁관계의 중심이 된다는 전제 하에 투자자가 수익증권을 매수함으로써 신탁계약에 대하여 추인한다고 보아 법률관계의 당사자가 된다는 견해(실질신탁설), 투자자와 집합투자업자 간의 신탁은 자산운용을 목적으로 하는 능동신탁인 반면 집합투자업자와 수탁자 간의 신탁은 단순히 재산의 보관·관리만을 목적으로 하는 수동신탁이라는 견해, 투자자는 집합투자업자인 위탁자와의 관계에서 위탁자이자 수익자이고(자익신탁), 수탁회사와의 관계에서는 위탁자가 아니라 단순한 수익자(타익신탁)에 불과하다는 견해(법적 신탁설 혹은 이중신탁설) 등이 존재한다.[1] 하지만 기본적으로 투자신탁 구조 하에서는 판매 방식에 있어서 매출식은 투자자가 집합투자업자로부터 수익증권을 양수하여 수익자의 지위를 보유하므로 투자자와 집합투자업자 간에 신탁설정행위의 존재를 인정하기 힘들고, 모집식의 경우에도 투자자는 집합투자업자와 수탁회사가 체결한 신탁계약의 수익증권을 매수

투자대상자산을 따로 기재하여야 한다)
  4. 집합투자업자와 신탁업자의 업무에 관한 사항
  5. 수익증권의 추가발행과 소각에 관한 사항
  6. 신탁계약기간을 정한 경우에는 그 기간
  7. 투자신탁재산의 평가와 기준가격의 계산에 관한 사항
  8. 이익 외의 자산 등의 분배에 관한 사항
  9. 집합투자업자와 신탁업자의 변경에 관한 사항
  10. 신탁계약의 변경과 해지에 관한 사항
  11. 투자신탁의 회계기간
  12. 그 밖에 수익자를 보호하기 위하여 필요한 사항으로서 금융위원회가 정하여 고시하는 사항
[1] 박근용, "신탁법 개정에 따른 자본시장법 상 투자신탁의 신탁관계에 관한 고찰,"『비교사법』제 20권 제 3 호(비교사법학회, 2013. 8.), 913면.

하여 수동적으로 수익자의 지위를 보유하므로 투자자가 집합투자업자에 대해 위탁자로서의 지위를 가지는 것으로 보기 힘들다. 또한 대법원 판례에서도 신탁재산의 대내외적 소유권자를 수탁자로 보고 있기에 신탁재산의 소유권자가 아닌 집합투자업자인 위탁자를 수탁자로 보기 어렵고 나아가 수탁자의 위탁자 감시 등 수익자 보호의 역할을 신탁법리만으로 해석하기 힘들다고 하여 투자신탁의 법률관계를 집합투자업자인 위탁자와 수탁자 간의 신탁계약은 명칭은 신탁계약이지만 「신탁법」 상의 신탁으로 보기 어려우며, 오히려 「신탁법」 제37조($\frac{현행법}{제42조}$)에서 규정하고 있는 신탁사무위임계약으로 보는 것이 타당하고, 전체를 신탁을 포함하는 조직계약관계로 파악하는 것이 타당하다는 견해가 있다.[1]

(4) 「자본시장과 금융투자업에 관한 법률」의 규정 내용

「자본시장과 금융투자업에 관한 법률」에서는 집합투자기구의 하나로서 "집합투자업자인 위탁자가 신탁업자에게 신탁한 재산을 신탁업자로 하여금 그 집합투자업자의 지시에 따라 투자 · 운용하게 하는 신탁형태의 집합투자기구(투자신탁)"를 규정하고 있으며($\frac{법 제9조}{제18항}$), 이 법에서 "신탁"이란 「신탁법」 제 2 조의 신탁을 말한다고 하여 투자신탁도 「신탁법」 상 신탁으로 간주하고 있다($\frac{법 제9조}{제 2항}$).

2. 신탁 관련 국내법의 기본적 이해

(1) 영리신탁과 비영리신탁(일반신탁과 신탁업)

「신탁법」은 사법적 법률관계를 규율하는 「민법」의 특별법으로서 신탁에 관련된 사법적인 법률관계를 규율하는 것을 목적으로 한다.[2] 수탁자가 영업으로 신탁을 인수하는 경우를 영리신탁이라 하며, 이 경우 수탁자는 신탁의 인수를 영업으로 하는 상인이 되기에 「상법」 또는 「자본시장과 금융투자업에 관한 법률」상 신탁업 관련 규정

---

1 이중기, "투자신탁제도의 신탁적 요소와 조직계약적 요소 ─ 증권투자신탁을 중심으로," 『한림법학 FORUM』제9권(한림법학연구소, 2000. 12.), 65, 69면. "투자신탁은 구성자산의 보유도구로서 신탁이라는 방법을 채택한 운용자 수탁자간의 투자신탁계획에 수익지분보유자가 참여한 집단적 조직계약" 혹은 "신탁재산의 보유측면에서 신탁이라는 방법을 (매개수단으로써) 채택한 집단적 조직계약관계"로 정의하고 있다.
2 광장신탁법연구회, 『주석 신탁법』, 박영사, 2013. 8, 9면.

의 적용을 받게 된다.[1] 다만, 개정 「신탁법」이 다양하고 새로운 신탁제도를 도입함으로써 다양한 신탁상품의 출현과 일반기업의 신탁을 통한 자금조달수단을 제공한다는 취지를 고려하면 신탁업인지 여부의 판단과 관련하여 『업(業)』의 범위를 지나치게 넓게 해석하게 되면 개정 「신탁법」의 취지가 제대로 발현되지 아니할 가능성이 있다고 우려하면서 신탁과 신탁업의 구분에 있어서 『개념적인 접근』 보다는 『규제의 필요성 측면에서의 접근』이 더 타당한 접근방법이라는 견해가 있다.[2] '2012년 8월 6일 정부 의안번호 1057'로 입법예고된 「자본시장과 금융투자업에 관한 법률」 개정안에서 비신탁업자가 자산유동화 등을 위해 수익증권발행신탁의 수익증권을 발행하거나 자기신탁을 설정하는 경우 이른바 '유사신탁업자'로서 규제를 받도록 하고 있었다.[3] 하지만 유사신탁업자는 일응 신탁업에서 "업"의 개념적 범위를 확장하여 규제하기 위한 취지로 볼 수도 있겠지만 오히려 "업"에 대한 규제의 확장이라기 보다는 증권(수익증권)발행에 대한 투자자 보호 차원에서의 규제로 이해하는 것이 타당하다고 본다.[4]

(2) 신탁업과 집합투자업

「자본시장과 금융투자업에 관한 법률」상 집합투자업자가 설정 내지 설립하는 집합투자기구 중 신탁 형태인 투자신탁과 일반적인 신탁과의 관계에 있어서 동 법에서 규정하는 신탁도 「신탁법」상 신탁으로 간주하고 있으나(「자본시장과 금융투자업에 관한 법률」 제9조 제24항), 양자간의 경계선은 분명히 하고 있다. 금전신탁의 경우 특정금전신탁과 불특정금전신탁을 구

---

1 영리신탁과 비영리신탁의 구별기준에 대한 자세한 사항은 김태진, "기업형태로서의 신탁(사업신탁, 수익증권발행신탁 및 유한책임신탁을 중심으로)," 법무부 세미나 발표문(2011), 4~5면 참조.

2 오영표, 앞의 논문, 115~116면 참조.

3 자본시장법 개정안 제110조의 3. 신탁사채를 발행할 경우 신탁사채의 투자자와 수익증권의 투자자 모두 보호가 필요하다는 점에서 신탁업자가 아닌 자가 신탁사채를 발행할 경우 유사신탁업자로 규제할 필요가 있다는 견해도 있다(오영표, 앞의 논문, 140면). 하지만 자본시장법은 개정되지 않았다.

4 성희활, "신탁법과 자본시장법의 바람직한 관계 설정에 관한 연구," 『비교사법』 제20권 제3호 (통권 제62호), 2013. 8, 637~674면에서도 「신탁법」에 따른 일반 민사신탁의 활성화를 위하여 「자본시장과 금융투자업에 관한 법률」상의 "업" 개념을 축소할 것을 제안하였다. 단순히 "계속적, 반복적"으로 하는 이익추구행위가 아니라 "고객관계"를 "업"의 본질적 요소로 고려할 것이 필요하다고 지적하면서, 유사신탁업에 대한 규제는 유사신탁업을 업자로서 규제하고자 하는 측면보다는 증권의 발행규제를 적용하기 위한 것으로 보고, 따라서 유사신탁업자에 의한 영업적 수탁은 엄격히 금지되는 것으로 보아야 한다고 말하고 있다.

분하여 규정하고 있으며(「자본시장과 금융투자업에」 제103조) 양자는 기본적으로 위탁자의 운용지시 유무를 기준으로 구분하되 후자를 집합투자의 영역으로 보고 있다.[1] 이는 신탁업자가 복수신탁계약에 따른 신탁재산을 집합하여 운용하는 행위(「자본시장과 금융투자업에 관한 법」 률시행령」 제109조 제3항 제5호)와 특정 증권 등의 취득과 처분을 각 계좌 재산의 일정비율로 정한 후 여러 계좌의 주문을 집합하는 행위 등을 '불건전 영업행위'로 규정하여 금지함으로써 뒷받침되고 있다(「금융투자업 규정」 제 4-93조 제21호, 제26호).[2]

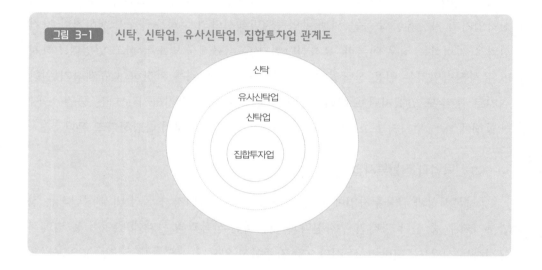

그림 3-1 신탁, 신탁업, 유사신탁업, 집합투자업 관계도

신탁

유사신탁업

신탁업

집합투자업

---

1 이와 같은 이유로 2004년 7월 「간접투자자산운용업법」 제정 시 일정한 예외적 경우를 제외하고는 불특정금전신탁 상품의 추가 설정을 불허하였다(구 「간접투자자산운용업법」 부칙 제6987호, 제14조 제2항).

2 그러나 이러한 이분법적 접근은 바람직하지 않으며 신탁의 활성화를 위해 집합운용형 금전신탁을 허용하되 투자자보호를 위한 신탁업자의 영업행위 규제 수준을 높이자는 견해가 있다(오영표, 앞의 논문, 122면; 안성포, 앞의 논문, 1037면).

표 3-2	수탁자의 유형		
범주	수탁자	근거(규제)법	참고사항
신탁	일반수탁자	「신탁법」	비영리 신탁
유사신탁	유사신탁업자	자본시장법	수익증권발행신탁 및 자기신탁의 비신탁업자인 수탁자
신탁업	신탁업 인가 받은 신탁업자	자본시장법	신탁을 영업으로 영위
집합투자업	집합투자업 인가 받은 집합투자업자	자본시장법	집합투자업을 영업으로 영위

※ 집합투자업자는 엄밀히 말하면 수탁자는 아니나 투자신탁구조에서 투자자(수익자)와의 관계에서 기능적으로 수탁자의 기능을 하며 다른 범주의 개념과 비교 설명하기 위해 포함시켰다.

(3) 집합투자(투자신탁)와 수익증권발행신탁

수익증권발행신탁이란 신탁의 수익자가 가지는 권리를 유가증권에 얹어 투자자간에 유통시키고 권리를 취득하기 위해 투자한 금전을 회수하기 쉽게 만든 신탁, 즉 신탁행위로 수익권을 표시하는 수익증권을 발행하기로 정한 신탁이다(「신탁법」 제78조 제1항 및 제2항). 신탁업자(수탁자)는 신탁재산을 분할하여 다수의 수익자에게 유동화시키는 것이 가능하고, 수익자는 수익권의 유통성이 증대됨으로써 투자자금을 조기에 회수할 수 있다.[1]

「자본시장과 금융투자업에 관한 법률」 상의 집합투자 유형으로서 투자신탁에 관한 규정과 수익증권발행신탁에 관한 「신탁법」, 「자본시장과 금융투자업에 관한 법률」, 「자본시장과 금융투자업에 관한 법률」 개정안(2012. 3. 22. 입법예고)을 상호 비교하면 아래와 같다.

---

1 류혁선 · 최승재, "개정 신탁법 상 자기신탁 및 수익증권발행제도를 활용한 유동화 금융투자상품 설계에 대한 연구," 『증권법연구』제14권 제 2 호, 2013, 479면.

표 3-3 투자신탁과 수익증권발행신탁의 비교

구분	집합투자 (투자신탁)	수익증권발행신탁		
근거 법률	자본시장법 (현행)	「신탁법」 (현행)	자본시장법 (현행)	자본시장법 (2012년 개정안)[1]
수익증권 발행[2]	모든 신탁	모든 신탁 (법 제78조)	금전신탁 (법 제110조)	모든 신탁 (안 제110조 제3항)
증권발행규제 (증권신고서)	법 제119조 제1항 령 제120조 제1호, 제2호	명문규정 없음	법 제110조 제2항 금융위원회 신고	법 제110조 제2항 사모:금융위원회 신고 공모:법 제119조 적용 (증권신고서) 유사신탁업 (안 제110조의3)
수익증권 자기발행	투자신탁 수익증권의 자기발행은 투자매매업 해당 (법 제7조 제1항 제1호)	투자매매업 비해당 (법 제7조 제1항)	투자매매업 비해당 (법 제7조 제1항)	투자매매업간주[3] (안 제110조 제1항)
발행가액	법 제189조 제5항 제3호	명문규정 없음	명문규정 없음	신탁재산 순재산 가액 이하 (안 제110조 제7항)
고유재산으로 수익증권매수	법 제235조	법 제36조 (이익향수금지)	원칙허용/예외 금지 (법 제111조, 령 제112조)	원칙금지/예외허용 (안 제111조)
환매	법 제192조 제5항 법 제235조~ 제237조	명문규정 없음	명문규정 없음	명문규정 없음
평가 / 공시	제238조 제1항, 제2항	명문규정 없음	명문규정 없음	집합투자와 동일 (안 제110조 제8항, 제9항)

---

1 「자본시장과금융투자업에관한법률일부 개정 법률안(의안번호 1057)」을 말한다. 자본시장법 개정안: 입법예고(2012. 3. 22), 국무회의통과(2012. 7. 31), 국회제출(2012. 8). 국회정무위원회수석전문위원(구기성), "자본시장과금융투자업에관한법률일부개정법률안【정부제출】검토보고서," 2013. 4. 하지만 결국 자본시장법은 개정되지 않았다.

2 현행법상 재산신탁방식으로 수익증권을 발행할 수 있는 경우는 「자산유동화에 관한 법률」 제4장에 따른 유동화증권의 발행(법 제27조 내지 제33조)과 「한국주택금융공사법」에 따른 주택저당증권(법 제32조) 등이 있다.

3 따라서 투자매매업에 대한 「자본시장과 금융투자업에 관한 법률」 상의 규제를 받게 된다.

수익증권 양도성/ 수익증권 자기매수	법 제188조 제 9 항 상법 제336조~ 제340조 상법 제358조의2~ 제360조	법 제81조	법 제110조 제 6 항 법 제111조/ 령 제112조 (가능)	안 제111조 (원칙 불가능, 예외 가능)
부동산 운용특례	법 제94조 제 3 항, 제 4 항	명문규정 없음	명문규정 없음	안 제110조의2 집합투자 규정(법 제94조 제 3 항, 제 4 항) 준용
자기신탁	불가능	가능	가능	가능

수익증권발행신탁의 구조화 금융거래 구조에서의 활용도를 제고하기 위해서는 구조와 절차 등의 면에서 편리한 자기신탁형 수익증권발행신탁을 이용하는 것이 필요하고, 이를 위해 자기신탁형 수익증권발행신탁이 집합투자의 개념 정의에서 명시적으로 배제되도록 함으로써 금융투자업자로 하여금 「신탁법」을 활용한 다양한 금융투자상품의 개발·제공에 있어 법적 불확실성을 해소시켜 줄 필요가 있다.[1] 그리고 자기신탁형 수익증권발행신탁의 경우에는 이해상충의 발생 가능성이 크지 않은 경우로서 고유재산 운용업무와 신탁업 간에 규정되어 있는 정보 교류 차단(Chinese Wall) 의무를 명시적으로 배제시켜 주는 것이 필요하다. 마지막으로 자기신탁형 수익증권발행신탁에서 수익증권의 직접공모가 가능하도록 그 제한을 완화할 필요가 있고, 특히 신탁업자의 경우에는 자본시장법에서 「신탁법」 제36조에서 정한 수탁자의 이익향수 금지의 예외를 인정함으로써 수익증권 발행 구조의 다변화를 추구하는 것이 필요하다는 견해가 있다.[2]

그러나 자본시장법은 신탁과 집합투자를 엄격히 구분하고 있으며, 신탁업자와 집합투자업자의 인가 요건도 다르고, 업자에 대한 행위규제도 차별화되어 있고, 집합투자기구 자체의 등록도 요구하고 집합투자기구에 의한 투자에 대하여 다양한 제한을 두고 있다고 하면서, 한마디로 신탁과 집합투자는 전혀 다른 금융투자상품으로 보고 규제를 설계하고 있기 때문에 만약 신탁이 집합투자처럼 운용된다면 양자간 규제

---

[1] 수익증권발행신탁에 대하여 집합투자로 해석하는 것에 대한 부당성을 주장한 논문으로 오영표, 앞의 논문, 133면 참조.

[2] 류혁선·최승재, 앞의 논문, 484면.

차익(regulatory arbitrage)이 존재하게 된다는 반론이 있다.[1] 나아가, 자산유동화의 경우 일단 수탁자가 신탁업자이기도 하고 또한 「자산유동화에 관한 법률」에 의하여 특별한 규제를 받고 있기에 자본시장법의 집합투자규제가 면제되어도 무방하나 「신탁법」상 신탁에 대해서 별도 남용 방지 장치 없이 면제하는 것이 타당한지는 의문이라는 것이다.[2]

한편, 「자산유동화에 관한 법률」 상 등록 유동화 신탁 구조에 있어서 감독 당국은 기본적으로 기초자산으로서 주식의 유동화를 제한하고 있고, 부동산의 경우에도 원리금 적시 상환의 어려움 혹은 탈세의 가능성 등을 이유로 활용도가 낮은 데 반해 수익증권발행신탁에 있어서 「신탁법」 제2조와 「자본시장과 금융투자업에 관한 법률」 제103조 및 2012년 개정안에 따라 신탁재산의 편입에 보다 유연하다는 장점이 있다.

수익증권발행신탁에 있어서 발행구조는 자산보유자인 위탁자가 신탁선언을 통해 자신의 재산에 대하여 자신을 수익자로 하는 자기신탁을 설정하고, 동 수익증권을 매출하는 구조(자익신탁매출구조방식) 또는 자산보유자인 위탁자가 신탁선언을 통해 자신의 재산에 대하여 제3자에게 수익증권을 발행하는 자기신탁을 설정하는 방식(타익신탁 모집 구조방식)을 고려할 수 있다.

전자의 경우에 「신탁법」 제36조(수탁자의 이익향수 금지) 규정에 반하는지에 대한 검토가 필요하다. 한편 위탁자인 수탁자가 인수인 없이 직접 공모가 가능한지에 대한 문제, 제3자에 대한 발행 방식에서 미 매각 부분에 대한 위탁자인 수탁자의 인수가 2012년 「자본시장과 금융투자업에 관한 법률」 개정안 제111조(고유재산으로 수익증권 매수 금지)에 위반되는지 등에 대한 문제가 있다.[3]

2012년 3월 22일 입법예고되었던 자본시장법 개정안이 법률에 반영되지 못하고 10여년이 경과한 후 2022년 10월 12일에 발표된 금융위원회의 「신탁업 혁신 방안」에서는 투자수단으로서 신탁이 아닌 다양한 재산을 종합적·적극적으로 관리하는 신탁 본연의 기능을 활성화하는 것을 기본방향으로 하면서 주요 내용 중의 하나로 '신탁을 통한 자금조달 활성화'를 포함하고 있는데, 구체적인 실행방안으로 금전·보험금청구권을 제외한 모든 신탁재산의 수익증권 발행을 원칙적으로 허용하면서 특히 부동

---

1 성희활, 앞의 논문, 652면.
2 성희활, 앞의 논문, 657면.
3 자세한 것은 류혁선·최승재, 앞의 논문, 490면 이하 참조.

산신탁의 경우 그 동안 금융위원회의 '금융규제샌드박스'를 통한 혁신서비스 지정으로 예외적, 제한적으로 허용해오던 부동산신탁수익증권 발행을 허용하겠다고 발표하였다.[1] 향후 부동산을 수탁재산으로 하는 부동산신탁의 경우 수익증권 발행을 통해 부동산 개발자금의 조달을 원활하게 하고 그 조달 방법도 다양화될 것으로 보이며, 또한 신탁을 통한 부동산의 유동화가 더욱 활성화될 것으로 전망된다.[2] 다만 투자자 보호 등을 위해 발행, 판매, 운용 등 단계별로 규제가 정비된다.

(4) 금융투자상품과 신탁

「자본시장과 금융투자업에 관한 법률」상 금융투자상품은 원본의 손실 가능성을 그 본질로 하기에, 신탁 상품 중 비수익증권발행신탁으로서 이른바 '관리형 신탁'은 여기에 포함시키지 않고 있다.[3] 다만, 연금신탁이나 퇴직연금신탁 등의 특별한 경우에는 손실보전 내지 이익보장의 약정은 예외적으로 유효하다.[4] 부동산신탁 유형 중 담보신탁의 경우 이를 관리형 신탁으로 볼 수 있을 것인가에 대해 금융위원회는 일률적으로 판단하기 힘들며 수탁자에게 실질적인 처분권한을 부여하였는지 여부, 수탁자의 업무수행 관련 절차, 관련 매뉴얼 등을 고려하여 종합적으로 판단해야 한다고 한 바 있다.[5]

금융소비자의 다양한 자산관리수요에 부응하고자 새로운 신탁제도를 활용하여 혁신적인 금융투자상품을 개발하는 등 신탁의 활용이 활성화되기 위해서는 신상품 개발을 위한 시장 참여자들의 전향적인 노력과 제도적 뒷받침이 필요하다. 이를 위해

---

1 여기서 유의해야 할 사항은 부동산을 수탁재산으로 하는 경우에는 일단 관리신탁과 처분신탁으로 한정하고 부동산관련권리를 수탁재산으로 하는 경우에는 혁신서비스 지정 건 등에 한해 개별적으로 허용할 방침이다.

2 금융위원회, 『종합재산관리 및 자금조달 기능 강화를 위한 신탁업 혁신 방안』, 2022. 10. 13 참조. 부동산 신탁 수익증권 발행의 허용은 이른바 부동산디지털수익증권 발행을 통한 유통 플랫폼에서의 부동산 조각투자 활성화와 연계될 수 있다.

3 '위탁자(신탁계약에 따라 처분권한을 가지고 있는 수익자를 포함한다)의 지시에 따라서만 신탁재산의 처분이 이루어지는 신탁'과 '신탁계약에 따라 신탁재산에 대하여 보존행위 또는 그 신탁재산의 성질을 변경하지 아니하는 범위에서 이용·개량 행위만을 하는 신탁'(「자본시장과 금융투자업에 관한 법률」제3조 제1항 제2호).

4 「자본시장과 금융투자업에 관한 법률 시행령」제104조 제1항 단서, 「금융투자업규정」제4-82조(노후생활연금신탁, 연금신탁, 퇴직일시금신탁 등).

5 금융위원회 회신 140024.

서는 「신탁법」의 취지를 잘 살리는 자본시장법의 개정과 이를 적극적으로 연구하고 활용하는 금융투자업자들과 법률가들의 노력이 함께 이루어져야 한다.[1]

(5) 「신탁법」과 「자본시장과 금융투자업에 관한 법률」의 관계에 있어서 과제

1) 투자신탁(집합투자)과 신탁의 경계

앞서 서술한 바와 같이 2011년 「신탁법」 개정을 통해 수익증권발행신탁 제도가 도입됨에 따라 「자본시장과 금융투자업에 관한 법률」상 별도의 규제의 틀을 가지고 있는 집합투자, 그중에서도 투자신탁과의 경계가 희미해지는 상황하에 여전히 집합투자업과 신탁업은 차별화된 규제가 필요하다는 입장에서 1:多의 집합투자업 규제를 우회하거나 집합투자를 대체하여 규제차익을 도모할 수 없도록 1:1의 개별계약적 특성을 신탁의 필수적 요건으로 규정하여 양자 간의 경계를 명확히 하자는 입장[2]과 신탁선언에 의한 신탁(자기신탁)과 연계하여 수익증권발행신탁 제도를 구조화 금융의 활성화 차원에서 유연하게 규정하는 것이 필요하다는 입장이 존재한다. 후자의 입장 중에서도 집합투자업 개념 정의에서 수익증권발행신탁을 명시적으로 배제할 필요가 있으며,[3] 나아가 집합운용이 가능한 신탁업의 수행을 다시 허용할 필요가 있고, 수익증권발행신탁에 있어서 자기신탁의 접목을 용이하게 하기 위해 「신탁법」 제36조의 적용을 완화할 필요가 있으며, 나아가 집합투자의 환매제도를 도입하는 것이 필요하고 아울러 신탁에서와 같이 집합투자에 종류수익증권을 도입하자는 보다 적극적인 견해도 있다.[4]

2) 일반신탁과 신탁업의 경계

「자본시장과 금융투자업에 관한 법률」은 금융투자업을 "이익을 얻을 목적으로 계속적이거나 반복적인 방법으로 행하는 행위"로 정의하고, 신탁업을 "신탁을 영업으

---

1 류혁선·최승재, 앞의 논문, 496면.
2 불특정금전신탁의 설정 중단과 불특정금전신탁의 합동운용에 대해 신탁업 규제 차원에서 불건전영업행위로 규정하고 있는 것이 이를 뒷받침하고 있다.
3 류혁선·최승재, 앞의 논문, 484면.
4 오영표, 앞의 논문, 133면 이하 참조. 이와 관련하여 「자본시장과 금융투자업에 관한 법률」의 개정을 통해 전문투자형사모집합투자기구의 경우 집합투자규약에 따라 투자자에 대한 손익의 분배 또는 손익의 순위 등에 관한 사항을 정할 수 있게 되었다(「자본시장과 금융투자업에 관한 법률」 제249조의8 제7항).

로 하는것"이라고 정의하고 있다($\binom{\text{「자본시장법」 제6조}}{\text{제1항 및 제8항}}$). 수탁자의 입장에서 영리목적으로 계속적 또는 반복적으로 수탁행위를 수행할 경우 이러한 수탁행위는 신탁업으로 분류되어 「자본시장과 금융투자업에 관한 법률」의 규제 대상이 된다. 바람직한 것은 「자본시장과 금융투자업에 관한 법률」의 궁극적 목적이 투자자를 비롯한 신탁의 당사자들을 보호하는 데 있다고 보면 "업" 개념의 범위를 단순히 "계속적, 반복적"으로 하는 이익추구행위(개념적인 접근)가 아니라 "고객관계"를 "업"의 본질적 요소로 고려할 것(규제의 필요성 측면에서의 접근)이 필요하며 더구나 상사신탁 이외에 일반 민사신탁의 활성화를 위해서도 "업" 개념의 범위를 엄격하게 해석하는 것이 타당하다고 본다.[1] 종래 자본시장법 개정안(2012. 3. 22)은 신탁업자가 아닌 자가 수익증권발행신탁을 설정하거나 자기신탁을 설정하는 경우 투자자 보호의 필요성이 많다고 판단하여 이를 유사신탁업자로 규정하고 신탁업자의 규제 중 일부를 준용하도록 하였다($\binom{\text{개정안 제}}{\text{110조의3}}$). 하지만 유사신탁업 규제는 유사신탁업을 업자로서 규제하고자 하는 측면보다는 증권의 발행 규제를 적용하기 위한 것이고, 따라서 유사신탁업자에 의한 영업적 수탁은 엄격히 금지되는 것으로 보아야 한다.

3) 수익증권 발행에 대한 규제

수익증권발행신탁과 관련하여 먼저 신탁업자가 수익증권의 자기발행을 하는 경우 신탁업자의 고유 사업을 위한 자금조달적 성격보다는 금융상품적 성격이 강하기 때문에 투자매매업으로 규제하는 것이 타당하다.

4) 수익증권의 증권성

「신탁법」은 수익권의 양도성을 제고하기 위해 수익증권발행신탁 제도를 도입하고 이와 관련되는 규정을 두고 있다. 하지만 이 수익증권의 증권성이 충분한지에 대해 논란이 있다. 「신탁법」에서는 증권의 속성에 속하는 권리추정력과 선의취득 인정에 따라 자격수여적 효력은 명시적으로 규정하고 있다($\binom{\text{「신탁법」}}{\text{제82조}}$). 하지만 권리이전적 효력은 불완전하며 특히 인적 항변의 절단 효과가 명시되어 있지 않다.[2] 「신탁법」상 수익증권의 양도성과 관련하여 인적 항변의 절단이 불확실하여 권리이전적 효력이 불완전하다고 지적할 수 있다. 「신탁법」 제65조의 수익권 양도의 대항요건과 수탁자의

---

1 오영표, 앞의 논문, 116면도 같은 취지이다.
2 성희활, 앞의 논문, 663면.

항변 조항과 「신탁법」 제81조에서 수익증권발행신탁의 수익권 양도는 수익증권의 교부가 있어야 한다고 규정함으로써 권리이전적 효력을 인정할 수 있다는 입장도 있지만[1] 수익증권에 의한 양도 시에는 인적 항변이 절단된다는 것을 명시하는 것이 수익증권의 증권성을 드높일 수 있을 것이다.[2]

Ⅲ 「신탁법」

1. 주요 내용과 특징

1961년에 제정된 이후 3차례의 개정이 있었지만 모두 다른 법률의 개정으로 인한 것이었으며 실제적으로 의미 있었던 개정은 2011년 7월 25일 「신탁법」 전면 개정이었다. 「신탁법」의 주요 개정 내용을 특징별로 구분하여 살펴보면 다음과 같다.

(1) 신탁의 유연성(Flexibility) 제고

신탁 법률관계의 유연성을 통한 신탁의 활용도를 제고하고 접근성을 용이하게 하기 위해 담보권·영업 등을 포함한 신탁재산의 포괄화(「신탁법」 제2조), 위탁자의 지위 이전(「신탁법」 제10조), 신탁선언에 의한 신탁(「신탁법」 제3조 제1항 제3호), 재신탁(「신탁법」 제3조 제5항), 신탁 관계자들의 지위 변동, 대리 및 위임 등과 관련된 각종 조항(「신탁법」 제17조, 제67조) 등을 두고 있다.

(2) 구조화 금융의 도구로서 경쟁력 제고

구조화 금융, 특히 부동산 구조화 금융의 도구로서 그동안 활용되었던 것은 명목회사(SPC), 신탁(trust), 조합(partnership) 등이었으나 법적 안정성 내지 명확성, 편의성, 수요자의 요구에 대한 부합성, 대륙법계 국가의 영미법계 산물인 신탁에 대한 인식 부족 등을 연유로 상대적으로 명목회사(SPC)를 도구로 많이 활용하였고, 앞서 설명한 바와 같이 구조화 금융 관련 각종 법률에서 규정되고 있는 도구의 형태가 대부분 명목

---

1 법무부, 「신탁법 개정안 해설」, 2012. 2, 609면.
2 성희활, 앞의 논문, 665면.

회사였다.[1] 하지만 1991년 「부동산신탁 업무 운용요강」이 제정되면서 부동산 신탁이 시장에 도입되었고 외환위기 이후 「자산유동화에 관한 법률」이 제정되어 이른바 유동화신탁(신탁형 자산유동화) 구조가 시장에 도입되면서 서서히 신탁에 대한 인식이 증가하였고 부동산 시장의 활성화에 따른 부동산 프로젝트금융 구조에 신탁의 구조가 접목되면서 더욱 활성화되었다고 볼 수 있다. 구조화 금융의 도구로서 명목회사(SPC)와 어깨를 나란히 하기에는 개정 전 「신탁법」에서는 여러 가지 미흡한 부분이 많았던 바, 2012년 개정 「신탁법」 시행을 통해 수익증권발행신탁(「신탁법」 제81조~제86조), 유한책임신탁(「신탁법」 제114조~제139조), 신탁사채(「신탁법」 제87조), 신탁의 변경(「신탁법」 제88조~제97조) 등의 제도가 도입되면서 구조화금융의 도구로서 경쟁력이 제고되었다.

(3) 사업(영업)신탁 관련 법적 쟁점

사업신탁(business trust)은 기업조직의 한 형태로서 신탁선언이나 증서에 의거하여 재산이 수탁자에게 양도되며, 수탁자는 동 재산을 수탁자가 발행하는 양도가능 수익증권을 인수한 수익자의 이익을 위하여 관리·운용하는 신탁이다. 이러한 증권은 동재산 내의 지분을 표시하고, 회사법인의 주식과 같은 방식으로 발행·유통되며 동 증권의 소유자는 이익을 지분에 따라 배분받고, 신탁의 청산 시에도 마찬가지로 잔존재산의 배분을 받는다.[2] 말하자면 사업신탁은 회사의 기본구조인 주주, 경영자인 이사, 그리고 자본이라고 하는 삼각구조를 위탁자겸 수익자(주주), 수탁자(이사), 그리고 신탁재산의 관계로 재정립하여 놓은 것이다.[3]

미국의 투자회사(mutual fund) 절반 이상이 사업신탁의 형태로 조직되어 있으며,

---

1 「법인세법」 상 프로젝트금융투자회사, 「부동산투자회사법」 상 위탁관리부동산투자회사 및 기업구조조정부동산투자회사, 「사회기반시설에 대한 민간투자법」 상 사회기반시설 투융자회사 등을 들 수 있는바, 다만 「자본시장과 금융투자업에 관한 법률」 상 7가지 유형의 집합투자기구 중 부동산금융의 구조화금융 도구로서 가장 많이 쓰인 것은 인지도, 편의성, 투자자의 선호 등을 연유로 투자신탁인데, 투자신탁도 「신탁법」상 신탁이라는 것을 근거로 하면 신탁을 도구로 활용한 사례가 많았다고 볼 수 있지만, 앞서 설명한 바와 같이 투자신탁과 일반 신탁 구조 간에 다소간의 법리적 차이는 존재한다는 입장에서 본다면 법제도의 중심은 명목회사 구조에 있다고 볼 수 있다.

2 미국 연방대법원 판례의 정의(Hecht v. Malley, 265 U.S. 144, 146~47(1924)).

3 안성포, "사업신탁의 도입을 위한 입법론적 검토," 『인권과 정의』(2009년 10월), 113면.

다양한 구조화 금융 거래의 주요한 사업형태이다.[1] 영미법 국가에서 회사법인(business corporation)의 대안으로 사용되어온 기업조직의 하나인 사업신탁은 그 동안 역사적으로 굴곡이 있어 왔고 심지어 영미법계 국가에서도 연구의 사각지대로 있었지만, 1988년 미국의 델라웨어(Delaware) 주에서 사업신탁법(Business Trust Act)을 제정하면서 다시 한번 회사법인의 대안으로서 시장의 주목을 받기 시작했다. 이후 각 주마다 상이한 법제라는 한계가 거론되면서 마침내 2009년 8월에 「통일제정사업신탁법(Uniform Statutory Trust Entity Act)」을 제정하기에 이르렀다.

우리나라도 2011년 「신탁법」 개정을 통하여 국제 경쟁력 강화와 국제기준에 부합하는 개선된 신탁법제의 기틀을 마련하였고, 특히 신탁의 법인 대용화를 기대할 수 있는 사업신탁과 유사한 제도를 도입하였는데, 수익증권발행신탁, 신탁사채의 발행, 그리고 신탁관리인 제도 등을 갖출 수 있는 유한책임신탁이 바로 그것이다.[2]

여기에 신탁선언에 의한 신탁(자기신탁) 제도를 접목시킴으로서 보다 활용성을 제고할 수 있게 되었다. 따라서 국내 구조화 금융에 있어서 회사법인인 명목회사(SPC)의 대안으로 사업신탁에 대한 구조적인 기반을 어느 정도 갖추었다고 볼 수 있다. 신탁이 가지고 있는 장점으로서 유한책임·도산격리 기능은 물론이고, 내부 지배구조의 유연성, 설정 절차의 상대적 용이성, 경영집중과 사업의 단일화 도모 가능성, 다양한 신탁구조의 설계가능성, 신탁업자인 수탁자를 통한 자산취득과 관리비용의 절감 측면에서 규모의 경제, 개인의 사생활 보호 가능성 등에도 불구하고[3] 여전히 신탁과 같은 새로운 제도에 대한 거부감, 신탁조항에의 구속성, 과세법리의 일관성 있는 적용 등의 면에서 상대적으로 넘어야 할 산이 많다. 다음은 명목회사와 사업신탁을 법리적 쟁점별로 상호 비교하여 정리한 것이다.

---

1 문기석, "법인대용화 가능성을 가진 기업형태로서의 미국 사업신탁 제도에 관한 小考," 『법학논총』 제33권 제 2 호(전남대학교 법학연구소, 2013. 8.), 73면.
2 문기석, 앞의 논문, 75면.
3 김태진, 앞의 논문, 137면~138면.

표 3-4 **명목회사와 사업(영업)신탁**[1]

쟁점			「상법」 (SPC)	「신탁법」 (Business Trust)
법인재산과 구성원 재산의 분리	유한책임의 원칙		기업채권자의 기업주 고유 재산에 대한 추급 불가	신탁채권자의 수익자 고유재산에 대 한 강제집행 불가 (수익자가 얻은 이익의 범위 내에서 수탁자 비용상환청구권 대위 가능)
	조직 격리의 원칙	우선의 원칙	기업채권자 > 기업의 주주	신탁채권자 > 수익자 (법 제62조)
		강제집행 금지	기업주채권자 기업에 강제 집행 불가	신탁재산의 독립성 (법 제22조)
		청산방지 의 원칙	기업주 채권자 기업에 대해 기업주 지분의 전부 혹은 일부 청산 혹은 환급 요구 불가	수익자의 채권자 수탁자에 대해 수익 권의 전부 혹은 일부 청산 혹은 환급 요구 불가(법 제99조)
법인격			인정	규정 없음
도산절차			재건형 청산형	청산형
자기집행의무			예외 존재	정당한 사유 수익자동의 신탁행위로 달리 정한 경우 (법 제42조 제1항)
조직의 영속성				신탁의 변경(법 제88조~제97조) 조직변경과 채권자보호절차 및 합병 (분할)무효의 소 규정 등 부재
독립 법체계[2]			상법	신탁법 제2조 「자본시장과 금융투자업에 관한 법률」: 근거규정 없음 현재 독립 특별법 없음

[표 3-4]에서 검토한 바와 같이 국내법제 하에서는 사업신탁이 회사법인인 명목회사와 모든 면에서 법적 안정성과 균형을 구비하고 있지는 못하다. 특히 자본시장법은 개정 「신탁법」과 달리 신탁업자의 건전성을 도모한다는 사전예방적 관점에서

---

1 최영준, "기업형태로서의 신탁에 관한 연구 — 유한책임신탁과 사업신탁을 중심으로 —," 『고려
대학교 대학원 법학과 박사학위 논문』, 2014. 12. 참조하여 정리한 것이다.
2 미국의 「표준제정신탁법인법(Uniform Statutory Trust Entity Act, 2009)」, 싱가폴의 「사업신탁
법(Business Trust Act, 2004)」 등이 있다.

신탁재산의 범위에 관하여 한정적 열거주의를 채택하고 있으며, 나아가 2012년 자본시장법 개정안에서도 개정 「신탁법」이 소극재산을 신탁재산에 포함시키고 '영업'과 '담보권'이 신탁의 대상에 포함된다고 규정한 것을 감안하여, 자본시장법 제103조의 신탁재산에 '채무'와 '담보권'을 포함하였으나 '영업'의 경우 투자자 피해의 가능성, 신탁업자의 경영 건전성 저해 우려 등을 감안하여 포함시키지 않았다.[1] 경영 건전성 측면에서 금융기관이 수탁사업에 실패하였을 때 발생하는 신뢰 위험은 막을 수 없고, 경영 건전성을 위한 보수적 경영에 치중하는 금융기관이 위험을 무릅쓰고 이윤을 창출하려는 모험 경영이 본질인 일반사업의 경영을 담당한다면 사업에 대한 비전문성으로 인하여 부정적 영향이 클 것이며, 금융기관이 일반사업을 신탁으로 영위하는 것은 우리나라의 금산분리정책에 반한다는 점을 근거로 개정안에 대해 부정적인 입장을 보이는 견해가 있다.[2] 이에 반하여, 「신탁법」의 적용을 받는 신탁업자가 아닌 자는 영업신탁이 가능한데 자본시장법의 규제를 받는 신탁업자에게만 영업신탁을 허용하지 않는 것은 불합리한 규제라고 보는 견해가 있고,[3] 투자자 피해의 가능성은 신탁업자의 영업행위 규제로 방지할 수 있고 신탁업자의 경영 건전성 저해 우려는 신탁업자의 건전성 규제로 방지할 수 있다는 견해가 있다.[4]

(4) 법적 안정성 제고

신탁재산의 독립성($\frac{법제}{22조}$), 사해신탁 소송 요건 강화($\frac{법}{제8조}$), 신탁공시의 강화($\frac{법}{제4조}$), 수탁자의 책임과 의무 강화($\frac{법 제32조 ~}{제44조}$) 등을 통해 신탁 법률관계의 법적 안정성을 제고하였다.

(5) 신탁법 구조도

「신탁법」의 체계를 법률관계 당사자들을 중심으로 관련 내용들을 정리하면 [그림 3-2]와 같다.

---

1 한국증권법학회, 『자본시장법[주석서 Ⅰ]』(박영사, 2009), 440면도 같은 취지로 설명하고 있다.
2 성희활, 앞의 논문, 644~645면.
3 오창석, "개정 신탁법의 시행에 따른 자본시장법상 법적 쟁점(토론문)," 『은행법연구』 제5권 제1호(은행법학회, 2012. 5).
4 오영표, 앞의 논문, 125면.

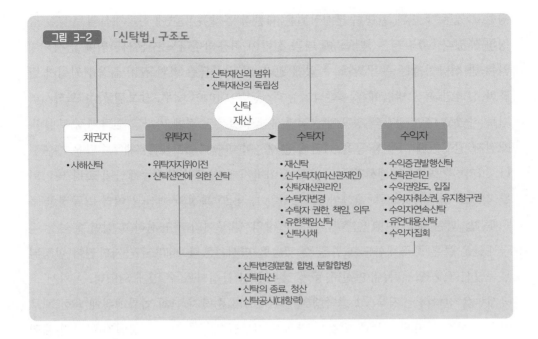

그림 3-2 「신탁법」 구조도

• 신탁재산의 범위
• 신탁재산의 독립성

신탁재산

채권자 → 위탁자 → 수탁자 　 수익자

• 사해신탁

• 위탁자지위이전
• 신탁선언에 의한 신탁

• 재신탁
• 신수탁자(파산관재인)
• 신탁재산관리인
• 수탁자변경
• 수탁자 권한, 책임, 의무
• 유한책임신탁
• 신탁사채

• 수익증권발행신탁
• 신탁관리인
• 수익권양도, 입질
• 수익자취소권, 유지청구권
• 수익자연속신탁
• 유언대용신탁
• 수익자집회

• 신탁변경(분할, 합병, 분할합병)
• 신탁파산
• 신탁의 종료, 청산
• 신탁공시(대항력)

2. 주요 법적 쟁점

신탁 일반론 중 특히 부동산신탁 실무와 관련하여 고려해야 할 중요한 법적 쟁점들은 다음과 같다.

(1) 신탁재산의 범위

현행 「신탁법」에서는 신탁이란 신탁을 설정하는 자(위탁자)와 신탁을 인수하는 자(수탁자) 간의 신임관계에 기하여 위탁자가 수탁자에게 특정의 재산(영업이나 저작재산권의 일부를 포함한다)을 이전하거나 담보권의 설정 또는 그 밖의 처분을 하고 수탁자로 하여금 일정한 자(수익자)의 이익 또는 특정의 목적을 위하여 그 재산의 관리, 처분, 운용, 개발, 그 밖에 신탁 목적의 달성을 위하여 필요한 행위를 하게 하는 법률관계로 정의하고 있다(「신탁법」 제2조). 여기서 신탁재산은 신탁 법률관계의 중심이 된다고 볼 수 있으며 이를 관리, 처분, 운용, 개발, 그 밖에 신탁 목적의 달성을 위하여 수탁자가 필요한 행위를 하려면 반드시 특정될 필요가 있다. 「신탁법」이 신탁재산에 대해 포괄적으로 규정하고 있는 데 반해 현행 자본시장법은 제한적 열거주의 하에 신탁재산의 종류를 규정하고 있다.[1] 따라서 「신탁법」에 따라 신탁이 허용되더라도 자본시장법에 명시되지 않는 한 신탁업자는 수탁 받을 수 없게 된다. 앞서 서술한 바와 같이 금융위원회가 발표한 신탁업 혁신 방안에서는 수탁가능재산을 확대하여 채무, 담보권 등을 포함시키기로 하였고 다만 전자의 경우에는 적극재산과 결부된 것에 한하고 신탁계정 부실화, 채권자 권리침해 가능성 등을 고려해 순재산이 마이너스가 되는 채무수탁은 제한된다. 이러한 방안이 자본시장법 개정으로 이어지게 되면 수탁가능재산이 보다 다양화될 것으로 생각된다. 신탁재산이 될 수 있는 대상을 "특정의 재산권"이라고 규정한 구 「신탁법」과는 달리 현행 「신탁법」은 "특정의 재산"이라고 규정하고 있어 해석상 적극재산은 물론 소극재산도 포함될 수 있음을 명시하였다. 따라서 근저당권이 설정된 부동산신탁, 사업신탁, 유언신탁 등의 경우 등이 활성화될 수 있게 되었다. 여기서 소극재산을 신탁하는 경우, 그 신탁행위는 위탁자와 수탁자 간의 법률행위에 의한 채무인수의 성질을 띠게 되는데 이것을 면책적 채무인수($^{\lceil민법\rfloor}_{제453조}$)로 볼 것인지 아니면 채권자의 승낙이나 별도의 규정 없이는 일반 원칙에 따라 병존적(중첩적) 채무인수로 볼 것인지 문제가 된다. 채무인수가 면책적인지 아니면 병존적인지는 계약상 당사자 의사의 해석에 관한 문제이나,[2] 어느 쪽인지 분명하지 않은 경우에는 병존적(중첩적) 인수로 본다.[3]

(2) 신탁재산의 독립성

1) 의의 및 효과

신탁재산에 대하여는 강제집행, 담보권 실행 등을 위한 경매, 보전처분 또는 국세 등 체납처분을 할 수 없다($^{\lceil신탁법\rfloor\,제22}_{조\,제1항\,본문}$). 신탁재산은 신탁의 법률관계 당사자들 즉, 위탁자, 수탁자, 수익자로부터 형식적으로 독립되어 취급을 받는다.

수탁자로부터의 독립이란 신탁재산의 소유권이 수탁자의 명의로 되어 있으나 독

---

1 자본시장법 제103조 제1항에서는 금전, 증권, 금전채권, 동산, 부동산, 지상권, 전세권, 부동산 임차권, 부동산소유권이전등기청구권, 그 밖의 부동산 관련 권리, 무체재산권(지식재산권을 포함한다)으로 수탁받을 수 있는 재산을 한정하고 있다.

2 대법원 1998.11.24. 선고 98다33765 판결.

3 대법원 2002.9.24. 선고 2002다36228 판결.

자적인 신탁목적을 위한 독립적 재산으로서 실체적 법률관계에서 독립적으로 취급되어야 한다는 의미이다. 따라서 수탁자의 일반채권자들은 신탁재산에 대해 권리를 주장할 수 없다.[1] 위탁자로부터의 독립이란 채무자인 위탁자가 파산 또는 회생절차가 개시되더라도 신탁재산은 이로부터 절연되며 위탁자의 일반채권자들의 강제집행으로부터 배제된다는 의미이다. (i) 신탁의 설정으로 인하여 신탁재산이 수탁자에게 이전되면 그 재산의 대내외적 소유권자는 수탁자인 점, (ii) 자익신탁에서 위탁자와 수익자는 별개의 지위이고 실제 신탁등기가 되어 있는 부동산에 대해 자익신탁이라는 사정만으로 강제집행하는 것은 불가능한 점을 감안하면 위탁자의 채권자도 신탁재산에 대해 강제집행을 할 수 없다고 보아야 하고,[2] (iii) 신탁재산은 수탁자의 고유재산으로부터 구별되어 관리될 뿐만 아니라 위탁자의 재산권으로부터 분리되어 예외적인 경우에만 강제집행이 허용될 뿐이라고 판시한 판례는 위탁자의 일반채권자들로부터 강제집행이 불가능하다고 하고 있다.[3] 수탁자로부터의 독립과 관련하여 신탁재산은 수탁자가 사망한 경우 수탁자의 상속재산에 속하지 아니하며 수탁자의 상속인에게 일정한 공시요건을 구비하지 않아도 대항할 수 있다. 신탁재산은 수탁자의 이혼에 따른 재산분할의 대상이 되지 아니한다(「신탁법」 제23조). 또한 신탁재산은 수탁자의 파산재단, 회생절차의 관리인이 관리 및 처분 권한을 갖고 있는 채무자의 재산이나 개인회생재단을 구성하지 아니하며 신탁재산과 수탁자의 고유재산은 구별된다(「신탁법」 제24조). 수익자로부터의 독립이란 신탁기간이 존속하는 동안에 관리·처분권은 수탁자에게 귀속되며 신탁이 종료한 후에 수익자에게 귀속된다는 것을 의미한다. 따라서 위탁자, 수익자, 수탁자는 신탁재산의 독립성을 위반한 강제집행 등에 대하여 이의를 제기할 수 있으며(「신탁법」 제22조 제2항), 신탁재산의 독립성을 위반한 국세 등 체납처분에 대하여 이의를 제기할 수 있다(「신탁법」 제22조 제3항).

신탁재산에 속하는 채권과 신탁재산에 속하지 아니하는 채무는 상계(相計)하지 못한다. 다만, 양 채권·채무가 동일한 재산에 속하지 아니함에 대하여 제3자가 선의이며 과실이 없을 때에는 그러하지 아니하다(「신탁법」 제25조). 신탁재산에 속하는 채무에 대한 책임이 신탁재산만으로 한정되는 경우에는 신탁재산에 속하지 아니하는 채권과

---

1 대법원 1987. 5. 12. 선고 86다545 판결; 대법원 2002. 12. 6. 자 2002마2754 결정.
2 광장신탁법연구회, 앞의 책, 132면.
3 대법원 1987. 5. 12. 선고 86다545, 86다카2876 판결.

신탁재산에 속하는 채무는 상계하지 못한다($\frac{\ulcorner 신탁법\lrcorner 제}{25조 제 1 항}$). 다만, 양 채권·채무가 동일한 재산에 속하지 아니함에 대하여 제 3 자가 선의이며 과실이 없을 때에는 그러하지 아니하다($\frac{\ulcorner 신탁법\lrcorner 제}{25조 제 2 항}$). 동일한 물건에 대한 소유권과 그 밖의 물권이 각각 신탁재산과 고유재산 또는 서로 다른 신탁재산에 귀속하는 경우, 소유권 외의 물권과 이를 목적으로 하는 권리가 각각 신탁재산과 고유재산 또는 서로 다른 신탁재산에 귀속하는 경우, 신탁재산에 대한 채무가 수탁자에게 귀속하거나 수탁자에 대한 채권이 신탁재산에 귀속하는 경우에는 혼동(混同)으로 인하여 서로 소멸되지 않는다($\frac{\ulcorner 신탁법\lrcorner}{제26조}$).

2) 예　　외

「신탁법」에서는 신탁재산의 독립성에 대한 예외 사유로서 다음의 두 가지 경우를 규정하고 있다($\frac{\ulcorner 신탁법\lrcorner 제22}{조 제 1 항 단서}$).

① 신탁 전의 원인으로 발생한 권리　　신탁 전 설정된 저당권, 대항력 있는 임차권, 일반채권자가 신탁 전에 신탁재산에 압류·가압류 처분을 한 경우가 여기에 속한다.

② 신탁사무의 처리상 발생한 권리　　수탁자가 신탁사무를 처리하는 과정에서 제 3 자가 취득한 신탁채권, 수익자의 급부청구권, 신탁재산 보존행위와 관련해 발생한 채권, 신탁재산에 대한 조세 공과금 채권,[1] 신탁재산을 위해 차용한 경우 대출채

---

1 이른바 실무상 '당해세(當該稅)'라고 칭하며, 하급심과 대법원 판례에서는 일관성 있게 신탁재산의 독립성의 예외사유로 '신탁 전의 원인으로 발생한 권리'와 관련하여 신탁재산의 대내외적 소유권은 수탁자에 있음을 전제로 하면서 체납처분으로서 압류의 요건을 규정한 「국세징수법」 제24조 각 항의 규정을 보면 어느 경우에나 압류의 대상을 납세자의 재산에 국한하고 있으므로, 납세자(위탁자)가 아닌 제 3 자(수탁자)의 재산을 대상으로 한 압류처분은 그 처분의 내용이 법률상 실현될 수 없는 것이어서 당연무효라고 하면서, 「신탁법」 제21조 제 1 항 단서에서 말하는 '신탁사무의 처리상 발생한 권리'는 수탁자가 신탁사무와 관련한 행위를 함으로써 수탁자에 대하여 발생한 권리를 의미하는데, 위 처분에 관계된 부가가치세 채권은 위탁자에 대한 채권으로서 여기에 해당하지 않는다는 이유로, 위탁자에 대한 부가가치세 채권을 근거로 수탁자 소유의 신탁재산을 압류한 처분은 무효라고 판시했다(대법원 2012. 7. 12. 선고 2010다67593 판결. 유사 판례로는 대법원 2012. 4. 12. 선고 2010두4612 판결, 서울고등법원 2007나106438 판결). 부연해서 설명하면, 위탁자가 체납한 세금에 대한 조세채권으로 납세자가 아닌 수탁자 소유의 신탁재산에 대해 관련법 상의 처분을 하지 못하며 조세채권을 행사하려면 신탁 전에 압류 혹은 가압류 등 체납처분을 해서 대항력을 갖추어야 하고 신탁한 이후의 신탁사무의 처리상 발생한 권리에는 수탁자를 납세의무자로 하는 조세채권만 해당한다는 것이다.
　　상기와 같은 당해세 문제와 관련하여 조세당국의 입장에서 신탁재산에 관한 조세 체납이 증가하고 신탁을 조세회피 수단으로서 악용하는 등 신탁재산의 체납문제를 해소하기 위하여 2014년 1월 1일 관련 법을 개정하여 신탁재산의 소유권 이전등기 시에 위탁자의 체납세액이

권, 수탁자의 분양계약상 입점 지연에 따른 지체상금 청구권,[1] 수탁자의 허위과장 분양광고에 따른 위자료 청구권, 신탁재산에 속하는 공작물 등의 하자로 인한 피해자의 손해배상청구권, 신탁재산과 타인재산의 첨부로 인한 물건이 수탁자에 귀속된 경우 구상권, 신탁재산의 관리처분 과정에서 발생한 부당이득반환청구권,[2] 신탁재산의 관리 중 불법행위로 인해 발생한 피해자의 손해배상청구권[3] 등을 들 수 있다.

(3) 사해신탁

1) 개   념

사해신탁(詐害信託)이란 위탁자인 채무자가 자신의 채권자를 해함을 알면서도 신탁제도를 이용하여 자기 소유의 재산에 신탁을 설정하는 것을 말한다. 이와 같은 신탁의 설정은 위탁자의 책임재산[4]이 감소되어 채권의 공동담보가 부족해지거나 이미 부족한 상태에 있는 공동담보가 보다 더 부족하게 됨으로써 위탁자의 채권자의 채권을 완전하게 만족시킬 수 없게 되는 결과를 초래하는데, 이 경우 채권자를 보호하기 위하여 위탁자의 책임재산을 유지, 보전할 수 있는 권리를 채권자에게 부여한 것이 사해신탁제도이다.

사해신탁제도의 취지는 「민법」 제406조에서 규정하고 있는 채권자취소권 제도와 본질적으로 그 궤를 같이하고 있으며, 이 제도는 채권자취소권에서 수익자-전득자의 지위를 「신탁법」에서 수탁자-수익자 지위에 대응시켜 「민법」상 채권자취소권의 특별규정으로 볼 수 있다.[5] 하지만 채권자취소권이 채무자의 재산권을 목적으로 하는 법률행위 전반에 적용되는 데 반하여, 사해신탁은 채무자의 신탁행위만을 그 적

없음을 증명하는 납세증명서를 제출하도록 의무화 하였다. 여기에 해당되는 세목은 취득세, 재산세, 지방교육세 및 지역자원시설세 등이다(「지방세징수법」 제5조 제1항 제4호).

1 대법원 2004. 10. 15. 선고 2004다31883 판결.

2 대법원 2005. 5. 27. 선고 2005다5454 판결.

3 대법원 2007. 6. 1. 선고 2005다5843 판결.

4 사해신탁과 관련하여 일반채권자의 공동담보에 제공하여지는 책임재산의 가치를 산정함에 있어서 체육시설의 회원보증금반환채무를 신탁재산 가액에서 공제할 채무로 볼 수 있는 지에 대해 1심에서는 공제해야 할 채무로 판단하였으나 2심에서는 우선변제권이 있는 채무가 아니라는 이유로 이를 부인하여 상반된 판결을 한 바 있다(서울중앙지방법원 2011. 7. 21. 선고 2010가합37153 판결; 서울고등법원 2012. 2. 24. 선고 2011나64418 판결).

5 법무부, 앞의 해설서, 2010. 2, 77면.

용대상으로 할 뿐만 아니라 그 요건 및 효과 등의 면에 있어서 상당한 차이가 있다.[1]

　　수탁자가 신탁의 목적에 위반하여 신탁재산에 관한 법률행위를 한 경우 수익자가 그 상대방 혹은 전득자에 대하여 그 법률행위 당시 수탁자의 신탁목적의 위반사실을 알았거나 중대한 과실로 알지 못했을 경우 그 법률행위를 취소할 수 있는 제도인 수익자취소권 제도($\binom{\text{「신탁법」}}{\text{제75조}}$)는 수탁자의 법률행위를 취소할 수 있는 점에서는 사해신탁취소와 유사하나 반드시 소로써 청구할 필요가 없으며, 수익자가 취소권을 행사하면 수탁자와 상대방 간의 법률행위가 소급하여 무효로 되고 수탁자는 상대방에 대해 목적물반환을 청구할 책임을 부담하게 된다는 점 등에서 차이가 있다.[2]

　　신탁의 설정 방식의 하나로서 「신탁법」 제 3 조 제 1 항 제 3 호에서 규정하고 있는 신탁선언에 의한 신탁에서 위탁자가 집행면탈 또는 탈세 등의 부정한 목적으로 신탁을 설정한 경우, 신탁재산과 관련된 이해관계인이 법원에 신탁의 종료를 청구할 수 있도록 규정하고 있는 바($\binom{\text{「신탁법」}}{\text{제 3 조 제 3 항}}$), 그 취지는 사해신탁취소제도와 유사하나 청구주체, 청구대상, 효과 등의 면에서 상호 차이가 있다.

　　채무자의 회생 혹은 파산절차가 개시된 경우 그 관리인 혹은 파산관재인은 채무자의 채권자를 해하는 것을 알고 한 행위 등 일정한 행위를 한 경우에 이를 부인할 수 있는데($\binom{\text{「채무자 회생 및 파산에}}{\text{관한 법률」, 제100조, 제391조}}$), 그 행위가 신탁행위인 경우에는 그 신탁행위를 부인(취소)하고 이를 원상회복시킨다는 점에서는 본질적으로 유사한 제도이나 사해신탁취소는 사해행위를 대상으로 하지만 동 법상 부인행위의 대상은 그 범위가 보다 넓게 해석된다는 점에서 차이가 있다.[3]

2) 요　　건

사해신탁의 성립요건은 크게 객관적 요건과 주관적 요건으로 구성된다.

　① 객관적 요건　　　사해신탁의 객관적인 요건으로는 첫째, 피보전채권이 사

---

1 광장신탁법연구회, 앞의 책, 56면.
2 오창석, "개정 「신탁법」 상 사해신탁제도에 관한 소고", 한국금융법학회, 2009년 동계 학술대회 발표집자료, 2009. 12, 5면.
3 광장신탁법연구회, 앞의 책, 85면에서는 사해행위 이외에 무상행위, 편파행위 등도 포함된다고 하고 있다.

해신탁행위 이전에 존재하여야 하며[1] 금전채권이거나 종류채권이어야 하고,[2] 둘째, 취소의 대상이 되는 신탁행위가 성립되어야 하며, 셋째, 사해성(詐害性)이 존재하여야 한다.

일반적으로 사해성 유무를 판단할 때는 신탁행위로 인해 위탁자 명의의 책임재산 또는 공동담보가 감소되었다는 형식적인 측면과 실제로 책임재산의 감소나 공동담보의 부족을 초래했는지 등 실질적인 측면을 함께 고려하여야 하며,[3] 사안에 따라 개별적, 구체적으로 판단해야 한다.[4]

판례에 따르면 사해성을 판단하는 기준은 일의적인 것이 아니라 신탁의 구조(자익신탁이냐 타익신탁이냐), 신탁의 동기, 신탁계약의 내용, 위탁자인 채무자의 지위 변동, 신탁의 상대방 등 제반 사정을 감안하여 위탁자의 책임재산이나 변제능력에 실질적인 감소를 초래하였는지, 이에 따라 위탁자의 채무면탈이 가능해졌는지 여부, 수탁자 등 제3자에게 부당한 이익이 귀속되는지 여부, 채권자들의 실효적 강제집행이나 그

---

1 사해행위 당시 이미 채권 성립의 기초가 되는 법률관계가 발생되어 있고, 가까운 장래에 그 법률관계에 터 잡아 채권이 성립되리라는 점에 대한 고도의 개연성이 있으며, 실제로 가까운 장래에 그 개연성이 현실화되는 채권이 성립한 경우에는 사행행위 당시 성립하고 있던 채권이 아니라고 하더라도 그 채권을 채권자취소권의 피보전채권으로 인정하고 있다(대법원 2000. 2. 25. 선고 99다53704 판결; 대법원 2004. 11. 12. 선고 2004다40955 판결).
한편, 부동산개발 사업약정서상에 부동산 프로젝트금융을 통해 신탁된 토지 위에 건축된 건물을 추가로 신탁하는 경우에 사해신탁의 원인행위를 사업약정으로 볼 것인가 아니면 추가 신탁계약으로 볼 것인가, 즉 추가신탁행위를 사업약정의 이행행위로 볼 것인가 독립된 법률행위로 볼 것인가에 따라 사업약정 후 건축된 건물의 추가 신탁 전에 발생된 피보전채권의 경우 사해신탁 취소의 요건 구비 여부가 달라지게 되는데, 이에 대해 당사자 간에 일련의 약정과 그 이행으로 최종적인 법률행위를 한 경우, 일련의 약정과 최종적인 법률행위를 동일한 법률행위로 평가할 수 없다면 일련의 약정과는 별도로 최종적인 법률행위에 대하여 사행행위의 여부를 판단하여야 하고, 이 때 동일한 법률행위로 평가할 수 있는지는 당사자가 동일한 지 여부, 조건 없이 최종적인 법률행위가 예정되어 있는지 여부 등을 종합적으로 판단해야 된다는 기준을 제시한 판례가 있고(대법원 2009. 11. 12. 선고 2009다53437 판결) 또 다른 사안에서는 전자로 판시한 판결이 있다(대법원 2011. 6. 24. 선고 2011다32471 판결).

2 특정채권(특정물에 대한 소유권이전등기청구권)은 위탁자의 책임재산 보전과 무관하므로 사해신탁취소권의 피보전권리가 될 수 없다(대법원 2001. 12. 27. 선고 2001다32236 판결). 그리고 장래발생채권이 피보전채권이 될 수 있느냐에 대해서는 사해행위 당시 성립의 기초가 되는 법률관계가 발생되어 있고 가까운 장래에 그 법률관계에 터잡아 채권이 성립되리라는 점에 고도의 개연성이 있으며, 실제로 가까운 장래에 그 개연성이 현실화되어 채권이 성립된 경우에는 피보전채권이 될 수 있다고 판시한 바 있다(대법원 2004. 11. 12. 선고 2004다40955 판결).

3 이중기, 『신탁법』, 삼우사, 2007, 69면.

4 법무부, 앞의 해설서, 79면.

밖의 채권 보전의 가능성에 새로운 장애가 생겨났는지 여부 등을 신중히 검토하여 판단하여야 한다고 판시하고 있다.[1]

사해성 여부 판단과 관련된 판례로는 먼저 사해성이 없다고 판시한 판결로 "공사대금을 지급받지 못한 아파트 공사 수급인이 신축 아파트에 대한 유치권을 포기하는 대신 수분양자들로부터 미납입 분양대금을 직접 지급받기로 하고, 그 담보를 위해 도급인과의 사이에 당해 아파트를 대상으로 수익자를 수급인으로 하는 신탁계약을 체결하고 수급인이 지정하는 자 앞으로 소유권이전등기를 완료하게 한 경우, 수급인의 지위가 유치권을 행사할 수 있는 지위보다 강화된 것이 아니고, 도급인의 일반채권자들 입장에서도 수급인이 유치권을 행사하여 도급인의 분양 사업 수행이 불가능해지는 경우와 비교할 때 더 불리해지는 것은 아니므로 위 신탁계약이 사해행위에 해당하지 않는다"는 판결(^{대법원 2001. 7. 27. 선
고 2001다13709 판결}), "아무런 재산이 없어 도저히 원고를 비롯한 일반채권자들에 대한 채무를 변제할 수 없는 상태에서 잠재적평가액보다 상당히 저렴한 가격으로 이 사건 각 부동산 지분을 취득하여 그 지상에 아파트신축사업을 계속 추진함으로써 기대이익을 창출하는 것이 자신의 채무 변제력이나 자력을 회복하는 데 유리하다는 판단 아래 이를 가능케 하는 수단으로 부득이하게 이루어진 것으로 보이므로 사해의사를 인정할 수 없다"는 판결(^{서울고등법원 2005. 6. 3.
선고 2004나75694 판결}), "자금난으로 사업을 계속 추진하기 어려운 상황에 처한 채무자가 자금을 융통하여 사업을 계속 추진하는 것이 채무 변제력을 갖게 되는 최선의 방법이라고 생각하고 자금을 융통하기 위해 부득이 부동산을 특정채권자에게 담보로 제공하거나 이를 신탁하고 그로부터 신규자금을 추가로 융통 받았다면 특별한 사정이 없는 한 채무자의 담보권 설정 내지 신탁행위는 사해행위에 해당하지 않는다"는 판결(^{대법원 2005. 11. 10. 선고
2005다33718 판결}), 부동산 개발사업을 진행 중 자금난에 빠진 시행사가 신탁회사에게 사업 주체의 지위 및 사업부지의 소유권을 이전한 후 스스로 수익자가 되고 그 수익권에 질권을 설정하여 사업자금을 조달한 경우 사해성을 부정한 판결(^{대법원 2009.5.14. 선고
2008다70701 판결}), "시행사가 거의 유일한 자산이라고 할 수 있는 자신 소유 부동산("이 사건 담보부동산")에 대하여 2007. 6. 28. 500억원의 대출금채무를 피담보채무("이 사건 피담보채무")로 하는 근저당권을 설정하였다가, 대출금채권자들로부터 이 사건 피담보채무의 변제를 요청 받자, 이 사건 담보부동산 및 추가로 취득

---

1 대법원 2011. 5. 23. 자 2009마1176 결정.

한 부동산("이 사건 추가부동산", 양자를 합하여 "이 사건 신탁부동산")에 대하여 2008. 6. 27. 부동산관리처분신탁계약("이 사건 신탁계약")을 체결하고, 같은 날 자신의 수익권(자익신탁구조)에 대하여 새로운 채권자들을 위한 근질권("이 사건 근질권")을 설정하여 주었는데 이 사건 신탁계약이 체결된 후, 시행사가 법인세, 종합부동산세, 부가가치세 등 합계 약 309.6억 원의 세금(각 조세채권의 고지일은 이 사건 신탁계약 체결 이후)을 체납하자, 대한민국은 위 조세채권을 피보전채권으로 하여 이 사건 신탁계약에 대하여 사해신탁소송을 제기한 사례에서 이 사건 신탁계약을 체결하여 신규 자금을 조달함으로써 이 사건 담보부동산에 대한 경매절차가 개시되는 것을 막고, 이 사건 신탁 부동산에 대한 개발사업을 계속하는 것이 채무 변제력을 증가시킬 수 있는 최선의 방법이라고 보이고, 대한민국의 조세채권보다 선순위인 이 사건 근저당권이 존재하는 이상, 적어도 대한민국이 이 사건 신탁계약으로 추가적인 손해를 입었다고 보기는 어려우므로 이 사건 신탁계약은 사해행위에 해당하지 아니한다"고 판시한 판결이 있다. 한편 사해성을 인정한 판결로는 "채무초과상태에 있는 채무자가 자기의 유일한 재산인 기존 건물을 채권자들 중의 어느 한 사람에게 을을 수익자로 하는 부동산 담보신탁을 설정하고 수탁자에게 소유권을 이전한 경우, 본 행위는 특별한 사정이 없는 한 다른 채권자들에 대한 관계에서 사해행위에 해당한다"는 판결(서울중앙지방법원 2005. 7. 15. 자 2005카합1789 결정)이 있다.

부동산 담보신탁의 경우 사해성이 있는지 판단하는 기준을 제시한 판결의 내용을 소개하면, "담보신탁의 실질을 부동산에 물적 담보를 설정하는 경우와 동일한 것으로서 일반 채권자들은 담보신탁계약의 우선수익자로 지정되지 않는 한 당해 부동산에 대한 강제집행을 통해 채권을 회수할 수 없는 반면, 수탁자가 이 부동산을 처분하는 경우 그 처분대금은 신탁비용 및 우선수익자의 채권 등에 우선 충당되고 남은 대금만 위탁자가 정산받게 되어 실질적으로 위탁자의 책임재산이 감소하는 결과가 발생한다고 하면서, 채무자가 책임재산을 감소시키는 행위를 함으로써 일반채권자들을 위한 공동담보의 부족상태를 유발 또는 심화시킨 경우에 그 행위가 채권자취소의 대상이나 사해행위에 해당하는 지는 행위목적물이 채무자 전체 책임재산 가운데서 차지하는 비중, 무자력의 정도, 법률행위의 경제적 목적이 갖는 정당성과 그 실현수단인 행위의 상당성, 행위의 의무성 또는 상황의 불가피성, 공동담보의 부족 위험에 대한 당사자의 인식 정도 등 그 행위에 나타난 여러 사정을 종합적으로 고려하여 그 행위를 궁극적으로 일반채권자를 해하는 행위로 볼 수 있는지에 따라 최종 판단하여야 한다"고 판시하고 있다(서울중앙지방법원 2012. 3. 22. 선고 2010가합88922 판결; 대법원 2010. 9. 30. 선고 2007다2718 판결). 신규자금을 조달해서 골프장 시설을 개선하지 않으면 영업을 계속할 수 없는 상황에서 골프장 부지 등을 담보신탁 하여 자금을 융통해 사업을 계속 추진한 경우 사해성을 부정한 판결(대법원 2011.5.23. 자 2009마1176 판결)도 있다.

② **주관적 요건**　　수익자의 악의를 사해신탁 취소권 행사의 요건으로 규정하고(「신탁법」 제8조 제1항 단서) 다수의 수익자 중 일부가 수익권을 취득할 당시 채권자를 해함을 알지 못한 경우에는 악의의 수익자만을 상대로 취소권을 행사할 수 있다(「신탁법」 제8조 제2항). 여기서 수익자가 채권자를 해함을 알지 못한 데 있어서 과실 여부는 묻지 않는다고 할 것이다. 수익자가 선의인 경우에 수탁자에 대해 취소권을 행사할 수 있는 지에 대해 해석상 논란이 있을 수 있는데 위탁자의 채권자는 제8조 제1항 단서의 규정과 무관하게 수탁자를 대상으로 언제나 취소권을 행사할 수 있다는 견해와 수익자가 선의이면 수탁자의 선의 혹은 악의에 관계 없이 취소권을 행사할 수 없다는 견해가 있으나 신탁업을 영위하는 신탁업자의 보호의 필요성을 고려할 때 후자가 타당하다고 본다.[1]

수익자의 선의·악의를 누가 입증해야 되는 지에 대해 명확한 견해는 없으나 「민법」상 채권자취소권과 관련하여 통설과 판례는 채무자의 악의가 입증되면 수익자 및 전득자의 악의도 추정되므로[2] 채권자취소권의 행사를 저지하기 위해서는 수익자 또는 전득자가 스스로 선의를 입증하여야 한다고 하여 동 제도의 이법 취지와 규정의 형식이 유사하다는 점에 비추어 볼 때 사해신탁에 있어서도 수익자가 스스로 입증하여야 한다고 본다.

3) 사해신탁취소권 행사의 방법

사해신탁취소권은 위탁자의 채권자(필요한 경우 위탁자의 채권자의 채권자가 위탁자의 채권자를 대위하여)가 채권자의 자격으로 재판상 행사할 수 있다.[3] 취소를 구하는 소송은 형성의 소, 원상회복을 구하는 소송은 이행의 소로서 성질을 가지게 되며 두 소송을 동시에 혹은 순차적으로 청구하여야 한다. 「신탁법」 제8조 제1항은 "수탁자나 수익

---

1 광장신탁법연구회, 앞의 책, 70면도 같은 견해.
2 곽윤직, 『민법주해 채권(2)』, 박영사, 827면; 대법원 1989. 2. 28. 선고 87다카1489 판결.
3 대법원 1978. 6. 13. 선고 78다404 판결.

자에게 「민법」 제406조 제1항의 취소 및 원상회복을 청구할 수 있다"라고 규정하여 위탁자의 채권자는 수탁자 및 수익자 모두를 대상으로 취소 및 원상회복을 청구할 수 있다. 하지만 수탁자와 수익자를 공동피고로 하는 필요적 공동소송을 전제로 하는 것은 아니다.[1] 그리고 사해신탁취소권은 신탁설정의 취소로서 신탁의 법률관계를 고려할 때, 수탁자를 상대로 하고, 원상회복청구는 수탁자와 수익자를 상대로 행사할 수 있다.[2]

표 3-5 사해신탁취소소송의 요건과 행사방법

상대방/구분	수익자 선의	복수의 수익자		수익자 악의
		일부 선의	일부 악의	
수탁자 (선의/악의 불문)	불가			사해신탁취소 원상회복청구
				선의 수탁자 현존하는 신탁 재산범위내 원상회복의무
수익자	불가	불가	사해신탁취소 원상회복청구	사해신탁취소 원상회복청구
			수익권양도청구	수익권양도청구

4) 사해신탁취소권 행사의 효과

사해신탁취소권 행사의 효과에 대해서 「민법」상 채권자취소권 행사의 효과에 대한 통설 및 판례의 입장인 이른바 '상대적 무효설'(악의의 수익자 또는 전득자에 대한 관계에서만 상대적으로 취소)에 따르면,[3] 수탁자 또는 악의의 수익자 간에만 상대적으로 신탁행위를 취소한 것이고 그 효과는 위탁자(채무자)에게 미치지 않게 되는바, 사해신탁의 취소 혹은 원상회복청구에 의해 위탁자에게 회복된 재산은 위탁자의 채권자 및 다른 채권

---

1 법무부, 앞의 해설서, 87면.

2 광장신탁법연구회, 앞의 책, 73면. 수탁자가 거래 상대방과 신탁재산에 관한 거래를 한 경우, 전득자에 대해서는 민법상 채권자취소권의 문제로 처리하는 것이 타당하다는 견해(이중기, 앞의 책, 89면)와 수탁자에 대해서와 같이 채권자취소권, 사해신탁취소권 모두 행사 가능하다는 견해(임채웅, 『신탁법 연구』, 박영사, 2009, 153면)가 있다.

3 김준호, 『민법강의 — 이론 · 사례 · 판례 —』, 법문사, 2010, 1100면.

자에 대한 관계에서 위탁자의 책임재산으로 취급될 뿐, 위탁자가 직접 그 재산에 대해 어떠한 권리를 취득하는 것은 아니라고 할 것이나, 「신탁법」 제8조 제4항에서 위탁자에 대하여 원상회복된 신탁재산의 한도 내에서 이행책임을 부담시키고 있어 이는 신탁재산이 위탁자에게 귀속된 것을 전제로 하는 것으로 해석될 수 있기에 논란의 여지가 있다.[1]

5) 사해신탁과 보전처분

부동산신탁 실무상 사해신탁을 원인으로 사해신탁 취소로 인한 소유권이전등기말소등기청구권을 피보전채권으로 하여 법원으로부터 '부동산처분금지가처분' 결정을 받는 경우가 있는데, 담보신탁의 경우 추후 우선수익자의 요구에 따라 신탁재산을 공매할 경우 낙찰자가 가처분에 대한 모든 책임을 부담하기에 낙찰가가 하락할 우려가 높다.

(4) 수탁자의 권리·의무와 책임

1) 수탁자의 권리와 의무

「신탁법」 상 수탁자의 권리와 의무에 관한 조항은 [표 3-6]과 같다. 수탁자의 권리와 의무에 관한 법률 조항 중 보수청구권, 비용상환청구권, 선관의무, 이익 상반행위 금지 의무, 공평의 의무, 자기집행의 의무, 금전관리방법 제한 등의 규정은 신탁행위로 달리 정할 수 있는 임의 규정이다.

다음은 수탁자의 권리 및 의무와 관련한 실무상 쟁점들이다.

① 차입형 토지신탁과 수탁자의 비용상환청구권　　신탁사업의 다른 이해관계인(위탁자, 시공사)으로 하여금 신탁사업비(토지비 제외) 지출을 위한 자금을 신탁회사와 공동으로 조달하게 하거나 부담하도록 하는 방식의 차입형 토지신탁을 수행하는 경우에 신탁회사는 고유재산에서 투입한 사업비를 수탁자의 비용상환청구의 방식으로 회수할 예정이기에 신탁회사가 투입한 비용을 우선적으로 상환 받지 않고 신탁회사와 함께 사업비를 투입한 시공사 또는 금융기관과 동 순위로 비용을 상환 받는 차입형 토지신탁 사업구도가 「신탁법」에 위반되는지가 쟁점이 될 수 있는데, 「신탁법」 제46조 제6항에서 "신탁행위로 달리 정한 사항이 있으면 그에 따른다"고 하여 수탁자의

---

1 광장신탁법연구회, 앞의 책, 80면.

표 3-6 **수탁자의 권리와 의무**

권리와 의무	내용	관련 조문
권리	비용상환청구권	「신탁법」 제46조, 제48조
	보수청구권	「신탁법」 제47조
의무	선관의무	「신탁법」 제32조
	충실의무	「신탁법」제33조
	이익상반행위금지의무	「신탁법」 제34조
	이익향수금지의무	「신탁법」 제36조
	공평의 의무	「신탁법」제35조
	분별관리의 의무	「신탁법」 제37조
	자기집행의 의무	「신탁법」 제42조
	정보제공의 의무	「신탁법」 제40조
	금전 관리 방법 제한	「신탁법」 제41조

비용상환청구권이 수익권에 비하여 신탁재산에서 우선권을 갖는지 여부는 신탁계약의 내용에 따라 결정될 것으로 생각되기에 항상 우선변제권을 갖는다고 볼 수 없으며 다만, 「신탁법」 제48에서 신탁재산에 대한 민사집행절차 또는 「국세징수법」에 따른 공매절차에서 수익자나 그 밖의 채권자보다 우선하여 신탁의 목적에 따라 신탁재산의 보존, 개량을 위하여 지출한 필요비 또는 유익비의 우선변제를 받을 권리는 있다고 규정하고 있다. 따라서 위와 같은 차입형 토지신탁 구도가 반드시 「신탁법」에 위반된다고 볼 수 없다.[1] 한편, 수탁자는 신탁재산을 매각하여 비용상환청구권 또는 보

---

1 신탁계정대를 실행함에 있어서 신탁업자가 외부차입금리에 일정한 가산금리를 책정한 건과 관련하여 자본시장법 시행 전에 구 「신탁법」 제31조 제 1 항(이익 상반행위의 금지)의 위반 여부가 문제된 바가 있었다. 항소심에서는 "연혁적, 실무적으로 고유계정 차입이 인정되고 있었고 외부자금 차입 시 실제 지출되는 합리적인 비용을 고려하여 금리를 가산한 점에 비추어 대여 시 일부금리를 가산한 것이 「신탁법」 제31조에 반하여 무효라고 할 수 없다"고 판시하였고(서울고등법원 2006.8.16. 선고 2005나58269 판결), 상고심에서는 신탁업자의 고유계정으로부터 신탁계정과의 이자부 소비대차 거래는 「신탁법」 제31조 제 1 항에 위반한 거래로서 무효라고 하면서 이를 비용보상청구권의 행사로 선해하더라도 가산이자는 제외되어야 한다고 하여 파기환송하였다. 이에 파기환송심에서는 이자부 소비대차 거래는 무효이고 가산이자는 제외되어야 한다고 하면서, 다만, 비용보상청구권에 기하여 신탁계정에 대여한 금액 전체(자기자금 포함)에 대하여 가중평균차입이자율(수수료, 할인료 등 비용 포함)을 적용한 차입비용의 상환청구가 가능하다고 판시하였다(서울고등법원 2010.12.30. 선고 2009나15215 판결). 동 파기환송심의 상고심에서는 신탁계정에 대여된 금액 중 자기자금을 대여한 부분은 어떤 비용을 실제로 정당

수청구권에 기한 채권의 변제에 충당할 수 있으며 이를 실무상 '자조매각권'이라고 한다(「신탁법」 제48조 제2항). 수탁자가 가지는 비용상환청구권이나 자조매각권을 신탁채권자나 일반채권자가 대위행사 할 수 있는지에 대해 아래 [표 3−7]과 같이 정리될 수 있다.

표 3-7 수탁자의 비용상환청구권과 자조매각권의 대위 행사

수탁자의 권리	주체	대위행사	주요내용
비용상환청구권	신탁채권자	가능	직접 신탁재산에 대한 강제집행보다 수탁자의 비용상환청구권 대위행사가 일정한 경우(다른 신탁채권자가 신청한 강제집행절차, 공매절차) 우선변제권이 인정되기에 유리함
	일반채권자	긍정설	수탁자의 일신 전속적 권리라고 보기 어려워 달리 일반채권자의 대위행사를 불허할 규정이 없음 채권자 대위행사로 취득한 금원은 일단 수탁자에게 귀속되어 모든 채권자의 공동담보가 됨
		부정설	신탁재산의 독립성 규정에 반하고 심지어 우선변제권이 인정되는 비용상환청구권 대위행사로 다른 신탁채권자보다 우선변제받게 되는 불합리한 결과 초래 가능
자조매각권	신탁채권자 일반채권자	불가능	수탁자의 비용상환청구권에 대한 질권자도 신탁재산에 대한 자조매각권을 직접 행사 불가 (대법원 2005. 12. 22. 선고 2003다55059 판결) 자조매각권은 수탁자가 신탁재산의 명의인으로서 관리, 처분권자로서 가지는 신탁재산에 대한 권리이기에 대위 행사 불가 해석함이 타당

하게 지급하였는지를 주장, 입증하지 않는 이상 가중평균차입이자율을 적용할 수 없다고 하면서 재파기환송하였고(대법원 2011. 6. 10. 선고 2011다18482 판결) 이후 재파기환송심에서는 피고가 고유계정에 보관된 자금으로 신탁채권자에게 그 비용을 직접 지급하여 왔으므로 대지급금을 지급할 의무가 있다고 판시하였다(서울고등법원 2017. 1. 12. 선고 2011나55223 판결). 실무적으로 신탁계정대를 통한 고유계정으로부터 차입의 실질은 신탁사업 자금을 예상하여 일시에 자금을 대여하는 방식이 아니라 상황에 따라 발생되는 신탁비용을 고유계정에서 직접 지출하고 이를 고유계정에서 신탁계정으로 대여한 것으로 기재한다. 즉, 회계처리의 형식은 고유계정의 자금을 신탁계정대 형식으로 대여한 후 신탁계정에서 신탁비용을 지출하는 것으로 보이지만 실질적으로는 수탁자가 신탁사무 처리상 발생되는 신탁비용을 자기자금으로 제3자에게 대지급하는 것이기에 금전 이자부 소비대차계약으로 보는 것보다는 신탁비용을 고유계정(자기자금)으로 대지급하는 것으로 보아 가중평균차입이자율을 적용하여 차입비용을 비용상환청구권(「신탁법」 제46조, 제48조)에 근거하여 상환 청구할 수 있다고 봄이 타당하다.

② 부동산담보신탁에 있어서 수탁자의 주의의무　　　미분양세대 부동산담보신탁 구조 하에서 소외회사(시행사)가 분양을 촉진하고 운영자금을 마련하기 위해 7세대의 임대차계약 체결에 대한 동의를 요청하자 피고(수탁자)가 원고(수익자)의 동의서를 받아 소외회사(시행사)에게 송부하고 소외회사는 자신의 명의로 임대차계약 체결 후 임대차보증금 총 5억 2천만 원을 수령하여 피고(수탁자)에게 입금하지 않고 임의로 소비한 사안에 있어서 1심에서는 "본 건 계약의 내용에 비추어 볼 때 원고와 피고의 사전 동의 하에 신탁대상 부동산에 관하여 자신의 명의로 임대차계약을 체결한 후 실제로 지급받은 임차보증금을 피고에게 지급할 소외회사의 의무 및 그와 같이 신탁원본으로 편입된 임차보증금을 선량한 관리자의 주의로 보존, 관리할 피고의 의무만이 있을 뿐, 나아가 피고에게 임대차계약 전 과정에 관여하여 임차보증금이 직접 피고에게 입금되어 신탁재산에 편입되도록 하여야 할 주의의무는 인정되기 어렵다"고 판시하였으나,[1] 항소심에서는 "수탁자는 신탁원본의 유지와 증가 또는 멸실, 감소를 막기 위하여 선량한 관리자로서의 주의의무를 부담하며 피고는 소외회사의 선의에 기댈 것이 아니라 적극적으로 임대차보증금이 신탁원본에 편입될 수 있도록 소외 회사와 임차인 등에게 임대차보증금 납입계좌를 고지하거나 경우에 따라 소외 회사에 대한 채권 가압류 등의 조치를 취할 필요가 있는 등 임대차계약을 관리, 감독해야 한다"고 판시하면서 변론종결 당시 원고에게 손해가 발생하였다는 점에 관하여 이를 인정할 만한 증거가 없으므로 주위적 청구인 손해배상청구는 기각하고 피고의 주의의무 위반으로 인하여 신탁재산의 감소가 발생하였음을 이유로 신탁재산 회복으로서 5억2천만 원을 신탁재산에 편입하라는 예비적 청구를 인용하였다.[2]

2) 수탁자의 책임

① 수익자에 대한 책임　　　「신탁법」은 수탁자가 신탁행위로 인하여 수익자에게 부담하는 채무에 대해서는 신탁재산만으로 책임을 진다(「신탁법」제38조)고 규정함으로써 수익자에 대한 수탁자의 유한책임을 명시하고 있다. 수탁자는 신탁재산을 관리·처분 등으로 인하여 얻은 수익을 수익자에게 신탁계약이 정함에 따라 급부할 계약상의 의무를 부담하는데, 이는 수탁자의 신탁재산을 분배 혹은 급부할 의무이기에 신탁재산

1　서울중앙지방법원 2009. 8. 2. 선고 2009가합56288 판결.
2　서울고등법원 2010. 7. 23. 선고 2009나92472 판결.

의 범위 내에서 의무를 부담한다는 의미이다.

　② 제 3 자에 대한 책임　　　수탁자의 수익자에 대한 유한책임과는 달리 수탁자가 수익자 이외의 제 3 자 중 신탁재산에 대해 강제집행할 수 있는 채권자에 대하여 부담하는 채무에 대한 이행책임은 신탁재산의 한도 내로 제한되는 것이 아니라 수탁자의 고유재산에 대해서도 미치는 것으로 대법원은 판시하고 있다.[1] 수탁자가 파산한 경우 신탁사무의 처리상 발생한 채권을 가진 채권자는 파산 선고 당시 채권의 전액에 대해 파산재단에 대하여 파산채권자로서의 권리행사가 가능하다.[2] 앞서 기술한 바와 같이 「신탁법」 제22조(신탁재산의 독립성)에 따라 원칙적으로 수탁자의 채권자는 신탁재산을 수탁자의 책임재산으로 취급하여 채권자에 의한 신탁재산에 대한 강제집행 등을 금지하고 있으나, 예외적으로 수탁자가 신탁사무를 처리하는 과정에서 제 3 자가 취득한 신탁채권은 신탁재산에 관한 채권이므로 신탁재산에 대한 강제집행이 허용된다. 여기에는 신탁재산에 관한 조세공과금 채권, 신탁목적의 수행을 위해 적법하게 차입한 상대방의 채권, 신탁채권으로서 수익자의 급부청구권, 신탁재산의 수리에 사용된 보존비용에 관한 채권, 신탁재산을 관리 · 처분하는 과정에서 발생한 부당이득반환청구권 등이 있다.[3] 신탁사무를 처리하는 과정에서 발생한 불법행위에 기한 손해배상청구권에 기한 강제집행의 허용 여부에 대해 판례는 신탁재산에 대하여 강제집행이 허용되는 신탁사무의 처리상 발생한 채권에 수탁자의 통상적인 사업활동상의 행위로 인하여 손해를 입은 제 3 자가 가지는 손해배상채권도 포함되는지 여부 및 신탁재산에 기인하지 않은 불법행위로 인한 손해배상채권 중에서 그 불법행위로 증가된 신탁재산의 가치와 채권자의 손실 사이에 어떠한 대가적인 관련이 없는 경우에도 신탁재산에 대하여 강제집행이 허용된다고 판시한 바 있으며,[4] 다수의 학자들이 같은 견해를 보이고 있다.[5]

　한편, 「신탁법」상 수탁자가 그 의무를 위반하여 신탁재산에 손해가 생긴 경우,

---

1 대법원 2010. 6. 24. 선고 2007다63997 판결.

2 대법원 2004. 10. 5. 선고 2004다31883 판결.

3 류창호, "신탁법상 수탁자의 책임재산에 관한 연구," 『법학연구』, 제27권 제 1 호(충남대학교 법학연구소, 2016. 4), 91면.

4 대법원 2007. 6. 1. 선고 2005다5843 판결.

5 최동식, 『신탁법』, 법문사, 2006, 296면; 이중기, 앞의 책, 176면; 오영준, "신탁재산의 독립성," 『민사판례연구』 제30권(박영사, 2008), 839면 이하.

신탁재산이 변경된 경우 등에 있어서 원상회복의 의무가 부과되며 이것이 불가능하거나 현저하게 곤란한 경우, 원상회복에 과다한 비용이 드는 경우, 그 밖에 원상회복이 적절하지 아니한 특별한 사정이 있는 경우에는 손해배상의무를 부담하게 된다. 또한 일정한 경우에는 신탁재산에 손해가 발생하지 않았더라도 그로 인해 수탁자나 제 3 자가 이득을 얻었을 경우에는 그 이득 전부를 수탁자는 신탁재산에 반환할 의무가 있다(「신탁법」제43조). 이 경우 수탁자는 자기의 고유재산으로 무한책임을 부담하게 된다.

「자본시장과 금융투자업에 관한 법률」상 집합투자기구인 투자신탁의 경우에는 집합투자업자가 법령·약관·집합투자규약·투자설명서에 위반하는 행위를 하거나 그 업무를 소홀히 하여 투자자에게 손해를 발생시킨 경우의 손해배상책임의 경우(「자본시장과 금융투자업에 관한 법률」제64조 제 1 항), 원본보전 혹은 이익보전의 약정을 법령이 허용한 경우(「자본시장과 금융투자업에 관한 법률」제103조 제 3 항, 시행령 제104조 제 1 항) 등을 제외하고는 투자신탁의 집합투자업자(그 투자신탁재산을 보관·관리하는 신탁업자를 포함)는 투자대상자산의 취득·처분 등을 한 경우 그 투자신탁재산으로 그 이행 책임을 부담한다고 하여 명시적으로 유한책임을 규정하고 있다(「자본시장과 금융투자업에 관한 법률」제80조 제 2 항).[1]

③ 책임재산한정특약　　　앞서 기술한 바와 같이 수탁자가 신탁사무를 처리하는 과정에서 신탁채권자인 제 3 자에 대해 부담하는 채무에 대해 수탁자는 무한책임을 부담한다. 하지만 신탁재산 자체가 신용의 기초가 되는 투자신탁이나 신탁재산 운용에 관해 위탁자의 지시에 따르는 특정금전신탁의 경우, 위험도가 높은 부동산개발사업 관련 신탁(특히 차입형 토지신탁)의 경우 등에 있어서 수탁자의 책임을 제한할 필요가 있다. 이에 거래 상대방인 제 3 자와 수탁자로서의 거래임을 명시하고 무한책임을 부담하지 않는다는 이른바 책임재산한정특약을 실무상 활용해왔다. 하지만 이 특약의 효력범위는 이를 체결한 상대방에 대해서만 효력이 발생하는 상대적 효력만을 가진다.

④ 유한책임신탁

(i) 의　　　의　　　유한책임신탁이란 수탁자가 해당 신탁에 관하여 발생한 신탁채무에 대하여 수탁자의 지위에서 신탁재산으로만 변제책임을 부담할 뿐, 수탁자의 고유재산으로는 변제책임을 부담하지 않는 신탁을 의미한다.[2]

---

1 구 「간접투자자산운용업법」제90조 제 2 항.

2 법무부, 앞의 해설서, 823면.

표 3-8 사안별 책임재산의 범위

책임재산	사안
개인재산 + 신탁재산	수익채권, 신탁 전의 원인으로 발생한 권리, 신탁 전에 발생한 위탁자에 대한 채권으로 신탁행위에서 신탁재산책임채무로 정한 경우, 수익권취득청구권, 신탁재산을 위하여 한 행위로 수탁자의 권한에 속한 것에 의해 발생한 권리, 신탁사무를 처리함에 있어서 행한 불법행위에 의하여 발생한 권리, 기타 신탁사무의 처리과정에서 생긴 권리 등에 관한 채무 등 수탁자의 권한외의 행위로 인한 채무불이행 책임(상대방 선의 · 무과실)
신탁재산	신탁재산책임채무 중 수익채권 신탁행위에서 216조 제 1 항 및 제232조에서 정하는 바에 의해 등기된 경우의 신탁채권 신탁법의 규정에 의해 신탁재산에 속한 재산만을 가지고 이행책임을 부담하는 것으로 된 경우의 신탁채권 신탁채권 사이에서 신탁재산에 속한 재산만을 가지고 이행책임을 부담하는 취지의 합의가 있는 경우의 신탁채권
고유재산	수탁자 권한외의 행위에 대한 채무불이행 책임(상대방 악의 또는 중과실)

종래 유한책임신탁의 도입과 관련하여 수탁자의 신용을 고려하여 거래한 신탁채권자의 보호 차원, 실무상 책임재산한정특약을 통한 제도적 장치 마련 가능, 회사 제도를 통한 목적 달성 가능성 등을 이유로 유한책임신탁 제도의 도입에 부정적인 견해도 있었지만,[1] 수탁자의 무한책임에 대한 부담, 수탁자의 신용보다는 신탁재산의 가치의 상대적 중요성 강조, 경우에 따라 신탁사업의 높은 위험성 존재, 영리신탁이 사업형 신탁의 형태로 활성화되기 위해 책임재산의 범위를 신탁재산만으로 제한할 필요성 증대(구조화 금융에 있어서 도구로서 회사형태인 명목회사에 대한 경쟁력 제고), 기존의 책임재산한정특약이 가지고 있는 한계의 시정 필요, 즉 거래 상대방의 보호 및 거래 안정성 제고필요, 기존 수탁자의 채권자들에 의한 신탁재산에 대한 강제집행 금지와의 형평성 등을 고려하면 그 필요성은 인정된다.[2]

(ii) 입 법 례

㉠ 미   국   2000년에 제정된 미국「표준신탁법(Uniform Trust Code: UTC)」은 수탁자의 제 3 자에 대한 책임제한특약을 명문으로 인정하고 있다. 즉 "계약에서 달리 정한 경우를 제외하고, 계약에서 수탁자로서의 자격을 표시한 수탁자는 신탁사무의

---

1 개정「신탁법」입법 과정에 있어서 대한변호사협회의 입장이다.
2 광장신탁법연구회, 앞의 책, 410~411면; 김태진, 앞의 논문, 323면.

처리과정에서 수탁자의 자격으로 적절하게 체결된 계약에 대하여 책임을 부담하지 않는다"는 점을 규정하고 있다.[1] 다만, 수탁자는 수탁사무 처리과정에서 생긴 불법행위책임 또는 신탁재산의 소유나 지배로부터 발생하는 의무에 대한 책임에 고의나 과실이 있으면 책임을 부담한다.[2]

ⓛ 일　　본　　일본 「신탁법」은 신탁재산 책임부담 채무를 수탁자가 신탁재산에 속한 재산으로써 이행할 책임이 있는 채무로 정의하고($\binom{\text{「신탁법」 제}}{\text{2조 제9항}}$), 신탁재산이 책임재산이 되는 경우를 「신탁법」 제21조에서 규정하고 있다.

일본 「신탁법」은 신탁 채권자와의 사이에서 신탁재산만을 대상으로 그 이행책임을 부담하는 취지의 합의가 있는 경우, 신탁채권은 그 합의된 대로 효력이 인정된다고 규정하면서($\binom{\text{「신탁법」 제21조}}{\text{제2항 제4호}}$) 책임재산한정특약의 효력을 인정하고 있다. 이와 병행하여 일본 「신탁법」은 사업신탁 등에서 활용될 수 있는, 수탁자가 당해 신탁상 신탁재산책임부담채무에 관하여 신탁재산에 속한 재산만으로 그 이행책임을 부담하는 신탁인 한정책임신탁을 명문으로 규정하고 있다($\binom{\text{「신탁법」 제}}{\text{2조 제12항}}$). 계약 당사자 간에만 효력을 갖는 개별적 책임재산한정특약과는 달리 요건을 구비한 경우 대항력을 가지게 되는 신탁이다.[3]

(iii) 예　　외　　수탁자가 ⓐ 고의 또는 중대한 과실로 그 임무를 게을리한 경우, ⓑ 고의 또는 과실로 위법행위를 한 경우, ⓒ 재무상태표 등 회계서류에 기재 또는 기록하여야 할 중요한 사항에 관한 사실과 다른 기재 또는 기록을 한 경우, ⓓ 사실과 다른 등기 또는 공고를 한 경우 등에는 유한책임신탁의 경우에도 수탁자의 제3자에 대한 손해배상책임을 인정한다($\binom{\text{「신탁법」}}{\text{제118조}}$). ⓐ의 경우는 신탁행위에서 정한 의무 위반, 선관주의의무 위반, 충실의무 위반 등이 고의 또는 중대한 과실에 의해 발생한 것에 대한 법정책임을 부과한 것이며, ⓑ의 경우는 일반 불법행위에 대한 수탁자의 책임을 인정한 것이다.

---

1 UTC § 1010(a).

2 UTC § 1010(b).

3 책임구조 면에 있어서 일본의 「회사법」 상 유한책임회사(Limited Liability Company), 「유한책임 사업조합계약에 관한 법률」에 의한 유한책임조합(Limited Liability Partnership)과 유사하다 (류창호, 앞의 논문, 83면).

(iv) 효　　과

㉠ 고유재산에 대한 강제집행 등의 금지($\binom{\ulcorner신탁법\lrcorner}{제119조}$)　　유한책임신탁의 경우 법 제118조의 손해배상채무를 제외하고 신탁채권에 기하여 수탁자의 고유재산에 대하여 강제집행 등이나 국세 등 체납처분을 할 수 없다.

㉡ 수익자에 대한 급부의 제한($\binom{\ulcorner신탁법\lrcorner}{제120조}$)　　유한책임신탁의 수탁자는 수익자에게 신탁재산에서 급부가 가능한 한도를 초과하여 급부할 수 없다. 급부 가능한 한도는 급부를 하는 날이 속하는 사업연도의 직전 사업연도 말일의 순자산에서 신탁행위로 정한 유보액과 급부를 할 날이 속하는 사업연도에 이미 급부한 신탁의 가액을 공제한 금액을 말한다($\binom{\ulcorner신탁법 \, 시행}{령\lrcorner \, 제15조}$). 유한책임신탁의 경우 신탁재산이 신탁채권자에 대한 유일한 책임재산이므로 신탁채권자의 보호를 위해 과도한 급부를 제한하여 책임재산을 보전하기 위한 것이다.[1]

(v) 청산과 파산　　유한책임신탁이 종료한 경우에는 신탁을 청산하여야 하며($\binom{\ulcorner신탁법\lrcorner}{제132조}$), 신탁행위로 달리 정한 바가 없으면 종료 당시의 수탁자 또는 신탁재산관리인이 청산인이 된다($\binom{\ulcorner신탁법\lrcorner}{제133조}$). 청산수탁자는 취임한 후 지체 없이 법에서 정한 신탁채권자 보호절차를 이행해야 한다($\binom{\ulcorner신탁법\lrcorner \, 제}{134조 \, 이하}$). 청산 중인 유한책임신탁의 신탁재산이 그 채무를 모두 변제하기에 부족한 것이 분명하게 된 경우 청산수탁자는 즉시 신탁재산에 대하여 파산신청을 하여야 한다($\binom{\ulcorner신탁법\lrcorner}{제138조}$). 「신탁법」에서 유한책임신탁에 속하는 재산에 대한 파산 제도의 도입에 따라 「채무자 회생 및 파산에 관한 법률」에서 파산사건의 재판관할($\binom{법 \, 제}{3조}$), 신탁행위의 부인($\binom{법 \, 제113조의}{2, \, 제406조의2}$), 환취권 등에 관한 관련 규정($\binom{법 \, 제578}{조의 \, 3\sim16}$)을 마련하였다.

(vi) 실무적 활용도　　유한책임신탁을 수익증권발행신탁과 신탁사채 등의 제도와 연계하여 회사법인 형태를 대체할 사업조직으로서의 가능성을 모색할 수 있게 되었고, 신탁선언에 의한 신탁제도 및 수익증권발행신탁제도와 연계하여 구조화 금융에서의 활용도가 제고되었으며, 책임의 한정 등을 통해 토지(개발)신탁에서의 활용도도 높을 것으로 전망된다.

---

1 이러한 제한은 현금의 적기상환이 관건인 「자산유동화에 관한 법률」에 따른 신탁형자산유동화 (유동화신탁) 구조에 있어서 유한책임신탁을 접목함에 있어서 걸림돌이 된다.

(5) 수익자의 권리(수익권)

신탁행위로 정한 바에 따라 수익자로 지정된 자는 당연히 수익권을 취득하는데 (「신탁법」 제56조 제1항), 수익권이란 일반적으로 수익자가 가지는 신탁재산 및 수탁자에 대한 각종 권리의 총체를 의미한다.[1] 일반적으로 수익권은 내용상 신탁재산으로부터 급부를 받을 수급권인 자익권과 수탁자를 감독하고 신탁재산을 보전하며 신탁운영에 참가할 수 있는 제반 권리를 포괄하는 공익권으로 구분할 수 있다.[2] 자익권 중 구체적으로 발생된 급부청구권을 「신탁법」에서 "수익자가 수탁자에게 신탁재산에 속한 재산의 인도와 그 밖에 신탁재산에 기한 급부를 청구할 수 있는 권리"로서 '수익채권'으로 규정하고 있다(「신탁법」 제62조 제1항). 수익권의 법적 성질에 대해서는 신탁의 기본구조 및 법률관계를 일관성 있게 설명하기 위해 다양한 견해가 존재하나, '채권설'이 통설과 판례의 입장으로서 "수익자는 수탁자에게 신탁재산으로부터 일정한 수익을 지급하도록 청구하거나 신탁 종료 시 신탁재산의 반환을 청구할 수 있는 채권인 수익권을 가질 뿐이며 그 밖의 권리는 「신탁법」에 따라 인정된 특별법상의 권리"라는 것이다.[3] 「신탁법」은 수익자 보호를 위해 신탁행위로 제한할 수 없는 수익자의 본질적 권리를 명시적으로 나열하고 있으며(「신탁법」 제61조) 이를 위반하는 경우에는 무효가 된다.[4] 수익채권은 신탁재산에 관하여 발생한 신탁관계인 및 제3자의 채권인 신탁채권에 대해서는 열위에 있다(「신탁법」 제62조). 수익권은 원칙적으로 양도 가능하며(「신탁법」 제64조),[5] 질권의 목적으로 할 수 있다(「신탁법」 제66조). 수익권의 양도는 수탁자에 대해서는 통지나 승낙을 대항요건으로 하며, 수탁자 이외의 제3자에 대해서는 확정일자 있는 증서로 하지 아니하면 대항할 수 없다.[6] 수익권을 목적으로 하는 질권 설정의 대항요건에 대해서는 수익권의 양도에 관

---

1 최동식, 앞의 책, 321면.

2 이중기, 앞의 책, 450~452면.

3 이중기, 앞의 책, 450면; 법무부, 앞의 해설서, 444~445면; 대법원 2002. 4. 12. 선고 2000다70460 판결; 대법원 1991. 8. 13. 선고 91다12608 판결. 이 밖에 실질적 법주체성설(물적 권리설), 제한적 권리이전설(상대적 권리이전설), 물권설, 병존설(부동산신탁과 금전신탁 분리설) 등의 견해가 존재한다.

4 법무부, 앞의 해설서, 480면.

5 하지만 동 규정은 임의규정으로서 신탁행위로 달리 정한 경우에는 양도할 수 없으며 이러한 제한으로 선의의 제3자에게 대항하지 못한다(「신탁법」 제64조 제2항).

6 수탁자는 수익자에 대해 충실의무를 부담하는 자이고 신탁의 당사자이기에 확정일자 있는 증서에 의한 통지를 대항요건으로 하지 아니한다(법무부, 앞의 해설서, 502면).

한 규정을 준용한다(「신탁법」제 66조 제 3항).

「민법」제345조[1]에 근거하여 신탁재산인 부동산의 수익을 통해 나오는 이익을 내용으로 하는 수익권에 질권을 설정할 수 있느냐에 대해 수익권은 수탁자에 대한 채권으로 신탁재산이 부동산이라는 것은 우연한 사정에 불과하므로 「민법」규정에 반하지 않는 것으로 보는 것이 통설이다.[2]

수익자는 수탁자가 신탁의 목적을 위반하여 신탁재산에 관한 법률행위를 한 경우, 상대방이나 전득자가 그 법률행위 당시 수탁자의 신탁목적의 위반 사실을 알았거나 중대한 과실로 알지 못하였을 경우 그 법률행위를 취소할 수 있다(수익자취소권, 「신탁법」제75조 제 1항). 또한 수탁자가 법령 또는 신탁행위로 정한 사항을 위반하거나 위반할 우려가 있고 해당 행위로 신탁재산에 회복할 수 없는 손해가 발생할 우려가 있는 경우 수탁자의 행위를 유지할 것을 청구할 수 있다(「신탁법」제77조 제 1항). 수익자의 유지청구권은 개정 「신탁법」에서 도입된 제도로서 앞서 설명한 원상회복청구권, 손해배상청구권 및 수익자취소권 등이 모두 사후적 구제수단인 데 반해 사전적 구제수단으로서 의의가 있다.

(6) 신탁조세

1) 소득세와 법인세

① 신탁과세이론   신탁과 관련한 소득과세에 있어서 신탁재산을 실체로 보는 신탁실체이론과 단순한 수단으로 보는 신탁도관이론이 있다. 전자는 신탁재산을 납세의무자로 보는 견해(신탁재산설)와 수탁자를 납세의무자로 보되 신탁재산을 하나의 과세단위로 보는 견해(수탁자설)가 있고, 후자는 세법상 납세의무자 내지 과세단위를 수익자로 보는 견해이다. 신탁실체이론은 신탁재산이 독립된 법주체라는 입장을 취하는 실질적 법주체설과 신탁재산은 수탁자에게 완전하게 귀속된다는 채권설에 근거한 견해이며,[3] 신탁도관이론은 신탁재산의 소유권이 대내외적으로 수탁자에게 이

---

1 민법 제345조(권리질권의 목적) 질권은 재산권을 그 목적으로 할 수 있다. 그러나 부동산의 사용, 수익을 목적으로 하는 권리는 그러하지 아니하다.

2 광장신탁법연구회, 앞의 책, 283면.

3 김재진 · 홍용식, 『신탁과세제도의 합리화 방안』, 한국조세연구원, 1998. 7, 101면. 이 이론의 근거로는 1) 신탁재산의 법적 소유권은 수탁자에 있는 점, 2) 신탁재산에 귀속되는 모든 수입은 형식적으로 수탁자에게 귀속되는 점, 3) 법적 형식에 따른 과세논리로 과세처리가 간명해지는 점, 4) 「신탁법」에서 신탁재산은 수탁자의 고유재산과 독립된 재산으로 취급된다는 점 등이 있

전되지만 위탁자(자익신탁) 혹은 수익자(타익신탁)의 이익을 위해 운용되기에 이들을 납세의무자로 보는 것이 실질과세의 원칙에 부합한다는 것을 근거로 한 이론이다. 「소득세법」($^{법 제2조}_{의2 제6항}$)과 「법인세법」($^{법 제5조}_{제1항}$)에서는 신탁재산에 귀속되는 소득은 그 신탁의 수익자에게 귀속되는 것으로 보아 과세하도록 하고 있어 기본적으로 신탁도관이론의 입장에 있다.

② 신탁과세이론과 원천징수　　　　신탁을 법인과 유사한 지위로 인정하는 신탁실체이론에 따르면 신탁재산의 운용에 따라 발생된 소득에 대해서는 신탁재산에 대해 독립적으로 과세되며 신탁재산에서 수익자에게 수익을 지급하는 경우에는 수익자를 기준으로 원천징수 여부 및 세율 등을 판단한다. 신탁도관이론에 따르면 신탁은 도관에 불과하기에 신탁재산(수탁자)에게 귀속되는 소득은 수익자의 소득으로 간주하고 원천징수는 신탁재산에 지급하는 단계에서 수익자를 기준으로 이루어지고 수익자의 소득 구분은 신탁재산의 종류 내지는 원천에 따라 결정된다.

③ 관련 법령의 입장　　　　「소득세법」상 신탁에 대한 소득과세에 있어서 집합투자기구(투자신탁)의 경우 이른바 배당소득과세요건[1]을 구비하는 경우에는 집합투자기구(투자신탁)로부터 투자자(수익자)가 받는 이익을 소득의 원천에도 불구하고 배당소득으로 구분하고, 소득세 원천징수시점에 대해서는 신탁재산에서 투자자(수익자)에게 이익을 지급하는 시점을 소득의 귀속시기로 보아 이 시점에서 원천징수를 하는 것으로 규정하고 있다($^{「소득세법 시행령」 제46조 제7호,}_{「법인세법」 제73조 제1항 제2호}$).[2] 즉, 이 규정들은 신탁실체이론에 기반하고 있다. 그러나 배당소득과세요건을 구비하지 못한 경우에는 집합투자기구 중 투자신탁의 경우에는 신탁단계에서는 과세가 불가능하며 투자자단계에서는 집합투자기구 외의 신탁으로 간주하여 소득의 구분 및 귀속시기에 있어서 일반 신탁의 경우와 동일하게 취급하고($^{「소득세법 시행령」 제26}_{조의2 제3항 제1호}$),[3] 집합투자기구 중 투자회사의 경우에는 투자회사가

___

다(광장신탁법연구회, 앞의 해설서, 571면 참조).

1 배당소득과세요건으로는 1) 「자본시장과 금융투자업에 관한 법률」상 집합투자기구일 것, 2) 설정일로부터 매년 1회 이상 결산 분배할 것, 3) 금전으로 위탁받아 금전으로 환급할 것 등이 있다(「소득세법 시행령」 제26조의2 제1항 제1호 내지 제3호).

2 「법인세법」 제73조 제3항에서는 "소득금액이 「자본시장과 금융투자업에 관한 법률」에 따른 투자신탁재산에 귀속되는 시점에는 해당 소득금액이 어느 누구에게도 지급된 것으로 보지 아니한다"고 규정하여 이를 뒷받침하고 있다.

3 특정금전신탁이 여기에 해당한다.

법인이기 때문에 투자자가 받는 이익은 배당소득으로 구분하고 있다(「소득세법 시행령」제26조의2 제3항 제2호). 즉 이러한 규정들은 신탁도관이론에 근거하고 있다. 하지만 일반 신탁(「소득세법」제4조 제2항의 신탁)의 경우에도 신탁업자가 원천징수 대상 소득이 신탁에 귀속된 날로부터 3개월 이내 특정일에 그 소득에 대해 소득세 혹은 법인세를 원천징수해야 한다고 규정하고 있으며(「소득세법 시행령」제155조의2, 「법인세법 시행령」제111조 제6항), 신탁업자가 신탁에 대한 소득 지급자의 원천징수의무 대리 혹은 수임 관계가 있는 것으로 간주하고 있어(「소득세법」제127조 제4항), 실무상 결과적으로 신탁실체이론에 근거한 효과를 거두고 있다.[1]

④ 법인과세 신탁재산

(i) 배경   법인과세 신탁재산 제도는 세법상 신탁재산을 하나의 법인으로 취급하는 제도이다. 신탁재산은 대내외적으로 수탁자의 소유이고 고유재산과 구별되며 수탁자의 채권자는 신탁재산에 권리를 행사할 수 없다. 따라서 신탁재산은 수탁자의 명의로 되어 있지만 사실상 별도의 법인과 같은 지위에 있다고도 볼 수 있다. 2020년 12월 22일 「법인세법」과 2021년 2월 17일 「법인세법 시행령」 개정을 통해 도입하였으며 신탁의 소득에 대해 종래 실질과세주의 하에 수익자에게 귀속하는 것으로 보아 수익자를 납세의무자로 해왔던 것을 일정한 요건을 구비하는 경우에 선택적으로 법인과세를 적용하여 수익자가 아닌 신탁재산 자체를 신탁의 소득에 대한 납세의무자로 인정할 수 있게 되었다.[2]

(ii) 요건   법인과세 신탁재산은 목적신탁(수익자가 없는 특정의 목적을 위한 신탁),[3]

---

1 신탁을 이용한 자산유동화 구조, 즉 유동화 신탁 구조에 있어서는 별도의 규정이 없기에 유동화기구인 신탁으로부터 받는 이익은 「소득세법」 제4조 제2항에 의거하여 소득의 원천에 따라 구분되며 이는 신탁도관이론에 근거한 것인데(실무상 원천징수의 시점에 따라 결과적으로 신탁실체이론에 근거하게 되는 효과는 별론), 일정한 경우, 예를 들어 1) 신탁이 영업활동에 종사하는 경우, 2) 신탁재산의 변경권을 보유하는 경우, 3) 수종의 수익권을 발행하는 경우, 4) 위탁자와 수익자에 의해 지배되지 않는 경우 등에는 신탁을 단순히 도관으로 보지 않고 투자자와 독립된 별도의 법적 실체로 인정하는 것이 그 실질에 부합한다는 견해가 있다(이준봉, "세법상 법적 실체인 신탁의 도입에 관한 검토 — 유동화기구를 중심으로 —," 『성균관법학』 제23권 제2호(2011. 8.), 436면).

2 미국과 일본에서는 종전부터 신탁재산을 세법상 법인으로 취급하여 과세하였다. 미국세법은 통상의 신탁(ordinary trust)의 소득에 관하여 원칙적으로 그 신탁 자체를 납세의무자(taxpaying entity)로 취급한다. 그리고 일본세법은 수익증권발행신탁, 수익자부존재신탁 등을 법인과세신탁으로 규정하고 있다.

3 「신탁법」 제5조 제2항 제1호, 제3조 제1항 단서. 목적신탁은 수익자가 없는 특정 목적을 위한 신탁으로 성질상 수익자가 없으므로 수익자에게 신탁의 소득을 귀속시킬 수가 없다. 다

수익증권발행신탁,[1] 유한책임신탁[2]의 경우에는 신탁계약에 따라 수탁자가 법인세를 납부할 수 있다($\left[\begin{smallmatrix}\text{신탁법}\\\text{제 5 조 제 2 항}\end{smallmatrix}\right]$).

다만, 신탁이 위와 같은 유형에 해당하는 경우에도 곧바로 법인과세 신탁재산으로 되는 것은 아니고, 신탁계약에서 법인과세 신탁재산 규정의 적용을 선택하여야 한다(선택주의).

(iii) 효과

‒ 법인과세 신탁재산은 세법상 신탁재산을 하나의 내국법인으로 간주한다($\left[\begin{smallmatrix}\text{법인}\\\text{세법}\\\text{제75}\\\text{조의10}\end{smallmatrix}\right]$).

‒ 법인과세 신탁재산은 그 신탁의 설정일에 설립된 것으로 보고, 그리고 그 신탁의 종료일에 해산된 것으로 본다($\left[\begin{smallmatrix}\text{법인세법}\\\text{조의 12 제 1 항}\end{smallmatrix}\right.$제75). 법인과세 수탁자는 사업자등록과 함께 사업연도를 신고하여야 한다($\left[\begin{smallmatrix}\text{법인세법}\\\text{조의 12 제 3 항}\end{smallmatrix}\right.$제75). 법인세 납세지는 그 법인과세 수탁자의 납세지로 한다($\left[\begin{smallmatrix}\text{법인세법}\\\text{조의 12 제 4 항}\end{smallmatrix}\right.$제75).

‒ 법인과세 수탁자는 법인과세 신탁재산에 귀속되는 소득에 대하여 그 밖의 소득과 구분하여 법인세를 납부하여야 한다($\left[\begin{smallmatrix}\text{법인세법}\\\text{조의 11 제 1 항}\end{smallmatrix}\right.$제75). 법인과세 신탁재산으로 법인과세 신탁재산에 부과된 법인세와 강제징수비를 충당하기에 부족한 경우에는, 수익자가 분배받은 재산가액 및 이익을 한도로 제2차 납세의무를 진다($\left[\begin{smallmatrix}\text{법인세법}\\\text{조의 11 제 2 항}\end{smallmatrix}\right.$제75).

‒ 법인과세 신탁재산이 그 이익을 수익자에게 분배하는 경우에는 배당으로 본다($\left[\begin{smallmatrix}\text{법인세법}\\\text{조의 11 제3 항}\end{smallmatrix}\right.$제75). 수익자를 마치 주식회사의 주주로 취급함을 의미한다.

‒ 법인과세 신탁재산이 수익자에게 배당한 경우에는 그 금액을 해당 배당을 결의한 잉여금 처분의 대상이 되는 사업연도의 소득금액에서 공제한다($\left[\begin{smallmatrix}\text{법인세법}\\\text{제75조의}\\\text{14}\\\text{제 1 항}\end{smallmatrix}\right.$). 이는 「조세특례제한법」상 프로젝트금융투자회사(PFV)에 부여하는 소

만, 현행세법상 목적신탁은 위탁자과세신탁에 속하고(「신탁법」 제 5 조 제 3 항), 그러한 경우 법인과세 신탁재산의 규정이 적용되지 않게 되므로, 목적신탁이 법인과세 신탁재산의 규정을 적용 받는 경우는 사실상 존재하기 어렵다는 문제가 있다.

1 「신탁법」 제78조 제 2 항. 수익증권발행신탁은 신탁행위로 수익권을 표시하는 수익증권을 발행하는 신탁으로서 이 경우 수익자는 법인(주식회사)의 주주와 같은 지위를 가지게 된다. 투자신탁도 수익증권발행신탁이지만 별도의 세제가 적용되고 있기에 제외된다(「법인세법」 제 5 조 제 2 항 본문).

2 「신탁법」 제114조 제 1 항. 유한책임신탁은 신탁행위로 수탁자가 신탁재산에 속하는 채무에 대하여 신탁재산만으로 책임지는 신탁으로서 이는 주식회사와 유사한 실질을 가지게 된다.

득공제 혜택과 같은 취지로 파악된다.

– 법인과세 신탁재산에 대한 신탁의 합병은 법인의 합병으로 보고, 법인과세 신
탁재산에 대한 신탁의 분할은 법인의 분할로 본다(「법인세법」제75조 의 15 제 1 항, 제 2 항).

2) 취득세

① 납세의무자　　「신탁법」상의 신탁 중 특히 부동산신탁에 있어서는 수탁자
앞으로 소유권이전등기를 마치게 되면 대내외적으로 소유권이 완전히 수탁자에게 이
전되고 위탁자와의 내부관계에 있어서 소유권이 위탁자에게 유보되어 있는 것은 아
니기에[1] 부동산 신탁에 따른 취득세의 납세의무자는 수탁자이나, 신탁재산의 취득으
로 위탁자로부터 수탁자에게 신탁재산을 이전하는 경우, 신탁의 종료로 인하여 수탁
자로부터 위탁자에게 신탁재산을 이전하는 경우, 수탁자가 변경되어 새로운 수탁자
에게 신탁재산을 이전하는 경우 등은 이른바 형식적인 소유권의 취득으로 보아 비과
세된다(「지방세법」제9조 제3항). 하지만 수탁자가 신탁재산의 운용과정에서 취득세 과세 대상, 예를
들어 부동산 등의 자산을 취득하는 경우에는 취득세가 과세된다.[2]

3) 재산세 및 종합부동산세

「지방세법」은 재산세의 납세의무자를 과세기준일 현재 재산을 사실상 소유하고
있는 자로 규정하고 신탁법 제 2 조에 따른 수탁자의 명의로 등기 또는 등록된 신탁재
산의 경우에는 위탁자를 납세의무자로 보고 이 경우 위탁자가 신택재산을 소유한 것
으로 본다(「지방세법」제107 조 제 2 항 제 5 호). 따라서 종합부동산세의 납세의무자가 과세기준일 현재 주택
분 또는 토지 분 재산세의 납세의무자이므로 수탁자 명의로 등기 등록된 신탁재산에
대한 종합부동산세의 납세의무자는 위탁자가 된다(「종합부동산세법」제 7 조 제 1 항, 제 2 항, 제12조 제 1 항, 제 2 항).[3]

---

1 대법원 2002. 4. 12. 선고 2000다70460 판결 ; 대법원 2012. 6. 14. 선고 2010두2395 판결.

2 판례는 수탁받은 금전으로 운용과정 상 부동산을 매수한 경우(대법원 2000. 5. 30. 선고 98두
10950 판결), 토지를 수탁한 자가 신탁계약에 따라 그 토지 위에 건물을 신축하여 건축물을 원
시취득한 경우(대법원 2003. 6. 10. 선고 2001두2720 판결), 나아가 위탁자가 신탁재산인 토지
의 지목을 사실상 변경하여 그 가액이 증가함으로써 「지방세법」제 7 조 제 4 항의 이른바 '간주
취득세' 과세 대상이 되는 경우(대법원 2012. 6. 14. 선고 2010두2395 판결) 등에 있어서 취득세
의 납세의무자를 수탁자로 판시하고 있다. 「신탁법」제19조 참조.

3 2014년 1월 1일 「지방세법」이 개정되기 전에는 납세의무자를 위탁자로 규정하고 있었고, 대법
원 판례도 실질과세의 원칙 내지 위탁자와 수탁자의 형평성 등을 이유로 이를 뒷받침하였지만,
그동안 타익신탁의 경우나 위탁자가 보유하는 수익권의 비중이 미약한 경우 등 실질적으로 위
탁자가 신탁재산을 소유한 것으로 볼 수 없는 경우(즉, 신탁재산에 대한 실질적 통제권이 없는
경우)에는 불합리하다는 비판이 있어 왔으며, 특히 위탁자에게 집행할 자산이 없어 신탁재산에

다만 신탁재산의 위탁자가 재산세, 가산금 또는 체납처분비(이하 "재산세 등")를 체납한 경우로서 그 위탁자의 다른 재산에 대하여 체납처분을 하여도 징수할 금액에 미치지 못할 때에는 해당 신탁재산의 수탁자는 그 신탁재산으로써 위탁자의 재산세등을 납부할 의무가 있다고 규정하여 신탁재산 수탁자에게 물적납세의무를 부과하였다(「지방세법」 제119조의2). 이는 재산세 징수의 효율성을 제고하자는 취지로 이해된다.

4) 부가가치세

① 「부가가치세법」 개정 전 논의   「부가가치세법」에서는 재화와 용역의 계약상 또는 법률상의 모든 원인에 따른 공급을 과세대상거래로 규정하고 있다(「부가가치세법」 제9조, 제11조). 동 법에서 재화의 공급과 관련하여 특례규정을 두고 있는데 2017년 12월 19일 「부가가치세법」 개정 이전에는 신탁에 관한 별도의 규정은 없었으며, 다만 "위탁매매 또는 대리인에 의한 매매를 할 때에는 위탁자 또는 본인이 직접 재화를 공급하거나 공급받은 것으로 본다"라고 위탁매매 법률관계에 대해서만 규정하고 있었다(「부가가치세법」 제10조 제7항). 판례도 "「신탁법」에 의한 신탁은 동 조(구 「부가가치세법」 제6조 제5항)에 기하여 '자기(수탁자) 명의로 타인(위탁자)의 계산에 의하여' 재화 또는 용역을 공급하거나 또는 공급받는 등의 신탁업무를 처리하고 그 보수를 받는 것이어서, 신탁재산의 관리, 처분 등 신탁업무에 있어 사업자 및 이에 따른 부가가치세 납세의무자는 원칙적으로 위탁자"라고 판시한 바 있다.[1]

다만, 위탁자 또는 본인을 알 수 없는 경우로서 대통령령으로 정하는 경우에는 수탁자 또는 대리인에게 재화를 공급하거나 수탁자 또는 대리인으로부터 재화를 공급받은 것으로 본다고 규정하고(「부가가치세법」 제10조 제7항 단서), 이때 '대통령령으로 정하는 경우'란 위탁매매 또는 대리인에 의한 매매를 하는 해당 거래 또는 재화의 특성상 또는 보관·

서 발생하는 당해세인 재산세와 종합부동산세를 징수할 수 없는 경우가 발생할 수 있으므로 입법론적 검토가 필요하다는 의견이 있었다(광장신탁법연구회, 앞의 책, 598면). 그리하여 2014년 1월 1일 「지방세법」 개정을 통해 재산세의 납세의무자를 수탁자로 규정하였고 신탁재산에 대한 취득세와 보유세(재산세 및 종합부동산세)의 납세의무자를 수탁자로 일원화함으로써 명실공히 신탁실체이론의 입장에 부합하는 결과로 해석되었다. 그러나 동 세제 하에서 다주택자들의 종합부동산세 탈세를 목적으로 각 주택을 신탁함으로써 사회적으로 문제가 되어 2020년 12월 29일에 「지방세법」 개정을 통해 납세의무자를 위탁자로 다시 환원하게 되었다. 다만 위탁자에 대한 조세징수가 어려울 경우를 대비해서 수탁자에게 물적납세의무를 부과함으로써 기존 제도를 보완하였다.

1 대법원 2008. 12. 24. 선고 2006두8372 판결; 대법원 2003. 4. 25. 선고 99다59290 판결 등.

관리상 위탁자 또는 본인을 알 수 없는 경우를 말한다고 하였다($\binom{\text{「부가가치세법」}}{\text{시행령」 제21조}}$).

따라서 법개정 전에는 신탁의 법률관계, 특히 부동산신탁의 법률관계에 있어서 부가가치세와 관련된 문제는 각 유형별로 살펴볼 필요가 있었으며, 특히 판례가 위탁 매매에 관한 규정을 준용하는 것이 과연 바람직한지를 검토해볼 필요가 있었다.

(i) 신탁의 설정과 신탁의 종료에 따른 신탁재산의 반환　　　신탁계약에 기하여 신탁 재산의 소유권을 위탁자로부터 수탁자에게 이전하는 것이 부가가치세 과세대상이 되 는가에 대하여 신탁의 법률관계에 위탁매매의 법률관계를 준용한다는 입장에서는 「부가가치세법 시행령」 제69조 제 1 항에서 "위탁판매 또는 대리인에 의한 판매의 경 우 수탁자 또는 대리인이 재화를 인도할 때에는 수탁자 또는 대리인이 위탁자 또는 본인의 명의로 세금계산서를 발급하며 위탁자 또는 본인이 직접 재화를 인도하는 때 에는 위탁자 또는 본인이 세금계산서를 발급할 수 있다."고 하여 위탁자를 공급자로 하고 매수인을 공급받는 자로 하여 세금계산서가 교부되어야 하고, 위탁자가 수탁자 에게 위탁매매의 목적물을 인도한다고 하여 세금계산서를 교부할 수 없다는 것이다.[1]

토지(개발)신탁의 경우 토지신탁의 법적 성질, 토지신탁의 유형(관리형 혹은 차입형) 및 내용에 따라 위탁자에 대한 부가가치세 과세 여부가 결정된다.

신탁의 종료로 인해 수탁자가 신탁재산을 위탁자에게 반환하는 경우에도 이와 같은 법리가 적용됨에 따라 부가가치세가 과세될 수는 없을 것이다.

(ii) 수익권의 양도와 타익신탁의 설정　　　제 3 자를 수익자로 정하는 신탁이나 위 탁자가 본인의 수익권을 제 3 자에게 양도하는 경우에 부가가치세의 과세 대상이 되 느냐의 문제가 있을 수 있다. 여기서 먼저 신탁의 수익권이 「부가가치세법」상 재화에 해당하는지에 대한 검토가 선행될 필요가 있다. 「부가가치세법」상 "재화란 재산 가치 가 있는 물건과 권리"로 규정하고 있다($\binom{\text{「부가가치세법」}}{\text{제 2 조 제 1 호}}$). 여기서 권리에는 광업권, 특허권, 저작권 등 물건 외에 재산적 가치가 있는 모든 것을 포함한다($\binom{\text{「부가가치세법 시행}}{\text{령」 제 2 조제 2 항}}$). 그러므 로 건물 등 부가가치세 과세대상인 재화를 취득할 수 있는 권리도 포함되며, 다만 부 가가치세가 면제되는 재화인 토지를 취득할 수 있는 권리는 부가가치세가 과세되지 않으므로 여기에 포함되지 않는다.

수익권 양도와 관련하여, 부동산에 대한 통제권이 이전한 것으로 재화의 공급을

---

1 국세청 서면3팀－1868. 2005. 10. 27.

수반하는 경우($\frac{재소비-113,}{2005. 8. 31}$), 부동산의 처분결정권 등 수익권증서의 수령에 수반하여 부동산에 대한 실질적 소유권이 이전하는 경우($\frac{조심 2012전178,}{2012. 3. 15}$) 등은 부가가치세 과세대상이 된다. 반면에 소유토지에 호텔을 신축한 후 미분양으로 공사비가 지급되지 않아 미분양건물을 처분신탁하면서 건설사를 우선수익자로 지정한 경우로서 신탁기간이 5년이고 위탁자가 우선수익자에 대한 채무변제 시 우선수익자 동의 하에 신탁을 해지할 수 있다고 명시되어 위탁자에게 신탁재산반환청구권이 있고 위탁자가 이미 분양된 부분에 대한 운영권을 보유하는 경우($\frac{조심 2009부3924,}{2010. 3. 8}$), 담보의 목적으로 수익권을 양도하는 경우($\frac{조심 2010중2132,}{2011. 3. 2}$) 등은 부가가치세 과세대상이 아니라고 하고 있다.[1] 기본적으로 과세여부의 기준과 관련하여 과세당국이나 조세심판원은 수익권이 신탁재산에 대한 실질적 통제권(소유권)을 표창하는지를 기준으로 하고 있음을 알 수 있다.

한편, 타익신탁을 설정하는 경우를 재화의 공급이 있는 것으로 볼 수 있는지에 대해, 신탁계약 자체가 계약상의 원인에 해당한다고 볼 수 있고, 그렇지 않더라도 위탁자와 수탁자 간에는 신탁계약과 별도의 원인관계가 존재할 것이므로 신탁이 설정된 이후에 수익권이 양도된 경우와 동일하게 취급하는 것이 타당하다.[2]

이와 관련하여 판례는 "신탁계약에서 위탁자 이외의 수익자가 지정되어 신탁의 수익이 우선적으로 수익자에게 귀속하게 되어 있는 타익신탁의 경우에는, 그 우선수익권이 미치는 범위 내에서는 신탁재산의 관리, 처분 등으로 발생한 이익과 비용도 최종적으로 수익자에게 귀속되어 실질적으로는 수익자의 계산에 의한 것으로 되므로, 이 경우 사업자 및 이에 따른 부가가치세 납세의무자는 위탁자가 아닌 수익자로 봄이 상당하다"고 판시한 바 있다.[3]

하지만 타익신탁 구조를 띠고 있는 담보신탁의 경우, 위탁자인 채무자가 채권자를 우선수익자로 지정하여 신탁을 설정할 때 「부가가치세법」상 재화의 공급으로 보기 어렵고[4] 위탁자로부터 우선수익자에게 실질적 통제권이 이전되었다고 볼 수 없어

---

1 「부가가치세법」의 "질권, 저당권 또는 양도담보의 목적으로 동산, 부동산 및 부동산상의 권리를 제공하는 것은 재화의 공급으로 보지 아니한다"는 규정(법 제10조 제 8 항 제 1 호, 시행령 제22조)에 부합하나, 다만 추후 채무자인 위탁자가 채무를 불이행하여 대물변제 등이 이루어지는 시점에는 재화의 공급이 있는 것으로 볼 수 있다(조심 2010중2132, 2011. 3. 2).

2 같은 견해는 광장신탁법연구회, 앞의 책, 602면.

3 대법원 2008. 12. 24. 선고 2006두8372 판결; 대법원 2003. 4. 25. 선고 99다59290 판결.

4 「부가가치세법」 제10조 제 8 항 제 1 호, 시행령 제22조.

위탁자가 부가가치세를 납부할 의무가 있다고 보지 않는 것이 타당하며, 채무자가 채무를 변제하지 않아 신탁재산을 공매 등을 통해 처분하는 경우(즉, 환가절차를 취하는 경우) 우선수익자에게 부가가치세 납세의무가 있는지에 대해 환가 정산형 양도담보의 경우에 담보권자에게 부가가치세 납세의무를 인정한 판례의 입장에 따르면,[1] 재화의 공급으로 보아 우선수익자에게 부가가치세 납세의무가 인정되나 당초에 담보신탁 설정 시점에 위탁자로부터 우선수익자로 재화가 공급된 것으로 볼 수 없어 실행 시점에서도 수익자가 아닌 위탁자를 납세의무자로 보는 것이 타당하며(위탁자로부터 우선수익자로 신탁재산에 대한 실질적 통제권이 이전되었다고 볼 수 없다는 견해), 일반적으로 담보신탁의 경우 우선수익자는 재화의 공급에 목적이 있는 것이 아니라 채무불이행 시 신탁재산을 처분하여 채권에 우선변제 받으려는 데 그 목적이 있다는 점, 대부분 우선수익자가 부가가치세 면세사업자인 금융기관인 점, 우선수익자의 입장에서 재화인 신탁재산을 매입한 사실도 없이 재화의 공급자로 취급하는 것은 비논리적이라는 점 등에서 우선수익자에게 납세의무를 인정하는 것이 타당하지 못하다는 반론이 있다.[2]

(iii) 신탁재산의 임대 또는 처분(분양)

㉠ 과세당국 및 조세심판원: 실질적 통제권의 이전 여부 기준   신탁재산의 실질적 통제권이 수익자에게 이전된 후 수탁자가 신탁재산을 임대 혹은 처분(분양)하는 경우 납세의무자는 수익자가 된다(서면 3팀-76, 2008. 1. 9).

㉡ 판례: 위탁매매의 법리 준용(위탁자), 자익신탁과 타익신탁(우선수익자) 구별(이원론) "「신탁법」상 신탁재산을 관리, 처분함에 있어서 재화 또는 용역을 공급하거나 공급받게 되는 경우 수탁자 자신이 계약당사자가 되어 신탁업무를 처리하게 되는 것이나, 그 신탁재산의 관리, 처분 등으로 발생한 이익과 비용은 최종적으로 위탁자에게 귀속하게 되어 실질적으로는 위탁자의 계산에 의한 것이므로, 「신탁법」에 의한 신탁은 「부가가치세법」 제 6 조 제 5 항(현행「부가가치세법」제10조 제 7 항) 소정의 위탁매매와 같이 '자기(수탁자)명의로 타인(위탁자)의 계산에 의하여' 재화 또는 용역을 공급하거나 또는 공급받는 등의

---

1 대법원 1996. 12. 10. 선고 96누12627 판결.
2 대법원 1996. 12. 10. 선고 96누12657 판결의 원심에서는 재화의 공급에 해당하지 않는다고 판시하였다. 조심 2011중0948. 2011. 8. 31.에서도 위탁자와 우선수익자 간에 체결한 여신거래약정상의 대출금을 담보하기 위한 담보신탁의 경우, 담보채권의 범위 내에서 신탁이익이 우선수익자게게 귀속되어 그 실질적 통제권이 우선수익자에게 이전되었다고 볼 수 없다고 하였다.

신탁업무를 처리하고 그 보수를 받는 것이어서, 신탁재산의 관리, 처분 등 신탁업무에 있어 사업자 및 이에 따른 부가가치세 납세의무자는 원칙적으로 위탁자라고 보아야 하고, 다만 신탁계약에서 위탁자 이외의 수익자가 지정되어 신탁의 수익이 우선적으로 수익자에게 귀속하게 되어 있는 타익신탁의 경우에는, 그 우선수익권이 미치는 범위 내에서는 신탁재산의 관리, 처분 등으로 발생한 이익과 비용도 최종적으로 수익자에게 귀속되어 실질적으로는 수익자의 계산에 의한 것으로 되므로, 이 경우 사업자 및 이에 따른 부가가치세 납세의무자는 위탁자가 아닌 수익자로 봄이 상당하다"고 하고 있다.[1]

ⓒ 비판론/입법론   위탁매매의 법리를 신탁의 법리에 적용시키는 것은 엄격해석의 원칙에 위반되는 것이며, 신탁의 경우 대내외적인 소유권자는 수탁자이며 수탁자가 대외적인 관리 · 처분권을 보유하고, 특히 담보신탁의 경우 타익신탁이지만 그 목적이 채권의 변제에 있는 것이지 재화를 공급하여 그 대가를 받는 것이 본질이 아니며, 매입이 없으면서 매출에 대한 부가가치세 납세의무를 부담하는 것은 타당하지 못하다는 등의 비판이 있다. 종래 「자본시장과 금융투자업에 관한 법률」상 신탁업자가 부동산개발사업을 목적으로 하는 신탁계약에 따라 부동산을 개발하여 공급하는 부동산 매매업을 하는 경우 신탁업자를 부가가치세 납세의무자로 하는 입법안이 부가가치세 전면개정 초안 단계에서 추진되었다가 국회에 제출된 개정안에서는 삭제되었고 다만, 2013년 전면 개정된 「부가가치세법」에서는 단지 「자본시장과 금융투자업에 관한 법률」에 따른 신탁업자(같은 법에 따른 신탁업 중 부동산에 관한 신탁업으로 한정한다)를 납세관리인으로 정할 수 있도록 규정하고 있다(「부가가치세법」 제73조 제 2 항, 동법 시행령 제118조 제 1 항 제 3 호).

(iv) 기타 법적 쟁점

㉠ 토지(개발)신탁   토지(개발)신탁이란 신탁의 인수 시에 신탁재산으로 토지 등을 수탁하고 신탁계약에 따라 토지 등에 건물, 택지, 공장용지 등의 유효시설을 조성하여 처분 · 임대 등 부동산 사업을 시행하고 그 성과를 수익자에게 교부하여 주는 신탁을 말하는데,[2] 이 경우 수탁자는 신탁재산에 대한 대내외적 소유권자인 동시에 개발사업의 사업자로서의 성격이 강함을 근거로 수탁자가 재화의 공급자 내지 공급

---

1 대법원 2003. 4. 25. 선고 99다59290 판결.

2 금융투자협회, 「금융투자회사의 영업 및 업무에 관한규정」 제2−65조 제 6 항.

받는 사업자로서 납세의무가 있다고 보는 견해가 있다.[1]

ⓒ **부동산투자신탁**　　「자본시장과 금융투자업에 관한 법률」상 위탁자인 집합투자업자가 집합투자재산을 부동산개발사업에 운용하는 경우 위탁자인 집합투자업자가 사업자로서의 성격을 가져 부가가치세의 납세의무자가 된다.[2]

② **「부가가치세법」개정**(2017년 12월 19일)　　종래 「부가가치세법」상 신탁에 관한 규정의 부재, 위탁매매의 규정을 신탁의 법률관계에 원용한 판례 등으로 인해 비판의 대상이 되었던 신탁 구조에 있어서 부가가치세 납세의무와 관련하여 2017년 5월 18일 대법원 전원합의체 판결에서 담보신탁에 있어서 위탁자의 채무이행을 위해 수탁자가 신탁재산을 처분하는 경우(통상은 공매절차에 의함) 수탁자가 부가가치세의 납세의무자라고 판시함(대법원 2017.5.18. 선고 2012 두22485 전원합의체 판결)에 따라 조세행정에 일시적으로 혼란을 야기하였고, 이에 따라 발 빠른 「부가가치세법」개정을 통해 다음과 같이 정리되었다.

신탁재산을 수탁자의 명의로 매매하는 경우 「신탁법」제 2 조에 따른 위탁자가 직접 재화를 공급한 것으로 간주하여 결국 위탁자가 납세의무자가 되며(법 제10조 제 8 항), 다만 수탁자가 위탁자의 채무이행을 담보할 목적으로 신탁계약을 체결한 경우(담보신탁)로서 수탁자가 그 채무이행을 위하여 신탁재산을 처분하는 경우에는 수탁자가 재화를 공급한 것으로 간주하여 결국 수탁자가 납세의무자가 된다(법 제10조 제 8 항 단서).[3]

하지만 신탁의 법률관계와 관련하여 이번 법 개정에서 신탁 설정일 이후에 법정기일이 도래하는 부가가치세 또는 가산금으로서 신탁재산과 관련하여 발생한 것이나 동 과정에서 발생한 체납처분비(이하 '부가가치세 등')를 체납한 납세의무자(위탁자)에게 신

1　백승재, "신탁재산의 관리처분상 부가가치세 납세의무자 등," 『JURIST』, 401호, 2001, 62~63면.
2　국세청 서면3팀 − 1497, 2004. 7. 26.; 국세청 서면3팀 − 1634, 2004. 8. 12.
3　예를 들면 실무상 토지신탁의 경우 수탁자가 분양자가 되어 분양받는 자와 분양계약을 통해 주택을 공급하는 경우에는 거래의 실질을 중시하여 위탁자가 부가가치세의 납세의무자가 되며(실질과세의 원칙을 고려), 실무상 담보신탁의 경우 위탁자의 채무이행을 위해 우선수익자의 요청으로 수탁자가 공매 등을 통해 신탁재산을 매각하는 경우에는 신탁재산의 대내외적 소유권자인 수탁자가 납세의무자가 된다고 규정함으로써(거래의 형식을 중시하는 부가가치세의 특성 고려) 동일한 세목에 대해 법률관계에 따라 상이한 잣대를 적용한 것이 특이하다. 다만 납세의무자인 위탁자가 체납하거나 납세할 능력이 되지 못하는 경우에 수탁자에게 납세할 의무(물적납세의무)를 부과함으로써 결과적으로 부가가치세의 납세의무자가 수탁자로 귀결되고 있다는 점에서 취득세, 보유세(재산세, 종합부동산세), 부가가치세 등의 세목에서 수탁자가 그 중심에 서고 이는 그 동안의 일관된 대법원의 입장, 즉 수탁자가 신탁재산의 대내외적 소유권자라는 법리의 일관성을 유지하게 된다는 의미를 가진다.

탁재산이 있는 경우로서 그 납세의무자의 다른 재산에 대하여 체납처분을 하여도 징수할 금액에 미치지 못할 때에는 그 신탁재산으로써 수탁자가 납세의무자의 부가가치세 등을 납부할 의무가 있다고 규정함으로써 수탁자의 '물적납세의무'를 부과한 것이 특기할 만하다(법의2 제3조).

　이상에서 언급한 신탁의 법률관계상 각 단계와 거래 유형별로 각종 세금의 납세의무자가 법적으로 누구에게 귀속되는 것과는 별개로 실무적으로는 일반적으로 신탁계약상 신탁재산 관련 조세 혹은 체납처분 등에 대해 수탁자는 위탁자를 대신하여 고유재산으로 납부의무를 부담하지 않으며 수탁자가 납세의무를 부담하는 신탁재산 관련 조세가 체납되어 해당 신탁재산에 대한 체납처분 등이 발생한 경우에도 수탁자는 귀책사유가 없는 한 그 책임을 지지 않는다고 규정한다.

　③「부가가치세법」개정(2021년 12월 8일)　　　2021년 12월 8일 개정에서는「신탁법」또는 다른 법률에 따른 신탁재산과 관련된 재화 또는 용역을 공급하는 때(해당 신탁재산의 관리, 처분 또는 운용 등을 통하여 발생한 소득 및 재산을 포함)에는 원칙적으로 수탁자가 신탁재산별로 각각 별도의 납세의무자로서 부가가치세를 납부할 의무가 있다고 하면서(법 제3조 제2항) 예외적으로 (i) 신탁재산과 관련된 재화 또는 용역을 위탁자 명의로 공급하는 경우(예로서 부동산개발사업을 담보신탁 혹은 분양관리신탁 구조로 하는 경우), (ii) 위탁자가 신탁재산을 실질적으로 지배·통제하는 경우(부동산신탁 구조로 부동산개발사업을 하는 경우로서 실무상 관리형토지신탁, 다만「도시 및 주거환경정비법」및「빈집 및 소규모주택 정비에 관한 특례법」상 재개발사업, 재건축사업, 가로주택정비사업, 소규모재건축사업, 소규모재개발사업의 시행자가 수탁자인 경우에는 제외), (iii) 수탁자가「도시 및 주거환경정비법」및「빈집 및 소규모주택 정비에 관한 특례법」상 재개발사업, 재건축사업, 가로주택정비사업, 소규모재건축사업, 소규모재개발사업의 사업대행자인 경우, (iv) 자본시장법 상 투자신탁의 경우 등에는 위탁자가 부가가치세를 납부할 의무가 있다고 규정하고 있다(법 제3조 제3항, 시행령 제5조의2 제2항). 한편「신탁법」제10조에 따라 위탁자의 지위가 이전되는 경우로서 신탁재산의 공급으로 간주되는 경우에는 기존 위탁자가 부가가치세 납세의무가 있다(시행령 제5조의2 제3항). 이번 개정에서는 경우의 수를 세분화하여 신탁계약에서의 당사자들의 지위와 역할, 계약의 실질관계 등을 고려한 것으로 분석된다.

5) 각종 부담금

신탁구조에 있어서 신탁재산인 부동산과 관련하여 지역자원시설세($\binom{\text{지방세법}}{\text{제11장}}$), 개발부담금($\binom{\text{개발이익환수법}}{\text{제2조, 제6조}}$), 환경개선부담금($\binom{\text{환경개선비용}}{\text{부담법} \text{제9조}}$), 교통유발분담금($\binom{\text{도시교통정비}}{\text{촉진법} \text{제36조}}$), 도로점용료($\binom{\text{도로법}}{\text{제66조}}$), 농지보전부담금($\binom{\text{농지법}}{\text{제38조}}$), 대체산림자원조성비($\binom{\text{산지관리}}{\text{법} \text{제19조}}$), 상하수도원인자부담금($\binom{\text{수도법} \text{제71조,}}{\text{하수도법} \text{제61조}}$), 학교용지부담금($\binom{\text{학교용지 확보 등에}}{\text{관한 특례법} \text{제5조}}$) 등의 납부의무자에 대한 규정이 없으나, 등기부상 소유자인 수탁자가 납부 의무를 부담하며, 나아가 담보신탁이나 관리신탁의 경우 위탁자(수익자)가 신탁 전과 동일하게 사용·관리하는 경우에도 등기부 상 소유자라는 이유로 세금 및 부담금이 수탁자를 납부의무자로 하여 부과되고 있다.[1] 수탁자는 신탁계약에서 정하는 바에 따라 위탁자로부터 관련 재원을 납부 받아서 수탁자 명의로 납부하고 있으나, 위탁자가 부담능력이 없는 경우에는 수탁자가 고유재산에서 먼저 납부하고 추후 신탁재산에서 정산절차를 진행한다. 이 경우 위탁자가 재원을 납부하지 않거나 신탁재산으로 납부가 불가능한 경우 수탁자의 손실로 귀속되는 경우가 종종 발생하고 있다.

(7) 신탁업자의 영업행위에 대한 각종 규제

1) 이익상반행위의 금지

「신탁법」에서는 수탁자의 이익상반행위로서 신탁재산을 고유재산으로 하거나 신탁재산에 관한 권리를 고유재산에 귀속시키는 행위, 고유재산을 신탁재산으로 하거나 고유재산에 관한 권리를 신탁재산에 귀속시키는 행위를 원칙적으로 금지하고 있으며($\binom{\text{신탁법} \text{제}}{\text{34조 제1항}}$), 다만 신탁행위로 허용한 경우, 수익자가 승인한 경우, 법원의 허가를 받은 경우에는 예외적으로 허용하고 있다($\binom{\text{신탁법} \text{제}}{\text{34조 제2항}}$). 그리고 신탁업자의 경우에 적용되는 「자본시장과 금융투자업에 관한 법률」상 신탁행위에 따라 수익자에 대하여 부담하는 채무를 이행하기 위하여 필요한 경우, 신탁계약의 해지, 그 밖에 수익자 보호를 위하여 불가피한 경우($\binom{\text{「자본시장과 금융투자업에 관한 법률」 제103조 제3항}}{\text{에 따라 손실이 보전되거나 이익이 보장되는 신탁계약}}$)($\binom{\text{예로서 연금신탁 혹은 퇴직연금}}{\text{신탁 등(「자본시장과 금융투자업}}$에 관한 법률 시행령」104조 제1항)의 경우)에는 신탁재산을 고유재산으로 취득할 수 있다($\binom{\text{「자본시장과 금융투자업에}}{\text{관한 법률」 제104조 제2항}}$).

신탁업을 영위하는 은행이 신탁재산을 자신에게 예치하여 고유계정(은행계정)으

---

1 대법원 2014. 8. 28. 선고 2013두14696 판결; 대법원 2014. 9. 4. 선고 2012두26166 판결. 다만, 국토교통부 토지정책과-1245 유권해석(2013. 5. 23. 민원회신)에서는 부동산담보신탁의 경우 개발부담금 납부의무자를 위탁자로 보고 있다.

로 하는 것(이른바 수탁회사인 은행의 자행예금)이 허용되는지에 대해 수익자의 승낙이 있으면 허용된다는 견해[1]와 수탁자의 충실의무 등을 이유로 「자본시장과 금융투자업에 관한 법률」 제104조 제 2 항에서 정하는 특정한 경우에 해당되지 않으면 허용되어서는 안 된다는 견해가 있을 수 있다.

부동산신탁의 경우에는 명시적으로 고유재산과 신탁재산 간의 거래를 허용하는 규정이 없지만, 신탁재산을 급매도해야 하는 경우에 적절한 매수자가 나타나지 않는 부득이한 경우, 신탁업자의 처분재량이 없는 신탁의 경우, 정형화된 부동산 거래시장이 형성되어 있는 경우 등 신탁업자와 수익자 간에 이해상충의 가능성이 없는 경우에는 공정한 조건하에 수탁자가 신탁재산을 적정가격에 구입할 수 있도록 허용하는 것이 실무상 필요하다는 견해가 있다.[2]

2) 신탁재산인 금전의 운용방법

신탁업자는 "신탁재산에 속하는 금전을 채무증권, 지분증권, 수익증권, 파생결합증권, 증권예탁증권 등의 매수, 장내파생상품 또는 장외파생상품의 매수, 은행 등 지정 금융기관에의 예치, 금전채권의 매수, 대출,[3] 어음의 매수,[4] 실물자산의 매수, 무체재산권의 매수, 부동산의 매수 또는 개발, 그 밖에 신탁재산의 안전성·수익성 등을 고려하여 대통령령으로 정하는 방법으로서 원화로 표시된 양도성 예금증서의 매수, 지상권, 전세권, 부동산임차권, 부동산소유권 이전등기청구권, 그 밖의 부동산 관련 권리에의 운용, 환매조건부매수, 증권의 대여 또는 차입, 「근로자퇴직급여 보장법」 제16조 제 2 항에 따른 신탁계약으로 퇴직연금 적립금을 운용하는 경우에는 같은 법 시행령 제17조 제 1 항 제 1 호 '나'목에 따른 보험계약의 보험금 지급청구권에의 운

---

1 최동식, 앞의 책, 2006, 210면; 한국증권법학회, 앞의 책, 450~451면. 투자매매업자 또는 투자중개업자는 투자자로부터 받은 금전을 고유재산과 구분하여 증권금융회사에 예치 또는 신탁하는 것이 원칙이나, 투자매매업자 또는 투자중개업자가 신탁업을 영위하는 경우에는 자기계약을 할 수 있다는 규정(「자본시장과 금융투자업에 관한 법률」 제74조 제 1 항, 제 2 항)과 부합된다.

2 광장신탁법연구회, 앞의 책, 481면.

3 일정한 경우 신탁업자의 고유계정에 대한 일시적 대여, 단기자금대여(자금중개회사), 신용대출, 저당권 또는 질권 담보부 대출, 금융기관 보증 원리금지급보증 대출, 사모사채 매수 등의 방법으로만 할 수 있다(「자본시장과 금융투자업에 관한 법률 시행령」 제106조 제 5 항 제 3 호, 「금융투자업 규정」 제4-87조 제 1 항).

4 신탁업자나 은행 등 지정 금융기관이 발행·매출·중개한 어음, 상장법인이나 법률에 따라 직접 설립된 법인이 발행한 어음(「자본시장과 금융투자업에 관한 법률 시행령」 제106조 제 5 항 제 3 호, 「금융투자업 규정」 제4-87조 제 2 항)이다.

용, 그 밖에 신탁재산의 안정성·수익성 등을 고려하여 금융위원회가 정하여 고시하는 방법으로 운용"하여야 한다(「자본시장과 금융투자업에 관한 법률」 제105조 제 1 항, 시행령 제106조 제 3 항).

3) 신탁업자의 고유재산으로부터 금전 차입행위

신탁업자는 일정한 경우를 제외하고는 신탁의 계산으로 그 신탁업자의 고유재산으로부터 금전을 차입할 수 없다(「자본시장과 금융투자업에 관한 법률」 제105조 제 2 항). 다만 예외가 있는데, 첫째, 부동산, 지상권, 전세권, 부동산임차권, 부동산 소유권이전등기청구권, 그 밖의 부동산 관련 권리를 신탁재산으로 하는 부동산신탁의 경우에는 예외적으로 신탁의 계산으로 신탁업자의 고유재산으로부터 금전 차입이 가능하다(「자본시장과 금융투자업에 관한 법률」 제105조 제 2 항, 제103조 제 1 항 제 5 호, 제 6 호).[1] 부동산신탁업자는 부동산신탁사업을 영위함에 있어서 부동산신탁재산으로 자금을 차입하는 경우에 해당 사업 소요자금의 100분의 100 이내에서 자금을 차입할 수 있다(「금융투자업규정」 제4－86조). 둘째, 부동산개발사업을 목적으로 신탁계약을 체결한 경우로서 그 신탁계약에 의한 부동산개발사업별로 사업비[(공사비＋광고비＋분양비 등 부동산개발사업에 드는 모든 비용)－(부동산 자체의 취득가액과 등기비용, 부대비용)]의 100분의 15 이내에서 금전을 신탁 받는 경우(시행령 제106조 제 4 항, 제104조 제 7 항), 셋째, 금융위원회의 인정을 받아 일정한 조건(① 신탁계약의 일부 해지 청구가 있는 경우 신탁재산을 분할하여 처분하는 것이 곤란한 경우일 것, ② 공정한 차입금리일 것)을 모두 충족하는 경우 등에도 가능하다.

한편 첫째 경우인 신탁계정대를 실행함에 있어서 신탁업자가 외부차입금리에 일정한 가산금리를 책정한 건과 관련하여 자본시장법 시행 전에 구 「신탁법」 제31조 제 1 항(이익상반 행위의 금지)의 위반 여부가 문제된 적이 있었다. 당시 항소심에서는 "연혁적, 실무적으로 고유계정 차입이 인정되고 있었고 외부자금 차입 시 실제 지출되는 합리적인 비용을 고려하여 금리를 가산한 점에 비추어 대여 시 일부금리를 가산한 것이 「신탁법」 제31조에 반하여 무효라고 할 수 없다"고 판시하였고,[2] 상고심에서는 "신탁업자의 고유계정으로부터 신탁계정과의 이자부 소비대차 거래는 「신탁법」 제31조 제 1 항에 위반한 거래로서 무효"라고 하면서 "이를 비용보상청구권의 행사로 선해 하더라도 가산이자는 제외되어야 한다"고 하여 파기환송하였다.[3] 이에 파기환송심에서는 이자부 소비대차 거래는 무효이고 가산이자는 제외되어야 한다고 하면서,

---

1 실무상 신탁업자의 입장에서 '신탁계정대(信託計定貸)'라고 한다.

2 서울고등법원 2006.8.16. 선고 2005나58269 판결.

3 대법원 2009.1.30. 선고 2006다62461 판결.

다만 비용보상청구권에 기하여 신탁계정에 대여한 금액 전체(자기자금 포함)에 대하여 가중평균차입이자율(수수료, 할인료 등 비용 포함)을 적용한 차입비용의 상환청구가 가능하다고 판시하였다.[1] 이 파기환송심의 상고심에서는 "신탁계정에 대여된 금액 중 자기자금을 대여한 부분은 어떤 비용을 실제로 정당하게 지급하였는 지를 주장, 입증하지 않는 이상 가중평균차입이자율을 적용할 수 없다"고 하면서 재파기환송하였고[2] 이후, 재파기환송심에서는 "피고가 고유계정에 보관된 자금으로 신탁채권자에게 그 비용을 직접 지급하여 왔으므로 대지급금을 지급할 의무가 있다"고 판시하였다.[3] 실무적으로 신탁계정대를 통한 고유계정으로부터 차입의 실질은 신탁사업 자금을 예상하여 일시에 자금을 대여하는 방식이 아니라, 상황에 따라 발생되는 신탁비용을 고유계정에서 직접 지출하고 이를 고유계정에서 신탁계정으로 대여한 것으로 기재한다. 즉, 회계처리의 형식은 고유계정의 자금을 신탁계정대 형식으로 대여한 후 신탁계정에서 신탁비용을 지출하는 것으로 보이지만, 실질적으로는 수탁자가 신탁사무 처리 상 발생되는 신탁비용을 자기자금으로 제3자에게 대지급하는 것이기에 금전 이자부 소비대차계약으로 보는 것보다는 신탁비용을 고유계정(자기자금)으로 대지급하는 것으로 보아 가중평균차입이자율을 적용하여 차입비용을 비용상환청구권(「신탁법」제46조, 제48조)에 근거하여 상환 청구할 수 있다고 봄이 타당하다.

4) 불건전영업행위

자본시장법은 신탁업자가 (i) 신탁재산을 운용함에 있어서 금융투자상품, 그 밖의 투자대상자산의 가격에 중대한 영향을 미칠 수 있는 매수 또는 매도 의사를 결정한 후 이를 실행하기 전에 그 금융투자상품, 그 밖의 투자대상자산을 자기의 계산으로 매수 또는 매도하거나 제3자에게 매수 또는 매도를 권유하는 행위(이른바 선행매매 등), (ii) 자기 또는 관계인수인이 인수한 증권을 신탁재산으로 매수하는 행위, (iii) 자기 또는 관계인수인이 특정증권등에 대하여 인위적인 시세를 형성시키기 위하여 신탁재산으로 그 특정증권등을 매매하는 행위, (iv) 특정 신탁재산의 이익을 해하면서 자기 또는 제3자의 이익을 도모하는 행위, (v) 신탁재산으로 그 신탁업자가 운용하는 다른 신탁재산, 집합투자재산 또는 투자일임재산과 거래하는 행위, (vi) 신탁재산으로 신탁

---

1 서울고등법원 2010. 12. 30. 선고 2009나15215 판결.
2 대법원 2011. 6. 10. 선고 2011다18482 판결.
3 서울고등법원 2017. 1. 12. 선고 2011나55223 판결.

업자 또는 그 이해관계인의 고유재산과 거래하는 행위, (vii) 수익자의 동의 없이 신탁재산으로 신탁업자 또는 그 이해관계인이 발행한 증권에 투자하는 행위, (viii) 투자운용인력이 아닌 자에게 신탁재산을 운용하게 하는 행위, (ix) 그 밖에 수익자 보호 또는 건전한 거래질서를 해할 우려가 있는 행위(법 제108조 제9호)로서 신탁계약을 위반하여 신탁재산을 운용하는 행위, 신탁계약의 운용방침이나 운용전략 등을 고려하지 아니하고 신탁재산으로 금융투자상품을 지나치게 자주 매매하는 행위, 수익자 또는 거래상대방 등에게 업무와 관련하여 금융위원회가 정하여 고시하는 기준을 위반하여 직접 또는 간접으로 재산상의 이익을 제공하거나 이들로부터 재산상의 이익을 제공받는 행위,[1] 신탁재산을 각각의 신탁계약에 다른 신탁재산별로 운용하지 아니하고 여러 신탁계약의 신탁재산을 집합하여 운용하는 행위 , 기타 금융위원회가 정하여 고시하는 행위(시행령 제109조 제3항, 금융투자업 규정 제4-93조) 등을 규정하고 있다. 신탁업자가 고유재산에서 위탁자에게 대출하면서 신탁계약을 하거나 자금관리사무를 대리하는 경우, '위탁자에 대한 재산상 이익 제공'으로서 '불건전영업행위'에 해당하는가가 문제될 수 있는데, 이는 「금융투자업규정」 제4-92조 제1항(불건전 영업행위)에서 규정하고 있는 "신탁계약의 체결 또는 신탁재산의 운용과 관련하여" 거래상대방에게 재산상의 이익을 제공하는 행위에 자금관리대리사무의 위임계약(부수업무)의 체결과 관련하여 거래상대방에게 재산상의 이익을 제공한 것으로 볼 수 있느냐의 문제로 볼 수 있다. 금융위원회는 종래 신탁업자가 도시정비사업의 조합설립추진위원회와 개발 및 자금관리대리사무 계약을 체결한 후 초기자금(사업경비)을 상환조건부 무이자로 지원하는 것은 「자본시장과 금융투자업에 관한 법률」 제41조(금융투자업자의 부수업무)에 의해 신고된 부수업무 범위 내에서 정비사업 전문관리업을 수행하고, 동 정비사업 전문관리업을 수행하는 해당 도시정비사업에 대해서만 무이자로 대출을 하며, 추후 신탁업자가 조합에 대해 이자 등 별도 수수료를 요구하지 않는 경우 「자본시장과 금융투자업에 관한 법률」상 별도의 제한을 받지 않는다고 하고 있어, 불건전영업행위로서 규제 대상에 해당되지 않는 것으로 판단된다.

---

1 기준으로 신탁업자가 신탁계약의 체결 또는 신탁재산의 운용과 관련하여 수익자 또는 거래상대방 등에게 제공하거나 수익자 또는 거래상대방으로부터 제공받는 금전, 물품, 편익 등의 범위가 일반인이 통상적으로 이해하는 수준에 반하지 않는 것(「금융투자업 규정」 제4-92조 제1항).

그러나 신탁업자가 자금관리대리사무의 위임계약만이 아니라 신탁계약을 체결하는 경우로서 거래상대방인 위탁자에게 대출을 하는 것이 "위탁자에 대한 재산상의 이익제공"으로 불건전영업행위에 해당하는지가 문제될 수 있는데, 「금융투자회사의 영업 및 업무에 관한 규정」은 비정상적인 조건의 거래나 계약 등의 방법으로 이루어지는 재산상의 이익제공이나 일반인이 통상적으로 이해하는 수준에 반하는 재산상의 이익 제공(이자율 수준 등)은 불가한 것으로 규정하고 있기에(「자본시장과 금융투자업에 관한 법률 시행령」 제109조 제3항 제4호, 「금융투자업 규정」 제4-92조 제1항, 「금융투자회사의 영업 및 업무에 관한 규정」 제2-68조 제1항, 제2항) 여기에 해당될 경우 불건전한 영업행위로 금지될 수 있다고 볼 수 있다.

따라서 일률적으로 판단하기는 힘들며 구체적으로 어떠한 상황에서 어떠한 조건으로 대여가 이루어졌는지를 종합적으로 검토하여 판단해야 할 것으로 본다.

차입형 토지신탁에서 위탁자가 토지매입을 위해 차용한 대출원리금을 수탁자가 신탁재산(분양수입금)에서 상환하는 행위가 불건전영업행위에 해당하는지 여부와 관련하여, 금융감독원은 차입형 토지신탁에서 신탁업자가 신탁종료 전 신탁수익의 선지급을 통해 위탁자의 대출원리금(토지대출금 포함)을 상환하는 행위를 위탁자에게 재산상의 이익을 제공하는 불건전영업행위로 보아 기관 및 관련 직원을 징계하고 선 지급한 금액을 회수한 조치를 한 적이 있었고 위탁자가 토지매입을 위하여 금융기관으로부터 차입한 대출금을 수탁자가 공사대금 등 신탁사업비보다 우선하여 부담하기로 함으로써 금융기관 대출금을 신탁계정(분양수입금)에서 대신 지급한 행위에 대해 해당 임원을 징계 조치한 사례가 있었다. 이러한 조치와 관련하여 관리형 토지신탁 구조에서 프로젝트 금융 대출원리금을 신탁재산에서 상환하는 것이 신탁사업 당사자 전원의 합의로 사업약정에 포함되어 있는 것이 일반적이어서 설령 토지매입비용 등 신탁사업에 구체적으로 사용된 비용이 아니더라도 책임준공 및 프로젝트금융 대출금 채무에 대해 연대보증책임을 지는 시공사가 프로젝트 금융 대출금융기관에게 신탁수입금을 선지급하는데 동의한 이상 불건전영업행위로 보기 어렵다는 반대 의견도 존재하였다. 2009년 12월 14일 「금융투자회사의 영업 및 업무에 관한 규정」에 관련 조항이 신설되었는데, 신탁회사가 토지신탁업무와 관련하여 신탁수익(토지비 및 사업이익)을 수익자에게 선지급할 경우에는 "토지신탁수익의 신탁종료 전 지급 기준"에 의한 선지급 금액을 초과할 수 없다.[1] 선지급금액은 관리형토지신탁이냐 차입형토지신탁이냐에 따라 상이하다.

또한, 토지신탁에서는 대출약정의 효력이 신탁계약의 효력과 동등하거나 우선하게 하는 내용의 신탁계약 체결,[2] 「토지신탁수익의 신탁종료 전 지급 기준」에 반하는 금융기관과의 임의인출 약정, 금융기관과의 자금집행순서 및 방법 임의변경약정 등 체결, 신탁회사가 당사자가 되는 토지비 대출약정 체결, 신탁재산(분양대금계좌, 운영계좌, 보험금 및 건축중인 건축물 등)에 대한 대출금융기관의 질권설정 또는 대출금융기관에 대한 양도담보 제공, 신탁회사의 분양수입금 관리계좌에서 선지급 및 사업비 집행을 위한 이체 외에 시공사 등 제 3 자의 계좌로 이체 등을 금지하고 있으며 이를 위반한 경우 불건전영업행위에 해당된다.[3]

5) 부동산 등 금전 이외의 신탁재산 운용방법

'금전 이외의 신탁재산의 운용 방법'에 관한 규정은 불건전 영업행위로 정한 경우 외에 적극적으로 규정한 내용은 「자본시장과 금융투자업에 관한 법률」에 없다. 다만, 부동산신탁업자가 부동산신탁사업을 영위함에 있어서 부동산신탁재산으로 자금을 차입하는 경우에는 해당 사업 소요자금의 100분의 100 이내에서 자금 차입이 가능하다는 규정($\binom{\text{금융투자업규}}{\text{정}}$ 제4-86조)만이 존재한다. 따라서 금전보다 권리관계가 복잡한 금전 이외의 신탁재산의 운용방법에 대한 지침이 없어 당사자 간에 분쟁이 발생할 경우 법원의 판단에 의존할 수밖에 없는 실정이다.

6) 재 신 탁

「신탁법」은 재신탁의 방식으로 신탁재산을 운용하는 것을 허용하고 있다($\binom{\text{신탁법}}{\text{조 제 5 항}}$ 제 3). 이에 따라 2012년 3월 26일 입법예고되었던 「자본시장과 금융투자업에 관한 법률」 개정법률안에서도 신탁업자가 다른 신탁업자에게 재신탁을 설정하는 것

---

1 「금융투자회사의 영업 및 업무에 관한 규정」 제2-65조 제 6 항, 별표 15 참조. 토지비를 선지급하는 것은 토지비를 대여한 자가 수익권에 대한 질권자 또는 우선수익자의 지위에 있을 경우에 한하여 가능하다.

2 부동산신탁회사가 부동산펀드에 투자한 후 해당 부동산펀드가 부동산신탁회사가 수탁한 신탁사업에 토지비를 대출하는 경우, 금융감독원은 부동산펀드를 통한 토지비의 우회지원은 실질적인 대출로서 부동산신탁회사에게 허용되지 않는 업무범위에 해당하므로 금지된다고 하였는데, 신탁회사의 대출업무는 겸영업무로 허용되고 있지 않은바, 특정인 대출을 조건으로 하는 펀드에 투자하는 우회대출 역시 금지행위에 해당된다고 볼 수 있다.

3 「금융투자회사의 영업 및 업무에 관한 규정」 제2-65조 제 6 항, 별표 15.

을 허용하되, 신탁재산 운용에 대한 책임 및 권리관계를 명확히 하고, 수익자를 보호하기 위하여 신탁업자가 재신탁된 신탁재산을 다른 신탁업자에게 다시 재신탁하는 것(재재신탁)은 금지하는 규정을 두고 있었으나, 법안이 폐기되었다.

2022년 10월 13일 발표된 금융위원회의 「종합재산관리 및 자금조달 기능 강화를 위한 신탁업 혁신 방안」에도 종합재산관리기능 강화의 일환으로 전문화된 신탁서비스 제공을 위해 신탁업무의 위탁 관련 법령 정비에 대한 내용은 들어 있지만 재신탁에 대한 언급은 없다.

제 3 절 ▶ 부동산신탁

Ⅰ 부동산신탁의 설정

　　부동산신탁은 부동산 등을 신탁재산으로 하는 신탁으로서 일반 신탁의 경우처럼 위탁자와 수탁자 간의 계약을 통해 신탁이 성립하고, 등기함으로써 제3자에 대항할 수 있다(「신탁법」제3조 제1항 제1호, 제4조 제1항). 신탁을 통해 신탁재산의 대내외적 소유권이 수탁자에게 이전하여 수탁자가 신탁재산에 대해 배타적 관리권과 처분권을 보유하게 되며, 위탁자가 수탁자의 신탁재산에 대한 관리권과 처분권을 공동 행사하거나 수탁자가 단독으로 그 권리를 행사할 수 없도록 실질적인 제한을 가하는 것은 신탁의 취지와 본질에 반하는 것이다.[1] 부동산개발사업을 위해 부동산신탁 구조를 취할 경우 사업시행자인 위탁자가 수탁자에게 사업부지의 소유권을 신탁하게 되면 위탁자의 채권자는 신탁재산인 사업부지에 대해 가압류나 압류 등 보전처분과 강제집행을 할 수 없기에 (「신탁법」제22조 제1항) 위탁자는 사업을 안정적으로 수행할 수 있고 대출금융기관과 시공사는 사업 관련 대출금이나 공사대금 채권을 각각 담보할 수 있게 된다.

---

1 대법원 2003. 1. 27. 선고 2000마2997 결정.

1. 담보신탁

(1) 정   의

일반적으로 담보신탁(부동산담보신탁)이란 위탁자인 채무자가 채권자를 (우선)수익자로 하여 신탁재산(부동산)의 소유권을 수탁자에게 이전하고 수탁자는 담보의 목적을 위하여 이를 관리하다가 채무가 정상적으로 이행되면 신탁계약 종료 시 신탁재산의 소유권을 위탁자에게 환원하고 채무가 이행되지 않으면 이를 처분하여 그 대금으로써 채권자인 (우선)수익자에게 변제하고 만일 잔액이 있을 경우 채무자에게 반환하는 신탁방식이다.[1]

금융기관 등으로부터 대출을 받을 경우 부동산을 담보로 제공하기 위한 신탁으로, 신탁회사는 대출기관을 우선수익자로 지정한 후, 우선수익권 증서(다른 채권자보다 우선하여 변제 받을 권리를 표시)를 채권 금융기관에 제공하며, 채무자(위탁자 등)의 채무불이행 시 신탁회사는 채권금융기관의 환가요청에 따라 부동산을 처분(공매/수의계약)하여 원리금을 상환하게 된다.

위탁자가 수익자에 대해 별도로 부담하는 채무를 담보하기 위한 목적으로 신탁재산의 관리 · 처분이 이루어진다는 점에서 수익자의 이익을 위한 신탁재산의 관리 · 처분 자체를 목적으로 하는 신탁과 구별된다고 볼 수 있다.

1993년 2월 4일 당시 재무부가 담보신탁을 인가하였으며 이에 따라 각 부동산신탁회사가 담보신탁업을 영위하면서 활성화되기 시작했다.[2] 대법원 판결문상 '담보신탁'이란 용어가 등장한 것은 2001년부터이다.[3] 담보신탁의 대부분은 부동산담보신탁이나 반드시 부동산에 한정하지는 않는다.

---

1 이 정의는 기본적으로 채권자를 수익자로 하는 담보목적의 타익신탁 구조를 전제로 한 것이며, '형식에 구애됨이 없이 담보목적으로 이루어지는 신탁'을 '광의의 담보신탁'으로 정의하는 견해가 있다(임채웅, 앞의 책, 126면).

2 장현옥, "부동산신탁에 관한 연구," 연세대학교 대학원 박사학위 논문, 1998, 172면.

3 임채웅, 앞의 책, 119면.

(2) 연   혁

'담보신탁'과 관련되는 법령들 및 판례를 살펴보면 다음과 같다.

1) 관련 법령

① 「신탁법」의 신탁의 정의

- 2011년 개정 전 「신탁법」: "…그 재산권을 관리, 처분하게 하는 법률관계…"
- 2011년 개정 「신탁법」: "… 재산의 관리, 처분, 운용, 개발 그 밖에 신탁 목적의 달성을 위하여 필요한 행위를 하게하는 법률관계 …"($\frac{제2}{조}$)

② 「금융회사 부실자산 등의 효율적 처리 및 한국자산관리공사의 설립에 관한 법률」

"「자본시장과 금융투자업에 관한 법률」에 따른 신탁업 중 부동산 담보신탁 업무 및 구조개선 기업의 부동산의 관리, 처분신탁 업무"($\frac{법\ 제26조}{제1항\ 제15호}$)

③ 등기선례 7-465 「신탁등기와 농지취득자격증명」

농지에 대하여 신탁을 원인으로 하여 소유권이전등기를 신청하는 경우에는 관리신탁, 처분신탁, 담보신탁 등 신탁의 목적에 관계없이 농지취득자격증명을 첨부하여야 한다.

2) 대법원 판례

그동안 담보신탁에 대한 법령상의 명확한 정의 규정이 없었고, 2011년 개정 전 「신탁법」에서 신탁의 개념에 대해 "그 재산권을 관리, 처분하게 하는 법률관계"로 정의하고 있었다($\frac{제2}{조}$). 대법원 판례에서도 담보신탁이라는 용어는 사용하지만 명확히 개념을 적시하거나 각 판례에 있어서도 용어를 일관성 있게 사용한 것으로 보이지 않는다. 담보신탁과 직접적으로 관련된 판례들을 정리해보면 [표 3-9]와 같다.[1]

표 3-9 | **대법원 판례에 나타난 담보신탁**

판례	표현	평가
대법원 2001. 7. 13. 선고 2001다9267 판결	담보신탁용 부동산관리처분·신탁계약	사실인정의 일환으로 담보신탁인정 담보신탁의 도산격리 효과 인정의 대표적 판례
대법원 2002. 4. 12. 선고 2000다70460 판결	채권담보의 목적으로 이루어진 이른바 담보신탁	임차목적물의 신탁으로 수탁자가 위탁자의 임대인 지위 승계

---

1 임채웅, 앞의 책, 113면~120면의 내용을 참고하여 정리하였다.

대법원 2002. 12. 26. 선고 2002다49484 판결	분양형 토지(개발)신탁계약	담보를 목적으로 한 신탁 구조 채권자: 1순위 수익권자 위탁자: 2순위 수익권자
대법원 2004. 7. 22. 선고 2002다46058 판결	담보신탁계약 & 담보신탁용 부동산관리처분계약 용어 혼용	타익신탁 구조
대법원 2004. 12. 23. 선고 2003다44486 판결	담보신탁용 부동산관리 · 처분신탁계약	타익신탁 구조
대법원 2005. 3. 11. 선고 2004다67646 판결	담보신탁 & 토지신탁 표현 혼용	수익자: 대출금융기관과 보증인
대법원 2005. 6. 10. 선고 2004다42296 판결	부동산관리 · 처분신탁계약 & 담보신탁계약 혼용	

대법원 판례에서 '담보신탁용 부동산관리처분신탁계약'이라고 많이 표현한 것이 구 「신탁법」상 신탁을 "재산권을 관리 · 처분하는 법률관계"로 정의하였기에 담보신탁을 '부동산관리 · 처분신탁계약'으로 포섭하여 표현하고 그 실질이나 목적을 분명히 하기 위해 '담보신탁용'이란 표현을 덧붙인 것으로 이해할 수 있다.

(3) 구　조

담보신탁의 기본구조는 [그림 3-3]와 같다.

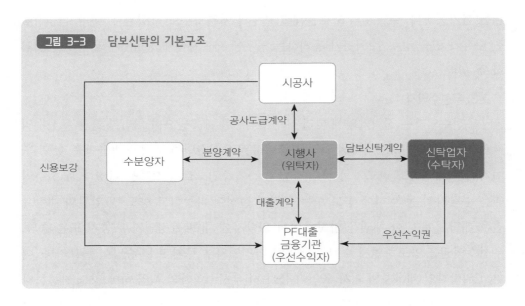

그림 3-3 담보신탁의 기본구조

(4) 계약당사자별 역할

1) 위탁자

담보신탁에서 위탁자는 채무자이면서 부동산개발사업의 사업주체(인허가명의자)이다. 위탁자는 신탁재산의 실질적 관리자이며 신탁재산에 대한 하자담보책임을 부담하고 수탁자의 재산 가치 보전, 처분 관련 재산 관리 행위에 협조 및 용인 의무가 있으며 수탁자의 귀책사유가 없는 비용을 부담한다. 위탁자는 수탁자 동의 없이 신탁재산에 임대차, 저당권 설정, 전세권 설정 등의 행위가 불가하다.

2) 수탁자

수탁자는 신탁재산에 대한 대내외적 소유권자로서 우선수익자를 위해 수탁재산의 소유권을 보전하고 관리하며 위탁자(채무자)의 채무불이행, 위탁자의 신탁계약 위반, 기타 신탁재산의 담보가치 하락 등의 경우 우선수익자가 신탁재산의 환가요청을 하는 경우 신탁계약에 따라 공개시장에서 경쟁을 통하여 처분하는 것을 원칙으로 하며 유찰 시 다음 처분일 공고 전까지 직전 처분 시 조건으로 수의계약방식으로 처분이 가능하다. 여기서 공매는 민법상 매매계약으로서 신탁재산에 가압류, 가처분이 설정되어 있어도 가능하나 낙찰 시 낙찰가의 저감 요인이 된다. 만일 우선수익자의 수익권이 가압류 되어 있는 경우에는 공매는 가능하나 처분 후 수익이나 잔여재산의 분배는 불가능하다. 수탁자의 보수는 관리보수와 처분보수로 구성된다. 수탁자는 정당한 사유가 있을 경우, 수익자가 동의하는 경우에 제3자에게 신탁사무의 일부를 위임할 수 있다.

3) 우선수익자

우선수익자는 신탁계약에 따라 우선수익권을 제공받으며 위탁자 혹은 우선수익자의 요청이 있을 경우 우선수익권을 증빙하는 우선수익권 증서를 발급받을 수 있다. 여기에는 채권최고 한도가 설정되어 있고 증거증권으로서 성격을 가진다. 우선수익권은 수탁자의 동의 하에 양도 또는 근질권 설정이 가능하고 양도 및 입질의 대항요건은 위탁자에 대한 채권을 양도하면서 위탁자에 대한 확정일자부 통지 또는 승낙, 우선수익권을 양도하면서 수탁자에 대한 확정일자부 통지 또는 승낙이 필요하다. 여기서 위탁자인 채무자의 의사 확인이 불가 시 우선수익자의 책임 하에 양도 가능하다는 조항도 삽입이 가능하다(「신탁법」 제64조, 제65조). 우선수익권에 대한 질권 설정은 양도에 관한 규정을 준용한다(「신탁법」 제66조). 우선수익권에 대한 질권자를 대여금채권의 불가분채권자로 볼 수 없고 우선수익자의 대여금채권이 전부(轉付)되었다는 사정만으로 바로 담보신탁계약의 우선수익권이나 우선수익권에 대한 권리질권이 소멸하지 않아 대여금채권(피담보채권)과 우선수익권의 부종성이 인정되지 않는다.[1]

(5) 특장점

1) 도산절연(도산격리) 효과

담보신탁의 도산절연 효과가 인정되는 것은 담보를 목적으로 하는 신탁에서 예외적으로 도산절연의 효과가 인정된 것이 아니라 담보신탁도 신탁이기에 신탁 자체가 가지는 본연의 도산절연효과에서 비롯된 것이다(「신탁법」 제22조). 담보신탁의 도산절연(도산격리)효과를 인정한 최초의 대법원 판례에서는 "신탁자(위탁자)가 어음거래약정상의 채무에 대한 담보를 위하여 자기 소유의 부동산에 대하여 수탁자와 담보신탁용 부동산관리처분신탁계약을 체결하고 채권자에게 신탁원본 우선수익권을 부여하고서 수탁자 앞으로 신탁을 원인으로 한 소유권이전등기를 완료하였다면, 위탁자의 신탁에 의하여 신탁부동산의 소유권은 수탁자에게 귀속되었다고 할 것이고, 그 후 신탁자(위탁자)에 대한 회사정리절차가 개시된 경우 채권자가 가지는 신탁부동산에 대한 수익권은 (구)「회사정리법」 제240조 제 2 항(현 「채무자 회생 및 파산에 관한 법률」 제250조 제 2 항 제 2 호)에서 말하는 '정리회사 이외의 자가 정리채권자 또는 정리담보권자를 위하여 제공한 담보'에 해당하여 정리계획이 여기에 영향을 미칠 수 없다. 채권자가 정리채권 신고기간 내에 신고를 하지 아니함으로써 정리계획에 변제의 대상으로 규정되지 않았다 하더라도, 이로써 실권되는 권리는 채권자가 신탁자(위탁자)에 대하여 가지는 정리채권 또는 정리담보권에 한하고 수탁자에 대하여 가지는 신탁부동산에 관한 수익권에는 아무런 영향이 없다"고 판시하여 (구)「회사정리법」의 일정한 규정을 근거로 위탁자에 대한 파산 혹은 회생 절차로부터 절연됨을 인정하였다.[2] 또한 "수탁자가 파산한 경우에 신탁재산은 수탁자의 고유재산이 된 것을 제외하고는 파산재단을 구성하지 않는 것"이라고 판시하여[3] 수탁

---

1 대법원 2017. 6. 22. 선고 2014다225809 판결.
2 대법원 2001. 7. 13. 선고 2001다9267 판결; 대법원 2002. 12. 26. 선고 2002다49484 판결; 대법원 2003. 5. 30. 선고 2003다18685 판결.
3 대법원 2004. 10. 15. 선고 2004다31883 판결.

자의 파산 혹은 회생 절차로부터 절연됨을 인정하였다.

반면에 신탁이 자익신탁으로 설정되어 위탁자가 수탁자로부터 수익권을 인수한 다음에, 그 수익권을 담보목적으로 채권자에게 양도하는 경우에는 수익권의 양도담 보로서 채권자가 보유하는 담보권은 도산으로부터 절연되지 않으며 따라서 회생담보 권으로 보고 있다.

2) 이중소구(二重遡求)

기본적으로 담보신탁 구조하에서 채권자인 우선수익자의 법적 지위를 보면, 우 선 위탁자인 채무자가 부담하는 채무가 이행되지 않으면 우선수익자인 채권자는 신 탁재산의 처분을 신탁계약에 따라 요구하여 그 환가 대금으로써 우선변제를 받을 수 있음과 동시에 도산절차가 개시된 위탁자인 채무자의 재산에 대해서는 회생채권자 혹은 파산채권자로서 그 절차에 참여하여 채권을 변제 받을 수 있는 지위에 있기에 근본적으로 채무자인 위탁자에 대해 이중 소구권(recourse rights)을 보유하고 있다.[1]

3) 신뢰성 있는 담보관리(공신력)

담보신탁이 설정되면 담보신탁도 신탁이기에 「신탁법」 제22조에 따라 신탁재산 의 독립성이 인정되며, 신탁계약에 의해 위탁자가 담보목적물을 임의 처분할 수 없으 며, 나아가 자금관리를 위탁하는 경우 담보 목적물로부터의 현금 흐름을 수탁자가 일 괄 통제할 수 있다는 점에서 신뢰성 있는 담보의 관리가 이루어져 채권자 보호가 보다 철저하게 된다.

4) 공시: 등기원인, 등기목적

담보신탁의 경우 「부동산등기법」에 따라 갑구에 등기목적은 소유권이전등기, 등 기원인은 신탁으로 등기되어 공시됨으로써 제3자에 대해 공시력을 인정받는다.

5) 담보목적물 처분의 유연성(환가방법상)

근저당권의 경우 「민사집행법」상 경매 방식에 의해 환가 처분되지만, 담보신탁 의 경우 신탁재산은 신탁계약에서 정한 방법, 주로 공매(公賣) 방식에 의해 환가되어 소요기간이나 비용 등의 면에서 상대적으로 유리하다.

---

1 「이중상환청구권부채권발행에 관한 법률」상 이중상환청구권부채권의 경우에도 채권자는 본질 적으로 이중소구권을 보유하게 된다는 점에서 담보신탁 구조와 유사하다고 볼 수 있다.

6) 담보권자들 간의 복잡한 이해관계 반영

담보부동산 처분에 관한 권리와 담보부동산으로부터 수익할 권리는 분리 가능하고, 수익권의 계층화(선순위, 중순위, 후순위 등)를 통해 수익자 간의 이해관계를 반영할 수 있고, 공동 순위 담보권자들 간의 이해관계 반영이 가능하며, 피담보채권자가 복수인 경우에도 수탁자를 통해 담보부동산을 일원적으로 관리·처분하는 것이 가능하다.

7) 채권 및 담보에 대한 권리와 지위 양도

채권자인 우선수익자가 피담보채권을 양도하고자 하는 경우 피담보채권의 양도, 수익권양도 및 신탁변경의 등기 절차를 거치면 된다. 별도의 담보권이전등기 절차가 필요하지 않다.

(6) 담보신탁과 근저당

부동산 담보 제도로서 일반 부동산에 대한 근저당권 설정과 부동산담보신탁을 활용하는 경우를 비교할 때, [표 3 − 2]와 같이 부동산담보신탁의 장점이 있을 수 있다. 부동산담보신탁의 장점에도 불구하고 그동안 근저당권에 비해 활용도가 상대적으로 낮은 이유는 ① 종전의 담보권에 비해 아직까지 일반에게 널리 알려지지 않았다는 점, ② 위탁자로부터 수탁자에게 신탁재산의 소유권을 이전함으로써 생기는 심리적 불안감이 있다는 점, ③ 통상 채권자가 우월한 지위를 가지는 반면, 담보권 설정비용은 채무자가 부담함으로써 채권자의 입장에서 굳이 제 3 자(수탁자)를 끌어 들여 법률관계를 복잡하게 만들 필요가 없다는 점,[1] ④ 담보신탁을 이용하면 도산격리 효과를 누리게 되나 도산 자체가 이례적인 것이므로 담보신탁을 이용할 유인이 크지 않다는 점, ⑤ 1997년 외환위기 당시 부동산신탁회사의 부실화에 따른 불신 및 입법적

---

1 공정거래위원회는 근저당권 설정비용을 은행이 부담하는 것을 주요 내용으로 하는 은행여신거래기본약관 등 8종의 은행여신거래 표준약관을 2008년 5월 1일부터 시행하고 있다. 새로운 표준약관에 의하면 근저당권 설정비용 중 등록세, 지방교육세, 등기신청 수수료 및 법무사수수료, 근저당물건의 조사 또는 감정평가 수수료는 은행이, 국민주택채권매입비는 채무자가 부담하도록 하고 있다. 이 새로운 표준약관에 대한 공정거래위원회의 사용권장처분에 대하여 전국은행연합회 등이 반발하며 취소소송을 제기하였다. 대법원은 공정거래위원회의 손을 들어줬고 결과적으로 근저당 설정비를 고객의 부담으로 돌린게 부당하다고 판단한 것이다(대법원 2010. 10. 14. 선고 2008두23184 판결). 이러한 면에서는 이 요인의 효과는 반감되었다고 볼 수 있다(안성포, "채권금융기관에 의한 담보신탁의 활용,"『증권법연구 제13권 제 3 호』한국증권법학회, 2013. 1 참조).

뒷받침의 부족 등을 들 수 있다.[1]

표 3-10 담보신탁과 근저당권의 비교

구 분	담보신탁	근저당권
담보설정방식	소유권 이전(신탁등기 부기)	근저당권 설정(근저당권 설정 등기)
추가 담보	추가 담보신탁 설정 용이	새로운 설정 계약 필요
담보부동산 관리	수탁자 및 우선수익자의 동의 없이 임대차계약 등 담보가치 저감 행위 불가능	소유자의 임대차계약 등 담보가치 저감 행위가능
재산권 보호	신탁등기 후 제3자의 권리 설정(압류 또는 가압류) 불가능	제3채권자의 권리 설정 및 행사 가능(후순위 근저당권, 부동산 가압류, 압류)
최우선변제권[2] 발생 가능성 여부	신탁등기 이후 발생 불가	발생 가능
재산보전 처분 대상[3]	대상에서 제외	대상에 포함
강제집행방식	신탁회사의 공매(수의계약)	법원의 임의 경매
강제처분 소요기간	약 2개월	약 6개월
후순위 권리자의 강제집행	원칙 불가(「신탁법」제21조 제1항)[4]	제3채권자의 강제경매[5] 신청 또는 후순위 근저당권자의 임의경매 신청 가능

---

1 양진섭, 앞의 글, 80면 각주 36).

2 「주택임대차 보호법」이나 「상가건물 임대차 보호법」상의 소액 임차보증금 반환 채권, 「근로기준법」상의 임금 채권, 「국세기본법」 또는 「지방세법」상의 조세 채권 등을 말한다.

3 「채무자 회생 및 파산에 관한 법률」에 따라 채무자의 회생 절차가 개시된 경우, 근저당권자는 회생 절차에 의해서만 변제 받을 수밖에 없으나, 담보신탁의 경우에는 이 법 제250조 제2항 제2호의 "채무자 이외의 자가 회생 채권자 또는 회생 담보권자를 위하여 제공한 담보"에 해당하므로 영향을 받지 않고 환가 처분할 수 있다. 판례도 같은 입장이다(대법원 2001. 7. 13. 선고 2001다9267 판결).

4 다만, 신탁 설정 이전에 위탁자에 대해 채권을 가지고 있는 채권자는 그 재산에 가압류 등을 설정하는 경우에만 가능하며, 신탁 설정 이후 위탁자에 대해 취득한 권리로는 당연히 신탁재산에 대해 강제집행할 수 없다.

5 집행권원으로서 판결문, 지급명령, 민사조정 조서, 약속어음 공정증서 등이 있다.

부동산 처분 금지 가처분[1] 등기 완료	공매(환가 처분)에 제약[2]	임의 경매 제한 없음[3]
담보 목적물이 수용되는 경우 물상대위(物上代位)권 행사요건	사전 압류 불필요[4]	사전 압류 필요[5]
절차의 탄력성	우선수익자의 요청에 의해 공매절차 중지 가능하며 재진행도 우선수익자의 요청으로 바로 가능	경매 신청 후 사유 발생으로 절차 중지 시 경매절차 취하 필요. 다시 경매하려면 새로운 경매 절차 필요
매각 대금	우선수익자의 요청 시 감정평가액 이상으로도 가능	감정평가액이 제1차 최저 경매가격
일괄매각 (부지상 미완성 건축물, 인·허가권 등)	가능	불가능

(7) 구분 개념

1) 양도담보

담보물인 부동산에 대한 소유권의 명의가 양도담보의 경우 채권자, 담보신탁의 경우 수탁자인 점, 양도담보는 부동산에 대한 소유권이 형식적으로 채권자에게 이전되는 것일 뿐 실질적으로는 채무자(양도담보 설정자)에게 귀속되어야 할 권리이나 담보신탁은 신탁부동산에 대한 소유권과 수익권이 신탁계약에 의해 각각 수탁자와 수익자에게 귀속된다는 점, 양도담보의 경우 「가등기담보 등에 관한 법률」에 의하여 정산

---

1 채무자 소유의 해당 부동산에 대한 매매, 증여, 저당권·전세권·임차권 설정 등 일체의 처분 행위를 금지하는 보전 처분을 말한다. 신탁과 관련하여 「신탁법」 제8조의 사해신탁에 대응하여 채권자가 사해행위 취소로 인한 '소유권 이전 등기 말소 등기 청구권' 보전을 위해 신탁회사를 상대로 이 가처분을 신청하는 경우가 있다.
2 이 경우 가처분채권자와 위탁자 간에 합의로 해제 신청을 통해 공매를 진행할 수도 있으나 그 가능성은 희박하며, 신탁 부동산에 가처분 등기 경료 시 우선수익자가 공매를 요청하는 경우, 낙찰자가 가처분에 관련된 모든 책임을 부담하는 조건으로 신탁회사가 공매를 진행할 수 있으나, 이 경우에는 저가 낙찰의 우려가 존재한다(선명법무법인·선명회계법인, 『부동산투자개발 ABC』, Sunmyung AG, 2009.7, 933면).
3 임의경매로 인한 낙찰 시 저당권 설정 이후에 설정된 등기부상의 권리는 직권 말소된다.
4 수용보상금 등이 신탁재산에 귀속된다.
5 보상금청구권에 압류가 필요하다.

절차(귀속정산 혹은 처분정산)를 거치나 담보신탁의 경우 신탁계약에서 정한 바에 따라 정산(일반적으로 우선수익자의 환가요구에 의해 수탁자가 공매절차를 통해 정산)한다는 점, 채권자인 우선수익자가 보유하는 수익권은 위탁자가 도산되는 경우 절연되나 양도담보권자인 채권자는 회생의 경우 회생담보권이 되어 도산절연의 효과를 누리지 못한다는 점 등에서 상이하다.

2) 담보권신탁

① 담보권신탁의 개념   「신탁법」은 '신탁을 "위탁자의 수탁자에 대한 신탁재산의 이전, 담보권의 설정 또는 기타 처분" 등이라고 규정하고 있어서(제2조)담보권을 신탁재산으로 하여 신탁을 설정할 수 있다.[1] 담보권신탁은 채무자인 위탁자가 수탁자에게 자기 소유재산에 대한 담보권(채무자소유의 부동산에 대해 수탁자를 권리자로 하여 저당권을 설정하는 것)을 신탁재산으로 하여 신탁을 설정하고 채권자를 수익자로 지정하고 수탁자가 채권자인 수익자에게 수익권을 부여하는 신탁이다.[2]

② 담보권신탁과 담보물권의 부종성   수탁자가 피담보채권의 채권자가 아니면서 담보권만 보유하는 결과가 되어 담보물권의 부종성 원칙에 반한다는 견해와 담보권자인 수탁자가 수익자인 채권자를 위하여 담보권을 보유하는 것이므로 실질적으로 담보물권의 부종성에 반한다고 볼 수 없다는 견해가 있다. 기본적으로 담보물권의 부종성 원칙에 따르면 담보권이 양도되는 경우에는 반드시 피담보채권도 함께 양도되어야 하나 담보권신탁의 구조하에서는 피담보채권자(수익자)와 담보권자(수탁자)가 분리되는 문제가 생긴다.

부종성의 원칙에 반하지 않는다는 입장에서는 담보권신탁의 수익자와 피담보채권자가 동일하게 유지된다면 실질적으로 담보물권의 부종성 원칙에 반하지 않는다고 볼 수 있다. 만일 채권자가 피담보채권을 제 3 자에게 양도할 경우「민법」제450조의 채권양도절차에 따라 반드시 수탁자에게 통지하거나 수탁자의 승인을 받아야 수탁자에게 대항할 수 있도록 수익권의 양도를 제한할 필요가 있다. 나아가 수익증권발행신탁의 경우 수익증권이 무기명식으로 발행된다면 수익증권의 교부만으로 양도가 가능하게 되어 담보권자(엄밀히 말하자면 담보권신탁의 수익자)와 채권자가 분리될 위험이 있으

---

1 2011년 개정 전 「신탁법」에서는 "특정의 재산권을 이전하거나 기타의 처분"으로 규정하고 있어서 당시 '담보권신탁'의 허용여부가 법문상 불분명하였다.

2 법무부, 앞의 해설서, 8면.

므로 담보권신탁의 설정이 제한된다(「신탁법」제78조 제3항).[1]

「민법」상 담보물권의 부종성 원칙 때문에 채권자와 담보권자의 분리를 인정하는 영미법상의 담보권신탁은 종래 인정되지 않는다고 보았다. 이러한 문제점을 해결하기 위해서 그동안 우리나라의 국제금융 거래 실무에서 채무자가 채권자에 대한 채무와 병행하여 담보권 수탁자에 대하여도 동일한 내용의 채무(parallel debt)를 부담하고 채권자 또는 담보권 수탁자의 어느 일방이 채무를 변제 받은 때에는 채무가 소멸하는 것으로 약정하면서, 담보권 수탁자에 대한 채무를 담보하기 위하여 담보권을 수탁자 앞으로 설정해주는 방법도 종종 이용되어 왔다.

피담보채권과 담보권의 분리 현상을 방지할 수 있는 장치로서는 일본과 같이 수익자를 피담보채권의 채권자로 사전에 지정하는 방식으로서 피담보채권을 양도하는 경우 그 채권의 양수인이 자동적으로 수익자가 되며 수익권 양도 절차가 불필요하게 됨으로써 사실상 담보물권의 부종성을 유지할 수 있다.[2]

③ 「담보부사채신탁법」상 담보권신탁   2011년 개정 전 「신탁법」하에서 담보권 신탁이 인정되느냐 여부에 대해 견해가 엇갈렸지만 1962년에 제정된 「담보부사채신탁법」에서는 담보권신탁구조를 바탕으로 하고 있으며 법으로 피담보채권과 담보권의 분리를 인정하고 있다.

담보부사채는 사채에 물상담보(物上擔保)를 붙이는 것으로서 법상 사채에 물상담보(物上擔保)를 붙이려면 그 사채를 발행하는 회사(이하 "위탁회사"라 한다)와 신탁업자 간의 신탁계약에 의하여 발행하여야 한다고 규정하고 있어(「담보부사채신탁법」제3조), 투자자인 사채권자(피담보채권자)와 신탁업자(담보권자)가 분리되고, 심지어 사채의 모집과정을 거치기에 투자자 즉, 피담보채권자가 결정되기 전에 담보권이 먼저 신탁되는 일시적 현상도 발생하는 특징이 있다.

④ 담보권신탁의 유용성   담보권자와 피담보채권의 채권자의 분리가 가능하고, 피담보채권의 채권자가 복수인 경우에도 수탁자가 담보권을 일원적으로 관리·실행할 수 있으며,[3] 피담보채권이 양도되는 경우에도 담보권 이전등기 절차가 필요하

---

1 광장신탁법연구회, 앞의 책, 20면.
2 한민, "신탁제도 개혁과 자산유동화", 신탁법의 쟁점(제2권)」, BFL총서 10, 소화, 2014, 249~250면; 新井誠編, 『新信託法の基礎と運用』, 日本評論社, 2007, 61面.
3 국제금융시장에서 특히 다수의 대출자(채권자)로 구성되는 공동대출(Syndicated Loan) 구조에

지 않고, 수익권을 계층화하여 담보권 자체의 순위를 사용하지 않고 채권자 상호 간에 순위의 우열 구별이 가능하다.

⑤ 담보권신탁의 장단점

장점	단점
1. 위탁자의 소유권자로서의 지위 유지(소유권 이전의 거부감 해소) 2. 담보권을 표창하는 수익권의 처분 용이(지명채권 양도방식의 수익자 변경 가능) 3. 담보물권의 부종성 제약을 벗어나 자산유동화 활성화 제고 4. 다수 채권자의 담보권 일원적 관리 가능	1. 등록면허세 및 지방교육세와 신탁보수 이중 부담 2. 채무자인 위탁자의 도산 시 절연 불가 3. 환가는 저당권 실행을 통한 임의경매

⑥ 담보권신탁 관련 주요 법적 쟁점

(i) 담보권신탁에 담보권 설정방식의 신탁 이외에 담보권 이전방식의 신탁도 포함되는가? 즉, 채무자직접설정방식(타익신탁 방식) 이외에 채권자이전방식(2단계 설정 방식, 자익신탁방식)을 인정할 것인가?

통상적인 담보권 신탁은 위탁자인 채무자가 수탁자에게 저당권을 설정하는 방식으로 담보권을 신탁하는 경우(타익신탁 방식)이나 채권자이전방식은 채권자가 채무자로부터 저당권을 설정받은 후 자신이 직접 위탁자 겸 수익자가 되어 수탁자에게 해당 저당권을 피담보채권과 분리하여 이전함으로써 신탁을 설정하는 방식(자익신탁 방식)을 말한다. 즉 통상적 방식에 의한 담보권 설정(1단계) 및 담보권의 신탁(2단계)이라는 2개의 단계를 거치는 것으로서 2단계 설정방식이라고도 칭한다.[1] 담보권 설정이 아니라 기존 담보부채권에서 담보권만 분리하여 이전한다는 것이다. 이에 대해서는 국내법상 가능 여부에 대해 긍정적인 견해와 부정적인 견해가 대립되고 있다.[2]

서 흔히 사용되는 담보권 설정 방식이다.

[1] 新井誠,『信託法』, 第3版, 有斐閣, 2008, 156面.

[2] 신탁법하에서 2단계 설정방식은 「신탁법」 제3조의 재산의 양도로 보면서 이를 긍정하는 견해(안성포, "담보권신탁의 기본적 법률관계," 「선진상사법률연구」 통권 제59호, 2012. 7, 123면)와 2단계 설정방식에 있어서 「신탁법」 개정 전이나 개정 후나 특별히 달라진 것이 없기에 과거에 효력이 인정되지 않던 것을 개정 「신탁법」하에서 인정할 이유가 없으며 또한 「부동산등기법」 제87조의2에서도 담보권신탁에 관하여 직접설정방식만을 규정하고 있다는 것을 근거로 이를 부정하는 견해(한민, 앞의 책, 241면)가 있다.

(ii) 담보권신탁의 성립요건으로 위탁자와 수탁자간의 신탁계약만으로 충분한지 아니면 피담보채권의 채권자인 수익자가 되는 자의 동의를 필요로 하는지?

자익신탁 구조(채권자 이전 방식)의 경우 채권자가 위탁자가 겸 수익자이므로 신탁계약의 체결에 참여하기에 신탁계약만으로 충분하게 되며, 타익신탁 구조(채무자 직접설정방식)의 경우 위탁자-수탁자-수익자 3자 간 계약 체결방식이나 위탁자와 수탁자간에 신탁계약을 먼저 체결하고 부수적으로 수익자가 동의하는 방식 등을 상정할 수 있으며, 다수 대출자로 구성되는 공동대출(Syndicated Loan)의 경우 다수 채권자들과의 교섭 내용이 계약에 반영되고 수탁자의 담보권 실행 신청, 매각대금 등의 금전 배당, 수익권의 순위에 관한 규정 등을 신탁계약에 삽입할 필요가 있다.

(iii) 위탁자의 도산으로부터 절연되는가?

수탁자가 갖는 담보권이 회생절차 개시 당시 위탁자 소유의 재산상에 존재하는 담보권(예로서 질권, 저당권, 양도담보권, 가등기담보권, 전세권 등)인 경우 「채무자 회생 및 파산에 관한 법률」에 따라 채권자가 위탁자에 대해 갖는 권리는 회생담보권에 해당되므로 (법 제141조 제1항), 담보권의 행사는 위탁자에 대한 회생절차에 구속된다.[1] 이때 회생담보권의 신고 주체와 관련하여 실무상 채권자와 수탁자가 공동으로 신고하느냐 아니면 수탁자가 채권자의 위임을 받아 채권과 담보권을 함께 신고하느냐에 대한 명확한 규정이 없으며, 회생절차 상 필요한 의결권 행사 시에는 수탁자가 채권자들로부터 위임을 받아 의결권을 행사할 수 있을 것으로 생각되고, 다수 채권자인 경우 채권자 별로 분리하여 행사할 수 있다고 본다. 마찬가지로 위탁자가 파산절차가 개시된 경우 실무상 별제권의 행사 주체가 수탁자이냐 아니면 수익자인 채권자이냐의 문제가 있으며, 별제권 행사를 통해 보전 받지 못한 채권의 행사주체는 누구인가라는 쟁점이 있을 수 있다.

(iv) 피담보채권의 양도요건

수익자인 채권자가 자신의 채권을 상대방에게 양도하는 경우 채권양도의 절차 이외에 수익권의 양도절차가 필요하며, 수탁자는 신탁원부기록의 변경등기를 신청하여야 한다.

(v) 담보권실행(임의경매)과 피담보채권의 소멸시기는?

수탁자가 보유하는 담보권을 임의경매 절차를 통해 실행하는 경우 언제 피담보

---

1 한민, 앞의 책, 243면.

채권이 소멸하는가에 대해, 수익자가 수탁자로부터 수탁채권에 관한 채무의 이행으로 지급받은 금전 상당액에 대해 피담보채권이 소멸한다는 견해와 피담보채권의 채권자 동의 여부와 관계 없이 수탁자가 배당금을 수령한 때 피담보채권이 소멸한다는 견해로 나뉠 수 있다.[1]

(ⅵ) 담보권자인 수탁자에게 피담보채권에 관련되는 채무이행의 소제기권이 있는가?

담보권자인 수탁자는 피담보채권에 관련된 채무의 이행을 구하는 소의 제기를 할 수 없다. 그 결과 담보권자(수탁자)가 채무자(위탁자)에 대하여 신탁재산인 담보권의 피담보채권에 관련된 채무의 이행을 구하는 소를 제기하여도 피담보채권의 소멸시효는 중단되지 않는다. 담보권자가 채무자에 대해 피담보채권에 관련된 채무의 이행을 재판 외에서 청구하여도 피담보채권의 소멸시효는 중단되지 않으며, 또한 피담보채권이 기한의 정함이 없는 채권인 경우에도 채무자가 지체의 책임을 부담하지 않는다.

(ⅶ) 담보권신탁에서 담보의 변경이 신탁의 변경에 해당하는가?

담보권신탁에 있어서 담보의 변경(예로서 담보물의 변경, 담보권의 일부 조항 해제 등)이 「신탁법」상 신탁의 변경(신탁 목적의 변경, 수익채권의 내용 변경 등)에 해당하는지에 대해서, 만일 신탁의 변경에 해당한다면 수익자를 포함한 신탁 당사자의 협의(「신탁법」 제88조), 반대수익자의 수익권 매수청구 절차(「신탁법」 제89조) 등이 필요하다. 신탁목적의 변경에 있어서 신탁의 목적을 특정 담보물로 한정되지 않는 한, 담보물의 경우에는 그 교환가치에 의미가 있고 그 특정에 의미가 있는 것이 아님이 통상적이기에 담보가치의 유지를 전제로 하는 담보물의 교체는 신탁목적의 변경에는 해당되지 않는다고 볼 수 있다. 신탁계약상에 담보가치의 유지를 전제로 담보물의 대체가 가능하다는 약정이 있다면 보다 명확할 것으로 생각된다.

---

1 수탁자에게 피담보채권의 변제수령권한을 인정하는 입장에서는 수탁자가 배당금을 수령하는 경우 피담보채권이 소멸한다고 볼 수 있다(일본 「신탁법」 제55조). 「담보부사채신탁법」에서는 신탁업자는 신탁계약에서 따로 정하지 아니하였을 때에는 총사채권자를 위하여 채권 변제를 받는 데에 필요한 모든 행위를 할 권한을 가진다(법 제73조)고 규정하고 있는바, 이 조항이 신탁업자인 수탁자가 피담보채권의 변제수령권을 보유한다고 볼 수 있는지가 불분명하며, 또한 신탁업자가 사채권자를 위하여 변제받은 금액은 지체없이 채권액에 따라 사채권자에게 지급되어야 한다(법 제77조 제1항)고 하여 수탁자가 변제금액을 수령한 것만으로 피담보채권이 소멸한 것으로 볼 수 없지 않는가라는 해석도 가능하다.

(ⅷ) 기   타

채무자가 수익자인 채권자에게 직접 변제할 경우 피담보채권은 소멸되어 신탁이 종료되는가? 또한 신탁재산이 부동산이 아니고 동산이나 채권 등의 경우라면 「동산·채권 등의 담보에 관한 법률」에 따라 등기담보권에 의해 공시가 되지만, 부동산과 같이 신탁원부와 같은 제도가 없는 경우에, 과연 담보권신탁이 가능한지 등에 대한 문제가 있다.

⑦ 담보권신탁의 등기 방식

[을구] (소유권 이외의 권리에 관한 사항)				
순위번호	등기목적	접수	등기원인	권리자 및 기타사항
1	근저당권설정	2012년 7월 30일 제12345호	2012년 7월 27일 신탁	채권최고액 금 250,000,000원 존속기간 1년 채무자 김×× 서울특별시 서초구 서초대로 ××× 수탁자 ××부동산신탁 112601 - ×××××× 서울특별시 강남구 테헤란로 ×× 신탁 신탁원부 제2012-38호

「부동산등기법」에서는 위탁자가 자기 또는 제3자 소유의 부동산에 채권자가 아닌 수탁자를 저당권자로 하여 설정한 저당권을 신탁재산으로 하고 채권자를 수익자로 지정한 신탁의 경우, 등기관은 그 저당권에 의하여 담보되는 피담보채권이 여럿이고 각 피담보채권별로 제75조에 따른 등기사항이 다를 때에는 제75조에 따른 등기사항을 각 채권별로 구분하여 기록하여야 하며(「부동산등기법」 제87조의2 제1항), 저당권에 의해 담보되는 피담보채권이 이전되는 경우에는 수탁자가 신탁원부기록의 변경등기를 신청하여야 한다고 규정하고 있다(「부동산등기법」 제87조의2 제2항).

⑧ 신탁업자의 담보권신탁

「신탁법」에 의해 담보권신탁이 가능하게 되었지만 「자본시장과 금융투자업에 관한 법률」 제103조는 수탁받을 수 있는 재산으로 "금전, 증권, 금전채권, 동산, 부동산, 지상권, 전세권, 부동산임차권, 부동산 소유권 이전등기 청구권, 그 밖의 부동산 관련권리, 무체재산권"만을 열거하고 있고 담보권은 규정하고 있지 않다. 2012년 입법 예고된 「자본시장과 금융투자업에 관한 법률」 개정안에 '신탁재산에 관한 담보권'

도 추가하였으나 폐기되었다. 2022년 10월 12일에 발표된 금융위원회의「신탁업 혁신 방안」에서 신탁업의 종합재산관리기능 강화를 위해 수탁재산의 다양화가 필요하고 여기에 담보권을 포함하여 향후 법률 개정을 통해 담보권신탁을 허용할 것으로 판단된다.

3) Deed of Trust(영미법)

영미법상 부동산을 담보로 자금을 융통하는 방식으로서 주택저당권(mortgage)과 신탁증서(deed of trust) 등 두 가지 방식을 이용하고 있는데, 일반적으로 실행의 용이성을 이유로 후자가 실무상 많이 이용되고 있다. 신탁증서 제도는 구조적으로 3면 계약이고 형식적으로는 위탁자로부터 수탁자에게 부동산 소유권이 이전되며, 채무자가 변제기에 채무를 변제하지 못할 경우에는 채권자의 요구에 의해 그 소유권을 행사할 수 있다는 면에서 국내의 담보신탁 제도와 유사하지만, 위탁자로부터 수탁자로 양도되는 것을 완전한 양도로 보지 않아 채무자의 채무 불이행 사유가 발생하지 않으면 여전히 소유권은 채무자에게 남아 있어 점유나 새로운 담보 설정도 가능하다는 점, 신탁증서 제도를 채택하고 있는 대다수 미국의 주 법원이 형식은 신탁이지만 실질은 주택저당권(mortgage)으로 보아 담보의 법리를 적용하고 있다는 점에서 국내 부동산담보신탁과는 본질적으로 차이가 있다.[1]

(8) 담보신탁과 주택개발사업

1) 주택사업계획 승인

주택사업계획의 승인을 받으려면 원칙적으로 주택건설대지의 소유권을 확보하여야 하나 사업 주체가 그 대지를 사용할 수 있는 권원을 확보한 경우에는 예외로 한다(「주택법」제21조 제1항 제2호). 따라서 주택개발사업을 담보신탁 구조로 하는 경우에는 사업주체가 주택건설대지를 담보신탁한 후 수탁자로부터 토지사용승낙서를 받으면 사업계획승인신청은 가능하다. 이때 수탁자 명의로 주택사업계획 승인을 득하는 것은 담보신탁에 있어서 수탁자의 일반 사무범위에서 벗어나는 것으로 본다.

2) 주택개발사업의 입주자 모집 시기

주택개발사업에서 분양자가 착공과 동시에 입주자모집을 하려면 주택건설대지

---

1 한민, 앞의 책, 241면. '해제조건(채무불이행 사유 발생)부 양도담보'에 가깝다는 견해도 있다.

의 소유권을 확보하고[1] 주택도시보증공사(HUG)나 보증보험회사로부터 분양보증을 받아야 한다($\binom{\text{주택공급에 관한 규}}{\text{칙} \text{,제15조 제1항}}$). 따라서 주택개발사업을 담보신탁 구조로 하는 경우에는 대지의 소유권이 분양자인 위탁자에 있지 않고 수탁자에게 있으므로 동 요건을 충족하지 못해 착공과 동시에 입주자 모집이 불가능하다.[2]

(9) 담보신탁 관련 법적 쟁점

1) 담보신탁과 수탁자의 자금관리

담보신탁의 경우 토지신탁이나 분양관리신탁과 달리 수탁자의 자금관리는 필수 조건이 아니며 자금관리대리계약은 신탁계약과 별개의 독립된 계약이다. 따라서 별도의 자금관리대리계약을 수탁자와 체결하지 않는 경우에는 실무상 시행사과 시공사가 자금을 공동 관리하는 것이 일반적이다. 담보신탁과 대리사무계약 구조하에 우선수익자(대출금융기관)는 대리사무계약에 동의함에 따라 분양대금을 완납한 수분양자에 대한 신탁해지, 분양된 신탁부동산에 대한 담보신탁 우선수익자의 환가 제한을 동의한 것으로 볼 수 있는가? 에 대해 판례는 부정하고 있다.[3]

2) 담보신탁에서 신탁재산의 환가 처분 시 정산 순위

채무자인 시행사의 채무불이행 등으로 인해 채권자인 우선수익자가 수탁자에게 신탁계약에 따라 환가 요청을 하여 신탁재산을 처분하는 경우 수탁자의 신탁사무처리비용(신탁의 일반채권)과 우선수익자의 대출원리금 변제 간의 상환 순위는 어떻게 되는지에 대해 우선수익권의 법적 성질을 어떻게 볼 것인가에 따라 의견이 다를 수 있다. 일반적으로 사용되는 담보신탁계약의 약정 사례를 보면 다음과 같다.

[담보신탁계약의 신탁재산 환가 처분 시 정산 순위 약정 사례]

신탁계약서 제21조(처분대금 등 정산)

① 수탁자가 신탁부동산을 환가하여 정산하는 경우의 우선 순위는 다음과 같다

---

1 단,「주택법」제61조 제6항에 따라 주택도시보증공사(HUG)가 분양보증을 서면서 주택공급신탁계약을 체결한경우를 포함한다.

2 법제처 13-0284, 2013. 8. 21.

3 서울중앙법원 2011. 1.14 선고 2010가합58778 판결; 서울중앙법원 2012. 6. 27. 선고 2012가합3864 판결; 서울고법 2013. 2. 22. 선고 2012나56285 판결

1. 신탁계약 및 처분절차와 관련하여 발생된 비용과 신탁보수

2. 제3호에 우선하는 임차보증금

3. 신탁계약 체결 전에 설정된 저당권 등의 채무

4. 신탁회사가 인정한 임대차계약 체결된 임차인의 임차보증금

5. 신탁회사가 발행한 수익권증서상의 우선수익자의 채권

6. 제1호 내지 제5호의 채무를 변제한 후 잔여 액이 있을 경우 위탁자에게 지급

동 조항에 의거하면 신탁의 일반채권이 담보신탁의 우선수익자가 보유하는 채권보다 선순위로 정산되는 것이 일반적이며 현행 「신탁법」상 신탁보수청구권에 대해서는 비용상환청구권과 달리 우선변제권이 인정되지 않음에도 불구하고(「신탁법」제47조, 제48조) 우선수익자의 채권보다 먼저 정산된다. 그런데 「신탁법」에서는 신탁채권이 수익자가 신탁재산에 속한 재산의 인도와 그 밖에 신탁재산에 기한 급부를 요구하는 청구권인 수익채권보다 선순위임을 명시적으로 규정하고 있는바(「신탁법」제62조), 여기에는 부합되는 것으로 해석할 수가 있어 양 조항을 어떻게 조화롭게 해석할지에 대한 문제가 남는다.

3) 담보신탁과 신탁재산의 임대차

담보신탁 이전에 대항력을 구비한 임대차계약을 체결한 경우에는 위탁자가 임대차계약서 사본을 첨부하여 임대차 확인서를 수탁자에게 제출하면 계약 체결의 효과가 인정된다. 즉 신탁재산의 독립성에 대한 예외로서 '신탁전의 원인으로 발생한 권리'로 인정될 수 있다(「신탁법」제22조). 실무상 약정은 위탁자의 임대인으로서의 권리와 책임은 유지하며 차임은 위탁자에게 지급하고 위탁자가 임차보증금 반환의무를 지게 하는 방식으로 하며 때로는 임대인의 명의를 신탁 후 수탁자로 갱신하여 수탁자가 임차보증금 승계 등 임대인의 지위를 승계한다. 담보신탁 계약체결 후 대항력을 구비한 임대차계약을 체결한 경우에는 위탁자가 임의로 임대차계약을 체결하면 수탁자에게 대항할 수 없으며 나아가 손해가 발생하는 경우에는 손해배상책임을 질 수 있다. 반면에 수탁자의 승낙 하에 임대차계약을 체결하는 경우에는 약정에 수탁자가 임대인으로서 의무를 부담하지 않는다는 내용과 추후 신탁재산의 처분 사유가 발생하는 경우에 위탁자에게 명도책임을 부담시킨다는 내용을 삽입한다. 임차인이 위탁자 및 수탁자의 공동날인을 요구하는 경우, 실무상 가능하지만 임대인으로서 의무를 위탁자

한정하여 수탁자가 관련 의무를 부담하지 않는 방식으로 약정한다. 담보신탁계약의 특약으로서 일정한 경우에 수탁자를 임대인으로 계약체결을 할 수 있다. 임대차 관련 판례로는 수탁자가 제3자에 임대하고 신탁계약 상 신탁 종료 후 임대차보증금 반환의 권한을 위탁자(수익자)로 지정하는 경우 임차인은 수탁자에게 보증금 반환청구 불가하다는 판례,[1] 수탁자는 수탁재산의 대내외적 소유권자로서 「주택임대차보호법」 제3조 제4항 양수인의 임대인 지위 승계 간주 규정에 따라 수탁자가 위탁자의 임대인의 지위 승계를 인정한다는 판례,[2] 기타 신탁원부의 대항력을 인정하여 신탁계약에 따라 임대차보증금 반환채무는 위탁자에게 있다고 한 판례[3]와 신탁계약에 따라 관리비 납부의무는 위탁자에게 있다고 한 판례[4]가 있다.

4) 담보신탁 구조의 분양형 개발사업에서 신탁재산 분양에 따른 소유권 이전

원칙적으로 신탁재산을 분양계약에 따라 처분하는 경우에는 담보신탁계약의 일부 해지 및 위탁자로의 소유권 이전 후 다시 수분양자에게 소유권이전등기를 해야 하지만 이 경우 절차적, 비용적 문제, 관련 위험 등으로 실무상 담보신탁계약에 "분양대금을 완납한 수분양자에 대해 우선수익자의 수분양자 앞 소유권 이전의 서면요청이 있는 경우 수탁자는 수분양자로부터 확약서를 받은 후 해당 신탁재산의 소유권을 수분양자에게 직접 이전할 수 있다"고 약정하고 수탁자로부터 직접 수분양자로 소유권 이전등기를 할 수 있다. 이때 자금관리 대리사무계약을 체결한 경우에는 계약상 "분양대금을 완납한 수분양자에 대해 PF대출금융기관의 담보신탁 목적물이 환가된 것으로 보아 PF대출금융기관은 수탁자가 수분양자에게 소유권을 이전하는데 동의하기로 한다"라는 조항을 두게 된다. 이러한 계약상 조항은 위험예방과 절차의 단축 등을 위해 직접 이전을 허용한 취지이며 그렇다고 해서 수분양자가 수탁자에 대한 신탁재산에 대한 소유권이전등기청구권을 직접 취득한 것으로 볼 수는 없다고 판시하고 있다.[5]

5) PF 구조화금융 구조에서 담보신탁의 활용 관련 쟁점

① 토지거래허가구역 내 토지와 농지　　　토지거래허가구역 내 토지거래계약을

1　대법원1975. 12. 23. 선고74다736 판결.
2　대법원 2002. 4. 12. 선고2000다70460 판결.
3　대법원 2004. 4. 16. 선고 2002다12512 판결.
4　대법원 2012. 5. 9. 선고 2012다13590 판결.
5　대법원 2012. 7. 12. 선고 2010다19433 판결.

허가받은 자는 원칙적으로 5년의 범위 내에서 지정 기간 동안 그 토지를 허가 받는 목적대로 이용하여야 한다.[1] 하지만 토지거래계약허가를 받은 목적이 주택 또는 준주택을 건축 · 분양하면서 신탁업자에게 해당 토지의 개발, 담보 또는 분양관리를 하게 하는 내용으로 신탁계약을 체결하고 토지거래계약허가를 받은 자와 신탁업자가 건축 분양의 목적으로 토지를 이용하는 경우에는 예외로 한다.[2] 따라서 토지거래허가구역 내 토지에 분양형 개발사업을 토지신탁, 담보신탁, 분양관리신탁의 구조로 할 수 있게 되었다.

② 농지(農地)의 신탁   자연인 또는 「농어업경영체 육성 및 지원에 관한 법률」 제16조에 따라 설립된 영농조합법인과 같은 법 제19조에 따라 설립되고 업무집행권을 가진 자 중 3분의 1 이상이 농업인인 농업회사법인이 농지에 대하여 매매, 증여, 교환, 양도담보, 명의신탁해지, 신탁법상의 신탁 또는 신탁해지, 사인증여, 계약해제, 공매, 상속인 이외의 자에 대한 특정적 유증 등을 등기원인으로 하여 소유권이전등기를 신청하는 경우에는 반드시 농지취득자격증명을 첨부하여야 한다.[3]

③ 프로젝트금융투자회사(PFV)와 신탁의 활용   프로젝트금융투자회사는 착공신고 후 건축물의 분양을 위해 「건축물의 분양에 관한 법률」 제 4 조 제 1 항 제 1 호에 따라 신탁업자와 신탁계약과 대리사무계약을 체결한 경우(실무상 '분양관리신탁'이라고 함), 자산관리회사와 자금관리사무수탁회사는 동일인이 될 수 있으며[4] 신탁계약에 관한 업무는 자금관리사무수탁회사에 위탁할 수 있다고 명시하고 있어[5] 프로젝트금융투자회사가 분양관리신탁 구조를 취하는 경우에도 법인세 소득공제 혜택을 받을 수 있으며 이와 기본적으로 유사한 구조를 취하는 담보신탁의 경우에도 준용할 수 있는 것으로 해석된다. 다만 토지신탁 구조를 취하는 경우에는 사업부지의 소유권 이외에 사업권도 수탁자로 이전되기에 법인세 소득공제의 혜택을 받기는 어렵다.

④ 부동산집합투자기구와 신탁의 활용   투자신탁이나 투자익명조합의 집합투자업자 또는 '투자회사등'(투자회사, 투자유한회사, 투자유한책임회사, 투자합자회사, 투자합자조합)

---

1 「부동산 거래신고 등에 관한 법률」 제17조 제 1 항.
2 「부동산 거래신고 등에 관한 법률 시행령」 제14조 제 1 항 제10호의2.
3 「농지의 소유권 이전 등기에 관한 사무처리 지침」 2 - 가 - (1).
4 「조세특례제한법 시행령」 제104조의 28 제 4 항 제 6 호.
5 「조세특례제한법 시행령」 제104조의 28 제 4 항 제 2 호.

은 투자집합투자재산의 보관, 관리 업무를 신탁업자에게 위탁하여야 한다.[1] 여기서 금융위원회는 '투자회사등'은 자신이 취득한 부동산의 보관ㆍ관리업무를 신탁업자에게 위탁하는 경우 신탁업자와의 신탁계약 체결이 요구되지는 않는다고 민원회신한 바 있다.[2] 따라서 투자회사등의 경우에는 집합투자재산의 보관, 관리업무 위탁을 신탁계약으로 보지 않고 자금차입을 위한 담보제공 등을 위해 필요한 경우 담보신탁 구조를 취할 수 있는 것으로 본다. 하지만 투자신탁의 경우 「자본시장법」상 "신탁이란 「신탁법」 제 2 조의 신탁을 말한다"라고 규정하고 있고[3] 투자신탁의 법적 성질에 대해 일부 학자의 경우 신탁계약으로 보지 않는 견해도 있지만 부분적, 전체적으로 신탁계약이라고 보는 견해가 존재하는 점, 판례도 투자신탁의 경우에도 수탁재산의 대내외적 소유권자가 수탁자라고 하여 신탁의 법리를 적용하는 점 등을 감안하면 투자신탁을 신탁계약으로 보는 경우에 투자신탁 구조에서 담보 제공 등의 목적으로 담보신탁 구조를 취하는 경우 이른바 재신탁의 문제가 제기될 수 있다. 현행 「신탁법」에서는 재신탁을 명시적으로 허용하고 있지만[4] 「자본시장법」에는 명시적인 규정이 없고[5] 다만 금융투자업자는 금융투자업, 다른 금융 업무(겸영 업무), 부수업무 관련 업무의 일부를 제 3 자에게 위탁할 수 있으며(단, 내부통제 업무는 위탁 불가), 위탁받는 업무가 본질적 업무(업무 인가나 등록을 한 업무와 직접적으로 관련된 필수 업무) 중 일정한 업무도 위탁 가능하다고 규정하고 있다.[6] 따라서 담보신탁을 업무의 위탁규정으로 해결할 수 있느냐의 문제가 있는데 법적 성질상 업무위탁은 신탁과 구별된다고 보아 여전히 투자신탁 구조에서의 담보신탁 가부에 대한 논쟁은 남아 있다고 볼 수 있다.

⑤ 부동산투자회사(리츠)와 신탁의 활용   부동산투자회사의 경우 자산으로서 부동산(부동산관련 권리 포함)을 보관하는 자산보관회사(신탁업자, 토지주택공사, 한국자산관리공사,

---

1 「자본시장법」 제182조 제 1 항; 제184조 제 3 항.

2 금융위원회 사무처 자본시장국 자산운용과, 회사형 집합투자기구의 부동산 자산 보관방법 관련 문의, (2010. 10. 1.). 이지스자산운용의 안성 아레나스 물류센터 개발투자회사 설립 건.

3 「자본시장법」 제 9 조 제24항.

4 「신탁법」 제 3 조 제 5 항.

5 2022년 10월 12일에 금융위원회가 발표한 "신탁업 혁신방안"에도 재신탁의 허용 여부에 대한 내용은 찾아볼 수 없다.

6 「자본시장법」 제42조 제 1 항, 제 4 항; 시행령 제47조 제 1 항 제 6 호 '가'목 '라'목(2021. 5. 18 개정).

주택도시보증공사, 외국신탁사 등)가 담보신탁의 기능을 할 수 있다는 내용을 자산보관계약에 포함시켜 체결할 수 있도록 규정하고 있어 실무상 담보신탁이 가능하게 되었다.[1]

6) 담보신탁에서 수탁자의 주의의무

담보신탁은 신탁계약의 본질상 채무불이행으로 인한 신탁재산의 환가 절차 등이 실행되지 않는 경우 「자본시장법」상 관리형신탁($\frac{법 제 3 조}{제 1 항 제 2 호}$)에 가까우나 판례는 신탁재산회복의무 등 수탁자의 적극적 의무를 인정하고 있다.[2]

(10) 담보신탁에 있어서 신탁재산의 다변화

일반적으로 부동산개발사업에 있어서 시행사인 위탁자의 사업부지를 신탁재산으로 하여 담보신탁을 설정(이 경우 사업부지의 소유권이 위탁자로부터 수탁자로 이전)하는 경우가 많으나, 사업부지의 소유권을 완전히 확보하지 못한 경우(택지개발지구의 택지구획정리 미완료 등), 사업부지의 소유권을 이전하는 것이 관련 법령 및 정관이나 계약상 힘든 경우(재단법인의 기본재산 처분 등), 대규모 택지의 소유권을 한꺼번에 이전하는 것이 자금조달 등의 이유로 불가능한 경우 등에는 대체 수단을 강구해야 할 것인데, 부동산의 소유권 이외에 부동산 매매계약에 따라 매수인이 가지는 소유권이전등기청구권을 신탁하거나 부동산 소유권이 아닌 장기 임차권, 전세권, 지상권 등 부동산 관련 권리를 신탁하거나 부동산매매계약의 해제 사유 발생 시 매수인이 가지게 되는 중도금(혹은 부동산 매매대금) 반환청구권을 신탁하는 방식 등을 고려할 수 있다. 이 때에는 부동산 소유권이전등기 방식의 신탁이 아니기에 관련 법적 위험 등을 검토하여 대비할 필요가 있다.

(11) 담보신탁과 관리형토지신탁

1) 차이점

관리형토지신탁은 사업시행자인 위탁자가 사업부지의 소유권, 인허가권, 여타 사업 관련 계약상 지위를 수탁자에게 이전하여 수탁자가 직접 사업주체로서 사업을 진행한다는 점에서 위탁자가 사업주체가 되는 담보신탁과 근본적으로 차이가 있다. 또한 담보신탁은 채무불이행 사유의 발생을 조건으로 우선수익자가 수탁자에 환가

---

1 「부동산투자회사법」 제35조 제 1 항, 시행령 제37조 제 2 항 단서(2020. 2. 21 개정).
2 대법원 2006. 6. 9. 선고 2004다24557 판결.

요청하여 신탁재산의 처분이 가능하나 관리형토지신탁의 경우 수익자인 대출금융기관 또는 시공사의 요청 시 수탁자는 제 3 자에 신탁재산의 처분이 가능하며 실무상 보통 이에 대해 위탁자는 일체의 이의를 제기할 수 없다는 약정을 한다. 이때 매수인이 위탁자의 동의를 요구할 경우에 대비해서 사전 위탁자로부터 처분 동의서, 미분양건물 처분 관련 민형사상 일체의 소송, 이의, 보전처분하지 않겠다는 부제소합의서를 요구한다.

2) 실무상 활용방식

실무상 담보신탁과 관리형토지신탁의 활용방식은 크게 두 가지 경우로 구분할 수 있다. 첫째, 건축인허가(주택개발 사업승인) 전에는 일단 시행사가 사업부지를 담보신탁의 방식으로 자금(토지비, 초기 사업비 등)을 조달하고 이후 건축인허가(주택개발 사업승인)를 득한 후 본격적인 PF 대출을 위해 대출금융기관 등의 요구에 따라 관리형토지신탁으로 전환하는 방식이다. 이 경우에는 관할 관청과 협의 하에 관련 인허가권을 위탁자에서 수탁자로 이전하는 절차를 밟아야 하며 위탁자의 각종 계약 상의 지위를 계약자의 동의 하에 수탁자로 이전해야 하기에 사전 관할관청이나 계약당사자들과 충분한 조율을 거칠 필요가 있다. 관리형신탁으로 전환 후에는 앞서 설명한 바와 같이 미분양 물건은 채무불이행 사유 발생 여부를 불문하고 처분 가능하며 실무상 수탁자는 시공사와의 공사도급계약 상 계약조건을 변경할 수 있고[1] 자금관리는 수탁자가 하게 되어 자금을 계약에 따라 집행하게 되는데 이와 관련하여 사전 위탁자의 동의나 협조를 받아야 하는 경우가 있다. 둘째, 건축인허가 등을 득한 후 개발단계에서 관리형토지신탁 구조로 가다가 목적물 준공 이후에도 미분양 발생 등으로 PF 미상환대출원리금이 존재하는 경우 담보신탁으로 전환하는 방식을 사용한다. PF 대출금융기관은 각 트렌치별 관리형토지신탁 순위별 수익권이 담보신탁 순위별 수익권으로 전환되게 된다.

3) 전환방식

원칙적으로 기존 신탁계약의 해지를 원인으로 수탁자로부터 위탁자로 소유권이전등기를 한 후 다시 원하는 신탁을 원인으로 수탁자에게 소유권이전등기를 하여야 하지만 이 경우 절차상, 비용상 문제 이외에 위탁자의 책임재산으로 복귀했다고 보일

---

1 수탁자가 위탁자 동의 없이 공사도급계약 등 사업 관련 계약을 해당 당사자와 협의하여 변경할 수 있고 이에 대해 일체의 이의를 제기하지 않는다는 조항 필요.

수 있어 제3 채권자들의 사해신탁 주장 가능성이 상대적으로 높아질 수 있으며, 그 사이에 위탁자의 도산, 제3 채권자의 권리행사 가능성 등을 완전히 배제할 수 없다는 단점이 있다. 따라서 실무상 신탁계약서의 특약으로 정하여 이에 근거하여 직접 변경하는 방식을 검토할 수 있는데, 이와 관련하여 「신탁법」상 신탁행위로 달리 정한 경우가 아니면 위탁자, 수탁자, 수익자의 합의에 의해 신탁변경이 가능하고(^{법 제88
조 제1항}), 신탁의 목적, 신탁재산의 관리방법, 신탁종료의 사유, 기타 신탁조항을 변경하는 경우 수탁자의 신청에 따라 신탁원부의 변경이 가능하기에,[1] 위탁자, 수탁자, 수익자, 이해관계자 전원의 동의를 전제로 신탁법의 취지나 신탁의 본질에 반하는 경우가 아닌 한 신탁재산의 관리방법 등을 포함한 모든 신탁조항을 변경할 수 있어 신탁조항의 변경 및 신탁원부의 변경을 통해 전환하는 것이 가능하다고 볼 수 있다.[2]

2. 토지(개발)신탁

(1) 개념과 성격

토지(개발)신탁은 신탁의 인수 시에 신탁재산으로 토지 등을 수탁하고 신탁계약에 따라 토지 등에 건물·택지·공장용지 등의 유효시설을 조성하여 처분·임대 등 부동산 사업을 시행하고 그 성과를 수익자에게 교부하여 주는 신탁이다.[3] 구 「신탁법」에서 신탁의 정의인 "관리·처분"에 부동산 개발행위가 포함되느냐가 불분명했으나, 현행 「신탁법」 제2조는 관리·처분 이외에 "운용, 개발, 그 밖에 신탁 목적의 달성을 위하여 필요한 행위를 하는 법률관계"라고 포괄적으로 규정하여 부동산 개발행위가 여기에 포함된다는 법률상 근거를 마련하였다. 토지신탁의 법적 성격에 대해 대법원 판례는 신탁계약으로 판시하고 있다.[4]

---

1 신탁등기사무처리에 관한 예규」 4. 가).
2 법무법인(유한) 지평 건설부동산팀 저, 『부동산PF 개발사업법』, 제2판, 박영사(2018. 11), 169면 참조.
3 한국금융투자협회 제정 「금융투자회사의 영업 및 업무에 관한 규정」 제2-65조 제6항.
4 대법원 2006. 6. 9. 선고 2004다24557 판결에서 "일반적으로 토지소유자가 부동산신탁회사에게 토지를 신탁하고 부동산신탁회사가 수탁자로서 신탁된 토지상에 건물을 신축하거나 택지를 조성하는 등 적절한 개발행위를 한 후 토지 및 지상건물을 일체로 분양 또는 임대하여 그 수입에서 신탁회사의 투입비용을 회수하고 수익자에게 수익을 교부하는 취지의 계약은 신탁법상의 신탁계약으로 볼 것이고 달리 특별한 약정이 없는 한 토지소유자와 부동산신탁회사 사이의 동

(2) 토지신탁의 유형

신탁계약도 계약의 한 형태로서 근본적으로 실정법규에 위반이 되지 않는다면 계약 당사자 들의 합의에 의해 다양한 형태로 구현될 수 있으며 현행 신탁법도 대부분의 조항들이 이른바 임의법규로서 법률의 규정에 관계없이 신탁행위로 달리 정할 수 있도록 하고 있다. 토지신탁도 마찬가지로 당사자들의 합의에 따라 상황과 목적에 적합하게 다양한 형태로 구현될 수 있으며 실무상 수탁자의 역할과 기능, 권리와 의무, 위험부담의 정도 등에 따라 크게 관리형토지신탁과 차입형토지신탁으로 구분하고 있으며 전자는 구체적인 계약 조건에 따라 관리형토지신탁, 책임준공조건부 관리형토지신탁(혹은 책임준공형 토지신탁), 선순위 한도 대지급형 관리형토지신탁 등으로 구분된다.

1) 관리형토지신탁

① 개념정의   실무상 토지신탁의 기본적 유형으로서 시행사인 위탁자의 각종 위험에서 사업을 보호하고 수탁자인 신탁업자가 사업주체로서 시공, 분양, 자금관리 등 전반적인 사업진행의 안정성을 도모하여 대출금융기관으로부터 자금조달 가능성과 분양성 등을 제고하기 위해 이용하는 신탁이다. 수탁자인 신탁회사가 개발사업의 사업비조달의무를 부담하지 않고 단순히 사업관리 역할만 수행하며 형식적 사업주체로서의 지위를 보유하기에 독자적 판단 하에 주도적인 부동산개발사업을 진행하는 차입형토지신탁과는 대비된다. 신탁재산에 대한 대내외적인 소유권과 사업권은 수탁자에게 있으나 실제적으로 토지소유권확보, 인허가업무, 사업비조달 등의 책임은 위탁자에게 있다. 수탁자의 역할이 형식적이고 제한적이어서 신탁보수율도 낮으며 「부가가치세법」상 '위탁자가 실제적으로 통제가능한 신탁'으로 분류하고 있다. 낮은 신탁보수로서 일정한 목적을 달성할 수 있기에 실무상 활용도가 높다.

② 태동배경   (i) 부동산개발사업의 수행 및 자금조달을 담보신탁 구조로 가져가는 경우 위탁자인 시행사의 법률적 위험, 즉 도산위험이나 채권자의 권리행사로 인한 우발채무 위험에서 절연되는 효과는 인정되며 나아가 필수조건은 아니지만 수탁자에게 자금관리까지 맡기는 담보신탁 및 자금관리대리계약 구조의 경우에도 신탁재산의 개발을 통해 발생되는 현금흐름에 대한 통제는 가능하나 PF 대출금융기관과

업계약으로 볼 것은 아니다"라고 판시하였다.

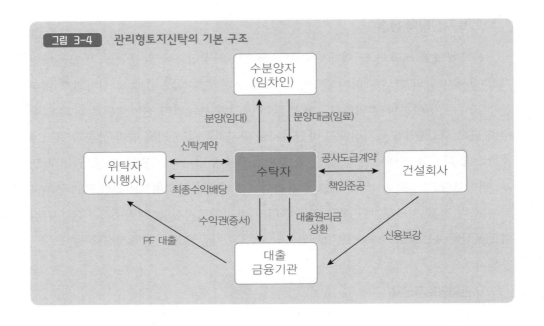

그림 3-4 관리형토지신탁의 기본 구조

- 수분양자 (임차인)
- 분양(임대)
- 분양대금(임료)
- 신탁계약
- 위탁자 (시행사)
- 수탁자
- 공사도급계약
- 건설회사
- 최종수익배당
- 책임준공
- 수익권(증서)
- 대출원리금 상환
- 신용보강
- PF 대출
- 대출 금융기관

시공사가 사업주체가 아니기에 위탁자인 시행사가 도산되는 경우 새로운 시행주체가 사업권을 승계하여 부동산개발사업을 계속적으로 진행하는 과정에서 다양한 위험과 분쟁이 존재할 수 있어 궁극적으로 PF 대출원리금과 공사대금의 회수가 어려워질 수 있다는 점, (ii) 담보신탁 구조 혹은 담보신탁 및 자금관리대리계약 구조의 경우 주택개발사업에서 현행 법령 상 입주자모집시기를 착공시점 등으로 앞당겨서 분양하는 이른바 선분양이 불가한 점 등을 이유로 PF 대출금융기관과 시공사가 신탁제도의 장점을 활용하면서 자신들의 개발사업을 통한 이익을 극대화하는 방안으로서 관리형토지신탁이 필요하였다. 다만 수탁자의 역할과 기능이 제한적이어서 신탁보수율이 상대적으로 낮으나 수탁자가 사업주체(분양자, 공사도급인 등)로서 부담하는 각종 책임이나 비용 등에 대해 대내적 약정(1차적으로 위탁자 부담, 2차적으로 건설사 부담)을 통해 수탁자의 대외적 책임을 분담하는 구조로 수탁자가 형식적인 사업의 주체로서 기존 사업을 승계하는 과정에서 필요에 의해 생겨났다.

③ **참여 당사자의 주요 역할**   위탁자(시행사)는 토지비 및 사업비 조달, 민원처리, 인허가 조건사항의 이행, 시공사는 PF 대출에 대한 신용보강, 신탁사와 공동자금관리, 분양 및 홍보업무 수행, 신탁사는 신탁재산의 소유자로서 신축 건물에 대한 소유권보존등기 업무, 사업주체로서 대 관청 인허가 신청업무 및 지원 업무, 분양자로

서 수분양자들에 대한 분양계약 체결 및 소유권이전등기 업무, 분양수입금 등 사업자금의 금융기관 및 시공사 승인 하에 집행하는 업무(자금관리업무)를 수행한다.

④ 문제점　　차입형에 비해 현저히 낮은 신탁보수 구조에서 사업의 통제권이 약하고 비록 자금조달의무는 없지만 사업주체로서의 지위를 보유함에 따른 기본적 위험이 발생할 수 있으며, 사업시행을 실질적으로 시공사 및 시행사에 의존함에 따라 사업관리의 소홀함이 야기될 수 있고 채무불이행 및 사업비 부족 시 수탁자는 차입형 토지신탁으로 전환해야 할 위험한 상황의 발생이 가능하고 공사중단 등의 사유로 입주지연 시 수분양자에 대한 입주지체상금 부담 문제, 준공이후 하자담보책임(설계하자)에 대한 소송 증가로 신탁보수를 상회하는 손해배상비용의 발생 가능성 등을 문제로 들 수 있다.

⑤ 법적 쟁점

(i) 미분양 건물의 처분　　일반적으로 "대출금융기관 또는 시공사 등 우선수익자의 요청 시 수탁자는 미분양 건물을 제3자에게 처분할 수 있고 이에 대해 위탁자인 사업시행자는 일체의 이의를 제기할 수 없다"는 조항을 둔다. 만일 매수인이 위탁자(시행사)의 동의를 요구할 경우에는 사전 위탁자로부터 처분동의서를 징구하면서 미분양건물 처분 관련 민형사상 일체의 소송, 이의, 보전처분을 제기하지 않겠다는 부제소합의서(부제소합의서)를 징구하는 것이 필요하다.

(ii) 공사도급계약의 변경　　수탁자가 사업주체로서 계약 변경의 지위를 확보하며 일반적으로 해당 사업의 원활한 진행 위해 합리적으로 인정되는 범위 내에서 "수탁자가 위탁자의 동의없이 공사도급계약 등 사업 관련 계약을 해당 당사자와 협의하여 변경할 수 있고 이에 대해 일체의 이의를 제기하지 않는다"는 조항을 둔다.

(iii) 분양수입금계좌에 대한 자금 집행　　통상 수탁자가 수탁자 단독명의 혹은 수탁자 및 시공사의 공동명의 하에 위탁자인 시행사의 자금집행요청을 조건으로 하지만 유사시를 대비해 "대출원리금 상환, 공사대금지급 등 일정한 경우 사업시행자인 위탁자의 자금집행 요청이 없는 경우에도 수탁자가 자금을 집행할 수 있다"는 조항을 명시할 필요가 있다.

(iv) 시공사의 위탁자의무이행보증　　관리형 토지신탁은 수탁자의 책임과 의무 등에 대해 1차적으로 위탁자인 시행사가 의무를 부담하고 2차적으로 시공사의 시행

사 의무이행 보증약정을 함으로써 상호 내부적으로 책임과 위험을 분담하고 있다. 위탁자의 의무 불이행 위험을 고려하여 시공사가 '위탁자 의무이행 보증' 약정을 하는 경우가 있는데 여기서 시공사의 의무이행 보증의 범위는 위탁자의 모든 채무와 의무를 연대하여 보증하는 것이 아니라 위탁자의 업무에 대한 행위책임만을 부담한다는 하급심 판결이 있어 구체적인 약정이 필요하다.[1] 실무상 시공사에게 위탁자의무이행 보증을 하게 하고 이를 이행하지 못할 경우 채무인수를 하는 약정을 체결하기도 한다.

(v) 공사이행보증보험 및 건설공사보험　　차입형토지신탁의 경우 수탁자가 사업의 주도권을 가지고 있기에 시공사에게 상기 보험의 가입을 강제할 수 있지만 관리형토지신탁 구조의 사업에서는 시공사가 주도권을 가지고 있기에 상기 보험의 가입을 강제하기 어려운 현실적 문제가 존재한다. 만약 부동산개발사업을 위해 지방 단체장이 인허가조건으로 신탁사를 계약자로 공사이행의 지급보증보험증권 제출을 요구하는 경우와 관련하여 자본시장법은 증권, 장외파생상품 투자매매업을 경영하는 경우에만 지급보증업무를 영위할 수 있도록 하고 있고(^{자본시장법 제40조 제1항 제5호,}_{시행령 제43조 제5항 제6호}) 금융위원회의 유권해석도 증권 및 파생상품투자매매업을 경영하지 않는 신탁업자의 경우 지급보증업무를 할 수 없으며 인허가 조건 이행을 위한 지급보증업무와 이를 별개로 볼 수 없다고 하면서 불가하다고 회신한 바 있다.

2) 책임준공 조건부 관리형토지신탁(책임준공형 토지신탁)

① 개념정의　　기본적으로 관리형토지신탁 구조 하에서 수탁자인 신탁회사가 대출금융기관과 사전 확약을 통해 시공사가 기한 내에 책임준공 의무를 이행하지 않을 경우 수탁자가 보충적으로 책임준공확약을 하고 수탁자가 이를 정해진 기한 내에 이행하지 못할 경우 PF대출금융기관에 대해 손해배상책임을 부담하는 것이다. 실무상 책임준공 조건부(혹은 책임준공 부담부) 관리형토지신탁으로 불리며 약칭하여 책임준공형 토지신탁이라고도 한다.

---

1 신축 건물 보존등기 과정에서 수탁자 명의로 취득록세 신고 및 납부 후 과세관청이 세무조사를 통해 과소 신고로 누락된 취등록세 추징하고 수탁자가 위탁자 및 시공사를 상대로 구상금을 청구한 사건에서 취등록세 신고의무자는 사업주체이자 건축주인 수탁자이고 그 업무를 위탁자가 맡아 진행하고 그 비용 또한 위탁자가 부담했다고 해도 이는 내부적 관계에서 비용부담 문제일 뿐 신고과정에서 수탁자는 증빙 서류들이 제대로 구비되었는지 확인할 의무가 있고 위탁자가 맡아 진행하도록 했다는 것은 오히려 수탁자에게 공과금 납부 처리 과정에서 업무를 게을리했다고 본다고 판시하였다(서울고등법원 2014. 12. 12 선고 2014나9283 판결).

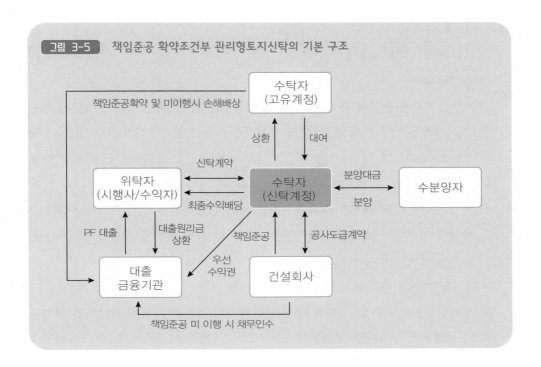

그림 3-5 책임준공 확약조건부 관리형토지신탁의 기본 구조

수탁자
(고유계정)

책임준공확약 및 미이행시 손해배상

상환   대여

신탁계약

위탁자
(시행사/수익자)   수탁자
(신탁계정)   분양대금   수분양자

최종수익배당   분양

PF 대출   대출원리금
상환   책임준공   공사도급계약

우선
수익권

대출
금융기관   건설회사

책임준공 미 이행 시 채무인수

② **배경**　　　메이저급 시공사가 참여하기 애매한 규모의 부동산 개발 프로젝트에 있어서 시공사의 신용보강례로서 책임준공 및 미이행시 채무인수 등의 조건을 제시하여도 시장에서 PF 대출을 받기가 어려운 경우에 시공사보다 신용도가 높은 신탁사가 PF대출금융기관에 대한 책임준공 확약을 통해 PF대출의 가능성을 제고하는 구조로서 실질적으로 프로젝트에 대해 신탁사가 신용보강의 역할을 하는 것이라고 할 수 있다. 따라서 신탁사는 통상 관리형토지신탁에 비해 추가적인 위험을 부담하는 것으로 신탁보수도 상대적으로 높다.

③ **특장점**　　　차입형토지신탁 구조에 있어서 문제점(PF대출채권과 신탁계정대 간의 상환 순위 문제, 높은 신탁보수 문제 등)의 대안으로 등장한 것으로 관리형토지신탁(위탁자의 위험 절연, 신탁보수의 절감)과 차입형토지신탁(시행사, 시공사의 위험 감소)의 장점을 보유한 혼합형이라고 볼 수 있다. 구체적으로 보면 PF대출금융기관은 분양위험(시장위험), 수탁자는 시공위험을 각각 부담하는 이른바 위험분담형 구조이며 따라서 시행사, 시공사의 위험감소로 전반적인 사업의 안정성을 제고할 수 있고 여전히 위탁자가 주도적으로 사업을 추진할 수 있으며 차입형토지신탁 대비 상대적으로 저렴한 신탁보수가 장

점이라고 할 수 있다.

④ 당사자들의 역할

(i) 위탁자(시행사)

가. 사업부지에 관한 소유권 취득 및 명도를 포함한 완전한 소유권 행사에 제한을 가하는 각종 법적, 사실상의 장애사유를 해소하고(본건 사업부지 내 존치 건축물 철거 포함), "신탁사"에게 본건 사업부지에 대한 소유권이전등기 및 신탁등기 절차 이행

: 사업부지에 대한 완전한 소유권을 확보하여 신탁계약을 통해 위탁자로부터 수탁자로 이전하여 차입자인 위탁자의 도산위험 혹은 우발채무 위험으로부터 신탁재산 보전하게 된다(「신탁법」 제22조).

나. 사업에 관한 건축주 명의를 수탁자로 변경

: 토지신탁의 경우 담보신탁과 달리 신탁재산의 소유권 이외에 위탁자인 시행사의 사업권이 수탁자로 이전되어 법적으로 수탁자가 시행주체가 된다. 사업권의 한 구성부분인 건축주의 명의를 기존 시행사인 위탁자로부터 수탁자인 신탁회사로 변경해야 한다. 실무상 상황에 따라 2가지 방식이 가능한데 위탁자가 사업 인허가를 이미 취득한 경우 위탁자로부터 수탁자로 사업주체 변경절차를 밟아야 하나 그렇지 않은 경우에는 수탁자가 사업 인허가 취득한 후 위탁자가 기 체결한 일체의 계약에 대해 위탁자, 수탁자 및 제 3 자(상대방)간 승계계약을 체결해야 한다. 승계계약의 주요 내용은 ⓐ 종전 계약의 내용 중 그 의무와 성질이 승계될 수 없는 경우에는 수탁자에게 승계되지 않고 위탁자가 계속 의무를 부담하며, ⓑ 승계계약에 따른 수탁자 의무와 책임은 신탁재산 범위 내에서만 부담하고(유한책임특약 또는 책임재산한정특약), ⓒ 승계계약이 종료될 경우 수탁자에게 승계되었던 일체의 의무 등은 위탁자 또는 수익자에게 면책적으로 포괄 승계된다는 내용이 약정에 반영될 필요가 있다.

다. 교통영향평가, 건축심의, 건축허가 및 분양승인 등 사업 착공에 필요한 제반 대관청 인ㆍ허가(건축허가착공 승인 등)의 취득

: 건축명의를 위탁자로부터 수탁자로 변경하여 법적으로 사업주체는 수탁자가 되지만 실무상 대관청 업무는 실질적으로 위탁자가 계속하게 된다.

라. 분양형 개발사업의 경우 분양과 관련된 일체의 행위(분양계약 및 계약자 관리 견본 건물 건립 및 운영, 분양을 위한 일체의 광고 등) 및 수분양자 중도금대출 시 연대보증

: 마찬가지로 사업권의 이전으로 분양계약상 계약 당사자는 수탁자이지만 실질적인 분양관련 일체의 업무는 위탁자인 시행사(시공사와 함께)가 계속하게 된다. 분양계약 관련 계약당사자로서 지위와 권리, 의무는 신탁계약 해지 또는 종료 시 수탁자로부터 위탁자로 면책적으로 이전하도록 약정한다.

마. 사업과 관련한 분양대행계약, 제 용역 계약 체결 및 비용부담

바. 사업의 수행에 필요한 취득세, 종합부동산세, 개발사업 관련 분·부담금 및 조세 공과금 등 제반 경비의 부담 및 사업비 부족자금 조달의무

사. 금융기관 등으로부터 PF 대출 등을 통해 사업비를 차입하여 신탁재산에 출연 및 대출원리금 상환

아. 수탁자가 요청하는 경우 준공건물의 관리, 운영 및 그에 따른 비용부담

자. 사업시행에 따른 일체의 민원의 최종적인 처리 및 비용부담

차. 설계 및 감리와 관련한 업무

카. 인·허가 조건 사항의 최종적인 이행 책임(공사 관련 사항은 제외)

타. 사업 종료 후 분양자의 지위 등 "본 사업"의 시행자로서 부담하는 일체의 권리·의무를 수탁자로부터 면책적으로 포괄 승계

파. 사업 준공건물의 보존등기 업무 진행

하. 미분양건물의 분양촉진방안 시행에 따른 비용부담

거. 사업의 수분양자의 민원 처리 및 이와 관련한 비용부담

너. 사업 관련 회계처리 및 조세공과금의 신고, 납부

더. 사업 관련 신탁계약 체결 전 취득 금원(청약금 등)이 있는 경우 이를 수탁자의 신탁계좌에 입금

: 토지신탁 구조에서 수탁자의 자금관리는 필수 요소이다.

러. 사업의 분양업무 수행 중 취득하게 되는 일체의 개인정보에 관한 처리업무 수행 및 「개인정보 보호법」 등 관계법령에 따른 개인정보 보호의무 등 준수

머. 위탁자(시행사)로서 일반적인 업무와 수탁자의 신탁업무, 시공사의 시공관련 업무진행에 대한 각각 지원 및 협조

: 위탁자의 지원 및 협조가 되지 않을 경우를 대비해 '위탁자 의무이행보증'을 시공사가 대출금융기관인 우선수익자에게 약정하고 이를 이행하지 못할 경우 채무인수를 약정하는 경우가 있다.

(ii) 수탁자(신탁사)

가. 건축허가(변경허가 포함) 등 대 관청 인·허가업무 지원

나. 신탁계약에 따른 신탁사무 처리

다. 분양대금 등 신탁재산에 속하는 금전의 수납, 관리 및 집행

라. PF대출금융기관에 대한 책임준공의무 부담(미 이행 시 손해배상책임)

(iii) 시공사

가. 교통영향평가, 건축심의, 건축허가 및 분양신고 등 본 사업 착공에 필요한 모든 제반 대관청 인·허가 관련 업무 지원

나. 공사비지급여부와 관련 없이 신탁계약에서 정한 기한 내 책임준공(철거포함) 및 미이행시 위탁자의 대출금융기관에 대한 대출원리금의 병존적·중첩적 채무인수

다. 사업 착공계 제출 및 착공신고필증 수령 업무

라. 시공사의 책임준공의무 미이행으로 인해 수탁자가 대출금융기관에게 발생한 손해를 배상한 경우 동 손해배상금 상당액을 포함한 수탁자에게 발생한 일체의 손해액(미회수 대지급금 및 그에 대한 이자 포함)을 수탁자에게 배상(수탁자의 구상권)

마. 분양과 관련된 일체의 행위(분양계약 및 계약자 관리, 분양을 위한 일체의 광고 등)에 대한 지원 및 수분양자 중도금대출시 연대보증, 분양계약자를 위한 공사진척상황 게시

바. 사업부지내외의 도로개설과 관련된 일체의 업무

사. 사업과 관련한 시공관련 제 용역 업체 관리, 업무지시 등의 업무

아. 위탁자가 PF대출(토지매입비 및 사업비 차입)진행 시 업무지원

자. 공사 관련 인·허가 조건의 이행

차. 시공 관련 대관청 행정업무, 시공관련 민원업무 처리 및 비용부담

카. 요구 시 계약이행보증서(부가가치세 포함 총 공사비의 일정 비율) 제출

타. 준공 후 일체의 하자보수(하자보수보증금 예치, 하자이행보증수수료 납부 포함)의 책임

파. 도급 및 감리용역 계약 등 사업시행과 관련한 일체의 용역계약에 대한 업무 지원

하. 기타 시공사로서의 일반적인 업무

거. 위탁사의 업무에 대한 전반적인 협조, 관리대행 업무 및 의무이행보증책임

너. 공사도급금액 하도급 직불 관련 업무협조(하도급업자들의 유치권 행사의 예방)

　– 「건설산업기본법」 제35조

　– 「하도급거래 공정화에 관한 법률」 제14조

더. 신탁계약 체결 전 유치권포기각서 제출

러. 공동시공일 경우, 공동이행의 방식으로 공사를 수행하기로 하며, 일방에게 공사를 계속할 수 없는 사유가 발생한 경우, 잔존 시공사가 책임준공, 하자보수 등 시공사로서의 모든 책임과 의무를 중첩적·병존적으로 인수하여 이행

머. 기타 시행사, 시공사, 신탁사간의 공사도급계약서에서 시공사의 업무로 정한 사항

(ⅳ) 우선수익자(대출금융기관)

가. PF대출금의 실행

나. 자금집행 관련 업무협조

⑤ 수탁자의 수주 가이드라인(예)

(ⅰ) 위탁자의 사업부지 전체 확보 등 사업 약정 상 주요의무 이행

(ⅱ) 시공사로서 최소 조건 충족(신용등급, 시공능력 등)

: 구체적으로 예를 들면 공사비가 전년도 매출의 1/2 이하, 신용도가 KIS LINE 기준 BBB 이상, 부채비율 200% 미만, 적정 공사비 및 공사기간 확보, 분양성 양호 등

(ⅲ) 준공 전 필수사업비 85% 이상 자금 확보(자기자본 및 PF대출금 포함)

(ⅳ) 상품별 단가 사전 확정

(ⅴ) 시공사의 책임준공 확약 및 미 이행 시 채무인수

(ⅵ) PF 대출금융기관의 대출금 전액 대출 실행

(ⅶ) 신탁사 책임준공의무 이행 조건 성취 시 신탁사가 시행, 시공, 분양 등 제반 사업 관련 일체의 권한 행사

(ⅷ) 신탁사 부담 일체 비용은 신탁재산에서 우선 집행

(ix) 신탁사 사업약정 상 규정된 전체 사업비 범위 내 투입한 차입금 또는 금융기관 동의 하에 전체 사업비 초과 투입 차입금은 대출금융기관에 앞서 최우선 순위로 회수

(x) 신탁사 책임준공의무 미 이행 시 대출금융기관에 손해배상

⑥ 법적 쟁점

(i) 책임준공 미 이행 시 신탁사의 손해배상의무가 「자본시장법」(제55조) 상 손실보전 행위에의 해당 여부　　　금융투자업자는 금융투자상품의 매매, 그 밖의 거래와 관련하여 일정한 경우를 제외하고는 투자자가 입을 손실의 전부 또는 일부를 보전하여 줄 것을 사전에 약속하는 행위, 투자자가 입은 손실의 전부 또는 일부를 사후에 보전하여 주는 행위가 금지되고 있다(^{「자본시장법」 제55}_{조 제1호, 제2호}). 여기서 토지신탁 구조 하에 수탁자가 책임준공 미 이행 시 대출금융기관에 대해 부담하는 손해배상의무가 여기에 해당하는지에 대해 차주인 위탁자와 대주인 대출금융기관 간에 체결되는 사업약정서 및 대출약정서는 「자본시장법」상 금융투자상품에 해당된다고 보기 힘들고 대출실행에 따른 이자 등을 지급받아 수익을 내는 대출금융기관이 「자본시장법」상 금융투자상품의 투자자에 해당된다고 보기 힘들며, 수탁자가 책임준공확약 미이행 시 부담하게 되는 손해배상의무는 신탁계약에 따른 신탁재산 운용과정에서 거래 상대방인 대출금융기관에 대해 부담하는 계약상의 채무에 해당한다고 보아 수익권에 대한 직접적인 손실보전 행위에 해당한다고 보기 어려운 별개의 거래행위로 판단된다.

(ii) 책임준공 미이행이라는 조건부로 손해배상의무를 부담하는 것이 지급보증에 해당하는지 여부　　　신탁업자는 지급보증이 금지되어 있는데 건물의 준공은 기본적으로 부동산신탁사인 수탁자의 본연의 채무에 해당하므로 그에 따른 책임준공 의무나 이를 이행하지 못했을 경우 부담하게 되는 손해배상의무 또한 그로부터 파생된 신탁계약에 따른 수탁자 자신의 채무에 해당하며 이때 부담하는 손해배상의무는 제3자가 채권자의 주채무자의 계약관계에서 발생한 채권자의 손해를 담보하기로 하는 보증행위와는 차이가 있다.

(iii) 수탁자의 과도한 손해배상금액 약정 여부　　　PF 대출약정에서 책임준공 의무 미 이행 시 의무자로 하여금 채무인수를 하도록 하는 경우가 다수 존재하여 책임준공 의무 불이행에 따른 통상적인 부담을 벗어난 것이라고 단정하기 어렵다.

(iv) 금융투자업자의 대주주 등 신용공여금지($^{\lceil 자본시장법 \rfloor}_{제34조 제 2 항}$)   자본시장법은 금융투자업자의 대주주와의 거래 등을 원칙적으로 제한하고 있으며($^{자본시장}_{법 제34조}$) 여기에 금융투자업자의 대주주(특수관계인 포함)에 대하여 신용공여(금전 증권 등 경제적 가치가 있는 재산의 대여, 채무이행의 보증, 자금 지원적 성격의 증권의 매입, 그 밖에 거래상의 신용위험을 수반하는 직접적·간접적 거래로서 대주주(특수관계인 포함))를 위하여 담보를 제공하는 거래, 대주주를 위하여 어음을 배서하는 거래, 대주주를 위하여 출자의 이행을 약정하는 거래, 대주주에 대한 금전·증권 등 경제적 가치가 있는 재산의 대여, 채무이행의 보증, 자금 지원적 성격의 증권의 매입, 이상 여기에 해당하는 거래의 제한을 회피할 목적으로 하는 거래로서 거래의 제한을 회피할 목적으로 하는 거래로서 제 3 자와의 계약 또는 담합 등에 의하여 서로 교차하는 방법으로 하는 거래, 장외파생상품거래, 신탁계약, 연계거래 등을 이용하는 거래, 기타 채무인수 등 신용위험을 수반하는 거래로서 채무의 인수, 자산유동화회사 등 다른 법인의 신용을 보강하는 거래, 그 밖에 대주주의 지급불능시 이로 인하여 금융투자업자에 손실을 초래할 수 있는 거래 등이 포함된다($^{\lceil 자본시장법 \rfloor 제34}_{조 제 2 항, \lceil 자본시}$ 장법 시행령」 제 38조 제 1 항,)1.
「금융투자업 규정」 제3-72조).

3) 선순위 한도대지급 책임준공 조건부 관리형토지신탁

기본적으로 책임준공 조건부 관리형토지신탁 구조하에서 PF 대출 상황을 고려하여 수탁자가 PF 선순위대출자로서 참여하여 일정 금액 한도내에서 대출을 하는 약정구조이다(Credit Line 설정방식). 동 신탁은 계약상 부동산신탁사가 수탁자인 동시에 수익자가 되는 구조를 띠는데 현행 「신탁법」은 원칙적으로 누구의 명의로도 신탁의 이익을 누리지 못하게 함으로써 이른바 이행상충방지를 위한 수탁자의 수익자로서 참여하는 것을 금지하고 있지만 예외적으로 수탁자가 공동수익자의 1인인 경우에는 허용하고 있다는 점에 근거하고 있다. 다시 말하면 PF 대출금융기관이 다수인 신디케이티드 론(syndicated loan) 방식에서 다수의 트렌치(tranche) 중에 한 트렌치에 참여하는 경우 수익자가 다수인 구조 속에 수탁자가 공동수익자로서 참여하는 방식을 띠게 된다.

---

1 부동산신탁사가 그의 특수관계인이 시행사 또는 시공사인 사업장에서 PF대출금융기관에 대해 책임준공 확약을 한 것을 대주주 등에 대한 신용공여로 간주하여 과징금을 부과한 사례가 있으며 한편 동일 개발사업에서 토지신탁 및 PF Loan 유동화구조가 접목되어 전체 PF 구조가 설정된 경우에 특수관계 있는 부동산신탁사와 증권사가 각각 책임준공 확약 및 사모사채인수확약을 하는 경우에도 관련 법령의 위반으로 간주된다.

다만 수탁자의 사업비 대여는 필요 시 다수의 공동 대출금융기관 중 가장 후순위로 대여(실질적으로 신탁사업에서 추가로 자금이 필요할 경우 이미 설정된 한도 내에서 수탁자가 자금을 선지급하는 방식) 지위로 참여하게 되어 수탁자의 위험을 극소화시키게 된다. 본질적으로 관리형토지신탁 방식에 수탁자의 책임준공확약 및 선순위 한도 대지급 조건을 결합하여 보다 관리형토지신탁계약의 다양한 형태 중에서 차입형토지신탁에 가까운 형태로 볼 수 있다.

4) 차입형토지신탁

① 개념   관리형토지신탁과 기본적으로 유사하나 사업비(공사 대금 등)의 조달의무가 위탁자(시행사)가 아닌 수탁자에게 있는 토지신탁이다. 개발사업에서 여러 가지 이유로 시행사인 위탁자가 사업비를 조달하기 어려운 상황에서 신탁계약을 통해 수탁자의 사업비 조달의무를 약정하는 것이다.

자본시장법은 원칙적으로 신탁업자는 신탁의 계산으로 그 신탁업자의 고유재산으로부터 금전을 차입할 수 없는 것으로 규정하고 있으나 수탁재산이 부동산이나 지상권, 전세권, 부동산임차권, 부동산소유권이전등기청구권, 그 밖의 부동산 관련 권리인 경우와 신탁업자가 부동산개발사업을 목적으로 하는 신탁계약을 체결한 경우에 예외적으로 신탁의 계산으로 그 신탁업자의 고유재산으로부터 금전을 차입할 수 있도록 규정하고 있다(법 제105조 제2항).

② 특징   일반적으로 개발사업의 사업성이 좋아 PF 대출의 가능성이 높고 대출조달금리가 낮을 경우 관리형토지신탁을 활용하며 그렇지 못할 경우 차입형토지신탁을 검토한다. 차입형토지신탁의 경우 사업비의 조달, 공사, 시장상황 등에 따른 수탁자의 위험부담이 높아지며(소송위험, 대손위험, 유동성위험) 그만큼 신탁보수도 높다. 다만 수탁자의 조달금리 대비 신탁계정대를 통한 대여금리가 높을 경우 금리차로 인한 수익발생이 가능하다. 관리형토지신탁과 달리 차입형토지신탁의 경우 시공사가 시장상황과 무관하게 공사비를 안정적으로 확보할 수 있는 장점이 존재한다. 한편 관련법령에서 차입형토지신탁의 수탁자가 당사자가 되는 토지비 대출약정의 체결이 금지되고 있는바(「금융투자회사의 영업 및 업무에 관한 규정」 제2-65조 별표15 "토지신탁수익의 신탁종료전 지급기준"), 토지비는 연계대출(bridge loan) 또는 (및) 대출금융기관으로부터 별도로 대출을 통해 조달하게 되며 이 경우 대출금융기관의 대출원리금 상환과 수탁자의 신탁계정대 상환의 우선순위와 관련하여 양자 간에

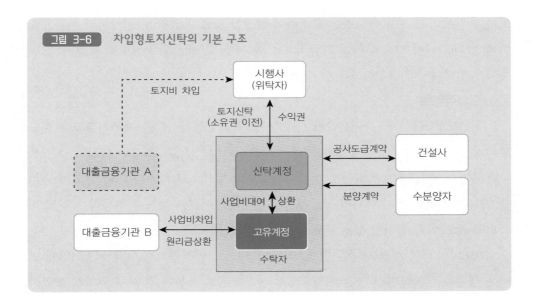

그림 3-6 차입형토지신탁의 기본 구조

이해충돌이 발생될 수 있다. 따라서 실무상 양자 간에 상환의 순위에 대해 상호 협의하여야 하며 보통 준공 전과 준공 후를 구분하여 우선순위에 차별을 두는 방식을 사용하며 양자 간에 합의가 되지 않을 경우 차입형토지신탁 구조로 갈 수 없게 된다. 그래서 이러한 이해충돌 문제가 책임준공조건부 관리형토지신탁 구조가 탄생하게 된 배경이라고 볼 수 있다.

③ 약정구조   차입형토지신탁 구조에서는 사업관계자의 업무범위와 위험분담을 위한 위탁자, 수탁자, 사공사 간의 3자간 사업약정 체결하고 별도의 대출금융기관이 존재하는 경우 4자간 약정도 가능하며 보통 '신탁사업약정서'라고 칭한다. 반면별도의 사업약정을 체결하지 않고 그 내용을 신탁계약의 '특약사항'에 반영하면서 사업약정의 당사자들을 신탁계약 당사자로 편입시키기도 한다. 이때 특약사항은 신탁계약서에 우선한다. 만일 별도의 사업약정을 체결하는 경우 그 효력을 신탁계약의 후순위 내지 동순위로 하는 것이 일반적이며[1] 주의할 것은 계약변경의 용이성과 PF 대출금융기관의 참여 여부 등을 고려하여 사업약정 체결 여부를 결정하되 내용면에서

---

1 반면 관리형토지신탁의 경우에는 반드시 사업약정을 체결하고 시공사나 대출금융기관은 신탁계약서 당사자로 참여하지는 않으므로 수탁자의 신탁사업에 대한 통제권을 확보하기 위해 사업약정의 효력을 신탁계약보다 우위에 있는 것으로 규정한다. 그러나 사업약정을 체결하지 않는 경우 신탁계약 특약사항에 사업약정의 내용을 포함시킨다.

도 신탁원부의 제 3 자 대항력을 고려하여 반영할 필요가 있다. 사업약정과 신탁계약이 상호 배치되지 않도록 하고 가급적 중요한 사항 및 제 3 자에 영향을 미칠 수 있는 사항은 신탁계약에 반영하도록 함이 바람직하다.

④ 법적 쟁점

(i) 신탁계정대   구「신탁법」(제31조)은 수탁자의 권리취득을 제한하였고 판례도 고유계정과 신탁계정 간 자금 대차거래는 무효이며(대법원 2006 다62461 판결), 특별한 사정이 없는 한 수탁자는 누구의 명의로 하든지 신탁재산을 고유재산으로 하거나 이에 관하여 권리를 취득하지 못할 뿐만 아니라 고유재산을 신탁재산이 취득하도록 허용하는 것도 허용되지 않고 이를 위반할 경우 무효로 하였다(대법원 2009. 1. 30. 선고 2006다62461 판결).

2012년 7월에 개정 시행된 현행「신탁법」에서도 원칙적으로 수탁자의 이익에 반하는 행위를 금지하면서 다만 예외적으로 신탁행위로 허용한 경우, 수익자가 승인하는 경우, 법원의 허가를 받은 경우에는 허용하고 있다(「신탁법」 제34조). 반면 자본시장법에서는「신탁법」제34조 제 2 항의 적용을 배제하면서(법 제104 조 제 1 항) 부동산 또는 부동산관련 권리를 수탁재산으로 하는 경우 신탁의 계산으로 신탁업자의 고유재산으로부터 금전차입을 허용함으로써 차입형토지신탁을 명시적으로 인정하고 있다(법 제105 조 제 2 항).

(ii) 사업인허가 취득 및 승계   차입형토지신탁의 경우 위탁자가 사업인허가를 이미 취득한 경우에는 사업주체 변경 절차를 거쳐야 하며 그렇지 않은 경우에는 수탁자가 사업 인허가 취득한 후 위탁자가 기왕에 체결한 일체의 계약에 대해 위탁자, 수탁자 및 제 3 자(상대방)간 승계계약을 체결한다. 이때 승계계약에는 종전 계약의 내용 중 그 의무와 성질이 승계될 수 없는 경우에 수탁자에게 승계되지 않고 위탁자가 계속 의무를 부담하며 승계계약에 따른 수탁자의 의무와 책임은 신탁재산의 범위 내에서만 부담하고(유한책임특약 또는 책임재산한정특약) 승계계약이 종료될 경우 수탁자에게 승계되었던 일체의 의무 등은 위탁자 또는 수익자에게 면책적으로 포괄승계된다는 내용이 반영되어야 한다.

(iii) 공사비 산정 및 지급   차입형토지신탁에서 공사도급계약은 수탁자와 시공사간의 약정으로 사업의 성패 및 수익성에 영향을 미치는 공사계약금액은 위탁자에 중요하기에(예로서 공사비 과다 계상 문제, 공사비 증가 문제 등) 위탁자, 수탁자 및 시공사가 계약당사자로 참여하는 (신탁)사업약정에 공사계약금액을 반영하는 것이 필요하다. 수탁

자는 시공사와 직접 공사도급계약 체결 후 분양여부와 무관하게 전체 계약금액의 80~90%를 현금으로 직접 지급하고 그 지급을 수탁자가 보장하므로 시공사에 유리하며 수탁자는 시공사로 하여금 사전에 장래 공사대금채권을 양도 내지 담보로 제공하는 등의 유동화를 금지시켜 부실을 예방할 필요가 있다.[1] 실무상 주요 구조부의 변경, 연면적의 증감, 수탁자의 요구에 의한 설계변경 등을 제외하고 공사비 증감이 있더라도 전체 계약금액의 5% 이내에서 계약금액을 조정하지 않기로 약정하며 시공사가 새로운 기술이나 공법으로 공사비 절감 및 공사기간의 단축을 초래해도 계약금액을 감액하지 않기로 약정하여 공사비 변동위험을 통제할 필요가 있다.

(iv) 신탁계약 종료 후 분양자 지위의 승계   분양계약서에 신탁계약 종료 시 분양자의 지위가 수탁자에서 위탁자로 면책적으로 이전(포괄승계)된다는 조항의 법적 효력과 관련하여 판례는 "이는 신탁계약의 해지 또는 종료를 정지조건으로 하여 분양계약상 분양자의 지위를 위탁자로 이전하기로 하는 내용의 계약인수로서 매도인의 사기 또는 하자담보책임에 의한 취소 또는 해제의 법률관계와 그로 인한 부당이득반환의무 및 매도인의 불법행위에 의한 손해배상의무까지도 이전하기로 한 것이라고 봄이 상당하고 상기 승계약정이「민법」제103조나「약관의 규제에 관한 법률」에 위반하여 무효라고 하기 어려우므로 분양계약이 사기로 인하여 취소되거나 하자담보책임에 의해 해제될 수 있는 법률행위에 해당하는지 여부에 관계없이 분양계약으로 인한 계약당사자 간의 모든 채권채무관계가 신탁의 종료와 동시에 위탁자에게 면책적으로 이전된다"고 판시한 바 있다.[2]

(3) 토지신탁 관련 규제

1) 신탁수익의 선지급

토지신탁 구조에서 토지비 대출원리금 상환 등을 목적으로 신탁수익을 신탁종료 전에 선지급할 경우, 안정적 사업관리가 가능한 범위 내에서 신탁수익의 선지급을 허

---

1 개발사업의 상황에 따라 시행사가 사업부지를 확보하기 위해 추가적인 자금이 필요할 경우에 관련 법령에 따라 차입형토지신탁의 경우에는 수탁자가 계약당사자가 되는 토지비 대여가 금지되어 있어 보통 시공사가 그 자금을 대여하는바, 그 방안의 하나로 공사도급계약에 따른 장래발생채권인 공사대금채권의 일부를 유동화(주로 ABL 방식)하여 자금을 마련하기도 하는데 이 경우에는 예외가 될 수 있겠다.

2 대법원 2005. 4. 15. 선고 2004다24878 판결; 대법원 2012. 2. 9. 선고 2011다99030 판결.

용하고, 이 경우 불건전 영업해위에 해당하는 재산상 이익제공의 한도에 관한 규정의
적용을 배제하고 있다. 「금융투자회사의 영업 및 업무에 관한 규정」 제2−65조 [별표
15] "토지신탁 수익의 신탁종료 전 지급 기준" 하에 관리형 토지신탁과 차입형토지
신탁의 선지급 조건, 선지급 금액, 적용의 예외 등에 대해 각각 규정하고 있다.

2) 금지사항

「금융투자회사의 영업 및 업무에 관한 규정」 [별표 15] "토지신탁 수익의 신탁종
료 전 지급 기준"에서는 토지신탁 구조에서 있어서 금지되는 행위를 다음과 같이 규
정하고 있다.

① 대출약정의 효력이 신탁계약의 효력과 동등하거나 우선하게 하는 내용의 신
   탁계약 체결 금지
② 신탁회사는 「토지신탁수익의 신탁종료 전 지급 기준」에 반하는 금융 기관과
   의 임의인출 약정, 금융기관과의 자금집행순서 및 방법 임의변경약정 등 체
   결 금지
③ 신탁회사가 당사자가 되는 토지비 대출약정 체결 금지
④ 신탁재산(분양대금계좌, 운영계좌, 보험금 및 건축중인 건축물 등)에 대한 대출금융기관
   의 질권설정 또는 대출금융기관에 대한 양도담보 제공 등 금지
⑤ 신탁회사의 분양수입금 관리계좌에서 선지급 및 사업비 집행을 위한 이체 외
   에 시공사 등 제3자의 계좌로 이체 금지

3) 금전차입

부동산신탁회사는 부동산신탁재산으로 자금을 차입하는 경우에는 해당 사업 소
요자금의 100분의 100 이내에서 자금을 차입할 수 있다(「금융투자업규정」 제4−86조). 다만, 신탁업자는
부동산개발사업을 목적으로 하는 신탁계약을 체결하는 경우에는 그 신탁계약에 의한
부동산개발사업별로 사업비의 100분의 15 이내에서 금전을 수탁할 수 있는 바(「자본시장법」 제103조 제4항),
이 경우에는 그 금전 수탁금액과 자금차입 금액을 합산한 금액이 사업 소요자
금의 100분의 100 이내여야 한다(「금융투자업 규정」 제4−86조 단서). 동 제도는 2019년 3월 11일 금융위원
회가 발표한 '현장 혁신형 자산운용 산업 규제 개선 방안'에서 후 분양 부동산신탁사
업의 활성화를 위해 발표한 내용을 법령을 개정하여 반영한 것이다.

4) 신탁계정대와 신탁업자의 건전성 규제

부동산신탁업 리스크 관리 강화 차원에서 순영업자본비율(NCR)을 산정함에 있어서 토지신탁에서 발생될 수 있는 신탁사의 신탁계정대(대손준비금 차감 후)에 분양 경과기간과 분양률을 기준으로 상황을 분류하여 각각 차감비율을 정하고 있는바, 정상 분류 신탁계정대여금은 100분의 10, 요주의 분류 신탁계정대여금은 100분의 15, 고정 분류 신탁계정대여금은 100분의 25, 회수의문 분류 신탁계정대의 경우 100분의 50, 추정손실 분류 신탁계정대여금의 경우 100분의 100이다(「금융투자업 규정」제 3-14조 제1항 제9호).

(4) 토지신탁 유형별 수탁자의 위험

토지신탁의 유형별 수탁자의 위험으로 모든 토지신탁 구조에서 수탁자는 사업주체로서 소송위험이 존재하며 책임준공 조건부 관리형토지신탁 구조에서는 시공사의 책임준공 의무 미이행으로 수탁자의 책임준공 의무가 현실화되는 경우에 발생될 수 있는 추가 공사비와 원리금 손해배상 위험인 유동성위험, 공사대금을 이미 지급 후 미성 공사로 인해 발생되는 대손위험이 있으며 차입형토지신탁의 경우 신탁계정대 미상환 원리금, 미수수익 등의 대손위험과 공사비 지급과 분양대금 회수 간의 현금흐름 불일치로 인한 우발적 자금지출 등 유동성위험 등이 존재한다.

3. 분양관리신탁

「건축물 분양에 관한 법률」에 의거하여 분양사업자가 일정 규모(분양하는 바닥면적의 합계 3,000m²) 이상의 건축물을 준공 전에 선분양하고자 할 경우, 신탁회사가 수탁 부동산의 소유권을 보전하고 분양대금을 신탁회사 명의로 수납·관리하며, 분양사업자가 건축물을 준공하지 못할 경우 신탁부동산을 환가 처분하여 분양대금을 분양받은 자에게 우선 반환하는 등 분양받은 자를 보호하기 위한 신탁을 말한다. 「건축물 분양에 관한 법률」은 건축물(예로서 오피스텔, 주상복합건물, 상가 등)을 분양하고자 하는 경우 분양받은 자들의 보호를 위해 일정한 요건의 구비여부에 따라 분양시점을 각각 규정하고 있다(「건축물 분양에 관한 법률」제4조). 그 중에 「자본시장과 금융투자업에 관한 법률」에 따른 신탁업자와 신탁계약 및 대리사무계약을 체결한 경우에는 「건축법」제21조에 따른 착공신고 후에 분양을 할 수 있는바, 이때 체결하는 부동산신탁의 종류를 실무상 분양관리

신탁으로 명명하고 있다. 분양관리신탁은 신탁부동산의 소유권을 보전 · 관리하여 분양받은 자를 보호하고 위탁자가 부담하는 의무를 이행하지 않는 경우 신탁부동산을 환가 · 처분하여 정산하는 데 목적이 있다. 신탁계약에 반드시 포함되어야 할 사항으로는 (i) 분양받은 자의 소유권등기 전날까지의 토지와 그 정착물의 소유권 관리에 관한 사항, (ii) 신탁 받은 소유권의 처분에 관한 사항, (iii) 신탁을 정산할 때에 분양받은 자가 납부한 분양대금을 다른 채권 및 수익자의 권리보다 우선하여 정산하여야 한다는 사항 등이며, 대리사무계약에 포함되어야 할 사항은 (i) 분양받은 자를 보호하기 위한 분양수입금 관리계좌의 개설에 관한 사항, (ii) 분양사업자는 분양수입금 총액을 신탁업자에게 양도하여야 한다는 사항, (iii) 분양대금은 신탁계약 및 대리사무계약에서 정한 토지매입비, 공사비, 설계비, 감리비 또는 그 밖의 부대사업비 등 해당 분양사업과 관련된 용도로만 사용할 수 있다는 사항 등이다(「건축물 분양에 관한 법률 시행령」 제3조).[1] 분양관리신탁은 본질적으로 분양보증에 준하는 효력을 가지고 있다. 분양관리신탁의 경우 신탁 종료 전이라도 신탁부동산을 처분할 수 있는 경우로는 위탁자의 부도나 파산 등으로 사업시행자의 사업시행권을 양수 받을 자가 없어 사업을 추진하는 것이 더 이상 불가능한 경우, 분양받는 자들의 집단 민원이나 분양수입금 납부 거부 등으로 지속적인 분양 추진이 불가능한 경우 등이다.

주택 및 복리시설, 30실 미만의 오피스텔과 생활숙박시설, 지식산업센터, 관광숙박시설, 노인복지시설, 공공기관이 매입하는 업무용 건축물, 지방공기업이 매입하는 업무용 건축물 등에는 적용되지 않는다(「건축물의 분양에 관한 법률」 제3조 제1항, 제2항, 시행령 제2조).[2] [그림 3-7]은 분양관리신탁의 기본 구조이다.

---

1 기타 포함되어야 할 사항으로는 1. 계약금을 포함한 분양대금의 수납 · 관리 등, 2. 부도 · 파산 등으로 사업 추진이 불가능한 경우 분양수입금 관리계좌의 남은 금액은 분양받은 자에게 우선하여 지급하여야 한다는 사항을 포함한 분양대금의 지출 원칙, 방법 및 용도, 3. 「자본시장과 금융투자업에 관한 법률」에 따른 신탁업자가 분양사업자의 사업을 감독할 권한, 분양사업자가 신탁업자에게 자료를 제출할 의무 등, 4. 자금 집행순서 및 시공사에 공사비를 지급하는 방법 · 시기, 5. 분양계약의 관리, 6. 건축공사의 공정(工程) 관리(시공사가 분양사업자에게 공사비를 청구할 때 시공사의 예정 공정계획에 비례하여 공사비를 지급할 수 있도록 신탁업자가 실제 공정 현황을 파악하는 등의 업무를 말한다)에 대한 사항, 7. 분양받은 자를 위한 공사 진척 사항의 열람 및 게시 방법, 8. 그 밖에 신탁업자와 분양사업자가 협의하여 정한 사항이다(법 시행규칙 제2조).

2 30실 미만의 오피스텔(「건축법 시행령」 별표 1 제14호 나목 2)과 생활숙박시설(「건축법 시행령」 별표 1 제15호 가목)에도 적용되지 않는다(「건축물의 분양에 관한 법률 시행령」 제2조).

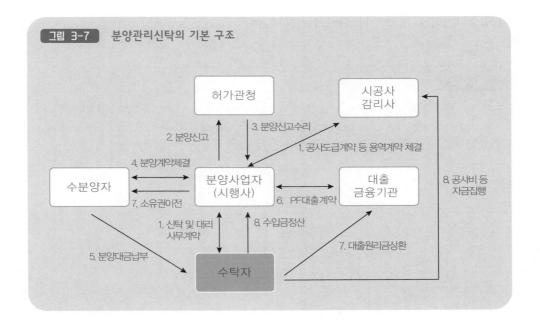

그림 3-7 분양관리신탁의 기본 구조

4. 처분신탁

부동산처분신탁이란 부동산의 처분을 목적으로 수탁자에게 소유권을 이전하고 수탁자가 그 부동산을 처분하여 수익자에게 정산하여 주는 신탁이다. 즉, 수탁자가 부동산을 신탁받은 후 이를 타인에게 매각 처분하고 그 처분 대금을 수령하여 신탁재산에 귀속시킨 후 이를 수익자에게 지급하는 신탁이다. 처분신탁의 기능은 매각이 까다로운 고가 내지는 대형 부동산으로서 매수자를 구하기가 용이하지 않은 경우, 권리관계가 매우 복잡하여 처분 방법이나 절차에 어려움이 있는 부동산의 경우, 잔금 정산까지 장기간이 소요되어 그때까지 소유권 관리가 필요한 부동산의 경우 등에 전문성과 공신력을 구비한 수탁자에게 처분을 목적으로 소유권을 이전하고 수탁자로 하여금 그 부동산을 처분하게 하는 데 있다. 하지만 실제로 처분이 일어나기 전까지는 위탁자가 사용 · 수익할 필요가 있는 경우가 있기에 반드시 위탁자가 신탁재산인 부동산을 수탁자에게 인도하고 사용수익을 중지하여야 할 논리적 이유는 없으며 개별 사안에서 부동산에 관한 현실적 여건을 감안하여 신탁계약에서 달리 정해질 수 있을 것이다.[1] [그림 3-8]은 처분신탁의 기본구조이다.

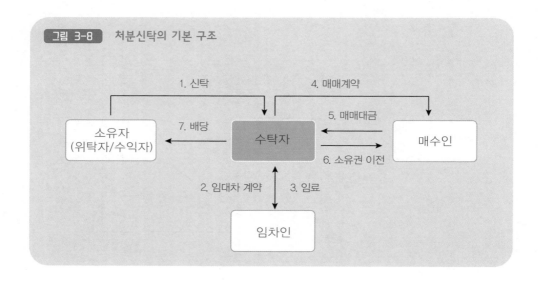

그림 3-8 처분신탁의 기본 구조

1. 신탁
4. 매매계약
소유자
(위탁자/수익자)
7. 배당
수탁자
5. 매매대금
매수인
6. 소유권 이전
2. 임대차 계약
3. 임료
임차인

5. 관리신탁

관리신탁에는 갑종관리신탁과 을종관리신탁이 있는데, 전자는 수탁자가 적극적으로 부동산의 개량·임대 등의 관리사무를 수행하는 신탁이며, 후자는 수탁자가 수동적으로 소유권을 자기 명의로 보존하는 사무를 수행하는 신탁이다. 일반적으로 갑종관리신탁의 경우 위탁자가 수탁자에게 부동산인 현물을 인도하여야 하나, 을종관리신탁의 경우 부동산 현물의 점유가 위탁자에게 남아 있다. 하지만 갑종관리신탁이든 을종관리신탁이든 가리지 아니하고 부동산의 소유권은 대내외적으로 수탁자에게 완전히 이전된다고 보는 판례상의 법리가 여전히 적용되어야 할 것이다.[2] 실무적으로는 갑종관리신탁은 거의 이용되지 않고 을종관리신탁만 행하여지고 있다.[3] 「자본시장과 금융투자업에 관한 법률」에서는 관리형 신탁을 "위탁자(신탁계약에 따라 처분권한을 가지고 있는 수익자를 포함한다)의 지시에 따라서만 신탁재산의 처분이 이루어지는 신탁"

---

1 김형두, "부동산을 목적물로 하는 신탁의 법률관계,"『민사판례연구』, 2007, 17면.

2 위의 논문, 17면.

3 진상훈, "부동산신탁의 유형별 사해행위 판단방법,"『민사집행법연구』제4권, 2008. 2, 316면.

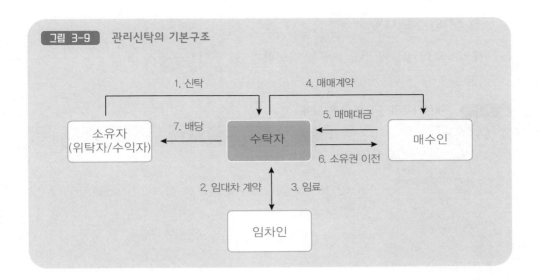

그림 3-9 관리신탁의 기본구조

1. 신탁
4. 매매계약
7. 배당
5. 매매대금
소유자
(위탁자/수익자)
수탁자
매수인
6. 소유권 이전
2. 임대차 계약
3. 임료
임차인

과 "신탁계약에 따라 신탁재산에 대하여 보존행위 또는 그 신탁재산의 성질을 변경하지 아니하는 범위에서 이용 · 개량 행위만을 하는 신탁"(「자본시장과 금융투자업에 관한 법률」 제 3 조 제 1 항 제 2 호)으로 정의하면서 금융투자상품에서 배제하고 있으며 다만, 관리형 신탁이지만 수익증권발행신탁의 경우에는 금융투자상품으로 간주하고 있다(「자본시장과 금융투자업에 관한 법률」 제 3 조 제 1 항 제 2 호).

6. 대리사무

(1) 업무 범위

신탁회사의 대리사무의 업무범위에는 첫째, 사업진행 시 분양관리, 공사기성관리, 자금관리 업무(분양관리신탁에는 필수 사항이며 담보신탁 혹은 처분신탁에는 선택사항임), 둘째, 자금관리의 공정성, 안전성을 확보하기 위해 분양대금, 차입금 등 모든 자금 수납과 공사비, 대출원리금 등 모든 자금의 지출 관리업무, 셋째, 건물 준공 후 장기간 미상환 대출금이 존재하는 경우 담보신탁으로 전환하여 금융기관의 채권 회수를 도모하는 업무, 넷째, 전문성을 기반으로 사업구상 초기단계에서 시행사에게 사업성 검토, 수익모델 분석, 사업구도 설정, 자금조달, 시공사 선정 등 전체적인 사업에 대한 업무 대행 등이 포함된다.

(2) 종류와 주요 내용

대리사무의 종류와 주요 내용을 정리하면 [표 3-11]과 같다.

표 3-11 대리사무의 종류와 주요 내용

유형	주요내용
청약금 관리 대리사무	청약 관련 마케팅의 사전 예측 마케팅에 신뢰성 부여 오피스텔, 상가 등 일반 분양 이전 사전 청약자 모집 시 입출금 관리 투명화
지역주택조합 자금관리대리사무	조합원 납입 업무추진비, 조합분담금 자금관리 투명화
프로젝트금융투자회사 (PFV) 출자 및 자금관리대리사무	프로젝트금융투자회사(PFV) 출자(5% 이상) 후 입출금 관리
공동개발협약 대리사무	지주공동사업에서 개발업등록자로 부동산공동개발 업무 수행
취득대리사무	사업부지 매입(시행사), 토지 및 건축물 매수예정자 취득 대행 용역 사업의 안전성과 보안 유지
부동산투자회사(REIT) 자산관리 대리사무	부동산투자회사 위탁 하에 자산의 투자, 운용 업무 수행 부동산투자회사의 자산관리업무
입찰참가 대리사무	택지공급업자가 택지 공급 시 입찰조건으로 주택(건설, 임대)사업자 등 일정 자격 조건 요구 시 시행사 대행하여 입찰

Ⅲ 정비사업과 신탁

1. 연혁

정비사업(재건축, 재개발 등)에 있어서 이용되어 왔던 조합시행구조가 가지는 문제점, 즉 조합비리로 인한 사업의 지연, 관계자 간의 이해상충으로 인한 갈등 심화, 전문성 결여로 인한 시공사에 대한 교섭력 약화, 초기 사업비 등 자금조달에 있어서의 어려움, 문제 사업장 내지 소규모사업장의 진행상 각종 애로 사항의 발생 등을 고려하여「도시 및 주거환경 정비법」을 개정($^{2016.3.2}_{시행}$)하여 신탁업자로 하여금 정비사업에 다양한 형태로 참여할 수 있게 허용하였다. 신탁방식이 가지는 장점으로는 신용도가 높은 전문기관인 신탁업자의 전문적인 사업관리로 전반적인 사업 소요기간을 단축할 수 있고, 과정상에 발생될 수 있는 이해관계자들 간의 이해상충 문제들을 합리적으로 조정함으로써 사업의 지연을 최소화할 수 있고, 시공사 등에 대한 교섭력을 극대화하여 공사비를 절감하거나 그 변동성을 제어할 수 있으며, 초기 사업비 등 필요자금을 적시에 원활하게 조달할 수 있고, 전반적인 사업의 공정성 및 투명성을 제고하여 분쟁을 미연에 예방할 수 있다는 점을 들 수 있다. 한편, 신탁시행 방식의 재건축사업에 대해 2017년 9월 22일에「재건축 초과이익에 관한 법률」을 개정하여 재건축조합이익환수제가 적용되게 되었다. 이후 2018년 2월 9일에「빈집 및 소규모주택 정비에 관한 특례법」이 새로 시행되어 소규모주택정비사업으로서 자율주택정비사업에는 공동시행자로서($^{법 제17}_{조 제1항}$), 가로주택정비사업, 소규모재건축사업, 소규모재개발사업 등의 경우에는 공동시행, 사업대행, 지정개발자로서 참여할 수 있게 되었다($^{법 제17조 제3항, 제19조}_{제1항, 제56조 제1항,}$ $^{「도시 및 주거환}_{경정비법」제28조}$). 한편 시장정비사업에는 신탁업자는 공동시행자로 참여할 수 있다($^{「전통시}_{장 및 상}$ $^{점가 육성을 위한 특별법」제41}_{조 제2항 제4호, 시행령 제26조}$).

2. 정비사업별 신탁업자의 참여 자격

각종 정비사업의 유형별 신탁업자의 참여 자격을 정리하면 아래 [표 3–12]와 같다.

표 3-12 ▶ 각종 정비사업 유형별 신탁업자의 참여 자격

근거법령	사업의 종류	사업대상	신탁업자 참여 자격	상대방
「도시 및 주거환경 정비법」	재개발사업	노후연립 다세대 주택	공동시행자 지정개발자 사업대행자	토지등 소유자 or 조합
	재건축사업	노후아파트 지역	지정개발자 사업대행자	조합

「빈집 및 소규모 주택 정비에 관한 특례법」	소규모주택정비 사업 1. 자율주택정비 사업 2. 가로주택정비사 업/소규모재건 축사업/소규모 재개발사업	노후불량건축물 밀집지역	1. 공동시행자 2. 공동시행자 지정개발자 사업대행자	1. 토지등 소유자 2. 토지등 소유자 or 조합
「전통시장 및 상점가 육성을 위한 특별법」	시장정비사업	노후전통시장 개선	공동시행자	조합

제 4 장

증권화(Securitization)를 통한 부동산금융(Ⅰ)

– 자산유동화를 이용한 부동산금융

Real Estate
Finance Law

제 1 절 「자산유동화에 관한 법률」상의 자산유동화를 이용한 부동산금융

Real Estate Finance Law

I 자산유동화 개관

1. 개   념

자산유동화는 금융기관 또는 일반기업이 보유하고 있는 비유동성 자산(부동산, 대출채권, 매출채권 등)을 시장에서 판매하기에 용이하게 주로 증권(유가증권, 기타 채무증서)으로 변환하여 이를 현금화하는 일련의 과정을 말한다. 기초자산의 종류에 따라 CLO, CBO, MBS, 자산유동화증권의 종류에 따라 ABS, ABSTB, ABCP, CDO, 매개수단에 따라 ABS, ABL 등으로 구분될 수 있다. 자산유동화는 본질적으로 특수목적기구(SPV), 파생상품, 증권화(Securitization) 등을 포함하는 구조화 금융이다.

2. 특   성

자산유동화의 특성으로 들 수 있는 것은 첫째, 자산보유자의 선별된 자산의 집합(유동화 자산)을 대상으로 한다는 점, 둘째, 정기적으로 원리금 상환에 충분한 현금흐름을 확보해야 한다는 점, 다시 말하면 원리금 상환에 있어서 자산보유자의 신용보다는 오히려 유동화 자산의 현금흐름이 더 중요하고 필요한 경우에 유동성공여, 신용공여 등의 장치가 필요한 점, 셋째, 증권 자체가 일정 기준 이상의 신용등급 획득이 필요하다는 점, 넷째, 자산보유자나 자산관리자 등으로부터 도산절연이 되어 투자자 보호의 기본 틀을 마련하고 있다는 점 등이다.

3. 장단점

자산유동화를 통해 자금조달비용을 절감할 수 있고 기본적으로 자산보유자에 대한 상환청구권(소구권)이 없는 금융 구조이며, 이를 통해 자산보유자의 재무구조를 개선할 수 있으며, 투자자 층을 다변화하고 확대할 수 있다는 장점이 있는 반면에, 경우에 따라 전체 유동화 거래 구조가 복잡해질 수 있고 그에 따라 거래비용이 증가한다는 단점이 있다.

4. 자산유동화 관련 법령

(1) 법 제정 연혁

우리나라에서 1997년 말 외환위기 당시 절대 절명의 과제는 금융기관 및 일반 기업의 구조조정이었으며, 이 과정에서 금융기관의 부실채권(non-performing loans)을 정리하기 위해 설정된 기금이 '부실채권정리기금'이었다. 이와 관련하여 정부는 1997. 4. 23. 금융기관 부실채권 및 부실 징후 기업의 효율적 처리를 위한 전담기구 설치 방안을 발표했고, 마침내 1997. 8. 22. 제정된 「금융기관 부실자산 등의 효율적 처리 및 성업공사의 설립에 관한 법률」에 따라 1997. 11. 24. 구(舊) 성업공사(成業公社)를 개편하여 이 기관 (2000. 1. 1. 한국자산관리공사(Korea Asset Management Corporation)로 명칭을 변경함)[1]으로 하여금 '부실채권정리기금'을 운영하여 부실채권정리 업무를 전담하는 역할(bad bank)을 하도록 하였다.

그러나 부실채권정리기금을 통한 자산의 유동화가 원활하지 못하는 문제점이 나타남에 따라, 정부는 1998. 4. 14. '금융기관·기업 구조개혁 촉진방안'을 발표하고, 자산유동화증권(asset-backed securities: ABS) 발행을 위한 특별법 제정을 추진하기로 했다. 이에 공청회 등의 절차를 거쳐 1998. 9. 16. 제정된 법이 바로 「자산유동화에 관한 법률」이다.

(2) 관련 법규

「자산유동화에 관한 법률」과 관련된 법규로는 같은 법 시행령 및 시행규칙과 금

---

1 법 명칭도 1999. 12. 31. 「금융기관 부실자산 등의 효율적 처리 및 한국자산관리공사의 설립에 관한 법률」로 변경되었다.

융위원회가 제정한 「자산유동화업무감독규정」, 한국금융투자협회가 제정한 「자산유동화 관련업무 모범규준」(2005. 5. 1. 시행)을 기본적으로 들 수 있다. 그리고, 「자산유동화에 관한 법률」의 구체적인 규정과 관련하여 '신탁형 유동화'와 관련해서는 「신탁법」이 추가적으로 적용되고, 신탁회사의 신탁업무 규제와 자산유동화증권의 모집 및 투자자 보호 등과 관련해서는 「자본시장과 금융투자업에 관한 법률」이 추가적으로 적용되며, 각종 세제상의 혜택과 관련해서는 「조세특례제한법」, 「농어촌특별세법」, 「지방세특례제한법」 및 그러한 법들의 시행령과 시행규칙 등이 적용된다. 또한 「자산유동화에 관한 법률」에 특별한 규정이 없는 경우에는 일반법으로서 「상법」이 적용된다.[1] 기타 회계 관련 규정으로서는 금융감독원이 제정한 「유동화전문회사 회계처리기준」이 있다. 다만, 자산유동화의 한 형태로서 기초자산이 주택담보대출채권(債權) 또는 주택저당채권(債權)의 경우에 유동화와 관련해서는 「한국주택금융공사법」 및 같은 법 시행령과 시행규칙이 적용되므로 이에 관한 사항은 제 4 장 제 2 절에서 다루기로 한다.

표 4-1 자산유동화 관련 주요 법령

법률	하위 법령	기타 관련 규정
「자산유동화에 관한 법률」 (1998)	시행령	• 자산유동화 업무감독규정 • 유동화 전문회사 회계처리 규정
「한국주택금융공사법」(2003)	시행령 시행규칙	• 한국주택금융공사감독규정 • 한국주택금융공사감독규정 시행세칙
「이중상환청구권부 채권발행에 관한 법률」(2014)	시행령 시행규칙	
기타 관련 법률	「자본시장과 금융투자업에 관한 법률」 「민법」, 「상법」, 「신탁법」	

---

1 「자산유동화에 관한 법률」 제17조 제 1 항은 유동화전문회사의 형태를 주식회사 또는 유한회사로 하고 있으며, 제 2 항은 "유동화전문회사에 관하여는 이 법에 달리 정한 것을 제외하고는 「상법」 제 3 편 제 4 장 및 제 5 장의 규정을 적용한다."라고 하고 있다.

(3) 목적 및 법적 성격

「자산유동화에 관한 법률」은 "금융기관과 일반 기업 등의 자금 조달을 원활하게 하여 재무 구조의 건전성을 높이고 장기적인 주택자금의 안정적인 공급을 통한 주택금융 기반 확충을 위하여 자산유동화에 관한 제도를 확립하며, 자산유동화에 따라 발행되는 유동화증권에 투자한 투자자를 보호함으로써 국민경제의 건전한 발전에 기여함"을 그 목적으로 한다(법제1조). 이 법에서 규정한 요건을 충족하고 이 법에서 제시한 절차를 따를 경우(즉, 등록유동화) 일정한 혜택(자산 양도의 특례 및 세제 혜택 등)을 받을 수 있으며, 자산유동화를 반드시 이 법에 의거하여 실행하지 않아도 된다는 의미에서 이 법은 규제법이 아니고 지원법(支援法), 장려법(獎勵法) 또는 조성법(助成法)적인 성격을 띤다고 볼 수 있다.

한편 유동화 내지 증권화의 기능적 측면을 보면, 기본적으로 자산의 집합(pooling)에 의한 개별적 위험의 분산 기능(즉, 다수의 유사한 기초자산(underlying assets)으로 구성되므로 확률의 법칙에 의해)과 후술하는 '채무담보부증권'(債務擔保附證券)(Collateralized Debt Obligations: CDO) 상품을 이용한 '분할발행'(tranching)에 의하여 체제적 위험(systemic risk)의 재배치 기능을 통하여 서로 다른 다양한 투자자에게 위험을 적절하게 이전함으로써 자산보유자로 하여금 보다 나은 조건하에 자금을 조달하게 하는 금융기능을 수행한다고 볼 수 있다.[1]

(4) 「자산유동화에 관한 법률」의 법 체계

「자산유동화에 관한 법률」은 총 6장과 부칙으로 구성되어 있으며, 주요 내용은 [표 4-2]와 같이 정리할 수 있다.

---

[1] 김성용, "MBS, CDO와 투자자의 위험관리," 국제거래법학회 · 서울대학교 금융법센터 공동심포지움 발표 자료, 2008. 11. 28, 1~2면.

표 4-2 「자산유동화에 관한 법률」의 체계

장	제 목	구 성	내 용
제 1 장	총칙	목적	
		정의	자산유동화 자산보유자 유동화자산 유동화증권 유동화전문회사
제 2 장	자산유동화 계획의 등록 및 유동화자산의 양도 등		자산유동화 계획과 등록 자산 양도 등의 등록 자산 양도상의 각종 특례 유동화자산의 관리와 자산관리자 양도 방식 「자본시장과 금융투자업에 관한 법률」 등의 적용 특례
제 3 장	유동화전문회사		회사의 형태 업무 업무 위탁 해산, 청산 합병금지
제 4 장	유동화증권의 발행		출자증권의 발행/요건/양도 사채 발행 수익증권 발행 유동화증권 발행한도 유동화증권 발행내역 등 공개 유동화증권의 의무 보유
제 5 장	보칙		조사 업무개선명령 보고 기타 특례 등록 취소 과징금
제 6 장	벌칙		벌금 과태료 양벌규정
부칙			

Ⅱ 자산유동화의 유형

「자산유동화에 관한 법률」은 자산유동화의 유형으로 다음의 4가지를 규정하고 있다(법 제2조 제1호).

1) "유동화전문회사(자산유동화업무를 전업으로 하는 외국법인을 포함한다)가 자산보유자로부터 유동화자산을 양도받아 이를 기초로 유동화증권을 발행하고, 당해 유동화자산의 관리·운용·처분에 의한 수익이나 차입금 등으로 유동화증권의 원리금 또는 배당금을 지급하는 일련의 행위"[1]

2) "「자본시장과 금융투자업에 관한 법률」에 따른 신탁업자가 자산보유자로부터 유동화자산을 신탁받아 이를 기초로 유동화증권을 발행하고, 당해 유동화자산의 관리·운용·처분에 의한 수익이나 차입금 등으로 유동화 증권의 수익금을 지급하는 일련의 행위"[2]

3) "신탁업자가 유동화증권을 발행하여 신탁받은 금전으로 자산보유자로부터 유동화자산을 양도받아 당해 유동화자산의 관리·운용·처분에 의한 수익이나 차입금 등으로 유동화증권의 수익금을 지급하는 일련의 행위"[3]

4) "유동화전문회사 또는 신탁업자가 다른 유동화전문회사 또는 신탁업자로부터 유동화자산 또는 이를 기초로 발행된 유동화증권을 양도 또는 신탁받아 이를 기초로 하여 유동화증권을 발행하고 당초에 양도 또는 신탁받은 유동화자산 또는 유동화증권의 관리·운용·처분에 의한 수익이나 차입금 등으로 자기가 발행한 유동화증권의 원리금·배당금 또는 수익금을 지급하는 일련의 행위"[4]

일반적으로 1)은 '매매형 자산유동화' 구조, 2)와 3)은 '신탁형 자산유동화'(또는 유동화신탁) 구조, 4)는 양자가 혼재된 구조라고 볼 수 있다. 초기 부동산 유동화 유형의 대부분은 매매형 자산유동화 구조가 주류를 이루었다. 그 이유는 해당 부동산을 기초자산으로 하는 유동화증권에 투자하고자 하는 투자자들의 수요에 기인한 것이다. 또한 투

---

1 '매매형 유동화'로서 특수목적회사(SPC)를 도관(導管)으로 한다.
2 '신탁형 유동화'로서 신탁을 도관으로 한다('선신탁 – 후발행형').
3 역시 '신탁형 유동화'로서 신탁을 도관으로 한다('선발행 – 후신탁형').
4 2단계(two – tier)구조

자자들 입장에서는 굳이 실질적인 이해관계자가 아닌 제3의 신탁회사를 개재시킬 필요성이 없었다는 점,[1] 「자산유동화에 관한 법률」이나 舊 「신탁업법」[2]에 신탁을 이용한 자산유동화에 관한 규정들이 많지 않아 실무상 나타나는 여러 가지 법적 의문점에 관한 논의가 충분히 이루어지지 않았다는 점,[3] 영미법에서 도입된 '신탁'이란 개념에 아직 익숙하지 못한 점 등이 신탁형 자산유동화 구조가 활성화 되지 못하고 이에 따라 매매형 자산유동화 구조가 선호되었던 이유인 것이다. 그러나 2012년 7월 26일부터 시행된 개정 「신탁법」에서는 1961년 제정 이래 내용의 실질적 개정이 전혀 없었던 「신탁법」에 변화된 경제 현실을 반영하고 국제적 기준(global standard)에 부합하도록 하기 위해 (i) 사해신탁 취소 소송의 요건 강화, (ii) 신탁 당사자간의 법률관계의 구체화, (iii) 수탁자의 충실 의무 강화, (iv) 수익권의 증권화, (v) 다수 수익자간의 의사 결정 방법 구체화, (vi) 신탁의 청산 및 합병·분할 제도 신설, (vii) 유한책임신탁의 도입 등 다수의 새로운 내용을 규정하고 체계를 전면 수정하여 신탁의 활성화를 위한 법적 기반을 마련하여[4] 향후 신탁형 유동화 구조가 더욱 더 활성화되고 다변화될 것으로 기대된다.

Ⅲ 기본 용어

1. 유동화자산

유동화자산은 자산유동화의 대상이 되는 자산으로서 "채권(채무자의 특정 여부에 관계없이 장래에 발생할 채권을 포함한다), 부동산, 지식재산권 및 그 밖의 재산권"을 말한다(법 제2조 제3호). 유동화자산은 본질적으로 양도(또는 신탁)가 가능하고 현금흐름(cash flow)을 창출할 수 있는 것이어야 한다. 종래 장래 매출채권 등 장래에 발생하는 채권에 대해

---

1 이경돈·전경준·한용호, "부동산거래 유형과 쟁점," 「BFL」 제21호(서울대학교 금융법센터, 2007. 1), 36면.

2 2009. 2. 4. 시행된 「자본시장과 금융투자업에 관한 법률」에 흡수되었다.

3 강율리, "신탁을 이용한 자산유동화에 관한 법적 문제점 — 실무상 제기된 몇 가지 문제 검토 —," 『BFL』 제17호(서울대학교 금융법센터, 2006. 5), 80면.

4 법무부 공고 제2009−164호, "신탁법 전면 개정 법률(안) 입법예고," 2009. 10. 27.

서 「자산유동화에 관한 법률」은 시설대여 계약이나 연불(延拂) 판매 계약 등을 구체적으로 명시하여 특칙을 두고 있었으나($^{법 제}_{14조}$), 양도성 여부가 불확실한 경우(즉, 법 제13조가 규정하는 '진정한 양도'(true sale)에 해당하는지가 불분명한 경우)에는 '비정형(비등록) 유동화 방식'[1]을 활용했는데, 2024년 1월 12일에 개정 시행된 「자산유동화에 관한 법률」에서는 명시적으로 "채무자의 특정 여부에 관계없이 장래에 발생할 채권을 포함한다"고 규정함으로써 등록유동화를 통한 장래발생채권의 유동화가 가능하게 되었다.

2. 유동화증권

기술한 유동화자산을 기초로 하여 "자산유동화 계획"에 따라 발행되는 "주권, 출자증권, 사채, 수익증권, 그 밖의 증권이나 증서"를 말한다($^{법 제2조}_{제4호}$). 발행 형태에 대한 제한은 없으나 공모발행 시에는 반드시 증권신고서 제출 의무, 공시 의무 등을 준수해야 한다.

(1) 주권

2024년 1월 12일에 개정 시행된 「자산유동화에 관한 법률」에서는 주식회사 형태의 유동화전문회사를 허용함으로써 주식회사가 발행하는 주권을 유동화증권의 한 형태로 포함시켰다($^{법 제2조}_{제4호}$). 주식의 양도에 있어서는 주권을 교부하여야 한다($^{「상법」}_{제336 조 제1항}$). 다만 주권을 발행하는 대신 정관으로 정하는 바에 따라 전자등록기관의 전자등록부에 주식을 등록할 수 있으며 등록된 주식의 양도나 입질은 전자등록부에 등록함으로써 효력이 발생한다($^{「상법」 제356조의}_{2 제1항, 제2항}$).[2]

(2) 출자증권

유한회사의 사원은 정관으로 제한하지 않는 경우에 그 지분의 전부 또는 일부를 양도할 수 있으며($^{「상법」}_{제556조}$), 이를 회사와 제3자에게 대항하기 위해서는 사원명부에 취득자의 성명, 주소, 출자좌수를 기재하여야 하나($^{「상법」}_{제557조}$) 유동화전문회사의 경우 동 요

---

1 '비정형(비등록) 유동화 방식'이라 함은 「자산유동화에 관한 법률」에 따르지 않는 유동화 방식을 말한다. 이에 관해서는 제1절 IX.에서 자세히 설명하고 있다.
2 「주식 · 사채 등의 전자등록에 관한 법률」 참조.

건의 적용이 배제된다(법 제30조). 또한 상법상 유한회사의 경우 출자증권은 기명식으로 발행이 가능하나(상법 제554조) 유동화전문회사는 무기명식으로 발행이 가능하다(법 제28조 제1항). 유동화전문회사의 사원은 권리행사와 관련하여 출자증권의 발행 혹은 불소지 의사 표시 하에 소각청구가 가능하다. 하지만 정관상 다르게 정할 수 있다(법 제28조 제3항).

(3) 사 채

「상법」상 주식회사는 이사회 결의에 의하여 사채를 발행할 수 있으나(상법 제469조 제1항) 유한회사의 사채발행 가능 여부에 대해서는 명확하지 않다. 하지만 「자산유동화에 관한 법률」에서는 주식회사든 유한회사든 유동화전문회사의 사채 발행을 명시적으로 허용하고 있으며(법 제31조 제1항), 유한회사가 발행하는 사채에 대해서는 「상법」 제 3 편 제 4 장 제 8 절을 준용한다(제469조는 제외)(법 제31조 제2항). 「상법」상 사채발행 한도에는 제한이 없으나 「자산유동화에 관한 법률」에서는 유동화증권의 발행한도와 관련하여 양도받은 유동화자산의 매입가액 또는 평가가액 총액을 한도로 규정하고 있다(법 제31조 제1항, 제33조). 다만, 일시적인 자금차입은 발행금액에 포함되지 않는다.

(4) 수익증권

「자본시장과 금융투자업에 관한 법률」(법 제110조)상 신탁업자는 '금전신탁'의 경우에만 금융위원회에 사전 신고를 통해 수익증권의 발행이 가능하나 자산유동화를 위한 신탁에서는 금전채권이나 부동산 등을 신탁재산으로 하는 경우에도 수익증권을 발행할 수 있다(법 제32조). 자산유동화계획에 따라 신탁업자가 수익증권을 발행하는 경우에는 「자본시장법」 제110조 제 1 항부터 제 4 항까지 적용하지 않는다(법 제32조 제2항).

(5) 그 밖의 증권이나 증서

여기에 포함되는 것으로는 수익(권)증서, 기업어음, 차입증서(ABL) 등을 들 수 있다.

3. 유동화전문회사

(1) 회사의 형태와 조직

유동화전문회사는 자산유동화 업무를 영위하는 회사로서 「자산유동화에 관한 법률」에 의해 설립된 회사이다. 유동화전문회사는 「상법」상 주식회사 또는 유한회사의 형태로 설립되며 이 법에 달리 정함이 있는 경우를 제외하고는 「상법」 제 3 편 제 5 장의 규정이 적용된다($^{법 \ 제17조}_{제 1 항, \ 제 2 항}$). 유동화전문회사(주식회사의 경우에는 자본금 총액이 10억 원 미만인 주식회사로 한정)의 주주총회 또는 사원총회의 결의는 「상법」 제363조 제 4 항 또는 제577조 제 1 항 · 제 2 항에도 불구하고 총주주나 총사원의 동의가 없는 경우에도 서면으로 할 수 있다($^{법 \ 제19}_{조 \ 제 1 항}$).

(2) 업무의 범위

유동화전문회사는 법이 정한 업무만을 영위할 수 있는데($^{법 \ 제20조 \ 제}_{1 항, \ 제22조}$), 여기에는 (i) 유동화자산의 양수도 혹은 다른 신탁업자에의 위탁, (ii) 유동화자산의 관리, 운용 및 처분, (iii) 유동화증권의 발행 및 상환, (iv) 자산유동화 계획의 수행에 필요한 계약의 체결,[1] (v) 유동화증권의 상환 등에 필요한 자금의 일시적인 차입,[2] (vi) 여유자금의 투자,[3] (vii) 기타 부수업무[4] 등이 있다.

(3) 법적 성격

유동화전문회사는 본점 외의 영업소를 설치할 수 없고 직원을 고용할 수 없는 특수목적회사(SPC)인 명목회사(paper company)로서($^{법 \ 제20}_{조 \ 제 2 항}$), 일정한 업무를 제외한 관련 업무를 업무수탁자에게 위탁하여야 하며 유동화자산의 관리를 자산관리자에게 위탁하여야 한다($^{법 \ 제10조}_{제 1 항, \ 제23조}$).[5]

---

1 유동화자산양수도계약 등이 있다.
2 현금흐름이 원활하지 않을 경우 등 필요한 경우에 자금차입을 할 수 있으며 사전 유동화계획에 반영되어야 한다.
3 국채, 정기예금 등 안전자산에 투자할 수 있다.
4 예비자산관리자의 선임, 채권추심을 위한 계좌개설, 채권회수를 위한 소송대리인 선임 등이다.
5 업무수탁자에 대해 위탁할 수 없는 업무로는 (i) 주주총회 또는 사원총회의 의결을 받아야 할 사항, (ii) 이사의 회사대표권에 속하는 사항, (iii) 감사의 권한에 속하는 사항, (iv) 유동화자산의 관리에 관한 사항 등이 있다.

(4) 특   례

1) 사원총회 결의 상 특례

유동화전문회사의 주주총회 또는 사원총회의 결의는 「상법」 제363조 제 4 항 또는 「상법」 제577조 제 1 항 및 제 2 항의 규정에 불구하고 총주주나 총사원의 동의가 없는 경우에도 서면으로 할 수 있다(법 제19조 제1항).

2) 이익배당 상 특례

유동화전문회사는 한시적 법인으로서 원리금 상환 후에는 신속히 해산하는 것이 필요하기에 제462조 및 제462조의3(같은 법 제583조에서 준용하는 경우 포함)에도 불구하고 정관이 정하는 바에 따라 배당가능이익(재무상태표상의 資産에서 負債 · 資本金 및 準備金을 공제한 금액을 말한다)을 초과하여 배당할 수 있다(법 제30조 제2항).

3) 증자 및 감자 특례

유동화전문회사의 경우 법 제439조 제 1 항(「상법」 제597조에서 준용되는 경우 포함) 및 법 제586조의 규정에도 불구하고 자본의 감소 및 증가에 관한 사항을 정관으로 정할 수 있다고 하여 사원총회의 특별결의가 불필요하게 되어 있다(법 제30조 제3항).

4) 사채발행 특례

「상법」상 유한회사는 사채발행이 불가능하나 유한회사 형태의 유동화전문회사는 가능하다 (법 제31조 제1항).[1]

(5) 해   산

유동화전문회사의 해산 사유로는 (i) 정관이나 자산유동화 계획에서 정한 해산 사유 발생, (ii) 유동화증권 상환 전부 완료, (iii) 파산, (iv) 법원의 명령 또는 판결 등이 있으며 해산사유가 발생하면 지체 없이 금융감독원장에게 신고하여야 한다(「자산유동화업무 감독규정」 제19조). 조속한 시일 내에 해산등기 절차를 마무리한 후 등기서류를 첨부하여 신고하여야 하며 이를 지체할 경우 동 사실을 신고하고 해산등기 완료 시점에 신고하여야 한다.

---

1 「상법」 제469조에서 규정하는 특수사채(이익참가부사채, 전환사채, 교환사채 등)의 발행은 불가하다.

Ⅳ 자산유동화의 참여자

1. 자산보유자

「자산유동화에 관한 법률」은 이 법에 따라 보유하고 있는 자산을 유동화할 수 있는 자격을 가진 자를 '자산보유자'라고 정의하면서, 이 법과 시행령에서 그 범위를 명시적으로 열거하고 있다($^{법 제 2 조}_{제 2 호}$).[1]

---

[1] 「자산유동화에 관한 법률」상의 자산보유자는 다음과 같다(법 제 2 조 제 2 호).
가. 국가
나. 지방자치단체
다. 「한국산업은행법」에 의한 한국산업은행
라. 「한국수출입은행법」에 의한 한국수출입은행
마. 「중소기업은행법」에 의한 중소기업은행
바. 「은행법」에 의한 인가를 받아 설립된 은행(같은 법 제59조, 「새마을금고법」 제 6 조 및 「신용협동조합법」 제 6 조에 따라 은행으로 보는 자를 포함한다)
사. 「자본시장과 금융투자업에 관한 법률」에 따른 투자매매업자 · 투자중개업자 · 집합투자업자 또는 종합금융회사
아. 「보험업법」에 의한 보험사업자
자. 「상호저축은행법」에 의한 상호저축은행
차. 「여신전문금융업법」에 의한 여신전문금융회사
카. 「한국자산관리공사 설립 등에 관한 법률」에 의한 한국자산관리공사
타. 「한국토지주택공사법」에 의한 한국토지주택공사
파. 「주택도시기금법」에 의한 국민주택기금을 운용 · 관리하는 자
하. 「주식회사 등의 외부감사에 관한 법률」 제 4 조 제 1 항 또는 제 3 호에 따라 외부감사를 받는 회사(해당 회사에 준하는 외국법인 중 자국의 법령에 따라 회계감사를 받는 외국법인을 포함한다) 중 자산규모 및 재무상태를 고려하여 금융위원회가 정하여 고시하는 기준을 충족하는 회사
거. 「기업구조조정투자회사법」 제 2 조 제 3 호의 규정에 의한 기업구조조정투자회사
너. 「농업협동조합법」에 따른 농협은행
더. 「수산업협동조합법」에 따른 수협은행
러. 그 밖에 가목부터 더목까지에 준하는 자로서 대통령령으로 정하는 자
　법 제 2 조 제 2 호의 '버' 목에 따른 시행령상의 자산보유자(시행령 제 2 조)는 다음과 같다.
1. 「예금자보호법」에 의한 예금보험공사 및 정리금융기관
2. 「중소기업 진흥에 관한 법률」에 따른 중소벤처기업진흥공단
3. 삭제
4. 「자본시장과 금융투자업에 관한 법률」에 따른 신탁업자
5. 삭제
6. 「신용보증기금법」에 의한 신용보증기금 및 「기술보증기금법」에 의한 기술보증기금

2024년 1월 12일 시행된 「자산유동화에 관한 법률」은 '자산보유자'의 범위에 대해 기존의 열거주의는 유지하면서 국가, 지방자치단체를 포함시키고 종래 일부 상호금융 중앙회·조합(신협·새마을금고중앙, 농·수협 단위조합)만이 자산보유자로 규정되어 있었으나, 상호금융 속 권역에서 중앙회·단위조합을 불문하고 폭넓게 등록유동화증권 발행이 가능하도록 범위를 확대하였다. 일반기업의 경우에도 종래 신용도가 우량한 법인으로서 금융위원회가 인정하는 기준에 따라 자산유동화의 필요성이 있다고 금융위원회가 인정하는 법인에서 자산규모와 재무상태를 고려하여 금융위원회가 정하여 고시하는 기준을 충족하는 외부감사를 받는 법인으로 그 범위를 확대하였다.[1] 그 동안 자금조달 수단의 다양화와 효율화를 도모하기 위해 자산보유자의 범위를 점차 확대하고 궁극적으로 그 자격 요건을 폐지하는 등의 제도 개선 방안이 필요하다는 의견이 상당 부분 반영되었다고 볼 수 있다.[2] 실제로 자산유동화 구조에 있어서 투자자 보호를 위한 신용보강(credit enhancement) 방안이 실무적으로 많이 개발되었고, 이러한 방안들이 계속 연구되고 활용된다면 자산보유자의 신용도 요건은 상대적으로 그

---

7. 「주택도시기금법」에 의한 주택도시보증공사
8. 「지방공기업법」에 의하여 주택사업 또는 토지개발 사업을 영위하는 지방 공기업
9. 다음 각 목의 중앙회
가. 「농업협동조합법」에 따른 농업협동조합중앙회
나. 「수산업협동조합법」에 의한 수산업협동조합중앙회
다. 「새마을금고법」에 따른 새마을금고중앙회
라. 「신용협동조합법」에 따른 신용협동조합중앙회
마. 「산림조합법」에 따른 산림조합중앙회
9의2 다음 각 목의 자 중에서 직전 사업연도 말 현재 여신규모가 1천억원 이상인 조합이나 금고 또는 직전 사업연도 말 현재 여신규모가 1천억 미만인 자로서 자산유동화를 위하여 유동화자산을 양도하거나 신탁하는 업무를 해당 법률에 따른 중앙회사 수행하기로 한 조합이나 금고
가. 「농업협동조합법」에 따른 조합
나. 「수산업협동조합법」에 따른 조합
다. 「새마을금고법」에 따른 금고
라. 「신용협동조합법」에 따른 신용협동조합
마. 「산림조합법」에 따른 조합
10. 「농업협동조합의구조개선에관한법률」에 의한 농업협동조합자산관리회사
11. 「한국주택금융공사법」에 따라 설립된 한국주택금융공사
12. 「서민의 금융생활 지원에 관한 법률」 제3조에 따른 서민금융진흥원

1 자산이 500억원 이상이고, 자본잠식률이 50% 미만이며, 감사의견이 적정인 경우(「자산유동화업무감독규정」 제2조 제1항).
2 김필규, "자산유동화제도 개선방안," 채권·ABS 제도개선 공청회 발표 자료, 2005. 11. 23, 12면.

중요도가 감소하게 될 것이다. 일반기업의 부동산 유동화와 관련하여 감독기관은 실무상 구조조정의 목적, 차입금 50% 이상의 상환증명확인서 등을 요구하면서 엄격하게 해석한 바 있다.[1]

2. 자산관리자

유동화전문회사는 자산관리위탁계약에 의하여 자산관리자에게 유동화자산의 관리를 위탁하여야 하는데, 여기에는 (i) 자산보유자, (ii) 신용정보의 이용 및 보호에 관한 법률 제 2 조 제 5 호에 따른 신용정보회사 중 같은 조 제10호의 채권추심업 허가를 받은자, (iii) 신용정보의 이용 및 보호에 관한 법률 제 2 조 제10호의2에 따른 채권추심회사, (iv) 그 밖에 자산관리업무를 전문적으로 수행하는 자로서 대통령령으로 정하는 요건을 갖춘 자[2] 등이 포함된다. 여기서 (i)과 (iv)의 자산관리자는 「신용정보의 이용 및 보호에 관한 법률」 제 4 조 및 제 5 조에도 불구하고 유동화전문회사 등이 양도 또는 신탁받은 유동화자산에 대하여 「신용정보의 이용 및 보호에 관한 법률」 제 2 조 제10호에 따른 채권추심업무를 수행할 수 있다($\genfrac{}{}{0pt}{}{\text{법 제10조}}{\text{제 1 항, 제 2 항}}$). 자산관리자는 유동화자산을 선량한 관리자의 주의로 관리하여야 하며, 유동화증권에 투자한 투자의 이익을 보호하여야 한다($\genfrac{}{}{0pt}{}{\text{법 제11}}{\text{조 제 1 항}}$). 자산관리자는 유동화자산을 그의 고유재산과 구분하여 관리하여야 하며 그 관리에 관한 장부를 별도로 작성 · 비치하여야 한다($\genfrac{}{}{0pt}{}{\text{제 2 항,}}{\text{제 3 항}}$).

---

1 실무적으로도 자산보유자 요건은 엄격하게 운용되었는데, 부동산 유동화에 있어서 금융기관이 아닌 자산보유자의 경우에는 구조조정 목적으로 유동화자산을 매각할 것을 요구하고, 이를 위해 매각대금으로 기존 차입금의 50% 이상을 상환하였음을 증명하는 금융기관의 확인서를 금융감독원에 제출하도록 요구한 바 있다(이경돈 · 전경준 · 한용호, 앞의 글, 37면).
2 1. 자본금이 10억원 이상일 것
　2. 다음 각목의 전문인력이 5인 이상 포함된 20인 이상의 관리인력을 갖출 것
　　가. 변호사, 공인회계사 또는 감정평가사 2인 이상
　　나. 채권관리, 유가증권발행 등 금융위원회가 정하는 업무를 수행한 경력이 있는 자 1인 이상
　3. 임직원이 「신용정보의 이용 및 보호에 관한 법률」 제27조 제 1 항 각 호의 사유에 해당하지 아니할 것
　4. 최대출자자가 외국인인 경우 그 외국인이 자산관리업무를 전문적으로 영위하거나 겸영하는 자일 것. 다만, 당해 외국인(법인에 한한다)이 최대출자자로 되어 있는 법인이 자산관리업무를 영위하는 경우에는 그러하지 아니하다(시행령 제 5 조).

3. 업무수탁자

유동화전문회사는 자산유동화계획에서 정하는 바에 따라 자산보유자나 그 밖의 제3자에게 업무를 위탁할 수 있는데[1] 제3자는 업무의 종류에 따라 자격요건이 다르다. 유동화전문회사의 자금 관리 운용 차입에 관한 업무는 (i)「자본시장법」제103조 1항 제1호의 재산(금전)을 수탁받는 신탁업자로서 금융위원회가 정하여 고시하는 이해상충 방지체계를 갖춘 자가, 그 밖의 업무에 대해서는 (i) 법인일 것, (ii) 자기자본이 5억원 이상일 것, (iii) 2명 이상의 전문인력(변호사, 공인회계사, 감정평가사, 2년 이상 업무수행경력 보유자 등)을 포함해서 3명 이상의 상시근무 인력을 보유할 것, (iv) 금융위원회가 정하여 고시하는 이해상충 방지체계를 갖출 것 등의 요건을 구비한 자로 한다(시행령 제5조의2 제1호, 제2호).

4. 기타 참여자

기타 자산유동화 과정에 참여하는 자로서 사채관리회사, 신용평가회사, 법률자문기관, 외부평가기관(회계법인) 등이 있다.

5. 유동화 전업 외국법인

해외에 설립되는 유동화전문회사이다.

---

1 예로서 계약의 체결, 서류의 보관, 추심자금의 보관 및 지급, 회계처리, 공시, 자산관리자 감시 등의 업무이며 단, 1. 사원총회의 의결을 받아야 하는 사항, 2. 이사의 회사대표권에 속하는 사항, 3. 감사의 권한에 속하는 사항, 4. 유동화자산의 관리에 관한 사항, 5. 기타 위탁하기에 부적합한 사항 등은 제외된다(법 제23조 제1항).

표 4-3 자산유동화 참여자별 주요 역할

참여자	주요역할	참고사항
주관회사	유동화증권 발행 검토 자산유동화 구조 설계 참여기관 선정 유동화계획 작성 및 제출 투자정보의 충실한 제공 업무수탁자 등에 협조	
자산보유자	양도대상 자산 선정 양도자산에 대한 정보제공 가치평가 의뢰 양도계약서 작성 자산양도 등의 등록신청서 제출 유동화전문회사 등에 협조	
자산관리자	자산관리위탁계약 체결 자산관리체계 구비 자산관리업무지침 마련 유동화자산의 구분관리 보고 및 협조 의무 업무수탁자 감시 등 투자자에 대한 정보제공	
업무수탁자	업무위탁계약 체결 수탁업무처리지침 마련 자산관리자에 대한 감독 이해상충 방지 유동화계획등록신청서 등 충실 기재 자금의 관리 및 운용 자료보관 사업보고서 등의 공시 중요한 사항 발생시 공시 자료제출 협조	
사채관리회사	사채모집위탁계약서 체결 투자자 권익보호 조기상환 등 원리금 상환 관련 자료 요구	「상법」 제480조의2 ~3 제484조 등
신탁업자	자산관리자의 역할 준용	신탁회사
신용평가회사	정기 평가 및 수시 평가 신용사건 발생 등 감시	신용평가회사

외부평가기관	유동화자산에 대한 실사 및 평가 자산양도에 관한 의견 제시 감사의견의 표명	회계법인
법률자문기관	계약서작성 및 검토 진정양도 의견서 제출 법률자문의 지속적 제공	법무법인

Ⓥ 자산유동화에 대한 특례

「자산유동화에 관한 법률」은 자산유동화를 촉진하기 위하여 자산 이전 절차를 간소화하기 위한 「민법」상의 채권양도 대항요건에 대한 특례 조항, 등록세 및 취득세 감면 등 각종 세제 혜택, 자산보유자 등의 도산 위험으로부터의 절연을 위한 특례 조항 등을 두고 있다. 이러한 특례 부여는 지원법 내지 조성법으로서 「자산유동화에 관한 법률」 제정의 큰 목적 중의 하나이며 특징이라고 볼 수 있다.

1. 자산 이전 절차의 간소화 특례

(1) 채권(債權)양도(신탁) 또는 반환의 대항요건에 대한 특례

「민법」상 지명채권(指名債權)의 양도는 양도인이 채무자에게 통지하거나 채무자가 승낙하지 아니하면 채무자에게 대항하지 못하며, 제 3 자에게 대항하기 위해서는 그 통지나 승낙은 확정일자 있는 증서로 해야 한다($^{제450조}_{제1항, 제2항}$). 그러나 자산유동화의 경우, 유동화자산이 상당한 수의 채권(債權)으로 구성되는 것이 일반적이며, 따라서 일일이 채무자에게 통지하거나 승낙을 받아내는 것은 실무적으로 매우 번거롭기 때문에 「자산유동화에 관한 법률」은 이러한 채권양도의 대항요건을 간소화하는 특례 조항을 두고 있는 것이다.

즉, 「자산유동화에 관한 법률」상 자산유동화계획에 따라 채권(債權)의 양도인(신탁인) 또는 양수인(수탁인)이 당해 채무자에게 채무자의 주소지로 2회 이상 내용증명 우편으로 채권양도(채권의 신탁을 포함함)의 통지를 발송하였으나, 소재 불명으로 반송 시 그 채무자의 주소지를 주된 보급 지역으로 하는 2개 이상의 일간 신문에 채권양도 사실을 공고함으로써 그 공고일에 채권양도(신탁)의 통지에 갈음할 수 있게 하고(법 제7조 제1항), 채무자 외의 제3자에 대해서는 금융감독당국에 자산 양도의 등록(법 제6조 제1항)을 한 때 「민법」 제 450조 제2항에 따른 대항요건을 갖춘 것으로 보고 있다(법 제7조 제2항). 이렇게 자산 이전의 절차를 간소화시킴으로써 자산유동화를 원활히 할 수 있도록 하고 있는 것이다.

(2) 근저당권에 의해 담보된 채권의 확정 특례

자산유동화계획에 의해 양도 또는 신탁하고자 하는 유동화자산이 근저당권에 의해 담보된 채권인 경우, 자산보유자는 채무자에게 근저당권에 의해 담보된 채권 금액을 정하여 추가로 채권을 발생시키지 않고 그 채권의 전부를 양도 또는 신탁한다는 취지의 통지서를 내용증명 우편으로 발송한 때,[1] 발송일 다음 날에 당해 채권은 확정된 것으로 간주된다(법 제7조 의2 본문).[2] 다만 채무자가 10일 이내에 이의를 제기한 때에는 적용되지 않는다(법 제7조 의2 단서).

(3) 질권·저당권에 의해 담보된 채권의 양도(신탁) 또는 반환에 따른 질권·저당권의 취득 특례

자산보유자 또는 유동화전문회사등이 자산유동화계획에 따라 질권 또는 저당권으로 담보된 채권을 양도, 신탁 또는 반환한 사실을 등록한 경우 그 채권을 양도 신탁 또는 반환받은 자산보유자 또는 유동화전문회사등(유동화자산을 신탁받은 제3자 포함)은 그 등록을 한 때에 해당 질권 또는 저당권을 취득한다(법 제8조 제1항). 이 규정은 기존의 질권 또는 저당권등기를 말소한 후 신규 질권 또는 저당권 설정 등기를 해야 하는 절차

---

1 우편발송 시점은 자산유동화계획 등록신청서를 제출한 이후에 발송해야 한다.

2 일반적으로 근저당권자의 피담보채권 확정 시기와 관련하여 피담보채무의 변제기가 도래하면 이 때 당연히 피담보채권이 확정되는데, 문제가 되는 것은 어느 경우이건 변제기 도래 전에 저당 목적물에 대한 경매 신청이 있을 때의 확정 시기이다. 이에 대해 대법원은 "근저당권자 자신이 그 피담보채무의 불이행을 이유로 경매 신청을 한 때에는 그 경매 신청 시에 근저당권은 확정된다"라고 판시하고 있고(대법원 1988. 10. 11. 선고 87다카545 판결), 그 후의 판례들(대법원 1989. 11. 28. 선고 89다카15601 판결; 대법원 1993. 3. 12. 선고 92다48567 판결; 대법원 1997. 12. 9. 선고 97다25521 판결; 대법원 1998. 10. 27. 선고 97다26104, 26111 판결 등)에서도 같은 취지가 그대로 유지되고 있다.

상·비용상의 비효율을 방지하기 위한 취지이다.

(4) 부동산 소유권 취득의 특례

한국자산관리공사, 한국토지주택공사가 금융기관의 부실자산정리, 부실징후기업의 자구계획 지원 및 기업의 구조조정을 위해 취득한 부동산을 자산유동화 계획에 따라 유동화전문회사 등에 양도 또는 신탁한 경우 등록이 있은 때에 그 부동산에 대한 소유권을 취득한다(법 제8조 제2항).

2. 자산 이전 비용의 절감

(1) 유동화전문회사의 배당금 소득 공제

유동화전문회사가 '배당가능이익'[1]의 100분의 90 이상을 배당한 경우, 그 금액은 해당 배당을 결의한 잉여금 처분의 대상이 되는 사업 연도의 소득 금액에서 공제된다(「법인세법」 제51조의2 제1항 제1호). 이는 법인세와 배당소득세의 이중 과세를 조정하기 위해 명목회사인 유동화전문회사에 대해 '배당금 손금 산입 방식'을 적용하도록 한 것이다.[2]

(2) 국민주택채권 매입 의무 면제

자산유동화계획에 의하여 유동화자산을 양도 또는 신탁하거나 유동화자산에 대하여 저당권을 설정하는 경우에는 「주택도시기금법」 제8조(국민주택채권의 매입)를 적용하지 아니한다(법 제36조의2).

(3) 이자소득 법인세 원천징수 면제

유동화전문회사를 금융회사로 의제하여 이자소득 금액에 대한 법인세 원천징수 의무를 면제한다(「법인세법」 제73조 제1항, 시행령 제111조 제2항 제1호, 제61조 제2항 제27호).

---

1 '배당가능이익'의 범위는 「법인세법 시행령」 제86조의2 제1항 참조.
2 법인세와 배당소득세의 이중 과세 조정 방식에는 크게 '배당 세액 공제 방식'(법인세 주주 귀속 방식)과 '배당금 손금 산입 방식'이 있는데, 전자의 경우는 실체형 회사에, 후자의 경우는 명목 회사(paper company)에 적용되고 있다(이창희, 『세법강의』(박영사, 2003), 448~449면; 박훈, "부동산 간접투자에 따른 과세 문제," 『BFL』 제21호(서울대학교 금융법센터, 2007. 1), 63~64면). 세제에 관한 자세한 내용은 제5장에서 설명하기로 한다.

(4) 취득세 및 등록면허세 3배 중과 배제

유동화전문회사가 부동산을 취득하는 경우에는 2024년 12월 31일까지 취득세 3배 중과 규정의 적용이 배제되며(「지방세특례제한법」 제180조의2 제1항 제3호), 설립등기(설립 후 5년 이내에 자본 또는 출자액 증가하는 경우 포함)에 대해서는 2024년 12월 31일까지 등록면허세 3배 중과 규정의 적용이 배제된다(「지방세특례제한법」 제180조의2 제2항 제5호).

(5) 부가가치세 면제

유동화전문회사가 하는 자산유동화 사업과 자산관리자가 하는 자산관리사업을 금융ㆍ보험 용역으로 간주하여 부가가치세가 면제된다(「부가가치세법」 제26조 제1항 제11호, 시행령 제40조 제1항 제10호).

(6) 한국자산관리공사와 한국토지주택공사에 대한 특례

한국자산관리공사 또는 한국토지주택공사가 금융기관의 부실자산정리, 부실징후기업의 자구계획지원 및 기업의 구조조정을 위하여 취득한 부동산을 자산유동화 계획에 따라 유동화전문회사 등에 양도 또는 신탁하는 경우에는 「부동산등기특별조치법」상의 부동산소유권이전등기 및 계약서 검인을 생략할 수 있으며, 「도시교통정비촉진법」상의 교통유발부담금이 면제되고, 「주택법」상 국민주택채권 매입의무가 면제되며, 「부동산거래 신고 등에 관한 법률」상 거래당사자가 외국인 등인 경우 부동산거래 신고 의무가 면제되고, 외국인 등의 상속, 경매, 기타 지정된 계약 외의 원인으로 부동산 등을 취득시 신고의무, 허가구역 내 토지거래에 대한 허가가 면제된다(법 제36조).

3. 안정성 도모: 자산보유자 등의 도산 위험의 제거 또는 최소화를 위한 특례

「자산유동화에 관한 법률」은 자산유동화의 취지를 살리기 위해 자산보유자 또는 자산관리자가 도산하는 경우의 각종 위험을 제거하거나 최소화하기 위해 몇 가지 규정을 두고 있다.

1) 「자산유동화에 관한 법률」에서 정하는 양도 방식의 요건을 충족하는 경우 이를 담보권 설정으로 보지 않고 진정한 양도(true sale)로 의제되어 당해 자산은 자산보유자(양도자)의 파산으로부터 절연(bankruptcy remote)될 수 있다(법 제13조). 진정 양도와 파산

절연과 관련한 법적 쟁점에 대해서는 후술하기로 한다.

2) 유동화전문회사(신탁업자는 제외)와의 자산관리위탁계약에 의하여 자산 관리를 위탁받은 자산관리자는 관리를 위탁받은 유동화자산을 그 고유재산과 구분하여 관리할 의무가 있으며($^{법 제}_{11조}$), 자산관리자의 파산의 경우 유동화 자산은 파산재단을 구성하지 않는다($^{법 제}_{12조}$).

3) 유동화자산 중 차임(借賃)채권에 관하여는 자산보유자가 파산하거나 자산보유자에 대하여 회생 절차가 개시되는 경우에도 「채무자 회생 및 파산에 관한 법률」 제125조와 제340조의 적용이 배제되어, 상호계산은 종료되지 않고 파산채권자에게도 대항할 수 있다($^{법 제}_{15조}$).

4) 신탁업자가 유동화자산을 관리·운용함에 있어서는 「신탁법」 제30조 단서의 규정에도 불구하고 그 신탁재산이 금전인 경우에도 고유재산 또는 다른 신탁재산에 속하는 금전과 구별하여 관리해야 한다($^{법 제16조}_{제 3 항}$).

5) 투자자 보호를 위해 등록(변경, 취소) 서류에 대한 열람권이 인정되고($^{법 제9조}_{제 2 항}$), 금융감독원장의 조사권($^{법}_{제34조}$), 금융위원회의 업무개선 명령권($^{법 제}_{35조}$)을 인정하고 있다.

6) 유동화전문회사등은 등록유동화 이외에 비등록유동화방식으로 유동화증권을 발행한 경우에는 (i) 유동화증권의 종류 총액 발행조건 등 발행내역, (ii) 유동화자산, 자산보유자 등 유동화 관련 정보, (iii) 의무보유제도에 따른 유동화증권의 보유내역, (iv) 그 밖에 대통령령으로 정하는 사항(유동화전문회사등의 명칭, 유동화자산의 관리를 위탁받은 자와 위탁업무, 업무를 위탁받은 자와 위탁업무, 유동화증권에 대한 신용보강 내역 및 유동화증권의 신용평가등급, 기타 유동화증권의 발행에 관한 사항으로서 금융위원회가 정하여 고시하는 사항) 등을 일정한 방법과 절차에 따라 「자본시장과 금융투자업에 관한 법률」 제294조에 따른 한국예탁결제원 인터넷 홈페이지를 통하여 공개해야 한다. 동 제도는 유동화증권 발행과 내역에 대해 정보를 공개함으로써 투명성을 제고할 수 있다($^{법 제33조의2,}_{시행령 제 5 조의3}$).

4. 기타 특례

(1) 「자본시장과 금융투자업에 관한 법률」에 대한 특례

신탁업자가 자산유동화계획에 따라 유동화자산을 양도받은 경우와 자산유동화

계획에 따라 유동화자산을 양도 또는 신탁받은 신탁업자가 자산유동화계획에 따라 여유 자금을 운용하는 경우에 「자본시장과 금융투자업에 관한 법률」 제105조에 따른 신탁 자금 운용의 제한을 받지 아니한다(법 제16조 제1항). 또한 신탁업자는 자산유동화계획에 따라 유동화자산을 양도 또는 신탁함에 있어서 「신탁법」 제 3 조 제 1 항, 「민법」 제563조 및 제596조에도 불구하고 자기계약을 할 수 있다(법 제16조 제2항).[1] 신탁업자는 자산유동화계획에 따라 수익증권을 발행할 수 있으며, 이 때 「자본시장과 금융투자업에 관한 법률」 제110조 제 1 항 내지 제 4 항은 적용되지 않는다(법 제32조).[2]

(2) 「상법」에 대한 특례

① 유한회사인 유동화전문회사는 「상법」상 유한회사의 형태로서 「자산유동화에 관한 법률」에 달리 정함이 있는 경우를 제외하고는 「상법」에 따르게 된다. 유한회사인 유동화전문회사가 출자증권을 발행하는 경우 「상법」에 따르면 유한회사는 지시식(指示式)이나 무기명식(無記名式) 출자증권을 발행할 수 없는데(제555조), 「자산유동화에 관한 법률」은 가능하도록 허용하고 있다(법 제28조 제1항). 출자지분의 양도와 관련하여 대항요건을 규정한 「상법」의 규정(제557조)은 그 적용이 배제된다.

② 상법상 유한회사의 경우 주식회사와 마찬가지로 이익배당한도를 규정하고 있는데(제462조, 제583조), 「자산유동화에 관한 법률」상 유한회사인 유동화전문회사는 정관이 정하는 바에 따라 이익(재무상태표상의 자산에서 부채·자본금 및 준비금을 공제한 금액을 말한다)을 초과하여 배당할 수 있다(법 제30조 제2항). 즉, 「상법」상의 자본준비금이나 이익준비금 등의 적립 의무를 배제하고 있다.

③ 유동화전문회사는 자산유동화 계획에 따라 사채를 발행할 수 있다(법 제31조 제1항). 사채 중 유한회사가 발행하는 사채에 관하여는 「상법」 제 3 편 제 4 장 제 8 절(제469조는 제외한다)을 준용한다(법 제31조 제2항).

---

1 2012년 7월 26일 시행된 개정 「신탁법」으로 일반화되었다.
2 2012년 7월 26일 시행된 개정 「신탁법」에 도입된 신탁선언에 의한 신탁(자기신탁, 법 제 3 조 제 1 항 제 3 호, 제 2 항), 수익증권발행신탁(법 제78조~제86조) 등이 「자산유동화에 관한 법률」에서는 이미 특례로 인정되고 있었던 것이다.

1. 의   의

'매매형 자산유동화'란 "유동화전문회사(자산유동화 업무를 전업으로 하는 외국법인을 포함한다)가 자산보유자로부터 양도받은 유동화자산을 기초로 유동화증권을 발행하고, 해당 유동화자산의 관리·운용·처분에 의한 수익이나 차입금 등으로 유동화증권의 원리금 또는 배당금을 지급하는 일련의 행위"를 말한다(법 제2조 제1호 가목).

2. 기본 구조

일반적으로 매매형 자산유동화의 기본 구조는 [그림 4-1]과 같다.

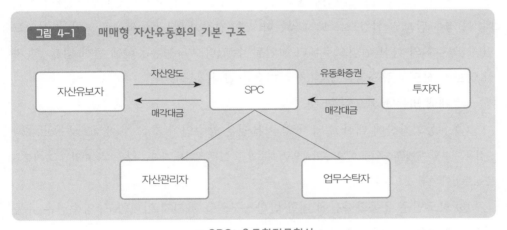

그림 4-1 매매형 자산유동화의 기본 구조

● SPC: 유동화전문회사

구조상에 나타나 있는 '자산보유자'는 직·간접적으로 자산유동화의 형식에 따라 보유자산을 유동화하려는 자이며, 기술한 바와 같이 자산의 편법 양도, 이중 양도, 조세 회피 등의 부작용을 차단하기 위해 그 자격을 제한하고 있다. '자산관리자'는 유동화전문회사 등을 위하여 유동화자산을 관리하는 자로서 「자산유동화에 관한 법률」 상 일정한 자격요건을 구비하고, 자산관리위탁계약에 따라 위탁받은 업무를 수행하는 자이다($\frac{법}{제10조}$). '업무수탁자'는 명목회사인 유동화전문회사를 위해 업무위탁계약에 따라 유동화전문회사의 일상적인 업무를 수행하는 자이다($\frac{법}{제23조}$). 명목회사(SPC)인 유동화전문회사는「자산유동화에 관한 법률」상 지정된 업무만을 영위할 수 있는 회사로서 유동화자산의 양수·양도 또는 다른 신탁업자에의 위탁, 유동화자산의 관리·운용 및 처분, 유동화증권의 발행 및 상환, 자산유동화 계획의 수행에 필요한 계약의 체결, 유동화증권의 상환 등에 필요한 자금의 일시적인 차입, 여유 자금의 투자, 기타 부수 업무만을 영위할 수 있다($\frac{법}{제22조 제1항}$).

3. 자산 양도

(1) '진정한 양도'(true sale) 관련 법적 쟁점

1) 자산 양도 방식: '진정한 양도'의 충족 요건

자산의 양도방식은「자산유동화에 관한 법률」에서 규정한 방식에 의해야 하는데, 이 경우 담보권 설정으로 보지 않는다.[1] 즉, 진정한 양도(true sale)로 보아, 자산양도인(자산보유자)의 파산 위험으로부터 절연될 수 있다.「자산유동화에 관한 법률」상 자산 양도 방식으로 규정하고 있는 것은 다음과 같다($\frac{법}{제13조}$).

① 매매 또는 교환으로 할 것.

② 유동화자산에 대한 수익권 및 처분권은 양수인이 가질 것(이 경우 양수인이 해당 자산을 처분할 때에 양도인이 이를 우선적으로 매수할 수 있는 권리를 가지는 경우에도 수익권 및 처분권은 양수인이 가진 것으로 본다).

③ 양도인은 유동화자산에 대한 반환청구권을 가지지 아니하고, 양수인은 유동화자산에 대한 대가의 반환청구권을 가지지 아니할 것.

④ 양수인이 양도된 자산에 관한 위험을 인수할 것(다만, 당해 유동화자산에 대하여 양도인이 일정 기간 그 위험을 부담하거나 하자(瑕疵)담보책임(채권의 양도인이 채무자의 자력(資力)을 담보한 경우에는 이를 포함한다)을 지는 경우는 제외한다).

---

1 참고로 채권자와 채무자 간에 계약상 '담보설정금지 특약 조항'(Negative Pledge Clause)이 있는 경우, 채무자인 자산보유자가 자산을 유동화전문회사에 양도할 때 담보설정 행위로 간주되면 이 특약 조항에 따라 채권자의 항변을 받게 될 수 있다(자산유동화실무연구회,『금융 혁명 — ABS(자산유동화의 구조와 실무)』(한국경제신문사, 1999), 28면).

위의 ②의 경우는 양도인이 '우선매입권'(pre-emptive buy-back option)을 보유하는 경우로서, 양도 시에 양도인에게 이 권리를 유보하고 있는 경우에도 진정한 양도로 간주한다는 의미이다.

④의 경우는 '기한부 위험부담행위'나 '채무자의 자력(資力)을 담보하는 행위'를 포함하여 하자(瑕疵)담보책임을 부담하는 경우에도 진정한 양도로 간주한다는 의미이다. 이 경우 "위험"의 의미는 보통 유동화증권의 신용 보강을 위해 자산보유자가 후순위 유동화증권을 인수한다든가 유동화전문회사에 출자하는 경우 등 양도한 유동화자산의 위험에 간접적으로 노출되는 것이 아닌 직접적인 위험을 의미한다.[1] 이는 자산 양도와는 별개의 문제로 보는 것이 일반적이다.[2]

표 4-4 자산유동화 거래와 담보(대출)거래의 비교

구분	일반 담보(대출)거래	자산유동화 거래
회계처리	담보제공자산에 대한 회계처리 불필요	매각회계처리가능
채무자 파산	채권 조기상환위험 발생	파산절연
발행형태	다양한 형태의 채권발행 불가	다양한 형태 유동화증권 발행 가능
양도	채권양도시 별도의 담보권 이전 필요	유동화증권 양도시 담보권 이전 절차 불필요

일반적으로 채권의 양도인이 채무자의 자력 담보한다는 특약을 하는 경우 매매계약 당시 자력을 담보하는 것으로 추정하며, 변제기가 도래하지 않은 채권의 경우 변제기의 자력을 담보하는 것으로 추정한다(「민법」제579조). 하자(瑕疵)는 양도 당시 발견하지

---

1 재정경제부 1998. 12. 2. 질의 회신(금정41207−441)(위의 책, 383면에서 재인용). 다만, 자산보유자가 유동화전문회사(SPC)에 전부 또는 상당 부분 출자하는 경우나 자산관리 기타 SPC의 업무를 위탁받아 수행하는 경우, '법인격 부인의 법리'(사원과 회사의 법인격의 독립성을 형식적으로 보는 것이 정의와 형평에 반하는 경우, 특정 사안에 대해 회사의 법인격을 부인하고 회사와 사원을 동일시하는 법리)를 적용하여 책임을 물어야 된다는 견해가 있을 수 있다.

2 다만, 실무적으로 감독기관에서는 자산보유자(양도인)의 위험부담율을 50% 미만으로 요구하고 있다. 한편 2011년부터 국내 모든 상장법인과 금융기관에 의무적으로 적용될 것으로 보이는 국제회계기준위원회(IASB: International Accounting Standards Board)가 제정한 '신 회계기준'(IFRS: International Financial Reporting Standards)에 따라 양도(매각 거래)로 인식되기 위한 요건에 대한 검토와 대비가 필요할 것으로 본다.

못했던 하자로서 물건의 하자와 권리의 하자 등을 포함하며, 다만 하자담보책임에 대해 기간을 정하지 않은 것은 「민법」상 하자담보기간에 대한 규정이 존재하기 때문으로 보고 있다.[1]

　이와 같은 해석에도 불구하고 상기 규정이 다소 추상적이어서 실제 사례에 있어서 특정 양도 행위가 진정한 양도에 해당하는지 여부를 판단하기에는 불명확한 점이 많아, 실무상으로는 법무법인의 '진정한 양도에 관한 법률의견서'(True Sale Opinion)를 바탕으로 감독기관의 확인에 따라 업무를 처리하는 것이 통상적이다.

　이와 관련해서 당시 금융감독위원회는 2006년 11월 29일 「재무보고에 관한 실무의견서 2006−6, 양도자의 관여가 있는 부동산 등의 양도에 대한 회계처리」를 발표한 바 있다. 이것은 부동산 등을 타인에게 양도하고 양도자가 양도 자산에 대해 '지속적으로 관여'(continuing involvement)[2]하고 있는 경우의 회계 처리 방안(즉, 매각거래냐 담보차입거래냐)에 대해 기준을 제시한 것이지만, 법률상 진정 양도에의 해당 여부를 판단할 때 간접적으로 참고가 될 수 있을 것으로 보인다.

1　재정경제부 1998. 12. 2. 질의 회신(금정41207−441).
2　이 실무의견서는 '관여(involvement)가 있는 부동산 양도거래의 판단과정'을 다음과 같이 도해화하고 있다.

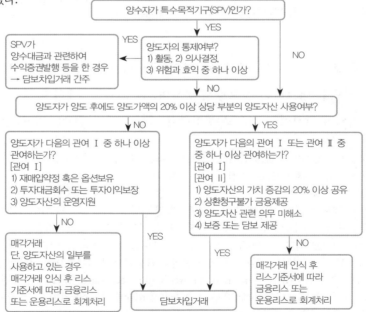

2) 「자산유동화에 관한 법률」 제13조의 요건(진정한 양도 요건)을 충족하지 못한 거래의 법적 효력 문제

여기서 「자산유동화에 관한 법률」 제13조의 요건을 충족하지 못한 거래의 법적 효력을 어떻게 볼 것인가라는 쟁점이 있을 수 있다. 「자산유동화에 관한 법률」은 제13조 각 호의 방식으로 자산을 양도하면 담보권의 설정으로 보지 않는다고 규정하고 있다. 그러면 제13조 각 호의 방식으로 하지 않는 경우, 즉 제13조의 요건을 구비하지 못한 경우에 당연히 이를 담보권의 설정으로 보아야 하는가라는 문제가 생긴다.

기술한 바와 같이, 일반적으로 사법상 일정한 거래에 있어서 「민법」상 진정한 매매거래인지 담보권설정거래인지에 대한 명확한 기준이 제시되어 있지 않다. 그렇다고 해서 「자산유동화에 관한 법률」상 제13조 규정이 「민법」상 기준을 대체할 수 있는 일반적인 기준도 아니다. 나아가 담보권 설정으로 보는 경우에 「자산유동화에 관한 법률」의 위반 거래로서 무효라고 보면, 즉 사법(私法)적 효력 자체를 부인할 수 있다고 한다면, 이는 분명히 거래의 안정성에 기한 투자자 보호에 역행하는 것이며, 장려법(獎勵法)으로서의 성격을 가진 「자산유동화에 관한 법률」의 취지에도 반한다고 본다.

따라서 「자산유동화에 관한 법률」 제13조는 '안전항 조항'(safe harbor clause)의 성격을 가지는 것으로서 거래 당사자 간 법적 안정성을 부여하는 기능을 가지며, 이를 위반하더라도 처벌이 부과되는 것도 아니고, 다만 자산유동화 계획 등록의 거부를 초래하여 「자산유동화에 관한 법률」에 따른 자산유동화가 불가능하게 되고, 결국 이 법이 부여하는 각종 특례의 적용을 받을 수 없게 된다는 소극적 의미를 가진다고 보는 것이 타당할 것이다.

이 조항은 자산유동화 초기에 거래 안정성에 기한 투자자 보호 차원에서 실효성이 돋보였지만, 그 이후 「자산유동화에 관한 법률」에 의한 자산유동화가 아닌 '비정형(비등록) 자산유동화'가 증가하고, 이에 대한 투자가 점차 확대됨에 따라 이 조항의 의의가 다소 퇴색하고 있으며, 오히려 정형 자산유동화의 최소한의 요건 규정으로 잔존하고 있다는 점에서 그 의미를 찾을 수 있을 것으로 본다. 즉 이 조항이 존재함으로써 자산유동화 시장의 확대에 걸림돌이 된다는 부정적 시각보다는 이 조항이 있음에도 불구하고 시장에서 자산유동화 거래 구조의 다변화 추세(즉, 신탁형 구조, 합성구조 등)

는 거스를 수 없다는 것이다.[1]

3) 유동화증권의 의무보유제도

① 도입배경　　　유동화거래 이행상충방지를 위한 위험보유 규제차원에서 도입된 것으로 종래 자산유동화 및 유동화증권 거래가 특정 주체의 신용보강에 의존하는 구조하에 실질적 자금조달주체의 책임 또는 의무부담이 미흡하여 유동화과정에서 일정비율만큼 자산보유자 등이 위험을 보유하는 기준과 공시방법 등을 규정함으로써 유동화거래 이해상충방지를 도모하고 유동화자산의 건전성·투명성 및 관리수준을 제고하여 궁극적으로 투자자보호에 기여하기 위한 제도이다.[2] 즉, 자산보유자 등에게 일정 비율만큼의 위험보유의무 및 관련 세부정보의 공개의무를 부여하는 것이다. 동 제도는 규제의 정도, 대상, 방식 등에 차이는 있지만 미국, EU, 일본 등 선진국에서도 법제화되어 있다.[3]

② 평가　　　자산보유자 등이 유동화증권의 일부를 보유하고 유동화자산에 대한 위험과 효익에 관여하는 것은 원칙적으로 진정양도(true sale)의 의미를 훼손하는 것으로 볼 수 있으나 의무보유 비중이 낮고 그 목적이나 취지가 도덕적 해이 및 이해상충 방지와 투자자보호에 있다는 점에서 긍정적으로 평가될 수 있다. 자산유동화를 통하여 자금을 조달하는 자는 해당 유동화증권 발행·매각 이후에는 경제적 이해관계가 소멸하므로 신용도가 낮은 기초자산을 유동화에 제공할 유인이 존재하기에(자금조달자-투자자 간 이해상충 발생) 유동화증권 부실발생 시 자산보유자도 5% 수준의 경제적 책임을 부담하므로 자산보유자가 부실자산을 유동화에 제공하고자 하는 경제적 유

---

1 이와 관련하여 이 조항을 아예 개정하여 명실공히 '안전항 조항'으로 만드는 것이 바람직하다는 입법론도 많다. 이미현, "자산유동화와 진정한 매매," 『법조』 제565호(법조협회, 2003. 10), 117면; 김재형, "자산유동화에 관한 법률의 현황과 문제점," 『인권과 정의』 제293호(대한변호사협회, 2001. 1), 96면; 조영희, "파산절연과 자산유동화에 관한 법률 제13조에 관한 소고," 『BFL』 제31호(서울대학교 금융법센터, 2008. 9), 91면.

2 한국주택금융공사가 발행하는 MBS도 일정한 경우에 대출금융기관에 의무적으로 배분하는데 MBS발행 물량이 많아 시장에서 원활하게 소화하기 어렵거나 회사채 전반의 금리를 과도하게 올릴 수 있다고 판단될 때 시행된다. 5년물 이상 MBS가 의무 매입 수량으로 인정된다.

3 미국은 2014년에 「도드-프랭크법」의 규정을 토대로 증권거래법에 근거를 두고 세부 시행규칙(Credit Risk Retention Rule)을 마련하였으며 EU는 2019년에 「유럽공통 유동화 규제법(Securitisation Regulation)」을 제정하였고 일본은 2019년에 은행법에 규제근거를 마련하고 예금보험 부보 예금기관'(Covered Japanese Institutions)이 非위험보유증권(5%미만)에 투자 시 징벌적 자기자본 위험가중치를 적용하고 있다.

인, 도덕적 해이 등을 일부 방지할 수 있을 것으로 기대된다. 그동안 해외 주요선진국(미국, EU, 일본 등)은 자산유동화 시장에서 발생되는 이해상충을 2008년 글로벌 금융위기의 주요원인으로 지적해오고 있다(서브프라임 모기지 사태). 자금을 조달하여 경제적 이익을 누리는 자(자산보유자 등)가 스스로 책임성을 갖고 유동화 거래에 참여하도록 함으로써 유동화시장의 건전한 발전 및 투자자 피해예방 등에 크게 기여할 수 있을 것으로 판단된다.

③ 주요 내용　　유동화전문회사등(유동화전문회사, 신탁업자, 자산유동화업무를 전업으로 하는 외국법인)이 유동화증권을 발행하는 경우 유동화전문회사등에 자산을 양도하거나 신탁한 자와 그 밖에 대통령령으로 정하는 자는 해당 유동화전문회사등이 발행한 유동화증권 발행금액의 100분의 5에 해당하는 금액의 범위에서 대통령령으로 정하는 기준과 절차에 따라 그 유동화증권을 보유하여야 한다. 단 국가, 지방자치단체 또는 금융위원회가 정하여 고시하는 공공기관이 원리금의 지급을 보증하는 유동화증권과 신용위험이 낮거나 이해상충이 발생할 가능성이 낮은 유동화증권으로서 대통령령으로 정하는 유동화증권은 제외한다(법 제33조의3).

(i) 의무보유 주체　　동 제도는 유동화 거래 스폰서(Sponsor)가 유동화자산 부실에 따른 신용위험을 일부 부담하도록 하는 위험보유규제를 위한 것이다. 이때 스폰서는 자산유동화 거래를 설계하고 유동화 대상자산을 직·간접적으로 양도하는 자로서, 거래유형에 따라 다양하게 규정될 수 있고 일반적으로 유동화증권 거래를 통해 경제적 이익을 향유하는 자로 이해되며, 대체로 예외는 있지만 자산보유자로 규정할 수 있다. 통상 이러한 스폰서로 하여금 최후순위 유동화 증권을 매입토록 하고 있다.

「자산유동화에 관한 법률」도 유동화전문회사등에 자산을 양도하거나 신탁한 자(자산보유자) 이외에 (i) 유동화전문회사등에 유동화자산을 양도하거나 신탁하는 행위에 준하여 제공한 자로서 금융위원회가 정하여 고시하는 자, (ii) 그 밖에 유동화증권에 투자한 투자자 보호를 위하여 그 유동화증권을 보유해야 할 필요가 있다고 금융위원회가 정하여 고시하는 자를 포함하고 있다(시행령 제5조의4 제1항 제1호, 제2호).

(ii) 규제의 대상　　현행법은 신용위험이 낮거나 참가자 간 이해상충의 여지가 적은 유동화구조, 기초자산 등에 대해서는 위험보유규제를 면제하거나 완화함으로써 규제의 차별화를 도모하고 있다.

㉠ 국가, 지방자치단체 또는 금융위원회가 정하여 고시하는 공공기관이 원리금 일부의 지급을 보증하고 남은 금액에 해당하는 유동화증권을 인수하는 경우의 유동화증권, ㉡ 국가, 지방자치단체 또는 금융위원회가 정하여 고시하는 공공기관이 원리금 전액에 해당하는 유동화증권을 인수하는 경우의 유동화증권, ㉢ 국가, 지방자치단체 또는 금융위원회가 정하여 고시하는 공공기관이 유동화자산 또는 유동화증권의 매입을 약정하거나 유동화전문회사등에 신용을 공여하는 방법으로 그 지급기일에 원리금 지급이 보장되는 유동화증권, ㉣ 그 밖에 신용위험이 낮거나 이해상충이 발생할 가능성이 낮은 유동화증권으로서 금융위원회가 정하여 고시하는 유동화증권은 제외된다(시행령 제5조의4 제3항).

(iii) 유동화증권 보유 기준과 절차

㉠ 유동화전문회사등이 다른 유동화전문회사등으로부터 양도받거나 신탁받거나 이에 준하여 제공받은(다단계 방식 포함) 유동화자산 또는 유동화증권을 기초로 하여 유동화증권을 발행하는 경우에는 처음으로 유동화전문회사등에 유동화자산을 양도하거나 신탁하거나 이에 준하여 제공한 자로서 금융위원회가 정하여 고시하는 자가 유동화증권을 보유해야 한다(시행령 제5조의4 제2항 제1호).

㉡ 유동화증권 발행잔액의 100분의 5에 해당하는 금액의 유동화증권을 금융위원회가 정하여 고시하는 방법에 따라 보유해야 한다(제2호). 보유방식은 수직적, 수평적, 혼합적 방법 등이 허용된다.

㉢ 유동화증권을 보유해야 하는 자가 둘 이상인 경우 각각 보유해야 하는 금액은 유동화자산의 가액에 비례하여 배분한 금액으로 할 것(이 경우 해당 유동화자산 가액의 산정 기준은 명목가액으로 함)(제3호) → 다수의 자산보유자 존재(Multi-Seller 유동화).

㉣ 유동화증권을 보유해야 하는 기간은 그 유동화증권의 만기일까지로 한다(제4호) 단, 만기일 전에 유동화전문회사등이 유동화자산의 조기 상환이나 처분 등을 통하여 유동화증권의 상환에 필요한 대금의 회수를 전부 완료한 경우에는 회수완료일까지로 한다.

(2) 파산 절연과 관련한 법적 쟁점

1) 「채무자 회생 및 파산에 관한 법률」상의 부인권(否認權)

「채무자 회생 및 파산에 관한 법률」에 따라 채무자의 관리인(管理人) 또는 파산관재인은 일정한 경우에 채무자의 재산을 위해 부인권(否認權)을 행사[1]할 수 있는데, 이 경우 채무자의 재산은 원상회복되며, 상황에 따라 공익 채권자 또는 회생 채권자로서 반대급부(給付)반환청구권, 현존이익반환청구권, 반대급부가액반환청구권, 반대급부와 현존이익 차액 반환청구권 등을 보유하게 된다(제100조, 제105조, 제108조, 제394~제398조). 따라서 자산보유자인 채무자가 재산을 양도하는 경우에 부인권 행사의 대상이 된다면 자산유동화계획에 차질이 생기게 되고 유동화증권 투자자에게는 하나의 위험 요소로서 작용하게 된다.[2]

부인권을 행사할 수 있는 요건, 예를 들어 회생채권자나 회생담보권자를 해(害)하는 등의 요건으로 볼 수 있는 대표적인 것이 "자산을 적정한 가격에 양도하지 않는 경우"인데, 자산유동화 실무상 감독기관에 대한 자산 실사 보고서 제출 의무가 있고(「자산유동화업무감독규정」 제12조 제1항), 자산보유자가 유동화의 도관(즉, 유동화전문회사나 신탁회사를 말함)의 지분을 보유하지 않음으로써 이해상충이나 사해행위(詐害行爲)의 소지가 없게 된다면 부인권 행사로 인한 자산유동화의 위축 우려는 크지 않을 것으로 판단된다.

2) 장래 발생 채권의 유동화

① 종래논의　　장래 발생 채권의 양도와 관련하여 대법원 판례[3]는 '권리의 특정 가능성'과 '가까운 장래 발생 가능성'이라는 두 가지 요건을 모두 요구하고 있는데, 자산 유동화에 있어서도 이 법리가 그대로 적용이 되는 지에 대해서는 논란이 있다. 우선 '가까운 장래 발생 가능성'이란 요건과 관련하여, 신용카드 거래와 같이 향후 장기간에 걸쳐 발생할 것으로 예상되는 '계속적 장래 채권'의 양도와 관련하여 명시적인 판례는 없으나, 적어도 일회성 장래 채권이 아닌 계속적 장래 채권의 경우에는 이 요건이 필요하지 않거나 가까운 장래에 개시될 가능성을 넘어 가까운 일정 기간 동안 계속하여 발생할 가능성을 요구하는 의미는 아니라고 해석하는 것이 합리적이라고

---

1 소(訴), 청구(請求), 항변(抗辯) 등의 형식으로 할 수 있다.

2 미국 「종업원착취방지법(The Employee Abuse Prevention Act of 2002)」은 종업원의 이익 보호를 위해 유동화기구로 이전된 자산에 대한 파산절차상의 절연을 아예 인정하지 않고 있다(김형태 · 김필규, "자산유동화증권(ABS) 시장발전방안 연구," 한국증권연구원 연구보고서 제02−01호, 2002. 11, 27~28면).

3 대법원 1997. 7. 25. 선고 95다21624 판결.

보는 견해가 있다.[1] 그 논거로 대법원 판례가 유연한 태도를 보이고 있으며,[2] 장래 발생 채권의 양도에 관한 사회적 수요가 이미 존재하고, 「자산유동화에 관한 법률」상 자산양도 등록제도하에서 공시(公示)가 가능하므로 채무자가 재산 도피 수단으로 악용하거나 선의의 채권자들에게 예상하지 못한 손해를 가할 우려가 적다는 점 등을 들고 있다.[3]

다음으로 장래 채권 양도의 대항요건 효력 발생 시기와 관련해서도 견해가 나누어질 수 있는데, 「자산유동화에 관한 법률」하에서는 양도 등록을 한 때에 제3자에 대한 대항요건의 효력이 발생한다고 보는 것이 일관성 있는 견해라고 본다.

한편, 자산보유자가 일정한 물품이나 용역을 장기적으로 제공함으로써 향후 보유하게 될 장래 채권을 유동화하는 경우, 추후 자산보유자의 관리인이나 관재인(管財人)이 기본 계약을 해지할 우려가 존재한다. 이 경우는 이미 장래 채권을 양도하여 이익의 회수를 완료하였으므로 향후 의무 이행만 남아 있는 상태이다. 또한 자산보유자의 파산 시 물품이나 용역의 공급이 불가능하고 장래 채권도 발생하지 않으므로 계약의 해지 명분이 존재한다. 이와 같이 기본 계약이 해지되는 경우에는 유동화전문회사는 구제 수단으로서 손해배상청구권을 보유하게 되고, 이것이 「채무자 회생 및 파산에 관한 법률」상 공익(公益)채권[4]에 해당하는지 여부에 따라 기본 계약의 해지 여부가 결정된다고 볼 수 있다. 이와 관련하여 「자산유동화에 관한 법률」은 특칙을 두고 있는데, 시설대여계약이나 연불(延拂)판매계약에 있어서의 장래 발생 채권과 관련하여 자산보유자의 관재인(管財人), 보전 관재인, 관리인, 보전 관리인으로 하여금 기본 계약(즉, 시설대여계약이나 연불(延拂)판매계약)을 변경하거나 해지할 수 없도록 규정하고 있다(법 제14조).[5] 이 규

---

1 김용호 · 선용승, "국제금융을 위한 담보수단 개관 및 몇 가지 관련문제," 『BFL』 제10호(서울대학교 금융법센터, 2005. 3), 111면.

2 대법원 2001. 9. 18. 선고 2000마5252 판결.

3 김용호 · 선용승, 앞의 글, 111면. 허근영, "장래 발생할 채권의 특정과 그 양도가능성," 『대법원 판례해설』 제29호(법원도서관, 1997. 12), 107~109면에서도 '가까운 장래의 발생 가능성'이란 요건을 주로 계속적 채권관계가 아닌 채권관계에서 발생하는 장래 채권에 대해 문제되는 것이라고 보고 있다. 문홍수, "채권의 양도성과 압류 가능한 채권의 범위," 『인권과 정의』 제284호(대한변호사협회, 2000. 4), 94~95면에서도 장래 채권을 특정할 수 있을 정도로 채권의 기초가 되는 법률 관계가 이미 존재하는 경우에는 폭넓게 장래 채권의 양도성을 인정해야 한다고 주장하고 있다.

4 공익채권의 경우에는 법상 해지가 불가능하다.

5 2010년 10월 25일 입법 예고된 '「자산유동화에 관한 법률」 일부 개정 법률안'에서는 추가로 "해

정은 시설대여계약이나 연불판매계약 이외의 다른 종류의 채권(그 예로서 운임 채권, 분양 대금 채권 등)에도 확대 적용할 수 있는 포괄적 규정으로 볼 수 있을 것이다.[1]

② 현행법　　2023년 7월 11일 개정되고 2024년 1월 12일 시행된 현행법에서는 "유동화자산이란 자산유동화의 대상이 되는 채권(채무자의 특정 여부에 관계없이 장래에 발생할 채권을 포함한다), 부동산, 지식재산권 및 그 밖의 재산권을 말한다"라고 규정함으로써 장래발생채권을 유동화자산으로 포함시키고 있다.

3) 차임(借貸)채권

「채무자 회생 및 파산에 관한 법률」상 임대인인 채무자에 대해 회생 절차가 개시된 때에는 차임(借貸)채권의 사전 처분은 회생 절차가 개시된 때의 당기(當期)와 차기(次期)에 관한 것만 유효한데($\binom{제124조}{제1항}$), 자산유동화의 경우 임대인이 자산보유자로서 차임채권을 유동화하는 경우에는 「채무자 회생 및 파산에 관한 법률」 제124조 제 1 항부터 제 3 항까지의 규정과 제340조 제 1 항부터 제 3 항까지의 규정의 적용을 배제함으로써($\binom{법}{제15조}$) 차임채권의 유동화를 원칙적으로 가능하도록 하고 있다. 따라서 차임채권을 유동화하려고 하는 경우에는 「채무자 회생 및 파산에 관한 법률」상의 제한 때문에 「자산유동화에 관한 법률」상의 자산유동화 방식(즉, 정형 유동화)을 따르는 것이 바람직하다고 본다.

4) 자산관리자의 파산 절연

유동화자산을 관리하는 자산관리자가 파산하는 경우와 회생절차가 개시되는 경우에는 유동화자산은 파산재단을 구성하지 않으며, 자산관리자 또는 파산관재인에게 유동화자산의 인도를 청구할 수 있다($\binom{법 제12조}{제1항, 제2항}$). 또한 자산관리자의 채권자는 유동화자산에 대해 강제집행할 수 없으며, 유동화자산은 「채무자 회생 및 파산에 관한 법률」에 의한 보전 처분 또는 중지 명령의 대상이 되지 아니한다($\binom{법 제12조}{제3항}$).

4. 실무상의 규제 및 제한

「자산유동화에 관한 법률」상 명시적 규정은 없으나 실무적으로 규제 및 제한하

당 시설대여계약 또는 연불판매 계약의 목적물을 처분할 수 없다"고 규정하고 있다.

1　자산유동화실무연구회, 앞의 책, 396면도 같은 취지이다.

는 사항들이 있다.

(1) 유동화전문회사에 대한 규제 및 제한

1) 개량(改良)행위(renovation)

실무상 감독당국은 유동화전문회사의 행위와 관련하여, 비용이 경미하고 필수 불가결한 수선(修繕)행위는 허용이 되나, 일정한 행위로 인해 상당한 정도의 평가액이 증가하는 등 회계상 자본적 지출에 해당하거나 '개량행위'(renovation)에 해당하는 것은 허용하지 않고 있다. 이는 「자산유동화에 관한 법률」의 주된 제정 목적이 어디까지나 자산보유자의 원활한 자금 조달에 있는 만큼, 추가적 이익을 창출하는 개발에 준하는 개량행위는 그 입법 취지에 반한다는 입장에 따른 것이다.

2) 부동산 개발 사업

유동화전문회사의 부동산 개발 사업 투자는 감독기관에서 실무적으로 금지하고 있는데, 이는 기술한 개량행위를 금지하고 있는 것과 그 맥락을 같이 한다.[1]

3) 1 유동화전문회사 1 유동화 계획

「자산유동화에 관한 법률」 제 3 조 제 2 항은 "유동화전문회사가 등록할 수 있는 자산유동화계획은 유동화자산 및 자산보유자의 수에 관계없이 1개에 한한다"고 규정하여, 원칙적으로 1개의 계획으로 1회에 한해 유동화해야 하는 것으로 되어 있다. 그러므로 1개의 유동화전문회사를 통해 2개 이상의 유동화계획을 등록하거나(포괄유동화) 2회 이상 유동화하는 것(유동화 프로그램 운영)은 금지된다. 하지만 다수의 유동화자산을 집합(pool)으로 구성해서 1회에 동시에 동시에 유동화하는 구조(다수자산(multi-asset) 유동화 구조)와 다수의 자산보유자가 유동화자산을 양도하여 유동화증권을 발행하는 구조(다수 자산보유자(multi-seller) 유동화 구조)는 허용된다(법 제3조 제2항). 그러나 이 경우 동일 자산보유자가 유사한 자산을 반복적으로 유동화하는 경우에도 매번 유동화전문회

---

1 부동산 개발과 관련하여, 다른 부동산 간접투자수단인 「부동산투자회사법」상 부동산투자회사는 주주총회의 특별결의를 거쳐 총 자산 중 부동산개발사업에 대한 투자비율을 정하여 부동산 개발사업에 투자할 수 있다(법 제12조). 그리고 「자본시장과 금융투자업에 관한 법률」상 부동산집합투자기구는 총재산의 50% 이상을 부동산 개발에 운용할 수 있으며(구 「간접투자자산운용업법」하에서는 30% 이하였다. 법 제88조 제 1 항 제 4 호), 부동산 개발 사업 투자 외에 부동산 개발 관련 법인에 대한 대출, 부동산개발회사가 발행한 증권 등에 대한 투자를 통해서 간접적으로 부동산 개발 사업에 운용할 수 있다(법 제229조 제 2 호, 같은 법 시행령 제240조 제 3 항, 제 4 항).

사를 설립해야 하는 불합리한 부분이 있어 2010년 10월 25일에 입법 예고된 「자산유동화에 관한 법률」 일부 개정 법률안'에서는 일정한 조건하에 1개의 유동화전문회사를 통해 다수의 유동화계획을 등록할 수 있도록 '포괄유동화'를 허용하고 있었다. 다만, 투자자의 보호를 위해 유동화전문회사는 최초 유동화증권의 발행 이후 해당 자산 보유자로부터 추가로 유동화자산을 양도받아 유동화증권을 발행하고자 하는 경우에는 최초 유동화증권의 발행을 위해 등록하는 자산유동화계획(해당 유동화증권의 발행 전에 변경한 자산유동화계획을 포함한다)에 그러한 뜻과 유동화계획에 관한 사항을 명시하여 등록하여야 하며 유동화증권을 추가로 발행하기 위하여 유동화자산을 추가로 양도받을 수 있는 기간(포괄유동화 기간)은 최초 유동화증권의 발행일로부터 5년 이내의 기간으로서 대통령령으로 정하는 기간으로 하며, 유동화증권의 추가 발행에 대한 방법과 기준은 대통령령으로 정한다고 규정하였다(_{법안 제3조} _{제3항}).

　　포괄유동화 구조의 경우에 유동화전문회사는 기존 유동화자산과 추가로 양도받은 유동화자산을 구분하여 관리하여야 한다(_{법안 제11조} _{제2항 본문}). 다만, 유동화증권의 투자자 보호에 문제가 없는 경우로서 대통령령으로 정하는 경우에는 그러하지 아니한다(_{법안 제} _{11조} _{제2항} _{단서}). 그리고 유동화전문회사는 유동화자산을 구분하여 관리하여야 하는 경우에는 자산유동화계획에서 정한 바에 따라 자산유동화와 관련된 유동화전문회사의 채무를 담보하기 위하여 유동화자산에 대하여 신탁업자에게 「신탁법」에 따른 신탁(즉, 담보신탁)을 설정할 수 있다(_{법안 제11조} _{제3항 전단}). 이 경우 유동화전문회사가 유동화증권인 사채의 발행과 관련하여 해당 유동화자산에 담보신탁을 설정하는 경우에는 「담보부사채신탁법」을 적용하지 아니한다(_{법안 제11조} _{제3항 후단}). 2023. 7. 11 개정에는 포괄유동화가 반영되지 못했지만 향후 입법이 된다면 포괄유동화를 통해 유동화전문회사의 반복 설립에 따르는 시간과 비용을 절약할 수 있을 것으로 기대된다.[1]

4) 출자지분 양도 제한

유한회사인 유동화전문회사의 출자지분에 대해 무기명식 증권 형태의 출자증권

---

[1] 2009년에 제정된 미국의 「Uniform Statutory Trust Entity Act」에서 규정하고 있는 '책임재산분별신탁'으로 알려진 '시리즈신탁(series trust)'은 하나의 Statutory Trust 내에 다수의 신탁재산을 시리즈로 구분하여 별도로 운영이 가능하고, 각 시리즈는 별도의 자산·부채 계정을 보유하면서 독립적 목적하에 독립적으로 운영되고 그 성과도 개별 시리즈 수익자에게 각각 분배된다는 점에서 포괄 유동화 구조와 유사한 점이 있다.

을 발행할 수 있고($\frac{법}{제28조}$), 출자증권의 양도에 대해 「상법」상의 규정(유한회사 사원총회의 특별결의 요건을 규정하고 있는 「상법」 제557조)의 적용을 배제하고 있어서($\frac{법}{제30조}$), 출자지분 양도와 관련해서는 정관의 규정에 따르는 것으로 보이지만, 실무상으로는 출자지분의 양도를 재(再)유동화 또는 재재(再再)유동화에 준하는 것으로 보아 이를 엄격히 제한하고 있다.[1]

(2) 유동화증권의 재금융(refinancing) 제한

실무상 감독기관은 최초 발행된 선순위 유동화증권(사채)의 만기를 초과하거나 최초 발행된 유동화증권(사채)의 발행 가액을 초과하는 차환(借換) 발행 또는 추가 발행을 엄격히 제한하고 있다.

(3) 재재(再再)유동화 불허

「자산유동화에 관한 법률」상 명시적 규정은 없으나, 감독기관은 유동화자산의 '재(再)유동화'까지만 허용하고 있고 '재재(再再)유동화'는 허용하고 있지 않다.

(4) 유동화계획의 등록

유동화계획을 등록할 때 유동화증권(무보증사채)을 공모로 발행하는 경우, 반드시 외부 평가기관(신용평가회사)의 평가를 받은 것이어야 한다.[2]

Ⅶ 신탁형 자산유동화(유동화신탁)

1. 개 념

'매매형 자산유동화'는 명목회사인 특수목적회사(SPC)를 유동화의 도관(導管)으로

---

1 이경돈 · 전경준 · 한용호, 앞의 글, 38면.
2 「증권인수업무 등에 관한 규정」 제11조의2, 「금융투자업 규정」 제4-63조, 「자산유동화업무감독규정」 제2조 참조.

활용하는 데 반해, '신탁형 자산유동화'[1]는 신탁을 유동화의 도관으로 활용하는 자산유동화 구조이다.

2. 유　형

앞에서 설명한 바와 같이, 「자산유동화에 관한 법률」은 자산유동화의 유형으로서 4가지를 규정하고 있는데, 그 중 다음의 3가지 유형이 신탁회사를 활용하는 구조이다. 즉,

(1) "「자본시장과 금융투자업에 관한 법률」에 따른 신탁업자가 자산보유자로부터 신탁받은 유동화자산을 기초로 유동화증권을 발행하고, 해당 유동화자산의 관리·운용·처분에 의한 수익이나 차입금 등으로 유동화증권의 수익금을 지급하는 일련의 행위"로서 자산보유자가 위탁자가 되는 경우이다(법 제2조 1호 나목). 그 구조는 아래 [그림 4-2]와 같다.

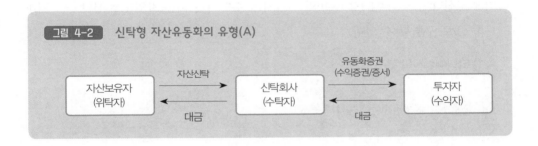

그림 4-2　신탁형 자산유동화의 유형(A)

(2) "신탁업자가 유동화증권을 발행하여 신탁받은 금전으로 자산보유자로부터 유동화자산을 양도받아 당해 유동화자산의 관리·운용·처분에 의한 수익이나 차입금 등으로 유동화증권의 수익금을 지급하는 일련의 행위"로서 투자자가 위탁자가 되는 경우이다(법 제2조 1호 다목). 그 구조는 [그림 4-3]과 같다.

---

1 강율리, 앞의 글, 80면은 신탁을 도관으로 활용하는 유동화의 명칭을 '신탁형 자산유동화' 또는 '유동화신탁'으로 부르고 있다.

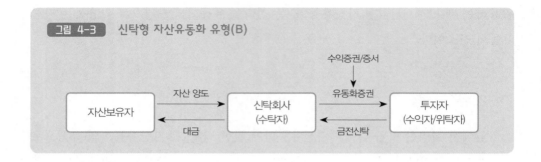

그림 4-3 신탁형 자산유동화 유형(B)

    (3) "유동화전문회사 또는 신탁업자가 다른 유동화전문회사 또는 신탁업자로부터 유동화자산 또는 이를 기초로 발행된 유동화증권을 양도 또는 신탁 받아 이를 기초로 하여 유동화증권을 발행하고 당초에 양도받거나 신탁받은 유동화자산 또는 유동화증권의 관리·운용·처분에 의한 수익이나 차입금 등으로 자기가 발행한 유동화증권의 원리금·배당금 또는 수익금을 지급하는 일련의 행위"로서 2단계(two-tier) 구조를 통한 경우이다($^{법 제2조}_{1호 라목}$). 일반적으로 활용되는 구조로서 제3자가 수익자가 되는 타익(他益)신탁 구조(아래 [그림 4-4])와 위탁자가 수익자가 되는 자익(自益)신탁 구조(아래 [그림 4-5])로 구별할 수 있다.

1) 타익(他益)신탁 구조

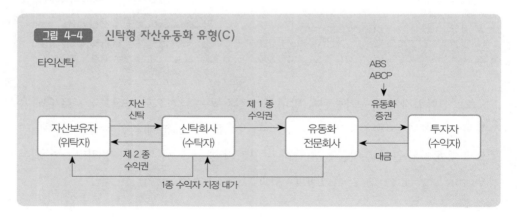

그림 4-4 신탁형 자산유동화 유형(C)

2) 자익(自益)신탁 구조

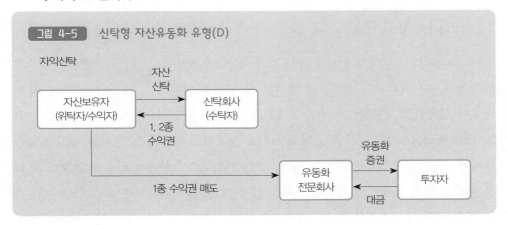

그림 4-5 신탁형 자산유동화 유형(D)

자익(自益)신탁 구조의 경우 바로 명목회사(SPC)를 설립할 필요가 없으며, 자산의 매도 상대방을 찾지 못한 경우에 주로 이 자산유동화 구조를 이용한다.

3. 신탁형 자산유동화 구조의 등장 배경

기술한 바와 같이, (i) 자산유동화에 있어서 실질적 이해 관계자가 아닌 신탁회사의 개입에 대한 부정적 인식, (ii) 「자산유동화에 관한 법률」상 신탁 관련 구조에 대한 법 규정의 미흡, (iii) 신탁에 대한 인식 부족 등으로 자산유동화의 초기 구조는 매매형 자산유동화가 일반적이었다. 그러나 (i) 자금 조달 방식의 다변화, (ii) 자산보유자가 다른 재산으로부터 신탁재산을 분리하여 난외거래(off-balance)로 처리할 수 있다는 점, (iii) 투자자 보호를 위한 신용 보강(credit enhancement) 방안의 등장,[1] (iv) 자산보유자인 위탁자에게 신탁재산의 운용 결과 발생한 초과 수익을 취득할 수 있는 기회를 제공할 수 있다는 점 등의 장점 때문에 신탁구조의 이용이 점차 증가하게 되었다.[2]

---

1 '초과담보'(over-collateralization)와 '수익권의 복층화'(1종 수익권, 2종 수익권) 등 투자자 보호를 위한 신용보강 방안 등이 활용되며, 이에 대해서는 '유동화증권의 투자자 보호 방안'에서 후술하기로 한다.

2 강율리, 앞의 글, 80면.

4. 신탁회사(수탁자)와 관련된 특례

(1) 서   설

「자본시장과 금융투자업에 관한 법률」상 '금융투자업'은 "이익을 얻을 목적으로 계속적이거나 반복적인 방법으로 행하는 행위"를 말하며($^{법\ 제6조}_{제1항\ 본문}$), 금융투자업의 하나로서 신탁업을 포함하고 있다($^{법\ 제6조}_{제1항\ 제6호}$). 「자본시장과 금융투자업에 관한 법률」은 "신탁을 영업으로 하는 것"을 '신탁업'이라고 정의하고 있고($^{법\ 제6조}_{제9항}$), 신탁업자는 금융투자업자 중 "신탁업을 영위하는 자"를 말한다($^{법\ 제8조}_{제7항}$). 신탁의 인수를 업(業)으로 하는 때에는 이를 상행위로 간주하므로($^{상법}_{제4조}$) 신탁 중에서 신탁의 인수를 업(業)으로 하는 경우 이를 실무적으로 '상사신탁'(商事信託)이라고 한다. 신탁형 자산유동화의 경우 수탁자인 신탁회사는 일정한 보수를 받고 업(業)으로 하는 자이므로 이 때의 신탁은 상사신탁의 일종이 된다.

본래의 상사신탁에서 수탁자인 신탁회사는 특별한 신임관계에 기해 특정한 재산권을 이전받아 배타적으로 관리·처분하여 그 결과를 수익자에게 귀속시키는 것이 업무의 본질이나, 신탁형 자산유동화에 있어서 수탁자인 신탁회사는 관련 당사자(자산보유자, 수탁자, 인수 주선자 등)의 합의에 따라 결정된 자산유동화계획에 따라 신탁재산을 수탁받아 이를 관리·처분하고, 그 결과를 유동화증권 투자자에게 지급하므로 도관으로서의 기능이 더 강조된다고 볼 수 있다. 동일한 상사신탁이지만 이러한 내재적 차이점때문에 「자산유동화에 관한 법률」은 일정한 경우 「자본시장과 금융투자업에 관한 법률」, 「신탁법」, 「민법」 등의 규정의 적용을 배제하고 있다. 이하에서는 적용배제되는 특례 사항에 대해 살펴보기로 한다.

(2) 수익증권의 발행 가능

「자본시장과 금융투자업에 관한 법률」에 따르면 금전신탁계약의 경우에만 신탁업자가 수익증권을 발행할 수 있다($^{법\ 제110조}_{제1항}$).[1] 그러나 「자산유동화에 관한 법률」은 제한 없이 자산유동화계획에 따라 수익증권을 발행할 수 있도록 함으로써 비금전 신탁계약의 경우에도 수익증권을 발행할 수 있다($^{법\ 제32조}_{제1항}$).

---

1 2012년 7월 26일 시행된 개정 「신탁법」은 재산신탁의 경우에도 수익증권의 발행이 가능한 '수익증권발행신탁' 제도를 도입하였다(법 제78조 내지 제86조).

(3) 신탁자금의 운용 제한 배제

「자본시장과 금융투자업에 관한 법률」에 따르면 신탁업자가 신탁재산에 속하는 금전을 운용할 수 있는 대상이 제한되어 있다($^{법~제105조}_{제1항}$). 그러나 「자산유동화에 관한 법률」은 신탁형 자산유동화에 있어서 신탁업자가 자산유동화계획에 따라 유동화자산을 양도받은 경우와 유동화자산을 양도 또는 신탁을 받은 신탁업자가 자산유동화계획에 따라 여유 자금을 운용하는 경우에는 자금 운용 대상의 제한을 받지 않도록 하고 있다($^{법~제16조}_{제1항}$).

(4) 수탁회사의 자기계약 허용

「자산유동화에 관한 법률」은 신탁형 자산유동화의 경우 위탁자가 동시에 수탁자가 되는 자기계약을 명시적으로 허용하면서 「신탁법」 제2조(신탁의 설정), 「민법」 제563조(매매의 의의), 제596조(교환의 의의)의 적용을 배제하고 있다($^{법~제16조}_{제2항}$).[1]

(5) 수탁회사의 신탁재산인 금전의 구분 관리 의무

「신탁법」은 이해상충을 방지하기 위해 원칙적으로 신탁재산은 수탁자의 고유재산 또는 다른 신탁재산과 구별하여 관리하여야 한다고 하면서도, 예외적으로 신탁재산이 금전인 경우에는 고유재산 또는 다른 신탁재산에 속하는 금전과 각각 별도로 그 계산을 명확히 함으로써 충분하다고 하고 있다($^{제}_{30조}$). 그러나 「자산유동화에 관한 법률」은 신탁형 자산유동화에 있어서는 신탁재산이 금전인 경우에도 고유재산 또는 다른 신탁재산에 속하는 금전과 구별하여 관리해야 할 의무를 부과하고 있다($^{법~제16조}_{제3항}$).

---

1 2012년 7월 26일 시행된 개정 「신탁법」은 위탁자가 자기 소유의 재산 중에 특정재산을 분리하여 그 재산을 자신이 수탁자로 보유하고 수익자를 위하여 관리 및 처분한다는 것을 선언함으로써 설정하는 신탁선언을 통한 신탁 설정 즉, 자기신탁 제도를 도입하였다(법 제3조 제1항 제3호, 제2항).

표 4-5 유동화신탁과 상사신탁의 비교

쟁점	유동화신탁	상사신탁
수익증권 발행	금전 및 금전 외 신탁 모두 수익증권 발행 가능 (법 제32조)	• 금전신탁만 수익증권 발행가능 (「자본시장법」 제110조 제1항) • 금융위원회의 「신탁업 혁신 방안」(2022. 10. 12)에는 재산신탁의 수익증권 발행 허용을 포함하고 있음
신탁자금운용	신탁자금운용 방법 제한 없음 (법 제16조 제1항)	• 운용 대상 제한 존재 (「자본시장과 금융투자업에 관한 법률」 제105조 제1항)
자기계약 (자기신탁)	자기계약(위탁자가 동시에 수탁자가 되는 것)이 가능함 (법 제16조 제2항)	• 2011년 개정 전 「신탁법」하에서는 자기계약이 불가능했음(「신탁법」 제2조) • 현행 「신탁법」 '신탁선언에 의한 신탁(자기신탁)' 제도 도입(「신탁법」 제3조 제1항 제3호, 제2항) • 「자본시장법」에는 명문 규정이 없음
분별관리의무	고유재산 혹은 다른 신탁재산과 구분 관리(투자자 보호 차원에서 금전의 경우도 포함) (법 제16조 제3항)	• 금전이나 대체물인 신탁재산의 경우 계산을 명확히 하는 방법으로 분별 관리 가능(「신탁법」 제37조 제3항)

5. 매매형 자산유동화와 신탁형 자산유동화의 비교

앞서 「자산유동화에 관한 법률」에서 규정하는 자산유동화의 4가지 유형에 대해 살펴보았고, 유형은 크게 매매형과 신탁형으로 구분된다는 점을 설명하였다. 유동화의 도관을 기준으로 비교해보면, 매매형은 별도로 설립되는 유동화전문회사가 도관이 되며, 신탁형은 수탁자인 신탁회사가 도관이 된다. 이 도관의 본질을 보면, 매매형의 경우 유동화전문회사는 명목회사이며, 신탁형의 경우 신탁회사는 유동화전문회사와 달리 실체회사이다. 따라서 매매형의 경우 유동화전문회사가 명목회사이므로 「자산유동화에 관한 법률」은 회사의 형태, 사원, 업무, 업무 처리 방법 등에 대해 상세히 규정하고 있다. 이런 점을 포함해서 「자산유동화에 관한 법률」상 양자를 비교하면 다음과 같은 차이점이 존재한다.

(1) 자산유동화계획의 등록

「자산유동화에 관한 법률」상 매매형 자산유동화의 경우 유동화전문회사는 유동화자산 및 자산보유자의 수에 관계없이 1개의 유동화계획만을 등록할 수 있는데 반해, 신탁형 자산유동화, 즉 신탁회사가 유동화의 도관이 되는 경우에는 이를 배제하고 있다(법제3조 제2항). 따라서 신탁형인 경우, '1 유동화전문회사 1 유동화계획'의 제한은 적용되지 않는다.

(2) 유동화자산 양도(신탁) 방식의 요건

「자산유동화에 관한 법률」은 매매형 자산유동화의 경우 자산 양도의 방식에 관한 요건(즉, '진정한 양도')을 명시적으로 규정하고 있으나, 신탁형 자산유동화의 경우 자산 신탁의 방식의 요건(매매형에 대응해서 표현한다면 '진정한 신탁')에 대한 규정은 없다. 이와 관련해서는 후술하는 6. 법적 쟁점에서 논하기로 한다.

(3) 도관(導管)의 성격

기술한 바와 같이 매매형 자산유동화의 경우 유동화전문회사는 명목회사이므로 본점 외의 영업소를 설치할 수 없고 직원을 고용할 수 없으며(법 제20조 제2항), 이에 따라 자산 관리 등의 업무를 일정한 자격을 갖춘 제 3 자(자산관리자 등)에게 위탁하여야 한다(법 제10조). 반면에 신탁형 자산유동화의 경우 신탁회사는 실체를 갖춘 회사이므로 이러한 제한을 받지 않게 된다.

(4) 자산보유자의 유동화자산 운용 수익의 향유(享有) 방안

매매형 자산유동화의 경우 자산 양도자인 자산보유자는 유동화자산을 유동화전문회사에 양도한 후에는 유동화전문회사에 주주나 출자 사원으로서 참여하지 않는 한 유동화자산의 운용 수익을 향유할 수 있는 기회가 없다. 그러나, 신탁형 자산유동화의 경우 위탁자인 자산보유자는 '수익권(受益權)의 복층화(復層化: Tiering)'[1]를 통해 유동화증권 투자자와 함께 수익 향유의 기회를 보유할 수 있다.

---

1 '수익권의 복층화'는 수익권에 수익의 수령에 있어서의 우선 순위를 두어 차등화시키는 것으로서, 보통 부동산의 경우에는 제 1 종 수익권, 제 2 종 수익권으로, 그 외의 자산인 경우에는 선순위 수익권, 후순위 수익권으로 칭한다.

6. 신탁형 자산유동화와 관련된 법적 쟁점

「자산유동화에 관한 법률」은 유동화방식으로 크게 매매형과 신탁형 두 가지 유형을 상정하고 있지만, 이 법에서는 법률관계가 오히려 복잡한 신탁형의 경우 관련 규정이 많지 않아 법 해석상 논란의 여지가 있는 점들이 존재한다. 이하에서는 신탁형 자산유동화와 관련된 대표적인 법적 쟁점에 대해 설명하고자 한다.

(1) 신탁 방식

자산 유동화의 본질적 특성 중의 하나는 유동화자산이 자산보유자의 파산 위험으로부터 절연(bankruptcy remote)된다는 것이며, 이 요건을 구비하기 위해 「자산유동화에 관한 법률」은 매매형 자산유동화의 경우 '진정한 양도'(true sale)의 요건을 충족하도록 하고 있다(법제13조). 그러나 신탁형 자산 유동화의 경우 이와 대응하여 어떠한 경우에 '진정한 신탁'(true trust)이 되는 지에 대해 규정하고 있지 않다. 진정한 양도의 요건을 규정하고 있는 「자산유동화에 관한 법률」 제13조 제 1 호의 경우, "매매 또는 교환"에 의할 것이라고 하여 명시적으로 '신탁'을 배제하고 있어, 이 규정은 매매형 자산유동화에만 해당하는 것으로 해석되고 있다. 따라서 어떤 경우에 자산보유자가 자신의 자산을 신탁함으로써 「자산유동화에 관한 법률」이 부여하는 각종 특례 등의 적용을 받을 수 있는지에 대해서는 그 견해가 다음과 같이 나누어지고 있다

1) 제 1 설

일반적 신탁 행위에 대한 규제로서의 「신탁법」상 사해신탁(詐害信託)[1]에 해당하지 않는 한 진정한 신탁으로 볼 수 있다는 견해로서, 실무상 취하는 통상적인 입장이다.[2] 이 견해에 따르면, 위탁자인 자산보유자가 고의로 채권 담보 재산에 신탁을 설정함으로써 위탁자의 채권자들의 이익을 해(害)하는 경우로 인정되지 않는 한, 「자산유동화에 관한 법률」상 신탁재산이 위탁자의 파산 위험으로부터 절연된다는 것인데, 「신탁

---

1 신탁법 제 8 조(사해신탁)
　① 채무자가 채권자를 해함을 알고 신탁을 설정한 경우에는 채권자는 수탁자가 선의일지라도 「민법」 제406조 제 1 항의 취소 및 원상회복을 청구할 수 있다.
　② 전항의 규정에 의한 취소와 원상회복은 수익자가 이미 받은 이익에 영향을 미치지 아니한다. 단, 수익자가 변제기가 도래하지 아니한 채권의 변제를 받은 경우 또는 수익자가 그 이익을 받은 당시에 채권자를 해함을 알았거나 중대한 과실로 이를 알지 못한 경우에는 예외로 한다.
2 강율리, 앞의 글, 83면도 실무에서 대체로 이 견해를 따른다고 하고 있다.

법」상의 법 논리를 신탁형 자산유동화에 그대로 원용(援用)하는 입장이다.

2) 제2설

신탁의 경우 그 목적이 담보 목적이든 아니든 구별할 실익이 없다고 보아 「자산유동화에 관한 법률」 제13조의 적용 여부를 논할 필요가 없다는 견해이다.[1] 신탁은 위탁자가 특정의 재산권을 수탁자에게 이전하거나 기타의 처분을 함으로써 수탁자로 하여금 법적 소유자로서 재산권을 관리 · 처분하게 하는 것을 본질적 요소로 하는 법률관계이다($\binom{\text{신탁법}}{\text{제2조}}$). 그리고 판례의 입장은 「신탁법」에 따라 신탁이 적법 · 유효하게 설정되면 신탁재산은 수탁자의 고유재산으로부터 구별되어 관리될 뿐만 아니라, 위탁자의 재산권으로부터도 분리되어 독립성을 갖게 된다는 것이다.[2]

그런데 '담보신탁'이란 위탁자의 채권자를 우선수익자로 지정하고 우선수익자가 위탁자에게 갖는 채권에 관하여 채무불이행 등의 사유가 발생할 경우 신탁재산을 처분하여 위탁자의 채무를 변제하는 것을 신탁계약의 내용으로 하는 것이다. 이는 외형상 신탁재산의 소유권이 수탁자에게 이전되나 담보를 위한 목적 범위 내에서 수탁자가 신탁재산을 처분할 수 있고, 만약 위탁자가 우선수익자에 대한 채무를 변제하는 경우에 해당 신탁재산은 위탁자에게 반환되거나 위탁자가 지정한 대로 처분되어 처분대가가 위탁자에게 지급되므로 실질적인 수익권 및 처분권이 위탁자에게 있다고 볼 수 있어, 일반적인 담보 설정의 실질성과 양도담보의 형식성을 동시에 갖춘 구조인 것이다.[3] 판례는 '담보신탁'의 경우에도 채무자가 채권 담보의 목적으로 채권자에게 교부한 신탁의 수익권이 위탁자인 채무자의 회사정리계획에 영향을 받지 않는다는 취지로 판시[4]함으로써 이 견해를 뒷받침하고 있다. 즉, 담보 제공자가 회생 또는

---

1 조영희, 앞의 글, 89면. 일단 신탁이 이루어진 후에는 담보 목적 여하를 불문하고 위탁자의 재산을 구성하지 않는 신탁 방식에 의한 자산유동화 거래에는 적용 여지가 없다고 보는 견해이다.
2 대법원 1987. 5. 12. 선고 86다545 판결; 대법원 1996. 10. 15. 선고 96다17424 판결.
3 조영희, 앞의 글, 88면.
4 대법원 2001. 7. 13. 선고 2001다9267 판결("위탁자의 신탁에 의하여 신탁재산의 소유권은 수탁자에게 귀속되고 그 후 위탁자에 대한 회생절차가 개시되는 경우에도 신탁재산에 대한 수익권은 구 「회사정리법」 제240조 제2항에서 말하는 '정리회사 이외의 자가 정리 채권자 또는 정리 담보권자를 위하여 제공한 담보'에 해당하여 정리계획이 여기에 영향을 미칠 수 없다"고 판시하고 있다). 같은 취지의 판례로는 대법원 2003. 5. 30. 선고 2003다18685 판결; 대법원 2002. 12. 26. 선고 2002다49484 판결. 구 「회사정리법」 제240조 제2항은 「채무자 회생 및 파산에 관한 법률」 제250조 제2항에 반영되어 있다.
제250조(회생계획의 효력범위) ① 회생계획은 다음 각호의 자에 대하여 효력이 있다.

파산 절차에 들어간 경우라 하더라도 채권자의 담보 실행 행위는 담보 제공자가 아닌 제3자에 대하여 권리를 실행하는 것으로서 '부인권'의 대상이 되지 않는다는 것이다.

이 견해에 대해「채무자 회생 및 파산에 관한 법률」제141조 제1항[1]을 원용하여, 담보신탁의 경우 위탁자가 파산 또는 회생 절차에 있어서 소유권을 특정 채권자에게 담보로 제공한 경우와 동일시하여 신탁재산을 위탁자의 재산으로 취급하여야 한다는 반론(反論)이 있다.[2]

한편, 위 판례가 부동산신탁의 경우에 관한 것이어서 부동산이 아닌 동산이나 유가증권 등에도 적용될 수 있느냐는 의문이 있을 수 있으나, 대법원은 신탁 법리를 논거로 들고 있기 때문에 신탁재산이 부동산인지 동산인지 여부에 따라 차이가 없으며

---

    1. 채무자
    2. 회생채권자 · 회생담보권자 · 주주 · 지분권자
    3. 회생을 위하여 채무를 부담하거나 담보를 제공하는 자
    4. 신회사(합병 또는 분할합병으로 설립되는 신회사를 제외한다)
  ② 회생계획은 다음 각호의 권리 또는 담보에 영향을 미치지 아니한다.
    1. 회생채권자 또는 회생담보권자가 회생절차가 개시된 채무자의 보증인 그 밖에 회생절차가 개시된 채무자와 함께 채무를 부담하는 자에 대하여 가지는 권리
    2. 채무자 외의 자가 회생채권자 또는 회생담보권자를 위하여 제공한 담보

1 제141조(회생담보권자의 권리) ① 회생채권이나 회생절차개시 전의 원인으로 생긴 채무자 외의 자에 대한 재산상의 청구권으로서 회생절차개시 당시 채무자의 재산상에 존재하는 유치권 · 질권 · 저당권 · 양도담보권 · 가등기담보권 · 전세권 또는 우선특권으로 담보된 범위의 것은 회생담보권으로 한다. 다만, 이자 또는 채무불이행으로 인한 손해배상이나 위약금의 청구권에 관하여는 회생절차개시결정 전날까지 생긴 것에 한한다.
  ② 제126조 내지 제131조 및 제139조 규정은 회생담보권에 관하여 준용한다.
  ③ 회생담보권자는 그가 가진 회생담보권으로 회생절차에 참가할 수 있다.
  ④ 회생담보권자는 그 채권액 중 담보권의 목적의 가액(선순위의 담보권이 있는 때에는 그 담보권으로 담보된 채권액을 담보권의 목적의 가액으로부터 공제한 금액을 말한다. 이하 이 조에서 같다)을 초과하는 부분에 관하여는 회생채권자로서 회생절차에 참가할 수 있다.
  ⑤ 회생담보권자는 그 담보권의 목적의 가액에 비례하여 의결권을 가진다. 다만, 피담보채권액이 담보권의 목적의 가액보다 적은 때에는 그 피담보채권액에 비례하여 의결권을 가진다.
  ⑥ 제133조 제2항 및 제134조 내지 제138조의 규정은 회생담보권자의 의결권에 관하여 준용한다.

2 이주현, "신탁법상 신탁계약을 체결하면서 담보목적으로 채권자를 수익권자로 지정한 경우 그 수익권이 정리 계획에 의하여 소멸되는 정리 담보권인지의 여부,"『대법원판례해설』제42호(법원도서관, 2002. 12. 26). 또한, 위탁자에 대하여「기업구조조정촉진법」에 따른 절차가 진행될 경우에도 수익자가 신탁된 자산에 대해 절차에 따른 제약을 받지 않는 완전한 권리를 행사할 수 있는지 여부도 불확실하다.

당연히 동산이나 유가증권 등에도 적용된다고 본다.[1]

3) 제3설

「자산유동화에 관한 법률」 제13조를 신탁형 자산유동화에 유추(類推) 적용하는 견해이다. 그러나 이 견해에 대해서는 다음과 같은 비판이 제기된다. 즉, 첫째, 법 제13조 제1호가 규정하는 거래 방식인 '매매'와 '교환'은 분명히 '신탁'과 상이한 개념이라는 점, 둘째, 자산유동화에 있어서 신탁을 도관으로 이용하는 구조로서 ⓐ 유동화자산을 직접 수탁하는 방식과 ⓑ 신탁받은 금전으로 유동화자산을 양도받는 방식이 있는데, 전자의 경우 거래방식은 「자산유동화에 관한 법률」 제13조의 매매나 교환 방식이 아님이 분명하다는 점,[2] 셋째, 일반 매매의 경우 거래 당사자는 양도인과 양수인의 2자(者) 관계인 반면에 신탁의 경우는 위탁자 · 수탁자 · 수익자의 3자(者) 관계라는 점, 넷째, 법 제13조가 규정하고 있는 매매에 있어서 유동화자산 반환청구권과 유동화자산 대가 반환청구권 관계를 신탁에 있어서 위탁자와 수탁자 간의 유동화자산 반환청구권과 유동화자산 대가인 수익권 발행 및 교부 관계로 대응 짓기에는 무리가 있다는 점이 비판의 근거로 제시되고 있다.[3]

4) 제4설

신탁이라는 형식만 구비하면 모든 경우에 「자산유동화에 관한 법률」상의 각종 특례를 받을 수 있도록 하는 것은 이 법의 목적이나 취지에 비추어 바람직하지 못하다는 견해이다.[4] 즉, 신탁형 자산유동화의 경우 신탁과 여타 다른 신탁을 구별할 수 있는 기준이 제시될 필요가 있다는 것이다.[5] 제1설에서 제시하는 기준인 '사해신탁'의 경우에는 초점이 신탁행위를 한 위탁자와 위탁자의 다른 채권자 간의 법률관계에 있으나, 신탁형 자산유동화의 경우 위탁자(즉, 자산보유자), 수탁자 및 수익자라는 3자(者)의 법률관계가 형성되므로, 이 기준을 바로 적용하는 것은 미흡하다고 보는 입장이다.[6] 3자의 법률관계에 대한 정립과 해석은 각 당사자 간의 협상력, 감독기관의 행

---

1 김용호 · 선용승, 앞의 글, 116면도 같은 취지이다.
2 자산유동화실무연구회, 앞의 책, 371면도 이 점을 지적하고 있다.
3 강율리, 앞의 글, 84면 각주 8).
4 위의 글, 84면.
5 위의 글, 84면.
6 위의 글, 84면.

정지도 내용에 따라 차이가 발생할 수 있을 것이다.[1] 이 견해는 향후 신탁형 자산유동화의 거래 안정성과 법적 예측 가능성을 제고하고 당사자들 간의 혼란을 피하기 위해 적절한 기준이 제시될 필요가 있다고 주장한다.[2]

5) 검   토

「민법」상으로도 매매가 진정한 매매거래인지 양도담보거래인지 구별 기준을 제시하고 있는 규정이 없으며, 이는 법률행위 또는 계약의 해석에 관한 문제로서 해석이나 판례를 유추하거나 거래별 구체적 타당성에 초점을 맞추어 판단할 수 밖에 없을 것이다. 「자산유동화에 관한 법률」 제13조의 취지는 궁극적으로 법적 불확실성을 제거하여 유동화거래의 안정성을 제고하는데 있는 것이고, 결국은 유동화자산이 이전된 후에 양도인의 파산절차가 개시된 경우에 있어서 해당 유동화자산이 양도인의 재산에 포함된다고 해석될 소지가 있는 범위 내에서 법 제13조의 존재 의의가 있을 것이다.[3]

한편, 신탁형 자산유동화와 관련하여 「신탁법」상 위탁자의 파산 시 신탁재산이 파산재단을 구성하지 않는다고 명시한 조항은 없지만, 대법원 판례는 유효·적법한 신탁의 설정 시 신탁재산의 독립성을 인정하고 있고(즉, 위탁자 내지 자산보유자의 파산으로부터 절연), 나아가 그 신탁의 목적 여하(즉, 담보신탁이냐 아니냐)를 불문하고 이를 인정하고 있다.[4]

지금까지 제시된 견해를 정리해보면, 제 1 설 및 제 3 설은 「자산유동화에 관한 법률」 제13조가 신탁형 자산유동화에도 적용할 수 있다는 견해인데 반해, 제 2 설과 제 4 설은 적용할 수 없다는 견해이다. 즉 제 2 설은 「자산유동화에 관한 법률」 제13조를 신탁형 자산유동화에 적용할지 여부를 논할 실익이 없거나 그 적용 여지가 없다고 보고 있고, 보다 적극적인 견해로서의 제 4 설이 「자산유동화에 관한 법률」 제13조를 신탁형 자산유동화에 적용하는 것이 불가능하다고 보는 입장은 제 2 설과 동일하나, 입법론으로 신탁형 자산유동화와 일반 신탁을 차별화할 필요가 있다는 점에서 새로운 기준을 제시하는 것이 거래의 안정성이나 법적 예측가능성을 제고하기 위해 필

---

1 위의 글, 84면.

2 위의 글, 84면.

3 조영희, 앞의 글, 89면도 같은 취지로 설명하고 있다.

4 대법원 2001. 7. 13. 선고 2001다9267 판결.

요하다고 보고 있는 점이 제 2 설과 다르다.

결론적으로 매매형 자산유동화와 신탁형 자산유동화의 본질적 차이와 신탁형 자산유동화와 일반 신탁의 차별화 필요성을 감안할 때, 「자산유동화에 관한 법률」 제13조를 신탁형 유동화 구조에 그대로 적용하는 것은 어렵다고 본다. 다만 입법론적으로는 새로운 기준을 제시하여 법 제13조를 신탁형 유동화 구조에도 적용하도록 할 필요는 있을 것으로 본다.[1]

(2) 수탁재산의 범위

「자본시장과 금융투자업에 관한 법률」은 수탁자인 신탁업자가 수탁할 수 있는 재산인 신탁재산은 "금전, 증권, 금전채권, 동산, 부동산, 지상권, 전세권, 부동산 임차권, 부동산 소유권이전 등기청구권, 그 밖의 부동산 관련 권리, 무체재산권(지적재산권 포함)" 등으로 한정하고 있는데 반해(제103조 제1항), 「자산유동화에 관한 법률」은 자산유동화의 대상이 되는 유동화자산으로서 "채권, 부동산, 그 밖의 재산권"을 규정하고 있어 (제2조 제3호), 신탁형 자산유동화의 경우 수탁자인 신탁업자가 수탁할 수 있는 재산의 범위에 대해서 견해가 나누어지고 있다.

1) 제 1 설

신탁업자가 신탁형 자산유동화 구조에 의해 수탁 받을 수 있는 재산은 「자본시장과 금융투자업에 관한 법률」에 따라 제한을 받는다는 견해이다.[2] 이는 「자본시장과 금융투자업에 관한 법률」 적용의 특례를 규정한 「자산유동화에 관한 법률」 제16조의 법문을 중시하는 견해로서, 이 제16조가 「자본시장과 금융투자업에 관한 법률」 중 신탁업에 관련된 일부 규정의 적용을 명시적으로 배제하고 있지만, 이 중 신탁재산의 제한에 관한 규정인 제103조를 명시적으로 배제하고 있지 않다는 점에 근거하고 있다.[3]

---

1 자산유동화실무연구회, 앞의 책, 372면은 「자산유동화에 관한 법률」 제 2 조 제 1 호 나목의 방식의 경우(선신탁 – 후발행 구조)에 신탁이 담보신탁이 아님을 분명히 하거나 담보신탁이라 하더라도 자산보유자의 도산 위험으로부터 법률상 절연된다는 점을 명백히 하여 투자자를 보호하자는 입법론을 제시하고 있다.

2 위의 책, 401면; 강율리, 앞의 글, 82면.

3 위의 글, 82면. 「자산유동화에 관한 법률」상 「자본시장과 금융투자업에 관한 법률」 중 일부 규정에 대해 명시적으로 특례를 인정하고 있는 것은 그 밖의 사항은 「자본시장과 금융투자업에 관한 법률」의 규정을 준수해야 한다는 취지를 내포하고 있는 것이므로, 특례를 명시하지 않은 사항에 대해서까지 「자본시장과 금융투자업에 관한 법률」이 「자산유동화에 관한 법률」에 당

2) 제2설

「자산유동화에 관한 법률」이 「자본시장과 금융투자업에 관한 법률」상 신탁업에 관련된 규정(구(舊)「신탁업법」상의 규정)에 대해 신법(新法)이고 특별법이므로 우선 적용되어야 한다는 견해로서, 단지 「자산유동화에 관한 법률」 제16조는 「자본시장과 금융투자업에 관한 법률」 적용의 특례를 규정한 주의적 규정에 불과하므로 「자산유동화에 관한 법률」 제2조 제3호가 「자본시장과 금융투자업에 관한 법률」 제103조 제1항에 우선한다는 견해가 있을 수 있다.

3) 검   토

실무상 수탁재산의 범위와 관련하여 문제가 발생하는 경우는 「자본시장과 금융투자업에 관한 법률」에서 허용하고 있는 재산을 신탁하면서 그에 부수된 담보권(예를 들어, 대출채권을 신탁하면서 그 부수적 담보권인 대출금 상환 자금이 입금되는 계좌의 예금반환채권에 대한 질권)도 함께 신탁하고자 할 때인데, 「자본시장과 금융투자업에 관한 법률」상 질권이나 저당권 등의 담보권이 수탁재산의 범위에 포함되어 있지 않으므로 수탁받지 못하게 되는 결과가 된다. 따라서 이 경우에는 대안으로서 실무상 예금반환채권에 대한 질권이 아닌 예금반환채권 자체를 피담보채권과 함께 신탁하는 방법을 이용한다. 이러한 문제점을 개선하기 위해 「자산유동화에 관한 법률」의 개정을 통해 수탁재산의 제한을 규정하고 있는 「자본시장과 금융투자업에 관한 법률」 제103조의 적용을 배제하는 특례 규정을 마련하거나, 「자본시장과 금융투자업에 관한 법률」의 개정을 통해 수탁재산의 범위를 확대할 필요가 있다는 견해가 있다.[1]

(3) 신탁재산의 관리

「자산유동화에 관한 법률」은 매매형 자산유동화의 경우 유동화전문회사는 반드시 자산관리위탁계약에 의거 자산관리자에게 유동화 자산의 관리를 위탁하도록 하고 있는데(법 제10조), 이는 유동화전문회사가 특정한 업무만 영위하고, 본점 외의 영업소를 설치할 수 없고, 직원을 고용하지 못하는 명목회사이므로 어떻게 보면 당연하다고 볼 수 있다.

연히 우선 적용된다고 보기는 곤란하다는 입장이다(위의 글, 82면).

1 위의 글, 83면.

한편, 「자산유동화에 관한 법률」 제10조는 신탁업자를 제외한다고 하고 있는데, 이는 신탁형 자산유동화의 경우 수탁자인 신탁업자는 명목회사가 아닌 실체회사로서 신탁재산의 관리·운용 등에 전문화된 능력이 있으므로 제3자에게 자산관리위탁을 강제할 필요가 없다는 전제에서 비롯된 것으로 보인다. 그러나 「신탁법」 제42조 제1항에 의하면 수탁자는 신탁행위에 특별히 타인으로 하여금 신탁사무를 처리하게 하는 것이 금지되어 있는 경우를 제외하고는 일정한 경우(정당한 사유)와 요건(수익자의 동의)하에 타인(이하 '신탁재산 관리인')으로 하여금 신탁사무를 처리하게 할 수 있도록 하고 있다.

이때 수탁자는 단지 신탁재산 관리인의 선임·감독에 대해서만 책임을 지지만(「신탁법」 제42조 제2항), 수탁자에 갈음하여 신탁사무를 처리하는 신탁재산 관리인은 수탁자와 동일한 책임[1]을 진다(「신탁법」 제42조 제3항). 그런데 이렇게 막중한 책임을 지고 있는 신탁재산 관리인의 자격에 대해 「신탁법」은 특별한 제한 규정을 두고 있지 않는 반면에, 「자산유동화에 관한 법률」은 유동화전문회사의 자산관리자의 자격에 대해서 엄격히 제한하고 있어, 매매형과 신탁형 간에 차이가 나는 결과를 초래하고 있다. 이에 대해 입법론으로 「자산유동화에 관한 법률」에서의 자산관리자의 자격 요건처럼 신탁재산 관리인의 자격에 대한 요건을 규정하는 것이 필요하다는 견해가 있다.[2]

같은 차원에서 「자산유동화에 관한 법률」은 자산관리자의 파산의 경우 유동화자산은 파산재단을 구성하지 않는다고 명시적으로 규정하고 있으나(법 제12조 제1항, 제2항), 신탁형 자산유동화에 있어서는 신탁재산 관리인이 파산하는 경우 이에 관한 명시적 규정이 없어, 규제의 형평성과 거래의 안정성을 고려할 때 유동화자산이 파산재단을 구성하지 않는다는 명시적 규정이 필요하다는 주장이 있다.[3]

---

1 선관주의(善管注意)의무, 충실의무, 분별관리의무 등(「자본시장과 금융투자업에 관한 법률」 제102조, 제104조)의 위반에 따른 책임이 해당될 수 있을 것이다.

2 강율리, 앞의 글, 84면. 2012년 7월 26일에 시행된 개정 「신탁법」에서는 '신탁사무의 위임' 이외에 그동안 '신탁재산관리인'을 둘러싸고 법률관계가 불분명했던 규정을 보완하여 수탁자의 임무종료와 관련하여 '신탁재산관리인'의 선임 및 임무범위, 업무종료, 공시등에 대해 아주 상세한 규정을 마련하였다(「신탁법」 제12조~제20조).

3 위의 글, 84면.

Ⅷ 부동산 프로젝트금융(PF) 대출채권의 유동화

1. 개념 및 구조

'부동산 프로젝트금융 대출채권 유동화'[1]는 프로젝트의 사업시행자가 금융기관으로부터 대출을 받고, 대출자인 금융기관이 보유하는 대출채권을 기초자산으로 한 유동화증권(ABS)을 발행하여, 이를 투자자에게 매각한 후 그 매각 대금으로 대출 원리금을 상환하는 새로운 금융 방식으로서 일반 프로젝트금융과 자산유동화가 접목된 방식이다. 부동산 프로젝트금융 대출채권 유동화는 초기에는 「자산유동화에 관한 법률」에 따른 정형(등록)유동화방식을 취했는데 사업시행자는 동법상 자산보유자 요건을 구비하기 어려워 유동화전문회사와 사업시행자 중간에 이른바 연계대출금융기관 (bridge bank)을 활용하여 은행에서 먼저 사업시행자에게 PF 대출을 실행하고 이어 은행의 PF 대출채권을 유동화전문회사에 양도하는 방식을 사용하였다.

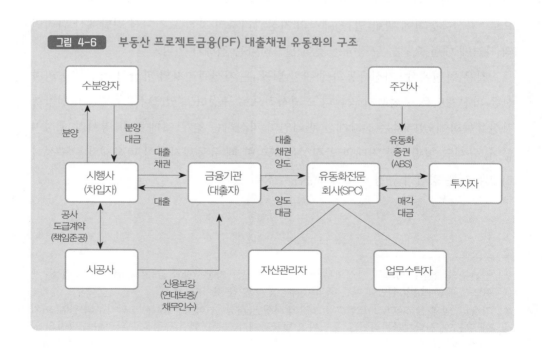

그림 4-6 부동산 프로젝트금융(PF) 대출채권 유동화의 구조

---

1 실무상 보통 '부동산 PF-ABS'로 칭한다.

일반적으로 프로젝트에서 사업시행자의 신용도는 낮으며 유동화증권의 상환 재원은 분양형 개발사업의 경우 1차적으로 분양대금이 되는데, 이 분양대금이 여러 가지 원인으로 당초 계획대로 유입되지 않을 위험이 존재하므로 신용보강 장치로서 건설 시공사의 연대보증이나 채무인수 등이 이용된다. 전체적인 구조에서 볼 때, 대출자인 금융기관은 유동화증권 발행의 전(前) 단계로서 연계대출(bridge loan)을 수행하는 연계은행(bridge bank)으로서의 역할만을 담당하며, 유동화증권이 발행된 이후에는 대출자인 금융기관의 관여가 없어지고, 실제로 유동화증권의 발행은 전적으로 건설 시공사의 신용보강에 달려 있어, 결국 유동화증권의 신용등급은 건설 시공사의 신용등급에 연계되므로 추후 건설 시공사가 원리금 상환에 대해 궁극적인 책임을 지게 된다. 2008년 금융위기 이후 부동산 프로젝트금융 대출채권 유동화는 주로 비정형(비등록) 유동화방식으로 실행되었으며 여러 가지 이유로 신용보강주체와 방안도 다변화되었는데 이는 비정형(비등록)유동화 부문에서 구체적으로 설명하기로 한다.

2. 법적 쟁점의 검토

(1) 기한의 이익 상실 사유 발생과 건설 시공사의 채무인수 효력 발생 시기

부동산 프로젝트금융 대출채권 유동화 거래에 있어서, 대출약정서상 기한의 이익 상실 사유가 발생될 때 건설 시공사의 채무인수 효력 발생 시기는 유동화증권 발행 전후(前後)에 따라 다르게 규정된다.[1] 즉 유동화증권의 발행 전에는 먼저 대출자의 판단에 의해 기한의 이익 상실 효과와 그로 인한 채무인수의 효력 발생 여부를 결정하지만, 유동화증권의 발행 후에는 유동화증권 투자자 보호를 위해 기한의 이익 상실 사유가 발생하는 즉시 건설 시공사의 채무인수가 이루어지도록 하는 것이 보통이다.[2]

(2) 금융투자회사의 대출채권 매입 약정의 업무영위 가능 여부

종래 증권회사가 부동산 프로젝트금융 대출채권 유동화 거래에서 주간사(主幹事)(lead manager) 역할을 하는 경우, 사업약정서 및 대출 약정서상에 대출자인 금융기관이

---

1 이종훈, 앞의 학위논문, 120면.
2 위의 학위논문, 120면.

차입자인 사업시행자에게 대출을 실행한 후 보유하게 되는 대출채권을 상환 기일에 양수하기로 하는 내용의 대출채권 매입 약정을 주간사인 증권회사와 대출자인 금융기관 간에 체결함으로써 대출자의 대출 위험을 주간사인 증권회사가 인수하여 거래를 성사시키고자 하는 사례가 있었다. 이 경우에 이러한 대출채권 매입 약정이 증권회사에 허용된 업무 범위에 속하는 것인가가 문제된 적이 있었다.

당시 구(舊) 「증권업감독규정」은 일정한 경우를 제외하고 증권회사의 "타인을 위한 채무보증"을 금지하고 있었는데($^{제2-}_{63조}$), 이 대출채권의 매입 약정이 이 규정상의 채무보증에 해당하는지가 문제되었던 것이다. 당시 「증권업감독규정」상 '채무보증'은 "명칭의 여하에도 불문하고 제3자의 채무이행을 직접 또는 간접으로 보장하기 위하여 행하는 보증, 담보제공, 채무인수, 추가 투자의무 기타 이에 준하는 것"으로 규정하고 있었다($^{제2-8조}_{제7호}$). 이에 관한 통설적 입장은 증권회사의 대출채권 매입 약정은 구(舊) 증권거래법령상 "대출 채권의 매매 및 그와 관련된 거래"에 해당하는 것으로 볼 수 있으므로 증권회사가 영위할 수 있는 업무로 판단하였고($^{구「증권거래법」 시행}_{령 제36조의2 제5항}$ $^{제1호}_{자목}$), 이것은 차입자의 대출자에 대한 보증채무를 부담하는 것과는 다르다고 보아 대출채권을 양수하는 지위만이 있는 것으로 간주하였다.

「자본시장과 금융투자업에 관한 법률」하에서도 대출채권의 매매 업무는 금융투자회사의 겸영업무로서 허용되어 있으므로($^{법 제40조 제5호, 시행령}_{제43조 제4항 제8호}$),[1] 금융투자회사는 이러한 대출채권의 매입 약정을 겸영업무로서 영위할 수 있는데, 다만 채무증권에 대한 투자매매업 또는 투자중개업 영위의 인가를 받아야 한다($^{시행령 제43조}_{제5항 본문}$).[2]

Ⅸ 비정형(비등록) 유동화 거래

「자산유동화에 관한 법률」상의 규제와 제한, 그리고 이 법상의 자산유동화의 한

---

1 "대출채권, 그 밖의 채권의 매매와 그 중개·주선 또는 대리 업무"라고 하고 있다.
2 참고로 「자본시장과 금융투자업에 관한 법률」상 금융투자회사가 지급보증 업무를 영위하기 위해서는 증권 및 장외파생상품에 대한 투자매매업을 경영하는 금융투자업자로서 업무 영위 7일 전까지 금융위원회에 신고하면 된다(법 제40조 제5호, 시행령 제43조 제5항 제6호).

계를 뛰어넘기 위해 다양한 구조와 기법이 고안되어 이용되어 왔는데, 이를 통칭하여 '비정형(비등록) 유동화'[1]라고 한다.

1. 정형(등록) 유동화 거래의 한계

지금까지 기술한 '정형(등록) 유동화 거래'의 한계 내지 문제점은 「자산유동화에 관한 법률」의 개정 방향 내지 입법론으로서도 의미를 지니겠지만, 오히려 비정형(비등록) 유동화 거래의 출현 배경으로 볼 수도 있으므로 그 규제상의 문제점, 쟁점 및 한계 등을 살펴볼 필요가 있다.

이러한 것으로서 첫째, 절차상 규제로서 유동화계획의 등록 및 자산양도 등록 등과 관련하여 절차상 까다로운 감독과 규제가 적용된다는 점, 둘째, 유동화전문회사(SPC)의 설립 비용을 포함하여 출자구조 및 지배구조 등과 관련된 쟁점이 있다는 점,[2] 셋째, 자산관리자의 유동화자산에 대한 구분 관리 의무에 대한 감독이 미흡하다는 점, 넷째, 자산유동화 참여자들이 그들에게 부여되는 각종 조세 혜택을 악용할 우려가 있다는 점, 다섯째, 유동화자산의 가치가 아닌 자산보유자의 신용을 중시함으로써 자산유동화의 본질이 퇴색될 수 있다는 점, 여섯째, 신용 위험의 제3자 이전과 관련한 합성 유동화와 관련된 쟁점이 있다는 점, 일곱째, 감독기관의 각종 실무상 지침(guideline)에 의한 규제가 있다는 점[3] 등을 들 수 있다.

---

1 강희철·장우진·윤희웅, "자산유동화법에 의한 자산유동화의 한계와 이를 극복하기 위한 수단으로서의 비정형 유동화에 관한 고찰," 『증권법연구』 제4권 제1호(한국증권법학회, 2003. 6), 26면은 '비정형 유동화'라고 일컫고 있으며, 김용호·이선지·유이환, "비등록 유동화 거래의 실태와 법적 문제," 『BFL』 제31호(서울대학교 금융법센터, 2008. 9), 45면은 '비등록 유동화'로 명명하고 있다.

2 이 점과 관련해서는 김연미, "유동화전문회사(SPC)의 법리," 『BFL』 제31호(서울대학교 금융법센터, 2008. 9), 95~105면.

3 예로서, 종래 자산보유자의 위험 부담에 있어서 소위 "50% Rule," 주식유동화의 제한, 단일 자산유동화의 제한, 일정 기간 자산 보유 요건 등을 들 수 있다.

2. 비정형(비등록) 유동화 거래의 유형[1]

(1) 도관(SPC)의 법적 형태에 따른 분류

종래 비정형(비등록) 유동화는 유동화의 도관체로서 명목회사(SPC)를 설립함에 있어서 법적 형태를 '유한회사' 형태로 가져가느냐 '주식회사' 형태로 가져 가느냐에 따라 그 유형이 구분될 수 있다. 양자 간에는 「상법」상 최소자본금,[2] 주식(출자지분)의 양도, 사채의 발행, 의결권, 배당 내지 잔여 재산 분배권, 서면 결의 등의 면에서 차이가 있으며, 거래의 제반 요소를 감안하여 회사 형태를 결정하는 것이 필요하다.[3] 2023년 7월 11일 개정된 「자산유동화에 관한 법률」은 등록유동화의 활성화를 위해 유동화전문회사의 형태를 기존 유한회사 이외에 주식회사를 추가함으로써 두 가지 형태 중 선택할 수 있게 하고 공히 동 법의 적용을 받게 되었다.

(2) 금융거래의 유형에 따른 분류

자금 조달 방식에 따라 대출 구조를 이용한 '자산담보부대출(asset−backed loan: ABL) 거래'와 기업어음(commercial paper: CP) 구조를 이용한 '자산유동화기업어음(asset−backed commercial paper: ABCP) 거래', 자산유동화전자단기사채(asset−backed short term bond: ABSTB) 등의 세 유형으로 크게 구별할 수 있다. 그 밖의 유형으로서 신탁형 자산유동화의 기본 구조에서 변형된 방안(이것은 유동화증권 투자자 보호를 위한 신용 보강 방안과 연계된다)과 입법론으로서 거론되는 '합성 유동화'가 있는데, 이에 대해서는 별도로 해당 부분에서 설명하기로 한다.

---

1 비정형(비등록) 유동화를 유동화전문회사(SPC)의 법적 형태에 따라 유한회사를 통한 거래와 주식회사를 통한 거래로 나누고, 자금 조달 방식에 따라 '자산담보부대출(ABL) 거래'와 '자산담보부기업어음(ABCP) 거래'로 나누기도 한다(김용호 · 이선지 · 유이환, 앞의 글, 53면).

2 2009년 5월 28일 상법이 개정되면서 최저자본금 제도가 폐지되고(법 제329조 제 1 항), 1주의 금액은 100원 이상으로 해야 한다(법 제329조 제 4 항)고 규정하여, 자본금 100원의 회사 설립이 가능해졌다.

3 2012년 4월 15일 시행된 개정 「상법」에서는 회사의 종류가 기존 합명회사, 합자회사, 주식회사, 유한회사에서 유한책임회사가 추가되었다(법 제287조의2 내지 제287조의45). 비정형유동화의 경우 유동화전문회사의 형태에 제한이 없으므로 유한책임회사 형태의 비정형 유동화도 고려할 수 있을 것이다.

(3) 유동화거래의 수에 따른 분류

유동화거래의 수에 따라 단일 유동화거래와 복수유동화거래로 구분될 수 있으며, 후자를 포괄 유동화거래라고도 한다.

3. 자산담보부대출(Asset-Backed Loan: ABL) 거래

(1) 개   념

「자산유동화에 관한 법률」에 따른 자산유동화 구조에 있어서 SPC(「자산유동화에 관한 법률」상의 유동화전문회사)가 유동화증권을 발행하여 투자자로부터 자금을 모집하는 것이 아니라, SPC(「상법」상 유한회사)가 투자자(실질적으로 대출자)로부터 대출을 받아 이 자금을 유동화에 사용하는 것이다. 구조의 본질에 따라 크게 '양도 방식의 자산담보부대출(ABL) 거래' 구조와 '신탁 방식의 자산담보부대출(ABL) 거래' 구조로 구분할 수 있다.[1]

(2) 거래 구조

1) 양도 방식의 자산담보부대출(ABL) 거래 구조

양도 방식의 자산담보부대출(ABL) 거래 구조는 [그림 4-7]에서 보는 바와 같이, 자산보유자의 기초자산을 SPC(「상법」상 유한회사)에 양도하고, SPC는 대출자로부터 대출을 받아 그 자금으로 기초자산의 대금을 지급하며, SPC는 대출채무의 담보를 위해 기초자산에 대해 대출자에게 담보권을 설정하는 구조이다. 자산보유자는 보통 SPC와

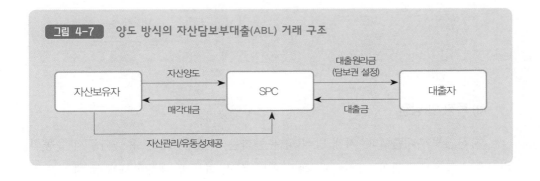

그림 4-7 양도 방식의 자산담보부대출(ABL) 거래 구조

---

1 위의 글, 54면.

자산관리계약을 체결하여 기초자산에 대한 추심 및 관리 등의 업무를 영위한다.

2) 신탁 방식의 자산담보부대출(ABL) 거래 구조

① 가능한 방식

㉠ SPC를 선순위 수익권자로 지정하는 방법으로서 「신탁법」상 타익(他益) 신탁 구조에 해당한다.

㉡ 자산보유자가 선순위 수익권과 후순위 수익권을 보유하고 있다가, 후에 선순위 수익권을 SPC에 양도하는 방법으로서 「신탁법」상 자익(自益)신탁 구조에 해당한다.

② 타익(他益)신탁 구조

타익(他益)신탁 구조 자산담보부대출(ABL) 거래는 [그림 4-8]에서 보듯이, 자산보유자가 기초자산을 수탁자에게 신탁하고, 신탁의 선순위 수익권자로서 SPC를 지정함과 동시에 자산보유자는 후순위 수익권을 인수하며, SPC는 선순위 수익권을 대출자에게 담보로 제공하여 자금을 차입하고, 그 차입금으로 선순위 수익권의 대가를 수탁자를 통해 자산보유자에게 지급하게 된다. 자산보유자는 수탁자와 신탁재산 관리 계약을 체결하고 기초자산의 추심 및 관리 업무를 수행한다.

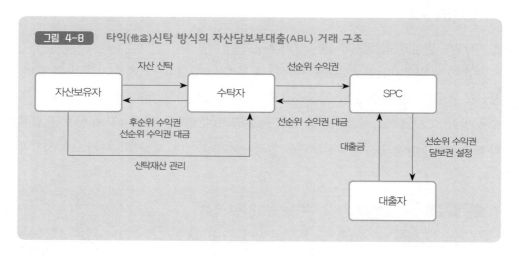

그림 4-8 타익(他益)신탁 방식의 자산담보부대출(ABL) 거래 구조

(3) 특징 및 장점

'자산담보부대출(ABL) 거래 방식'의 유동화는 비정형(비등록) 유동화로서 유동화 대상으로 물품대금채권, 리스채권, 대출채권, 주식, 회사채, 유동화사채 등 다양한 자산이 활용될 수 있다. 또한, 「자산유동화에 관한 법률」 제13조의 '진정한 양도'(true sale) 요건을 충족하기가 모호한 자산에 활용될 수 있다.

특히 다음과 같은 점에서 정형 유동화 거래보다는 '자산담보부대출(ABL) 거래' 구조를 활용한 비정형 유동화 거래가 상대적으로 장점이 있다고 볼 수 있다. 즉, (i) '장래 매출 채권'의 경우 본질적으로 장래에 발생할 채권으로서 「자산유동화에 관한 법률」 상 진정한 양도가 가능한지에 대해 직접적으로 심사를 받아야 한다는 점, (ii) 유동화 자산으로 등록한 이후에도 일정 기간마다 실제로 발생한 채권의 내역을 공시할 것이 요구된다는 점(실무상 확정 보완 공시), (iii) 「자산유동화에 관한 법률」상 타익신탁 구조로 갈 경우 수익권이나 수익증권에 대한 시장 수요가 크지 않다는 점 등을 고려하면 정형 유동화 거래보다는 '자산담보부대출 거래' 구조를 활용한 비정형 유동화 거래가 상대적으로 장점이 더 있다고 볼 수 있다.[1]

또한 비정형 유동화 거래인 '자산담보부대출 거래'는 장래 매출채권의 경우를 제외하고는 상대적으로 거래 구조가 간명하여 전체적으로 비용 절감이 가능하다는 것도 또 하나의 장점이다. 한편, 동일한 자산을 담보로 한 자산보유자에 대한 일반 담보 대출 거래와 비교할 때, 자산담보부대출(ABL) 거래의 경우 담보자산인 기초자산을 자산보유자의 파산 위험으로부터 절연시킬 수 있으므로 대출자의 입장에서는 상대적으로 유리하며, 역으로 자산보유자의 입장에서도 자금조달 조건을 보다 유리하게 가져갈 수 있는 장점이 있다.[2]

(4) 일본에서의 신탁을 이용한 비정형 유동화 거래 방식

일본에서 실무상 신탁을 이용한 비정형(비등록) 유동화 방식으로는 크게 1) 수익권 양도형 신탁, 2) 차입 목적형 신탁(ABL), 3) 혼합형(hybrid) 신탁 등 3가지로 분류된다.[3] 향후 우리나라에서 신탁을 이용한 비정형(비등록) 유동화의 구조 설정에 참고가 될 것으로 보아 소개한다.

---

1 강율리, 앞의 글, 86면. 대법원 판례는 '장래 발생 채권'의 양도에 대해 "양도 당시 기본적 채권 관계가 어느 정도 확정되어 있어서 그 권리의 특정이 가능하고, 가까운 장래에 발생될 것이 상당 정도 기대되는 경우에는 양도할 수 있다"고 판시한 바 있다(대법원 1997. 7. 25. 선고 95다 21624 판결).

2 김용호·이선지·유이환, 앞의 글, 55면.

3 西村ときわ法律事務所 編著, 『資産·債權の流動化·證券化』, 新金融實務手引シリズ, 社團法人 金融財政事情研究會, 2007, 189~191面.

일본의 「자산유동화에 관한 법률」에 근거한 정형 자산유동화 수단으로서의 특수한 신탁으로는 첫째, 자산보유자가 신탁한 부동산의 신탁 수익권을 분할하여 복수의 투자자로부터 자금을 조달할 목적으로 수탁자가 '자산신탁유동화계획'을 기초로 수익증권을 발행하는 '특정 목적 신탁'(실무상 'SPT'라고 한다)($\substack{법 제 2 조 제 \\ 13호, 제229조}$)과 둘째, 특정목적회사(실무상 'TMK'라고 함)에 대한 자산보유자의 영향을 차단하는 '도산(倒産) 격리'를 위해 자산보유자의 특정목적회사(TMK)에 대한 특정 출자를 신탁하는 '특정 출자 신탁'이 존재한다($\substack{법 제 \\ 33조}$). 그러나 두 경우 모두 실무상 이용되는 사례가 적으며,[1] 오히려 신탁을 이용하는 경우에도 다음의 '비정형 신탁형 유동화 방식'을 많이 사용한다.

1) 수익권 양도형 신탁

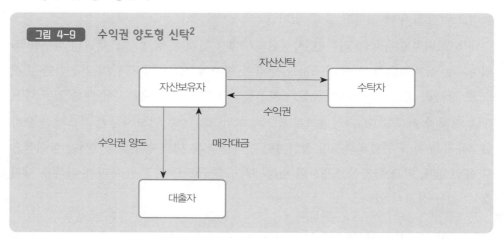

그림 4-9 수익권 양도형 신탁[2]

[그림 4-9]에서 보는 바와 같이 기본 구조로서 자산보유자가 수탁자에게 유동화 대상 자산을 신탁하고, 이에 대해 수탁자가 자산보유자에게 신탁수익권을 발행하여 주고 자산보유자가 취득한 신탁수익권을 투자자에게 매각하여 그 매각 대금으로 자금 조달을 실현하는 방식으로서 가장 기본적인 방식이다.

2) 차입 목적형 신탁(ABL)

'차입 목적형 신탁'은 우리나라의 자산담보부대출(ABL) 거래 구조에 해당하는 것으로서, 자산보유자가 수탁자에게 유동화 대상 자산을 신탁하고, 이에 대해 수탁자가

---

1 三菱UFJ信託銀行 編著, 『信託の法務と實務』, 社團法人 金融財政事情研究會, 2008, 586面.
2 西村ときわ法律事務所 編, 前揭書, 191面.

자산보유자에게 신탁수익권을 발행하며, 수탁자는 신탁재산인 유동화 대상 자산을 담보로 투자자로부터 '책임재산 한정 특약부대출'[1]을 받아 이 차입금으로 자산보유자가 취득한 신탁수익권의 일부를 상환하는 방식으로 해당 수익권의 상환금을 위해 자금을 조달하는 구조이다. 이 구조는 대출자(투자자) 입장에서 수익권을 매입하는 것을 선호하지 않고 대출 방식을 원하는 경우에 적합하며, SPC 설립 및 관리 등이 필요하지 않아 관련 비용을 절감할 수 있다는 장점이 있다.

3) 혼합형(hybrid) 신탁

'혼합형(hybrid) 신탁' 구조는 [그림 4−11]에서 보듯이 자산보유자가 수탁자에게 유동화 대상 자산을 신탁하고, 수탁자가 자산보유자에게 신탁수익권을 발행하며, 수탁자가 신탁재산인 유동화 대상 자산을 담보로 투자자로부터 '책임재산 한정 특약부

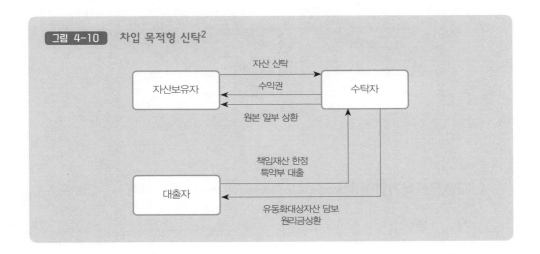

그림 4-10 차입 목적형 신탁[2]

---

1 우리나라에서도 실무상 수탁자의 책임을 제한하기 위해 '책임재산 한정 특약'을 이용하여 왔으나 법률적 근거는 없으며, 다만 계약 상대방에 대해서만 특약을 주장할 수 있을 뿐이다. 「신탁법」 제32조도 "수탁자는 수익자에 대하여 부담하는 채무에 관해서만 신탁재산의 한도 내에서 책임을 진다"고 규정하고 있을 뿐, 제 3 자에 대해 부담하는 채무에 대해서는 규정이 없으며, 판례도 "수탁자가 신탁재산에 대하여 강제 집행을 할 수 있는 채권자에 대하여 부담하는 채무에 관한 이행 책임은 신탁재산의 한도 내로 제한되는 것이 아니라 수탁자의 고유재산에 대하여도 미치는 것으로 보아야 한다."고 판시하고 있어 수탁자의 무한 책임을 뒷받침하고 있다. 그런데 개정 「신탁법」 제11장에는 수탁자의 고유재산이 아닌 신탁재산만으로 신탁 채무에 대하여 책임을 지는 '유한책임신탁 제도'가 도입되어 있다. 오창석, "개정 신탁법이 신탁실무에 미치는 영향," 『BFL』 제39호(서울대학교 금융법센터, 2010. 1), 76~78면.

2 西村ときわ法律事務所 編, 前揭書, 191面.

대출'을 받는다. 그 후 수탁자가 신탁재산인 유동화증권 대상 자산을 담보로 차입한 차입금을 가지고 자산보유자가 취득한 신탁수익권의 일부를 상환하며, 자산보유자가 잔존하는 신탁수익권의 일부를 투자자에게 양도하여 유동화를 종결한다. 이와 같이 혼합형 신탁 구조는 신탁수익권의 상환금과 매각 대금 양자로부터 자산보유자의 자금 조달을 실현하는 구조로서 기술한 '수익권 양도형 신탁'과 '차입 목적형 신탁(ABL)'을 합성한 방식이다.

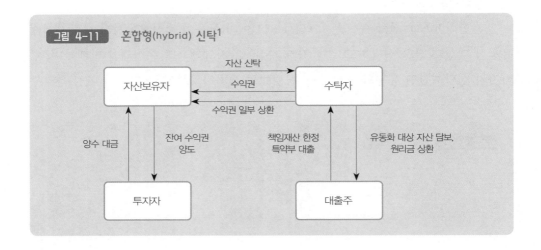

그림 4-11   혼합형(hybrid) 신탁[1]

4. 자산유동화기업어음(Asset-Backed Commercial Paper: ABCP) 거래

(1) 개   념

매매형 자산유동화 거래 구조와 유사한 구조하에서 유동화전문회사(SPC)가 유동화증권이 아닌 「자본시장과 금융투자업에 관한 법률」상의 증권의 일종인 채무증권(債務證券) 중 기업어음증권을 발행하는 구조이다. 일반적으로 SPC는 유동화자산을 기초로 회사채 형태의 자산유동화증권(ABS)을 발행하는데, 이것은 기업어음(CP)의 형태로 발행하는 것이다.[2] 자산유동화기업어음(ABCP)은 자산유동화증권 구조와 기업어음 구

---

1 西村ときわ法律事務所 編, 前揭書, 191面.
2 「자본시장과 금융투자업에 관한 법률」이 시행되기 전에는 「증권거래법」 제 2 조 제13항, 제15항, 그리고 「증권거래법 시행령」 제 2 조의3 제 4 호에 따라 공포된 재정경제부 고시 제2001 - 20호(기업이 자금 조달을 목적으로 발행하는 어음 중 재정경제부장관이 정하는 어음의 범위)

조를 결합한 방식으로서, 단일 또는 다수의 자산보유자로부터 수집한 자산 집합을 바탕으로 기업어음을 발행하는 일련의 프로그램으로 볼 수 있다.

기업어음은 일반적으로 기업의 유동성 조절 및 조달 비용 절감 등을 목적으로 단기 자금조달 수단으로서 신용도가 비교적 높은 대기업들이 주로 활용하는데, 자산유동화기업어음은 신용도가 낮은 기업들도 대출채권, 매출채권, 리스채권, 회사채, 자산유동화증권(ABS) 및 주택저당증권(MBS) 등 다양한 기초자산을 담보로 일정한 신용 보강을 통해 발행할 수 있는 장점이 있다. 또한 유동화 자산에서 발생하는 유휴 자금의 운용 손실(즉, 기회 비용)을 회피할 수 있으므로 자산유동화증권 발행의 경제성을 제고할 수도 있다. 투자자의 입장에서도 신용 보강(매입 보장 약정, 책임 재산 한정 특약 등)이 되어 있을 뿐만 아니라 단기 상품으로서 안정성과 유동성을 동시에 확보할 수 있는 장점이 있다.

자산유동화기업어음의 발행 목적으로는 자금 조달 수단의 다변화, 조달 비용의 절감, 장단기 금리차를 활용한 재정(裁定)이익(arbitrage) 창출 등을 들 수 있으며, 신용 보강 방안으로서 후순위증권의 발행, 보증 및 예치금 제도 등이 있다.

및 「정부투자기관 관리기본법」 제 2 조에 따라, SPC가 상장법인, 한국증권업협회 등록법인, 정부투자기관, 특별한 법률에 의해 설립된 법인, 「공적자금관리 특별법」 제17조에 따라 경영 정상화 이행약정서가 체결된 금융기관 중의 어느 하나이어야 했다. 종합금융회사 업무에 대한 겸영 인가를 받지 않은 증권회사의 경우 당시 자산유동화기업어음(ABCP)이 「증권거래법」상 유가증권에 해당하여야 중개·인수·매매가 가능하게 되고, 이에 투자할 수 있는 투자자의 범위가 확대된다는 점에서 대부분 자산유동화기업어음은 「증권거래법」상 유가증권으로 발행되었는데, 기술한 재정경제부 고시(告示) 제2001−20호의 요건을 충족하기 위해서는 SPC가 (보증)사채를 발행하여 채권 상장법인이 되는 것이 가장 용이하였는바, 유한회사는 사채를 발행할 수 없어 결국 SPC가 주식회사의 형태를 취하게 되었다. 한편 「자본시장과 금융투자업에 관한 법률」이 2009. 2. 4. 시행된 이후 이 법상 기업어음은 "기업이 사업에 필요한 자금을 조달하기 위하여 발행한 약속어음(융통어음)으로서 그 지급 대행자가 은행(「은행법」 제 2 조, 제 5 조), 한국산업은행, 중소기업은행 등으로서 '기업어음증권'이라는 문자가 인쇄된 어음 용지를 사용하는 것"이라고 하여(법 제 4 조 제 2 항, 제 3 항, 시행령 제 4 조), 이러한 요건만 구비되면 기업어음증권으로 간주되므로 종래와 같은 자산유동화기업어음(ABCP)을 「증권거래법」상 유가증권으로 만들기 위한 과정들이 불필요하게 되었으며, 따라서 향후 유한회사에 의한 자산유동화기업어음의 발행도 증가할 것으로 전망된다. 유한회사의 장점은 설립 비용이 상대적으로 적고, 사원의 의결권·배당·잔여 재산의 분배에 있어서 차별화가 가능하며, 유동화회사의 지분 구조 설계 시 유연성을 부여할 수 있으며, 사원 총회의 서면 결의가 가능하여 의사 결정의 신속 및 간소화를 도모할 수 있다는 점 등이다(「상법」 제515조, 제580조, 제612조, 제577조).

(2) 일반 자산유동화기업어음(ABCP) 거래에서 도관의 특징

자산유동화기업어음 거래에 있어서 도관(conduit)의 일반적 특징은 다음과 같다.[1]

① 도관은 최소 자본금으로 우호적 조세권역에 유한책임회사의 형태로 설립한다.

② 자산유동화기업어음은 짧은 만기가 특징이며, 미국 시장에서는 최대 270일, 유럽 시장에서는 최대 365일이 대부분이다.

③ 모든 자산유동화기업어음은 다른 일반 무담보채권과 같은 순위(pari passu)이나 (즉, 채무담보부증권(collateralized debt obligations: CDO)처럼 등급 구조가 아님), 투자자와 유동성 공여자의 채무불이행자산(default assets)의 손실로부터 보호를 위해 보증신용장(Standby Letter of Credit: L/C), 대출, 보증(guarantee) 등 신용 보강이 제공된다.

④ 단기 자산과 장기 부채 간의 만기 불일치(mismatch) 위험을 회피하기 위해 1개 이상의 높은 신용 등급의 은행으로부터 유동성 지원을 받으며, 일반적으로 그 지원 범위는 전체 구조 속에서 유동성 부족의 경우를 대비해 도관이 계속해서 자산을 매입하고, 만기 도래 자산유동화기업어음을 상환하도록 하기 위해 도관의 만기 도래 채권의 100%(채무불이행자산(default assets)은 제외)까지 지원한다.

⑤ 재발행(revolving) 구조로서 만기에 회수되는 기업어음을 새로운 기업어음으로 대체하는 방법을 이용하며, 보통 유동화계획에 재발행계획(revolving plan)을 기재한다.

다시 말하면, 각종 신용 제고 방안, 유동성 지원, 양질의 기초자산이 어우러져 높은 단기 신용 등급의 기업어음을 발행하게 된다.

(3) 일반 자산유동화기업어음(ABCP) 거래

1) 개   념

자산유동화기업어음 거래는 설정 당시부터 계속적인 기초자산의 매입과 이 매입 자금의 조달을 위해 특수목적회사인 SPC가 설립 당시부터 시리즈(series)로 자산유동화기업어음의 발행을 전제로 하는 것으로서 복수의 자산유동화기업어음 거래가 이루어지는 것이다. 이것은 유동화자산의 대체(substitution) 및 증감과 유동화증권의 조건 변경의 탄력성을 도모하기 위한 것으로 볼 수 있다.

---

1 Carlos Echave, "Securitization: the End of the Beginning," *Butterworths Journal of International Banking and Financial Law*, March 2008, pp. 115~116.

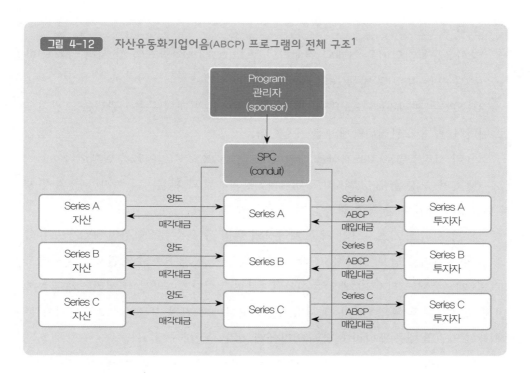

그림 4-12 자산유동화기업어음(ABCP) 프로그램의 전체 구조[1]

자산유동화기업어음 거래는 일반적으로 기업어음의 상환 재원을 무엇으로 할 것인가에 따라, (i) 당해 시리즈 자산에 한정하는 구조('Segregated Vehicles')와 (ii) 모든 시리즈 자산으로 상환 재원을 확대하는 구조('Combined Vehicles')로 구별되는데, 지금까지 대부분이 전자(前者)의 구조를 채택하고 있다.[2]

---

1 김용호 · 이선지 · 유이환, 앞의 글, 57면.
2 담보권과 피담보채권 간의 수반성(隨伴性)을 원칙으로 하는 국내 담보법 체계와 관련하여 기업어음이 이전될 때마다 담보권이 수반되어야 하는 문제가 있는데, '불특정 다수인'을 수익자로 하는 신탁 법리를 근거로 「신탁법」 제18조의 '신탁관리인(信託管理人) 제도'를 원용하여, 신탁관리인의 선임하에 기업어음의 소지자를 수익자로 하는 담보신탁(擔保信託)을 설정함으로써 특정한 기업어음을 특정한 담보와 연계시키고 있다(강희철 · 장우진 · 윤희웅, 앞의 글, 34면). 일본 「신탁법」 제123조에서 규정하고 있는 '신탁관리인' 제도의 취지에 대해서 (i) 신탁행위에서 지정하지 않은 경우, (ii) 조건부로 수익권을 취득하는 경우로서 조건이 아직 성취되지 않은 경우, (iii) 수익자 지정권을 보유한 자가 아직 수익자를 지정하지 않은 경우, (iv) 공익신탁(公益信託)의 경우(「신탁법」 제258조) 등에 있어서 신탁재산을 보전할 필요성을 들고 있다(三菱UFJ信託銀行 編著, 前揭書, 140~141面). 더 나아가 우리나라의 대법원 판례는 신탁관리인의 존재 없이 사채권자라는 불특정 다수인을 위하여 신탁이 설정될 수 있다는 입장이다(대법원 2002. 7. 26. 선고 2000다17070 판결)(강희철 · 장우진 · 윤희웅, 앞의 글, 35면).

2) 구   조

자산유동화기업어음 거래의 전체적인 구조([그림 4-12] 참조)와 각 시리즈(series)별 구조([그림 4-13] 참조) 및 발행 등의 절차는 다음과 같다.[1]

① SPC는 관리자(sponsor)와 자산유동화기업어음 거래의 운용·관리를 포괄적으로 위탁하는 '거래 관리위탁계약'을 체결한다.

② 각 시리즈별로 기초자산을 매입하여 이를 기초로 기업어음을 발행한다.

③ 신용 보강을 위한 계약(예로서, 매입 보장 약정 등)과 환율이나 이자율 등의 변동 위험을 회피하기 위한 각종 위험 회피 계약을 체결한다.

④ 각 시리즈 기초자산과 각종 계약상의 권리 등 특수목적회사인 SPC가 보유하는 일체의 권리를 담보 신탁하고, 각 시리즈 채권자를 제1종 수익권자로 지정하고 SPC를 제2종 수익권자 및 제3종 수익권자로 지정한다.[2] 따라서 각 시리즈와 관련하여 발생되는 모든 현금흐름이 각 시리즈별 수탁자에게 직접 지급되어 그 수탁자를 통해 각 수익권의 내용에 따라 해당 수익자에게 각각 지급하게 된다.[3]

⑤ 각 시리즈 기초자산으로부터 발생되는 현금흐름으로 해당 기업어음을 상환한다.

⑥ 새로운 시리즈를 발행하는 경우 상기 ①~⑤의 과정을 반복한다.

---

1 위의 글, 57~58면.

2 일반적으로 제1종 수익권은 '담보 실행 기간' 중 제1종 수익자(시리즈 채권자)가 각 시리즈 채무변제에 필요한 금액을 수령하는 것을 내용으로 하며, 제2종 수익권은 '정상 기간' 중에 제2종 수익권자가 각 시리즈 채무 변제에 필요한 금액을 지급받는 것을 내용으로 하고, 제3종 수익권은 제1종 수익권 및 제2종 수익권을 지급하고 남은 잔액을 제3종 수익자가 수령하는 것을 내용으로 한다. 위의 글, 57면.

3 위의 글, 57면. 'Segregated Vehicle' 구조의 경우 시리즈 간 장벽을 두는 방안으로는, 다시 말하자면 시리즈별 강제집행 대상이 되는 책임재산을 한정하는 방안으로는 (i) 위탁자와의 파산 절연을 위한 담보신탁 구조, (ii) 신용 보강 수단으로서 각 시리즈별 발행 자산유동화기업어음 매입 보장 약정(어음금지급보증), (iii) 도관과 매입보장기관 간에 어음 청구권에 대한 책임재산 범위를 해당 시리즈별 기초자산에 한정하는 특약 규정 등이 있는데, 보통 위 (i)~(iii)의 방안을 모두 복합적으로 이용하고 있다. 다만 「어음교환업무규약」상 어음의 부도가 발생한 경우 그 어음을 발행한 회사에 대해 거래 정지 처분을 하도록 되어 있는데, 어느 하나 시리즈의 기업어음의 부도는 다른 시리즈 기업어음의 발행 중단을 초래할 수 있어 완전한 차단벽을 실현하는 데는 한계가 있다(「어음교환업무규약」 제18조, 같은 규약 시행세칙 제121조 참조). 위의 글, 57~58면.

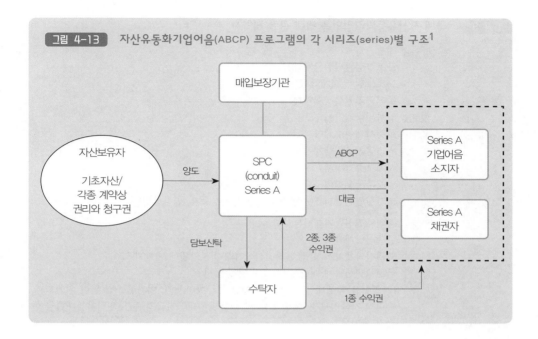

그림 4-13 자산유동화기업어음(ABCP) 프로그램의 각 시리즈(series)별 구조[1]

3) 기   능

자산유동화기업어음 거래는 단기금융시장에서 자금을 조달하여 자산유동화증권에 재투자함으로써 자산유동화 시장의 성장에 기여했으며, 자산유동화 시장의 유동성을 제고하였다. 종래 자산유동화증권의 주요 투자자 중의 하나로서 자산유동화기업어음이 자리 매김했었지만, 한편으로 미국의 '비우량주택담보대출(sub-prime mortgage loan) 사태'의 원인이 되기도 해 향후 시장 구조의 재편이 예상된다.

(4) 자산유동화기업어음 거래 관련 계약서

국내 자산유동화기업어음 거래 관련 주요 계약서는 아래와 같다.

---

1 위의 글, 58면.

표 4-6	국내 자산유동화기업어음 거래 관련 계약서
프로그램 차원	정관 프로그램관리위탁계약서 프로그램 운전계약서 주식근질권설정계약서 감사위탁계약서 보증사채인수계약서 원리금지급대행계약서 사채보증약정서 임시주주총회의사록 회사설립관련서류(사업자등록증, 등기부등본, 인감증명)
시리즈 차원	금전채권신탁거래기본약관 증권신탁계약서 증권신탁계약서 및 금전채권신탁거래 기본약관에 대한 특약 금전채권신탁에 대한 승낙 요청 및 승낙서 (기업어음 발행대금 등 계좌에 대한 예금반환채권, 이자율스왑 관련 위험회피 수령액 지급청구권, 매입보장기업어음발행대금지급청구권, 운전자금대출금지 급청구권) 자금이체약정 시리즈 기업어음 매입보장약정서 이자율 스왑계약서 시리즈 어음중개약정서 시리즈 설정방법서

(5) 부동산 프로젝트금융 대출채권 자산유동화기업어음 거래

1) 개　　념

자산유동화기업어음 중에서 부동산 프로젝트금융(PF)을 위해 선행된 금융기관(대출자)의 사업시행자(차입자)에 대한 대출채권을 「상법」상의 SPC(「자산유동화에 관한 법률」상의 유동화전문회사가 아니다)가 양수받아 이를 기초자산으로 기업어음을 발행하는 구조이다.[1]

2) 연　　혁

부동산 프로젝트금융 대출채권 자산유동화 거래는 우리나라에서 2005년 이래 자산유동화 시장에서 큰 비중을 차지하고 있었는데, 2006년 부동산 개발 관련 자산유동화에 대한 기준이 강화되면서[2] 부동산 프로젝트금융(PF) 대출채권을 기초자산으로 한

---

1 대출채권 유동화 구조로서 실무상 '부동산 PF-ABCP'로 불리어진다.

2 유동화 사채가 공모로 발행되는 경우에 (i) 유동화증권 발행 시점에서 사업 부지가 확보되어 있을

정형(등록) 유동화 거래가 어려워지고, 이에 따라 발행의 신속성 및 절차의 간편성이라는 장점이 부각된 부동산 프로젝트금융(PF) 대출채권 자산유동화기업어음 거래가 증가하였다.

　　부동산 프로젝트금융 대출채권 자산유동화기업어음 거래는 주로 기존에 발행된 자산유동화증권의 차환 발행을 목적으로 도입된 것이다. 말하자면 중기(中期)의 자산유동화증권을 발행하고 단기(短期)의 자산유동화기업어음을 발행하여 이미 발행한 자산유동화증권을 상환할 수 있게 함으로써 단기 이자 비용으로 장기 자금을 조달할 수 있는 실질적 효과를 거둘 수가 있었다. 그런데, 실무상 감독기관은 현금의 유입 기간과 자산유동화증권의 기간을 일치하도록 규제하고 있어, 중기(中期)의 자산유동화증권을 발행하기가 어려운 기업들이 「상법」상 주식회사인 SPC를 하나의 도관체로 설립하고 여기서 자산유동화기업어음을 발행하게 된 것이다. 나아가 「상법」상 SPC를 설립하여 SPC가 먼저 기업어음을 발행하여 조달한 자금을 사업시행자에 대여하는 방법이 이용되기도 했다.

　　부동산 프로젝트금융 대출채권 자산유동화기업어음 거래의 유형은 주요 기준별로 아래와 같이 분류할 수 있다.

3) 유　　형

표 4-7　프로젝트금융 대출채권 자산유동화기업어음 거래의 유형

기준	유형	내용
연계대출 금융기관 유무	대출채권 유동화 구조	• 연계대출 금융기관의 대출채권을 매입
	직접 대출구조	• SPC가 기업어음 발행을 통해 직접 시행사에 대출
시리즈 수	Stand－alone 방식	• 단일유동화 자산을 기초로 단일 시리즈의 ABCP 발행 • 대부분의 PF－ABCP
	도관 방식	• 다수의 유동화자산을 기초로 2개 이상의 시리즈 ABCP 발행 • 유동화자산 혼장 위험 통제 위해 담보신탁 활용 • 비용 및 발행 소요 시간 절감(flexibility)

것, (ii) 가까운 시일 내에 공사에 대한 인·허가를 취득할 수 있을 것 등을 요건으로 했다.

발행구조	차환 발행 구조	• 전체 유동화기간 중 만기 1~3개월의 ABCP를 계속적으로 차환 발행 • 차환 발행에 따른 위험 방지 위해 증권사의 매입약정, 은행의 매입보장약정 필요 • 매입보장 은행이 존재하는 경우 A1등급
	단일 회차 구조	• 만기 3개월 이상의 ABCP를 1회 발행(최장 30개월) • ABCP 만기까지 별도의 현금 흐름이 발생하지 않는 단순구조 • 다단계 유동화의 초기에 사용 • 채무인수 또는 연대보증 시공사의 신용으로 발행
신용보강	내부신용보강	• 시공사의 채무인수, 연대보증 등 신용공여(시공사 신용등급)
	외부신용보강	• 은행의 매입보장 등 여타 신용공여(신용공여자 신용등급)

4) 기본구조

부동산 프로젝트금융 대출채권 자산유동화기업어음 거래의 일반적 구조는 다음과 같다.

(i) 금융기관(대출자)이 부동산 개발 사업을 하는 사업시행자에게 금전을 대출한다.

(ii) 금융기관(대출자)이 자산보유자로서 대출채권을 특수목적회사인 SPC[1]에 양도한다.

(iii) SPC는 이 대출채권을 기초자산으로 하여 자산유동화기업어음을 발행한다.

통상 부동산 개발을 통한 현금 유입은 최소 3~4년이 소요되나, 자산유동화기업어음은 보통 90일 내외의 단기자금 조달 수단으로서 양자 간에 자금 흐름의 시간차(time-lag)가 생긴다. 따라서, 자산유동화기업어음 거래는 8~10회의 차환 발행(revolving) 구조를 갖게 되고, 차환 발행이 어려운 상황 등을 대비해서 이른바 유동성보강 장치, 즉 신용 보강 장치가 필요하게 된다. 금융기관의 '매입보장약정'이 그것이며, 이 밖에도 사업시행자의 신용을 보강하기 위해 기술한 '부동산 프로젝트금융 대출채권 유동화(PF-ABS)' 거래와 같이 건설 시공사의 연대보증 또는 채무인수, 사업부지 및 미분양 건물에 대한 담보신탁, 분양수입금 계좌에 대한 질권 설정, 건설 시공사의

---

1 기술하였듯이 「자본시장과 금융투자업에 관한 법률」이 시행되기 전에는 불가피하게 「상법」상 주식회사의 형태로 설립되었고, 그 법적 성질도 실체회사였다. 따라서 법인세 납부 의무가 있었으나, 실제로 실무상 법인세가 면제되도록 운영하였고, 이자소득세에 대해서도 원천징수 의무가 있었으나, 원천징수된 이자 소득세도 결국 배당되었으므로 100% 환급되는 결과를 낳았다. 그러나 「자본시장과 금융투자업에 관한 법률」이 시행된 이후에는 이 법이 지정하는 기업어음증권의 요건만 구비하면 가능하게 되었으므로 유한회사로도 설립할 수 있게 되었다.

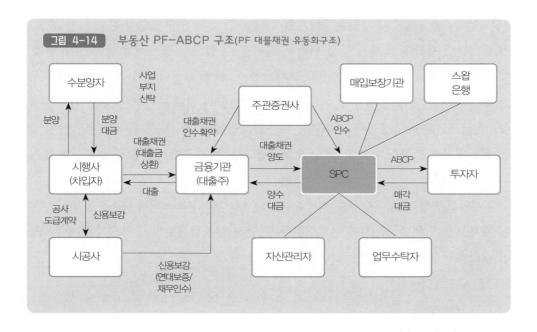

그림 4-14 부동산 PF-ABCP 구조(PF 대물채권 유동화구조)

책임준공 의무, 사업시행자 대표이사의 연대보증 등을 추가로 요구하기도 한다.[1]

한편, 금융기관의 '매입보장약정'과 관련하여 은행이 주로 그 역할을 했으며 종래 증권회사의 경우에는 기술하였듯이 제한이 있었다. 즉 증권회사의 경우 "타인을 위하여 채무의 이행을 직접 또는 간접으로 보증하는 행위"가 금지되었으며 (구「증권거래법」제54조의3 제1항 제3호),[2] "증권회사가 어음을 매매 또는 중개하는 경우, 당해 어음의 지급을 보증하는 내용의 각서나 보증서의 교부 기타 명칭의 여하를 불문하고 보증을 위한 일체의 행위"가 금지되었다(구「증권업감독규정」제5-51조). 실제로 증권회사의 매입보장약정이 구「증권거래법」상의 '채무보증' 또는 '어음의 지급보증'에 해당하는지 여부를 판단하는 기준이 무엇인가라는 문제가 제기될 수 있었는데, 당시 유권해석권자인 재정경제부는 2006년 4월 26일자『증권회사의 ABCP 매입보장약정 관련 질의에 대한 회신 내용』과 2006년

---

1 김기형 외 4인, 앞의 책, 146면. 부동산 프로젝트금융 대출 잔액 이외에 대출채권을 유동화하기 위해 발행된 유가증권(PF-ABS, PF-ABCP 등)의 잔액 또한 향후 심각한 우발채무가 될 소지가 있어서 2010년 3월 2일 금융감독당국은「부동산 PF대출 및 PF ABCP 건전성 제고 방안」을 발표한 바 있다. 주요 내용은 (i) 금융회사 발행 중개 혹은 보유 PF ABCP의 예탁 의무화, (ii) 시공사의 ABCP 관련 재무정보 공시 강화, (iii) 금융감독원의 PF ABCP 감시(monitoring) 주기 단축 등이다.
2 현행「자본시장과 금융투자업에 관한 법률」은 증권 및 장외파생상품 투자매매업 인가를 받은 금융투자회사의 경우 금융위원회에 사전 신고함으로써 지급보증 업무를 영위할 수 있게 하고 있다(법 제40조 제5호, 시행령 제43조 제5항 제6호).

8월 8일자 『증권회사의 자산유동화기업어음(ABCP)과 관련한 영업상 유의 사항 통보』에서 (i) 기초자산에 내재된 신용 위험을 회피할 수 있다는 명시적 조항이 존재할 것, (ii) 구체적으로 자산유동화기업어음 투자자가 이 위험을 부담하거나 후순위 채무 등으로 흡수할 수 있게 설계될 것, (iii) 기초자산 원리금의 연체 또는 신용등급[1]이 투자등급 미만으로 하향 조정되는 경우 자산유동화기업어음 매입보장 의무를 부담하지 않는다는 명시적 조항이 존재할 것 등의 요건을 구비할 경우에 채무보증에 해당하지 않는다고 하였다.

　　대안으로서 '신용파생상품'(예로서, 신용부도스왑(Credit Default Swap) 등)을 활용하는 것이 채무보증에 해당하는지가 문제되었는데, 당시 재정경제부의 유권해석은 채무보증에 해당하지 않는다는 입장이었다.[2]

5) 구조의 다변화

① 직접대출형

　　직접대출형 PF Loan 유동화구조는 가장 기본적인 비정형(비등록) 자산유동화 구조로서 원칙적으로 「자산유동화에 관한 법률」의 규제를 받지 않는다(정보공개에 대한 규제는 제외). 특수목적기구(SPV)로서 유동화회사(SPC로서 주식회사 또는 유한회사 형태)를 설립하고 유동화증권(주로 ABCP나 ABSTB) 발행을 통해 조달한 자금을 SPC가 시행사에게 직접대여하는 구조이다. 이 구조에서 유동화회사(SPC)가 PF대출자(채권자)가 되며 기초자산은 시행사에 대한 PF 대출채권이 된다. 유동화회사(SPC)는 차입자(시행사)의 도산 위험이나 우발채무 위험에서 법적으로 절연되지 않는다. 따라서 유동화증권의 투자적격 요건을 구비하기 위해 시공사나 증권사 등의 신용보강을 필요로 한다. 유동화회사(SPC)는 명목회사로 자산을 관리할 자산관리회사, 기타 업무를 수행할 업무수탁회사와 각각 자산관리계약과 업무위탁계약을 체결하며 이들의 자격요건은 법에서 정하고 있다. 이 구조에서 유동화증권 투자자의 소구권(recourse rights) 행사 대상은 유동화회사(SPC)가 된다.

---

1 여기서 신용등급은 (i) 증권회사의 매입보장약정이 없다는 가정하에서 신용평가회사가 ABCP 자체에 대해 평정한 신용등급일 것, (ii) 최초 ABCP 발행 시 이외에 수시로 SPC의 신용 상태 변화를 감안하여 신용평가회사가 상기의 신용등급을 조정한다고 기대할 수 있을 것, (iii) 상기 신용등급과 그 변동 상황을 증권회사와 ABCP 투자자가 알 수 있을 것 등의 조건이 있었다. 재정경제부 유권해석(2006. 4. 26. 및 2006. 8. 8.).

2 재정경제부 유권해석 "증권사의 신용파생 거래 가부," 2007. 12. 3.

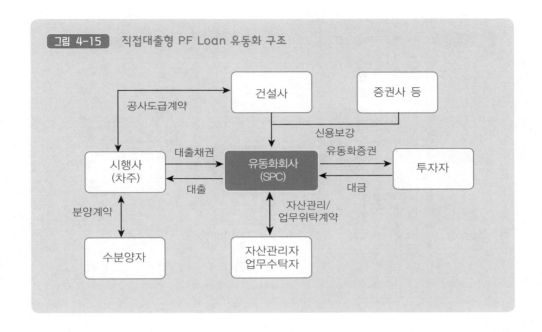

그림 4-15 직접대출형 PF Loan 유동화 구조

② 관리형토지신탁 접목형

기본적 유동화 구조에 관리형토지신탁 구조를 접목시킨 구조이다. 차입자인 사업시행사 소유의 토지를 신탁회사에 관리형토지신탁계약으로 신탁하고 신탁계약에 따라 대출자인 유동화회사(SPC)에게 관리형토지신탁 1순위 우선수익권을 제공하는 구조이다. 유동화회사(SPC)의 기초자산은 관리형토지신탁 1순위수익권 담보부 대출채권이 된다. 다만, 여기서 유의해야 할 사항은 근저당권부 대출채권은 피담보채권 양도 시 담보물권의 부종성에 근거하여 담보물권이 같이 이전되지만(근저당권 이전의 부기 등기를 통해), 이 구조에서 유동화회사(SPC가 보유하는 PF 대출채권을 양도하는 경우에 별도로 관리형토지신탁 1순위 우선수익양도 절차를 거치고 신탁변경의 등기를 해야만 수익권이 양도된다(대법원 판례는 부종성을 인정하지 않고 있다: 대법원 2017. 6. 22. 선고 2014다225809 판결). 이 구조는 기본 구조와 달리 신탁보수가 발생한다는 점도 있지만 사업시행사인 차입자의 도산위험이나 우발채무위험등에서 신탁재산을 보전할 수 있기에 기본 구조에 비해 안정성이 제고된 구조이다. 법적으로 사업시행의 주체는 수탁자가 되며 수탁자 명의로 시공사와 공사도급계약, 수분양자와 분양계약을 각각 체결하게 된다. 신용보강은 기본구조와 동일하게 일반적으로 시공사 혹은(및) 증권사가 하는 구조이다. 부동산 PF 시장에 신탁

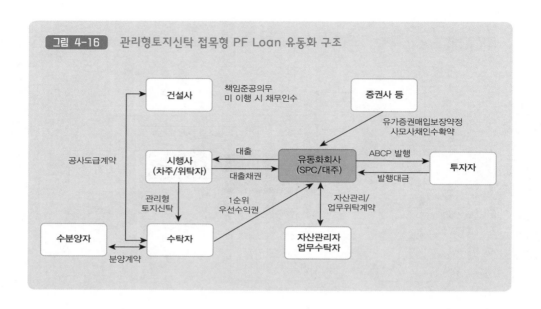

그림 4-16 │ 관리형토지신탁 접목형 PF Loan 유동화 구조

에 대한 이해도가 높아지고 그 장점이 인식되면서 유동화구조에 신탁이 접목되는 것이 일반화되고 있다.

③ 2단계 특수목적법인(SPC) 구조

이 구조는 관리형토지신탁과 유동화 구조가 접목된 점에서는 동일하지만 유동화회사(SPC) 이외에 추가로 특수목적법인(SPC)을 하나 더 설립한다는 점에서 상이하다. 관리형토지신탁으로 신탁재산인 토지를 우선수익자를 위해 신탁계약에 따라 보전하는 것은 가능하지만 여전히 유동화 SPC가 대출자로서 차입자인 시행사와 금전대여약정을 체결하는 방식이기에 시행사가 예로서 「기업구조조정촉진법」상 부실징후기업으로 되는 경우 채무조정의 위험, 관리형토지신탁 구조에서 위탁자로서 지위 보유로 인한 관련 계약상의 위험 등이 해소되지 못하기에 별도의 특수목적법인(SPC)을 설립하여 유동화구조를 통해 조달한 자금을 유동화회사(SPC)가 특수목적법인(SPC)에 자산담보부대출(ABL) 방식으로 대여하고 대여받은 자금으로 특수목적법인(SPC)이 위탁자인 시행사로부터 1순위 우선수익권의 지정 대가를 지불하고 1순위 우선수익자가 되는 방식(실질적으로 1순위 우선수익권 매입)이다. 이 경우 특수목적법인(SPC)은 보유자산이 관리형토지신탁 우선수익권이며 유동화회사(SPC)는 특수목적법인(SPC)이 보유하고 있는 관리형토지신탁 1순위 우선수익권을 담보로 자산담보부대출(ABL) 방식으로 대여

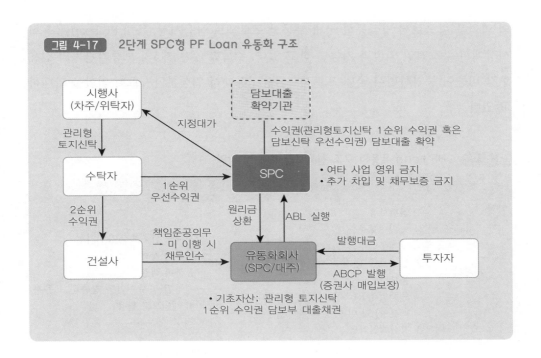

그림 4-17 2단계 SPC형 PF Loan 유동화 구조

하게 된다. 이러한 경우 유동화회사(SPC)의 기초자산은 관리형토지신탁 1순위 우선수익권 담보부 대출채권이 된다. 유동화증권 투자자의 입장에서는 유동화회사(SPC)와 위탁자인 시행사와는 계약관계가 없기에 형식적, 실질적으로 시행사의 위험에서 단절될 수 있는 구조이다.

6) 신용보강 주체 및 방안의 다변화

2008년 금융위기 이전에는 PF Loan 유동화 구조를 포함한 부동산 프로젝트 금융 구조에서 통상 신용보강의 주체는 건설사였고 주로 연대보증이나 채무인수 등 직접 보증의 형태를 취하였으나 금융위기 이후 건설사의 부도사태, 신용등급 하락, '한국채택 국제회계기준(K–IFRS)'의 단계적 도입 등으로 인해 신용보강 주체와 그 방안이 다변화될 필요성이 증가하였다. 신용보강의 주체는 기존 건설사 중심에서 은행, 증권사, 제3의 보증기관 등으로 확대되었고 그 방법도 건설사의 경우 직접보증보다는 유사보증 내지 간접보증의 형태를 활용한 '2단계 신용보강 구조'가 활성화되었다. 증권사는 인수인으로서의 역할 이외에 건설사를 대신하여 신용보강의 주체로서 유동화증권 매입보장 약정, 기초자산매입확약, 사모사채 인수확약 등의 다양한 방식으로 신용보강의 역할을 함으로써 명실공히 국내 부동산 프로젝트 금융시장, 특히 PF Loan 유동화 시장에서 주도적인 역할과 기능을 하고 있다. 주목할 것은 제3의 보증기관들의 신용보강 비중이 증가하면서 국내 프로젝트금융시장에서 위험분담자로서 역할을 확대하고 있다.

표 4-8 PF Loan 유동화 구조 신용보강 주체 별 방안

주체	신용보강 방안	참고사항
시공사	1. 직접보증 　－연대보증 　－채무인수 2. 간접보증 내지 유사보증을 통한 2단계 신용보강 　－책임준공(혹은 자금보충약정 혹은 책임분양) 및 미 이행 시 채무인수 3. 자산매입약정	시공사의 신용보강 유인사항 －시공권 확보 －공사비 책정 －예정된 공사수익을 창출하고 공사비 재원으로 활용
증권사	1. 유동화증권 매입보장 2. 기초자산 매입 확약 3. 사모사채 인수확약 4. 유동화증권 지급보증	신용위험회피조항
은행	1. 유동화증권 매입보장 2. 신용공여(Credit Line)/신용공여성 CP 매입보장	
제3의 기관	유동화보증	한국주택금융공사 주택도시보증공사 신용보증기금 SGI 서울보증
	미분양 부동산 담보대출 확약 (분양형 부동산개발사업)	저축은행 여신전문금융회사(캐피탈)

5. 비정형(비등록) 유동화와 법인격 부인론(法人格 否認論)의 쟁점

판례상 형성된 '법인격 부인론'은 주주 유한책임 제도의 남용 위험으로부터 회사의 채권자를 보호할 목적으로 구성된 이론으로서 '신의성실의 원칙'에 기반하고 있다.[1]

---

1 대법원 2001. 1. 19. 선고 97다21604 판결.

비정형(비등록) 유동화의 경우, 특수목적회사인 SPC는 도관으로서 하나의 도구이며, 보통 1인 주주 또는 1인 사원의 형태를 띤다. 법인격 부인론은 1인 회사의 사업 및 자산이 단독 주주의 사업 및 자산과 혼동되고, 불충분한 회사의 자본과 불충분한 회사 기관이 존재하며, 회계 처리의 회사법 및 관련 규정의 미 준수 등의 형태로 1인 주주가 회사를 완전히 지배하여 위법·부당한 목적으로 회사를 이용하는 것을 방지하기 위해서 이러한 경우에는 1인 주주에게 무한 책임을 지우는 것이다.

비정형(등록) 유동화의 경우 이러한 법인격 부인론이 적용될 수 있는 가능성이 전혀 없는 것은 아니나, 일반적으로 특수목적회사인 SPC 도관에 대한 운영의 감독과 통제 등의 방법으로 미연에 이러한 위험을 배제할 수는 있다. 그러나 SPC의 자본금이 책임재산으로서 기능이 상대적으로 미흡하고, SPC의 주된 업무가 외부 기관에 위탁되며, 기초자산의 불충분성이나 관리의 부실은 거의 모두 계약상 책임 문제로 해결할 수 있고, 주관적 요소로서의 위법·부당의 목적을 입증하기가 상당히 곤란하다는 점 등을 고려하면 그 적용 가능성은 크지 않다고 본다.[1]

6. 일본의 부동산 증권화 구조와 시사점

(1) 서 설

앞서 우리나라의 비정형(비등록) 유동화의 예로서 자산담보부대출(ABL) 거래에 대해 설명하였고, 일본의 비정형 신탁형 유동화 방식에 대해서도 살펴보았다. 여기서는 일본의 '부동산 자산유동화'와 관련하여 일본 「자산유동화에 관한 법률」에 의한 자산유동화(즉, 정형(등록) 유동화)가 아닌 비정형(비등록) 유동화의 방식에 대해 알아보는 것도 향후 우리나라의 비정형(비등록) 유동화의 구조 개발 및 거래 활성화에 도움이 될 것으로 보아 소개한다.

(2) 연 혁

연혁적으로 보면, 일본은 平成 10年(1998년) 「특정목적회사를 통한 특정 자산의 유동화에 관한 법률」('구 SPC법') 제정 이후 이 법률이 平成 12年(2000년) 「자산유동화에

---

1 김용호·이선지·유이환, 앞의 글, 62면.

관한 법률」로 개정되면서 난외거래의 수요와 국내외 기관투자가들의 투자 대상 확대 차원에서 부동산 증권화가 활기를 띠게 되었다.[1] 앞서 설명했듯이 일본의 부동산 자산유동화는 이러한 부동산 증권화(證券化)의 한 유형으로 볼 수 있다.

(3) 부동산 증권화의 일반적 구조

일본의 현행법하에서 일반적으로 활용되는 부동산 증권화의 구조는 다음의 [그림 4 − 18]과 같다. [그림 4 − 18]에서 보듯이 일본의 부동산 증권화의 기본 구조는 'SPC + 익명조합(匿名組合)'과 '부동산관리처분신탁'이 한 조(set)가 되어 이루어진다.[2] 부동산 증권화에 신탁 구조를 도입한 이유는 자산보유자와 'SPC + 익명조합' 간의 도산(파산) 격리와 이중 과세 방지(과세상의 도관성 인정)에 있다.[3] 일본의 「자산유동화에 관한 법률」상 특정목적회사('TMK')가 과세상의 도관성을 인정받으려면 법상 요구되는 유동화계획의 등록 등 엄격한 요건과 절차가 필요한데, 이를 회피하기 위해 일본 「자산유동화에 관한 법률」의 적용을 받지 않고 도관성을 인정받기 위해 SPC에 익명조합 방식을 적용한 것이다.[4] 이것은 우리나라의 경우에 기술한 비정형(비등록) 유동화 방식에 해당한다고 볼 수 있다. 그리고, 여기에 SPC가 명목회사로서 직접 부동산 소유자로서 관리를 회피하고 자산보유자의 도산(파산)으로부터 격리하기 위해 '부동산 관리 처분 신탁'을 이용한 것이다.[5]

2007년 9월 30일 시행된 「금융상품거래법(金融商品取人法)」에 따르면, SPC가 익명조합 출자를 받아 신탁수익권을 취득하는 행위는 「금융상품거래법」상 '자기운용업'에 해당하므로(제2조 제8항 제15호) 원칙적으로 이 법상 투자운용업 등록을 해야 하나, 부동산 증권화의 활성화를 위해 익명조합원에 적격 기관투자가를 포함시켜 적격 기관투자가

---

1 일본에서 종래 '증권화'(securitization)는 자금조달에 있어서 사채 등 유가증권 발행을 수반하는 '협의의 증권화'를 의미하였지만, 平成 16年(2004年) 「증권거래법(證券取引法)」의 개정으로 'SPC + 익명조합'의 구조와 같이 익명조합의 출자지분도 유가증권으로 규정하게 되어, 현재는 사채 등을 발행하지 않고 비소구 융자(非遡求 融資) 등과 같은 자금 조달의 구조와 平成 12年(2000年) 「투자신탁법(投資信託法)」의 개정으로 탄생한 부동산투자신탁(즉, J − REITs) 구조를 포함하여 일반적으로 '부동산 증권화'로 칭한다(三菱UFJ信託銀行 編著, 前揭書, 585面).

2 上揭書, 587面.

3 上揭書, 587面.

4 上揭書, 587面.

5 上揭書, 587面.

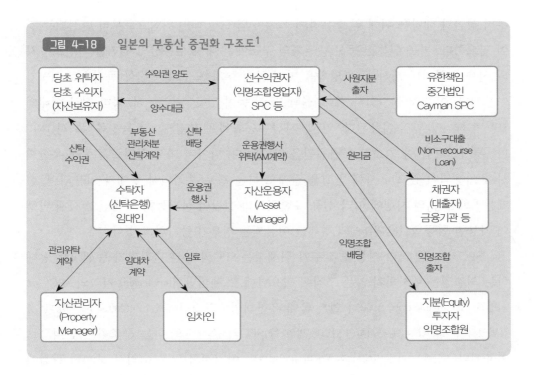

그림 4-18 일본의 부동산 증권화 구조도[1]

등의 특례 업무(「금융상품거래법」제 63조 제 1 항 제 2 호)에 해당되게 [1]하고,[2] 나아가 투자운용업 등록을 한 자산 운용사와 투자일임계약(「금융상품거래법」 제 2 조 제 8 항 제12호)을 체결하여 SPC가 운용 권한 전부를 자산운 용사에게 위탁하는 방식을 이용하면 이 법상 투자운용업(「금융상품거래법」 제28조 제 4 항) 등록 요건을 회피할 수 있어 [그림 4 – 18]과 같은 구조를 취하게 된다.[3]

　　부동산 증권화를 통한 자금 조달은 대상 부동산으로부터 발생되는 현금흐름으로

1 上揭書, 586面. 일본에서는 부동산 증권화에 있어서 SPC의 형태를 유한회사(YK)로 하느냐 아니면 합동회사(GK)로 하느냐에 따라 'YK – TK형 증권화'와 'GK – TK형 증권화'로 구분하여 명명한다. 유한회사나 합동회사로 하는 이유는 ① 설립 및 운영이 간편하고 비용이 적게 들며, ② 출자자가 유한책임이고, ③ 법인격을 가지고 책임재산 한정 특약부 융자(non – recourse loan)를 받을 수 있으며, ④「회사회생법(会社更生法)」의 적용을 받지 않는다는('특례 유한회사'는 제외) 점 등에 있다(田辺信之 著,『不動産實務と金融商品取引法』, 日經 BP社, 2008. 2, 98面). 그러나 2006년 5월 「회사법」 제정 이후에는 유한회사 제도가 없어지고 합동회사가 이용되고 있다. 「회사법」 시행 시점에 존속하고 있는 유한회사는 '특례 유한회사'로서 존속한다. '특례 유한회사'는 법적으로 주식회사이며「회사회생법(会社更生法)」의 적용을 받는다(上揭書, 99面 脚註 2)).

2 적격 기관투자가 1인 이상과 기타 투자자 49인 이하이며, 적격 기관투자가의 정의는 일본 「금융상품거래법」 제 2 조 제 3 항 제 1 호, 定義府令 제10조 참조.

3 上揭書, 590面.

부터 상환과 배당을 위해 원 소유자(자산보유자)의 도산(파산) 위험으로부터 단절되는 것이 필요하다. 이를 위해 부동산 증권화의 구조에는 대상 부동산의 권리를 자산보유자의 신용 위험이나 도산 등의 영향을 받지 않는 투자 도구로 이전할 목적으로 SPV가 이용된다. 이 SPV에는 회사 형태, 신탁, 조합 등이 있을 수 있는데, 특히 회사 형태의 SPV(즉, SPC)가 널리 이용된다. 일본 「자산유동화에 관한 법률」상 특정목적회사(TMK)나 「투자신탁법」에 기초한 투자법인은 그 예이다. 나아가 회사 형태로는 종래 유한회사가 이용되어 왔으나 사채 발행을 전제로 하는 경우 주식회사 형태가 이용되며, 현재는 「회사법」의 시행에 따라 신규 유한회사의 설립이 불가능하고 대신 회사채 발행이 가능한 합동회사(合同會社)의 형태를 이용되는 경우가 증가하고 있다.[1]

 SPC가 도산 격리 기능을 갖추기 위해서는 SPC의 자본 출자자가 증권화를 방해하는 의결권을 행사하지 않는 조직이 필요한데, 조세피난처(tax haven) 지역의 SPC(주로 '자선신탁'(charitable trust) 형태)나 일본 국내 유한책임중간법인(平成 13年(2001年)에 시행된 「중간법인법(中間法人法)」에 근거하여 설립한 법인)을 SPC의 출자자로 하는 구조가 일반적으로 이용된다(최근에는 비용 면에서 후자가 더 유리하다).[2] 여기서 신탁은 수익자 보호의 관점에서 법적으로 도산 격리 기능을 구비하여 SPC 등과 한 조(set)가 되어 부동산 증권화의 도구로 이용되는 경우가 많다.

 구조에서 '부동산관리처분신탁'을 이용하는 목적은 대상 부동산을 신탁수익권화하여 구조 전체의 안정성을 제고하는 데 있다. 즉, (i) 소유권을 수탁자에게 이전하여 자산을 위탁자로부터 분리하는 것이 가능하고, (ii) 전문적 능력이 있는 수탁자가 자산을 관리하고 처분하는 것이 가능하며, (iii) 부동산에 관한 권리(수익권)를 양도 가능한 권리로 전환시키는 기능을 한다. (i)의 기능이 바로 도산 격리 기능이며, 신탁재산이 자산보유자의 채권자의 채권보전 대상이 되지 않고, 나아가 수탁자의 도산 위험으로부터도 단절되는 것이다. 상기 (ii)와 (iii)은 도관성과 관련되는 것이며, SPC가 직접 부동산을 보유하는 경우와 동일한 경제적 효과를 나타내는 장점이 있다.[3]

---

1 上揭書, 588面

2 上揭書, 588面. 平成 19年(2007年) 6월 2일 공포된 「일반 사단법인 및 일반 재단법인에 관한 법률」이 시행되어 기존의 유한책임중간법인은 일반 사단법인으로 전환된다(上揭書, 588面).

3 上揭書, 589面. 그 밖에 실물 부동산에 직접 투자하는 경우에는 대부분 「부동산특정공동사업법」(1995. 4. 시행)의 적용을 받게 되어 요건이나 절차가 까다로워지는데 반해, '부동산관리처분신탁'을 이용하게 되면 이러한 까다로운 요건과 절차를 회피할 수 있고, 부동산 거래 관련 세

(4) 조세 문제

이중 과세 문제와 관련하여 일본 「자산유동화에 관한 법률」상 특정목적회사 (TMK)와 부동산투자신탁(J-REITs)의 투자법인의 경우 원칙적으로 법인세가 과세되며, 다만 일정한 요건을 구비할 경우, 즉, 배당가능이익의 90% 이상을 배당할 경우에 비과세가 된다. SPC도 원칙적으로 도관성이 인정되지 않으나, 익명조합 방식을 도입할 경우, 즉 SPC를 익명조합 영업자로 하고 지분(equity) 투자자를 익명조합원으로 하는 일본 상법 제535조의 익명조합 계약을 체결할 경우, 도관성 확보가 가능하다.[1] 여기서 임의 조합이 아닌 익명조합을 이용하는 이유는 지분 투자자, 즉 익명조합원의 유한책임성을 확보하기 위함이다. 한편 부동산 신탁은 법인세가 과세되지 않으며, 도관성이 인정되어 수익자 단계에서 과세된다(일본 법인세법 제12 조, 소득세법 제13조).[2]

X 유동화증권 투자자 보호를 위한 신용 보강 방안

1. 고려 가능한 방안

유동화증권에 투자하는 투자자를 보호하기 위한 신용 보강 수단으로서 고려될 수 있는 것으로 크게 다음의 세 가지 방안을 들 수 있다.

(i) 유동화자산에 질권 또는 저당권을 설정하는 방법

(ii) 유동화증권 자체에 담보를 부가하는 방안

(iii) 신탁수익권을 이용하는 방안

각각의 방안에 대해 좀 더 구체적으로 살펴보기로 한다.

금 부담이 경감된다는 장점이 있다(田辺信之 著, 前揭書, 98, 99面 脚註 3)).

[1] 익명조합은 세무상 법인격 없는 사단에는 포함되지 않으면서 익명조합 자체는 법인으로서 과세되지 않는다(日本 法人稅法 基本通達 1-1-1, 所得稅法 基本通達 2-5).

[2] 上揭書, 589面.

2. 유동화자산에 질권 또는 저당권을 설정하는 방법

(1) 서 설

유동화자산은 그 자체로 유동화증권의 상환을 담보하는 것임에도 불구하고 실무상 추가적으로 유동화자산 자체에 대해 담보권을 설정하는 이유는 유동화자산 자체에 대해 우선권을 확보해 둠으로써 유동화자산의 처분을 통제하고 이에 대해 직접적 권리를 확보하려는데 그 목적이 있다.[1]

(2) 담보권 설정 절차와 관련된 법적 쟁점

1) 금융위원회에 등록 여부의 쟁점

「자산유동화에 관한 법률」은 "유동화전문회사 등이 자산유동화 계획에 따라 유동화증권의 투자자를 위하여 제3자에 유동화자산에 대한 질권 또는 저당권을 설정하거나 해지한 경우에는 그 사실을 금융위원회에 등록하여야 한다"고 규정하고 있다($_{제2호 다목}^{법 제6조 제1항}$). 이 규정은 「담보부사채신탁법」에 따라 담보부사채를 발행하는 경우와 같이 담보수탁자(security trust)나 담보대리인(security agent)에게 유동화증권 투자자를 위하여 질권을 설정해주는 경우에 그 설정 사실의 등록 의무를 규정한 것으로서[2] 유동화증권 투자자에게 직접 질권을 설정하는 경우에 대해서는 일응 적용되지 않는 것으로 볼 수도 있지만, 금융위원회는 법문상 '제3자'의 범위에 유동화증권 투자자도 포함된다고 해석하여 운영하고 있다.[3]

2) 질권 또는 저당권 취득 특례 규정과 관련된 쟁점

「자산유동화에 관한 법률」은 유동화자산이 질권 또는 저당권에 의해 담보된 채권(債權)인 경우 금융위원회에 양도 등록을 하면 별도의 이전 절차 없이(즉, 저당권이전등기를 하지 않더라도) 질권 또는 저당권을 취득하는 특례를 인정하고 있다($_{제8조}^{법}$).

---

1 그 동안의 자산유동화 거래 사례 중에서 '중소기업제육차유동화전문회사'가 발행한 엔화 Primary CBO 거래 시, 국내 SPC는 중소기업은행의 신용 공여가 있음에도 추가적으로 해외 SPV, 수탁 관리자, 담보 대리인, 유동화사채 등록인, SPC계좌 개설은행, 유동화회사 업무 수탁자, 자산 관리자, 신용 공여자 등을 공동 질권자로 하여 유동화자산을 실물 발행하여 질권을 설정한 사례가 있다(김용호 · 선용승, 앞의 글, 110면 각주 46)).

2 자산유동화실무연구회, 앞의 책, 321면.

3 기술한 '중소기업제육차유동화전문회사' 사례에서 「자산유동화에 관한 법률」 제6조에 따라 질권 설정 사실을 금융위원회에 등록하였다.

그런데 유동화전문회사(SPC)가 유동화증권 투자자를 위해 위의 유동화 자산(즉, 질권이나 저당권에 의해 담보된 채권)에 대해 질권을 설정하고자 하는 경우, 특례에 의해 생략된 저당권 이전등기를 먼저 완료하여야 하는지가 문제된다. 이에 대해서는 (i)「민법」제187조 단서에 따라 유동화전문회사 명의로 생략된 저당권 이전 등기를 먼저 완료한 후 새로운 질권 설정 등기를 해야 한다는 견해와 (ii)「자산유동화에 관한 법률」제8조를「민법」제187조의 특칙으로 간주하여 특별법 우선의 원칙에 따라 생략된 저당권 이전 등기를 할 필요가 없다는 견해가 있을 수 있다.

생각하건대,「자산유동화에 관한 법률」제8조의 특례 규정은 저당권을 취득하는 경우에 인정하는 것으로서 제한적으로 해석하는 것이 바람직하다고 보며,「민법」상 물권 변동의 성립요건주의의 원칙에 대한 예외도 법상 명확한 근거가 존재하는 경우에만 인정된다는 점에 비추어 보아 (i)의 견해가 타당하다고 본다.[1]

한편, 유동화전문회사가 유동화증권 투자자를 위하여 유동화자산에 질권을 설정하는 경우, 이는「자산유동화에 관한 법률」상 금융위원회 등록 사유가 된다(법 제6조 제1항 제2호 다목). 그러나 이 경우 채권(債權)인 유동화자산의 양도 또는 신탁에 대한 대항요건 특례 인정 규정(법 제7조)과 다르게 등록만으로 대항요건을 구비할 수는 없을 것이다. 즉「민법」규정에 따라 제3채무자에 대하여 질권 설정의 사실을 통지하거나 제3채무자가 승낙하여야 대항요건을 갖추게 된다(제349조). 이렇게 유동화자산의 양도 또는 신탁의 대항요건과 같은 특례를 인정하지 않는 이유는 유동화증권 투자자에게 유동화자산에 대해 별도로 질권 등 담보를 제공하지 않더라도 유동화전문회사는 유동화 업무만이 가능하고 유동화증권 투자자 이외의 제3자에 대해 예측되지 않은 채무를 부담하지 않아 투자자의 권리를 침해할 가능성이 거의 없으므로 일반적으로 손해 발생의 가능성이 낮다는 인식하에 차별되게 규정한 것으로 보인다. 그러나 유동화전문회사가 자산관리자, 업무수탁자, 신용평가기관 등에 대해 채무(관련 수수료나 비용)를 부담하고 이들이 제3자에게 계약상 채무를 부담하거나 불법행위에 기한 손해배상책임을

---

1 '리전스코리아원 유동화전문회사'의 경우, 자산유동화 전업 외국법인인 MSDW Xian, Inc. 및 MSDW Tornado, Inc.가 한국자산관리공사로부터 취득한 저당권부채권(제1단계 유동화) 및 부동산 등을 다시 국내 SPC에 양도하여 이를 기초로 유동화거래(제2단계 유동화)를 하였는데, 생략되었던 저당권 이전 등기를 완료한 후 거래를 진행한 바 있다(금융감독원 공시 자료 참조: http//dart.fss.or.kr).

부담하는 경우가 있을 수 있으므로, 유동화증권 투자자의 최우선적 순위 확보를 위해서는 유동화증권 투자자를 위하여 질권을 설정하는 경우에도 대항요건에 관한 특례를 인정하는 것이 바람직하다는 견해가 있다.[1]

3. 유동화증권 자체에 담보를 부가(附加)하는 방안

유동화증권의 대부분을 차지하는 유동화사채에 담보를 부가하는 경우, 이는 「담보부사채신탁법」의 적용을 받게 된다. 그런데 「담보부사채신탁법」은 사채에 부가할 수 있는 물상담보(物上擔保)의 종류로 동산질, 증서있는 채권질, 주식질, 부동산 저당, 기타 각종 저당으로 제한하고 있다(법제4조). 따라서 유동화전문회사가 보유하는 지명채권(指名債權)이나 다른 계약상의 권리 등 이 법에서 지정하고 있지 않는 권리를 사채에 담보로 부가할 수는 없게 된다.

한편, 「담보부사채신탁법」은 사채권자의 보호를 위해 중요한 사안(예를 들면, 담보의 변경, 담보권의 실행, 소송 행위 등)에 대해 사채권자집회의 결의에 의하도록 규정하고 있는데(법 제65조, 제71조, 제75조), 이러한 각종 주요 의사 결정이 사채권자집회를 통해 이루어져야 하므로 비용과 시간 면에서 기동성 있는 업무를 처리하는데 장애가 된다. 이에 입법론으로서 「담보부사채신탁법」을 임의 규정으로 선언하거나 적어도 자산유동화 거래에서 유동화증권에 담보를 부가하는 경우에는 이 법의 적용을 배제하는 특례를 규정하는 것이 바람직하다는 견해가[2] 설득력이 있어 보인다.

4. 신탁수익권을 활용하는 방안

실무적으로 많이 활용하는 방안으로서 유동화증권을 무담보로 발행하고 유동화자산을 담보신탁하여 그 중 선순위 수익권을 유동화증권 투자자에게 제공하는 방안이다.

---

1 강율리, 앞의 글, 87면.

2 강율리, "신용카드채권 유동화에 관한 법적 고찰—신탁 방식을 중심으로—," 경희대학교 법학 석사학위논문, 2005, 77면; 김용호·선용승, 앞의 글, 115면.

(1) 구   조

[그림 4-19]는 담보신탁을 통한 유동화증권 투자자 보호 구조를 나타낸 것이다.

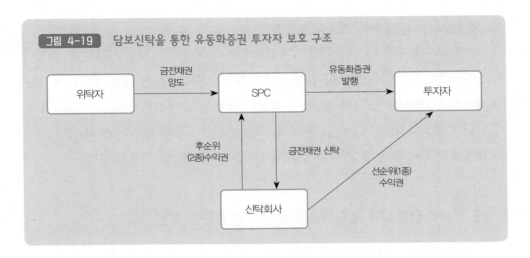

그림 4-19 담보신탁을 통한 유동화증권 투자자 보호 구조

(2) 장   점

유동화자산이 신탁재산이 되므로 유동화전문회사의 채권자(비수익자)의 보전 처분이나 강제 집행의 위험에서 벗어날 수 있고, 유동화증권 투자자는 선순위 수익자로서 신탁재산의 관리·운용에서 발생한 수익으로 유동화증권의 원리금 상환을 받을 수 있는 장점이 있다.

(3) 유동화증권 양도와 담보 승계의 쟁점

[그림 4-19]의 구조에서 유동화증권이 투자자 A로부터 B에게 양도되는 경우, B가 기존의 담보의 효과를 승계할 수 있는지가 제기될 수 있으며, 이를 극복하기 위해 다음과 같은 방안을 고려할 수 있다.

1) 유동화증권과 신탁수익권의 분리 양도 금지 방안

담보신탁계약상에 유동화증권과 신탁수익권을 분리해서 양도하지 못하게 하는 방안이다. 이 방안에 대해서는 수익자에게 신탁계약과 관련하여 일정한 의무를 부과할 수 있는지에 대해 의문이 제기될 수 있으나, 「신탁법」은 수익권에 부담이 있는 경우에 대해 규정하고 있고(제51조 제2항), 수익자가 신탁계약의 당사자로서 가입해 일정한 부담을 용인한다면 문제가 되지는 않을 것이다. 다만, 이 경우 유동화증권을 양도할 때에 수탁자는 양수인으로부터 기존의 수익권증서를 회수하고 새로운 수익권증서를 발행·교부할 의무가 부과된다는 번거로움이 존재한다.[1]

2) 선순위수익자를 불특정인으로 하는 방안

선순위 수익자를 특정하지 않고 '유동화증권의 정당한 소지인'처럼 추후 특정이 되는 불특정인으로 하는 방안이다. 이것이 법률적으로 허용되는 것인지에 대해 의문이 제기될 수 있겠지만, 「신탁법」이 '신탁관리인 제도'를 규정하고 있는 점($\frac{제}{18조}$)과 신탁의 한 유형으로서 '공익신탁'을 규정하고 있는 점($\frac{제}{65조}$) 등에 비추어 볼 때, 불특정인 즉 장래에 특정이 될 수 있는 자가 수익자가 되는 것이 가능할 것으로 본다.[2]

5. 유동화전문회사 출자지분에 질권을 설정하는 방안

유동화전문회사의 사원들이 그 출자지분에 질권을 설정해주는 방안이다. 부동산 프로젝트금융에 있어서 사업시행자에 출자한 자의 출자지분에 대출자가 근질권을 설정하는 경우와 같은 맥락이다.

XI 합성(合成)유동화

1. 총   설

'합성 유동화'는 본질적으로 「자산유동화에 관한 법률」이 규정하고 있는 '진정한 양도'(true sale)의 요건 충족이 여러 가지 이유로 어려운 상황에서, 신용파생상품(credit derivatives)을 활용하여 경제적으로 양도와 동일한 효과를 거두기 위한 방안이다. 신용파생상품은 다른 파생상품과 마찬가지로 긍정적 측면이 있지만, 반면에 미국의 '비우량주택담보대출(sub-prime mortgage loans) 사태'에서 보았듯이 여러 가지 부정적 측면도

---

1 강율리, 앞의 글, 88면.
2 같은 견해는 위의 글, 88면. 앞서 자산유동화기업어음(ABCP)의 발행 구조와 관련하여서도 같은 취지로 설명하였다.

있어서[1] 적정한 규제의 틀 속에서 효과적으로 활용하는 것이 바람직하므로 합성유동화의 도입은 더욱 더 신중해지지 않을 수 없다.

합성유동화를 설명하기에 앞서 우선 '채무담보부증권'(Collateralized Debt Obligation: CDO)이라는 상품에 대해 이해하는 것이 필요하다. 따라서 이 상품에 대해 먼저 살펴보고, 합성유동화에 활용되는 신용파생상품의 종류에 대해 설명하기로 한다.

2. 채무담보부증권(Collateralized Debt Obligation: CDO)

(1) 개념 및 종류

채무담보부증권(CDO)은 각종 기초자산의 집합(pool)에 의해 담보되는 구조화증권(structured securities)으로서 그 기초자산의 집합이 양도 가능한 채무증권인 경우 '채권(債券)담보부증권'(Collateralized Bond Obligation: CBO), 대출자에 의해 발생된 대출인 경우 '대출담보부증권'(Collateralized Loan Obligation: CLO)으로 구분된다.

(2) 특성: '분할발행'(tranching) 구조

특수목적기구(SPV)가 기초자산 집합을 매입하기 위해 설립되고, 이 기초자산에서 발생되는 현금흐름을 담보로 다수 등급의 채권(債券)(note)을 분할하여 발행하는 유동화 구조로서, 이 때 등급을 차별화하여 분할발행된 부분을 각각 '분할발행분'(tranche)이라고 한다. 각 등급의 채권은 서로 다른 발행 조건으로 발행되며 상호 간에 상환에 있어서 우선 순위가 존재한다. 우선 순위는 부채담보부증권(CDO)이라는 상품의 가장 중요한 특징 중의 하나로서 보통 선순위(senior), 중순위(mezzanine), 후순위(subordinate)로 구분되며, 각각 원리금 상환에 있어서 서로 다른 지위가 부여된다. 각 분할발행분은 신용평가기관에 의해 상이한 신용등급이 부여되며, AAA 등급부터 무등급(First Loss Piece 또는 Equity Piece라고 명명함) 분할발행분까지 존재한다. 이 때 무등급인 First Loss Piece 또는 Equity Piece에 대한 투자자는 기초자산 집합에 대한 광범위한 신용 위험을 부담하게 된다.

---

1 미국 비우량주택담보대출 사태의 주요 원인 중의 하나로서 합성유동화를 들고 있는데, 자세한 것은 후술하는 제 4 장 제 3 절 Ⅷ. '미국 비우량주택담보대출 사태와 금융 위기' 참조.

2 Simmons & Simmons, "Collateralized Debt Obligations(CDO)," Know-how Series 1, p. 2.

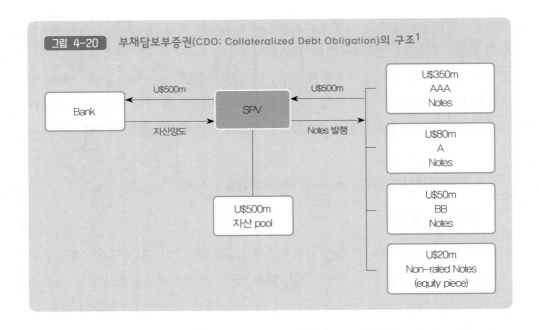

그림 4-20 | 부채담보부증권(CDO: Collateralized Debt Obligation)의 구조[1]

기초자산 중 특정자산에 채무불이행 사유가 발생하고 채권(note)에 대한 원리금 상환자금이 부족하게 되면 선순위 분할발행분부터 순서대로 상환하게 된다. 기초자산 집합에 대한 신용위험은 서로 상이한 위험 수요를 보유한 투자자에게 효과적으로 배분된다.

[그림 4-20]은 전형적인 채무담보부증권(CDO)의 구조 예이다. [그림 4-20]에 나타난 사례를 보면, 다수의 신용등급 BB 이하의 고수익률 채권으로 구성된 은행 자산 총 5억 달러를 양도받아 SPV가 4개의 분할발행분(즉, AAA등급 3억 5천만 달러, A등급 8천만 달러, BB등급 5천만 달러, 무등급 2천만 달러)으로 채권을 발행하였다. 만일 어떤 기초자산의 발행자가 채무불이행 상태에 이르게 되면 2천만 달러까지의 손실은 무등급채권(First Loss Piece 또는 Equity Piece)의 보유자가 부담하며, AAA등급채권 보유자는 채무불이행 금액이 1억 5천만 달러를 상회하는 경우에만 손실을 감수하므로 그 손실가능성은 낮다. 다만, 무등급채권 보유자는 감수하는 높은 위험만큼 그에 상응한 높은 수익율을 실현할 수는 있다.

(www.simmons-simmons.com에서 검색 가능).

(3) 발행 목적에 따른 분류

채무담보부증권(CDO)의 발행 목적에 따라 크게 '재정(裁定)거래부채담보부증권'(arbitrage CDO)과 '난내거래부채담보부증권'(balance sheet CDO)으로 구분할 수 있다.[1]

1) 재정(裁定)거래 채무담보부증권(Arbitrage CDO)

전체 분할발행분 중 무등급채권에 투자하여 높은 수익을 추구하는 것을 목적으로 발행한 경우로서, '잠재차입수익율'(potential leveraged yield)을 목표로 한다.

2) 난내거래 채무담보부증권(Balance Sheet CDO)

증권화가 가능한 자산보유자, 특히 은행의 입장에서 대차대조표상의 위험 자산이 감소함으로써 자본 적정 비율(BIS 자기자본 비율)을 제고하는 것을 목적으로 발행하는 경우이다.

(4) 기초자산의 종류

채무담보부증권(CDO)에서 활용할 수 있는 기초자산의 범위는 매우 광범위하다. 대출채권, 회사채, 자산유동화증권(ABS), 신흥국 시장 채무(emerging market debts), 프로젝트금융 채무(project financing debts), 신용파생상품 등이 그 대상이 될 수 있다.

3. 기초자산의 위험을 전가하는 방법: 신용파생상품의 활용과 유형

기존의 기초자산을 양도 또는 신탁하는 방법과 달리 신용파생상품을 활용하여 신용 위험만을 전가함으로써 동일한 경제적 효과를 추구하는 방법으로서 크게 두 가지가 있는데, 첫째는 신용연계채권(credit linked note: CLN)을 발행하는 방법, 둘째는 신용부도스왑(credit default swap: CDS)이나 총수익스왑(total return swap: TRS)을 이용하는 방법이 있다.

(1) 신용연계채권(Credit Linked Note) 발행 구조

채권의 원리금 지급조건이 준거채무자의 신용 위험에 연계되어 변동되는 채권(note)으로서 준거채무자의 신용사건이 발생하는 경우 채권 보유자(신용보장매도자:

---

1 위의 자료, 3면.

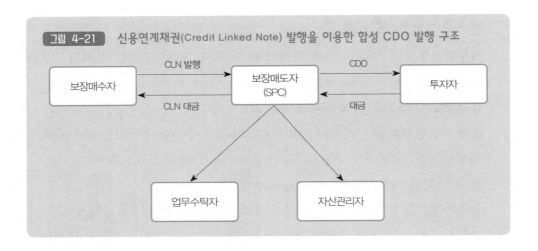

그림 4-21 신용연계채권(Credit Linked Note) 발행을 이용한 합성 CDO 발행 구조

protection seller)가 손실을 부담하게 된다(채권 발행자는 신용보장매수자(protection buyer)가 된다). 이 구조에서는 채권 보유자인 특수목적회사(SPC)가 발행하는 부채담보부증권(CDO) 매각대금을 신용연계채권의 매입 자금으로 활용하며, 채권 보유자인 특수목적회사(SPC)는 별도의 담보자산(collateral)을 보유하지 않는다. 부채담보부증권(CDO)의 상환 능력은 신용연계채권 발행자의 상환 능력에 연계된다.

이 구조는 실질적으로 특수목적회사가 준거자산(portfolio) 신용 위험에 연계되는 신용연계채권을 발행하고 투자자가 투자하는 구조와 같은 효과를 가진다. 신용연계채권 발행을 이용한 합성 CDO 발행 구조는 [그림 4-21]과 같다.

(2) 신용부도스왑(Credit Default Swap: CDS)[1] 이용 구조

이 상품 거래의 구조는 준거채무자(reference entity),[2] 준거채무(reference obligation) 또는 준거자산(reference asset), 신용보장매도자(protection seller), 신용보장매수자(protection buyer) 등 4가지 요소로 구성되어 있다.

준거채무자가 발행한 일정한 채권(note)을 보유하고 있는 자나 준거채무자에 대

---

1 신용부도스왑(Credit Default Swap: CDS)에 대한 계약법적 고찰은 박준, "신용스왑(Credit Default Swap) 계약상 신용보장의 대상과 범위," 『BFL』제33호(서울대학교 금융법센터, 2009. 1), 6~33면.
2 준거채무자의 개수에 따라 하나인 경우 Single Name, 다수인 경우 Multi Name으로 구분되며, 후자의 경우 대표적으로 FTD CDS(First-to-Default CDS)와 STD CDS(Second-to-Default CDS)를 들 수 있다.

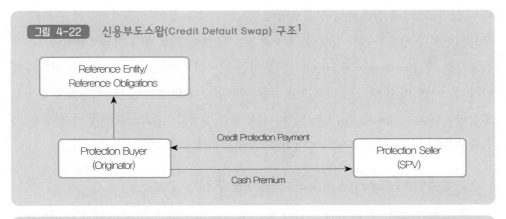

그림 4-22 신용부도스왑(Credit Default Swap) 구조[1]

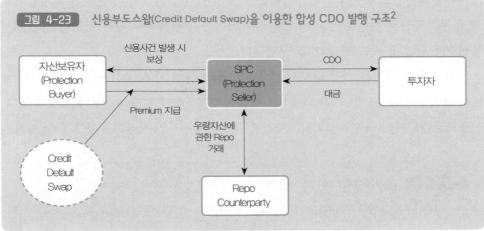

그림 4-23 신용부도스왑(Credit Default Swap)을 이용한 합성 CDO 발행 구조[2]

출을 한 대출자가 준거채무자에 대한 신용위험(credit exposure)을 줄이기 위해(즉, 신용 제고(credit enhancement)를 추구하기 위해) 중개인(broker)을 통해 거래 상대방인 신용보장매도자(즉, 준거채무자에 대한 신용 위험을 인수하고 일정한 수수료를 받는데 경제적 동기가 있는 상대방)와 스왑(swap)계약을 체결하는 구조로서 신용위험만을 신용보장매도자인 상대방에게 전가(轉嫁)하는 것을 목적으로 한다.[3]

이 신용부도스왑 계약의 내용은 신용보장매수자가 특정 기초자산과 관련하여 신용보장(credit protection)을 받는 대가로 신용보장매도자에게 일정한 수수료(cash premium)

---

1 Simmons & Simmons, 앞의 자료, 4면.
2 강희철 · 장우진 · 윤희웅, 앞의 글, 43면.
3 신용부도스왑 거래의 확인서(Confirmation) 양식은 ISDA 2003 Credit Derivatives Definitions의 Exhibit A 참조(www.isda.org).

를 지급하고, 이에 상응하여 신용보장매도자는 기초자산이나 준거채무에 관하여 채무불이행이나 신용사건이 발생할 경우(즉, 신용위험이 현실화될 경우) 신용보장매수자에게 신용보장 지급(credit protection payment)[1]을 하는 것이다.[2] 어떤 경우에 지급을 하느냐에 따라 신용사건이 발생하는 기초자산 발행기관의 수가 일정 수준에 이를 경우 손실을 보장하는 'Basket Swap'과 기초자산의 신용사건 발생률이 일정 수준에 이를 경우 손실을 보장하는 'Portfolio Default Swap'으로 구분된다.[3]

(3) 총수익스왑(Total Return Swap: TRS) 이용 구조

유동화자산으로부터의 현금흐름을 이종(異種)의 현금흐름과 완전히 교환함으로써 유동화자산의 신용위험 이외에도 시장위험까지 전가(轉嫁)하는 구조라는 점에서 앞서 기술한 신용부도스왑(CDS)과 구별된다.

이 상품의 특징은 스왑 당사자 간에 양 현금흐름의 차(差)(즉, 유동화자산으로부터의 현금흐름과 고정수익이 발생하는 자산으로부터의 고정수익 간의 차액)만 결제(netting)하는 것에 있다. 신용보장매도자인 특수목적회사(SPC)가 신용보장매수자인 자산보유자에게 그 차액을

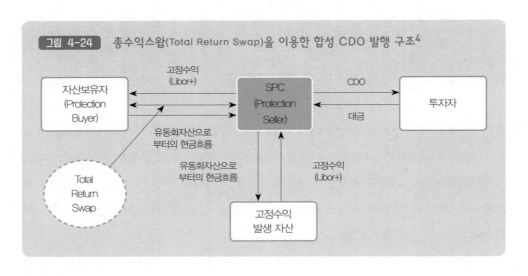

그림 4-24 총수익스왑(Total Return Swap)을 이용한 합성 CDO 발행 구조[4]

---

1 실무상 현금으로 결제하거나 지정 채권을 미리 정한 가격으로 매입하여 결제한다.
2 신용부도스왑은 성질상 신용사건의 발생을 조건으로 하는 옵션거래의 성질을 띤다(박준, 앞의 글, 7면).
3 강희철 · 장우진 · 윤희웅, 앞의 글, 42면, 각주 138.
4 위의 글, 44면.

지급하는 경우도 있으나, 특수목적회사는 고정수익이 나오는 자산을 취득하여 그 위험을 회피(hedge)하거나 자산보유자에게 지급하는 고정수익이 유동화자산으로부터 나오는 현금흐름보다 적도록 구조를 설계하는 것이 일반적이다.[1]

다시 말하면, 신용보장매수자는 기초자산으로부터 발생하는 이자나 자본수익 등 현금흐름을 상대방인 신용보장매도자에게 지급하며 신용보장매도자는 약정이자를 지급하는 구조이다. 이 계약은 주로 위험 자산 한도를 초과한 은행과 위험 자산 한도에 여유가 있는 은행 간에 이루어진다. 자산보유자는 자산 보유에 따른 위험을 회피할 수 있는 반면, 신용보장매도자는 실제 자산을 소유하지 않고서 그 자산 보유에 따른 이익을 향유할 수 있어 '레버리지 효과'(leverage effect)가 존재한다.

4. 합성담보부증권(Synthetic Collateralized Debt Obligation: Synthetic CDO)

(1) 개　　념

기술한 채무담보부증권(CDO)에 있어서 기초자산에 대한 신용위험을 전가하는 방법 중 '신용파생상품 거래 구조를 활용한 채무담보부증권(CDO)'을 '합성담보부증권(synthetic CDO)'이라고 한다.[2] 즉, 자산보유자가 기초자산인 유동화자산에 대해 갖는 신용위험만을 특수목적회사에 전가함으로써 자산보유자가 실질적으로 유동화자산을 특수목적회사로 이전한 것과 동일한 경제적 효과를 가지는 구조이다. 가장 흔히 사용되는 신용파생상품은 기술한 신용부도스왑(CDS)이다.

(2) 특징 및 장점

자산의 이전과 관련한 여러 가지 절차적 문제(예로서, 주주총회의 결의)와 비용 문제가 없으며, 채권양도와 관련한 이해 관계자와의 관계에 직접적인 영향을 주지 않고, 특히 다른 계약에 의해 자산의 양도가 금지되어 있는 경우(주로 계약상 'Negative Covenants'(담보 설정 금지특약 조항)에 포함되는 사항)에 활용할 수 있다. 특수목적회사는 별도의 자금 부담 없이 위험을 부담하는 것에 대한 대가로 수수료(premium) 수입을 언

---

1 위의 글, 45면.

2 합성담보부증권(Synthetic CDO)을 초기 현금의 필요 여부에 따라 Funded Synthetic CDO(CLN을 이용하는 경우)와 Unfunded Synthetic CDO(CDS나 TRS를 이용하는 경우)로 구분하기도 한다.

을 수 있고, 거래도 부외거래(off-balance)로서 대차대조표상에 영향을 미치지 않는다
는 장점이 있다. 부실 자산의 위험을 전가함으로써 사실상 부실 자산을 우량 자산으
로 개선하는 효과도 있다. 다만, 자산보유자의 도산 위험으로부터는 단절될 수 없는
단점이 존재한다.

(3) 구　　조

[그림 4-25]는 합성담보부증권 거래의 전형적인 구조로서 그 구조 속에 신용부
도스왑(CDS)이 이용되고 있다. 자산보유자인 은행(신용보장매수자)은 SPV(신용보장매도자)
와 계약금액 250억 유로의 신용부도스왑 거래를 한다. 이 스왑 거래 하에서 SPV는 신
용보장매수자에게 신용사건이 발생한 경우 일정한 금액을 지급하기로 한다. 그 대가
로서 신용보장매수자인 은행은 특수목적회사에게 수수료를 지급한다. SPV는 다수의

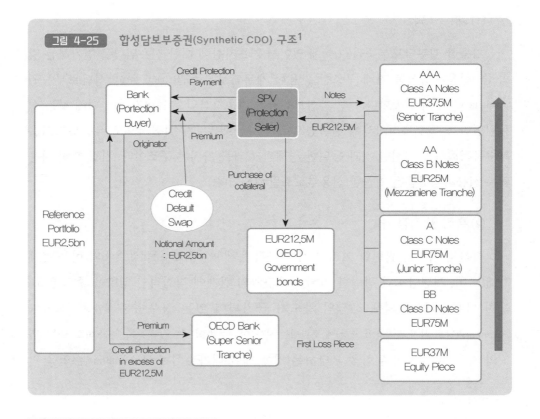

그림 4-25 　합성담보부증권(Synthetic CDO) 구조[1]

---

1 Simmons & Simmons, 앞의 자료, 5면.

분할발행분의 채권을 발행하여 그 발행 대금으로 쉽게 현금화할 수 있는(즉, 유동성이 높은) 경제협력개발기구(OECD) 국가의 국채로 구성된 담보 자산을 매입하는 데 이용한다. 신용부도스왑 거래에 따라 받은 수수료와 이 담보자산으로부터 발생되는 이자 수입으로 분할발행분 채권의 이자를 지급한다. 준거자산(portfolio)과 관련하여 신용사건이 발생하는 경우 특수목적회사는 신용부도스왑 거래하에서 신용보장매수자에게 신용보장 금액(credit protection payment)을 지급해야 한다. 신용사건이 발생하는 경우 그림에서 First Loss Piece(Equity Piece) → Note D → Note C → Note B → Note A 순으로 각 증권보유자들이 순차적으로 책임을 지며 그 한도는 2억 1,250만 유로까지이다.

5. 국내 합성유동화 거래 구조의 활용 사례 연구

(1) '에프앤파인유동화전문유한회사'사례[1]

1) 제1단계
① '중소기업제육차유동화전문회사'가 엔화 '발행시장 채권(債券)담보부증권'(Primary－CBO) 발행: 선순위 77억엔, 중순위 3억엔, 후순위 20억 엔

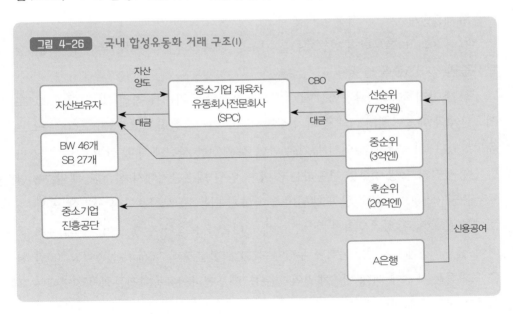

그림 4-26 국내 합성유동화 거래 구조(I)

---

1 김필규, "신용파생상품 활성화를 위한 제도 개선방안," 『BFL』 제14호(서울대학교 금융법센터, 2005. 11), 40~42면에 게재된 내용을 수정 · 보완하여 거래의 단계별로 재구성하였다.

② A은행은 선순위 유동화증권에 대해 83억 3,700만 엔을 한도로 신용 공여

2) 제2단계

① A은행과 B증권회사 간에 신용부도스왑 계약을 체결

② 계약금액(notional amount)은 800억 원(당시 환율 950.85/100¥)

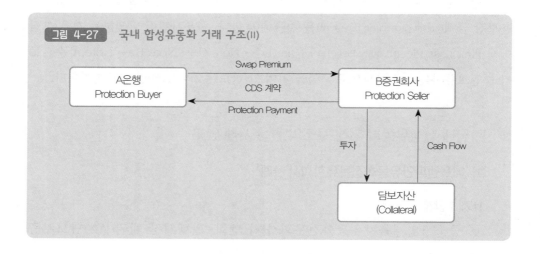

그림 4-27 국내 합성유동화 거래 구조(II)

3) 제3단계

그림 (I)과 (II)로부터의 현금흐름을 기초로 '에프앤파인유동화전문회사'가 채무담보부증권(CDO) 5종을 발행.

상기 거래 구조는 관련법상 SPC가 신용파생상품 거래를 직접 할 수 없었으므로 제2단계와 제3단계의 거래를 거쳐 실질적으로 합성유동화 구조(Synthetic CDO 구조)로 유도하였다. 이 구조에 있어서 특기할 만한 것은 신용 사건에 대해 만기 시점에 단 한번 신용사건의 발생 여부를 판단하는 것이며, 만일 제1단계에서 선순위 '채권(債券)담보부증권'(CBO)(77억 엔)의 상환 재원이 부족하게 되는 경우 신용공여 약정에 의해 '중소기업제육차유동화전문회사'가 A은행에게 대출을 요청할 수 있으며, 이 때 부족 금액이 신용보장매입자인 A은행이 부담해야 할 위험분(buyer first loss)인 5억 9,700만 원을 초과하는 부분에 대해 대출채권의 인수를 '에프앤파인유동화전문회사'(SPC)에게 요청하게 되는 구조이다.

B증권회사가 신용파생상품 거래인 신용부도스왑(CDS)의 계약 상대방이 될 수 있

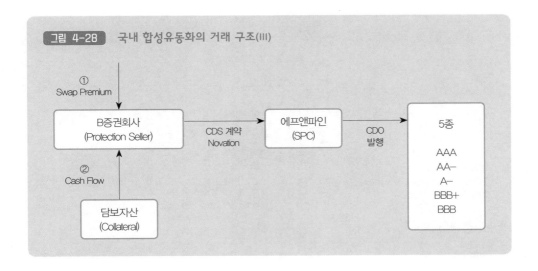

그림 4-28 국내 합성유동화의 거래 구조(III)

① Swap Premium

B증권회사 (Protection Seller)

② Cash Flow

담보자산 (Collateral)

CDS 계약 Novation

에프앤파인 (SPC)

CDO 발행

5종

AAA
AA−
A−
BBB+
BBB

었던 것은 당시 2005년 3월 구「증권거래법 시행령」개정으로 신용파생상품이 결합된 파생결합증권이 구「증권거래법」상 유가증권에 해당되어, 그 인수·매매·중개 등을 증권회사의 업무로서 영위할 수 있었기 때문이었다.

(2) '큰믿음프론티어제일차유한회사' 사례

1) 총   설

2005년 '에프엔파인유동화전문회사' 사례 이후 2008년부터 ABCP에 신용파생상품인 신용부도스왑을 접목시킨 이른바 합성 ABCP 거래 구조를 통한 유동화[1]가 증가하면서 2011년에는 그 거래가 대폭 증가하였다. 그 배경에는 (i) 국내 증권사를 통한 신용파생상품 거래가 확대되었고, (ii) 투자자의 신용파생상품에 대한 이해도가 제고되었고, (iii) 국내외 금융기관들이 높은 신용부도스왑 수수료(premium)를 통한 수익창출을 도모한 것, (iv) 「자본시장과 금융투자업에 관한 법률」이 제정됨에 따라 만기 1년 이상의 ABCP 발행이 가능해진 사실 등에 연유한다.[2] 발행 유형을 보면 유동화자산을 기준으로 신용부도스왑과 신용연계채권, 준거채무자를 기준으로 Single−name, FTD(First−to−Default) 또는 STD(Second−to−Default) Basket 등으로 구분될 수 있다.

---

1 「상법」상 SPC를 통한 비등록유동화거래이다.

2 안지은, "Synthetic ABCP 트렌드 따라잡기 − 발행유형 분석 및 평가이슈 점검," 『KIS Credit Monitor』(2011. 12. 12), 4면.

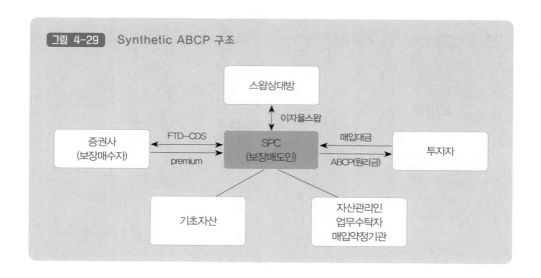

그림 4-29　Synthetic ABCP 구조

2) 발행 구조

　　SPC는 H캐피탈사가 발행한 회사채와 N증권사와 체결한 신용부도스왑 계약에 따른 수수료를 유동화자산으로 하여 ABCP를 발행하며, 이 때 신용보강방안으로서 D사와 유동화기업어음 매입 약정을 체결하여 유동성 위험을 관리하고[1] 동시에 D사와 자산관리 및 업무수탁 계약을 체결한다. SPC는 신용부도스왑 계약에 있어서 신용위험보장매도자(protection seller)가 되고, N증권사는 신용위험보장매수자(protection buyer)가 된다. 이 계약에서 준거채무자 내지 준거채무(reference obligation)는 S은행, W은행, H은행의 후순위채권으로 구성되어 있다.

　　신용부도스왑 계약의 신용사건은 파산, 지급불이행, 채무재조정이며, 계약기간 중에 만일 신용사건이 발생하지 않으면 N사가 SPC에게 신용부도스왑 수수료를 지급하고, 계약기간 중에 준거채무자 내지 준거채무에 대해 첫 번째 신용사건이 발생하는 경우 SPC가 손실을 부담하는 구조이다. SPC가 손실을 부담해야 되는 경우를 대비해서 이를 담보하기 위해 SPC와 N사 간에 H사가 발행한 회사채를 담보자산으로 하여 양도담보계약을 체결한다. 또한 H사가 발행한 채권이 3개월 후급 고정금리

　1　매입약정과 관련하여 종래 초기에는 은행이 주로 하였으나 2010년 이후에는 증권회사를 통한 매입약정이 증가하였다. 다만 증권회사는 관계 법규상 채무보증행위를 하는 것이 금지되어 있어 앞서 기술한 바와 같이 금융감독원에서는 일정한 지침을 통해 증권회사가 ABCP 매입약정을 할 경우 반드시 신용위험 회피 조항을 명시해야 채무보증으로 간주하지 않고 있다 (2006. 8. 8 「증권회사의 자산유동화기업어음과 관련한 영업상 유의사항 통보」).

채로 ABCP와의 이자율 위험을 회피하기 위해 N사와 이자율스왑계약을 체결한다. 담보자산인 회사채를 발행한 H사가 일정 신용등급 이하로 하락하는 경우 SPC가 H사에 대해 회사채의 조기상환을 청구할 수 있도록 하였다.

3) 구조적 특징

SPC가 신용부도스왑 계약을 체결할 수 있는 자격 요건으로 「자본시장과 금융투자업에 관한 법률」상 한국금융투자협회에 전문투자자로 등록해야 하며, 그 등록 요건으로 금융투자상품 잔고가 100억원 이상이어야 하므로(「자본시장과 금융투자업에 관한 법률 시행령」 제10조 제 3 항 제16호) 이를 충족시키기 위해 SPC가 실무상 우선 합성 ABCP를 발행하기 이전에 통상 액면 100억원, 만기 1~3일의 제1회차 ABCP를 발행하여 그 발행대금으로 금융투자상품 100억원 상당을 매입한 후, 그 잔고증명서를 제출하여 신용부도스왑 계약 체결 자격을 취득한다.[1] 또한 일반 자산유동화의 경우 SPC가 기초자산을 대출채권이나 사채 등으로 할 경우 이로부터 발생되는 이자 소득에 대한 소득세를 원천징수해야 할 의무가 있으나, 합성 ABCP의 경우 신용부도스왑 수수료나 신용연계채권 이자는 세법상 이자소득이 아닌 배당소득으로 간주되므로(「소득세법」 제17조 제 1 항 제 9 호, 시행령 제26조의3) 원천징수가 없다는 것이 특징이다.

---

1 신용연계채권을 유동화자산으로 할 경우에는 이와 같은 것이 필요하지 않다.

제 2 절 「한국주택금융공사법」상의 주택저당채권 (債權) 유동화를 이용한 부동산금융

I 연 혁

주택을 담보로 금융기관(특히 은행)으로부터 대출을 받음으로써 차입자는 금융을 발생시키지만, 역으로 주택을 담보로 대출을 한 금융기관이 차입자에 대한 주택담보 대출채권(債權)을 유동화시키면 대출자의 입장에서도 금융의 수단이 될 수 있다. 이런 면에서 '주택담보대출채권(債權)' 또는 '주택저당대출자산'(mortgage)[1]을 유동화하는 것 도 부동산금융의 한 수단이 될 수 있다. 따라서 이와 관련한 법규들이 부동산금융 법 규의 범주에 속한다고 볼 수 있다.

우리나라의 주택저당대출채권(債權)의 유동화 시장은 1997년 말의 외환 위기를 전후로 많은 변화를 겪었다. 외환 위기 이전에는 「담보부사채신탁법」을 근거로 '주택 저당채권(債權)담보부채권(債券)'(mortgage−backed bond: MBB)이 발행되었으나, 외환 위기 이후에는 1998년 9월 「자산유동화에 관한 법률」이 제정되면서 공공기관이 아닌 민간 기관에 의해 '주택저당증권'(mortgage−backed securities: MBS)이 발행되기 시작하였다.[2]

당초 정부는 주택금융 시장의 안정 및 선진화를 목적으로 주택저당증권(MBS) 시 장을 활성화하기 위하여 1999년 「주택저당채권유동화회사법」을 제정하여 '주택저당

---

1 본래 'mortgage'라는 용어는 '부동산 담보'의 의미이나 그 중 주택을 담보로 한 대출이 많으므로 여기서는 '주택담보대출' 또는 '주택저당대출'이나 유동화 차원에서 기초자산으로서의 '주택저 당대출자산' 또는 '주택저당채권(債權)'을 지칭하기로 한다.

2 공공기관이 아닌 일반 민간기관이 「자산유동화에 관한 법률」에 근거하여 '주택저당증권'(MBS) 을 발행하였는데, 일반적인 발행 방식은 후술하는 '주택저당채권담보부 다계층증권'(CMO: Collateralized Mortgage Obligation) 방식이었으며, 이 경우 통상 자산보유자인 대출금융기관이 후순위채권(subordinated note)을 인수하였다.

채권유동화회사'(Korea Mortgage Corporation: KoMoCo)를 설립하였다. 그러나 주택저당채권유동화회사(KoMoCo) 자체의 발행 능력의 한계와 비우호적 환경(즉, 유동화가 가능한 장기 채권으로서 '국민주택기금채권' 외에는 없었던 관계로 기초자산이 소진됨에 따라 안정적인 유동화 업무의 수행이 어려워진 상황) 등의 이유로 주택저당증권(MBS)의 발행이 예상보다 부진하였다. 이를 개선하기 위해 정부는 2003년 12월 31일 「한국주택금융공사법」을 제정(2004. 3. 1. 시행)하고 한국주택금융공사를 설립[1]하여 주택저당채권(債權)[2] 유동화 중개기관의 공신력을 제고하고 주택저당증권(MBS)의 발행 능력을 강화하는 조치를 취하였다.

[그림 4−30]은 2003년 「한국주택금융공사법」이 제정되기 전부터 국내 금융기관이 구조화 방식으로 해외에서 주택저당증권(MBS)을 발행할 때 사용해온 일반적 구조이다. 이 구조는 「자산유동화에 관한 법률」에 따라 고안된 국내 SPV 설립과 해외 SPV 설립에 의한 이중 양도 구조로 되어 있다. 자산보유자는 주택저당채권(債權)(mortgage portfolio)을 국내 SPV에 양도하고, 국내 SPV는 양수 대금을 지급하기 위해 달러화 표시 선순위채권(債券)과 원화 표시 후순위채권(債券)을 발행한다.[3] 해외 SPV는 최

---

1 한국주택금융공사는 기존의 '주택금융신용보증기금'과 '주택저당채권유동화회사'(KoMoCo)를 합병하는 방식으로 설립되었다(2003. 12. 31. 법 제정 부칙 제7조, 제8조).

2 '주택저당대출채권'이라고도 할 수 있으나, 여기에서는 '주택저당채권'이라고 통일하여 쓰기로 한다.

3 여기서 주목할 것은 해외 자산유동화 거래의 경우 국내 자산유동화 거래와 달리 해외 투자자나 해외 신용평가기관에서 이론적으로 발생할 수 있는 파산의 위험 및 채무불이행의 경우에도 유동화전문회사 및 그 자산에 대한 통제를 용이하게 하기 위해 유동화자산을 포함하여 유동화전문회사의 자산 및 유동화전문회사의 출자지분까지도 유동화증권 투자자를 1순위 담보권자로 하여 담보권을 설정하는 것이 일반적이다. 즉, 출자지분에 대한 질권 설정, 유동화자산에 대한 저당권 또는 질권 설정 등의 방법이 이용된다. 그런데 유동화증권이 유통되는 경우에 유동화증권 소지인이 담보 자산에 대한 이러한 담보권을 계속적으로 향유할 수 있도록 하려면 국내 SPV가 이른바 담보부사채를 발행해야 한다. 그런데 국내 근거법인 「담보부사채신탁법」이 규정하고 있는 담보에 관한 제한(물상담보의 종류 제한, 담보부사채신탁업자의 자격 제한 등)을 해결하기 위해서, 국내 SPV가 무담보 선순위채권을 발행하되 선순위채 인수 계약과 별도로 선순위사채권자를 포함한 국내 SPV의 채권자들(예를 들어, 자산관리자, 업무수탁자 및 스왑제공자 등)을 질권자로 하는 질권 설정 계약과 출자지분에 대한 질권 설정 계약을 체결하여 유동화자산 등에 대한 담보권을 채권자들에게 제공하게 된다. 이 경우에도 선순위사채권자가 채권을 양도할 때 담보권 이전의 성립 요건이나 대항 요건이 자동적으로 구비되지 못하기 때문에, 해외 SPV가 유동화 기간 동안 그 담보권을 계속 보유하게 하고 해외 SPV가 보유자산 일체를 담보로 하는 담보부사채를 외국법에 따라 발행함으로써, 궁극적으로 이를 인수한 사채권자들이 간접적으로 유동화자산 등 국내 SPV의 담보자산 및 그 출자지분에 관한 담보권을 취득하는 효과를 향유하면서 양도에 있어서도 제한을 받지 않도록 하는 거래 구조를 만든다. 실무상은 해외 SPV가 담보부사채를 발행하는 경우에 그 기초자산을 전부 사채권자들을 위해 담보양도계약(deed of charge)에 따

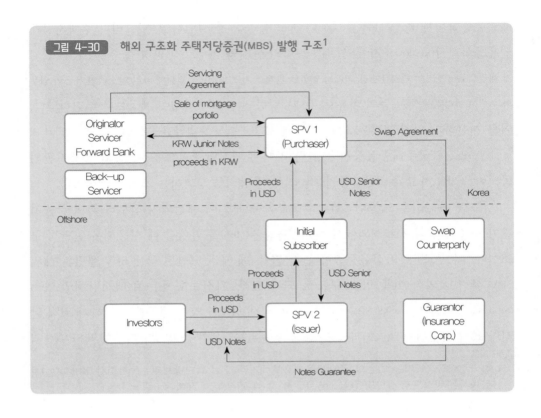

그림 4-30 해외 구조화 주택저당증권(MBS) 발행 구조[1]

초인수인(initial subscriber)을 통해 국내 SPV가 발행한 선순위채권을 매입하고, 이 매입 자금의 조달을 위해 다시 달러화 표시 채권(notes)을 발행하게 된다.[2] 해외 SPV가 발행 하는 채권에 대해서는 보험회사가 지급을 보증하며, 신용 보강은 후순위채권 발행 구 조에 의해 추가적으로 이루어진다. 기초자산인 주택저당채권(債權)의 이자 구조와 발 행 채권(債券)(note)의 이자 구조 간의 차이에서 발생하는 '기초 위험'(basis risk)은 스왑 상대방(swap counterparty)이 제공하는 '기초 스왑'(basis swap)에 의해 관리되며(swap agreement), 이 스왑 상대방에 의해 원/달러 환율 위험도 관리된다. 여기서 자산보유자 가 자산관리자(servicer)의 역할을 맡게 된다.

라 담보수탁자(security trustee)에게 이전하는 방식을 취한다.

1 이 구조도는 김중민, "MBS 해외발행과 국내발행 비교," 『주택금융월보』 통권 제26호(한국주택 공사, 2006. 9), 11면에 있는 '제5차 Korea First Mortgage RMBS'의 구조를 일반화한 것이다.

2 선순위채권을 외화 표시로 발행하는 이유는 「조세특례제한법」상 내국법인이 발행한 외화표시 채권의 경우, 비거주자에게 지급되는 이자에 대한 소득세 또는 법인세가 면제됨으로써 원천징수 를 할 필요가 없기 때문이다(법 제21조 제1항 제1호).

1. 두 단계의 시장: 주택담보대출 시장과 주택저당채권(債權) 유동화 시장

주택금융 시장은 크게 주택담보대출 시장과 주택저당채권(債權) 유동화 시장으로 구성되어 있으며, 일반적으로 전자(前者)를 '제 1 차 시장'(primary market), 후자(後者)를 '제 2 차 시장'(secondary market)으로 부른다. 제 1 차 시장은 금융기관으로부터 주택 구입 자금을 융통하는 주택담보대출 시장으로서 대출 조건(이자, 조기 상환 제한 등)과 대출금 상환에 대한 보험(보증) 여부 등이 주요한 요소이다. 제 2 차 시장은 주택담보채권(債權)을 근거로 유동화 증권을 발행하는 시장이다. 제 2 차 시장의 참여자로서는 대출금융 기관, 유동화증권 인수기관(관련 업무 인가를 얻은 금융투자업자 등), 유동화중개기관(한국주택금융공사), 투자자, 수탁자 등이 존재한다. 우리나라의 제 1 차 시장은 금융기관의 주택 담보대출 · 주택자금대출 · 국민주택기금대출, 한국주택금융공사의 '모기지 론'(mortgage loan)[1]으로 구성되어 있다.

[그림 4 – 31]은 우리나라의 주택금융시장의 구조를 도해화(圖解化)한 것이다.

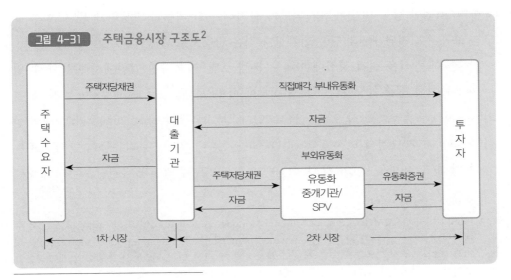

그림 4-31 주택금융시장 구조도[2]

---

1 '보금자리론'이 대표적 상품으로 대출 만기가 10년 이상이고, 고정 금리이며, 5년 이내에 중도 상환하는 경우 조기 상환 수수료가 부과되는 것이 특징이다.
2 유윤주, "주택저당대출 자산유동화 시스템 개선방안," 한국증권연구원, 2005. 4, 9면.

2. 주택저당채권(債權) 유동화 시장: 제 2 차 시장(secondary market)

(1) 주택저당채권(債權)의 유동화 방식

일반적으로 주택저당채권(債權)을 유동화하는 방식으로 다음과 같은 것들이 있다.[1]

(i) 원래의 형태대로 매각하는 방법

(ii) 주택저당채권(債權)의 현금흐름과 소유권을 모두 투자자에게 넘겨주는 'Mortgage Pass – Through Securities'(이하 'MPTS')를 발행하는 방법[2]

(iii) 주택저당채권(債權)의 현금흐름에 대한 지분권은 투자자에게 넘기되(즉, 주택저당채권(債權)의 원리금이 그대로 투자자에게 전달되는 구조), 주택저당채권(債權)의 소유권은 발행 기관이 보유하는 'Mortgage Pay – Through Bond'(이하 'MPTB')를 발행하는 방법

(iv) 발행 기관이 주택저당채권의 현금흐름과 소유권을 모두 보유하되, 주택저당채권(債權)을 담보로 채권(債券)을 발행하는 방법. 여기에는 '특정 주택저당채권담보부채권'(Mortgage – Backed Bond)('MBB') 및 '불특정 주택저당채권담보부채권'(Mortgage Bond)('MB')이 있으며, 제 4 장 제 3 절에서 설명하는 법정 '담보부채권'(Covered Bond)[3]도 이 범주에 속한다. 이 방식에서는 담보가 되는 기초자산을 제 3 자에게 신탁하는 구조를 취하는 것이 보통이다. 이 경우 수탁자는 일정한 경우 담보를 매각할 수 있는 권리를 보유하며, 적정한 담보 비율이 유지되도록 관리해야 할 의무가 발생하게 된다. 발행 규모는 보통 주택저당채권의 잔고 합계보다 적은 금액으로 발행한다.

유동화 방식을 법적 성질에 따라 구분해 보면, 기초자산 집합에서 발생할 수 있는 채무불이행 및 조기상환위험 부담 여부에 따라 '부내(on – balance)유동화 방식'과 '부외(off – balance)유동화 방식'으로 나눌 수 있다. '부내유동화 방식'으로는 위의 (iv)의 방식(즉, MBB, MB 및 법정 담보부채권(Covered Bond))을 들 수 있다. '부외유동화 방식'으로는 (ii)의 방식(즉, MPTS), (iii)의 방식(즉, MPTB), 그리고 '주택저당채권담보부다계층증

---

1 유윤주, 위의 글, 23면.

2 1968년 미국 GNMA(Government National Mortgage Association)에 의해 시작된 것으로서 주택저당대출자산에 대한 지분증권(undivided ownership interests in a pool of mortgage)의 성격을 띤다(조주현, "부동산 금융 제도의 개선 방안에 관한 연구 – 부동산 증권화와 개발금융을 중심으로 –,"『행정논총』제28집(건국대학교 행정대학원, 1999. 4. 15, 8면).

3 'Covered Bond'는 그냥 '커버드 본드'라고 많이 칭하고 있으나, 번역하면 '담보부사채' 내지 '담보부채권'으로 부를 수 있다. 그런데 '담보부사채'라는 용어는 현행 「담보부사채신탁법」의 적용을 받는 '담보부사채'와 혼동될 여지가 있어, 여기서는 '담보부채권'이라고 하기로 한다.

권'(Collateralized Mortgage Obligation: CMO)과 '구조화담보부채권'(Structured Covered Bond: SCB)을 들 수 있다.[1] 일반적으로 채무 불이행 위험을 관리하는 수단으로서 '담보가치 대비 대출 비율'(Loan to Value: LTV) 제도와 '신용보험(보증)' 제도를 들 수 있고, 조기상환의 위험을 관리하는 수단으로서 조기상환 수수료 부과 방안 내지 매수옵션(call option) 부여 방안을 고려할 수 있다.[2] 각 상품별로 보다 자세하게 살펴보면 다음과 같다.

1) '특정 주택저당채권담보부채권'(MBB: Mortgage-Backed Bond)

발행 기관의 '특정한' 주택저당채권의 집합을 담보로 하여 자기의 신용으로 발행하는 채권(債券)으로, 기초자산에 대한 소유권은 발행 기관이 보유함으로써 발행 기관이 채무 불이행 위험과 조기 상환 위험을 모두 부담하는 구조이다. 이 상품은 투자자의 원리금 상환에 대한 신용 보강으로 '초과 담보'(over-collateralization)를 제공하는 것이 특징이다.[3]

2) '불특정 주택저당채권담보부채권'(MB: Mortgage Bond)

발행 기관의 '불특정한' 주택저당채권의 집합을 담보로 자기의 신용으로 발행하는 채권(債券)으로서, 일정 요건을 충족하는 담보 자산을 이미 발행한 MB의 기초자산에 추가한 후 동일 종목으로 MB를 통합하여 발행하는 것도 가능하다. 이 상품은 종목당 발행 규모의 확대가 가능하나 기초자산에 대한 소유권은 여전히 발행 기관이 보유한다. 즉, 발행 기관이 채무 불이행 위험과 조기 상환 위험을 부담한다. 그리고 '담보가치 대비 대출비율'(LTV)이 상당히 낮으며, '초과 담보' 설정이 의무화되어 있고, 법적 담보권이 보장되므로 신용 등급이 상대적으로 높다. 일반적으로 제4장 제3절에서 후술하는 담보부채권(Covered Bond)의 부분 집합 개념으로 이해할 수 있다.[4]

3) MPTS(Mortgage Pass-Through Securities)

주택저당채권의 집합에 대한 소유권이 투자지분에 비례하여 투자자에게 이전되는 채권(債券)이다. 따라서 투자자가 채무 불이행 위험 및 조기 상환 위험의 손실을 부담하게 된다. 주택저당대출금의 차입자가 대출에 대한 원리금을 상환하거나 조기 상환하면 투자자는 투자지분에 비례해 이러한 현금흐름을 수취하게 된다. 차입자의 채

---

1 각 상품에 대해서는 해당되는 부분에서 자세히 설명한다.
2 유윤주, 앞의 글, 26면, 각주 24).
3 위의 글, 26면.
4 위의 글, 27면.

무 불이행 시 투자자는 기초자산을 처분하여 원리금을 회수할 권리를 가진다.[1]

4) MPTB(Mortgage Pay-Through Bond)

채권 발행자인 SPV나 유동화중개기관이 기초자산의 집합에 대한 소유권을 보유하나, 투자자가 그 기초자산에서 발생하는 현금흐름에 대한 지분권을 보유하는 채권(債券)이다. MBB와 마찬가지로 SPV나 유동화중개기관이 여전히 소유권을 보유하므로 투자자의 입장에서 '초과 담보'가 필요하나, 현금흐름에 의해 원리금이 상환되므로 초과 담보 수준은 상대적으로 낮다.[2]

5) 주택저당채권담보부다계층증권(CMO: Collateralized Mortgage Obligation)

기술한 MPTB의 대표적인 예로서 SPV나 유동화중개기관이 기초자산의 현금흐름에 대한 지분권을 투자자의 수요에 맞추어 여러 개의 계층(class)으로 나누어 발행하는 증권이다. MPTB에 대한 원리금 상환은 차입자가 원리금 상환을 완료해야 끝나므로 만기가 상당히 길어 단기 투자상품으로는 부적합한데, CMO는 이러한 장기의 기초자산 현금흐름을 단기 · 중기 · 장기의 계층(class)으로 세분하고, 나아가 각 계층(class)의 조기 상환 위험을 재(再)배분하여 만기의 다양화와 현금흐름의 안정성을 도모함으로써 투자자층의 기반을 확대할 수 있는 장점이 있다.[3]

(2) 비   교

이해를 돕기 위해 기술한 주택저당채권의 유동화 방식들을 비교 · 요약하면 [표 4-9]와 같다.

표 4-9 주택저당채권(債權) 유동화 방식의 비교

구 분	MBB	MB	MPTS	MPTB
기초자산의 특정 여부	특정	불특정	특정	특정
기초자산에 대한 소유권	발행기관	발행기관	투자자	SPV/Conduit

---

1 위의 글, 27면.
2 위의 글, 27면.
3 위의 글, 28면.

기초자산의 현금 흐름	발행기관	발행기관	투자자(지분)	투자자(지분)
조기상환/ 채무불이행위험 부담	발행기관	발행기관	투자자	SPV/Conduit
초과 담보	제공	제공	N.A.	제공 (MBB나 MB보다 작음)
관련 상품		담보부채권 (Covered Bond)		CMO(Collateralized Mortgage Obligation)

Ⅲ 「한국주택금융공사법」에 따른 주택저당채권의 유동화를 이용한 부동산금융

1. 법 제정 목적

「한국주택금융공사법」은 "주택저당채권 등의 유동화와 '주택금융 신용보증' 및 '주택담보 노후연금 보증' 업무를 수행하게 함으로써, 주택금융 등의 장기적·안정적 공급을 촉진하여 국민의 복지 증진과 국민 경제의 발전에 이바지하는 것"을 목적으로 한다($^{법}_{제1조}$).

2. 용어의 정의

(1) 주택저당채권(債權)

'주택저당채권(債權)'이라 함은 "주택에 설정된 저당권(근저당권 포함)에 의하여 담보된 다음 어느 하나에 해당하는 대출 자금에 대한 채권(債權)"을 지칭한다($^{법 제2조}_{제3호}$). 일반적으로 '모기지'(mortgage)라고 칭한다.

1) 당해 주택의 구입 또는 건축에 소요된 대출 자금(주택의 구입 및 건축에 들어간 자금을 보전(補塡)하기 위한 대출자금을 포함한다)

2) 위 1)의 자금을 상환하기 위한 대출 자금

(2) 주택저당채권담보부채권(債券)

"한국주택금융공사가 주택저당채권(債權)을 '담보로 하여' 발행하는 채권(債券)"을 말하는데($^{법 \ 제2조}_{제4호}$), 'Mortgage – Backed Bond'(MBB)를 의미한다.

(3) 주택저당증권

"주택저당채권(債權)을 '기초로 하여' 발행하는 수익증권"을 말하며($^{법 \ 제2조}_{제5호}$), 'Mortgage – Backed Securities'(MBS)를 의미한다.

(4) 주택저당채권(債權)의 유동화

「한국주택금융공사법」상 부동산과 관련된 "주택저당채권(債權)의 유동화"라는 개념은 아래의 두 가지 유형을 포괄한다.

(i) "한국주택금융공사가 금융기관으로부터 양수한 주택저당채권을 '담보로 하여' 기술한 '특정 주택저당채권담보부채권'(MBB)을 발행하고 그 채권 소지자에게 원리금을 지급하는 행위"($^{법 \ 제2조}_{제1호 \ 가목}$)

(ii) "한국주택금융공사가 금융기관으로부터 양수한 주택저당채권을 '기초로' 기술한 '주택저당증권'(MBS)을 발행하고 그 수익자에게 주택저당채권의 관리·운용 및 처분에 의한 수익을 분배하는 행위"($^{법 \ 제2조}_{제1호 \ 나목}$)

3. 주택저당채권(債權)의 유동화 구조

(1) '특정 주택저당채권담보부채권'(MBB)의 발행 구조

1) 발행 구조

한국주택금융공사가 '특정 주택저당채권담보부채권'(MBB)의 발행을 위해서는 금융기관으로부터 주택저당채권을 양도받아 채권유동화계획별로 주택저당채권을 그 외의 자산과 구분하여 관리하고($^{법 \ 제30조}_{제1항}$), 금융위원회에 양도받은 주택저당채권에 대한 양도 등록을 해야 한다($^{법 \ 제24조}_{제1항}$). '특정 주택저당채권담보부채권'(MBB)에 대한 투자자는 주택저당채권에 대해 우선변제권을 보유하며($^{법 \ 제31조}_{제2항}$), 한국주택금융공사는 발행 기관으로서 '특정 주택저당채권담보부채권'(MBB)의 원리금 상환 의무를 부담한다.

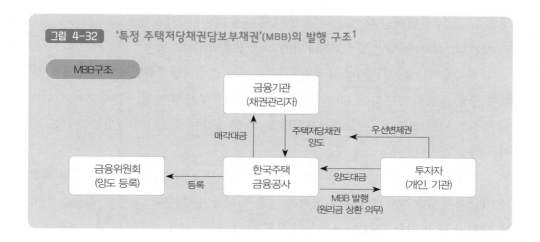

그림 4-32 '특정 주택저당채권담보부채권'(MBB)의 발행 구조[1]

MBB구조

금융기관
(채권관리자)

매각대금

주택저당채권
양도

우선변제권

금융위원회
(양도 등록)

등록

한국주택
금융공사

양도대금

투자자
(개인, 기관)

MBB 발행
(원리금 상환 의무)

2) 발행 한도

한국주택금융공사가 발행하는 '특정 주택저당채권담보부채권'(MBB)의 발행 한도는 채권유동화계획별로 구분·관리하는 주택저당채권을 담보로 자기자본[2]의 50배를 초과하지 못한다($\binom{법 제31조}{제 1 항}$).

3) 우선변제권

'특정 주택저당채권담보부채권'(MBB)의 소지인은 다른 법률에서 정하는 경우를 제외하고는 당해 채권유동화계획에 의하여 구분·관리되는 주택저당채권으로부터 제 3 자에 우선하여 변제를 받을 권리를 가진다($\binom{법 제31조}{제 2 항}$). 나아가 우선 변제에 의해 채권의 원리금의 전부 또는 일부를 변제받지 못한 경우에는 한국주택금융공사의 다른 자산으로부터 변제받을 수 있다($\binom{법 제31조}{제 3 항}$).

4) 채권의 특성

'특정 주택저당채권담보부채권'(MBB)은 「자본시장과 금융투자업에 관한 법률」 제 4 조 제 3 항에 따른 특수채(特殊債) 증권으로 간주된다($\binom{법 제31조}{제 4 항}$). 같은 담보부채권(債券)이지만 발행회사인 위탁회사가 신탁업자와의 신탁계약에 의해 채권에 물상담보(物上擔保)를 붙이고 유사 시 강제집행 또는 「민사집행법」에 의한 경매를 통하여 담보권을 실행하는 구조인 「담보부사채신탁법」상의 담보부사채($\binom{법 제 3 조, 제}{71조, 제72조}$)와는 양도등록

---

1 한국주택금융공사 홈페이지(www.hf.go.kr)에서 인용.

2 국제결제은행(BIS)의 기준에 따라 시행령으로 정하는 기본자본과 보완자본의 합계액을 말한다 (법 제31조 제 1 항).

제도($^{법}_{제24조}$), 우선변제권 부여($^{법 제31조}_{제3 항}$) 등의 면에서 차이가 있다.

5)「담보부사채신탁법」의 문제점과 담보부사채 발행의 활성화 방안

「한국주택금융공사법」상 규정되어 있는 '특정 주택저당채권담보부채권'(MBB) 이외에 채권 시장의 다변화를 위한 일반적 의미의 담보부사채 발행을 활성화하기 위해서 기존의 관련 법률인「담보부사채신탁법」의 문제점이 무엇인지 알아보는 것도 의미가 있을 것이다.

① 논의의 의의   1962년 1월 20일「담보부사채신탁법」이 제정·시행된 이후에 지금까지 담보부사채의 발행 실적은 매우 미미한 수준이다. 그 동안 회사채 시장은 1997년 말의 외환 위기 이전엔 보증사채 시장, 외환 위기 이후에는 무보증사채(일반 사채) 시장의 양대 구도였다고 해도 과언이 아니다. 보증사채에서 보증의 부작용을 언급하지 않더라도 무보증사채가 사채의 본래 기능에 부합하는 것은 사실이나, 신용평가의 문제나 불황기 시의 투자자 보호 문제 등 다소의 문제점도 있어, 회사채 시장의 다변화가 절실하였다.

1980년대 후반에 '옵션(option)부사채' 제도나 '교환사채'(exchange bond: EB) 제도가 도입되기는 했어도 실제로 회사채 시장이 활성화되지는 못했다. 그리고 외환 위기 이후 1998년 9월에「자산유동화에 관한 법률」이 제정되면서 유동화증권 시장이 활성화되었지만, 앞에서도 본 바와 같이 불확실한 규제와 한계점이 존재하고 있다. 비록「한국주택금융공사법」상의 '특정주택저당채권담보부채권'(MBB) 시장의 활성화뿐만 아니라 회사채 시장의 다변화를 위해서도「담보부사채신탁법」의 문제점 내지 개선점이 무엇인지 살펴보는 것도 의의가 있을 것이다.

② 「담보부사채신탁법」에 따른 담보부사채 발행의 문제점

(i) 담보 설정의 현실적 어려움   「담보부사채신탁법」은 '물상담보'(物上擔保)의 종류를 "동산질(動產質), 증서가 있는 채권질(債權質), 주식질(株式質), 부동산 저당(抵當), 기타 법령이 인정하는 각종 저당,「동산·채권 등의 담보에 관한 법률」에서 정하는 담보권, 그 밖에 재산적 가치가 있는 것으로서 대통령령으로 정하는 담보권"으로 한정하고 있다($^{법}_{제4조}$). 물상담보의 종류별로 각각 검토해보면 다음과 같은 문제점이 존재한다.

㉠ 부동산 저당, 기타 법령이 인정하는 각종 저당   이 자산에 대한 담보 설정에는 법적 장애는 없으나, 종래 기업의 대부분이 이 자산을 담보로 한 차입을 선호하여 이

미 상당 부분 그 자산들이 담보목적물이 되었고 차후 추가로 담보를 설정할 여력이 없거나 있더라도 후순위 담보 설정에 그치는 수준이어서 물상담보로서 사실상의 효과를 거두기가 힘든 실정이다.

ⓒ 동 산 질   동산으로서 등록 대상이 되는 것은 선박·항공기 등이며, 실제로 그 외의 동산은 가액이 낮아 물상담보로서 실효성을 거두기 위해서는 무수히 많은 동산의 집합이 필요하다. 또한 동산질 설정 요건으로 질권자에 대한 목적물의 현실 인도가 필요하며(「민법」제330조), '점유개정'(占有改定) 방식(「민법」제189조)[1]에 의한 질권 설정을 허용하지 않아 실제 영업에 활용하는 동산을 동산질의 목적으로 사용하는 것이 사실상 불가능하다.

ⓒ 증서가 있는 채권질   '증서가 있는 채권질'이란 "질권설정계약의 체결 후 증서를 교부하는 방식"을 말한다(「민법」제347조). 일반적으로 기업이 보유하는 매출채권이나 무체재산권의 경우에는 증서가 없어 이 방식을 활용하는 것이 불가능하다. 그리고 입질(入質)채권의 채무자(엄밀하게는 제3채무자) 및 제3자에 대한 대항요건과 관련하여 법상 '확정일자 있는 증서'에 의한 통지 또는 승낙이 필요하며(「민법」제349조 제1항), 특히 입질(入質)채권이 저당권에 의해 담보되어 있는 경우 저당권등기에 질권 부기(附記)등기가 필요한데(「민법」제348조), 다수의 채무자에 대해 보유하는 다량의 소액 채권을 담보로 제공하는 경우, 대항요건 구비를 위한 절차상 및 비용상의 비효율성이 존재하며, 설령 소수의 고액 채무자인 경우라도 채무자의 신용등급이 우량하지 않으면 높은 신용등급을 획득하기가 어렵다는 문제가 있다.[2]

ⓔ 주 식 질   비교적 질권 설정이 용이한 자산인 주식의 경우에도, 「한국주택금융공사법」상 금융위원회의 인가를 요건으로 하고 있어(법 제4조 제2항) 실행하기가 매우 까다롭다.

ⓜ 「동산·채권 등의 담보에 관한 법률」상 각종 담보권   담보약정에 따라 동산, 지명채권을 목적으로 등기한 담보권, 담보약정에 따라 특허권, 실용신안권, 디자인권, 상표권, 저작권, 반도체집적회로의 배치설계권 등 지식재산권을 목적으로 관련 법률에 따라 등록한 담보권으로(법 제2조) 이들은 등기 또는 등록되는 재산이다. 동산담보권

---

1 "동산에 관한 물권을 양도하는 경우에 당사자의 계약으로 양도인이 그 동산의 점유를 계속하는 때에는 양수인이 인도받은 것으로 보는 것"을 말한다.
2 이미현, "담보부사채 발행의 활성화," 『BFL』 제31호(서울대학교 금융법센터, 2008. 9), 75~76면.

의 득실변경은 담보등기부에 등기해야 효력이 발생하고($^{법 제7조}_{제1항}$), 동산담보권은 피담보채권과 분리하여 타인에게 양도할 수 없으며($^{법}_{제13조}$), 담보권자는 채무자 또는 제3자가 제공한 담보목적물에 대하여 다른 채권자보다 자기채권을 우선변제받을 권리가 있다($^{법}_{제8조}$). 채권담보권의 득실변경은 담보등기부에 등기한 때에 지명채권이 채무자 외의 제3자에게 대항할 수 있다($^{법 제35}_{조 제1항}$). 약정에 따른 지식재산권담보권의 득실변경은 그 등록을 한 때에 지식재산권에 대한 질권의 득실변경을 등록한 것과 동일한 효력이 생긴다($^{법}_{제59조}$).

(ii) **신용등급 제고의 한계**　　사채에 담보를 부가하는 것은 발행기관의 부도 발생 시 담보 실행을 통해 예상손실액을 축소시킬 수는 있지만, 발행기관의 부도 발생 확률을 낮추지는 못하여 신용등급 제고를 통한 발행 조건의 향상이 쉽지는 않으며, 실제로 채무불이행 시 담보물 환가 절차와 그것에 소요되는 시간이나 비용 등을 고려하면 투자의 제약 조건으로 작용하는 것은 사실이다.[1]

③ **담보부사채 발행의 활성화 방안**　　담보부사채의 발행을 활성화하는 방안으로서 외국에서 이용되는 기업의 총재산을 담보로 하는 '기업저당제도'의 도입, 기술한 주식 담보를 활성화하기 위해 금융위원회의 인가 요건을 완화하는 방안, 채권질 설정 시 채무증서의 요건을 완화하는 방안, 채권질 설정 시 제3자에 대한 대항요건에 관해서 「자산유동화에 관한 법률」과 같은 특례를 인정하는 방안, 사채발행기관의 부도 시점으로부터 담보물 환가 완료 시점까지 금융기관의 일시적 신용공여를 통한 사채의 신용도 제고 방안 등이 제시되고 있다.[2]

(2) 주택저당증권(MBS)의 발행 구조

1) 발행 구조

주택저당증권(MBS)을 발행하기 위해 한국주택금융공사는 금융기관으로부터 양도받은 주택저당채권(債權)을 금융위원회에 등록하고($^{법 제24조}_{제1항}$), 채권 유동화 계획에 따라 고유 계정으로 보유하고 있는 주택저당채권에 대해 한국주택금융공사를 수탁자로 하여 자기신탁(自己信託)을 하였음을 금융위원회에 등록하여야 한다($^{법 제32조}_{제2항}$). 등록 후

---

1 위의 글, 77면.
2 위의 글, 77~80면.

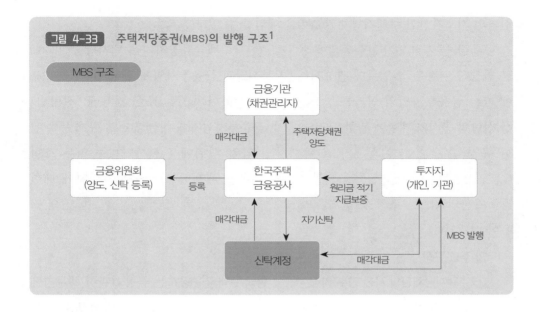

그림 4-33 주택저당증권(MBS)의 발행 구조[1]

MBS 구조

금융기관
(채권관리자)

매각대금

주택저당채권
양도

금융위원회
(양도, 신탁 등록)

등록

한국주택
금융공사

원리금 적기
지급보증

투자자
(개인, 기관)

매각대금

자기신탁

MBS 발행

신탁계정

매각대금

한국주택금융공사는 신탁자산에 기초하여 지급보증부 수익증권인 주택저당증권 (MBS)을 발행한다.

2) 특 징

① **자기 신탁**　　　한국주택금융공사는 「신탁법」 제 3 조 제 1 항에도 불구하고 채권유동화계획에 따라 자신을 수탁자로 하는 신탁, 즉 자기 신탁을 설정하여 주택저 당증권(MBS)을 발행할 수 있다($^{법\ 제32조}_{제1항}$). 신탁 설정의 효력 발생시기는 금융위원회에 등록한 때이다($^{법\ 제32조}_{제2항}$).

② **주택저당증권(MBS)의 형식**　　　주택저당증권(MBS)은 원칙적으로 무기명식(無記 名式)으로 발행한다($^{법\ 제32조}_{제3항\ 본문}$). 다만 수익자의 청구가 있는 경우에는 기명식으로 할 수 있다($^{법\ 제32조}_{제3항\ 단서}$). 무기명식일 경우 양도 및 기타 권리 행사는 주택저당증권(MBS)으로 해 야 하나, 기명식일 경우에는 「상법」 제337조(기명주식 이전의 대항 요건), 제338조(기명주식 의 입질), 제340조(기명주식의 등록질), 제358조의2(주권 불소지)의 규정이 준용된다($^{법\ 제32조}_{제4항}$).

③ **지급보증과 주택저당채권의 매입**　　　한국주택금융공사는 주택저당증권에 대 해 자기자본의 50배를 초과하지 않는 범위 안에서 지급보증을 할 수 있으며($^{법\ 제34조}_{제1항}$), 자신의 지급보증 의무를 이행하기 위해 필요한 경우 「신탁법」 제34조에도 불구하고,

---

1 한국주택금융공사 홈페이지(www.hf.go.kr)에서 인용.

신탁의 기초자산인 주택저당채권(債權)을 매입할 수 있다($^{법\ 제32조}_{제8항}$).

　④ **금융투자업 인가 간주 등의 특례**　　한국주택금융공사가 주택저당증권(MBS)을 발행하는 경우 그 업무에 관해서는 「자본시장과 금융투자업에 관한 법률」 제12조에 따른 금융투자업의 인가를 받은 것으로 간주하며($^{법\ 제32조}_{제9항\ 전단}$), 이 경우에 「신탁법」상 신탁의 공시와 대항에 관한 규정($^{신탁법}_{제4조}$), 금융투자업자에 대한 건전성 규제 등에 관한 규정($^{「자본시장과\ 금융투자업에\ 관한}_{법률」\ 제30조부터\ 제33조까지}$), 신탁회사의 영업 행위에 관한 규칙 중 일부 조항($^{「자본시장과\ 금융투자업에\ 관한\ 법률」\ 제38조\ 제6항(상호),}_{제105조(신탁재산등\ 운용\ 제한),\ 제110조(수익증권))}$)의 적용을 배제하고, 금융투자업자에 대한 감독기관의 감독 · 조치 등($^{「자본시장과\ 금융투자업에\ 관한\ 법률」\ 제415조(감독),\ 제416조(금융위원회의}_{조치명령권),\ 제420조(금융투자업자에\ 대한\ 조치),\ 제422조(임직원에\ 대한\ 조치))}$)의 적용이 배제된다($^{법\ 제32조}_{제9항\ 후단}$).

3) 주요 규정

　① **주택저당채권의 사전 양수 약정**　　한국주택금융공사는 금융기관이 채무자에게 대출하기 전에 금융기관과 주택저당채권을 양수하기로 약정을 미리 체결할 수 있는데, 이 경우에 주택저당채권의 상환 기간은 최소 10년 이상이어야 한다($^{법\ 제22}_{조의2}$).

　② **주택저당채권(債權)유동화계획의 금융위원회 등록 제도**　　일반 자산유동화와 같이 한국주택금융공사는 주택저당채권의 유동화를 하고자 하는 경우 또는 주택저당채권을 보유하고자 할 때에는 금융위원회에 소정의 서류를 구비하여 주택저당채권유동화계획을 등록하여야 한다($^{법\ 제23조}_{제1항}$).

　③ **주택저당채권의 양도**

　(i) **양도등록 제도**　　한국주택금융공사는 채권유동화계획에 의한 주택저당채권을 양도 · 신탁 또는 반환하는 때에는 지체 없이 금융위원회에 등록하여야 한다($^{법\ 제24조}_{제1항}$).

　(ii) **양도 방식**　　주택저당채권의 양도 방식은 「자산유동화에 관한 법률」과 동일하다($^{법\ 제25}_{조\ 전단}$). 이 경우 담보권의 설정으로 보지 않는다($^{법\ 제25조}_{후단}$).

　㉠ 매매 또는 교환에 의할 것

　㉡ 양수인이 주택저당채권에 대한 수익권 및 처분권을 가질 것. 이 경우 양수인이 당해 주택저당채권을 처분하는 때에 양도인이 이를 우선적으로 매수할 수 있는 권리를 가진 경우에도 수익권 및 처분권은 양수인이 가진 것으로 본다.

　㉢ 양도인은 주택저당채권에 대한 반환청구권을 가지지 아니하고 양수인은 주택

저당채권에 대한 대가의 반환청구권을 가지지 아니할 것

ⓔ 양수인이 양도된 자산에 관한 위험을 인수할 것. 다만 당해 주택저당채권에 대하여 양도인이 일정 기간 그 위험을 부담하거나 하자(瑕疵)담보책임을 지는 경우(채권의 양도인이 채무자의 자금능력을 담보한 경우를 포함한다)에는 그러하지 아니하다.

(ⅲ) **주택저당채권 양도의 대항요건에 관한 특례**　　「자산유동화에 관한 법률」과 동일하다. 그 내용을 살펴보면 다음과 같다. 채권유동화계획에 따른 주택저당채권의 양도는 양도인 또는 양수인이 그 사실을 채무자에게 통지하거나 채무자가 그 양도를 승낙해야 채무자에게 대항할 수 있다(법 제26조 제1항 본문). 다만, 양도인 또는 양수인이 채무자에게 등기부에 기재되어 있는 채무자의 주소나 등기부에 채무자의 주소가 기재되어 있지 아니한 경우로서 양도인이나 양수인이 채무자의 최후의 주소를 알고 있는 경우에는 그 최후의 주소로 2회 이상 내용증명 우편을 발송하여 양도의 통지를 하였으나 소재불명 등으로 반송된 경우에는 채무자의 주소지를 주된 보급지역으로 하는 2 이상의 일간신문(전국을 보급지역으로 하는 일간신문이 하나 이상 포함되어야 한다)에 양도의 사실을 공고함으로써 그 공고일에 채무자에 대한 양도의 통지를 한 것으로 본다(법 제26조 제1항 단서).

그리고 통지는 양도가 이루어지기 전에도 양도가 이루어질 날짜를 명시하여 통지할 수 있는데, 다만 양도가 통지한 날짜와 다른 날짜에 이루어진 경우에는 양도가 이루어진 날짜를 명시하여 다시 통지하여야 한다(법 제26조 제3항). 또한 채무자의 승낙은 채권유동화계획의 등록 전에도 할 수 있는데, 이 경우 채무자는 해당 주택저당채권의 양도 전에 발생한 사유로 한국주택금융공사에 대항할 수 있다(법 제26조 제4항). 그리고, 채권유동화계획에 따라 행하는 주택저당채권의 양도에 관하여 금융위원회에 등록을 한 경우, 주택저당채권의 채무자 외의 제3자에 대하여는 등록이 있는 때에 「민법」 제450조 제2항에 따른 대항 요건(즉, 확정일자 있는 증서에 의한 통지나 승낙)을 갖춘 것으로 본다(법 제26조 제2항).

(ⅳ) 기타 다음과 같은 특례 인정은 「자산유동화에 관한 법률」과 동일하다.

㉠ **근저당권으로 담보한 채권의 확정**　　채권유동화계획에 따라 양도하려는 주택저당채권에 근(根)저당권이 설정되어 있는 경우 근저당권을 설정한 금융기관이 그 채권의 원본을 확정하여 추가로 채권을 발생시키지 아니하고 그 채권의 전부를 양도하겠다는 의사를 기재한 통지서를 채무자에게 내용증명 우편으로 발송한 날의 다음 날

에 그 채권은 확정된 것으로 본다(법 제27조 제1항 본문). 다만, 채무자가 10일 이내에 이의를 제기한 경우에는 그러하지 아니하다(법 제27조 제1항 단서). 금융기관과 채무자는 합의에 의하여 채권 유동화계획의 등록 전에 채권 유동화 또는 채권 보유를 위하여 근저당권으로 담보한 채권을 확정할 수 있다(법 제27조 제2항).

ⓒ 저당권 취득에 관한 특례　　한국주택금융공사는 주택저당채권의 양도 사실을 금융위원회에 등록한 때에 채권유동화계획에 따라 양도받은 주택저당채권을 담보하기 위하여 설정된 저당권을 취득한다(법 제28조 제1항). 이렇게 취득한 저당권에 대하여 한국주택금융공사를 등기권리자로 하는 등기를 할 때에는 한국주택금융공사를 관공서로 보고 「부동산등기법」 제98조를 준용한다(법 제28조 제2항 전단). 이 경우 등기 원인을 증명하는 서면과 등기의무자의 승낙서는 금융위원회가 발급하는 주택저당채권의 등록에 관한 사실을 증명하는 서류로 갈음된다(법 제28조 제2항 후단). 한국주택금융공사가 등기하는 경우에는 대법원규칙으로 정하는 바에 따라 「부동산등기법」 제27조 제3항에 따른 수수료를 100분의 50 이상 감면할 수 있다(법 제28조 제3항).

제 3 절 ▶ 이중상환청구권부채권(Covered Bond)의 발행을 통한 부동산 금융

I 연 혁

　'이중상환청구권부채권(covered bond)'은 수세기 전부터 유럽 대륙에서 주택담보대출 등의 재원(財源)을 조달하기 위해 널리 사용되어 온 상품으로 특별법에 의해 규제되어 왔다. 특히 유럽 최대의 이중상환청구권부채권 발행국인 독일은 19세기부터 이중상환청구권부채권을 이용해 왔으며, 2005년 7월 18일 기존의 다양한 이중상환청구권부채권 발행 구조를 통합하고 「이중상환청구권부채권법(Pfandbriefgesetz)」을 제정하여 법제화하였다. 프랑스도 1999년 6월 25일 이중상환청구권부채권(Obligations Foncières)을 규율하는 법제도를 정비하기 시작하였으며, 2001년 법령을 통합하여 「통화금융법(Code Monetaire et Financier)」을 제정하고 이중상환청구권부채권 발행에 관한 사항을 규정하고 있다. 그 밖에도 다수의 유럽국가들이 특별법을 제정하고 이에 따른 이중상환청구권부채권을 발행하고 있다. 그리고 유럽연합(European Union: EU)(이하 "EU") 회원 국가들에게 일반적으로 적용되는 공통적인 규율 체제로서 EU가 제정한 지침(Directive)[1]을 두고 있고, 이 지침의 요건을 충족하는 경우 일정한 혜택 조치(투자한도와 위험가중치 등의 면에서)를 부여하고 있다.

　이처럼 전통적으로 특별법을 제정하여 규율하는 이중상환청구권부채권을 '법정(法定) 이중상환청구권부채권(statutory covered bond)'이라고 하고, 이와 달리 특별법이 없

---

1 「Undertaking for Collective Investment in Transferable Securities Directive」(이하 "UCITS Directive")와 「New Capital Requirements Directive」(이하 "CRD")가 있다. 이 지침에 의거하여 유럽연합(EU) 회원국은 지침을 국내법화할 의무가 있다.

이 시장에서 유사한 법적 · 경제적 효과를 창출하기 위해 금융 구조를 설계하여 발행한 경우를 '구조화 이중상환청구권부채권'(structured covered bond)이라고 한다.[1]

사실 유럽 국가이지만 영국의 경우 2003년 스코틀랜드할리팩스은행(Halifax Bank of Scotland: HBOS)(이하 "HBOS")이 최초로 구조화 방법을 이용하여 이중상환청구권부채권과 유사한 법적 · 경제적 효과를 창출시키는 거래를 했으며, 그 이후에도 특별법 없이 구조화 이중상환청구권부채권 형태로 발행해오다가 EU의 입법상의 혜택을 받기위해 2008년 3월 이중상환청구권부채권을 규율하는 법령을 제정하였고[2] 이로써 뒤늦게 법정 이중상환청구권부채권의 형태로 전환하였다.

같은 영미법 체계를 가지면서 주로 주택저당증권(MBS)에 의해 주택담보대출의 재원이 조달되어 온 미국의 경우에도 2006년에 와서야 워싱턴뮤츄얼은행(Washington Mutual Bank)이 구조화 기법을 활용하여 최초로 이중상환청구권부채권을 발행하였고, 2007년 아메리카은행(Bank of America)도 같은 구조로 이중상환청구권부채권을 발행한 사례가 있었을 뿐 계속 활성화되지 못하다가, 2007년 '비우량주택담보대출(sub-prime mortgage) 사태'로 인해 주택담보대출(MBS) 시장이 마비되면서 대안 내지 다변화 수단으로서 이중상환청구권부채권이 활발히 논의되고 관심을 끌기 시작했다. 2008년 7월 15일 미국 연방예금보험공사(Federal Insurance Corporation: FDIC)가 「이중상환청구권부채권에 관한 최종 정책 지침(Final FDIC Covered Bond Policy Statement)」을 발표하고, 미국 재무부도 2008년 7월 28일 「주택담보대출 이중상환청구권부채권에 관한 모범규준(Best Practices for Residential Covered Bonds)」을 발표하여 이중상환청구권부채권 발행과 관련한 법적 안정성과 구조적 통일성을 마련하여 이중상환청구권부채권 시장의 성장 기틀을 마련하였다.

---

1 정소민, "유럽의 커버드 본드 제도에 관한 고찰," 『BFL』 제30호(서울대학교 금융법센터, 2008. 7), 50~52면; 최성현, "커버드 본드(Covered Bonds)의 담보구조," 『은행법 연구』 제 2 권 제 1 호(은행법학회, 2009. 5), 11면.

2 영국 재무부가 제정한 「The Regulated Covered Bonds Regulations 2008」(이하 'RCBR 2008')과 금융감독기관이 제정한 「Regulated Covered Bond Sourcebook」이 있다.

Ⅱ 개념 및 법적 성격

이중상환청구권부채권은 여신기관에 의해서 발행된 이중 소구(遡求)(dual recourse) 채권으로서 담보자산 집합에 대해 우선 소구할 수 있는 채권이다.[1] 다시 말하면 평상시에는 여신기관(이중상환청구권부채권의 발행 기관)의 일반적 현금흐름으로 원리금이 상환되나, 만일 발행기관이 도산할 경우에는 분리된 담보 자산으로부터 우선 변제를 받을 수 있는, 즉, 이중상환청구권부채권 소지인이 우선변제권(preferential claim)을 보유하는 채권이다.[2] 이중상환청구권부채권 소지인인 투자자는 우선 발행기관에 대해 청구할 수 있으며, 발행기관의 도산 시에 담보자산에 대해 우선변제권을 보유하므로 이중(二重) 소구의 성격을 띠는 것이다. 말하자면 이중상환청구권부채권은 채권의 성격상 '선순위 이중상환청구권부채권'(senior secured debt)인 것이다(아래 [그림 4-31] 참조).

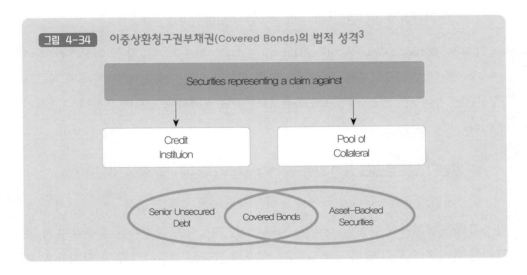

그림 4-34 이중상환청구권부채권(Covered Bonds)의 법적 성격[3]

Securities representing a claim against

Credit Instituion

Pool of Collateral

Senior Unsecured Debt

Covered Bonds

Asset-Backed Securities

---

1 European Central Bank, "Covered Bonds in the EU Financial System," Dec. 2008, p. 6.

2 ECBC Website, "Introducing Covered Bonds, Summary" (http//ecbc.hypo.org).

3 European Central Bank, "Covered Bonds in the EU Financial System," Dec. 2008, p. 6.

따라서 발행기관의 도산 시에 분리된 담보자산으로부터 우선변제를 받을 수 있으므로 보다 높은 신용등급을 받을 수 있어, 발행기관에게는 발행 비용을 낮출 수 있는 구조이며, 투자자는 보다 안정성을 제고할 수 있는 장점이 있다.

Ⅲ 일반적 요건 및 특징

기술한 바와 같이 이중상환청구권부채권은 국가나 시장에 따라 다양한 형태와 구조를 가지나 EU가 법령을 통해 제시하고 있는 일반적 요건 내지 특징은 다음과 같다.

1. 이중상환청구권부채권의 요건[1]

(1) 발행기관이 여신기관(credit institution)일 것(발행 주체)

EU의 「Banking Consolidation Directives」(2006) 제 4 조 제 1 항은 '여신기관'(credit institution)을 "일반인으로부터 예금 기타 반환 의무가 있는 자금을 받아 자신의 계산으로 신용을 공여하는 것을 영업으로 하는 회사"라고 정의하고 있으며 은행이 대표적인 예이다.

(2) 발행기관은 특별한 공적 감독(special public supervision)을 받을 것(감독기관)

이중상환청구권부채권 소지인의 이익을 보호하기 위한 특별한 감독으로서 금융감독기관이 담보자산 감시인(cover pool monitor)을 지정하여 담보자산 집합의 유지 및 관리를 하게 함으로써 발행 조건과 일정에 따른 지급을 보장하기 위한 장치를 두고 있다.[2]

(3) 이중상환청구권부채권은 이를 규율하는 특별법에 따라 발행되었을 것(법제화)

이중상환청구권부채권은 특별법과 공적 감독기관의 규정에 의해 규제되어야 하

---

1 UCITS Directive § 22(4).
2 ECBC Website, Essential Features, Part 4.

며, 이 경우 일정한 요건 충족 여부에 따라 이중상환청구권부채권 투자자의 위험 가중치 감소 등 일정한 혜택이 부여된다.[1,2]

(4) 적격담보자산(eligible cover asset)이 법에 규정되어 있을 것(적격담보자산의 요건)

적격담보자산은 금융 자산으로서 대출채권(loans), 채권(bonds), 그 밖에 이와 유사한 상품, 금리나 통화 위험을 회피하기 위한 파생상품 등이 포함되나, 지분증권(equity securities), 부동산, 실물 상품(commodities) 내지 유형 자산(tangible properties) 등은 제외된다.[3] 가장 흔한 것이 주거용부동산담보대출채권, 상업용부동산담보대출채권, 선박담보대출채권, 공공부문대출채권 등이며, 현금 예금이나 여신기관 대출채권도 포함된다. 담보자산 집합의 최소한의 적격 기준은 특별법이나 규정 또는 계약에 의해 정해진다.[4]

(5) 담보자산은 이중상환청구권부채권의 만기까지 투자자들의 채권을 담보하기에 충분하도록 제공될 것(담보의 적정성 및 충분성)

적격담보자산 집합의 가액은 최소한 이중상환청구권부채권의 총가액과 같아야 한다. 대부분의 국가에서는 담보자산의 가액이 '초과 담보'(over collateralization)로서 일정 금액만큼 이중상환청구권부채권 총가액을 초과해야 하는 것으로 규정하고 있다. 초과 담보 금액은 특별법이나 계약에 의해 정해진다. 이것은 이중상환청구권부채권 신용 보강의 한 수단으로서 의미를 가진다. 발행기관은 이러한 기준에 따라 담보자산 가액을 유지할 계속적인 의무를 가지며, 만기가 되거나 채무불이행된 자산이 있는 경우 이를 보완하기 위해 추가 자산을 편입하거나 다른 자산으로 교체해야 한다.[5] 이러한 의미에서 이중상환청구권부채권의 담보자산 집합은 '동적 담보 집합'(dynamic cover

---

1 ECBC Website, Essential Features, Part 1.
2 UCITS Directive에서는 특별법의 제정을 전제로 한 '법정 이중상환청구권부채권'만을 '이중상환청구권부채권'이라고 정의하고 있다. 즉 법정 이중상환청구권부채권만이 낮은 위험 가중치의 적용을 받는다는 의미로 해석된다.
3 ECBC Website, Essential Features, Part 2.
4 ECBC Website, Essential Features, Part 2.
5 ECBC Website, Essential Features, Part 3.

pool)[1]이라고 불리운다.

(6) 발행기관의 도산 시 이중상환청구권부채권 투자자들이 담보자산에 대해 우선적 청구권을 가질 것(우선변제권)

대부분의 이중상환청구권부채권 발행 구조에 있어서 발행기관은 투자자에게 직접적인 완전 소구권(direct full recourse)을 부여한다.[2] 즉, 발행기관이 채무불이행으로 인해 도산이 되는 때에도 전체 파산재단에 대해 다른 일반 채권자와 동등한 자격으로 청구할 수 있는 권리를 가진다. 이것은 자산유동화의 경우에 기초자산의 현금흐름에 대해서만 완전 소구권을 보유한다는 점에서 이중상환청구권부채권과 다른 점이다.

무엇보다도 이중상환청구권부채권의 핵심적인 특징은 발행기관이 도산하는 경우에 담보자산 집합은 발행기관의 다른 자산이나 채무로부터 분리(ring-fenced)된다는 것이다. 다시 말하면, 파산 절연을 통해 담보자산은 오직 이중상환청구권부채권 소지인의 원리금 상환에만 사용되며, 나아가 도산이 되는 경우에도 바로 기한의 이익이 상실되지 않고 이중상환청구권부채권 소지인에게 기존 발행 조건과 일정에 따라 원리금 지급이 계속되도록 한다는 점이다.[3]

2. 낮은 위험 가중치

EU는 금융기관이 이중상환청구권부채권을 보유하는 경우에 「New Capital Requirements Directive」가 정한 요건을 충족하면 감소된 위험 가중치(10%)를 적용함으로써 이중상환청구권부채권 보유에 대한 혜택을 주고 있다. 또한 경과 규정을 두어 「Undertaking for Collective Investment in Transferable Securities Directive」("UCITS

---

1 이와는 대조적으로 자산유동화에 있어서는 자산보유자가 이미 기초자산을 SPC에 양도한 이후에는 비록 채무불이행 자산이 발생하더라도 더 이상의 추가적 양도나 대체 의무가 없다는 점에서 자산유동화의 자산 집합을 '정적 담보 집합'(static cover pool)이라고 할 수 있다.

2 ECBC Website, Essential Features, Part 1. 일정한 국가에서는 SPC를 통해 이중상환청구권부채권을 발행하는 경우가 있는데, 이 경우에는 이중상환청구권부채권 소지인은 SPC를 거쳐 간접적으로 여신기관에 대해 완전 소구권을 가지게 된다.

3 국가에 따라서는 우선변제권 실현을 일반 파산재단으로부터 분리하지 않고 그 안에서 우선변제를 받는 방식을 사용하거나(스페인), 담보자산 집합을 발행기관의 채무를 지급보증하는 SPC로 이전하여 권리를 보전하는 방식을 사용하기도 한다(ECBC Website, Essential Features, Part 2).

Directive")가 정하는 요건을 충족하면서 2007년 12월 31일까지 발행된 이중상환청구권부채권에 대해서도 그 만기까지 감소된 위험 가중치의 적용을 받을 수 있도록 하였다.[1]

이 지침(UCITS Directive)이 정하고 있는 요건은 다음과 같다.

(1) UCITS Directive 제22조 제4항의 요건을 충족할 것

(2) 담보자산은 정부·중앙은행·공공기관에 대한 채권(債權), 주택 또는 상업용 부동산저당채권, 선순위주택저당채권 또는 선박이중상환청구권부대출채권 등일 것

(3) 담보자산이 부동산저당채권인 경우 저당목적물 가액 평가와 감독에 관한 최저 기준이 충족될 것

Ⅳ 주요 해외 입법례와 시사점

이하에서는 연혁적으로 가장 오래된 유럽 최대의 법정 이중상환청구권부채권 발행국인 독일에 대한 입법례와 최근 구조화 이중상환청구권부채권 구조에서 법정 이중상환청구권부채권으로 이행한 영국의 사례 및 입법 과정을 살펴보고, 마지막으로 비우량주택담보대출 사태 이후 활발히 논의되고 있는 미국의 사례와 입법례를 살펴보기로 한다.

1. 독일의 '법정 이중상환청구권부채권'

(1) 근거 법규

독일의 이중상환청구권부채권(pfandbriefe)은 기술한 바와 같이 2005년에 제정된 특별법인 「이중상환청구권부채권법(Pfandbriefgesetz)」[2]에 의해 규율된다.

(2) 종   류

독일의 이중상환청구권부채권은 담보자산의 종류에 따라 (i) 주택저당채권 이중

---

1 New Capital Requirements Directive, Annex VI, Part I, Point 70.
2 전체 법문(法文)은 www.pfandbrief.org 참조.

상환청구권부채권(Mortgage Pfandbriefe), (ii) 공공부문 이중상환청구권부채권(Public Pfandbririefe), (iii) 선박 이중상환청구권부채권(Ship Pfandbriefe), (iv) 항공기 이중상환청구권부채권(Aircraft Pfandbriefe) 등 크게 네 가지 종류로 구분된다.[1]

(3) 구　　조

담보자산(cover asset)이 주택저당채권인 '주택저당채권 이중상환청구권부채권'의 구조를 살펴보면 다음과 같다.

1) '담보자산 등록부'에 담보자산의 등록

발행기관[2]은 우선 담보자산으로서 적합한 자산(즉, 적격 자산: eligible assets)[3]으로 하나의 담보 집합(cover pool)을 구성하여 '담보자산 등록부'(cover register)에 등록한다.[4] 이 '담보자산 등록부'는 일상적으로 발행기관이 관리하나 담보자산의 적격성과 담보자산 등록의 감시는 별도로 임명된 '담보자산 감시인'(cover pool monitor)에 의해 수행된다. 담보자산 감시는 각 이중상환청구권부채권 발행 은행별로 독일 연방금융감독원(BaFin)[5]에 의해 임명된 1인의 담보자산 감시인과 최소 1인 이상의 부감시인(deputy

---

1 Pfandbrief Act § 1 – (1). www.pfandbrief.org에서 영문 법조문을 인용하였다. 이하 인용에서도 같다.

2 이중상환청구권부채권 발행 관련 영업을 영위하려면 발행기관은 법이 정하는 지역 내에 본점이 소재하고, 독일 은행법 제32조에 따라 연방금융감독기관으로부터 인가를 얻어야 하며, (i) 자본금이 최소 2천 5백만 유로(Euro)이어야 하고, (ii) 독일 은행법이 규정하는 대출업무에 관한 인가를 얻고 이중상환청구권부채권 발행 관련 영업을 영위하려고 하여야 하며, (iii) 담보자산과 그에 기한 이중상환청구권부채권 발행과 관련한 위험을 관리·감독 및 통제할 수 있는 적정한 절차와 체계를 구비해야 하고, (iv) 발행기관이 이중상환청구권부채권 발행 업무를 지속적으로 영위하고 필요한 조직 구조를 갖추겠다는 사업계획서를 금융감독기관에 제출해야 한다 (Pfandbrief Act § 2 – (1)).

3 주택저당채권 이중상환청구권부채권의 적격 담보자산은 담보목적물이 부동산(부동산 관련 권리 포함)으로서 EU 회원국 또는 유럽경제공동체(European Economic Area: EEA) 협정국, 스위스, 미국, 캐나다 및 일본 내에 소재하여야 하며(Pfandbrief Act § 13 – (1)), 담보자산인 주택저당채권의 가치를 담보목적물 가액의 60%까지만 인정하며(이를 'mortgage lending value'라고 한다)(정소민, 앞의 글, 57면은 이를 '담보인정비율'이라고 번역하고 있다)(Pfandgrief Act § 14), 이 'mortgage lending value'를 계산하는 방식에 대해서는 Pfandbrief Act § 16과 하위 규정인 「Regulation on the Determination of Mortgage Lending Value」가 규정하고 있다.

4 Pfandbrief Act § 5 – (1).

5 Bundesanstalt für Finanzdienstleistungsaufsicht(BaFin). 영문으로는 The Federal Financial Supervisory Authority.

monitor)에 의해 이루어진다.[1] 담보자산 감시인은 담보자산의 가치가 법령에 따라 설정되었는지와 담보자산이 법령에 따라 등록되었는지를 확인할 의무가 있다.[2] 담보자산 감시인은 이중상환청구권부채권 발행 전에 담보자산이 존재하고 법령에 따라 등록되었다는 사실을 확인하는 확인증서를 발급한다.[3] 담보자산 등록부에 등록된 자산은 담보자산 감시인이 동의하는 경우에만 등록부에서 삭제될 수 있다.[4] 한편, 담보자산 감시인은 발행기관의 담보자산등록부를 조사하고, 필요한 경우 이중상환청구권부채권 및 담보자산등록부에 등록된 자산에 관한 정보를 요구할 권리가 있다.[5] 또한 발행기관은 담보자산 등록부에 등록된 자산과 관련한 원금 상환 사실과 담보자산의 변동 상황 등을 담보자산 감시인게 알려야 할 의무가 있다.[6]

2) 초과담보 비율

발행된 이중상환청구권부채권의 담보자산은 항상 순현재가액(net present value: NPV)을 기준으로 원리금을 상환할 수 있는지가 확인되어야 하며, 등록된 담보자산의 순현재가액은 피담보채권 총액의 순현재가액을 2% 초과해야 한다.[7] 초과담보자산의 범위에 속하는 자산은 「이중상환청구권부채권법」 제4조가 구체적으로 열거하고 있다.

3) 정상적인 경우

이중상환청구권부채권의 원리금은 담보자산인 주택저당채권의 원리금이 정상적으로 회수되고 있는지 여부를 불문하고 일반 사채와 같이 발행기관의 전체 영업 활동에서 나오는 현금흐름에서 지급된다.[8]

4) 발행기관이 도산하는 경우

발행기관이 도산절차에 들어가기 전에는 담보자산 집합은 일반 재산에 속해 있다가 발행기관이 도산하는 경우에는 특별법에 따라 '담보자산 등록부'에 등록된 담보

---

1 Pfandbrief Act § 7－(1), (3).

2 Pfandbrief Act § 8－(1), (2).

3 Pfandbrief Act § 8－(3).

4 Pfandbrief Act § 8－(4).

5 Pfandbrief Act § 10－(1).

6 Pfandbrief Act § 10－(2).

7 Pfandbrief Act § 4－(1).

8 최성현, 앞의 글, 21면.

자산은 발행기관의 파산재단으로부터 제외되어 별도의 재단을 구성하게 된다.[1]

다시 말하면, 이중상환청구권부채권 소지인은 등록된 담보자산 집합으로부터 충분히 권리 보전을 받아야 한다는 점에서 발행기관의 일반 재산에 대한 도산 절차의 개시에 의해 영향을 받지 않으며, 결과적으로 이중상환청구권부채권 소지인은 담보자산 집합에 대해 우선변제권을 보유하게 된다. 도산절차가 개시되면 발행기관의 본점 소재지 관할 법원은 금융감독기관의 요청에 따라 1~2명의 '담보자산 관리인'(cover pool administrator)을 선임한다.[2] 이 선임에 의하여 담보자산의 관리 및 처분권은 담보자산 관리인에게 이전된다. 담보자산 관리인이 선임된 이후에 발행기관이 등록된 담보자산을 처분하는 것은 무효가 된다.[3] 담보자산 관리인은 이중상환청구권부채권 소지인의 권리 보호를 위해 필요한 모든 법적 조치를 취할 수 있다.[4] 이중상환청구권부채권 원리금과 각종 비용을 충족하고 남은 잔여 재산은 일반 파산재단에 귀속된다.[5]

5) 채무불이행(event of default) 또는 초과부채(over-indebtedness)

담보자산 집합으로부터의 현금흐름으로 이중상환청구권부채권의 원리금 지급이 이행되지 않거나 담보자산 가치가 부채 총액에 미달될 경우에는 금융감독기관에 의해 별도의 도산 절차가 개시되고, 이중상환청구권부채권의 기한의 이익이 상실되면 담보자산의 청산이 이루어지며, 이중상환청구권부채권 소지인이 담보자산 집합으로부터 이중상환청구권부채권 전부를 변제받지 못한 경우에는 변제받지 못한 부분에 대해서 다른 무담보 채권자와 동일한 지위에서 발행기관의 일반 도산 절차에 참여할 수 있다.[6]

[그림 4-35]는 독일의 이중상환청구권부채권(Pfandbriefe) 발행 구조를 나타낸 것이다.

---

1 Pfandbrief Act § 30-(1).

2 Pfandbrief Act § 30-(2). 법원은 발행기관의 도산이 예상되고 이중상환청구권부채권 소지인의 보호를 위해 필요한 경우에는 도산 절차가 개시되기 전이라도 '담보자산 관리인'(cover pool administrator)을 임명할 수 있다(Pfandbrief Act § 30-(5)).

3 Pfandbrief Act § 30-(2).

4 Pfandbrief Act § 30-(2).

5 Pfandbrief Act § 30-(4).

6 Pfandbrief Act § 30-(6); 최성현, 앞의 글, 24면.

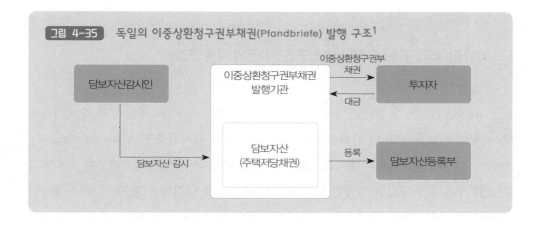

그림 4-35 독일의 이중상환청구권부채권(Pfandbriefe) 발행 구조[1]

담보자산감시인 → 담보자산 감시 →

이중상환청구권부채권 발행기관

담보자산 (주택저당채권)

이중상환청구권부채권 →
← 대금

투자자

등록 → 담보자산등록부

2. 영국의 구조화 이중상환청구권부채권(Structured Covered Bond)과 법정 이중 상환청구권부채권

(1) 연　　혁

독일 등 주요 EU 국가들과는 달리 영국에서는 도산법, 계약법 등 보통법 (common law)에 근거하여 구조화 기법(자산유동화 구조를 이용한 금융 기법)을 이용해 '구조화 이중상환청구권부채권'을 발행해 왔다. 2003년 Halifax Bank of Scotland (HBOS) 가 이 구조로 처음 발행한 이래 다른 은행들도 동일한 구조로 발행해 왔다.

한편 영국은 2008년 3월 EU의 관련 지침에 따른 혜택을 고려하여 이중상환청구 권부채권의 발행 및 감독에 관한 규정으로서 「Regulated Covered Bonds Regulation」 (이하 'UK-Regulation')을 제정하였다. 그러나 감독규정에서 규정하고 있는 법정 이중상환청구권부채권도 후술하는 바와 같이 대부분 그 동안의 구조화 이중상환청구권부채권의 원칙들을 기반으로 하고 있는 것이다. 우선 이해를 돕기 위해 2008년 감독규정 제정 전의 대표적 사례인 HBOS의 구조화 이중상환청구권부채권 발행 구조에 대해 간단히 살펴보고,[2] 2008년 3월에 제정된 감독규정(UK-Regulation)의 주요 내용을 알아

---

1 이다니엘, "해외 커버드본드 현황과 시사점,"『월간 하나금융』(하나금융경영연구소, 2008. 5), 28면에 나와 있는 그림을 일부 변형한 것이다.

2 자세한 것은 "Part II Major Covered Bond Markets, United Kingdom" in *Covered Bonds beyond Pfandbriefe: Innovations, Investment and Structured Alternatives* (edited by Jonathan Golin), Euromoney Books, 2006, pp. 195~210; 정소민, 앞의 논문, 61~65면.

보기로 한다.

(2) HBOS의 구조화 이중상환청구권부채권의 거래 구조[1]

1) 개   관

2003년 HBOS가 시작한 '이중상환청구권부채권'(Covered Bond)은 영국 주택저당대출 시장에 새로운 금융의 지평선을 열었다. 기존의 '주택저당증권'(Residential Mortgage-Backed Securities: RMBS)과의 차이점으로는 (i) 담보자산은 이중상환청구권부채권에 대한 원리금 지급이 불가능한 때에만 투자자에 대해 원리금 상환에 이용되며, (ii) 신용위험이 여전히 자산보유자의 재무상태표 상에 잔존하며, 따라서 위험자산에 대한 자기자본 요건이 완화되지 않는다는 것을 들 수 있다.[2] 투자자의 입장에서도 이중상환청구권부채권 발행자가 도산하지 않은 경우에는 담보자산으로부터의 현금흐름이 부족하더라도 보호될 수 있는 이점이 있다. 나아가 종래의 후순위채권 분할발행분(subordinated tranches of bonds) 발행 구조가 아닌 초과담보(over-collateralization) 구조 방식에 의해 신용 지원이 된다는 점에서 투자자 보호에 더 중점을 두고 있는 것이다.[3]

2) 거래 구조

[그림 4-36]은 HBOS 이중상환청구권부채권(Covered Bond Programme)의 거래 구조를 도해화한 것이다. 위의 사례의 거래 구조를 설명하면 다음과 같다. (i) ①과 같이 자산보유자인 Halifax plc가 담보자산(주택저당채권 및 관련 담보자산)을 '형평법상의 양도'(equitable assignment) 방식에 의해 특수목적기구(SPV)인 'HBOS Covered Bond

---

1 Phil Adams & Maddi Patel, "HBOS Treasury Services Covered Bond Programme," in *Securitization Research*, Barclays Capital Research, Aug. 4, 2003 참조.

2 위의 자료, 1면.

3 담보자산으로부터 발생하는 현금흐름의 부족 위험을 감소시키기 위해 매 일정 기일에 담보자산 집합의 잔고가 이중상환청구권부채권 미상환 발행 잔고보다 일정 수준 이상 초과하도록 유지하는 '담보자산비율심사'(asset coverage test)가 있다(위의 자료, 3면). 그 외에 발행기관의 단기 신용등급이 일정 수준 이하로 하락하는 경우 발행기관의 채무불이행에 대비하여 특수목적기구(SPV)로 하여금 일정 금액의 유보금(reserve fund)을 예치하도록 하는 제도, 유사 시에 특수목적기구(SPV)로 하여금 이중상환청구권부채권에 대한 상환 의무를 이행하기에 충분한 담보자산을 유지하도록 하는 '상환심사'(amortization test), 특수목적기구(SPV)가 발행기관의 장단기 신용등급이 일정 수준 이하로 하락하는 경우 무작위로 담보자산을 선정하여 매각한 후 향후 채무이행에 필요한 현금을 보유하도록 하는 '만기 전 심사'(pre-maturity test)가 존재한다(위의 자료, 4면).

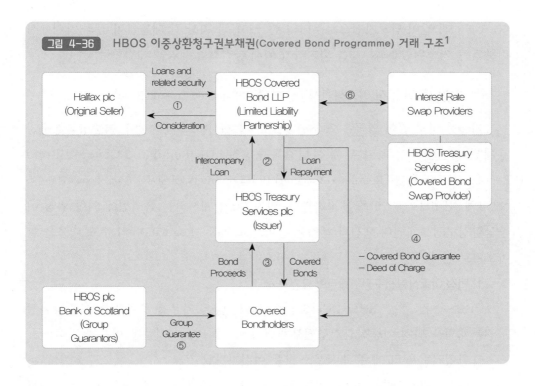

그림 4-36 HBOS 이중상환청구권부채권(Covered Bond Programme) 거래 구조[1]

LLP(Limited Liability Partnership)'에 양도한다. (ii) ②와 같이 특수목적기구는 이중상환청구권부채권 발행기관인 'HBOS Treasury Services plc'[2]로부터 대출(intercompany loan)을 받아 양수대금을 지급한다. (iii) ③과 같이 발행기관은 이중상환청구권부채권을 투자자에게 발행하여 조달한 자금을 특수목적기구에 대출한다. (iv) ④와 같이 특수목적기구는 이중상환청구권부채권 투자자에게 원리금 지급보증을 하고 담보권자인 투자자를 위해 수탁기관(trustee)에게 담보자산을 신탁한다. (v) ⑤와 같이 HBOS plc와 Bank of Scotland는 이중상환청구권부채권에 대해 연대보증 채무를 부담하며, 이 채무는 연대보증인들의 다른 무담보·무보증 채무와 같은 순위(pari passu)가 된다. 즉, (iv)와 (v)에서 이중상환청구권부채권의 원리금 지급과 관련하여 특수목적기구가 담보자산으로부터의 현금흐름으로 원리금 지급 의무를 부담하며, 이것이 부족할 경우 이중상환청구권부채권 투자자는 발행기관과 연대보증인에 대해 무담보 청구권을 보유하게 된

---

1 위의 자료, 2면.

2 Bank of Scotland의 100% 자회사이다.

다.[1] (vi) ⑥과 같이 담보자산으로부터의 현금흐름과 회사 간 대출금리 간의 차이에서 비롯되는 '기초위험'(basis risk)을 회피하기 위해 금리스왑 계약을 체결한다.

(3) 특별법하의 법정 이중상환청구권부채권(Regulated Covered Bond)

기술한 바와 같이 영국은 2008년 3월 EU가 제시하고 있는 법정 이중상환청구권부채권 요건에 부합하기 위해 특별감독규정인 「UK Regulated Covered Bond Regulations 2008」과 「Regulated Covered Bond Sourcebook」(이하 'Sourcebook')(금융감독기관이 제정한 관련 감독규정)을 제정하였다. 먼저 EU가 제시하는 특별법에 의한 법정 이중상환청구권부채권의 요건과 혜택을 살펴보고, 'UK-Regulation'의 주요 내용을 알아보기로 한다.

1) 법정 이중상환청구권부채권의 요건과 혜택

① 요　　　건　　　EU의 UCITS가 제시하는 많은 기준을 충족하는 이중상환청구권부채권을 법정 이중상환청구권부채권이라고 하며, 그 기준은 다음과 같다.[2]

(i) 발행기관은 EU에 주된 사무소를 둔 여신기관일 것

(ii) 여신기관의 발행은 법에 의해 이중상환청구권부채권 투자자를 보호하기 위한 특별한 공적 감독을 받을 것

(iii) 발행자금은 반드시 적격자산(eligible assets)[3]을 취득하는 데 사용되어야 하며, 이 자산은 채권 만기의 잔존 기간 동안 이중상환청구권부채권의 상환청구권을 보전할 수 있어야 할 것

(iv) 발행기관의 도산 시 발행자금은 이중상환청구권부채권 투자자에게 우선적으로 상환될 것

② 혜　　　택　　　이중상환청구권부채권은 투자자에게 우선변제청구권을 인정

---

1 Adams & Patel, 앞의 자료, 3면.

2 Mayer · Brown, "UK Regulated Covered Bond Regulations 2008" in *Finance Legal Bulletin*, Mar. 2008, p. 2 (www.mayerbrown.com에서 검색 가능).

3 적격자산(eligible assets)의 개념은 「Banking Consolidation Directive」(2006/48/EC)의 Part 12, Annex VI(「Capital Requirements Directive」)에 정의되어 있다. 신용 위험의 관점에서 볼 때 양질의 안정적 자산으로서, 예로서 EU 중앙정부 발행채권, AAA등급은행 발행채권, LTV(Loan to Value)가 주거용 부동산인 경우 최대 80%, 상업용 부동산인 경우 최대 60%인 부동산 이중상환청구권부채권 등을 들 수 있다.

하고 있기 때문에 높은 신용등급이 부여되는 안정적 채권으로 인식되고 있다. 규제적 관점에서 보면 발행기관과 투자자에게 각각 다음과 같은 이점이 존재한다.[1]

(i) UCITS Directive의 규제를 받는 집합투자기관은 1개 발행기관이 발행한 법정 이중상환청구권부채권에 총자산의 25%(그 외의 경우에는 원칙적으로 5%)까지 투자가 가능하다.

(ii) 「생명보험 및 손해보험 지침(Life and Non-Life Insurance Directives)」(Directives 92/96/EEC and 92/49/EEC)하의 보험회사는 1개 발행기관이 발행한 법정 이중상환청구권부채권에 총자산의 40%(그 외의 경우 원칙적으로 5%)까지 투자할 수 있다.

(iii) 법정 이중상환청구권부채권에 투자하는 여신기관은 동일 발행기관의 선순위 무보증채권(senior unsecured debt)과 비교해서 상대적으로 작은 위험가중치의 적용을 받는 혜택을 누린다.

2) 법 제정의 목적과 특징

UK-Regulation은 영국의 여신기관이 법정 이중상환청구권부채권을 발행할 수 있도록 UCITS Directive와 CRD 기준을 영국의 법률로 법제화하는데 그 목적이 있다. 법정 이중상환청구권부채권에 대한 규제 기준은 2003년 이후 존속해 온 종래 영국의 구조화 이중상환청구권부채권 발행 구조상의 원칙들에 기반을 두고 있다. 따라서 기존에 발행된 구조화 이중상환청구권부채권은 일정한 변경과 등록, 그리고 강화된 감독의 요건을 수용하면 법정 이중상환청구권부채권으로 간주된다.[2] 특히 이 법은 시장개혁을 증진시키기 위해 영국에 법정 이중상환청구권부채권에 대한 유연한 제도를 창출하고, 투자자들의 신뢰를 제고시키며, 유동성 있는 상품의 개발을 지원하기 위한 기념비적인 법이다.

3) 주요 내용

① 적격 발행기관　　　특별법하에서는 영국에 등기 사무소를 둔 여신기관만이 법정 이중상환청구권부채권을 발행할 수 있다.[3] 그러한 여신기관은 영국 감독당국이 관리하는 이중상환청구권부채권 발행기관 명부에 포함되어야 한다.[4]

---

1 Mayer · Brown, 앞의 자료, 2면.

2 위의 자료, 3면.

3 UK-Regulation § 9(a).

4 UK-Regulation § 9(a). 영국 여신기관이 아닌 여신기관의 영국 지점에까지 발행기관을 확대

② SPV 유형(model)[1]　　　　이중상환청구권부채권에 대한 원리금 지급은 발행기관의 다른 자산과 구분되는(ring-fenced) 자산 집합에 의해 담보되어야 한다.[2] 감독규정은 SPV 유형만을 인정하고 있는데, 이는 대부분의 조건에 있어서 지금까지 영국의 이중상환청구권부채권 발행기관에 의해 채택되었던 구조(즉 구조화 이중상환청구권부채권 구조)를 반영하고 있는 것이다. 앞에서도 간단히 서술했던 바와 같이 영국의 구조화 이중상환청구권부채권에서 사용되었던 SPV 유형은 단계별로 다음과 같이 요약할 수 있다.

㉠ 1단계　　　　여신기관이 이중상환청구권부채권을 발행하고 그 발행자금을 '유한책임조합'(limited liability partnership: LLP) 형태의 특수목적기구(SPV)에게 대출한다. 이것은 종래 영국의 구조화 이중상환청구권부채권 발행 구조를 취한 것이며, 이 때 여신기관은 LLP의 구성원 중의 하나가 된다.[3]

㉡ 2단계　　　　SPV는 이 대출받은 자금으로 여신기관에서 발생된 저당대출자산의 집합에 대한 수익권을 '형평법상의 양도'(equitable assignment) 방식으로 취득한다.[4] 다만 지금까지 발행된 기존의 구조화 이중상환청구권부채권들 중에는 기초자산이 되는 대출자산의 계약서상에 존재하는 양도 제한 조항 때문에 여신기관에 의해 '수동신탁'(Bare Trust)[5] 선언 방식으로 수익권을 취득하는 경우도 있었다. 또 다른 경우에는 영

해야 한다는 요구가 있었으나, 영국 금융감독기관과 재무부(HM Treasury)는 이에 대해 반대했다. 다만 EEA(European Economic Area) 국가 소재 여신기관의 영국 지점에까지 확대할 필요성은 인지하고 있으며 추후 재검토 대상으로 보고 있다(Mayer · Brown, 앞의 자료, 4면).

1 영국은 특별법에서 독일이나 스페인과 같은 국가에서 사용하는 '통합 유형'(integrated model)을 배제했다. 이 '통합 유형'은 담보자산 집합을 다른 자산과 별도로 분리하되, 발행기관의 대차대조표상에 여전히 잔존한다는 점에서 'SPV 유형'(SPV model)과 다르다(Mayer · Brown, 앞의 자료, 2면).

2 위의 자료, 4면.

3 위의 자료, 4면.

4 영국법상 이는 채권양도 시 요구되는 법적 양도요건(확정일자부증서 또는 채무자에 대한 통지 등)을 구비하지 않고 채권을 양도하는 것으로서 법적 양도요건이 구비될 때까지 계속 양도인에게 그 소유권이 유보되는 방식이다(정소민, 앞의 글, 63면).

5 "수탁자가 신탁재산의 법적 소유 권원(權源)을 보유하는데 불과한 것으로서, 그 권원을 보전하고 수익자의 지시에 따라 그것을 이전하는 것 이외의 신탁재산의 관리 · 운용 · 처분에 대한 적극적 의무를 부담하지 않는 신탁"을 말하며, 'passive trust'라고 하기도 한다. 사전(辭典)에 따른 정의는 다음과 같다. "Bare trust is a term used to describe a situation where one party (party A) holds an asset (such as shares) on behalf of another party (party B). However, apart from being the named holder (nominee), party A has no beneficial right to the asset and must exercise control for the benefit of or on the instruction of party B. The income arising on the

국의 구조화 이중상환청구권부채권 발행 시 특수목적기구가 여신기관에 대하여 현물출자(contribution in kind)를 하는 방식으로 대출채권을 취득하기도 한다.[1]

ⓒ 3단계　　　SPV는 이중상환청구권부채권 발행기관의 채무를 보증하며, 채무불이행이 발생하는 경우 만기 도래 채무 상환 청구 시 '기한 이익 상실 전(前) 단계 기준(pre-acceleration basis)'하에 채무를 저당대출채권이나 담보자산으로부터 발생되는 자금으로 상환해야 한다.[2]

ⓔ 4단계　　　SPV는 이중상환청구권부채권에 대한 보증채무와 관련하여 대부분 저당대출채권으로 구성된 자산을 담보로 제공하며, 만일 SPV가 이 보증에 따른 채무를 이행하지 않는 경우 이중상환청구권부채권 수탁기관은 보증에 따라 이중상환청구권부채권의 상환을 청구할 수 있고, 또한 해당 담보를 처분할 수도 있다.[3]

ⓜ 5단계　　　이중상환청구권부채권 잔존 기간 동안 SPV는 자산 집합에 있는 저당자산이 이중상환청구권부채권 투자자의 청구권을 보전할 수 있는 금액이 되도록 유지하여야 한다.[4]

[그림 4-37]에 나타난 구조는 일반적으로 사용되는 영국의 법정 이중상환청구권부채권 발행 구조(저당대출채권의 매각 방식)이다. 이 구조는 특별법 제정 이전에 이용되어 온 구조화 이중상환청구권부채권 구조와 동일하다. 이 구조는 다음과 같이 특별감독규정(UK-Regulation)에 반영되어 있다.

(i) 이중상환청구권부채권의 발행기관은 반드시 법정 이중상환청구권부채권 발행대금으로 기초자산 집합의 소유자(즉, SPV)에게 대출하여야 한다(UK-Regulation§ 16).

(ii) SPV는 발행기관으로부터 대출받은 자금을 적격자산의 취득과 그 집합의 재산을 관리하는 데 사용하여야 한다(UK-Regulation § 22-(1)).

(iii) SPV는 반드시 '유한책임조합(LLP)' 또는 회사이어야 하며, 영국에 주된 사무소(등기된 사무소)가 있어야 한다(UK-Regulation § 21-(1)).

---

asset is taxed as part of party B's taxable income, and any capital gains as part of party B's capital gains."(임홍근 · 이태희, 『법률영어사전』, 법문사, 2007, 199면).

1 Mayer · Brown, 앞의 자료, 4면.

2 위의 자료, 4면.

3 위의 자료, 5면.

4 위의 자료, 5면.

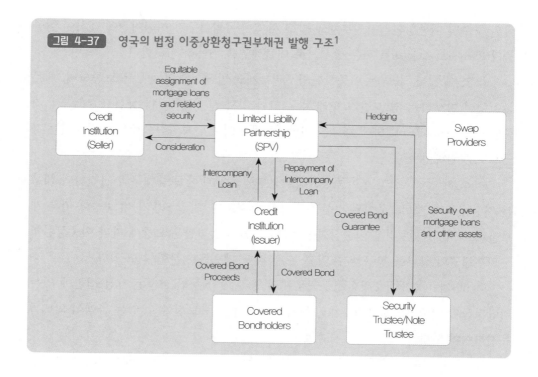

그림 4-37 영국의 법정 이중상환청구권부채권 발행 구조[1]

(iv) 발행기관은 이중상환청구권부채권의 잔존 기간 동안 자산 집합이 투자자의 이중상환청구권부채권 상환청구권의 유지·관리 및 청산 등을 보전할 수 있을 정도가 되어야 한다($^{UK-Regulation}_{\S\ 17-(2)-b}$)는 내용으로 SPV와 약정을 체결하여야 하고, 이중상환청구권부채권이 적기(適期)에 상환되어야 한다($^{UK-Regulation}_{\S\ 17-(2)-c}$).

③ **기초자산 집합의 구성**　　　특별감독규정은 기초자산 집합을 구성하는 적격자산으로서 다음과 같은 것을 규정하고 있다($^{UK-Regulation}_{\S\ 3}$).

(i) 발행기관이 기초자산 집합의 소유자(즉, SPV)에게 대출로 지급한 법정 이중상환청구권부채권 발행 대금으로 취득한 적격자산이어야 한다.

(ii) 발행기관이나 기초자산 집합의 소유자가 '담보자산유지비율'(asset coverage ratio), 감독당국의 감독, UK-Regulation하의 관계 법원으로부터의 명령 등을 준수하고, 발행기관이나 그와 관련된 자가 초과 담보의 목적을 위하여 자산 집합으로 이전한 적격자산이어야 한다.

(iii) 자산 집합에 있는 이중상환청구권부채권의 발행대금 이외의 자산으로부터 발

---

1 위의 자료, 5면.

생된 자금과 이 자금으로 취득한 적격자산이어야 한다.

(ⅳ) 기초자산 집합의 소유자가 발행기관 이외의 자로부터 차입한 자금으로 발행기관의 도산 시 이중상환청구권부채권에 대해 적기의 원리금 지급이 이루어질 수 있게 하고, '담보자산유지비율' 요건을 충족할 수 있어야 한다.

구체적인 '적격자산'의 범위는 다음과 같다($\substack{UK-Regulation \\ \S\ 2-(2)}$).

(ⅰ) EU 내 중앙정부, 중앙은행, 공공기관, 지방정부, 자치단체 등이 발행한 또는 이들이 보증한 것

(ⅱ) 비EU 중앙정부, 비EU 중앙은행, 다국적 개발은행, 국제기구가 발행한 것과 신용등급 1단계(credit quality step I, AAA등급)인 비EU 국가의 공공법인이 발행한 또는 이들이 보증한 것, 비EU 공공법인, 비EU 지방정부, 비EU 자치단체 등이 발행하거나 이들이 보증한 것으로서 New Capital Requirement Directive(CRD)에 따른 기관 또는 중앙정부 및 중앙은행의 신용등급에 해당하고 신용등급 1단계인 것

(ⅲ) 신용등급 1단계인 기업이 발행하거나 보증한 것. 다만 이 같은 자산의 보유 비중(exposure)이 전체 이중상환청구권부채권 액면 발행 금액의 15%를 초과하지 않을 것.

(ⅳ) 주거용 부동산에 의해 담보된 대출로서 선순위 담보와 연계되어 있는 담보의 원금과 저당자산가액의 80% 중 적은 것을 한도로 하는 것

(ⅴ) 상업용 부동산에 의해 담보된 대출로서 선순위 담보와 연계되어 있는 담보의 원금과 저당자산가액의 60% 중 적은 것을 한도로 하는 것

(ⅵ) 프랑스의 "Fonds Communs de Creances" 또는 영국이나 유럽경제공동체(EEA) 국가의 법률에 의해 규제되고 그에 상응하는 유동화기관이 발행하는 선순위증권(senior unit)으로서 거주용 또는 상업용 부동산담보대출채권을 유동화하는 것. 다만, 이 자산이 이중상환청구권부채권 발행기관이나 그와 관련된 자에 의해 발행되거나 취득한 것으로서 선순위증권이 신용평가기관에 의해 가장 높은 신용등급으로 평가될 것

(ⅶ) 선박에 의해 담보되는 대출로서 최대 '담보가치대비대출비율'(Loan to Value: LTV)이 60%인 것

(ⅷ) 등록된 공공주택(등록된 주택협회)에 대한 대출로서 주택이나 주택으로부터 발생되는 임대소득에 의해 담보된 것

(ⅸ) 상기 건 관련 개인에 대한 대출인 것

(x) 개입권(step-in right)으로 공공단체에 의해 지급이 담보되는 민관 합동 프로젝트의 사업시행자 법인에 대한 대출인 것.

그리고, 적격자산(관련 담보 포함)은 규정상 유럽경제공동체(EEA) 국가, 스위스, 미국, 일본, 캐나다, 호주, 뉴질랜드, 채널아일랜드(Channel Islands), Isle of Man 등 특정 국가나 영토 내에 소재하여야 한다($\begin{smallmatrix} \text{UK-Regulation} \\ \S \ 2-(2) \end{smallmatrix}$).

④ 담보자산비율유지요건(Asset Coverage Requirement: ACR)   기술한 바와 같이 기초자산 집합은 반드시 법정 이중상환청구권부채권 잔존기간 동안 상환청구권의 보전·유지·관리 및 청산에 필요한 비용을 충족할 정도가 되어야 한다($\begin{smallmatrix} \text{UK-Regulation} \ \S \\ 17-(2), \ \S \ 24-(1)-a \end{smallmatrix}$). 이중상환청구권부채권의 발행기관이 도산하기 전에는 '담보자산비율유지요건'이 충족되었다는 사실을 보장하기 위해 기초자산 집합의 소유자(즉, SPV)에게 필요한 조치가 취해진다는 것을 확인해야 한다. 왜냐하면 발행기관의 도산 즉시 담보자산비율유지요건은 자산 집합 소유자에게 직접적인 책임을 물을 수 있는 근거가 되기 때문이다.[1]

이 담보자산비율유지요건(ACR)은 기초자산 집합의 초과담보금액(over collateralization)에 상응하는 것이다. 즉, 이중상환청구권부채권 발행금액이 SPV에 양도한 기초자산 집합의 총액보다 적게 되도록 한다. 그러나 UK-Regulation에서는 담보자산비율유지요건은 전통적 의미에서의 초과담보금액의 의미를 넘는 것이며, 발행기관의 채무불이행 시 이중상환청구권부채권 소지인에 대한 원리금상환 지급에 차질이 없도록 자산 집합에 추가적인 자산을 편입하는 것까지를 의미한다.[2] 나아가 UK-Regulation에서는 담보자산비율유지요건은 이중상환청구권부채권 소지인에 대해 지급해야 할 금액뿐만 아니라 자산 집합을 유지하는데 필요한 비용도 충족하는 것을 요구하고 있다(예로서 자산 집합에 대한 서비스 관련 비용을 들 수 있다).[3]

담보자산비율유지요건을 충족시키고 지속적으로 이를 감시하는 방식에 대하여는 UK-Regulation이 직접 규정하지 않고 감독당국이 제정한 규정(規程)(Regulated Covered Bond Sourcebook)의 제3부(Part 3)에 자세히 규정되어 있다. 또한 담보자산비율유지요건에 추가하여 UK-Regulation은 발행기관과 자산 집합의 소유자로 하여금 이중상환청구권부채권 발행기관의 채무불이행 시 이중상환청구권부채권의 상환청구

---

1 위의 자료, 7면.
2 위의 자료, 7면.
3 위의 자료, 7면.

권에 대해 자산 집합의 소유자가 적기에 대출 원리금을 지급하는 데 있어서 채무불이행 위험이 낮다는 것을 투자자들이 확신할 수 있는 정도로 자산 집합이 충분할 것을 요구한다($_{17(2)(d),\ \S\ 23(2)}^{UK-Regulation\ \S}$). 이러한 요구가 어떻게 충족되어야 하고 어떻게 감독당국에 의해 감시되어야 하는지에 대해서는 UK-Regulation은 규정하고 있지 않고 있지만, 감독규정(監督規程)(Regulated Covered Bond Sourcebook)이 보다 자세히 규정하고 있다.

⑤ **발행기관의 도산**(소유권의 이전과 지급순위) 　　　발행기관의 도산 시에 법정 이중상환청구권부채권 소지인은 분리되어 있는 자산 집합에 대해 '우선적 상환청구권'(priority claim)을 가지게 된다. 영국 재무부(HM Treasury)가 종래 영국에서 거래된 구조화 이중상환청구권부채권 구조가 법정 이중상환청구권부채권 소지인들의 청구권을 보전하기 위해 필요한 자산 분리 구조를 취하는 것을 인정함에 따라, UK-Regulation은 본질적으로 영국의 「도산법」(Insolvency Act)에 반하지 않게 되었다.[1] 그러나 발행기관이나 자산 집합 소유자(SPV)의 도산 또는 청산 시 이중상환청구권부채권 소지자의 권리를 강화하기 위해 다음과 같은 조항을 두고 있다.

㉠ 발행기관의 청산인으로 하여금 발행기관의 청산과 동시에 자산 집합의 법적 소유권을 SPV에 이전할 것을 요구한다($_{\S\ 26}^{UK-Regulation}$).

㉡ 자산 집합 소유자(SPV)의 청산 시 지급 우선권을 부여한다($_{\S\ 28}^{UK-Regulation}$).

기존의 다수의 이중상환청구권부채권 구조(즉 구조화 이중상환청구권부채권 구조)하에서 원리금 지급은 SPV의 채무불이행사유 발생에 따라 '담보 실행 후 지급우선순위'(post-enforcement priority of payment)와 '담보권 실행'(enforcement of security)에 따라 이루어진다. 일반적으로 '담보권 실행 후 지급우선순위'는 다음과 같은 당사자의 순서로 담보수탁자(또는 파산관재인(receiver))가 수령한 모든 금액을 지급한다.[2]

(i) 사채수탁자와 담보수탁자

(ii) 대리은행(agent bank)과 지급대리인(payment agent)

(iii) 사무관리자(servicer), 현금관리인(cash manager), 계좌관리은행(account bank), 회사서비스제공자(corporate service provider)

(iv) 스왑제공자(swap provider)(included swap amounts와 관련하여)

---

1 위의 자료, 8면.
2 위의 자료, 8면.

(v) 이중상환청구권부채권 소지인

(vi) 스왑제공자(swap provider)(excluded swap amounts와 관련하여)

(vii) 이중상환청구권부채권 발행기관(회사 간 대출에서)

(viii) SPV 출자자

UK – Regulation은 기초자산 집합 소유자(즉, SPV)의 청산 시 아래 규정한 자들의 청구권 행사와 관련하여 다른 채권자에 우선하여 기초자산 집합으로부터 지급해야 한다고 규정하고 있다($^{UK-}_{Regulation§\ 28}$).

(i) 이중상환청구권부채권 소지인

(ii) 이중상환청구권부채권 소지인을 위해 서비스나 담보를 제공하는 자(예를 들어, 사채수탁자 및 담보수탁자)

(iii) 자산 집합이나 이중상환청구권부채권과 관련하여 위험 회피 거래의 상대방

(iv) 상기 (i), (ii), (iii)의 자들의 청구권 행사에 대해 유동성을 제공하는 자(발행기관 이외의 자를 말한다)

위 (ii), (iii), (iv)의 자들의 청구권은 이중상환청구권부채권 소지인들과 같은 순위(*pari passu*)가 된다. 기존 구조화 이중상환청구권부채권과 관련하여 '담보권 실행 후 우선순위'의 관행은 법정 이중상환청구권부채권의 요건을 구비하기 위해서는 변경될 필요가 있다.[1] 왜냐하면 기존의 구조화 이중상환청구권부채권 소지인은 다른 관련 채권자보다 그 권리행사 순위에서 하위에 있기 때문이다.

UK – Regulation § 28은 자산 집합 소유자(즉, SPV)의 청산 시에만 적용된다. 자산 집합 소유자에 의해 제공된 담보의 경우에는 '비청산(non – winding up)' 방식에 의해 담보가 실행되며, 담보가 실행된 후의 대금은 관련 채권자들에게 우선 지급된다. 그러나 그러한 경우에 UK – Regulation은 관련 채권자들 간의 순위에 제한을 두고 있지는 않다. 즉 자산 집합 소유자의 청산의 경우와 유사하다.[2]

청산인(liquidator), 관재인(administrator), 자산집합 소유자의 파산관재인(receiver) 또는 관리인(manager) 등에 의해 이중상환청구권부채권 소지인 이외의 관계자와 관련하여 발생된 비용은 다른 발생 비용에 우선하여 지급되며, 그들 간에 지급 순위는 동등

---

1 위의 자료, 9면.
2 위의 자료, 9면.

하다$\left(\begin{smallmatrix} \text{UK-} \\ \text{Regulation§ 29} \end{smallmatrix}\right)$.

⑥ **특별 공적 감독**[1]　　　이중상환청구권부채권 소지인의 이해 관계를 보호하기 위해 특별 공적 감독이 구상되었으며, 이것은 법정 이중상환청구권부채권의 요건이 채권발행 시뿐만 아니라 발행 후에도 계속 유지되도록 지속적으로 감시된다는 데 그 의의가 있다$\left(\begin{smallmatrix} \text{UK-Regulation} \\ \text{Part 3} \end{smallmatrix}\right)$.

이 제도의 핵심은 감독당국의 '발행자등록부'(Register of Issuers)와 '법정 이중상환청구권부채권 등록부'(Register of Regulated Covered Bond)로서, 이중상환청구권부채권을 발행하기 전에 여신기관은 이중상환청구권부채권 발행 등록 신청서를 감독당국에 제출하여야 한다. 감독당국은 그 신청서를 검토하고 신청서 접수일로부터 6개월 이내에 등록을 승인한다. 그러나 감독당국은 법정 이중상환청구권부채권 투자자의 이익을 해치거나 법정 이중상환청구권부채권 부문의 평판을 유지하는 데 반한다고 판단하는 경우 등록을 거부할 수 있다$\left(\begin{smallmatrix} \text{UK Regulations} \\ \text{Part 3, 11} \end{smallmatrix}\right)$.

자산집합에 대한 소유권의 변동은 감독당국에 반드시 신고해야 하며, 자산집합의 소유자는 감독당국으로부터 소유권 변동에 대한 서면통지를 받기 전에는 자산집합을 새로운 소유자에게 양도하지 못한다$\left(\begin{smallmatrix} \text{UK Regulations} \\ \text{Part 5, 25-(1)} \end{smallmatrix}\right)$. 여신기관, 자산집합 소유자(SPV), 관리인(manager), 관재인(administrator) 및 청산인은 UK-Regulation 하에서 요구되는 일정한 사항에 대해서는 반드시 금융감독기관에 통지할 의무가 있다. 이 중에서 매우 중요한 사항 중의 하나는 담보자산비율유지요건(ACR)의 충족 여부이다. 특별히 이러한 사항은 금융감독기관에 매년 보고해야 한다$\left(\begin{smallmatrix} \text{UK Regulations Part 4,} \\ \text{18~20, Part 5, 24-(1)-(b)} \end{smallmatrix}\right)$. 위의 의무사항을 위반하는 경우에 감독당국은 강제적 권한을 행사할 수 있으며, 금전적 제재의 부과나 발행기관을 등록부로부터 제명하는 조치를 취할 수 있다$\left(\begin{smallmatrix} \text{UK-Regulation} \\ \text{Part 7} \end{smallmatrix}\right)$.

3. 미국의 주택담보대출 이중상환청구권부채권(Residential Covered Bonds)

(1) 배　　경

기술한 바와 같이 미국의 예금기관(depositary institutions)은 신규 주택담보대출의 재

---

1 위의 자료, 9~10면. 자세한 내용은 감독규정인 「Regulated Covered Bond Sourcebook」 참조.

원을 마련하기 위해 주택저당채권을 투자자, '연방저당권협회'(Federal National Mortgage Association: Fannie Mae)나 '연방주택저당대출공사'(Federal Home Loan Mortgage Corporation: Freddie Mae) 등에게 직접 매각하거나 자산유동화를 통해 매각하는 방법과 재무상태표 상에 남겨둔 채 무보증채권을 발행하는 방법을 주로 이용해 왔다. 그러나 2008년 '비우량주택담보대출 사태'로 인해 유동화를 통한 매각이 심각하게 제한되자, 새로운 형태의 '부내(簿內) 금융'(on-balance sheet financing)을 모색하면서 이중상환청구권부채권(covered bond)이 대체자금조달수단 내지 자금조달수단의 다변화로서의 잠재력을 인정받게 되었다.

(2) 목   적

미국 정부도 이중상환청구권부채권의 잠재력을 인식하고 유럽과 같은 특별법을 제정하지는 않았지만 주택금융 내지 주택저당 시장의 활성화를 위해 「주택담보대출 이중상환청구권부채권 모범규준(Best Practices for Residential Covered Bonds)」[1]을 제정하여 운영하고 있다. 즉, 미국 재무부는 주택담보대출 이중상환청구권부채권 시장의 투명성과 통일성을 제고하고 발행기관에게 공통의 명확한 구조를 제시함으로써 시장의 활성화를 위하여 2008년 7월 이 모범규준을 제정한 것이다. 이하에서는 모범규준의 주요 내용을 살펴보기로 한다.

(3) 이중상환청구권부채권의 정의 및 특징[2]

유럽형 이중상환청구권부채권과 마찬가지로 특정 담보 집합(cover pool)에 의해 담보되는 채권(債券)으로서 발행기관이 재무상태표에 주택저당자산 집합과 관련된 신용위험을 그대로 보유하는 상태에서 자금을 제공받는 것이다. 이중상환청구권부채권의 이자는 발행기관의 일반적 현금흐름으로부터 지급되며 담보자산의 집합은 담보물로서의 역할을 한다. 담보자산 집합은 일정한 기준을 충족하는 자산이어야 하고, 담보자산 집합 중 일정 자산이 부실화되면 다른 자산으로 교체된다는 점에서 '동적 자산 집합'이다. 이중상환청구권부채권 소지인의 권리 보호 내지 신용 제고를 위해 담보자

---

1 U.S. Department of the Treasury, "Best Practices for Residential Covered Bonds," July 2008(이하 'Best Practices'라고 한다).(www.treas.gov/에서 검색 가능).

2 Best Practices, p. 7.

산 집합은 항상 이중상환청구권부채권 총 액면 금액 이상으로 유지되어야 한다(over-collateralization). 발행기관은 다수의 이중상환청구권부채권 발행을 위해 공통의 담보자산 집합을 이용할 수도 있다.[1]

발행기관이 도산하는 경우 투자자(즉, 이중상환청구권부채권 소지인)는 담보자산 집합으로부터 우선변제받으며, 발행기관의 청산 시 전체 이중상환청구권부채권 상환금액이 부족한 경우에는 이중상환청구권부채권 소지인은 다른 무보증 채권자와 같은 순위(*pari passu*)로 발행기관의 파산재단에 대해 청구권을 가지게 된다. 따라서 이중상환청구권부채권 소지인은 담보자산 집합과 발행기관에 대해 이중(二重) 상환청구권을 가지게 되는 것이다.[2]

(4) 모범규준(Best Practices Template)

이중상환청구권부채권 발행 프로그램이 모범규준에 적합한 구조가 되기 위해서는 관련 계약서가 발행 시점뿐만 아니라 프로그램이 지속되는 기간 동안에 반드시 다음의 요건을 충족하여야 한다.

1) 발행자

모범규준은 두 가지 형태의 구조를 제시하고 있는데, 이중상환청구권부채권 발행기관이 ⅰ) 예금기관의 파산과 절연되는 신규 설립 특수목적기구(SPV)가 되는 구조(이하 'SPV구조')와 ⅱ) 예금기관 또는 예금기관이 100% 출자한 자회사가 되는 구조(이하 '직접발행구조'(direct issuance structure))이다.[3]

2) 담보(Security)[4]

'직접발행구조'하에서는 이중상환청구권부채권의 발행기관은 주택저당채권으로 구성된 담보자산 집합을 이중상환청구권부채권의 담보로 지정하며, 이 담보자산 집합은 발행기관인 예금기관의 재무상태표상에 잔존한다. 'SPV구조'하에서는 이중상환청구권부채권 발행기관의 기초자산은 예금기관으로부터 매입한 주택저당채권이며, 이것은 주택저당채권의 '동적 자산 집합'으로서 예금기관에 의하여 확보되어야 한다.

---

1 Best Practices, p. 7.

2 Best Practices, p. 7.

3 Best Practices, p. 11.

4 Best Practices, p. 11.

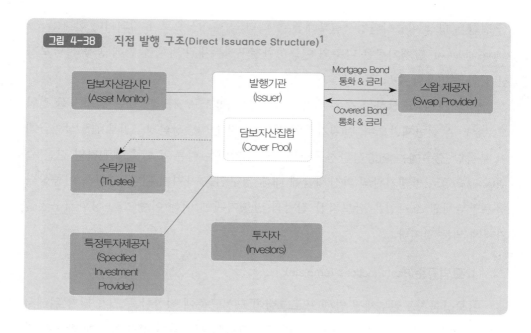

그림 4-38 직접 발행 구조(Direct Issuance Structure)[1]

담보자산감시인
(Asset Monitor)

발행기관
(Issuer)

담보자산집합
(Cover Pool)

스왑 제공자
(Swap Provider)

Mortgage Bond
통화 & 금리

Covered Bond
통화 & 금리

수탁기관
(Trustee)

특정투자제공자
(Specified
Investment
Provider)

투자자
(Investors)

양 구조하에서 예금기관은 담보자산 집합을 소유하여야 하며, 이중상환청구권부채권의 발행기관은 이중상환청구권부채권 소지인에게 담보자산 집합에 대해 우선변제권(first priority claim)을 제공하고, 이 자산은 파산재단을 구성하지 않게 된다. 발행기관은 담보자산 집합의 자산·부채 또는 질권(pledge) 설정 사실 등을 장부와 등록부에 명확하게 기록해야 한다.

3) 만   기

이중상환청구권부채권의 만기는 1년 이상 30년 이하이다. 초기 발행채권의 만기는 1년에서 10년 사이였지만 향후 시간이 지남에 따라 만기가 길어질 것으로 본다.[2]

4) 적격담보자산

담보자산 집합의 담보자산은 모범규준이 제시하고 있는 요건을 항상 충족해야 한다.[3]

5) 초과담보(over-collateralization)

발행기관은 담보 가치를 이중상환청구권부채권 미상환 발행잔액의 최소 5%를

---

1 Best Practices, p. 17.

2 Best Practices, p. 11.

3 Best Practices, p. 12에 구체적인 요건을 열거하고 있다.

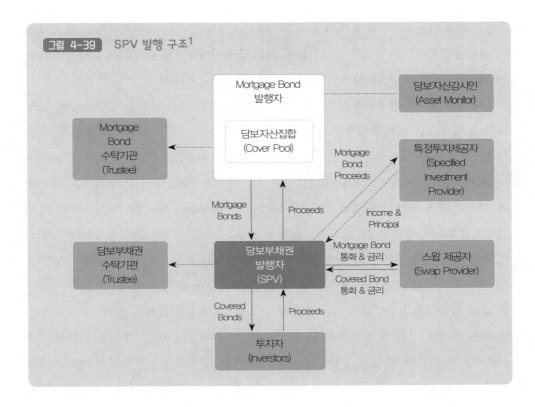

그림 4-39 SPV 발행 구조[1]

초과하도록 항상 유지해야 한다.[2] 초과담보비율을 계산할 때 담보자산 집합에 속해 있는 주택저당채권의 가치는 '담보가치대비대출비율'(Loan to Value: LTV)의 80%만 인정된다.[3]

6) 발행 한도

발행기관의 이중상환청구권부채권 발행 한도는 발행 후 발행기관의 부채 총액의 4% 이하이어야 한다.[4]

7) 발행 구조

① 구 조 도   [그림 4-38]와 [그림 4-39]는 모범 규준에서 제시하고 있는

---

1 Best Practices, p. 18. Washington Mutual Bank는 2006년에, Bank of America는 2007년에 이 구조로 이중상환청구권부채권을 각각 발행하였다.

2 이를 위해서 모범규준은 매월 담보자산의 질적 가치와 적정한 초과 담보 유지를 위해 '담보자산 비율유지요건'(asset coverage test)을 충족하도록 하고 있으며, 별도의 독립된 '담보자산감시인'(asset monitor)을 선임하도록 규정하고 있다(Best Practices, p. 14).

3 Best Practices, p. 12.

4 Best Practices, p. 15.

발행기관에 따른 두 가지 형태의 구조도이다. [그림 4 − 38]은 자산보유자인 예금기관이 이중상환청구권부채권의 발행기관이 되는 구조이며, [그림 4 − 39]는 특수목적기구(SPV)가 이중상환청구권부채권의 발행기관이 되는 구조이다.[1]

미국 이중상환청구권부채권 제도의 근간을 이루는 것은 다음과 같다. 첫째, 담보자산을 예금기관이 보유하면서도(즉, 재무상태표상에 자산이 잔존하면서도) 그에 대해 채무자 및 제 3 자에 대항요건을 구비한 제 1 순위 담보권을 미국 「통일상법전(Uniform Commercial Code)」(이하 "UCC") 상의 담보신탁으로 설정할 수 있다는 점이다($_{9-312(a)}^{UCC~\S}$).[2] 둘째, 예금기관이 파산하는 경우 일반 「파산법」(U.S. Bankruptcy Code)의 적용을 받지 않고 연방예금보험공사에 의한 '보전관리절차'(conservatorship)나 '청산관리절차'(receivership)의 적용을 받아 일정한 조건하에 담보권을 실행할 수 있다는 점이다.[3] 이것은 복잡하게 구조화 기법을 사용함이 없이 바로 예금기관이 발행 주체가 되어 [그림 4 − 38]처럼 직접 이중상환청구권부채권을 발행할 수 있는 제도적 뒷받침이 되어 있다는 것을 말한다. 그러나 직접 발행구조에 있어서는 예금기관이 파산하는 경우 이중상환청구권부채권의 기한의 이익이 상실(acceleration)되어 이중상환청구권부채권 소지인들에게 발행 조건에 맞추어 원리금을 계속 지급할 수 없게 되는 단점이 있다.[4] 따라서 [그림 4 − 39]의 SPV 구조를 택하게 된 것이다.

② SPV 구조　　　예금기관은 SPV에게 '불특정 주택저당채권이중상환청구권부채권'(Mortgage Bond: MB)(이하 "MB")을 발행하고, 이에 따라 예금기관은 SPV에 대해 직접적·무조건적 채무(direct and unconditional debts)를 부담하며, SPV는 예금기관에 대해 원리금 상환 청구권(full recourse)을 보유하게 되는 구조이다. 예금기관이 발행한 MB의 담보는 예금기관 재무상태표에 있는 대출채권 자산 집합이며, 이는 성격상 '동적 자산 집합'으로서 기술한 '담보자산비율유지요건'(asset coverage test)의 기준을 준수해야 한다. 예금기관이 MB상의 채무의 담보를 위해 MB수탁자(MB Trustee)에게 SPV를 수익자로 하여

1　Best Practices, p. 17.

2　2011년 개정 「신탁법」은 일반 '담보신탁'(즉, 담보 목적의 신탁)과 구별되는 '담보권 신탁'이라는 새로운 신탁을 인정하고 있다. 즉 신탁법 제 2 조는 "담보권의 설정"을 추가함으로써 신탁재산의 범위를 넓히고 있는 것이다. 자세한 논의는 법무부, 『신탁법 개정안 해설』, 2010. 2, 8~10면 참조.

3　「Final FDIC Covered Bond Policy Statement」 참조.

4　최성현, 앞의 글, 29면.

담보자산 집합 위에 대항요건을 갖춘 제1순위 담보권을 설정하는 것이 특징이다.[1]

그 다음 단계로 SPV는 이중상환청구권부채권을 발행하며, 그 발행금액으로 MB를 매입하게 된다. 중요한 것은 이중상환청구권부채권과 MB의 발행조건은 동일해야 하며, 양자 간의 통화와 금리의 불일치를 해결하기 위해 스왑제공자와 스왑계약을 체결한다는 점이다.[2] SPV는 이중상환청구권부채권상의 채무를 담보하기 위해 이중상환청구권부채권 소지인을 수익자로 하여 이중상환청구권부채권 수탁자에게 MB상에 대항요건을 갖춘 제1순위 담보권을 설정한다.[3] 이중상환청구권부채권 소지인은 발행기관인 SPV를 통해 담보자산 집합을 보유하고 있는 예금기관에 대해 간접적으로 상환청구권을 가지며, 동시에 MB위에 설정된 담보권을 통해 예금기관이 보유하고 있는 담보자산 집합에 대해 우선 변제권을 행사할 수 있게 된다.[4]

③ SPV 구조: 자산보유자인 예금기관이 파산하는 경우 예금기관이 파산하는 경우 연방예금보험공사는 '보전관리인'(conservator) 내지 '청산관리인'(receiver)으로서 이중상환청구권부채권과 관련하여 세 가지 선택권을 가지게 된다.[5]

첫째, 이중상환청구권부채권 거래를 추인(追認)하여 계속 이중상환청구권부채권의 원리금을 지급하는 방안이며, 이 경우에는 원래 일정대로 이중상환청구권부채권 소지인에게 소정의 원리금이 지급된다. 둘째, 담보자산의 가치만큼 현금으로 이중상환청구권부채권을 상환하는 방안이 있다. 셋째, 이중상환청구권부채권 상환을 위해 담보자산의 청산을 허용하는 방안이 있다.

위의 둘째와 셋째 방안은 연방예금보험공사가 이중상환청구권부채권 거래를 부인(이행거절)하거나 금전상의 채무 불이행이 발생했을 때에 취하는 것으로서, MB의 기한의 이익이 상실되어 즉시 만기가 도래하고 양자 모두 이중상환청구권부채권의 원금뿐만 아니라 연방예금보험공사가 보전관리인 또는 청산관리인으로 지정되는 날까지의 경과 이자를 합하여 담보자산 가치범위 내에서 MB 수탁기관에게 지급하는 것이

---

1 최성현, 앞의 글, 31면.

2 위의 글, 30~31면.

3 위의 글, 31면.

4 위의 글, 31면.

5 Best Practices, p. 16.

다.[1] 만일 담보 자산의 가액이 담보권자의 청구금액을 초과하는 경우에 그 잔여가액은 보전관리인 내지 청산관리인인 연방예금보험공사로 귀속된다.[2] 한편 담보자산가액이 청구금액을 보전하지 못할 정도로 부족할 경우에 그 청구금액의 초과분은 예금기관의 보전절차 또는 청산절차상 무담보채권으로 된다.[3]

　　중요한 것은 MB 발행기관인 예금기관이 파산하더라도 이로 인해 이중상환청구권부채권이 자동적으로 채무불이행에 빠져 기한의 이익이 상실되지는 않는다는 것이다. 이중상환청구권부채권 수탁기관은 연방예금보험공사로부터 받는 모든 수령금(이것이 이중상환청구권부채권 원리금지급금액이든 연방예금보험공사의 부인(否認)으로 인한 직접적 손해배상금이든)과 담보자산 집합에 대한 담보권 실행(청산)으로 인한 수령금을 계속 발행 조건과 일정에 맞게 이중상환청구권부채권 소지인에게 지급할 수 있도록 특정 금융투자상품(specified investment)[4]에 투자·운용해야 한다.[5]

　　④ SPV 구조: SPV가 파산하는 경우　　　이중상환청구권부채권 수탁기관이 연방예금보험공사로부터 받는 수령금(FDIC의 이행 거절(repudiation)로 인해 받은 손해배상금과 SPV가 예금기관의 파산절차에 무담보 채권자로 참가하여 받은 배당금액) 또는 담보자산 집합에 대해서 담보권 실행으로 수령한 금액이 이중상환청구권부채권 원리금을 전부 지급할 수 없는 경우가 되면, 이중상환청구권부채권 수탁기관도 이중상환청구권부채권의 기한의 이익상실을 선언하고 결국 SPV는 파산절차에 들어가게 된다.[6]

---

1 최성현, 앞의 글, 31면.

2 Best Practices, p. 16.

3 Best Practices, p. 16.

4 특정 금융투자상품에 투자하는 것으로서 예금계약(deposit agreement), 보증투자계약(guaranteed investment contract) 등을 의미한다(최성현, 앞의 글, 32면).

5 위의 글, 32면.

6 위의 글, 33면.

4. 주요 EU 5개국의 법정 이중상환청구권부채권 법제의 비교[1]

(1) UCITS Directive와 CRD 수용 여부

국가	UCITS Directive와 CRD 규정에 따른 적격 이중상환청구권부채권(Eligible Covered Bonds) 여부
영국	2008. 3. 6. 부터 UCITS Directive 충족
독일	— Pfandbriefe — UCITS Directive 충족 — CRD 충족 (자산 집합에서 적격자산의 범위가 독일법하에서는 좁음. MBS나 ABS는 제외됨)
스페인	— Cedulas Hipotecarias (이하 "CHs") / Cedulas Territoriales (이하 "CTs") 모두 UCITS Directive 충족 — 그러나 아직 CRD를 완전히 충족하지는 않았음
프랑스	— Obligations Foncieres ("OF") UCITS Directive 및 CRD 충족
이탈리아	— Obligazioni Bancarie Garantite (이하 "OBGs")는 UCITS Directive 및 CRD 충족 — Cassa de Depositi e Prestiti (이하 "CPD")는 UCITS Directive 미 충족

(2) 발행기관

국가	발행기관
영국	영국에 등기된 영업소를 가진 여신기관으로서 금융감독기관에 의해 예금기관(depository institution)으로 인가받은 기관
독일	독일에 등기된 영업소를 가진 여신기관으로서 연방금융감독원(BaFin: Bundesanstalt für Finanzdienstleistungsaufsicht)(Federal Financial Supervisory Authority)에 의해 이중상환청구권부채권(Pfandbrief)을 발행하는 영업을 인가받은 기관
스페인	은행, 저축은행 및 저축은행연합회(Confederacy of Spanish Savings Banks: CECA)
프랑스	Societes de Credit Foncier (이하 'SCF'): 통화금융법(French Monetary and Financial Code) L. 515–13~515–33조에 의해 규제되는 여신기관
이탈리아	다음의 요건을 충족하는 여신기관 1. EUR 500백만 이상의 통합규제자본금(consolidated regulatory capital)을 보유 2. 9% 이상의 규제자본비율(regulatory capital ratio) 유지 위의 요건은 기초자산을 양도하는 여신기관도 충족해야 함

---

1 Mayer · Brown, 앞의 자료, Part 4, "Comparative Description of Regulated Covered Bond Frameworks in Main EU Jurisdictions"에서 제시된 내용을 정리한 것이다.

(3) 기초자산

국가	기초자산 집합(pool)
영국	기초자산 소재지: 영국, 유럽경제공동체(EEA) 국가, 스위스, 미국, 캐나다, 일본, 호주, 뉴질랜드, 채널아일랜드(Channel Islands), the Isle of Man (CRD Paragraphs 68－70, Part I, Annex VI 참조).
독일	기초자산 소재지: 독일, EU, EEA, 미국, 캐나다, 일본, 스위스 적격기초자산: 1. 공공기관 2. '담보가치대비대출비율'(LTV) 최대 60% 이하 상업용 및 주거용 주택저당대출 3. 건축 중인 건물 및 신축 건물과 관련한 자산은 전체 기초자산 집합의 10% 초과 불가 / 책임자기자본(liable equity capital)의 2배 초과 불가 4. 건축 중인 건물 관련 자산은 별도로 전체 기초자산 집합의 1% 초과 금지 5. 선박저당대출
스페인	1. 선순위 저당자산 2. Sciedad de Tascion: 최대 LTV 60% 3. 주거용 부동산에 대한 건축·매입 또는 재건축 관련 저당대출은 최대 LTV 80%, 여기에 추가적 담보 제공 시 LTV 95%까지 4. 담보 부동산은 반드시 스페인 또는 EU 회원국에 소재해야 함
프랑스	1. 대출 자산 　가. 선순위 저당 또는 동등한 담보에 의해 담보된 대출 　나. 부동산금융대출 또는 보증부대출(제3의 보험회사)로 LTV가 저당대출의 경우 60%, 주거용 부동산의 경우 80%, 공적 주거용 부동산(social residential real estate)의 경우 100%(단, 이러한 대출은 전체 SCF 총자산의 35% 초과 불가) 　다. 부동산 소재지는 프랑스, EU, EEA 국가 및 특정 기준하에 다른 국가도 가능 2. 다른 위험 노출(exposures)(채권, 현금 부채, 금융리스계약상의 부채): 중앙정부, 중앙은행, 지방공공단체(EU나 EEA 회원국), EU 비회원국의 중앙정부 및 중앙은행 　단, 은행위원회(Commission Bancaire)에 의해 지정된 신용평가기관의 신용평가 필요 3. EU, IMF, BIS 및 다국적 개발은행으로서 프랑스 재무부에 등록된 기관 4. FCC(French law－governed securitization SPVs) 또는 유사 자산유동화 기관이 발행한 수익권(units) 또는 증권 　가. 이 자산은 전체 적격자산의 90% 이상 　나. 대체자산: SCF가 발행하는 Obligations Foncieres 잔액의 15%까지만 가능
이탈리아	OBGs의 적격 자산 1. 최대 LTV 80%인 거주용 저당대출, 최대 LTV 60%인 상업용 저당대출 2. 전체 기초자산 집합의 10% 까지는 다음의 주체가 보유한 자산 　가. EEA 회원국 및 스위스의 공공기관(최대 위험 가중치 20%) 　나. 비 EEA 회원국의 중앙정부(최대 위험 가중치 0%) 　다. 비 EEA 회원국의 다른 공적 기관(위험 가중치 20%) 3. 상기 주체들이 담보를 제공한 자산유동화증권(위험 가중치 20%)

국가	구조(structure)
이탈리아	4. 여신기관의 결합규제자기자본(CRC) 비율 　가. CRC 비율이 11%이고, 기본자본(Tier 1) 비율이 최소 7%인 여신기관(기초자산의 금액에 제한이 없음) 　나. CRC 비율이 10~11%이고 기본자본(Tier 1) 비율이 최소 6.5% 이상인 경우 SPV에 그들 자산의 60% 이전 가능 　다. CRC 비율이 9~10%이고, 기본자본(Tier 1) 비율이 적어도 6%인 경우에 자산의 25%만 SPV에 이전 가능

(4) 이중상환청구권부채권의 구조[1]

국가	구조(structure)
영국	SPV 유형 1. 발행기관은 이중상환청구권부채권을 발행하고 발행 대금을 SPV(LLP 또는 영국회사)에 대출 2. SPV는 대출금액을 저당대출 자산 집합에 대한 수익증권(담보와 함께)을 취득하는데 사용 3. 이중상환청구권부채권 상환보증: SPV가 담보 제공 또는 이중상환청구권부채권을 보증
독일	통합 유형(Integrated Model) – 발행기관은 재무상태표상에 기초자산 집합을 보유 – 이중상환청구권부채권(Pfandbriefe)에 관련되는 모든 채무는 발행기관의 채무임 – 발행기관의 도산시 기초자산은 분리됨 SPV 유형: 구조화 이중상환청구권부채권(Structrued Covered Bond) – 법률에 의해 규제되지는 않지만 저축은행을 위한 구조화 이중상환청구권부채권 프로그램 개발에 노력
스페인	통합 유형(Integrated Model) – 담보된 자산 집합은 동일 발행기관이 발행하는 모든 Cedulas 발행을 담보함(발행일자 무관) – Cedulas와 관련되는 모든 채무는 전체로서 발행기관의 채무가 되며 Cedulas 보유자는 발행기관의 도산 시 특권을 보유함
프랑스	통합 유형(Integrated Model) – 여신기관이 직접 Obligations Foncieres(OF)를 발행하지 않고 SCF를 통해 발행하지만, 여신기관은 적격자산을 SCF에 양도하고, SCF는 OF 발행을 통해 인수금융을 일으킴 – 적격자산의 양도는 양 당사자 간에 구속적이며, 채권양도(assignment) 실행일로부터 제 3 자에 대해서도 구속적임(후에 채권양도인(assignor)이 도산된 경우에도 환수(claw-back)는 불가함) – 적격자산의 관리는 SCF와 계약한 여신기관이 수행함 – 기초자산에 대한 채권자는 적격자산에 대한 관리자를 대체하는 경우에만 통보를 받음

---

1 직접발행을 '통합 유형'(integrated model)이라고 하며, 'SPV 유형'(SPV model)과 구별된다.

이탈리아	OBGs는 구조화 이중상환청구권부채권 1. 여신기관은 적격자산을 SPV로 양도하며 SPV의 유일한 설립목적은 구조화 이중상환청구권부채권 소지인을 위해 적격자산을 매입하는 것임 2. SPV는 여신기관에 의해 제공되거나 보증된 대출을 통해 기초자산 집합을 매입함 　가. 기초자산 집합을 양도한 여신기관이 OBGs를 발행함 　나. SPV가 매입한 기초자산 집합으로부터의 현금흐름은 OBGs에 부여된 청구권 및 각종 파생상품 계약상의 청구권을 보전하고 거래 비용에 충당됨

(5) 초과 담보(over-collateralization)

국가	초과 담보
영국	− 기초자산 집합은 이중상환청구권부채권 잔존 만기 동안 이중상환청구권부채권상의 청구권을 보전 · 유지 · 관리하고 자산 집합의 청산에 필요한 자금을 충당해야 함 − 영업행위감독원(FCA)은 초과담보에 대한 보다 상세한 충족 요건 · 관리 및 감시 체계를 마련함
독일	− 원칙은 영국과 동일함 − 서비스 비용, 발행기관의 도산 시 신용 및 유동성 위험을 보전할 자산의 순현재가치(NPV)의 2%를 추가적 강제 초과담보로 유지해야 함.
스페인	1. CHs: 1개 발행기관의 발행 금액은 발행기관의 재무상태표상 적격저당대출자산 잔액의 80%를 초과하지 못함(대체 자산에 대해서는 5%이며, 저당채권 발행 시 부가되는 것은 제외함) 2. CTs: CTs의 경우 한도는 70%임 − 위 기준을 초과하는 경우에는 규제법에 따라 조치가 취해지는데, 기존의 Cedulas를 취득 또는 감가 상각하거나 더 많은 적격대출을 담보 자산 집합에 제공하거나 스페인중앙은행(Bank of Spain)에 그 차액을 현금으로 예치하여야 함
프랑스	− SCF 자산의 총액은 특별한 지위의 혜택을 받는 SCF의 총부채(즉, OF의 상환 시 우선순위가 되는 적격자산으로부터 파생되는 모든 대금)보다 커야 함 − SCF는 최소 100%의 담보자산유지비율(coverage ratio)을 충족해야 함. 이 비율은 1년에 2회 은행위원회(Commission Bancaire)에 의해 공표됨 − 담보자산유지비율(coverage ratio)은 자산의 종류에 따라 서로 다른 가중치를 적용하여 계산함. 유동화 SPV의 선순위 채권은 최소 AA−(Fitch and S&P), Aa3(Moody's) 신용등급인 경우에는 100%, A− 또는 A3인 경우에는 50%, 그 미만 등급인 경우 0%의 가중치를 적용함 − 적격저당대출을 담보하는 부동산 자산은 50%의 가중치를 적용하며 대체자산의 경우 100% 인정함
이탈리아	− SPV의 자산은 '정상 기준'(normal basis) 및 '순현재가치 기준'(net present value basis) 모두 적어도 부채와 동일해야 함. 기초자산 집합에서 발생되는 소득은 채권자에게 이자와 파생상품 거래 비용을 충당할 만큼 충분해야 함 − SPV로 하여금 이 의무를 충족하게 하기 위해 발행기관은 적정한 '자산부채관리'(asset and liability management: ALM) 기법을 채택하고, 적어도 매 6개월 마다 특별한 조정을 하며, 기초자산 집합에서 나오는 자금이 OBGs의 이자와 기타 거래 비용을 충족할 수 있는지를 확인해야 함

(6) 발행기관 도산 시 이중상환청구권부채권 소지인(채권자)의 보호 장치

국가	채권자 보호
영국	– 발행기관의 도산 시 SPV는 기초자산 및 담보에 대해 법적 소유권을 취득함 – 관련법에 따라 SPV가 청산되는 경우, 다음 당사자들의 청구권은 다른 채권자보다 우위에 있음 1. 이중상환청구권부채권 소지인 2. 채권자를 위해 용역을 제공하는 자 3. 기초자산의 유지·관리 등을 위해 필요한 위험 회피 거래 상대방 4. 발행기관 이외의 자로서 위의 1.과 3.의 청구권을 보전하기 위해 SPV에 대출하는 자 – 위의 2. 내지 4.의 청구권자는 이중상환청구권부채권 소지인의 청구권과 동일한 순위임
독일	– 발행기관의 도산 시 기초자산은 일반 파산재단에서 분리되며, 기초자산 집합 관리인(Sachwalter)에 의해 분리되어 관리됨. 기초자산 집합은 이중상환청구권부채권(Pfandbriefe) 소지인의 청구권을 보전하기 위해 유보되며, 더 나아가 채권자는 발행기관의 일반 파산재단에 대해서도 청구권을 보유함 – 기초자산 집합 관리인(Sachwalter)는 연방금융감독원(BaFin)의 제청으로 법원에 의해 임명되는 자격이 있는 개인으로서 관리에 있어서 전권을 보유함. 이 관리인은 도산절차가 개시되기 전에 임명할 수도 있음. 또한 관리인은 기초자산 집합의 유동성 유지 여부를 확인해야 함 – 관리인(Sachwalter)은 연방금융감독원(BaFin)의 승인하에 다음의 권리를 행사할 수 있음 1. 이중상환청구권부채권(Pfandbriefe)이 모두 상환될 때까지의 기초자산 집합의 관리 2. 기초자산 집합의 관리를 다른 주택저당대출은행(mortgage banks)에 위탁 3. 기초자산 집합을 주택저당대출은행으로 이전
스페인	– Cedula 소지인은 스페인 민법과 도산법에 따라 우선변제권을 보유함 – 발행기관의 도산 시 기초자산 집합으로부터 나오는 자금은 담보실행 없이 다른 채권자에 우선하여 Cedulas의 상환에 충족함 – 모든 Cedula 소지인은 발행일자에 관계없이 그들 간에 같은 순위임 – Cedula 소지인의 권리는 사법적 지급유예조치(moratorium)나 발행 기관 및 다른 채권자 간의 자발적 조치에 영향을 받지 않음 – 기초자산이 Cedula를 상환하는데 부족하면 파산 관리인은 대체 자산을 유동화하고 그것도 부족한 경우 적절한 수단으로 상환을 위해 필요한 자금을 조달해야 함 – 파산 관리인은 법원이 임명하며 기초자산 집합을 관리함
프랑스	– OF 소지인은 SCF의 도산 시 우선 변제권을 보유함 – 기타 사항은 스페인과 유사하며, 프랑스 파산법상 환수(claw–back)조항은 적용되지 않음 – SCF에 지분을 보유하는 회사의 도산이나 청산 절차는 SCF에 영향을 미치지 않음
이탈리아	– OBG 소지인은 기초자산 집합에 대해 우선적 권리를 보유하며, OBG는 발행기관의 직접적·무조건적 채무임 – SPV에 의해 OBG 소지인에게 부여된 보증은 철회가 불가능하고, 우선요구(first–demand) 및 무조건적이며, 발행기관의 채무와 독립적임. 이 보증은 발행 기관의 미지급이나 도산의 경우 취소가 가능하며(callable), SPV의 도산절연을 확실하게 하기 위해 기초자산 집합에 한정됨

이탈리아	– 발행기관의 청산 시 SPV는 채권자에 대한 상환을 책임져야 하며 발행기관에 대한 소송에 있어서 채권자를 대표함 – 발행기관의 청산절차에서 발생한 총 금액은 기초자산 집합에 속하며, OBG 소지인의 권리 보전에 사용됨. 발행기관의 SPV에 대한 대출금 상환은 OBG 소지인의 권리와 스왑 상대방의 권리에 후순위가 됨 – 발행기관 청산의 과정에서 발생한 자금이 OBG 상환에 부족한 경우 채권자는 그 부족분에 대해 발행기관에 대해 무담보채권을 보유하게 됨

(7) 공적 감독 제도(Public Supervision)

국가	공적 감독 제도
영국	– 영업행위감독원(FCA) – 법정 이중상환청구권부채권 발행자 등록부 – 법정 이중상환청구권부채권 등록부 – 발행기관과 SPV는 금융감독기관에 보고 의무(초과 담보) 있음 – 독립 회계 감사·담보자산비율유지요건 심사(Coverage Test)
독일	– 연방금융감독원(BaFin) – BaFin은 기초자산 감시인(monitor)을 임명함 – 초과담보 유지 여부, 기초자산의 등록 여부 등을 확인함 – BaFin은 2년마다 기초자산 집합을 감시함
스페인	– 스페인중앙은행(Bank of Spain), CNMV(Comisión Nacional del Mercado de Valores)[1] – 스페인법은 특별한 기초자산의 감시(monitoring)를 요구하지 않음 – 스페인중앙은행이 직접 초과담보 수준이나 기타 강행 법규 위반 여부 등을 감독함 – CNMV는 각 발행 건 승인과 관련하여 법적인 요건과 제한을 따르고 있는 지 여부를 확인함 – Comite des Establissements de Credit et des Ectreprises d'Investissement (CECEI)는 인가 기관임
프랑스	– 은행위원회(Commission Bancaire)는 감독기관임 – SCF는 은행위원회(CB)의 승인하에 감사인을 지명함. 특정 감독자(specific controller)의 역할 – 특정 감독자는 SCF의 초과담보 충족, Congruence(자산부채의 만기와 이율의 일치(matching)), 자산의 적격성 등을 확인
이탈리아	– 이탈리아중앙은행(Bank of Italy) – SPV는 은행법(Banking Law) 제107조에 따라 특별목록명단(special list)에 등록한 금융중개기관이므로 중앙은행(Bank of Italy)의 감독을 받음. – 발행기관은 자산 감시(asset monitor)를 통해 기초자산 집합을 확인해야 하며, 회계법인이 이 확인 내용을 이사회에 매년 적어도 1회 보고해야 함

---

1 스페인의 증권시장을 감독하는 감독기관이다.

V 이중상환청구권부채권(Covered Bond) 제도의 국내 도입논의

1. 법 제정 전 국내 기관의 이중상환청구권부채권(Covered Bond) 발행 사례

(1) KB국민은행의 구조화 이중상환청구권부채권(covered bond) 발행 사례

1) 발행 구조

KB국민은행은 2009년 5월 14일 국내 최초이면서 아시아 태평양 지역에서 최초로 구조화 이중상환청구권부채권 발행에 성공했다. 2007년 하반기부터 시작한 미국발 금융위기의 여파로 금융시장이 경색된 국면에서 보다 좋은 조건으로 해외에서 자금을 차입하기 위해 이중상환청구권부채권 구조로 발행한 것이다. 이 건 발행 당시 국내에서 이중상환청구권부채권과 직접적으로 관련된 법령은 특정 주택저당채권담보부채권(MBB)의 발행에 대하여 규정하고 있는 「한국주택금융공사법」밖에 없었으므로, 일반 은행들이 이중상환청구권부채권을 발행하기 위해서는 구조화 방식을 사용할 수밖에 없었다. [그림 4-40]에서 보듯이 발행 기관인 KB국민은행은 위탁자로서 담보자산인 주택저당채권과 신용카드채권 등을 수탁자인 신탁업자에게 신탁하고, 4종의 선·후순위 수익권증서를[1] 발행하여, 이중 선순위 수익권증서는 「자산유동화에 관한 법률」상 유동화전문회사인 국내 SPV('케이비커버드본드제일차유동화전문유한회사')를 수익자로 하여 발행하고, 후순위수익권증서를 위탁자인 KB국민은행을 수익자로 하여 발행하였다. 이 때 KB국민은행은 수탁자인 한국씨티은행과 신탁재산관리위탁계약을 체결하여 한국씨티은행은 신탁재산관리자로서의 지위를 취득하였다. 선순위수익권증서를 양수한 국내SPV는 이를 유동화하기 위해(2단계 유동화) 해외 SPV에게 유동화증권을 사모(私募)로 발행하고 해외 SPV는 이를 양수할 대금을 마련하기 위해 발행 기관인 KB국민은행으로부터 후순위 대출을 받아 인수 대금을 지급하였으며, 이 유동

---

1 ML선순위 수익권증서, CCR선순위 수익권증서, ML후순위 수익권증서, CCR후순위 수익권증서이다[(주)KB국민은행 및 케이비커버드본드제일차유동화전문유한회사, "자산유동화 계획의 변경 등록 신청서," 2009. 4. 28(금융감독원 전자금융공시자료(http://dart.fss.or.kr/))〈최종접속일 2012. 5. 21〉].

화증권을 기초로 KB국민은행이 발행한 이중상환청구권부채권의 지급을 보증하였다.

2) 발행 구조의 법적 특징

① 「자산유동화에 관한 법률」상 신탁형 유동화(유동화신탁) 거래 구조   KB국민은행이 발행한 구조화 이중상환청구권부채권의 특징은 첫째, 담보자산 즉, 주택저당채권에 있어서 근저당권의 확정 및 이전과 채권 양도의 대항 요건 확보 등과 관련하여 절차적 특례를 규정하고 있는 「자산유동화에 관한 법률」의 혜택을 받고 담보자산의 교체 용이성 등을 위해 신탁형 유동화거래 구조를 활용하였다는 점과 둘째, 이중상환청구권부채권의 본질적 요소 중의 하나인 자산보유자(발행 기관)와 담보자산의 도산 절연 효과를 도모하기 위해 신탁 구조를 활용하였다는 점이다.[1]

한편, 신탁 구조를 이용하였으므로 수탁자의 도산과 관련하여, 「신탁법」상 수탁자의 파산의 경우 수탁자의 채권자는 신탁재산에 대해서 강제 집행할 수 없으며(법제22조), 수탁기관의 파산의 경우에 신탁재산은 파산재단을 구성하지 않게 되는(법제24조) 장점이 있게 된다. 「자산유동화에 관한 법률」도 자산관리자의 회생이나 파산이 있더라도 위탁 관리하는 자산은 자산관리자의 파산 재단 등을 구성하거나 자산관리자의 채권자에 의해 강제집행의 대상이 되지 않도록 하고 있어서(법제12조) 위탁 내지 신탁 재산이 강한 보호를 받게 되는 점이 특징적이라고 할 수 있다. 나아가 회생의 경우에도 회생 절차의 목적상 신탁재산은 수탁자의 재산을 구성하지 않는다고 보는 것이 타당하다.[2]

② 2단계 자산유동화 구조   [그림 4-40]에서 보는 바와 같이 우선 신탁 방식을 이용하여 1단계 유동화를 하고, 해당 신탁이 발행한 선순위수익권증서를 2단계 유동화전문회사인 국내 SPV에 인수시킨 후, 이를 기초로 해외 SPV에 유동화증권을 발행하는 2단계 유동화 구조이다. 이것은 앞서 기술한 「자산유동화에 관한 법률」상의

---

1 이것은 판례를 근거로 하고 있는바, 대법원 2004. 7. 22. 2002다46058, 대법원 2003. 5. 30. 2003다18685, 대법원 2002. 12. 26. 02002다49484, 대법원 2001. 7. 13. 2001다9267 등의 판례에서 위탁자가 자신의 재산을 담보 목적으로 수탁자에게 신탁하여 그에 따른 수익권을 채권자에게 제공하는 경우, 신탁재산은 수탁자의 재산이므로 수탁자가 채권자에게 담보를 제공한 것으로 설령 담보 목적으로 신탁하였다 하더라도 신탁재산은 위탁자에 대한 회생 절차로부터 영향을 받지 않는다는 취지로 판시한 바 있다.

2 (주)KB국민은행 및 케이비커버드본드제일차유동화전문유한회사, "자산유동화 계획의 변경 등록 신청서," 2009. 4. 28(금융감독원 전자금융공시자료(http://dart.fss.or.kr/))〈최종 접속일 2012. 5. 21〉.

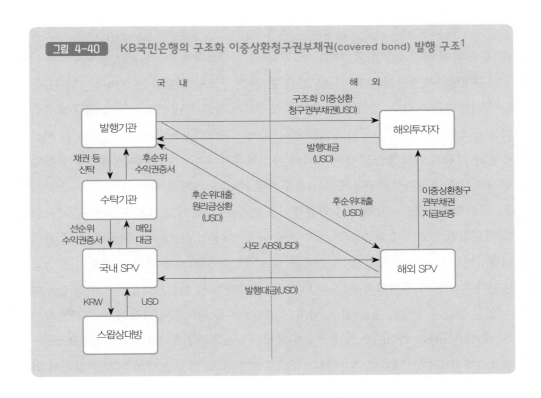

그림 4-40 KB국민은행의 구조화 이중상환청구권부채권(covered bond) 발행 구조[1]

유동화 방식 유형 중 제 2 조 제 1 호 라목이 규정하고 있는 혼합 형태의 유동화(즉, 유동화증권인 수익권증서를 인수하는 형태의 재유동화)이다. 그리고 법문상 "유동화증권을 양도 또는 신탁 받아"의 문구 중 "양도 받아"에서의 양도(이른바 '진정한 양도')와 제13조가 규정하는 "유동화자산의 양도"에서의 양도 관계와 관련하여, 유동화자산의 양도와 유동화증권을 다시 유동화하는 제 2 단계 유동화에서의 유동화증권의 양도와는 별개의 것으로서 제13조의 규정은 제 2 단계 유동화에는 적용 여지가 없다고 본다.[2]

---

1 (주)KB국민은행 및 케이비커버드본드제일차유동화전문유한회사, "자산유동화계획의 변경 등록 신청서," 2009. 4. 28(금융감독원 전자 금융 공시자료(http://dart.fss.or.kr/))〈최종 접속일 2012. 5. 21〉; 양기진, "커버드본드(Covered Bond)에 관한 법적 연구 −국민은행 커버드본드의 발행구조 분석 및 관련 법제 정비를 위주로−",『금융법연구』제 7 권 제 1 호 (한국금융법학회, 2010. 8), 180면; 김용호, "커버드본드의 법적 이해와 과제,"『법학논집』제15권 제 3 호 (이화여자대학교 법학연구소, 2011. 3), 282면; 박광천 · 송진혜, "커버드본드(Covered Bond) 제도의 개선 방안 −「신탁법」의 개정 및「동산 · 채권 등의 담보에 관한 법률」의 제정과 관련하여−,『은행법연구』제 4 권 제 2 호 (은행법학회, 2011. 11), 145면 참조.

2 양기진, 앞의 글, 187면.

③ 이중 SPV 구조   발행 구조에 있어서 눈여겨 보아야 할 사항은 SPV를 국내 및 해외에 각각 설립하고, 해외 SPV가 해외 이중상환청구권부채권 투자자에게 이중상환청구권부채권에 대한 지급보증을 한 거래 구조를 취했다는 점이다. 그 이유를 살펴보면 다음과 같다. 만약 해외 SPV를 설립하지 않고 국내 SPV가 직접 지급 보증을 하는 구조를 고려할 경우에는, 국내 SPV가 수탁기관으로부터 우선수익권증서를 자산유동화 계획에 따라 양도받음과 동시에 자산보유자이면서 이중상환청구권부채권 발행자로서 이중상환청구권부채권의 채무자인 KB국민은행에 대해서 지급 보증을 하고, 아울러 국내 SPV 자체가 수익권증서를 인수할 자금이 없으므로[1] 이해관계자인 KB국민은행으로부터 대출을 받을 수밖에 없을 것이다. 이 경우 「자산유동화에 관한 법률」 제13조가 규정하고 있는 '진정한 양도' 즉, 유동화자산 매각 거래의 진정성과 관련하여 의문이 제기될 수 있으며,[2] 자산보유자의 도산 위험으로부터 절연을 담보할 수 없는 결과가 발생할 수도 있다. 따라서 해외 SPV를 별도로 설립하여 이 해외 SPV가 2단계 자산유동화 과정에서 국내 SPV가 발행한 유동화증권을 자산보유자인 KB국민은행으로부터 후순위 대출을 받아 그 자금으로 인수하고, 법상 논란의 여지를 없애기 위

---

1 사실 해외 투자자들로부터 수익권증서를 양수할 자금을 미리 조달해서 매입하는 경우를 상정할 수 있었지만, 당시 시장 상황에서 해외 투자자들로부터 먼저 자금을 조달하는 것이 불가능하였다.

2 당시 담당 회계법인은 1단계 유동화인 자산신탁은 이중상환청구권부채권에 대한 담보 목적의 유동화로서 「기업회계기준 등에 관한 해석 52－14」 "채권 등의 양도·할인에 관한 회계 처리"의 양도에 대한 판단 기준(양도인의 양도자산에 대한 권리 행사의 여부, 양수인의 양수자산에 대한 처분권, 양도인의 양도자산에 대한 통제권 여부)를 충족하지 못하는 것으로 판단하여 기업회계기준상 양도로 인정하지 않았다((주)KB국민은행 및 케이비커버드본드제일차유동화전문유한회사, "자산유동화 계획의 변경 등록 신청서," 2009. 4. 28(금융감독원 전자금융공시자료(http://dart.fss.or.kr/))〈최종 접속일 2012. 5. 21〉). 이와 관련해서 KB국민은행이 유동화자산을 신탁한 후 이에 대한 수익권을 기초자산으로 발행된 유동화사채를 취득한 해외 SPV가 유동화채권을 발행하는 대신 KB국민은행으로부터 후순위 차입을 하여 자금을 조달하므로 경제적 측면에서 자산양도(신탁)자와 자산양수자(해외 SPV의 채권자)가 실질적으로 동일성이 인정될 가능성이 있다는 견해가 있으며(양기진, 앞의 글, 182면, 각주 31)), 이 구조에서 자산보유자가 이중상환청구권부채권 투자자에 대해 보증인으로서의 책임을 실질적으로 지게 되는 것이므로 양도인인 자산보유자가 여전히 국내 SPV에 양도된 유동화자산에 관한 위험을 보유하고 있다고 볼 수 있어 「자산유동화에 관한 법률」상 진정한 양도의 요건을 충족시키지 못한다고 하면서, 그 근거로서 금융감독원이 자산보유자가 유동화자산과 관련된 위험의 50% 이상을 부담하지 못하도록 하는 원칙을 적용해왔다는 점을 들고 있는 견해도 있다(정소민, "새로운 담보거래 방식에 관한 연구－커버드본드 발행제도에 관하여－,"『경영법률』 제19권 제1호(한국경영법률학회, 2008. 3), 193면).

해 유동화 과정에서 이해관계자가 아닌 해외 SPV가 이중상환청구권부채권에 대한 지급 보증을 하게 한 것이다.[1]

3) 신용 보완 사항

① 자산 적격 요건 설정　　　채무자의 연체 상태, 대출 금액 등을 고려하여 우수한 신용 상태에 있는 채무자만 선정하고 자산 신탁에 법적인 하자가 없는 채권만으로 유동화자산을 구성하여 안정적인 현금흐름을 확보하였다. 또한 자산의 유형별로 일정한 분석 방법을 통해 이중상환청구권부채권의 담보자산으로서 역할을 하는 유동화증권의 적정한 신용등급을 충족시켰다.[2]

② 초과담보(Over-Collateralisation)　　　일정한 신용등급을 받을 수 있는 수준으로 유동화증권 만기일까지 회수가능한 유동화자산을 기준으로 선순위 수익권에 대한 수익 지급을 위한 금원을 초과하도록 유동화자산을 신탁한다.

③ 자산 담보 비율 검사(Asset Coverage Test)　　　매 계산일 기준으로 이중상환청구권부채권 만기일 이전에 상환기일이 도래하여 회수가능한 신탁재산이 이중상환청구권부채권 발행 잔액을 일정 수준 상회한 상태로 유지되고 있는지 확인하는 것으로 신탁재산의 신용위험과 변동성위험 등을 흡수하게 된다.

④ 유보 계좌 필요 금액(Reserve Account Required Amount)　　　유동화전문회사가 향후 6개월 동안 부담하는 신탁 관련 비용, 유동화증권 이자, 스왑 지급금액 및 기타 비용, 예비 신탁재산관리자에 대한 업무 이관 비용 예상액, 채무자 통지 비용 예상액, 신탁재산관리자 교체 비용 예상액 등을 유동화전문회사 명의의 계좌에 유보해야 한다.

4) KB국민은행의 구조화 이중상환청구권부채권의 한계

KB국민은행의 구조화 이중상환청구권부채권의 발행은 아시아 최초의 시도인

---

1 그러나 이러한 구조에도 문제점은 존재한다. 자산보유자인 KB국민은행이 자산유동화 차원(즉, 자산의 현금화 목적)에서 이중상환청구권부채권을 발행하면서(즉, 현금 유입) 동시에 해외 SPV에 대한 후순위 대출(현금 유출)이라는 거래를 한다는 것이 자산유동화 본래 취지에 비추어볼 때 비효율적이며, 아울러 KB국민은행의 입장에서 후순위대출이라는 위험자산을 보유하게 되는 결과를 초래한다는 점을 볼 때 바람직하지 않은 구조라고 생각한다.

2 주택담보부대출채권에 대해서는 (i) 원금 회수율 분석, (ii) 담보가치 LTV(Loan to Value) 분석, (iii) 연체비율 분석, (iv) 시장 가치 분석 (v) 위기상황(stress test) 분석을 수행하며, 신용카드채권에 대해서는 (i) 원금 회수율 분석, (ii) 신규 채권 발생 비율 분석, (iii) 연체 비율(31일~90일 연체채권 발생 비율) 분석, (iv) 부실채권 비율(90일 이상 연체채권 발생 비율) 분석, (v) 희석률(매출 취소, 상계 등) 분석, (vi) 위기상황(stress test) 분석을 수행한다.

점, 국내 이중상환청구권부채권에 관한 특별법이 없는 상태에서 구조화 과정을 통해 본질적 요소를 구현했다는 점, 당시 시장 상황이 열악한 국제 금융시장 환경에서 우리나라 금융기관의 이중상환청구권부채권 발행 가능성을 보여주었다는 점에서 의의가 있다. 그러나 구조화 과정에서 전체적으로 거래구조가 복잡해지고 그에 따라 수반되는 비용이 증가하여 전체 발행비용이 상승하면서 한편으로 유동성도 떨어지는 부정적 측면도 간과할 수 없다. 우리나라의 이중상환청구권부채권 법제에 대한 방향성 결정에 좋은 선례가 된 것은 부인할 수 없다.

(2) 한국주택금융공사의 '법정 이중상환청구권부채권'(covered bond) 발행 사례

1) 총   설

한국주택금융공사(이하 '공사')는 「한국주택금융공사법」을 근거로 2010년 7월 15일 5억달러 규모의 법정 이중상환청구권부채권(statutory covered bond)을 아시아 최초로 발행하였다. 앞서 기술한 KB국민은행의 구조화 이중상환청구권부채권에 비해 상대적으로 좋은 조건으로 발행에 성공하였다.[1] 공사의 법정 이중상환청구권부채권 발행은 법적 안정성과 담보자산의 건전성의 측면에서 긍정적으로 평가될 수 있고, 신용 보완 장치 등을 통해 발행 비용을 절감할 수 있었다는 점에서 성과가 있었다.

2) 발행 근거

「한국주택금융공사법」은 채권유동화의 범주에 '공사가 금융기관으로부터 양수한 주택저당채권을 담보로 하여 주택저당채권담보부채권을 발행하고 그 소지자에게 원리금을 지급하는 행위'를 포함시킴으로써(법 제2조 제1호 가목) 공사의 법정 이중상환청구권부채권 발행 근거를 마련하고 있다. 이 법에서는 채권유동화의 대상이 되어 구분·관리되는 주택저당채권은 공사의 파산재단을 구성하지 아니하며 공사에 회생절차가 개시되더라도 회생절차의 영향을 받지 않도록 규정했고(법 제30조), 이중상환청구권부채권의 소지자는 채권유동화계획에 따라 구분·관리되는 주택저당채권으로부터 우선

---

1 KB국민은행의 경우 담보자산이 주택담보부채권 및 신용카드채권 등이었으나 한국주택금융공사의 경우 순전히 주택담보부채권만을 기초자산으로 하였고, 발행주체, 발행규모, 초과담보비율 등 구체적인 발행조건 면에서 다른 점이 있어 절대적으로 비교 평가하기는 어렵지만 전자의 경우 발행금리가 mid swap rate + 500bp, 후자의 경우 mid swap rate + 196bp로서 후자의 가산금리(spread)가 상대적으로 낮게 발행되었다.

변제권을 가지도록 규정하여$\left(\substack{\text{법}\\\text{제31조}}\right)$ 법정 이중상환청구권부채권의 본질적 요소인 발행기관(자산보유자)과의 도산절연과 자산보유자의 도산 시 이중상환청구권부채권 소지자의 담보자산에 대한 우선변제권을 구현하고 있다.

3) 발행 구조

기본적으로 투자자들은 발행기관인 공사로부터 이중상환청구권부채권의 원리금을 지급받고, 발행기관이 도산할 경우 담보자산으로부터 우선적으로 원리금을 변제받을 수 있는 권리를 가진다. 자산보유자인 공사가 SPV의 설립 없이 직접 이중상환청구권부채권을 발행하면서[1] 담보자산을 여전히 자산보유자의 재무상태표에 남겨두게 된다는 점(난내(on-balance) 자산유동화)에서 구조화 이중상환청구권부채권 발행 구조와 상이하다.

4) 신용 보완

① 이중상환청구권(Dual Recourse)　　　　공사가 금융기관으로부터 양수한 주택저당채권을 담보로 하여 특정주택저당채권담보부채권(MBB)를 발행하고 그 소지자에게 원리금을 지급한다고 규정되어 있기 때문에 공사가 일차적으로 이중상환청구권부채권의 상환의무를 부담하며$\left(\substack{\text{법 제2조}\\\text{제1호 가목}}\right)$, 이중상환청구권부채권 소지자는 다른 법률에서 정하고 있는 경우를 제외하고는 당해 채권유동화계획에 의하여 구분 관리되는 주택저당채권으로부터 우선하여 변제받을 권리를 보유하고 있기에$\left(\substack{\text{법 제31조}\\\text{제2항}}\right)$ 이른바 이중상환청구권을 보유한다.

한편, 이중상환청구권부채권 소지자는 위 우선변제에 의하여 채권의 원리금의 전부 또는 일부를 변제받지 못한 경우에는 공사의 일반재산으로 변제받을 수 있다고 규정되어 있으므로$\left(\substack{\text{법 제31조}\\\text{제3항}}\right)$, 이 채권유동화계획에 따라 이중상환청구권부채권 소지자에게 우선변제권이 부여된 담보자산으로부터 회수한 금원으로 이중상환청구권부채권 원리금을 전액 변제받지 못하는 경우 공사의 무담보채권자와 동일하게 공사의 일반재산으로부터 그 미상환금액을 지급받을 수 있게 된다.

---

1 앞서 독일의 법정 이중상환청구권부채권 구조에서 설명한 바와 같이, SPV에 자산을 넘기지 않고 담보자산을 등록하여 담보자산감시인이 관리 감독하는 이른바 통합모델(Integrated Model)과 상통한다.

② 담보자산의 관리 및 감시

(i) 자산 담보 비율 검사(Asset Coverage Test)　　　공사가 이중상환청구권부채권 발행일 및 매 계산일에 자산 담보 비율 검사(asset coverage test: ACT)(이하 "ACT")를 실시하여 매 계산일의 직전 계산기간의 말일 현재 자산담보비율(asset coverage ratio)이 1 이상인지 여부를 확인하여 그 충족 여부를 수탁기관에게 통보하여야 한다. 공사는 ACT를 충족할 수 있도록 주택저당채권을 담보자산으로 추가하여야 하며, ACT를 충족하지 못하고 그러한 사유가 발생한 계산일로부터 2개월이 경과한 달에 속한 계산일까지 해소가 되지 않는 경우 발행기관의 채무불이행 사유에 해당된다.

(ii) 자산 운용 수익률 검사(Portfolio Yield Test)　　　공사가 이중상환청구권부채권 발행일 및 그 이후 매 계산일에 자산 운용 수익률 검사(portfolio yield test: PYT)(이하 "PYT")를 실시하여 해당 계산일의 (i) 직전 계산기간 동안의 이자회수액이 (ii) 이중상환청구권부채권 원금잔액에 스왑계약상 스왑환율을 곱한 금액에 원화 고정금리에 비용율을 더한 비율을 곱하여 1년을 365일로 보고 직전 계산기간의 일수에 따라 일할 계산한 금액을 초과하는지 여부를 수탁기관에게 통보하여야 한다. 공사는 PYT를 충족할 수 있도록 주택저당채권을 담보자산으로 추가하여야 하며, PYT를 충족하지 못하고 그러한 사유가 발생한 계산일로부터 2개월이 경과한 달에 속한 계산일까지 해소가 되지 않는 경우 발행기관 채무불이행 사유에 해당된다.

(iii) 자산 감시(Asset Monitoring)　　　자산감시인으로 하여금 공사가 위에 따라 이행한 ACT와 PYT 계산 내역의 정확성에 대하여 검증 사유의 발생 유무에 따라 검증하게 한다.

(iv) 담보자산의 구분 관리　　　공사는 채권유동화계획에 따라 발행되는 이중상환청구권부채권을 담보하는 담보자산(주택저당채권으로부터 회수하는 금원을 포함하여 주택저당채권을 관리, 운용 및 처분함에 따라 취득하는 금전을 포함)에 대하여 공사의 그 외의 자산과 구분하여 관리한다(법 제30조 제1항).[1]

(v) 담보자산의 추가 및 해지　　　ACT를 충족하지 못해서 발행자 채무불이행사유가 발생하는 경우를 제외하고 발행기관 채무불이행사유 발생 이전에는 공사는 적격 요건을 충족하는 주택저당채권을 담보자산으로 추가할 수 있고, 담보자산의 일부를 해지

1　이른바 혼장위험(commingling risk)을 제거하였다.

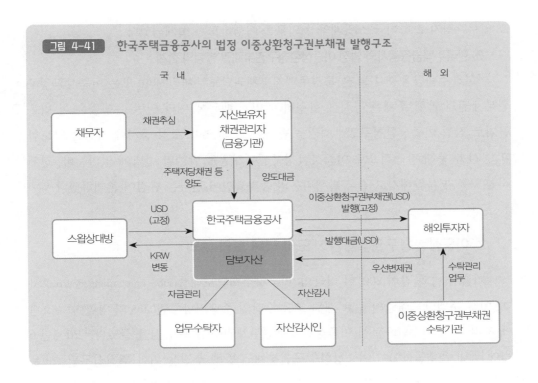

그림 4-41 한국주택금융공사의 법정 이중상환청구권부채권 발행구조

하더라도 ACT와 PYT가 충족되는 것을 전제로 담보자산에 속하는 주택저당채권을 해지할 수 있으며, 이렇게 담보자산으로 추가되거나 담보자산으로부터 해지되는 경우 그러한 추가사실 또는 해지사실을 변경 채권유동화계획 등록을 통하여 공시한다.

(vi) **초과 담보 비율 유지**　　담보자산을 이중상환청구권부채권 발행금액 대비 최소 119% 이상으로 초과 담보 비율을 유지하여야 한다.

(vii) **이중상환청구권부채권 이자 적립**　　공사의 신용등급이 하향 조정(단기 P2, 장기 A3)될 경우 이중상환청구권부채권 이자 1회 지급분을 적립하여야 한다.

③ **스왑계약의 경개**(Novation)　　공사에 대한 파산 절차나 회생 절차가 개시되는 경우 스왑제공자와 체결한 스왑계약상 의무의 이행에도 영향을 받을 가능성이 있고, 스왑계약상 의무 이행에 대하여 공사의 파산 또는 회생절차에 영향을 받는 경우 궁극적으로는 외화표시 이중상환청구권부채권 원리금 지급 시 환율 변동 위험에 노출되게 되기에, 이러한 위험을 최소화하기 위하여 발행기관 채무불이행 사유가 발생하는 경우 공사가 스왑계약상 지위를 주택저당채권담보부채권 업무수탁자에게 이전하여

그 업무수탁자로 하여금 스왑계약상 의무를 이행하도록 설계되었다.[1]

5) 한국주택금융공사의 법정 이중상환청구권부채권 발행의 한계

「한국주택금융공사법」은 특정주택저당채권담보부채권(MBB) 또는 이중상환청구권부채권의 발행 주체를 공사에 한정하고 있기 때문에 여타 일반 은행들은 이 법을 근거로 직접 이중상환청구권부채권을 발행할 수 없으며, 항상 공사에 자산을 양도한 후 공사를 통해 간접적으로 이중상환청구권부채권을 발행할 수밖에 없었는바, 전체적인 구조가 복잡해지고 결국 발행비용의 증가요인이 된다는 단점이 존재하였다.[2]

2. 이중상환청구권부채권 제도의 국내 도입 논의

기술한 바와 같이 2007년 미국의 '비우량주택담보대출(sub-prime mortgage loan) 사태' 이후 주택담보대출의 주요 재원 조달 수단인 주택저당증권(MBS)의 역할이 축소됨에 따라 그 대체수단으로서 이중상환청구권부채권이 많은 관심을 끌었다.[3] 2008년 6월에 국내 은행들(6개)이 이중상환청구권부채권 발행 추진을 위한 추진실무팀(T/F)을 구성하고, 이중상환청구권부채권 발행의 허용을 요구하는 건의안을 금융위원회에 제출한 바 있는데, 이 때 유권해석 내지 법 제정(독일 법규 근거) 방식과 「자산유동화에 관한 법률」 또는 「담보부사채신탁법」을 보완하는 방법을 제안한 적이 있었다.[4] 중앙은행인 한국은행도 이중상환청구권부채권의 발행을 지지하는 입장을 표명했으며, 이중상환청구권부채권의 상환 안정성과 국제 자본 시장에의 접근성 제고, 부내(簿內) 유동화로서 자금조달 구조의 투명성 제고 등을 그 장점으로 제시하였다.[5]

---

1 금융감독원 전자공시시스템(http://dart.fss.or.kr 채권유동화계획 정정보고, 2010. 7. 13).

2 김용호, 앞의 글, 286면도 같은 취지이다.

3 헨리 폴슨(Henry Paulson) 당시 미국 재무장관은 '주택담보대출포럼'(Mortgage Loan Forum) 연설에서 취약한 주택구입 활동을 진작시키기 위한 유력한 방안으로 유동화증권의 일종인 '이중상환청구권부채권'에 주목한다고 밝혔다(머니투데이 2008. 7. 9. 기사). 또한 미국 연방예금보험공사(FDIC)가 2008. 7. 15.에 「이중상환청구권부채권에 관한 FDIC의 최종 정책 지침(Final FDIC Covered Bond Policy Statement)」을 발표하였고, 재무부도 2008. 7. 28.에 「주택담보대출 이중상환청구권부채권 모범규준(Best Practices for Residential Covered Bonds)」을 발표하여 이중상환청구권부채권 시장의 활성화를 도모하여 왔다.

4 머니투데이 2008. 6. 13. 기사.

5 머니투데이 2008. 11. 2. 기사.

또한 미국 비우량주택담보대출 사태 이후 국제적 신용 경색 여파로 인한 국내 은행의 해외차입 여건 악화를 계기로 외화자금 조달 수단의 다양화를 모색하였던 상황에서 이중상환청구권부채권의 해외 발행에 관심이 고조되기도 했다.[1] 더욱이 2008년부터 적용되고 있는 '신 바젤 협약'(Basel II)에 따르면, 주택담보대출채권에 대한 위험가중치가 '바젤 협약'(Basel I)에 비해 상대적으로 낮아지게 되었고,[2] 세계적 금융위기 이후 기존의 Basel II의 문제점이 지적되면서 바젤은행감독위원회(BCBS: Basel Committee on Banking Supervison)가 새로이 합의한 Basel III에서 단기유동성비율 규제인 유동성비율(LCR: Liquidity Coverage Ratio)을 확정함에 따라 높은 유동성자산으로 인정되는 이중상환청구권부채권의 발행이 더욱 활성화 될 수 있는 계기가 마련되었다.[3] 2011년부터 발효된 '신 국제회계기준'(IFRS: International Financial Reporting System)에 의하면 일정한 경우에 유동화자산의 부외(簿外) 처리가 불가능해지는 등 규제적인 측면에서 부외거래가 그 이점이 감소되거나 제한을 받게 됨에 따라, 자산유동화를 통한 주택저당증권(MBS) 거래에 의한 자금 조달이 상대적으로 영향을 받을 것으로 보인다.[4]

---

1 한국은행, 『금융안정 보고서』, 2008. 10, 38~39면.
2 Basel I 과 Basel II 하의 주택담보대출채권에 대한 위험가중치 및 최소 소요 자기자본

기준	위험가중치	최소 소요 자기자본(*)
Basel I	50%	4억 원
Basel II 표준방법	35%	2.8억 원
Basel II 기초내부등급	15%	1.2억 원
Basel II 고급내부등급	7%	0.56억 원

• 최소 소요 자기자본 = BIS 최소 자기자본 비율(0.8%) × 위험가중치 × 주택담보대출 잔액(100억 원 기준)
(출처: 유윤주, 앞의 글, 129면)
3 바젤 III(은행감독규제에 관한 제 3 차 국제협약)는 2010년 9월 12일 바젤은행감독위원회에서 합의되었고 2010년 11월 12일 서울에서 개최된 G20 정상회담에서 승인되었다. 단기유동성비율 규제인 LCR은 2012년부터 적용되고 있다. LCR은 긴급한 유동성 위기가 발생해 자금인출 등이 발생하더라도 30일 동안 자체적으로 견딜 수 있는 고유동성 자산을 보유하도록 하는 제도이다.
LCR = (고유동성자산보유규모)/(향후 30일간 현금유출 − 현금유입) ≥ 100% 로 표시할 수 있다(김용호, 앞의 글, 277면). 이중상환청구권부채권은 높은 유동성자산 Level 2에 포함시키고 있다.
4 신 국제회계기준(IFRS)에 의하면, 잔여이익의 보유(후순위채 보유), 조기정산요구권(clean−up call), 하자담보책임(put option), 자산관리자와 자산보유자와의 겸업 등의 경우에는 유동화자산이 일반 자산으로 처리되면서 부외 처리가 불가능해진다(김신근," Covered Bond에 대한 이해," 『KBP Fixed Income Weekly』 제08−34호(2008. 8. 19~8. 25), 20~22면).

Ⅵ 「이중상환청구권부 채권의 발행에 관한 법률」의 제정과 그 주요 내용

1. 제정 배경

「이중상환청구권부 채권의 발행에 관한 법률」(이하 "이중상환채권법"이라 한다)의 제정 전에도 담보신탁 제도, 「담보부사채신탁법」상의 담보부사채 제도, 「자산유동화에 관한 법률」상의 자산유동화 거래 구조, 「신탁법」상의 담보권신탁 제도, 「동산·채권 등의 담보에 관한 법률」상의 채권담보권 등기 제도 등을 이용하여 구조화 이중상환청구권부 채권을 발행하는 방법을 고려할 수 있었으나, 여러 가지 법적 문제가 있어서 결국 특별법 제정이 필요하다는 주장이 제기되었다. 이에 따라 이중상환채권법이 2014. 4. 14. 제정되어 2014. 4. 15.부터 시행되고 있으며, 시행령과 「이중상환청구권부 채권 발행업무 감독규정」이 제정(2015. 6. 30)되어 시행되고 있다.

2. 이중상환채권법의 개관

이중상환채권법은 이중상환청구권부 채권을 발행할 수 있는 발행기관의 범위, 채권의 담보가 되는 기초자산집합을 구성하는 자산의 범위, 이중상환청구권부 채권의 금융위원회에 대한 등록, 발행 한도, 기초자산집합의 관리·유지, 기초자산집합 감시인의 권한과 의무 및 업무, 기초자산집합의 파산 절연 효과, 이중상환청구권부 채권 소지자의 기초자산집합에 대한 우선변제권 및 이중상환청구권, 기초자산집합에 포함되는 채권의 채무자 및 제3자에 대한 대항 요건에 관한 특례, 근저당권과 관련한 특례, 발행기관의 위험관리체계 구축 및 공시 의무, 발행기관의 우선변제권자에 대한 금융정보의 제공 등에 관한 사항을 규정하고 있다.

이중상환채권법은 이중상환청구권부 채권(Covered Bond)을 "발행기관에 대한 상환청구권과 함께 발행기관이 담보로 제공하는 기초자산집합에 대하여 제3자에 우선하여 변제받을 권리를 가지는 채권으로서 이중상환채권법에 따라 발행되는 것"이라고 정의하고 있다(법 제2조 제3호).

그리고 이중상환채권법에 따라 발행된 이중상환청구권부 채권에 관해서는「담보부사채신탁법」이 적용되지 않으며($^{법 제3조}_{제1항}$), 이중상환청구권부 채권의 발행에 관해서는 이중상환채권법이「은행법」,「상법」및「자본시장과 금융투자업에 관한 법률」에 우선하여 적용한다($^{법 제3조}_{제2항}$).

3. 이중상환청구권부 채권의 발행

이중상환채권법은 이중상환청구권부 채권을 발행할 수 있는 기관을 은행 등 금융기관에 한정하고 있다. 그리고 그러한 금융기관 중에서 일정한 요건을 갖춘 금융기관만이 이중상환청구권부 채권을 발행할 수 있도록 하고 있다.

(1) 발행기관

이중상환채권법의 적용을 받아 이중상환청구권부 채권을 발행할 수 있는 금융기관은 은행과 주택금융공사에 한정된다. 즉「은행법」에 따른 인가를 받아 설립된 일반은행이 해당되고, 특수은행인 한국산업은행, 한국수출입은행, 중소기업은행,「농업협동조합법」에 따른 농협은행,「수산업협동조합법」에 따른 수협은행이 해당되며, 이외에도「한국주택금융공사법」에 따른 한국주택금융공사가 해당된다($^{법 제2조}_{제1호}$).

(2) 적격 발행기관의 요건

그리고 위의 금융기관 중 일정한 요건을 충족하는 금융기관만이 이중상환청구권부 채권을 발행할 수 있다. 그러한 요건은 (i) 직전 회계연도 말 자본금이 1천억 원 이상일 것, (ii) 한국주택금융공사를 제외한 금융기관의 경우 직전 회계연도 말 국제결제은행의 기준에 따른 위험가중자산에 대한 자기자본비율이 100분의 10 이상일 것, (iii) 이중상환청구권부 채권의 발행과 관련한 위험을 스스로 관리하고 통제할 수 있는 절차와 수단을 갖출 것(기초자산집합의 관리와 투자자 보호를 위한 업무를 수행하기 위하여 수탁관리인을 선임할 경우 그 선임 및 감독에 관한 기준이 포함되어야 한다)이다($^{법 제4조 제1항,}_{시행령 제2조}$).

(3) 기초자산집합의 적격 요건

이중상환채권법은 이중상환청구권부 채권을 발행하기 위한 적격 요건으로서 '기초자산집합'(cover pool)에 대해서 일정한 요건을 충족하도록 하고 있다. '기초자산집합'이란 "이중상환청구권부 채권의 원리금 상환을 담보하는 자산"으로서 금융위원회에 등록된 자산을 말한다(법 제2조 제4호). 이중상환청구권부 채권의 담보가 되는 기초자산집합은 다음과 같은 자산으로 구성된다.

첫째, 기초자산의 경우, (i) 주택담보대출채권, (ii) 국가, 지방자치단체 또는 법률에 따라 직접 설립된 법인에 대한 대출채권, (iii) 국채증권, 지방채증권 또는 특수채증권(법률에 따라 직접 설립된 법인이 발행한 채권을 말한다), (iv) 선박, 항공기를 담보로 하는 대출채권으로서 담보인정비율 등 대출의 위험 관리를 위하여 대통령령으로 정하는 요건을 갖춘 채권(즉, 담보인정비율(선박 또는 항공기의 담보가치 대비 대출비율을 말한다)이 100분의 70 이하일 것, 담보목적물인 선박 또는 항공기가 해당 대출금 잔액과 해당 대출보다 선순위 또는 동순위인 채권의 잔액을 합한 금액의 1.1배 이상을 보험금액으로 하는 보험에 가입되어 있을 것의 요건을 충족해야 한다), (v) 그 밖에 현금의 흐름을 안정적으로 확보할 수 있는 우량 자산으로서 대통령령으로 정하는 자산(이중상환채권법이 정한 요건을 충족하는 주택담보대출채권을 기초 또는 담보로 하여 발행된 「자산유동화에 관한 법률」에 따른 유동화증권이나 「한국주택금융공사법」에 따른 주택저당채권 담보부채권 또는 「한국주택금융공사법」에 따른 주택저당증권에 해당하는 자산으로서 그 지급 순위가 1순위인 자산을 말한다)이어야 한다(법 제5조 제1항 제1호, 시행령 제3조 제2항, 제3항). 그리고 주택담보대출채권은 다음과 같은 요건을 모두 충족하여야 한다. 기초자산집합은 (i) 「주택법」 제2조 제1호에 따른 주택을 담보로 하는 대출일 것, (ii) 담보인정비율(주택 담보가치 대비 대출비율을 말한다)이 100분의 70 이하인 대출로서 총부채 상환 비율(채무자의 연간 소득 대비 연간 대출 원리금 상환액의 비율을 말한다)과 관련된 요건 등 대출의 위험 관리를 위하여 대통령령으로 정하는 요건을 충족할 것, (iii) 「채무자 회생 및 파산에 관한 법률」에 따른 파산절차 또는 회생절차가 신청되거나 개시된 자 또는 「기업구조조정 촉진법」에 따른 채권금융기관, 채권은행의 공동관리 또는 주채권은행에 의한 관리 절차가 신청되거나 개시된 자에 대한 대출이 아닐 것이어야 한다(법 제5조 제1항 제1호).

둘째, 유동성 자산인 경우에는 현금, 다른 금융기관 등이 발행한 만기 100일 이내의 양도성예금증서, 그 밖에 3개월 이내에 현금으로 쉽게 전환할 수 있는 자산으로서 대통령령으로 정하는 자산(지정 국채증권, 양도성예금증서, 만기 3개월 이내의 예금·적금)이어야 한다(법 제5조 제1항 제2호). 그리고 유동성 자산은 기초자산집합 평가총액의 100분의 10을 초과할 수 없다(법 제5조 제3항).

셋째, 그 밖의 자산으로서는 (i) 기초자산 및 유동성 자산으로부터의 회수금, (ii) 기초자산 및 유동성 자산의 관리·운용 및 처분에 따라 취득한 금전과 그 밖의 재산권, (iii) 이중상환청구권부 채권 발행계획에 따라 환율 또는 이자율의 변동, 그 밖에 기초자산집합과 관련한 위험을 회피하기 위하여 체결한 파생상품 거래로 인하여 취득하는 채권이어야 한다(법 제5조 제1항 제3호).

그리고 적격 발행기관이 금융위원회에 등록한 기초자산집합의 평가 총액은 이중상환청구권부 채권의 총채권액(상환된 금액은 제외한다)의 100분의 105 이상(최소담보비율)이어야 한다(법 제5조 제2항).

(4) 발행 한도

이중상환채권법은 이중상환청구권부 채권의 발행 한도를 규정하고 있다. 금융위원회에 이중상환청구권부 채권의 발행계획 및 기초자산집합에 관한 사항을 등록한 발행기관은 발행 예정일 직전 회계연도 말 총자산의 100분의 8 이하의 범위에서 대통령령으로 정하는 한도로 하여 이중상환청구권부 채권을 발행할 수 있는데(법 제7조 제1항), 시행령은 예외가 있지만 원칙적으로 100분의 4를 발행 한도로 규정하고 있다(시행령 제6조). 다만, 금융위원회는 담보유지비율, 발행기관의 자본 적정성, 자산 건전성 및 유동성에 관한 사항으로서 여기에 상당한 영향을 미칠 수 있는 금융시장 상황, 발행기관이 은행인 경우 「은행법」 제34조 제 2 항의 경영지도기준준수 여부 등을 고려하여 총자산의 100분의 2로 할 수 있다(시행령 제6조, 감독규정 제7조).

4. 이중상환청구권부 채권의 등록

이중상환채권법은 이중상환청구권부 채권을 발행하려는 금융기관 등으로 하여금 금융당국인 금융위원회에 등록하도록 하고 있다(법 제6조). 등록해야 하는 사항은 (i) 발행 시기나 총액, 금리, 만기 등 발행 조건, 적격 발행기관의 요건 등 발행 계획에 관한 사항과 (ii) 기초자산의 종류와 명세, 담보유지비율, 기초자산집합의 처분 사유 및 방법 등 기초자산집합에 관한 사항, 발행기관의 자금조달과 자금운용 구조, 이중상환청구권부 채권 발행을 통하여 조달한 자금의 운용계획(발행기관의 안정적인 자금 확보 또는 가계부채 구조개선 등에 적합할 것)에 관한 사항이다(법 제6조 제1항 제1호, 제2호). 등록 사항이 변경된 경우에는 금융위원회에 변경된 사항을 등록하여야 한다(법 제6조 제2항).

5. 기초자산집합의 관리

(1) 발행기관의 기초자산집합 관리·유지 의무

이중상환채권법은 기초자산집합의 관리·유지 의무를 발행기관에게 부여하고 있다. 즉 발행기관은 기초자산집합을 다른 발행계획으로 등록된 이중상환청구권부 채권의 기초자산집합 또는 발행기관의 다른 자산과 구분하여 관리하여야 하며, 기초자산집합의 관리에 관한 장부를 따로 작성하고 갖춰 두어야 한다(법 제8조 제1항, 제2항). 이외에도 발행기관은 기초자산집합의 평가총액이 담보유지비율 이하로 내려갈 것으로 예상되거나 기초자산집합에 포함되는 자산이 기초자산집합의 적격 요건을 충족하지 못하는 경우 지체 없이 기초자산 및 유동성 자산을 추가하거나 교체하여 담보유지비율과 자산의 적격 요건을 준수하여야 한다(법 제8조 제3항). 또한 발행기관은 기초자산집합의 평가 총액이 담보유지비율을 초과하는 경우에는 기초자산집합 감시인의 서면 동의를 받은 후 담보유지비율을 준수하는 범위에서 발행계획에 따라 기초자산집합에 포함되는 자산 일부의 등록을 해지(解止)할 수 있다(법 제8조 제4항).

(2) 기초자산집합 감시인의 선임

이중상환채권법은 발행기관으로 하여금 기초자산집합의 적격성을 감시하는 역할을 하는 감시인을 의무적으로 두도록 하고 있다(법 제9조 제1항). 이는 이중상환청구권부 채권의 발행에 있어서 기초자산집합의 적격성이 중요하므로 이를 독립적으로 감시할 수 있는 감시인을 두어 이러한 역할을 부여하고 있는 것이다. 이러한 감시인은 금융위원회의 승인을 얻어 선임하도록 하고 있다(법 제9조 제1항).

또한 이중상환채권법은 감시인의 자격 요건을 규정함으로써 감시 역할을 충실히 잘 할 수 있는 감시인을 선임하도록 하고 있다. 상법상의 사채관리회사의 자격을 갖춘 자, 한국주택금융공사(발행기관이 한국주택금융공사인 경우는 제외), 변호사 등 전문 인력을 포함하여 5명 이상의 관리 인력을 갖춘 법인 등이 감시인이 될 수 있다(법 제9조 제2항).

감시인은 채권자의 동의를 받아 사임할 수 있는데, 이중상환청구권부 채권의 총 채권액(상환된 금액은 제외한다)의 100분의 75 이상을 보유하는 채권자의 동의를 받아야 한다($\frac{법 제9조}{제3항}$). 그리고 감시인이 자격 요건의 상실이나 의무를 위반한 경우 등의 사유가 발생한 경우에는 발행기관은 금융위원회의 승인 또는 총채권액의 100분의 75 이상을 보유하는 채권자의 동의를 받아 감시인을 해임할 수 있다($\frac{법 제9조}{제4항}$).

(3) 감시인의 권한 및 의무

감시인은 우선변제권자를 위하여($\frac{법 제13조}{제3항}$) 기초자산집합의 관리 · 유지 및 처분에 필요한 재판상 또는 재판 외의 모든 행위를 할 권한이 있다($\frac{법 제10조}{제1항}$). 감시인이 기초자산집합을 처분하는 경우($\frac{법 제13조}{제3항}$) 기초자산집합은 감시인의 고유재산을 구성하지 아니하며, 감시인은 이를 구분하여 관리하여야 한다($\frac{법 제10조}{제2항}$). 또한 감시인은 기초자산집합을 처분하는 경우 선량한 관리자의 주의로써 기초자산집합을 관리 · 유지 및 처분하여야 하며, 우선변제권자의 이익을 보호하여야 한다($\frac{법 제10조}{제3항}$).

(4) 감시인의 업무

감시인은 다음과 같은 업무를 수행한다. (i) 기초자산집합에 대한 회계감사, (ii) 기초자산집합에 포함되는 자산의 적격요건 및 담보유지비율 유지 여부에 대한 실사 · 평가, (iii) 발행기관의 발행계획 및 관계법규 준수 여부에 대한 점검 · 평가, (iv) 발행기관의 기초자산집합에 대한 관리가 우선변제권자의 권리를 침해하는 요인이 없는지에 대한 점검, (v) 위에 열거한 업무와 관련하여 발행기관의 기초자산집합 관리 · 유지 및 우선변제권자 보호에 부적절한 사항이 있는 경우 발행기관에 대한 시정 요구, (vi) 위에 열거한 업무와 관련하여 기초자산집합에 대한 수탁관리인을 선임한 경우 수탁관리인에 대한 업무의 지시 · 감독, (vii) 기초자산집합의 처분, 경매신청, 그 밖의 권리행사 등 우선변제권의 실행을 위하여 필요한 재판상 또는 재판 외의 행위이다($\frac{법 제11조}{제1항}$).

(5) 기초자산집합의 파산 절연

이중상환청구권부 채권의 큰 특징 중의 하나는 발행기관이 파산하거나 회생절차가 개시되는 경우 발행기관의 기초자산집합이 발행기관의 파산재단 또는 회생절차의 관리인이 관리 및 처분 권한을 가지는 채무자의 재산을 구성하지 아니한다는 점이다.

이중상환채권법은 이 점을 명확히 밝히고 있다($\frac{\text{법 제12조}}{\text{제1항}}$). 또한 발행기관의 기초자산집합은 강제집행(우선변제권자의 우선변제를 위하여 강제집행하는 경우는 제외한다), 「채무자 회생 및 파산에 관한 법률」에 따른 보전처분ㆍ중지명령 또는 포괄적 금지명령의 대상이 되지 아니한다($\frac{\text{법 제12조}}{\text{제2항}}$). 그리고 발행기관에 대하여 기업구조조정 관리 절차(즉, 「기업구조조정 촉진법」에 따른 채권금융기관, 채권은행의 공동관리 또는 주채권은행에 의한 관리절차를 말한다)가 개시된 경우 발행기관의 기초자산집합은 관리 대상이 되는 재산을 구성하지 아니한다($\frac{\text{법 제12조}}{\text{제3항}}$). 이외에도 발행기관에 대한 회생절차 또는 기업구조조정 관리절차에 따라 채무의 면책ㆍ조정ㆍ변경이나 그 밖의 제한이 이루어진 경우에도 우선변제권에는 영향을 미치지 아니한다($\frac{\text{법 제12조}}{\text{제4항}}$). 발행기관은 이중상환청구권부 채권의 상환되지 아니한 잔액이 존속하는 한 이중상환채권법에서 정하는 경우를 제외하고는 기초자산집합을 처분하거나 다른 채무에 대한 담보로 제공해서는 아니 되며, 이를 위반한 처분 또는 담보 제공은 우선변제권자에 대해서는 효력이 없게 된다($\frac{\text{법 제12조}}{\text{제5항}}$).

6. 우선변제권 및 이중상환청구권

이중상환청구권부 채권의 특징은 채권 소지인에게 기초자산집합으로부터 제3자에 우선하여 변제받을 권리를 부여하는 동시에, 지급 기일에 발행기관에 대하여 그 채권의 지급을 청구할 수 있는 이중상환청구권을 부여하고 있다는 점이다.

(1) 우선변제권

이중상환청구권부 채권의 특징은 채권 소지자에게 기초자산집합으로부터 제3자에 우선하여 변제받을 권리를 부여하고 있다는 점이다($\frac{\text{법 제13조}}{\text{제1항}}$). 이 경우 채권액에는 원금에 대한 이자, 지연이자 채권과 채무불이행으로 인한 손해배상채권을 포함한다($\frac{\text{법 제13조}}{\text{제1항}}$). 한편, 이중상환채권법은 이중상환청구권부 채권 소지자와 동일한 우선변제권을 가지는 채권 보유자를 규정하고 있는데, 그러한 채권 보유자는 (i) 파생상품거래에서 거래상대방이 발행기관에 대하여 가지는 채권 보유자, (ii) 이중상환청구권부 채권의 상환ㆍ유지 및 관리와 기초자산집합의 관리ㆍ처분 및 집행을 위한 비용 채권 보유자, (iii) 감시인의 보수채권을 보유하고 있는 자이다($\frac{\text{법 제13조}}{\text{제2항}}$). 이중상환채권법은 이러한 채권 보유자를 이중상환청구권부 채권 소지자와 함께 "우선변제권자"라고 정의하고 있다.

감시인은 일정한 사유가 발생한 경우 금융위원회에 등록한 기초자산집합의 처분 방법에 따라 기초자산집합을 처분하여 우선변제권자의 채권 변제에 충당할 수 있다 (법 제13조 제3항). 그러한 일정한 사유는 (i) 발행기관이 지급기일에 우선변제권자의 채권의 전부 또는 일부를 변제하지 못하는 경우, (ii) 금융위원회에 등록한 기초자산집합의 처분 사유가 발생한 경우, (iii) 우선변제권자의 채권에 대한 기한 이익 상실 사유가 발생 한 경우이다(법 제13조 제3항 제1호 내지 제3호).

우선변제권자가 우선변제권에 따라 채권 원리금의 전부 또는 일부를 변제받지 못한 경우에는 발행기관의 다른 재산으로부터 변제받을 수 있으며, 그 변제받지 못한 채권의 범위에서 발행기관의 파산절차나 회생절차에 참여할 수 있다(법 제13조 제4항). 또한 발행기관의 다른 재산에 대하여 기초자산집합보다 먼저 파산절차를 통한 배당 또는 회생절차를 통한 변제가 실시되는 경우에 우선변제권자는 이중상환청구권부 채권의 총채권액(상환된 금액은 제외한다)으로 해당 절차에 참여하여 배당을 받거나 변제받 을 수 있다(법 제13조 제5항). 감시인은 기초자산집합으로부터 회수하거나 기초자산집합의 처 분 또는 집행으로 취득한 금원(金員) 중 우선변제권자의 채권 변제에 충당한 후 잔여분 이 있는 경우에는 발행기관, 파산관재인이나 회생절차 관리인(발행기관에 대한 파산절차나 회생절차가 개시된 경우에 해당한다)에게 이전하여야 한다(법 제13조 제6항).

(2) 이중상환청구권

이중상환청구권부 채권의 또 하나의 특징은 채권 소지자가 이중상환청구권을 갖 고 있다는 점이다. 즉 우선변제권자는 우선변제권에도 불구하고 지급기일에 발행기 관에 대하여 그 채권의 지급을 청구할 수 있으며, 발행기관은 우선변제권을 이유로 그 지급의 전부 또는 일부를 거절하거나 유예하지 못한다(법 제14조).

(3) 대항요건의 특례

이중상환채권법은 기초자산집합의 등록사실 등을 기초자산집합에 포함되는 채 권의 채무자에게 대항할 수 있는 대항 요건에 관해 규정하고 있다. 즉 발행기관 또는 감시인은 (i) 발행기관이 지급기일에 우선변제권자의 채권의 전부 또는 일부를 변제하지 못하는 경우, (ii) 금융위원회에 등록한 기초자산집합의 처분 사유가 발생한 경우, (iii) 우선변제권자의 채권에 대한 기한 이익 상실 사유가 발생한 경우에 기초자산집합의 등록 사실과 감시인의 처분 권한에 관한 내용(이하 "등록사실등"이라 한다)을 해당 기초자산집합에 포함되는 채권의 채무자에게 통지하거나 채무자가 승낙해야 등록사실 등에 관하여 채무자에게 대항할 수 있다(법 제15조 제1항 본문). 다만, 발행기관 또는 감시인이 채무자에게 (i) 기초자산집합에 관한 등록서류에 채무자의 주소가 적혀 있지 아니한 경우로서 발행기관 또는 감시인이 채무자의 최후의 주소를 알고 있을 때에는 그 최후의 주소나 (ii) 기초자산집합에 관한 등록서류에 채무자의 주소가 적혀 있지 아니한 경우로서 발행기관 또는 감시인이 채무자의 최후의 주소를 알고 있을 때에는 그 최후의 주소로 2회 이상 내용증명우편으로 등록사실 등에 대한 통지를 발송하였으나 소재 불명 등으로 반송된 때에는 채무자의 주소지를 주된 보급지역으로 하는 2개 이상의 일간신문(전국을 보급지역으로 하는 일간신문이 1개 이상 포함되어야 한다)과 발행기관의 인터넷 홈페이지에 등록사실 등을 공고함으로써 그 공고일에 채무자에게 통지를 한 것으로 본다(법 제15조 제1항 단서).

그리고 기초자산집합에 대하여 금융위원회에 따른 등록을 한 때에는 해당 기초자산집합에 포함되는 채권의 채무자 외의 제3자에 대하여 해당 채권의 등록사실등에 관하여 「민법」 제450조 제2항에 따른 대항 요건을 갖춘 것으로 본다(법 제15조 제3항).

(4) 근저당권 관련 특례

이중상환채권법은 근저당권에 관한 특례 조항도 두고 있다. 즉 근저당권으로 담보된 채권이 기초자산집합의 기초자산으로 등록된 경우 등록 이후에 해당 근저당권에 따라 담보되는 채권이 추가로 발생하게 된 때에는 기초자산집합으로 등록된 채권이 등록 이후 발생된 채권보다 해당 근저당권의 실행, 변제충당 및 그 밖의 권리의 실행에 있어서 우선한다(법 제16조 제1항). 그리고 기초자산집합에 포함된 기초자산으로서 근저당권으로 담보된 채권을 이중상환채권법에서 정하는 바에 따라 처분하는 경우에는 해당 근저당권으로 담보된 채권의 원본 확정 전에 그 피담보채권과 함께 해당 근저당권을 양도할 수 있다(법 제16조 제2항).

7. 위험관리 및 공시

(1) 발행기관의 위험 관리 체계 마련 의무

발행기관은 이중상환청구권부 채권의 발행 및 상환과 관련한 별도의 위험 관리 기준 및 절차인 위험 관리 체계를 마련하여야 한다(법 제17조 제1항). 발행기관은 위험 관리 체계에 따라 일정한 사항을 분기마다 1회 이상 점검하여야 한다(법 제17조 제2항). 점검해야 할 사항은 (i) 이중상환청구권부 채권의 총채권액(상환된 금액은 제외한다) 및 만기, (ii) 기초자산집합의 구성 및 만기 기간별 분류, (iii) 모든 위험을 고려한 기초자산집합의 현재가치의 금액 등이다(법 제17조 제2항 제1호 내지 제3호).

(2) 발행기관의 공시 의무

발행기관이 분기마다 인터넷 홈페이지에 공시해야 할 사항은 다음과 같다. (i) 위험 관리 체계에 따른 위험 관리 점검 결과, (ii) 감시인이 작성하여 금융위원회에 제출한 보고서, (iii) 이중상환청구권부 채권의 발행이 주택담보대출 채권의 채무자에게 혜택이 되었는지에 대한 평가이다(법 제17조 제2항).

8. 발행기관의 채무자 금융정보의 제공

발행기관(수탁관리인을 선임한 경우에는 수탁관리인을 포함한다)은 「금융실명거래 및 비밀보장에 관한 법률」상의 금융기관 비밀 유지 의무(제4조)에도 불구하고 이중상환청구권부 채권 발행과 관련하여 기초자산집합의 관리·유지 등의 업무를 수행하는 데 필요한 최소한의 범위에서 기초자산집합에 포함되는 채권의 채무자의 금융거래정보, 신용정보 및 개인정보(자산의 적격요건 충족여부를 판단할 수 있는 정보로 한정한다)를 감시인 또는 우선변제권자에게 제공할 수 있다(법 제20조 제1항 본문). 다만, 우선변제권자에게는 개인정보를 제공하지 아니한다(법 제20조 제1항 단서). 금융거래정보를 제공하는 발행기관은 금융거래정보의 제공 사실을 기초자산집합에 포함되는 채권의 채무자에게 통보하여야 한다(법 제20조 제2항 본문). 다만, 해당 채무자의 동의가 있을 때에는 통보하지 아니할 수 있다(법 제20조 제2항 단서).

9. 부실금융기관 지정 등에 관한 특례

금융위원회가 발행기관에 대하여 「금융산업의 구조개선에 관한 법률」 상의 적기시정조치($^{제}_{10조}$) 또는 행정처분($^{법 제}_{14조}$)으로서 계약이전, 영업정지, 영업의 인·허가 취소의 결정을 하는 경우에는 6개월 이내의 기간을 정하여 이중상환청구권부 채권의 기초자산집합의 관리와 투자자 보호를 위한 수탁관리인을 선임하거나 변경할 수 있다($^{법 제22조}_{제 1 항}$). 금융위원회는 6개월 기간 이내에 계약이전, 영업정지, 영업의 인·허가 취소의 결정의 사유가 해소되지 아니하는 경우에는 이중상환청구권부 채권에 대한 권리의무 관계 및 기초자산집합 업무와 분리하여 「금융산업의 구조개선에 관한 법률」에 따른 조치를 취할 수 있다($^{법 제22조}_{제 2 항}$). 금융위원회는 이중상환청구권부 채권 총채권액(상환된 금액은 제외한다)의 100분의 75 이상을 보유하는 채권자의 동의가 있는 경우에는 해당 이중상환청구권부 채권과 관련된 계약을 다른 적격 발행기관에 이전하도록 명령할 수 있다($^{법 제22조}_{제 3 항}$).

Ⅶ 이중상환청구권부채권(Covered Bond)과 다른 유사 개념과의 비교

1. 무보증사채(unsecured bond)

무보증사채는 발행인의 채무에 대해 담보자산이 존재하지 않으므로 무보증 사채권자는 발행인의 채무불이행 시에 발행인에 대해 무담보청구권을 보유하게 된다. 그러나 이중상환청구권부채권 소지인은 이중상환청구권부채권의 기초 담보자산과 발행인 양자에 대해 이중상환청구권(dual recourse)을 보유하게 된다. 따라서 이중상환청구권부채권은 투자자에게 투자에 대한 추가적인 보호 장치를 제공하는 것이라는 점에서 무보증사채와 다르다고 할 수 있다.

2. 주택저당증권(MBS)

이중상환청구권부채권 및 주택저당증권 양자 모두 주택담보대출을 위한 장기 자금을 조달하는 잠재적 수단이기는 하지만 다음과 같은 몇 가지 차이점이 있다.

1) 기초자산이 일괄하여(package) 투자자에게 양도되는 주택저당증권(MBS)과 달리 이중상환청구권부채권을 담보하는 담보자산은 발행인의 재무상태표에 존속한다는 점이 차이점이다.

2) 주택저당증권에 있어서는 기초자산과 신용보강 장치로부터의 현금흐름이 일반적으로 주택저당증권 투자자에게 지급하는 원리금의 유일한 원천임에 반해, 이중상환청구권부채권에 있어서는 원리금 상환이 발행인의 일반적 사업으로부터의 현금흐름으로부터 이루어지며 단지 담보자산 집합은 투자자에 대한 담보로 작용한다는 점에서 다르다.

3) 이중상환청구권부채권의 기초 담보자산은 동적(動的)이며 부실자산이나 이미 상환된 자산은 다른 자산으로 대체되어야 하지만, 주택저당증권의 기초 자산은 정적(靜的)이며 만기까지 각 주택저당증권에 남아 있게 된다.

4) 발행인에게 채무불이행 사유가 발생하는 경우, 이중상환청구권부채권은 만기 전에 조기 상환하는 것을 피하는 구조로 되어 있으며 이는 스왑계약과 예금계약(보증투자계약)에 의해 실현되나, 주택저당증권의 투자자는 대조적으로 조기 상환 위험에 노출되어 있다.

5) 이중상환청구권부채권이 기한의 이익을 상실하고 원리금보다 적은 금액이 투자자에게 상환되는 경우 투자자는 발행인에 대해 무담보 채권자로서 계속 남아 있게 되나, 주택저당증권의 투자자는 원리금보다 적게 상환되어도 일반적으로 발행인에 대한 청구권을 보유하지 못한다.

3. 법정 이중상환청구권부채권과 유동화증권의 비교

위에서 설명한 법정 이중상환청구권부채권과 유동화증권의 특징을 비교해보면 [표 4 – 10]과 같이 정리할 수 있다.

구분	법정 이중상환청구권부채권	유동화증권
발행 동기	자금 조달	위험 경감, 소요자본 경감, 자금 조달
발행 기관	자산보유자(originator)	특수목적회사(SPC)
자산보유자에 대한 상환청구권	있음(dual recourse)	없음
회계 처리	담보자산은 담보 등록되어 발행기관의 다른 자산과 분리되나, 발행기관의 재무상태표에는 남아 있음(on-balance)	유동화자산은 특수목적회사(SPC)로 양도되어 자산 보유자의 재무상태표에서 없어짐(off-balance)
발행 기관의 소요 자본에 미치는 영향	없음	소요 자본 경감
적격 자산 또는 적격 발행 기관에 관한 제한	있음	일반적으로 없음
자산의 관리	일반적으로 동적 자산 (dynamic asset pool)	일반적으로 정적 자산 (static asset pool)
자산의 투명성	제한적(그러나 담보자산 감시인, 수탁자 또는 신용평가기관이 정기적으로 관리·감독)	일반적으로 투명성이 높음
자산의 조기 상환	담보자산이 조기 상환되는 경우 다른 자산으로 교체되므로 pass-through 없음	일반적으로 pass-through
분할발행분(Tranching)	없음	있음
이자 지급 방식	고정 금리가 대부분	변동 금리가 대부분
투자자 위험 가중치	상대적으로 낮음	상대적으로 높음

표 4-10 ▶ 법정 이중상환청구권부채권과 유동화증권의 비교

Ⅷ 미국의 비우량주택담보대출(Sub-Prime Mortgage Loan) 사태와 금융 위기

미국의 주택담보대출 시장 구조 및 관련 유동화시장 구조와 세계 금융시장에 충격을 주었던 '비우량주택담보대출(sub-prime mortgage loan) 사태'의 원인을 살펴보는 것도 우리나라 주택담보대출 유동화시장의 문제점을 파악하고 차후에 발생할지도 모르는 사고를 예방한다는 차원에서 의미가 있을 것으로 본다.

1. 미국의 주택담보대출

표 4-11   미국의 주택담보대출의 분류[1]

구분	분류	내용
Agency Loan (Prime Loan)		일정한 기준이나 요건을 충족하여 Fannie Mae와 Freddie Mac의 유동화대상이 되는 대출금
Non-agency Loan	Jumbo Prime Loan	연방규제당국이 결정한 1개 가구당 적격 대출 기준 한도 (conforming loan limit)를 초과한 대출금
	Alt-A Loan	우량 대출의 신용도는 갖추고 있으나 나머지 요건들이 미비하여 우량으로 분류되기 어려운 대출금(FICO 점수[2]가 660 이상)
	Sub-prime Loan	Non-agency Loan 중 상기 Jumbo prime Loan과 Alt-A Loan을 제외한 대출금(등급이 A- 부터 D 이하까지 다양함)

미국의 주택담보대출은 유동화기구인 '연방저당권협회'(Federal National Mortgage Association: Fannie Mae)와 '연방주택담보대출공사'(Federal Home Loan Mortgage Corporation: Freddie Mac)의 자산유동화 대상이 가능한지 여부에 따라 일반적으로 '대리대출'(Agency Loan: Prime Loan)과 '비대리대출'(Non-agency Loan)로 구분된다. 비우량주택담보대출의 정의는 법령상의 용어가 아니라 실무상 개념으로서 일정하게 규정된 것은 없지만, 몇 가지 기준이나 요건 등을 근거로 종합적으로 판단하여 정한다. 우량(prime)과 비우량

---

1 문병순, "서브프라임 위기의 추이와 원인(1)," 『BFL』 제30호(서울대학교 금융법센터 2008. 7), 99면의 내용을 표로 정리한 것이다.

2 Fair Issac Corporation이 발표하는 신용점수를 말한다.

(non-prime)을 구별 짓는 가장 중요한 네 가지 기준은 FICO 점수, '담보가치 대비 대출비율'(loan to value: LTV), '소득 대비 부채상환비율'(debt to income: DTI), 소득자산 증명서류이며, 비우량주택담보대출로 분류되는 경우는 (i) FICO 점수가 일정 수준 이하일 것,[1] (ii) LTV가 일정 수준 이상이며 주택담보대출 보험에 가입하지 않을 것,[2] (iii) 차입자의 '연간소득 대비 연간상환액 비율'(front debt to income ratio)이 일정 수준 이상일 것,[3] (iv) 차입자의 소득이나 자산 증명 서류가 없거나 불충분할 것 등이다.[4]

2. 비우량주택담보대출의 구조

(1) 비우량주택담보대출의 금리와 만기

대출기간 초기 2~3년(introductory period)은 'Teaser Rate'이라고 하여 낮은 금리를 적용하고, 이후 27~28년 간은 기준 금리인 '런던은행간 금리'(LIBOR: London Inter-Bank Offered Rate)에 일정한 가산금리(spread)를 더한 금리를 적용한다.[5] 보통 이를 'HYBRID 2/28, HYBRID 3/27 대출금'이라고 한다.[6]

(2) 비우량주택담보대출업자: 주택담보 전문 대출업자와 주택담보대출 중개인 (broker)

수수료 수입이 주 목적이며, 여기에는 대출 수수료(신용심사, 감정비용 등)와 대출 후 수수료(체납수수료, 압류수수료, 분쟁 시 중재비용 등)가 있다.[7]

---

1 일반적으로 660점 이상이면 우량(prime) 대출로 구분되며, 비우량(subprime) 대출은 600점 또는 500점 이하이다(Stephen G. Ryan, "Accounting in and for the Subprime Crisis," a Paper presented for Luncheon sponsored by American Accounting Association, Mar. 2008, p. 10).

2 일반적으로 LTV가 80% 미만이면 우량(prime) 대출이며, 비우량(subprime) 대출은 100%이나 100%에 근접한다(Stephen G. Ryan, p. 10).

3 일반적으로 'front debt to income ratio'가 28% 미만인 경우 우량(prime) 대출이며, 비우량(subprime) 대출은 50% 이상이다(Stephen G. Ryan, p. 10).

4 Stephen G. Ryan, pp. 10-11.

5 문병순, 앞의 글, 99면.

6 위의 글, 100면.

7 위의 글, 100면.

3. 비우량주택담보대출채권의 유동화 거래 구조

(1) 제 1 단계

주택담보대출채권의 양도 및 주택저당증권의 발행 단계이며, 여기에는 기술한 Fannie Mae와 Freddie Mac 같은 공공기관을 통한 유동화(이를 보통 'Agency MBS'라 한다)와 민간 금융기관 등을 통한 유동화(이를 보통 'Non-agency MBS'라 한다)로 구분된다. 후자의 경우 투자은행이 구조를 설계하고 유동화증권도 판매하는 등 거래를 주선한다. 또한 신용평가기관을 통해 유동화증권의 신용등급을 부여받으며 경우에 따라 원리금지급보증을 위해 보증보험기관을 이용하기도 한다. 앞에서 설명한 것처럼, 신용보강과 발행조건의 다양화를 통해서 투자자를 다변화시키기 위해 '주택담보대출 담보부증권'(CMO: Collateralized Mortgage Obligation)과 같이 여러 순위의 채권을 발행하여 적절한 투자자에게 판매하기도 한다.

(2) 제 2 단계

주택저당증권을 기초자산으로 제 2 차 유동화를 하는 단계로서 기술한 '채무담보부증권'인 CDO(Collateralized Debt Obligation)를 발행한다.[1] CDO는 CDO 발행 주체인 CDO-SPV에게 자산을 양도하느냐 아니면 신용파생상품을 활용하여 양도와 같은 경제적 효과를 가져오는 거래 구조로 하느냐에 따라 '전통적 CDO'와 '합성 CDO'로 구분할 수 있다.[2]

한편 주로 만기가 중장기인 자산유동화증권이나 주택저당증권의 원리금 상환을 위한 재원 마련을 위해 단기 금융 시장에서 기업어음의 형태로 여러 개의 분할발행분(Tranche)으로 나누어 유동화증권을 발행하는 자산유동화기업어음(ABCP) 시장이 있다.[3] 이러한 자산유동화기업어음은 ABCP 도관을 통한 투자가 은행의 자기 자본 규제는 물론 그 외 공시의무나 감독의 면에서 상대적으로 유리하여 시장에서 수요를 촉발시킨 적이 있다.

---

1 CDO는 기초자산에 따라 대출채권을 기초자산으로 하는 CLO(Collateralized Loan Obligation)와 회사채를 기초자산으로 하는 CBO(Collateralized Bond Obligation)로 구분된다.
2 신용파생상품으로서 대표적인 것이 신용부도스왑(Credit Default Swap: CDS)이 있다.
3 시장 여건상 회사채 발행이 어렵거나 단기 금리와 장기 금리의 차이를 활용하기 위한 것임은 이미 설명하였다.

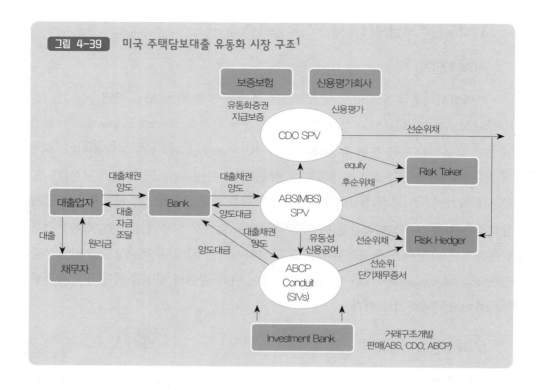

그림 4-39 미국 주택담보대출 유동화 시장 구조[1]

이상 제 1 단계와 제 2 단계 거래 구조를 그림으로 나타내면 [그림 4-42]와 같다.

4. '비우량주택담보대출 사태'의 주요 원인

미국의 비우량주택담보대출 사태의 진전 과정은 본질적으로 볼 때, 주택 담보대출금의 연체율 상승 → 관련 자산의 가격 폭락 → SPV, 헤지펀드(hedge fund)의 손실 확대 → 관련 거래 은행 손실 확대 → 신용 하락, 대출 감소, 거래 감소, 금리 상승 → 유동성 위기의 과정이라고 볼 수 있다. 이들을 단계별 및 부문별로 살펴보면 아래와 같다.

(1) 주택담보대출 시장의 문제점

우선 미국의 주택담보대출 시장에서 나타났던 문제점은 다음과 같이 요약할 수

---

1 박준, "서브프라임 대출 관련 금융위기의 원인과 금융법의 새로운 방향 모색," 국제거래법학회·서울대학교 금융법센터 공동심포지움 발표 요약 자료(2008. 11. 28)를 토대로 재작성한 것이다.

있다. 먼저 시장 금리 하락으로 인한 대출업자들 간의 대출 경쟁으로 상대적으로 대출에 대한 심사가 현저히 완화되어 이른바 '약탈적 대출'(predatory loan)이 무분별하게 실행되었다는 점이다.[1] 한편 대출업자들이 오로지 높은 가산금리를 목표로 부당하게 대출 영업 행위를 한 결과 시장 대출 이자가 지속적으로 상승한 점도 원인이 된다. 또한 FICO(Fair Issac Corporation)가 발표하는 신용 점수가 비현실적이었으며, 대출업자들이 주택담보대출 위험을 전가할 수 있는 돌파구로 자산유동화 시장을 무분별하게 활용하였다는 점도 문제점으로 들 수 있다. 그리고 부동산 시장에서 주택 가격의 급락으로 인한 주택담보대출의 상환 연체율이 증가한 것이 직접적 원인이 되었다고 볼 수 있다.

(2) 자산유동화 시장의 문제점

1) 대출업자의 위험 노출

대출업자가 주택담보대출채권을 기초자산으로 자산유동화 증권을 발행하기까지 소요되는 기간을 '창고기간'('warehouse period')이라고 하는데, 이 기간 동안 대출업자는 자산의 가치를 증명하기 위해 그 자산에 상응하는 금액을 보유하고 있어야 한다. 특히 영세 전문 대출업자의 경우 이를 충족시키기 위해 주택담보 대출금을 담보로 다시 외부 대출기관(warehouse lender)으로부터 자금을 조달하는데, 이 기간 동안에 담보인 주택담보 대출금의 가치가 하락하는 경우 전문대출업자는 추가 증거금을 납입해야 하는 위험에 노출되게 된다. 추가 증거금을 납입하지 못하는 경우, 전문 대출업자가 1차 희생자가 되고 외부 대출기관도 2차 희생자가 되는 결과가 발생한다. 또한 대출업자가 자산유동화에 있어서 계약서상의 '진술 및 보장 조항'(representations and warranties)의 의무를 위반할 경우에 유동화증권의 환매 의무를 지게 되는 구조도 대출업자를 위험에 노출되게 만들었다.[2]

2) 신용평가회사의 도덕적 해이

1단계 유동화(MBS) 외에 2단계 이후의 유동화(CDO) 등 비우량주택담보 대출을 기초자산으로 한 유동화 시장의 규모가 급증한 상황하에서 대출채권과 유동화증권의

---

1 LTV(Loan to Value) 규제 무시, 소득 증빙 서류의 미확인, 신용정보의 불충분 또는 허위 제공 등을 들 수 있다.
2 문병순, 앞의 글, 103~104면.

위험 요소를 정확히 파악하고 투자자에게 충분히 인지시키는 것이 매우 중요하며, 이는 신용평가회사의 본질적 역할인데 여러 가지 이유로 엄격한 평가를 하지 못했다는 지적이 있다.[1]

(3) SPV 파산과 헤지펀드의 손실

1) SPV 파산과 금융기관 손실

당시 예금과 대출의 기간 불일치(mismatch)하에 높은 차입비율(leverage)을 유지해 왔던 은행은 위험 관리가 절실했던 상황이었고, 비우량주택담보대출 관련 자산에 대한 투자는 대부분 SPV를 통하여 간접적으로 이루어졌다. 도관으로서의 SPV에 대해서는 '그림자은행'(shadow bank)(즉, 유사 은행)으로서 금융감독기관의 규제가 상대적으로 소홀했고, 공시 의무가 없어 투명하지 못했다. 이러한 상황하에서 비우량주택담보대출 관련 자산의 가격이 폭락하자 이는 SPV의 자산 대량 매도로 이어졌고, 시장의 유동성이 고갈되는 결과를 초래하였으며, SPV를 통해 발행했던 자산유동화기업어음(ABCP) 등 단기 상환 상품에 대한 차환이 불가능하게 되자 파산이 불가피하게 되었다. 그 결과 이와 연계된 상업은행과 투자은행들이 도관법인의 손실을 떠안게 되는 현상이 벌어졌다.[2]

2) 헤지펀드의 손실

이러한 상품에 투자했던 헤지펀드도 결국 손실로 인해 파산으로 이어졌고, 이 헤지펀드의 투자자 내지 운용회사로서 투자은행과 상업은행도 재무 구조 악화로 연결되었다.[3]

(4) 금융상품의 가치 평가(Valuation) 문제(공정 가치(Fair Value) 문제)

시장의 투명성과 투자자 보호를 위해서는 금융상품의 가치 평가(valuation)가 중요한 요소이다. 당시 미국 재무회계기준위원회(Financial Accounting Standards Board)의 「회계

---

1 위의 글, 105면. 신용평가회사의 수수료 수입 이외에도 미국 「투자회사법」(Investment Company Act of 1940)의 적용을 피하거나 연기금 등 투자자에게 판매하기 위해서 신용평가회사의 적격 평가가 필요했다는 점이 문제의 단초로 작용했다(위의 글, 105면).

2 위의 글, 106~107면.

3 위의 글, 107면.

기준」 157에 따르면 '금융상품의 평가 기준'으로 크게 3단계로 구분하여 규정하고 있었는데, 상품의 복잡성에 따라 다음과 같이 평가하고 있다.[1]

1) 1단계(Level I): 시장에서 거래가 잘 이루어지는 금융상품의 경우에 시가주의(mark to market)로 평가

2) 2단계(Level II): 유사 또는 표준 금융자산 선정 후 신용 가산금리(spread)를 적용하여 가치 평가(예를 들어, 자산유동화증권 상품의 경우)

3) 3단계(Level III): '통계적 추론'(mark to model)으로 가치 추정(예를 들어, CDO처럼 표준화된 시장 거래가 거의 없는 금융상품의 경우)

자산유동화 상품으로서 자산유동화증권과 나아가 채무담보부증권(CDO) 같은 상품은 구조화 상품으로서 적절한 시장 가격을 발견하기가 어려워, 더욱더 시장에 불확실성을 줌으로써 위기를 심화시켰다고 볼 수 있다.[2]

(5) 위험 관리 실패(내부 통제 실패)

또 다른 원인으로서 SPV나 헤지펀드를 소유하거나 거래했던 금융기관의 위험 관리가 실패했다는 점이다. 각 금융기관들은 실적을 중시하는 분위기에서 내부 통제에 실패했다고 볼 수 있으며, 당시 위험 관리의 중심 척도였던 VaR(Value at Risk)[3]가 주로 과거 중심으로 이루어져 미래 예측이 어려웠으며, 최근 개발된 상품에 대한 관련 통계 부족으로 이 상품에 대한 VaR 측정에 어려움이 있었던 것도 사실이었다. VaR가 특정 금융상품의 변동성 증가로 인해 커지면 내부적으로 강제 매도(fire sale)하에 시장 유동성이 감소하고, 이에 따라 가격이 급격히 하락하는 부작용을 일으켰다. 당시 이 VaR에 일방적으로 의존했던 것은 위험의 한 요소였다.[4]

---

1 위의 글, 107면.
2 위의 글, 107면.
3 과거 자료를 바탕으로 계산하여 하루에 1% 정도의 확률로 일어날 수 있는 최대 손실을 말한다(위의 글, 108면).
4 위의 글, 108면.

제 5 장

증권화(Securitization)를 통한 부동산금융(II)

– 집합투자기구와 부동산투자회사를 이용한 부동산금융

Real Estate
Finance Law

Real Estate Finance Law

제1절 「자본시장과 금융투자업에 관한 법률」상의 집합투자기구를 이용한 부동산금융

I 총 설

2009년 2월 4일부터 시행된 「자본시장과 금융투자업에 관한 법률」과 관련하여 제1장 총론에서 언급했던 '부동산금융 법규'로서 의미가 있는 부분은 이 법에 흡수된 법률들[1] 중의 하나인 구(舊) 「간접투자자산 운용업법」상의 '부동산간접투자기구'와 대응하는 부분이다. 투자자의 입장에서 볼 때, 부동산 간접투자수단으로서 중요한 것은 「부동산투자회사법」상의 부동산 간접투자기구인 '부동산투자회사'와 구(舊) 「간접투자자산 운용업법」상의 '부동산 투자신탁'을 들 수 있는데, 구 「간접투자자산 운용업법」이 「자본시장과 금융투자업에 관한 법률」에 흡수되면서 '간접투자(indirect investment)' 대신에 '집합투자(collective investment)'라는 개념이 도입되어 '부동산 (관련) 간접투자기구'는 '부동산 (관련) 집합투자기구'[2]로 재탄생하게 되었다. 실무상 종래 '부동산 펀드'는 부동산 실물매입, 부동산 개발 사업에 자금 대여, 재간접투자 등의 형태로 투자하여 왔다.

---

1 「자본시장과 금융투자업에 관한 법률」은 종전의 「증권거래법」, 「선물거래법」, 「간접투자자산 운용업법」, 「신탁업법」, 「종합금융회사에 관한 법률」, 「한국증권선물거래소법」 등 6개 법률을 통합하여 만든 법이다(법 부칙 제2조).

2 종래 「간접투자자산 운용업법」에서는 부동산간접투자기구만이 부동산에 투자할 수 있었으나, 현행 「자본시장과 금융투자업에 관한 법률」에서는 집합투자기구 5개 종류 중 '단기금융집합투자기구'를 제외한 나머지 4가지인 '증권집합투자기구', '부동산집합투자기구', '특별자산집합투자기구', '혼합자산집합투자기구'가 부동산 투자에 활용될 수 있는데(법 제229조 참조), 여기서는 이들을 '부동산 관련 집합투자기구'라 부르기로 한다. 특히 이 중에서 '부동산집합투자기구'가 부동산 간접투자의 가장 주된 수단이 될 수 있을 것이다.

제 5 장 제 1 절에서는 부동산 간접투자수단으로서 활용되는 부동산 관련 집합투자기구에 대하여 「자본시장과 금융투자업에 관한 법률」상의 관련 규정들을 검토하면서 구 「간접투자자산 운용업법」상의 부동산 간접투자기구와 비교하여 공통점과 차이점은 무엇인지, 그리고 새로이 도입된 개념인 집합투자, 집합투자업, 집합투자기구, 집합투자증권, 부동산 관련 집합투자기구 등에 대해 각각 살펴보기로 한다.

Ⅱ 집합투자

1. 서   설

구 「간접투자자산 운용업법」에서는 '간접투자기구'라는 용어를 사용하였는데, 「자본시장과 금융투자업에 관한 법률」은 '집합투자기구'라는 용어로 변경하여 사용하고 있다. 그 이유는 '간접투자'라고 하는 개념이 직접투자가 아닌 모든 투자를 포괄하는 것으로 오해할 소지가 있었으며, 투자자가 간접적으로 투자하는 '투자일임업' 및 '신탁업' 등도 간접투자로 오해될 여지가 있었고, 이에 따라 개념의 혼란이 발생할 수 있어서 다수 투자자의 자금을 '집합(pooling)'한다는 본질적 특성을 반영하여 용어를 '집합투자'로 변경한 것이다.[1]

따라서 종래의 '간접투자'는 '집합투자'로, '자산운용업'은 '집합투자업'으로, '간접투자기구'는 '집합투자기구'로, '간접투자증권'은 '집합투자증권'으로 각각 변경되었다.

---

1 자본시장통합법연구회, 『자본시장통합법 해설서』, 한국증권업협회, 2007. 12, 241면. 자본시장의 국제화에 따라 영국의 「2000년 금융서비스 및 시장법(Financial Services and Markets Act of 2000)」(이하 "FSMA") § 235의 'Collective Investment Scheme'(이하 "CIS")이란 용어를 참고하여 '집합투자'로 변경한 것이다. FSMA는 '집합투자(CIS)'를 "금전을 포함한 어떠한 형태의 재산과 관련한 약정(arrangement)으로서 그 목적(취지)이 투자자로 하여금 그 재산의 취득·보유·운용 또는 처분으로부터 발생되는 이익이나 소득 또는 이로부터 발생되는 현금 등을 수령하기 위해 참여할 수 있게 하는 것"이라고 정의하고 있다(§235).

2. '집합투자'의 개념

(1) 간접투자와 집합투자의 개념 비교

표 5-1	간접투자와 집합투자의 비교	
법률	「간접투자자산 운용업법」 제2조 제1호	「자본시장과 금융투자업에 관한 법률」 제6조 제5항
비교 개념	– 투자자로부터	– 2인 이상의 투자자로부터
	– 자금을 모아서	– 모은 금전 등을
		– 투자자로부터 일상적인 운용지시를 받지 아니하면서
	– 일정한 자산(투자증권, 장내파생상품 또는 장외파생상품, 부동산, 실물자산, 그 밖에 대통령령이 정하는 것)에	– 재산적 가치가 있는 투자 대상 자산을
	– 운용하고	– 취득, 처분 그 밖의 방법으로 운용하고
	– 그 결과를 투자자에게 귀속	– 그 결과를 투자자에게 배분하여 귀속

(2) 집합투자의 요건 관련 법적 쟁점

1) "2인 이상의 투자자로부터" — '1인 단독 펀드'의 설정 가능성 배제

종래 「간접투자자산 운용업법」에서는 "투자자로부터"라고 하여 특별히 몇 명 이상이라는 것을 명시하지 않았으나, 2013년 개정 전 「자본시장과 금융투자업에 관한 법률」에서는 명시적으로 "2인 이상에게 투자 권유를 하여"라고 규정하여, 투자자가 1인인 '1인 단독 펀드'의 허용 여부에 대해 논란이 있었다.

이에 대해서는 '1인 단독 펀드'의 설정이 가능하지 않다는 견해와 '1인 단독 펀드'의 설정이 가능하다는 견해가 대립될 수 있었다. 설정이 가능하지 않다는 전자의 입장에서는, '투자일임계약'(「자본시장과 금융투자업에 관한 법률」 상의 투자일임업자와의 투자일임계약을 말한다)이나 '특정금전신탁'으로도 사실상 '1인 단독 펀드'의 효과를 거둘 수 있다는 점과 '1인 단독 펀드'의 경우 1인 수익자의 운용에 대한 간섭으로 인해서 부작용이 생길 수 있다는 점 등을 근거로 들 수 있었다.

반면에 '1인 단독 펀드'의 설정이 가능하다는 입장의 근거를 살펴보면, 기존에 설정된 펀드 중 1인 단독 펀드의 비중이 실질적으로 높다는 현실적인 이유[1]와 투자자 2인 이상에게 권유했는데 궁극적으로 1인만이 투자자가 되어 '1인 단독 펀드'가 되는 경우도 있을 수 있다는 점, 그리고 형식적으로는 2인 투자자이지만 실질적으로는 1인 투자자인 펀드도 있을 수 있다는 점 등을 감안할 때 '1인 단독 펀드'의 설정을 부정할 이유가 없다는 것을 근거로 들 수 있었다.[2]

하지만 2011년 7월 27일 입법예고되고 2013년 5월 28일 개정된 법률에서는 "2인 이상에게 투자권유를 하여"를 "2인 이상으로부터 모은 금전 등을"로 규정하여 사모단독집합투자기구의 설정 내지 설립을 허용하지 않게 되었다. 시행시기를 2015년 1월 1일부터로 하였고(부칙 제1조 제3호) 이 법 시행 당시 등록한 집합투자기구로서 그 투자자의 수가 1인인 집합투자기구(이 법 시행 후에 그 집합투자기구의 집합투자증권이 추가로 발행되지 아니한 경우로 한정한다)에 대하여는 종전의 규정에 따르도록 하여 시행시기 이전에 등록된 단

---

1 당초 「자본시장과 금융투자업에 관한 법률」 제정 당시 입법예고안에서는 "2인 이상의 투자자로부터 금전 등을 모아서"라고 규정하여 사모단독펀드를 제한할 의도였으나 당시 70조원에 달하는 사모단독펀드가 일시에 자산운용시장에서 이탈하여 자산운용사의 경영악화를 초래할 것을 우려하는 업계의 목소리와 금융기관, 연기금 등 일정한 기관투자가의 경우 이미 자금이 집합(pooling)된 것이므로 예외적으로 사모단독펀드를 허용하자는 의견들을 반영하여 "2인 이상에게 투자권유를 하여"로 입법하게 되었다(이경돈·한용호·오지현, "부동산펀드에 관한 법적 제문제," 『BFL』 제52호(서울대학교 금융법센터 2012. 3), 50면).

2 한때 「조세특례제한법」상 2012년 12월 31일까지 한시적으로 부동산을 집합투자재산으로 취득하는 부동산집합투자기구의 취득세 30% 감면과 관련하여(「조세특례제한법」 제120조 제4항 제2호) 집합투자업자가 여러 명의 투자자에게 투자 권유를 하였으나 결과적으로 그 중 1인만이 투자를 하여 부동산집합투자기구를 설정하게 된 경우에 이 감면 규정을 적용할 수 있느냐에 대해 논란이 있었으나, 행정안전부는 「조세특례제한법」상 취득세 감면 규정의 적용은 단독 투자자가 부동산 펀드에 100% 투자한 경우에도 2인 이상에게 투자를 권유하고 투자자 등으로부터 일상적인 운용지시를 받지 않는 등 「자본시장과 금융투자업에 관한 법률」상 집합투자기구의 요건을 갖춘 부동산집합투자기구인 것으로 족하고, 그 부동산집합투자기구의 투자자가 1인인지의 여부는 당해 감면 요건으로 볼 수 없다고 할 것인 바, 그 취득 주체가 사모단독 부동산집합투자기구라 하더라도 「자본시장과 금융투자업에 관한 법률」상 부동산집합투자기구로 적법하게 설정·등록되어 운용되는 경우에는 「조세특례제한법」상 취득세 감면 규정을 적용하여 감면함이 타당하다는 유권해석을 내린 바 있다(행정안전부 지방세운용과−5032, "사모단독집합투자기구 취득세 등 감면 해당 여부 관련 질의 회신," 2010. 10. 22).

독 사모집합투자기구는 이를 인정하였다(^{부칙}_{제8조}). 집합투자기구 수익자(주주)의 총수가 1인이 되는 경우에는 집합투자업자는 지체 없이 해지(해산)하여야 한다(^{법 제192조 제 2 항}_{제 5 호, 제202조} _{제 1 항} _{제 7 호}). 다만, 건전한 거래질서를 해칠 위험이 없는 경우로서 예외적으로 특정수익자 (주주)의 경우,[1] 최초 설정(설립)일로부터 1개월이 경과하지 않은 경우, 수익자(주주)가 1 인이 된 날로부터 1개월이 경과하지 않은 경우 등에는 사모단독집합투자기구가 허용 된다(^{법 시행령 제224조}_{의2, 제231조의2}). 설정(설립) 이후 수익자(주주)간 양수도로 인해 투자자가 1인이 되는 경우에는 1개월 이내에 해지(해산)하여야 한다. 한편, 사모집합투자기구의 투자자 수 를 산정하는 경우에 제외되는 자는 「법인세법 시행규칙」 제56조의2 제 1 항 및 제 2 항의 자를 말한다.[2]

2) "투자자로부터 일상적 운용지시를 받지 않으면서"[3]

① 총   설   「자본시장과 금융투자업에 관한 법률」은 '집합투자'를 정의함

---

1 각종 기금, 중앙회, 체신관서, 공제회, 공제조합, 학교법인, 공익법인, 복지기금법인, 공제사업 경영법인, 투자회사, 보험사 설정 투자신탁(법 제251조 제 1 항, 「금융투자업 규정」 제7－11조 의2, 제1－4조 참조).

2 「공무원연금법」에 따른 공무원연금관리공단, 「사립학교교직원 연금법」에 따른 사립학교교직 원연금관리공단, 「국민체육진흥법」에 따른 서울올림픽기념국민체육진흥공단, 「신용보증기금 법」에 따른 신용보증기금, 「기술신용보증기금법」에 따른 기술신용보증기금, 「수출보험법」에 따른 한국수출보험공사, 「중소기업협동조합법」에 따른 중소기업중앙회, 「농림수산업자신용 보증법」에 따른 농림수산업자신용보증기금을 관리·운용하는 농업협동조합중앙회, 「한국주 택금융공사법」에 따른 한국주택금융공사, 「문화예술진흥법」에 따른 한국문화예술위원회, 「한 국교직원공제회법」에 따른 한국교직원공제회, 「군인공제회법」에 따른 군인공제회, 「신용협동 조합법」에 따른 신용협동조합중앙회(공제사업에 한정한다) 「건설산업기본법」에 따라 설립된 건설공제조합 및 전문건설공제조합, 「전기공사공제조합법」에 따른 전기공사공제조합, 「정보 통신공사업법」에 따른 정보통신공제조합, 「대한지방행정공제회법」에 따른 대한지방행정공제 회, 「새마을금고법」에 따른 새마을금고연합회(공제사업에 한정한다), 「과학기술인공제회법」에 따른 과학기술인공제회, 「소방산업의 진흥에 관한 법률」 제23조 제 1 항에 따른 소방산업공제 조합, 「건축사법」 제38조의3 제 1 항에 따른 건축사 공제조합.

3 이와 관련하여 한 가지 문제가 제기될 수 있는 점은 「자본시장과 금융투자업에 관한 법률」 제 249조가 사모집합투자기구에 대한 특례를 규정하면서 투자신탁에 있어서 집합투자재산을 보 관·관리하는 신탁업자의 '집합투자업자 운용행위 감시' 규정(법 제247조, 시행령 제269조)의 적용을 배제하고 있는 것인데, 이는 사모집합투자기구의 경우에 공모집합투자기구와 동일한 정도의 투자자 보호가 필요하지 않다는 점에 근거를 두고 있는 것으로 보인다(재정경제부, "자 본시장과 금융투자업에 관한 법률안 설명 자료," 2006. 12. 28., 60면). 또한 이는 사모집합투자 기구의 경우에는 소수 투자자가 직접 집합투자업자의 운용 행위를 감시하고 이에 개입할 수 있 다는 점을 고려한데서 나온 것으로도 이해될 수 있다. 그러나 이러한 점에 대해서는 「자본시장 과 금융투자업에 관한 법률」 제 6 조 제 5 항의 "투자자로부터 일상적인 운용지시를 받지 않으

에 있어서 "투자자로부터 일상적 운용지시를 받지 않을 것"을 명시적으로 규정하고 있는데(법 제6조 제5항), 이는 기술한 영국 FSMA의 '집합투자'(CIS: Collective Investment Scheme)의 정의 요건인 "day to day control"이란 표현(FSMA, § 235 (1), (2))을 참고로 하여 도입한 것으로 볼 수 있다. 일상적 운용지시가 존재할 경우 '자기 책임 원칙'하에 투자가가 책임을 지는 것이 합리적이고, 이 경우 집합투자 규제에 의한 투자자 보호의 필요성이 없으므로 집합투자의 개념에서 배제하는 것은 타당한 것으로 보인다.

이와 관련하여 「자본시장과 금융투자업에 관한 법률 시행령」 제정 전(前)에 논란이 되었던 사항은 '집합투자'와 '사업수행행위'를 구별하는 기준이 무엇인지에 관한 것이었다.[1] 다시 말해서, '집합투자'와 '비집합투자'의 경계를 구분짓는 기준으로 '집합투자' 정의의 요건 중의 하나인 '일상적인 운용지시'를 활용할 수 있느냐 하는 것이었다. 이는 주체(투자자 전체 또는 일부이냐)나 범위(의사결정단계까지냐 또는 최종집행단계까지냐)를 어떻게 해석하느냐에 따라 '집합투자'의 범위와 한계가 달라질 수 있는 문제이다.[2] 이와 관련하여 「자본시장과 금융투자업에 관한 법률」은 행위의 성격과 투자자 보호의 필요성 등을 감안하여 집합투자의 규제를 받지 않는 사업이나 행위를 규정할 수 있도록 하고 있으며(제6조 제5항 제3호), 이에 따른 시행령에서는 명시적으로 집합투자의 개념에서 제외하는 것들을 열거하고 있는데(제6조 제4항), 여기에는 지주회사, 사업수행회사 등이 포함되어 있어 논란의 여지를 없애고 있다.[3]

② 수익자의 집합투자업자 통제 가능성　　　특정 투자자가 집합투자기구의 설정 및 운용 등을 주도하고 집합투자업자는 해당 투자자의 요구에 따라 집합투자기구를 형식상으로 설정 및 운용함으로써 「자본시장과 금융투자업에 관한 법률」이 요구하는

면서"라는 집합투자의 본래 취지에 반한다는 비판이 있다(조상욱 · 이진국, "「자본시장과 금융투자업에 관한 법률(안)」상 집합투자 규제의 주요 내용 및 문제점," 『BFL』 제22호(서울대학교 금융법센터, 2007. 3), 40면). 이와 관련하여 집합투자업자의 불건전 영업행위의 한 유형으로서 "투자자와의 이면계약 등에 따라 그 투자자로부터 일상적으로 명령 · 지시 · 요청 등을 받아 집합투자재산을 운용하는 행위"를 규정하고 있다(법 제85조 제 8 호, 시행령 제87조 제 4 항 제 5 호).

1 자세한 것은 위의 글, 33~34면 참조.
2 위의 글, 35면도 같은 견해이다.
3 영국의 경우, FSMA가 위임한 「재무부령(Treasury FSMA(CIS) Order, 2001)」에서 집합투자(CIS)의 범위를 합리적으로 제한하고 있으며, 여기서도 '개방형 투자회사(뮤추얼 펀드)'(open-end investment company) 및 유한책임조합(limited liability partnerships)이 아닌 모든 법인(body corporate)을 집합투자(CIS)의 정의에서 배제하고 있다(SI 2001/1062, para 21).

집합투자요건을 충족하지 못하는 경우, 실무상 이를 'OEM 펀드'라고 지칭한다. 특히 부동산집합투자기구와 관련해서는 특정 투자자가 직접 부동산을 취득하는 방식을 취하지 않고 부동산집합투자기구를 통해 취득함으로써 세제혜택을 얻고자 하는 경우에 주로 발생한다. 이 경우에는 법상 집합투자기구로서 등록한 것이 취소될 수 있으며 (법 제253조 제 1 항 제 1 호), 해당 집합투자업자도 징역 또는 벌금 등의 벌칙에 처해질 수 있다 (법 제445조 제24호). 또한 "투자자와의 이면 계약 등에 따라 투자자로부터 일상적으로 명령, 지시, 요청 등을 받아 집합투자재산을 운용하는 행위"는 투자자 보호 또는 건전한 거래질서를 해할 우려가 있는 행위로서 불건전 영업행위에 해당되어 금지된다 (법 제85조 제 8 호, 시행령 제87조 제 4 항 제 5 호).

    이상의 OEM 펀드의 문제에 비추어 볼 때 수익자는 집합투자업자의 자산운용을 통제하는 것이 매우 제한적이며 법상 집합투자업자가 법령, 약관, 집합투자규약, 투자설명서 등에 위반하는 행위를 하는 경우나 업무를 소홀히 하여 투자자에게 손해를 발생시키는 경우에 집합투자업자 및 귀책사유가 있는 임원에게 손해배상을 청구하거나 (법 제64조 제 1 항 및 제 2 항), 집합투자기구를 해지하는 등 간접적이고 사후적인 통제만이 가능하다. 수익자 총회 혹은 주주총회 등이 신탁계약이나 정관을 변경하여 신탁기간, 신탁보수 등을 변경할 수는 있으나 총회의 의결사항을 확대하는 경우 앞서 언급한 OEM 펀드로 간주될 소지가 높아 소극적인 대응만이 가능하다고 볼 수 있다. 「자본시장과 금융투자업에 관한 법률」 제 9 조 제19항에 따른 사모집합투자기구로서 투자신탁으로 설정되어 OEM 펀드에 해당하는 경우에는 이를 「소득세법」상 집합투자기구로 보지 않고 집합투자기구 외의 신탁으로 보아 과세될 수 있다 (「소득세법」 제 4 조 제 2 항, 동법 시행령 제26조의2 제 8 항).

    ③ 수익자의 집합투자업자 변경   과거 「간접투자자산운용업법」과 달리 「자본시장과 금융투자업에 관한 법률」은 신탁계약이나 정관의 규정을 통해 수익자총회나 주주총회 등의 결의를 거쳐 집합투자업자를 변경할 수 있도록 규정을 하고 있다 (법 제188조 제 1 항 제 8 호, 제 2 항 제 4 호, 이 법 시행령 제215조 제 9 호, 217조 제 3 호, 법 제194조 제 2 항 제 1 호, 제195조 제 1 항 제 2 호, 이 법 시행령 제227조 제 1 항 제 8 호, 법 제207조 제 1 항 제 8 호, 제211조, 이 법 시행령 제234조 제 1 항 제 7 호).[1]

---

1 여기서 투자신탁형 부동산집합투자기구의 경우 신탁재산인 부동산에 대해 집합투자업자를 위탁자로 하고 신탁업자를 수탁자로 하는 신탁등기가 경료되어 있으므로 위탁자인 집합투자업자를 변경할 때 위탁자 변경등기를 경료할 수 있는 지가 문제된다. 현행 「부동산등기법」에서는 신탁등기 시 위탁자 자체를 변경할 수 있는 근거규정은 없으며, 「신탁등기사무처리에 관한 예규(등기예규 제1294호)」에 의하면 위탁자의 성명, 명칭, 주소 등의 변경이 생긴 경우엔 수탁자의 신청에 따라 신탁원부를 변경할 수는 있으나 위탁자 자체를 변경하는 등기는 신청할 수 없

3) "재산적 가치가 있는 투자대상자산"

구 「간접투자자산 운용업법」은 투자대상자산을 열거하여 규정하였으나(법 제2조 제1호, 시행령 제3조 제1호 내지 제11호), 「자본시장과 금융투자업에 관한 법률」은 "재산적 가치가 있는 투자대 상자산"으로 규정하여 포괄(包括)주의를 도입하고 있는데, 가격이 매겨지고(pricing) 유 통성(marketable)이 있으면 모두 투자대상이 된다고 볼 수 있다.

4) "취득, 처분 그 밖의 방법으로 운용하고"

구 「간접투자자산 운용업법」은 간접투자재산의 운용 방법에 대해 원칙적으로 "취득 또는 매각, 투자 증권의 경우 대여 또는 차입, 부동산의 경우 관리, 개량, 개발, 임대, 선박의 경우 관리, 개량, 대선 등"을 명시적으로 규정하고, 예외적으로 단기 대 출 또는 금융기관 예치 등을 허용하고 있었는데(법 제87조 제2항, 시행령 제69조), 「자본시장과 금융투자 업에 관한 법률」은 법 제6조 제5항의 해석상 포괄적으로 이익을 창출할 수 있는 모 든 형태의 운용행위가 가능하다고 볼 수 있다.[1]

3. 집합투자증권과 투자계약증권

「자본시장과 금융투자업에 관한 법률」은 금융상품의 정의 방식에 있어서 '포괄 주의 원칙'을 취함에 따라 '금융투자상품'이라는 개념을 도입하고, 이를 '증권'과 '파생 상품'으로 구분하고 있다(법 제3조 제1항, 제2항).[2] '증권'은 채무증권, 지분증권, 수익증권, 투자계 약증권, 파생결합증권, 증권예탁증권 등 총 6가지 종류로 구분하고 있는데(법 제4조 제2항),

---

다고 명시적으로 규정하고 있어, 「자본시장과 금융투자업 관한 법률」상의 규정이 실효성이 없 게 되는 결과가 발생한다. 그러나 2012년 7월 26일 시행된 개정 「신탁법」은 위탁자의 지위는 신탁행위로 정한 방법에 따라 제3자에게 이전될 수 있으며, 신탁의 이전 방법이 정해지지 않 은 경우라도 수탁자와 수익자의 동의를 받아 위탁자의 지위를 제3자에게 이전할 수 있도록 규 정함으로써 이것이 가능하게 되었다(법 제10조 제1항, 제2항).

1 집합투자기구 재산의 대부분을 대출로 운용하는 경우에는 은행의 고유업무(예금 및 대출 업무) 를 영위하는 것이 아닌가라는 문제가 있을 수 있는데, 「자본시장과 금융투자업에 관한 법률」 제83조 제4항은 원칙적으로 금전 대여는 불가하다고 규정하고 있으며, 다만 예외적으로 지정 금융기관에 30일 내로 단기 대여하는 것만을 허용하고 있어서 대출 업무를 영위한다고 보기는 어려울 것이다. 부동산 운용 특례(「자본시장과 금융투자업에 관한 법률」 제94조, 시행령 제97 조)에 대해서는 뒤에서 별도로 설명하기로 한다.

2 「자본시장과 금융투자업에 관한 법률」은 원본 손실 가능성 여부에 따라 '금융투자상품'과 '비금 융투자상품'으로, 추가지급 의무의 존부(存否)에 따라 '증권'과 '파생상품'으로 구별하고 있다 (법 제3조, 제4조, 제5조).

특기할 만한 것은 미국 「1933년 증권법」(Securities Act of 1933)상의 '투자계약(investment contract)'에 해당하는 '투자계약증권'의 개념을 도입했다는 점이다. '투자계약증권'이란 "특정 투자자가 그 투자자와 타인(다른 투자자를 포함한다) 간의 공동 사업에 금전 등을 투자하고 주로 타인이 수행한 공동 사업의 결과에 따른 손익을 귀속 받는 계약상의 권리가 표시된 것"을 말한다(법 제4조 제6항). 미국 「1933년 증권법」상 '투자계약'[1]은 법규에 명시적으로 열거되지 않은 추상적이고 포괄적인 증권 유형을 모두 포괄하는 개념으로서 「자본시장과 금융투자업에 관한 법률」은 '투자계약증권'이란 개념을 통해 종래의 유가증권의 개념의 정의 방식에 포괄주의를 접목시키려는 의도로 보인다.[2]

한편, '집합투자증권'은 집합투자업자에 의해 집합투자기구 등록이 된 경우의 투자자의 권리로서 형식적 요소에 의해 구분되는 개념이라고 볼 수 있다. 그리고 '집합투자'라는 개념은 집합투자기구의 존재를 반드시 필요 요건으로 하는 것은 아니며, 그렇기 때문에 집합투자증권도 필요 요소가 아니다. 따라서 집합투자증권을 발행하지 않는 집합투자의 범주를 생각할 수 있는데, 이러한 것들을 '비정형 집합투자'로 분류할 수 있다. 일반적으로 이러한 '비정형 집합투자' 형태 하에 투자자들의 권리를 표창하는 것을 '집합투자증권'과 구분하여 '비정형 간접투자증권'으로 명명하고 있다.[3] 즉, 구 「간접투자자산 운용업법」상 인정되는 간접투자증권이 아닌 「간접투자자산 운용업법」의 규율을 받지 않았던 '비정형 간접투자'의 지분이라고 볼 수 있다.

기술한 '투자계약증권'의 개념 정의만을 고려할 때, '집합투자증권'이란 것은 투

---

1 "투자계약"의 개념과 관련하여 미국 연방 대법원의 "SEC v. W. J. Howey Co." 판결이 있는데, 이 판결에서 '투자계약'의 해당 여부 판단기준(소위 'Howey 기준'이라고 한다)으로서 공동사업 영위목적, 자금의 투자, 투자 금전으로부터 발생하는 수익이 오로지 사업자나 제3자의 노력에 의할 것, 사업자(자금 모집인)나 제3자의 경영에서 발생하는 결과로서의 수익을 기대할 수 있을 것 등을 들고 있으며, 향후 이 기준과 미국의 관련 판례 등이 「자본시장과 금융투자업에 관한 법률」상 '투자계약증권'의 범위를 판단하는데 참고가 될 것으로 보인다.

2 조상욱 · 이진국, 앞의 글, 37면.

3 재정경제부, "「자본시장과 금융투자업에 관한 법률」 제정안 설명 자료," 2006. 9, 9면은 '비정형 간접투자증권'이란 표현을 사용하고 있다. 또한, 재정경제부, "자본시장과 금융투자업에 관한 법률(가칭) 제정 방안 설명 자료", 2006. 2. 17, 36면도 '비정형 간접투자'의 예로 인터넷으로 투자자를 모집하는 네티즌펀드(netizen fund)에 대한 지분, 상법상의 익명조합, 민법상의 조합에 대한 지분 등을 들고 있었다. 그러나 「자본시장과 금융투자업에 관한 법률」은 이러한 조합을 집합투자기구의 한 유형으로 포함하고 있으므로(제9조 제18항), 이러한 지분은 집합투자증권의 범위에 들어오게 되었다.

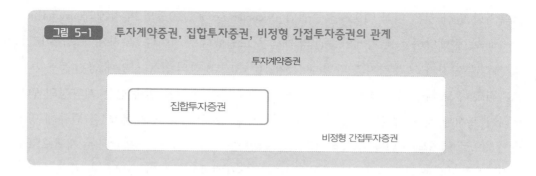

그림 5-1 투자계약증권, 집합투자증권, 비정형 간접투자증권의 관계

투자계약증권

집합투자증권

비정형 간접투자증권

자계약증권의 하나로 이해될 수 있을 것이며, 특정한 증권이 「자본시장과 금융투자업에 관한 법률」상 적법한 집합투자증권에 해당한다면 굳이 투자계약증권에 해당하는지 여부를 판단할 필요가 없을 것이다. 그러나 「자본시장과 금융투자업에 관한 법률」상 허용된 집합투자기구를 활용하지 않는 등 집합투자증권의 요소를 충족하지 못하는 증권의 경우에는 투자계약증권에 해당하는지 여부를 검토하고 만약 투자계약증권에 해당한다면 「자본시장과 금융투자업에 관한 법률」에 규정된 투자자 보호에 관한 규제를 적용하여야 할 것이다. 투자계약증권은 타인의 노력이 결부되는 특징을 가지는 모든 증권을 「자본시장과 금융투자업에 관한 법률」상의 증권 개념으로 포섭하기 위한 '잔여적'(residual) 개념이므로 특정 증권이 주식이나 수익증권 등 전통적 증권의 유형으로 우선 포섭될 수 있다면 이를 굳이 투자계약증권으로 포섭할 필요는 없을 것이다.[1]

그리고 '집합투자증권' 내지 '비정형 간접투자증권' 모두가 「자본시장과 금융투자업에 관한 법률」상 투자계약증권으로 분류되는 것은 아니라는 점을 유의할 필요가 있다. 종래 「간접투자자산 운용업법」상의 투자신탁의 수익자의 권리는 「자본시장과 금융투자업에 관한 법률」상의 수익증권으로 규정되어 있고(제4조 제5항, 제189조), 종래 '비정형 간접투자증권'의 하나였던 상법상의 익명조합의 지분은 현행 「자본시장과 금융투자업에 관한 법률」상 지분증권으로 규정되어 있는데(법 제4조 제4항), 집합투자기구의 종류에 따라 그 집합투자증권의 형태가 달라지게 된다.

---

1 자본시장통합법연구회, 앞의 책, 21면. 재정경제부, 앞의 설명 자료(2006. 9), 9면에서도 투자계약증권의 한 부분으로 집합투자증권을 예시하고 있다. 조상욱·이진국, 앞의 글, 38면도 같은 취지로 설명하고 있다.

투자계약증권 개념의 도입과 관련하여 종래 「간접투자자산 운용업법」과는 달리 「자본시장과 금융투자업에 관한 법률」은 집합투자기구의 확대를 통해 집합투자의 영역을 보다 확대시키고 있는데, 이것은 집합투자업의 확대와 활성화에 기여할 것으로 보인다. 즉, 상법상 설립 가능한 기구(상법상의 익명조합, 합자조합 등)를 집합투자기구로 활용할 수 있도록 허용함으로써($\frac{법 제9조}{제18항}$) 집합투자 일반을 규제의 대상으로 포섭할 수 있게 된 것이다.

이에 대해 집합투자기구의 확대와 투자계약증권의 도입 간에 중첩된 부분이 없는지를 살펴볼 필요가 있다는 지적도 있다.[1] 나아가 종래 「간접투자자산 운용업법」상 간접투자기구의 형태인 투자회사 및 투자신탁 이외에 「자본시장과 금융투자업에 관한 법률」에서 추가된 투자유한회사, 투자유한책임회사, 투자합자회사, 투자익명조합, 투자합자조합($\frac{법 제9조}{제18항}$) 간에 판매, 환매, 운용, 투자자총회, 성과 배분 등의 면에서 실질적인 차이가 없다고 보아 사실상 집합투자업의 확대와 활성화 효과를 기대하기가 어려워질 수 있다는 지적도 있다.[2]

결론적으로 기술한 바와 같이 투자계약증권의 개념을 도입한 것은 「자본시장과 금융투자업에 관한 법률」상 집합투자증권으로서의 요건을 구비하지 못한 경우를 예상한 것이며, 굳이 법상 또는 본질상 다른 전통적인 증권인 지분증권이나 수익증권 등의 유형으로 포섭될 수 있다면 투자계약증권으로 볼 필요도 없고, 이에 대한 규제(공모규제 등)도 중첩적으로 받을 필요가 없을 것이다.

4. 집합투자업

구 「간접투자자산 운용업법」은 "이 법에 의하지 않고 간접투자를 업으로 하는 자는 처벌한다"고 규정하였으나($\frac{법 제3조 제2항,}{제182조 제1호}$), 「자본시장과 금융투자업에 관한 법률」에서는 '집합투자업'이란 "집합투자를 영업으로 하는 것"이라고 규정하여($\frac{제6조}{제4항}$), '영업', 즉 "이익[3]을 목적으로 계속적이거나 반복적인 방법으로 하는 행위"($\frac{법 제6조}{제1항}$)를 전

---

1 정순섭, "자본시장통합법상 금융투자상품의 개념에 관한 연구," 『BFL』 제18호(서울대학교 금융법센터, 2006. 7), 13면.

2 조상욱 · 이진국, 앞의 글, 40면.

3 운용 수수료나 운용 행위 자체로부터 발생되는 이익이나 기타 간접이익을 생각할 수 있다.

제로 하고 있다. 일응 간접투자업보다 「자본시장과 금융투자업에 관한 법률」상 집합투자업의 범위가 축소된 것으로 보이나, 이익의 개념을 광의로 해석할 경우 그 축소 정도는 작아진다고 볼 수 있다.[1]

5. 집합투자기구

(1) 형태에 따른 종류

종래 「간접투자자산 운용업법」상 간접투자기구의 형태로는 투자신탁, 투자회사, 사모투자전문회사(private equity fund(PEF)로서 합자회사 형태)가 있었으나($^{법\ 제2조\ 제2호,}_{제3조\ 제2항}$), 「자본시장과 금융투자업에 관한 법률」은 투자신탁(계약형), 투자회사(「상법」상의 주식회사), 투자유한회사(「상법」상의 유한회사), 투자합자회사(「상법」상의 합자회사), 투자유한책임회사(「상법」상의 유한책임회사), 투자합자조합(「상법」상의 합자조합), 투자익명조합(「상법」상의 익명조합) 등 「상법」상 거의 모든 형태의 가능한 기구를 상정하고 있다($^{법\ 제9조}_{제18항}$). 단, 합명회사는 집합투자의 본질(유한책임)과 상치되므로 배제하고 있다.

(2) 집합투자재산의 운용 대상에 따른 종류

구 「간접투자자산 운용업법」은 간접투자재산의 운용 대상에 따른 간접투자기구의 유형으로서 증권간접투자기구, 파생상품간접투자기구, 부동산간접투자기구, 실물간접투자기구, 단기금융간접투자기구, 재간접투자기구, 대통령령이 정하는 간접투자기구 등 7가지로 한정했으나($^{법\ 제27조,\ 제87조\ 제2항,\ 시}_{행령\ 제70조\ 제1항\ [별표\ 2]}$), 「자본시장과 금융투자업에 관한 법률」은 증권집합투자기구, 부동산집합투자기구, 특별자산집합투자기구, 혼합자산집합투자기구 및 단기금융집합투자기구의 5가지 유형으로 분류하고 있다($^{법}_{제229조}$). 증권집합투자기구, 부동산집합투자기구, 특별자산집합투자기구는 집합투자재산의 50% 이상을 각각 증권, 부동산, 특별자산(증권 및 부동산을 제외한 투자 대상 자산을 말한다)에 주로 투자하는 기구를 말한다($^{법\ 제229조,}_{시행령\ 240조}$). 그리고 증권집합투자기구, 부동산집합투자기구,

---

1 종래 부동산집합투자기구는 투자신탁형이 대부분이었으나, 최근 들어 투자유한회사형 부동산집합투자기구의 이용이 점차 증가하고 있다. 투자유한회사형의 경우에는 집합투자업자가 유한책임사원으로서 출자를 하게 되는 점, 설립 절차, 최소자본금, 총회의 의사 결정 사항, 증권의 형태, 집합투자규약 등에 있어서 투자신탁형과 차이가 있다.

특별자산집합투자기구, 혼합자산집합투자기구는 모든 종류의 자산에 투자가 가능하다($\frac{법}{제229조}$).

Ⅲ 부동산집합투자기구

1. 서   설

부동산금융은 2009년 2월 4일부터 시행된 「자본시장과 금융투자업에 관한 법률」에 따른 '부동산 관련 집합투자기구'[1]를 이용한 형태도 가능하다. 이것은 일반적으로 '부동산펀드'라고 불리어진다.[2] 기술한 바와 같이 「자본시장과 금융투자업에 관한 법률」은 집합투자재산의 운용 대상에 따라 증권집합투자기구, 부동산집합투자기구, 특별자산집합투자기구, 혼합자산집합투자기구, 단기금융집합투자기구 등 5가지로 구분하고 있는데($\frac{법 제}{229조}$), 이 중 단기금융집합투자기구를 제외한 모든 집합투자기구가 부동산 투자를 위한 집합투자기구로 이용될 수 있을 것이다.[3] 이것은 구 「간접투자자산운용업법」상 부동산간접투자기구만이 부동산에 투자할 수 있었던 것($\frac{법 제27조}{제3호}$)[4]과는 다른 점이다. 그러나 이 중에서는 부동산에 주로 투자하는 '부동산집합투자기구'가 많이 활용될 수 있을 것이다.[5]

또한 앞서 언급한 바와 같이 「자본시장과 금융투자업에 관한 법률」은 집합투자

---

1 후술하는 단기금융집합투자기구를 제외한 모든 집합투자기구를 포괄하여 여기서는 '부동산 관련 집합투자기구'라고 하기로 한다.

2 김기형 외 4인, 앞의 책, 193면에서는 「자본시장과 금융투자업에 관한 법률」이 시행되기 전에 종래 흔히 사용되어 온 '부동산펀드'의 유형을 1) 대출형, 2) 실물형(임대형, 경매·공매형, 직접 개발형으로 세분됨), 3) 준 부동산형(금전채권, 사업권, 조합지분 등 특별 자산을 운용 대상으로 함)으로 구분하고 있다.

3 재정경제부, "자본시장과 금융투자업에 관한 법률안 설명 자료," 2006. 12. 28.

4 이 중 투자회사인 부동산간접투자기구는 투자회사 재산의 70% 이내에서 부동산에 투자하도록 제한되어 있어(법 제143조 제6항), 당시 실무상 투자회사형 부동산간접투자기구는 거의 이용되지 않았고, 투자신탁형 부동산간접투자기구가 주로 이용되었다(이경돈·전경준·한용호, 앞의 글, 42면).

5 고동원, "부동산금융의 유형 및 특징과 개선 과제," 『일감부동산법학』 제3호(건국대학교 법학연구소, 2008. 12), 99면.

기구의 종류를 종래「간접투자자산 운용업법」상 이용할 수 있었던 투자신탁 및 투자회사의 두 가지 유형의 간접투자기구($\binom{\text{법 제2조 제2호,}}{\text{제3호, 제4호}}$) 이외에 설립 가능한 모든 집합투자기구로 확대하여 유한회사, 유한책임회사, 합자회사, 합자조합, 익명조합 형태의 집합투자기구도 인정하고 있으므로($\binom{\text{법 제9조 제18항}}{\text{제1호 내지 제6호}}$)「자본시장과 금융투자업에 관한 법률」상 부동산 관련 집합투자기구는 이러한 여러 가지 형태의 집합투자기구를 이용하여 설정할 수 있다.[1]

자산운용 방법과 관련해서도, 구「간접투자자산 운용업법」은 부동산 간접투자기구의 자산운용 방법을 제한하고 있었으나,「자본시장과 금융투자업에 관한 법률」은 자산운용 방법의 제한을 폐지하여 다양한 자산운용이 가능하도록 하고 있다. 즉, 구「간접투자자산 운용업법」은 투자대상자산 또는 간접투자기구별 자산운용 방법을 제한해서 열거하고 있어서, 투자대상자산을 취득 또는 매각하는 방법 외에 투자증권의 경우는 대여 또는 차입의 방법으로만, 부동산의 경우는 관리·개량·개발 또는 임대의 방법으로만 운용할 수 있었다($\binom{\text{제87조 제2항,}}{\text{시행령 제69조}}$). 그러나「자본시장과 금융투자업에 관한 법률」은 '집합투자'를 정의하면서 "취득·처분, 그 밖의 방법으로 운용하는 것"으로 하여 포괄적으로 규정하고 있기 때문에($\binom{\text{법 제6조}}{\text{제5항}}$), 후술하는 바와 같이, 부동산집합투자기구의 경우 부동산의 분양권이나 임차권을 취득하는 것도 가능하게 되었다($\binom{\text{법 제229조}}{\text{제2호, 시행}}$ 령 제240 조 제4항$)$.

2. 부동산집합투자기구의 설정(설립) 유형

부동산집합투자기구도「자본시장과 금융투자업에 관한 법률」상 다른 집합투자기구와 동일하게 기본적으로 (i) 자산운용자인 집합투자업자, (ii) 자산 보관·관리자인 신탁업자 및 (iii) 투자자인 수익자의 3 당사자의 관계로 구성된다.[2]

---

1 집합투자기구의 종류로는 합자회사 형태의 사모투자전문회사(private equity fund: PEF)도 있으나, 사모투자전문회사는 "경영권 참여, 사업 구조 또는 지배 구조의 개선 등을 위하여 지분증권 등에 투자·운용"하는 집합투자기구(「자본시장과 금융투자업에 관한 법률」제9조 제18항 제7호)이므로 부동산금융과는 관련이 없을 것이다.

2 구「간접투자자산 운용업법」상은 투자신탁을 이용하는 경우에는 위탁자인 자산운용회사, 자산 보관·관리자인 수탁회사 및 투자자인 수익자의 3 당사자의 관계로 구성되며, 자산운용회사와 수탁회사가 신탁계약을 체결함으로써 당사자 관계가 성립되었다.「간접투자자산 운용업법」상의 자산운용회사는「자본시장과 금융투자업에 관한 법률」상의 집합투자업자(법 제8조

우선 투자신탁의 형태로 부동산 집합투자기구가 설정되는 경우에는 자산운용 업무는 집합투자업자가 수행하며(법 제184조 제2항), 집합투자재산의 보관·관리 업무는 신탁업자에게 위탁되어 수행된다(법 제184조 제3항).[1] 투자익명조합의 형태로 부동산 관련 집합투자기구가 설정되는 경우도 동일하다(법 제184조 제2항, 제3항).[2]

투자회사의 형태의 경우에는 투자회사의 법인이사인 집합투자업자가 자산운용 업무를 수행하며(법 제184조 제2항, 제197조 제1항), 집합투자재산의 보관·관리 업무는 신탁업자에게 위탁되어 수행된다(법 제184조 제3항).[3] 그리고 투자회사 주식의 발행 및 명의 개서나 투자회사 재산의 계산, 이사회 및 주주총회의 소집·개최·의사록 작성 업무 등 투자회사의 사무를 처리하기 위하여 필요한 업무는 일반사무관리회사에 위탁되어 수행된다(법 제184조 제6항).

투자유한회사의 형태인 경우에는 투자유한회사의 법인이사인 집합투자업자가 자산운용 업무를 수행하며(법 제184조 제2항, 제209조 제1항), 집합투자재산의 보관·관리 업무는 신탁업자에게 위탁되어 수행된다(법 제184조 제3항).[4] 투자유한책임회사의 형태의 경우에는 업무집행자인 집합투자업자가 자산운용업무를 수행하며(법 제184조 제2항, 제217조의4 제1항), 집합투자재산의 보관·관리 업무는 신탁업자에게 위탁되어 수행된다(법 제184조 제3항). 투자합자회사의 형태의 경우에도 1인 업무집행사원인 집합투자업자가 자산운용 업무를 수행하며(법 제184조 제2항, 제214조 제1항), 집합투자재산의 보관·관리 업무는 신탁업자에게 위탁되어 수행된다(법 제184조 제3항). 투자합자조합의 형태인 경우에는 업무집행조합원인 집합투자업자가 자산운용 업무를 수행하며(법 제184조 제2항), 집합투자재산의 보관·관리 업무는 신탁업자에게 위탁되어 수행된다(법 제184조 제3항).[5]

그리고 집합투자증권(법 제9조 제21항)의 판매와 관련해서는 집합투자업자와 투자매매업

제4항)가 되었고, 수탁회사는 신탁업자가 되었다(법 제80조 제1항).

[1] 집합투자업자와 신탁업자 간에 신탁계약이 체결된다(법 제188조 제1항).

[2] 영업자인 집합투자업자가 집합투자규약인 익명조합계약을 작성하여 그 영업자와 익명조합원 1인이 기명날인 또는 서명한다(법 제224조 제1항).

[3] 발기인이 집합투자규약인 투자회사의 정관을 작성하여 발기인 전원이 기명날인 또는 서명한다(법 제194조 제1항).

[4] 집합투자업자가 집합투자규약인 투자유한회사의 정관을 작성하여 기명날인 또는 서명한다(법 제207조 제1항).

[5] 업무집행조합원인 집합투자업자가 집합투자규약인 조합계약을 작성하여 그 업무집행조합원과 유한책임조합원 1인이 기명날인 또는 서명한다(법 제218조 제1항).

자 간에 판매계약이 체결되고, 투자중개업자와는 위탁판매계약이 체결된다(법 제184조 제5항). 투자신탁이나 투자익명조합의 경우 집합투자업자가 직접 판매할 수도 있다(법 제184조 제5항 단서).

이상에서 살펴본 부동산집합투자기구의 구조를 요약하면 [표 5 – 2]와 같이 정리할 수 있다.

표 5-2 부동산집합투자기구의 구조

유형 (근거법)	운 용	재산보관 및 관리	사무처리	주요계약	법적 성격
투자신탁	집합투자업자 (위탁자)	신탁업자	N/A.	신탁약관	계약 수익증권
투자익명조합[3](상법)	집합투자업자 (영업자)	신탁업자	N/A.	익명조합계약	계약 지분증권
투자회사 (상법)	집합투자업자 (법인이사)	신탁업자	일반사무 관리회사[2]	정관	명목회사 지분증권
투자유한회사 (상법)	집합투자업자 (법인이사)	신탁업자	N/A.	정관	명목회사 지분증권
투자유한책임 회사(상법)	집합투자업자 (업무집행자)	신탁업자	N/A.	정관	명목회사 지분증권
투자합자회사 (상법)	집합투자업자 (업무집행사원)	신탁업자	N/A.	정관	명목회사 지분증권
투자합자조합 (상법)	집합투자업자 (업무집행조합원)	신탁업자	N/A.	조합계약	명목회사[3] 지분증권

---

1 「자본시장과 금융투자업에 관한 법률」 제정 전에는 집합투자기구가 투자익명조합의 형태로 설정되는 경우에 있어서 익명조합원은 영업자의 투자활동의 결과로부터 소득을 얻게 되므로, 이 익명조합원이 얻는 소득을 일반적인 배당소득으로 볼 것인지 아니면 2007년 도입된 '출자 공동 사업자'로서 배당소득을 얻은 것으로 볼 것인지에 대해 논란이 있었다. 출자 공동 사업자는 「소득세법」상 일정한 요건을 구비해야 하고(「소득세법」 제43조 제1항), 원천징수 세율에 있어서도 일반 배당소득의 경우 14%이지만 출자 공동 사업자의 배당소득에 대해서는 25%(「소득세법」 제129조 제1항 제2호 가목)이므로 이에 대한 정리가 필요하다는 견해가 있다(안경봉 외 4인, "자본시장 발전을 위한 세제 개혁 방안—자본시장 통합법이 세제에 미치는 영향을 중심으로—," 한국증권법학회 제139회 정기 세미나 자료, 2008. 6. 19, 21면).

2 일반사무관리회사의 업무 내용은 투자회사 주식의 발행, 명의 개서, 투자회사재산의 계산, 통지와 공고, 이사회 및 주주총회 소집·개최, 의사록 작성 등이다(법 제184조 제6항).

3 「자본시장과 금융투자업에 관한 법률」 제182조 제1항은 투자회사, 투자유한회사, 투자유한책임회사, 투자합자회사, 투자합자조합을 '투자회사 등'이라고 합하여 칭하고 있고, 이 법 제184조 제7항은 이 '투자회사 등'을 명목회사로 간주하고, 상근임직원을 둘 수 없고, 본점 외 영업

3. 자산 운용 대상

「자본시장과 금융투자업에 관한 법률」상 '부동산집합투자기구'는 "집합투자재산의 40% 이상으로서 대통령령으로 정하는 비율을 초과하여 부동산에 투자하는 집합투자기구"라고 정의되고 있는데(^{법 제229조}_{제 2 호}), 시행령으로 정하고 있는 비율은 50%이다(^{시행령 제240조}_{제 2 항}). 즉 집합투자재산의 50%를 초과하여 부동산에 투자하는 집합투자기구를 말한다.

여기서 부동산에 대한 투자의 범위는 부동산에 직접 투자하는 경우뿐만 아니라, 부동산을 기초자산으로 하는 파생상품 및 부동산 관련 증권에 투자하는 것, 그리고 부동산 개발 사업에 투자하는 것도 포함된다. 즉 부동산 집합투자기구는 "(i) 부동산, (ii) 부동산을 기초자산으로 한 파생상품에 투자하는 경우, (iii) 부동산 개발과 관련된 법인에 대하여 대출하는 경우, (iv) 그 밖에 대통령령으로 정하는 방법으로 부동산에 투자하는 경우, (v) 대통령령으로 정하는 부동산과 관련된 증권에 투자하는 경우"를 그 투자 대상으로 하게 된다(^{법 제229}_{조 제 2 호}). 다시 말해서 부동산집합투자기구는 부동산을 주된 투자 대상으로 하지만, 부동산을 기초 자산으로 하는 파생상품뿐만 아니라, 아래에서 보는 것처럼, 부동산 관련 권리(지상권, 지역권 등)나 부동산과 관련된 증권(유동화증권, 주택저당담보부채권이나 주택저당증권, 부동산투자회사의 발행 주식 등), 그리고 부동산 개발 사업 등에 다양하게 투자할 수 있는 것이다.[1]

「자본시장과 금융투자업에 관한 법률」은 위의 (iii)의 "대통령령으로 정하는 방법으로 부동산에 투자하는 경우"를 (i) 부동산의 개발, (ii) 부동산의 관리 및 개량, (iii) 부동산의 임대 및 운영, (iv) 지상권, 지역권, 전세권, 임차권, 분양권 등 부동산 관련 권리의 취득, (v) 「기업구조조정촉진법」 제 2 조 제 3 호에 따른 채권금융기관[2]이 채권자인 금전채권(부동산을 담보로 한 경우만 해당한다)의 취득의 경우를 포함하고 있다(^{시행령}_{제240}

소를 개설할 수 없도록 규정하고 있다. 본래 투자합자조합도 상법상 익명조합과 같이 계약의 하나로서 법적 실체로서 인정할 수 없으나, 「자본시장과 금융투자업에 관한 법률」은 집합투자기구로서 금융위원회에 등록하도록 하고 있고(법 제182조 제 1 항), 이에 따라 일정한 규제를 받도록 하는데서 실체를 인정하여 명목회사로 규정한 것으로 보인다.

1 고동원, 앞의 글(부동산금융), 101면.
2 「금융산업의 구조개선에 관한 법률」에 따른 금융기관이었던 자로서 청산절차 또는 「채무자 회생 및 파산에 관한 법률」에 따른 파산절차가 진행 중인 법인을 포함한다(「자본시장과 금융투자업에 관한 법률 시행령」 제240조 제 4 항 제 5 호).

^조_{제4항}). 따라서 해석상 부동산집합투자기구는 집합투자재산의 50%를 초과하여 부동산 등에 투자하는 집합투자기구를 말하기 때문에, 집합투자재산의 50%를 초과하여 전부 부동산 개발 사업에 투자할 수도 있을 것이다.[1] 이런 점에서 구「간접투자자산 운용업법」상 투자회사형 및 투자신탁형 부동산간접투자기구의 경우 자산 총액의 30%를 초과하여 부동산 개발 사업에 투자할 수 없도록 규정하고 있었던 것(_{법 제88조}
^{제1항제4호})과 비교할 때 「자본시장과 금융투자업에 관한 법률」은 부동산 개발 사업에 대한 투자 규제를 상당히 완화한 것으로 볼 수 있다.[2] 또한 투자 대상 부동산 관련 증권의 범위를 시행령에서 정하도록 하고 있는데, (i) 부동산, 부동산 관련 권리(지상권, 지역권, 전세권, 임차권, 분양권 등), 채권금융기관이 채권자인 금전채권(부동산을 담보로 한 경우) 중 어느 하나의 자산이 신탁재산, 집합투자재산 또는 유동화자산의 50% 이상을 차지하는 경우의 그 수익증권, 집합투자증권 또는 유동화증권, (ii) 「부동산투자회사법」에 따른 부동산투자회사가 발행한 주식, (iii) 부동산개발회사(특정한 부동산을 개발하기 위하여 존속 기간을 정하여 설립된 회사)가 발행한 증권, (iv) 부동산 및 부동산 관련 자산(부동산매출채권(債權)[3]과 부동산 담보부채권(債權)을 말함)을 기초자산으로 하여 발행된 「자산유동화에 관한 법률」에 따른 유동화증권으로서 그 기초자산의 합계액이 유동화자산 가액의 70% 이상인 유동화증권, (v) 「한국주택금융공사법」에 따른 주택저당채권(債權)담보부채권(債券) 또는 주택저당증권으로서 은행 등 금융기관이 지급을 보증한 주택저당채권담보부채권(債券) 또는 주택저당증권, (vi) 부동산투자목적회사[4]가 발행한 지분증권을 말한다(_{시행령 제240조 제5항,}
^{제2항 제1호, 제2호,} 제6호, 제80조 제1항 제1호 라목, 마목, 바목, 사목, 「금융투자업규정」 제4-50조 제1항).

    이상에서 살펴본 부동산 집합투자기구의 운용 대상을 요약하면 [표 5-3]과 같다.

---

1 고동원, 앞의 글(부동산금융), 101면.

2 위의 글, 101면.

3 매매, 임대 등에 따라 발생한 채권을 말한다.

4 "부동산투자목적회사"는 "부동산 또는 다른 부동산투자목적회사의 투자증권에 투자하는 것을 목적으로 하여 설립되고, 부동산투자목적회사와 그 종속회사가 소유하고 있는 자산을 합한 금액 중 부동산 또는 부동산 관련 권리(지상권, 지역권, 전세권, 임차권, 분양권 등)를 합한 금액이 90% 이상인 회사"를 말한다(「자본시장과 금융투자업에 관한 법률 시행령」 제80조 제1항 제1호 사목).

표 5-3 **부동산집합투자기구의 운용 대상**[1]

	요건	운용 대상		참고 사항
부동산 집합투자 기구	집합 투자 재산의 100분의 50 초과 투자 요건	부동산		개발, 관리 및 개량, 임대, 운영
		권리		지상권, 지역권, 전세권, 임차권, 분양권
		금전채권[2]		
		증권	수익증권 집합투자증권 유동화증권	자산 중 부동산, 부동산 관련 권리, 기술한 금전채권이 100분의 50 이상
			주식	「부동산투자회사법」상 부동산투자회사
			부동산개발회사가 발행한 증권	특정 부동산 개발 존속기간 한정
			유동화증권	부동산 및 부동산 관련 자산이 기초자산 가액의 100분의 70 이상
			주택저당채권 담보부채권	
			주택저당증권	
			부동산투자 목적 회사가 발행한 지분증권	부동산 또는 다른 부동산투자목적회사의 투자증권에 투자하는 것을 목적으로 설립되고 이 회사와 그 종속회사의 전체 자산의 100분의 90 이상이 부동산과 부동산 관련 권리에 투자
		파생상품		부동산이 기초자산
		대출		부동산 개발 관련 법인 대상

---

1 금융당국은 (i) 부동산집합투자기구가 취득한 부동산을 직접 운영하는 것, (ii) 부동산집합투자기구가 설립한 SPC의 부동산담보대출채권에 투자하는 것, (iii) 부동산집합투자기구의 해외 부동산담보대출채권에 투자하는 것 등을 허용하였다.

2 「기업구조조정촉진법」제 2 조 제 1 호에 따른 채권금융기관이 금전채권(부동산을 담보로

4. 부동산집합투자기구의 특징

(1) 부동산 투자·운용의 제한

「자본시장과 금융투자업에 관한 법률」은 집합투자재산을 부동산에 투자·운용함에 있어서 일정한 제한을 하고 있다.

1) 부동산 의무 보유 기간의 설정

부동산집합투자기구는 국내에 소재하는 부동산 중 「주택법」 제 2 조 제 1 호에 따른 주택이든 비주택이든 1년간 의무적으로 보유해야 한다(법 제81조 제 1 항 제 2 호 가목, 시행령 제80조 제 7 항 제 1 호).[1] 외국 소재 부동산의 경우에는 집합투자규약으로 정한 기간 동안 의무적으로 보유해야 한다(시행령 제80조 제 7 항 제 2 호). 다만, 부동산 개발 사업(토지를 택지·공장 용지 등으로 개발하거나 그 토지 위에 건축물, 그 밖의 공작물을 신축 또는 재축하는 사업)에 따라 조성하거나 설치한 토지·건축물 등을 분양하는 경우와 집합투자기구가 합병·해지 또는 해산되는 경우는 예외가 인정된다(법 제81조 제 1 항 제 2 호 가목 단서, 시행령 제80조 제 8 항).[2]

2) 부동산 개발 사업 시행 전의 토지 처분 행위 금지

부동산 관련 집합투자기구는 건축물·그 밖의 공작물이 없는 토지(즉, 나대지(裸垈地))의 경우 그 토지에 대하여 부동산 개발사업을 시행하기 전에 이를 처분하는 행위를 할 수 없다(법 제81조 제 1 항 제 2 호 나목 본문). 다만, (i) 집합투자기구가 합병·해지 또는 해산하는 경우

한 경우만 해당한다)을 취득하는 것을 말한다(「자본시장과 금융투자업에 관한 법률 시행령」 제240조 제 4 항).

1 다만, 집합투자기구가 미분양주택(「주택법」 제54조에 따른 사업주체가 같은 조에 따라 공급하는 주택으로서 입주자모집공고에 따른 입주자의 계약일이 지난 주택단지에서 분양계약이 체결되지 아니하여 선착순의 방법으로 공급하는 주택을 말한다)을 취득하는 경우에는 집합투자규약에서 정하는 기간 동안 의무적으로 보유해야 한다(시행령 제80조 제 7 항 제 1 호 단서).

2 이 규정의 목적이 부동산집합투자기구가 가지고 있는 세제혜택을 이용한 부동산투기를 규제하는 데 있는바, 예외 규정을 이용하여 부동산 3년 보유규정의 적용을 회피하기 위해 부동산집합투자기구를 해지 해산하는 행위는 당연히 제한되어야 할 것이다. 금융감독원도 이에 대해 엄격한 적용을 하고 있지만 재산의 자율적인 운용이나 처분을 제한하는 데는 한계가 있기에 입법적으로 해결되는 것이 바람직하다고 본다. 참고로 2010년 7월 「부동산투자회사법 시행령」 개정(대통령령 제22280호. 2010. 7. 15. 일부 개정, 시행령 제26조 제 1 항 제 1 호, 제 2 호)을 통해 부동산투자회사는 국내 소재 부동산 중에서 주택법상의 주택이 아닌 부동산의 경우에는 보유기간을 3년에서 1년으로 단축하고, 나아가 미분양주택의 경우에는 보유기간을 두지 않는 것으로 변경함으로써 자산매각시점의 결정에 주주의 자율성을 제고하고 장단기 투자를 포함한 다양한 자산투자(portfolio) 구성을 통해 위험을 줄이고 수익을 증대하는 효과를 기대할 수 있게 되었다.

와 (ii) 부동산 개발사업을 하기 위하여 토지를 취득한 후 관련 법령의 제 · 개정 또는 폐지 등으로 인하여 사업성이 뚜렷하게 떨어져서 부동산 개발사업을 수행하는 것이 곤란하다고 객관적으로 증명되어 그 토지의 처분이 불가피한 경우는 예외가 인정된다(법 제81조 제1항 제2호 나목 단서, 시행령 제80조 제9항).

(2) 부동산 투자·운용 제한에 대한 특례

「자본시장과 금융투자업에 관한 법률」은 집합투자재산으로 부동산을 취득하는 경우에는 집합투자기구에 적용되는 일반적인 투자 · 운용 제한에 대하여 특례를 규정하고 있다. 즉 집합투자업자가 부동산을 취득하는 경우에는 예외적으로 집합투자기구의 계산으로 금전을 차입할 수 있고, 부동산 개발 사업자에 대하여는 일정한 조건으로 자금을 대여할 수도 있다. 자세히 살펴보면 다음과 같다.

1) 금전 차입의 허용

일반적으로 집합투자업자가 집합투자재산을 운용함에 있어 특별히 예외적인 경우가 아닌 한 집합투자기구의 계산으로 금전을 차입할 수 없다(법 제83조 제1항). 그러나 부동산집합투자기구가 집합투자재산으로 부동산을 취득하는 경우(부동산집합투자기구를 운용하는 경우 포함)에는 부동산을 담보로 제공하는 방법[1] 등으로 은행이나 보험회사 등 금융기관이나 연기금 또는 다른 부동산집합투자기구 및 이에 준하는 외국금융기관 등으로부터 자금을 차입할 수 있다(법 제94조 제1항, 시행령 제97조 제1항 본문). 다만, 집합투자자총회에서 달리 의결한 경우에는 그 의결에 따라 금전을 차입할 수 있다(시행령 제97조 제1항 단서). 그리고 차입한 금전은 원칙적으로 부동산에 투자 · 운용하는데 사용하여야 한다(시행령 제97조 제8항) 다만, 부동산에 투자할 수 없는 불가피한 사유가 발생한 경우에는 일시적으로 현금성 자산에 투자할

---

1 여기에는 대출자를 위해 부동산에 근저당권을 설정하는 방법과 부동산을 신탁업자에게 담보신탁하고 대출자에게 우선수익권을 부여하는 방법이 있다. 그런데 여기서 투자신탁형 부동산집합투자기구의 경우 기본적으로 위탁자인 집합투자업자와 수탁자인 신탁업자간에 신탁계약에 따라 집합투자재산이 신탁된 상태인데, 이미 신탁된 신탁재산을 다시 담보신탁을 할 수 있는지가 쟁점이 될 수 있다. 구 「신탁법」 및 「부동산등기법」에는 신탁된 부동산을 재신탁할 수 있다는 규정이 없었으며 재신탁등기도 불가능하다(등기3402 – 361 질의 회답, 1999. 4. 3). 따라서 실무상 대출자에게 근저당권을 설정해주는 방식으로 담보 제공하는 것이 일반적이다. 그런데 2012년 7월 26일부터 시행된 개정 「신탁법」은 수탁자는 신탁행위로 달리 정한 바가 없으면 신탁 목적의 달성을 위하여 필요한 경우에는 수익자의 동의를 받아 타인에게 신탁재산에 대하여 신탁을 설정할 수 있도록 규정함으로써 재신탁을 명시적으로 허용하고 있어(법 제3조 제5항), 「자본시장법」이 개정이 되면 담보 설정 방법이 다변화될 수 있을 것으로 본다.

수 있다(시행령 제97조 제8항, 금융 투자업규정 제4-72조 제3항).[1]

또한, 「자본시장과 금융투자업에 관한 법률 시행령」은 그러한 금전차입 한도에 대하여 규정하고 있는데, (i) 부동산집합투자기구의 계산으로 차입하는 경우에는, 그 부동산집합투자기구의 순자산 총액의 2배 이내에서 차입할 수 있으며(다만 집합투자자총회에서 달리 의결한 경우에는 그 의결한 한도이다), (ii) 부동산집합투자기구가 아닌 집합투자기구의 계산으로 차입하는 경우에는 그 집합투자기구에 속하는 부동산 가액의 70% 이내에서만 차입할 수 있다(시행령 제97조 제7항 제1호, 제2호, 금융투자업규정 제4-72조 제2항).

이렇게 집합투자재산으로 부동산을 취득하는 경우에 있어서 금전 차입을 허용한 이유는 1997년 말 외환위기 이후 이루어진 대부분의 대형 부동산 거래에서 투자자가 매수자금의 일부를 차입을 통해 조달한 것을 고려하여 허용한 것으로 파악된다.[2]

2) 금전 대여

일반적으로 집합투자업자는 금융기관에 대한 30일 이내의 단기 대출을 제외하고는 집합투자재산을 운용함에 있어 금전을 대여하는 것이 금지된다(법 제83조 제4항). 그러나, 집합투자업자는 부동산 개발 사업을 영위하는 법인(부동산 신탁업자, 「부동산투자회사법」상의 부동산투자회사 및 다른 집합투자기구를 포함)에 대하여는 (i) 집합투자규약에서 금전의 대여에 관한 사항을 정하고 있고, 또한 (ii) 부동산에 대하여 담보권을 설정하거나 시공사 등으로부터 지급 보증을 받는 등 대여금을 회수하기 위한 적절한 수단이 확보되는 조건으로 하여 금전을 대여할 수 있다(법 제94조 제2항, 시행령 제97조 제3항).[3] 대여 한도는 순자산 총액의 100분의 100이다(시행령 제97조 제4항).

---

1 이와 관련하여 기존 대출금의 상환(refinancing)을 위해 자금을 차입하는 것이 허용되는지 여부가 문제되는 경우가 있는바, 이에 대해 기존 대출금이 부동산 운용(부동산 취득 자금 등)의 목적으로 차입되어 사용된 것이라면, 기존 대출금의 상환(refinancing)을 위한 차입금 또한 이와 동일한 성격으로 봐야 할 것이므로 허용된다고 보아야 하며 금융감독원도 같은 입장으로 파악된다(이경돈 · 한용호 · 오지현, 앞의 글, 47면). 개정 전 법하에서는 금전차입의 시기를 "부동산을 취득하는 경우"로 한정했으나 2016년 3월 29일 개정으로 "부동산집합투자기구를 운용하는 경우"도 포함되었다.

2 이경돈 · 전경준 · 한용호, 앞의 글, 44면.

3 「자본시장과 금융투자업에 관한 법률」은 전문투자형 사모집합투자기구의 경우 이 규정의 적용을 배제하고 있다(법 제249조의8 제1항).

(3) 부동산집합투자기구 등은 환매금지형만 허용

부동산집합투자기구를 설정 또는 설립하는 경우에는 환매금지형 집합투자기구만 허용된다(법 제230조 제5항, 시행령 제242조 제2항 제1호). 또한 특별자산 집합투자기구와 혼합자산집합투자기구를 설정 또는 설립하여 부동산에 투자하는 경우에도 환매금지형으로만 설정 또는 설립하여야 한다(법 제230조 제5항, 시행령 제242조 제2항 제1호). 따라서 부동산 관련 집합투자기구에 투자한 투자자는 존속기간 내에는 수익증권을 매각(환매청구)하여 투자금을 회수할 수 없고, 수익증권의 양도나 이익 배당으로만 투자금을 회수할 수 있을 것이다.

5. 부동산집합투자기구 관련 주요 쟁점

(1) 부동산집합투자기구의 설립(설정)

부동산집합투자기구의 유형 중 실무상 가장 많이 이용되는 것은 투자신탁형이며, 이는 설정의 용이성, 단체법적 규제의 회피 가능성, 기관투자가의 선호도 등에 연유하며, 유한(책임)회사형의 경우에는 회사형에 익숙한 점, 지배구조나 내부 투자지침 등을 고려하여 외국계 투자가들이 선택하는 경우가 있다. 종래 투자회사형 부동산집합투자기구와 관련하여 2016년 개정 전 「자본시장과 금융투자업에 관한 법률」 제194조 제11항 제1호에 따라 집합투자재산의 70%만 부동산 등에 투자가 가능했기에 「부동산투자회사법」상의 부동산투자회사에 비해 경쟁력이 열위에 있었으나, 2016년 3월 29일 법 개정으로 이러한 제한이 폐지되어 상호간에 동등한 지위에 이르게 되었다. 부동산집합투자기구가 설정(설립)된 경우 반드시 금융위원회에 등록하여야 하나(법 제182조), 일반 사모부동산집합투자기구의 경우 설정(설립)된 날로부터 2주 이내에 금융위원회에 보고하여야 한다(법 제249조의6 제2항).

투자신탁형 부동산집합투자기구의 경우 등록 전 수익자를 유치할 수 있는가에 대해 공모의 경우 증권발행인은 증권신고서를 제출할 의무가 있기에(법 제119조) 등록신청서와 증권신고서를 제출하는 경우 그 증권신고서의 효력이 발생하는 때에 등록한 것으로 간주된다(법 제211조). 사모의 경우 종래 등록 전 판매나 광고 등이 금지되었으나(구 자본시장법 제76조 제3항) 법 개정으로 사후보고로 변경되어 이 문제가 해소되었다.

부동산집합투자기구의 추가 설정과 관련하여 기존 투자자의 이익을 해할 우려가 없는 등 일정한 경우에만 집합투자증권을 추가로 발행할 수 있는데 (i) 이익분배금의 범위에서 추가로 설정하는 경우, (ii) 기존 투자자의 이익을 해칠 염려가 없다는 것을 신탁업자로부터 확인 받은 경우, (iii) 기존 투자자 전원의 동의를 얻은 경우, (iv) 기존 투자자에게 집합투자증권의 보유비율에 따라 추가로 발행되는 집합투자증권의 우선 매수 기회를 부여하는 경우에는 예외적으로 허용하고 있으며, 실무적으로 부동산 매 매대금을 분할하여 지급하거나 대출금을 분할하여 인출해야 하는 경우, 투자 대상이 사전 정해져 있지 않은 부동산집합투자기구(Blind Type)에서 사후 투자 대상을 확정하는 경우 등에 그 필요성이 인정될 수 있다($\binom{법 제230조 제2항,}{시행령 제242조 제1항}$).[1]

(2) 투자자(수익자, 주주, 출자자) 균등의 원칙과 환매

투자신탁($\binom{법 제189}{조 제2항}$), 투자유한회사($\binom{법 제208}{조 제1항}$), 투자합자회사($\binom{법 제216조}{제2항, 제208조}$), 투자유한책임회사($\binom{법 제217조}{의3 제1항}$), 투자합자조합($\binom{법 제222조}{제2항, 제208조}$), 투자익명조합($\binom{법 제227조}{제2항, 제208조}$) 등의 경우에는 신탁원본의 상환이나 출자금액의 반환 및 이익의 분배에 관하여 균등하여야 한다. 다만, 일반 사모부동산집합투자기구의 경우에는 집합투자규약에 따라 투자자에 대한 손익의 분배 또는 손익의 순위 등에 관한 사항을 정할 수 있다($\binom{법 제249조}{의8 제8항}$).

(3) 집합투자기구에의 투자(출자)방법

부동산집합투자기구에 투자(출자)하는 방법은 원칙으로는 금전이나($\binom{법 제188조 제4항,}{제194조 제7항, 제}$ 207조 제4항, 제213조 제4항, 제217조의 2 제4항, 제218조 제2항, 제224조 제2항), 예외적으로 현물로 투자(출자)할 수 있다. 현물투자(출자)의 요건으로는 (i) 일반 사모집합투자기구이어야 할 것, (ii) 객관적으로 가치평가가 가능할 것, (iii) 다른 투자자의 불이익이 없을 것, (iv) 집합투자재산평가위원회가 정한 가격으로 납부할 것 등이 있으며, 투자(출자)대상으로는 증권, 부동산, 실물자산 등이 있다($\binom{법 제249조의8 제4항,}{시행령 제271조의11 제2항}$).[2]

(4) 집합투자재산의 투자 시점

투자신탁형 부동산집합투자기구는 공모의 경우 금융위원회에 등록한 후에 집합투자재산을 투자(예로서 부동산 취득 등)할 수 있으며, 사모부동산집합투자기구의 경우에

---

1 실무적으로 Capital Call 방식으로 칭한다.
2 현물출자의 경우에 이전등기의 방식, 과세 등과 관련하여 문제가 존재한다.

는 설정(설립)시 투자가 가능하고 금융위원회에 사후 보고하면 된다. 종래 부동산집합투자기구가 등록 전에 부동산을 취득한 사안에 대해 당시 적용되던 취득세 감면혜택이 주어지지 않았던 사례가 있었다. 한편, 투자유한회사형 부동산집합투자기구의 경우 등록 전에 집합투자업자 외의 자를 사원(투자자)으로 가입시키는 것이 허용되지 않고 있어서 등록 전 투자(예로서 부동산 취득 등)는 사실상 불가능하다(법 제207조 제5항).

(5) 투자 대상 확정

기본적으로 집합투자증권 투자자로부터 투자를 받기 전에 투자 대상을 특정하는 것이 일반적이나(Designated Type), 예외적으로 투자자들 간에 집합투자업자와 사전에 합의한 지침에 맞는 투자 대상에 일정한 한도까지 투자하겠다는 약정을 하는 방식으로 투자대상을 사전에 특정하지 않고 집합투자기구를 설정하는 사례도 있다(Blind Type).

(6) 투자 한도

부동산집합투자기구는 집합투자재산의 50%를 초과하여 지정 투자 대상에 투자하여야 하며, 설정(설립) 후 1년 이내에 동 기준을 충족해야 한다(법 제229조 제2호, 시행령 제240조 제3항, 법 제81조 제4항, 시행령 제81조 제4항). 하지만 일반 사모부동산집합투자기구의 경우에는 이러한 제한이 적용되지 않는다(법 제289조의8 제1항).

(7) 실물매입형 펀드

부동산집합투자기구가 실물 부동산을 취득하는 경우에는 반드시 실사보고서를 작성하고 비치해야 할 의무가 있으며(법 제94조 제3항), 도산절연의 여부와 관련 있는 진정양도(true sale) 요건의 구비 여부에 신경 써야 하고 실물 매입 시 금전을 차입하는 경우에 그와 관련해서 준수해야 할 사항(예로서 차입한도, 담보설정 등)과 종전 소유자(임대인)의 기존 임대사업을 승계할 경우 유의사항 등을 반드시 검토해야 한다.

(8) 선 매 입

실무상 부동산집합투자기구가 아직 완공되지 않은 부동산(건물)을 미리 매입하는 구조가 있는데 이 경우에는 집합투자재산이 일시에 투입되지 않아도 되기에 일반적으로 Capital Call 방식으로 투자가 된다. 이러한 구조 하에서 거래의 완결을 위해 유의해야 할 사항으로는 매도인에 통제수단으로서 공사진척에 대한 감독, 책임준공, 매매대금 반환을 위한 담보 방안을 강구하는 것 등이 검토되어야 하며, 매매계약 상에도 예상 외로 부동산(건물)의 완공이 지연되는 경우에 매매대금을 조정하거나 계약을 해제하는 방안, 책임준공의무 미이행 시에 계약 해제 나아가 임대 개시를 선행조건으로 하는 방안 등 특약 사항을 반영하여야 할 필요가 있고 일정한 무수익 기간을 고려하여 추가 자금을 조성하는 방안, 선매입에 대한 매각대금의 할인, 매도인으로부터 동 기간에 대한 대출이자 수령, 투자자들에 대한 설득 등이 필요하다. 한편, 향후 안정적인 현금흐름을 위하여 선임대차계약의 체결이 필요한 경우가 있는데 매도인으로 하여금 선임대차계약 체결 의무를 부과하는 방안, 선임차인의 신용도에 대한 철저한 파악, 매매 종결 시에 임대인의 지위를 자동 승계한다는 조항, 매수인의 동의 없이 임대차 계약의 변경을 불허하는 조항 등이 필요하다고 본다.[1]

(9) 부동산 개발사업에의 운용

1) 직접 개발

① **부동산개발과 부동산개발사업투자**   앞서 기술한 바와 같이 부동산집합투자기구는 집합투자재산의 100분의 50을 초과하여 부동산개발사업에 투자하는 것이 허용된다. 여기서 '부동산개발사업'이란 「자본시장과 금융투자업에 관한 법률」에서 "토지를 택지, 공장용지 등으로 개발하거나 그 토지 위에 건축물, 그 밖의 공작물을 신축 또는 재축하는 사업"으로 정의하고 있고, 관련 법인 「부동산개발업의 관리 및 육성에 관한 법률」에서는 '부동산개발'을 "(i) 토지를 건설공사의 수행 또는 형질변경의 방법으로 조성하는 행위, (ii) 건축물을 건축, 대수선, 리모델링 또는 용도 변경하거나 공작물을 설치하는 행위"라고 하고 있다($\frac{법\ 제2조}{제1호}$). 아울러 부동산개발사업에 투자하는 부동산집합투자기구를 설정하려면, 집합투자업자는 집합투자재산으로 부동산개발사업에 투자하고자 하는 추진 일정, 추진 방법, 그 밖에 대통령령으로 정하는 사항이 기재된 사업계획서를 작성하여 「부동산가격공시 및 감정평가에 관한 법률」에 따른 감정

---

1 그 외에 매도인 혹은 매수인이 회생 또는 파산 절차를 밟는 상황에 대비한 관련 법적 검토가 필요하다.

평가업자로부터 그 사업계획서가 적정한지의 여부에 대하여 확인을 받아야 하며 이를 인터넷홈페이지 등을 이용하여 공시하여야 한다(자본시장과 금융투자업에 관한 법률」제94조 제4항).

②「부동산개발업의 관리 및 육성에 관한 법률」상 부동산개발업 등록 문제   제1장에서 설명한 바와 같이「부동산개발업의 관리 및 육성에 관한 법률」에 따르면, 일정 규모 이상의 부동산개발을 '업'으로 영위하려는 자는 국토해양부장관에게 등록을 해야하며, 이 업을 영위하는 자가 부동산개발을 위해 "대통령령으로 정하는 상근 임직원이 없는 특수목적법인"을 설립한 경우에도 등록 요건이나 기타 필요한 사항을 따로정해 개발업 등록을 해야 한다(법 제4조 제1항 및 제3항). 그런데 법 시행령에서는 특수목적법인의 범주에「부동산투자회사법」에 따른 위탁관리부동산투자회사,「자본시장과 금융투자업에 관한 법률」상의 투자회사,「법인세법」에 따른 프로젝트금융투자회사(PFV)만을 인정하고 있어,「자본시장과 금융투자업에 관한 법률」상 부동산집합투자기구 중에투자신탁, 투자유한회사, 투자합자회사, 투자조합, 투자익명조합은 부동산개발업 등록을 할 수 있는 법적 근거가 없게 되는데, 특히 투자신탁형 부동산집합투자기구의 경우 단독으로 부동산개발업을 영위할 수 없다는 문제가 발생한다. 이를 해결하기 위해 실무상 '지주공동사업'이라고 하여「부동산개발업의 관리 및 육성에 관한 법률」제4조 제4항에서 토지소유자는 대통령령으로 정하는 바에 따라 등록사업자와 공동으로 부동산개발을 할 수 있으며, 이 경우 토지소유자와 등록사업자를 공동사업 주체로 보게 되는바, 이 규정에 따라 부동산 개발 투자 부동산집합투자기구는 토지소유권을 취득하고 등록사업자와 공동사업 주체로서 개발 사업을 영위할 수 있게 된다.[1]

---

1 '지주공동사업'의 요건으로는 (i) 토지소유자의 요건 구비, (ii) 등록사업자와의 공동사업협약체결이 있다(법 시행령 제7조 제1항). (i)과 관련해서는 토지가 저당권, 가등기담보권, 가압류 등의 목적으로 되어 있는 경우엔 해당 부동산의 매각 전까지 이들을 말소해야 한다(다만, 그 권리자가 동의한 때는 예외이다). (ii)와 관련해서는 토지소유자와 등록사업자가 개발된 부동산의사용, 처분, 수익의 분배, 사업비의 분담, 사업 기간, 기타 사업추진상 각종 책임 등에 대해 협약을 체결하여야 한다. 이 협약과 관련하여 국토해양부장관이 공동사업협약의 표준적인 기준을 정하여 고시하고 그에 따를 것을 권장할 수 있는데(법 시행령 제7조 제3항), 현재「부동산개발 공동사업의 협약에 관한 규정」(국토해양부 고시 제2010-231호)이 고시되어 있다. 이 규정에서는 개발방식으로서 (i) 공동수행방식과 (ii) 분담수행방식의 두 가지 방식을 제시하고 있는데, 부동산개발사업 투자를 목적으로 하는 부동산집합투자기구의 경우에는 등록사업자가 등록면허를 제공하는 대가로 주로 시공만을 담당하고 개발 건에 대한 연대책임을 지려고 하지 않으므로 후자의 방식이 일반적이다.

2) 부동산개발사업에의 금전 대여

부동산집합투자기구는 집합투자재산으로 부동산 개발 사업을 영위하는 법인(프로젝트금융투자회사, 부동산신탁업자, 부동산투자회사, 다른 부동산집합투자기구)에 대하여 금전을 대여할 수 있다($^{법\ 제94}_{조\ 제2항}$). 금전 대여의 요건으로는 (i) 집합투자규약에서 금전의 대여에 관한 사항을 정하고 있을 것, (ii) 집합투자업자가 부동산에 대하여 담보권을 설정하거나 시공사 등으로부터 지급보증을 받는 등 대여금을 회수하기 위한 적절한 수단을 확보할 것 등이다($^{시행령\ 제97조}_{제3항}$). 다만, 사모부동산집합투자기구의 경우에는 동 요건의 적용이 배제된다($^{법\ 제249}_{조의8}$).

금전대여의 한도는 집합투자기구의 자산총액에서 부채총액을 뺀 가액의 100분의 100으로 한다($^{법\ 시행령\ 제}_{97조\ 제4항}$). 부동산집합투자기구의 부동산개발사업에 대한 대출이 가능하기에 실무상 대출의 기능이 없는 기관투자가(각종 공제회 등)들의 우회 대출 수단으로 활용될 수 있으며, 단순한 담보부 대출이나 부동산개발이 사실상 종료된 개발사업자에 대한 대출은 불가능하다.

또 다른 방안으로는 대출채권을 매입하는 간접적인 방안이다. 구「간접투자자산운용업법」하에서는 연계대출기관이 대출을 하여 취득한 대출채권을 대출채권 특별자산집합투자기구를 통해 매입하고 차입자로부터 담보권을 설정받는 방식이 이용되었으나, 「자본시장과 금융투자업에 관한 법률」 하에서는 「기업구조조정 촉진법」 제2조 제3호에 따른 채권금융기관이 금전채권(부동산을 담보로 한 경우만 해당한다)을 취득하는 방식으로 운용할 수 있다($^{법\ 제229조\ 제2호,\ 시행}_{령\ 제240조\ 제4항\ 제5호}$).[1]

부동산 담보와 함께 대출채권을 매입하는 것은 부동산투자로 간주되며 이 경우 담보를 모두 이전해야 하기에 담보권 이전등기(부기등기) 및 대항요건의 구비, 책임준공 확약 등 사업약정서상의 관련자들의 동의가 필요하다. 공모펀드의 경우에는 대출채권 매입에 있어서 동일인 한도의 제약이 존재한다($^{법\ 제81조,\ 동법\ 시행령}_{제80조\ 제3항\ 제3호}$).

⑽ 집합투자업자의 이해상충 문제

부동산집합투자기구의 운용주체인 집합투자업자도 다른 금융투자업자와 마찬가

---

[1] 부동산집합투자기구의 SPC(투자목적회사)를 이용한 NPL 투자와 차입한도 문제는 『SPC를 활용한 펀드투자에 대한 감독기준』(2013. 3. 18) 참조.

지로 「자본시장과 금융투자업에 관한 법률」상 영업행위 규칙에 관한 규정($^{법 \, 제79조}_{내지 \, 95조}$)을 통해 규제가 되고 있는데, 원칙적으로 집합투자업자가 집합투자재산을 운용함에 있어서 계열회사 등과 같은 이해관계인과의 거래 행위를 하지 못하도록 제한하고 있으나, 예외적으로 집합투자기구와 이해가 상충될 우려가 없는 거래로서 이해관계인이 되기 6개월 이전에 체결한 계약에 따른 거래, 증권시장 등 불특정다수인이 참여하는 공개시장을 통한 거래, 일반적인 거래 조건에 비추어 집합투자기구에 유리한 거래인 경우, 시행령에서 정하는 예외적인 경우 등에는 이해관계인과의 거래 행위도 허용하고 있다($^{법 \, 제84조 \, 제1항,}_{시행령 \, 제85조}$).

실무적으로 부동산집합투자기구의 경우 집합투자업자가 「독점규제 및 공정거래에 관한 법률」상 기업집단에 소속된 회사인 경우 그 계열회사로부터 부동산을 매수하거나 매수인의 지위를 승계해야하는 사례가 있는바, 이 경우 예외사유 즉, "일반적인 거래조건에 비추어 집합투자기구에 유리한 경우"에 해당되는지 여부에 따라 허용여부가 결정된다.[1]

⑾ 투자신탁형 부동산집합투자기구의 계약 체결의 주체 문제

투자신탁형 부동산집합투자기구는 기본적으로 위탁자인 집합투자업자, 자산보관 및 관리자인 신탁업자, 투자자인 수익자의 3자 관계로 구성되고, 집합투자업자가 신탁업자와 신탁계약을 체결함으로써 성립되는데, 여타의 유형과 달리 법적 실체가 없는 관계로 대출계약이나 임대차계약의 경우 누가 주체가 되는지에 대해 실무상 쟁점이 되어 왔다. 법률상 명확한 규정이나 감독기관의 입장 표명이 없는 상황하에서 집합투자재산인 부동산의 법적 소유자는 신탁업자이므로 대외적인 법률행위는 신탁업자의 명의로 해야 한다는 점, 부동산집합투자기구의 실질적 의사결정권자는 위탁자인 집합투자업자이라는 점 등을 고려하면 원칙적으로 신탁업자를 계약상의 채권자

---

1 이와 관련하여 금융위원회는 "「자본시장과 금융투자업에 관한 법률」 제238조에서 정한 평가방법과 같이 제3자의 입장에서도 공정한 가격으로 거래가 이루어졌다고 평가되는 경우라면 이해관계인과의 거래도 허용될 수 있다"고 해석하고 있다(금융위원회 법규 유권해석 회신 사례-463, 2009. 4. 3). 그러나 이에 대해 법상 규정하고 있는 "집합투자기구에게 유리한 경우"를 "제3자의 입장에서도 공정한 가격으로 이루어진 거래"로 완화하여 해석하는 것이 확대 해석의 우려가 있으며 명확한 규정이 필요하다는 입장이 있다(이경돈 · 한용호 · 오지현, 앞의 글, 45면). 「부동산투자회사법」에서는 예외 사유를 넓게 규정하고 있다(법 제30조, 제22조의2 제3항, 시행령 제20조 참조).

또는 채무자로 하되, 집합투자업자를 계약당사자로 포함시켜 계약을 체결하는 것이 일반적이다. 단, 임대차계약의 경우에는 자산 운용의 의사 결정 주체가 집합투자업자 이고, 이는 집합투자재산인 부동산의 개발, 관리 및 개량, 임대 등의 방법으로 운용해 야 하며(_{법 제229조 제 2 호, 시}_{행령 제240조 제 4 항}), 민법상 임대인은 반드시 임대목적물을 소유할 필요가 없 고, 실무상 부동산집합투자기구의 사업자등록증이 집합투자업자의 명의로 발급되 며, 이에 따라 임대료 등의 부가가치세 납부가 이루어진다는 세무상의 이유를 근거 로, 집합투자업자가 임대차의 주체가 되고, 신탁업자는 집합투자업자의 임대에 대 한 수인, 용인, 협조 등을 위해 계약의 당사자에 포함시켜 임대차계약을 체결하는 경우가 있다. 한편 부동산 관리에 관한 용역계약을 체결하는 경우에는 집합투자업 자만이 주체가 되는 사례도 있다.

6. 세제 혜택

「지방세특례제한법」에 따르면 과밀억제권역내 부동산집합투자기구의 부동산취 득에 대해 「지방세법」상의 3배 중과규정의 적용이 배제된다(「지방세법」 제13조 제 2 항, 「지 방세특례제한법」 제180조의2 제 1 항 제 2 호).[1] 또한 투자회사 형태의 부동산집합투자기구가 2024년 12월 31일까지 설립등 기(설립후 5년 이내에 자본 또는 출자액을 증가하는 경우 포함)하는 경우에는 대도시 지역내 법 인등기에 대하여 적용되는 3배 등록면허세 중과 규정(「지방세법」 제 28조 제 2 항)이 적용되지 않는다 (「지방세특례제한법」 제 180조의2 제 2 항 제 1 호).

투자회사, 투자유한회사, 투자합자회사 및 투자유한책임회사의 형태를 띤 부동 산 집합투자기구의 경우 배당가능이익의 90% 이상을 배당한 경우 그 배당금액은 당 해 사업연도의 소득금액에서 공제하여 주는(「법인세법」 제51조의2 제 1 항 제 2 호) 법인세 감면 혜택이 주어 진다.

7. 일반 사모부동산집합투자기구의 특례

지정 투자자, 일정한 금액 이상을 투자하는 개인 · 법인 또는 단체가 투자하고 투

---

1 2021년 12월 31일까지 한시적으로 적용된다.

자자의 총수가 49인 이하인 집합투자기구를 일반 사모집합투자기구라 한다(법 시행령 제271조 참조). 이러한 일반 사모집합투자기구에 대해서 「자본시장과 금융투자업에 관한 법률」은 몇 가지 특례 규정을 두고 있다. 공모부동산집합투자기구와는 달리 일반 사모부동산집합투자기구는 설정(설립)일로부터 2주일 이내에 금융위원회에 보고하면 된다(법 제249조 의6 제2항). 기술한 것처럼 집합투자재산을 운용함에 있어서 부동산 개발사업 영위 법인(부동산 신탁업자, 「부동산투자회사법」상의 부동산투자회사 및 다른 집합투자기구를 포함)에 대한 금전대여의 경우에 필요한 대여금 회수를 위한 적절한 수단의 확보 요건을 배제하고 있다(법 제249조 의8 제1항). 일반 사모집합투자기구의 계산으로 금전을 차입하는 경우 공모의 경우 순자산의 200%까지 가능한데 반해 순자산의 400%까지 차입할 수 있다(법 제249조의7 제1항 제3호, 동법 시행령 제271 조의10 제1항). 공모의 경우 수익자(혹은 투자자) 간에 손익배분, 배분 순위 등의 면에서 차등을 둘 수 없는 수익자(투자자) 균등의 원칙이 적용되는데 반해(법 제189조 제2항, 제196조 제5항, 제208조 제1항) 일반 사모집합투자기구의 경우 집합투자규약에 따라 투자자에 대한 손익의 분배 또는 손익의 순위 등에 관한 사항을 정할 수 있도록 하여 차등을 둘 수 있다(법 제249조 의8 제7항). 또한 객관적인 가치 평가가 가능하고 다른 투자자의 이익을 해할 우려가 없는 경우에는 '집합투자재산평가위원회'가 정한 가격으로 납입하는 것을 조건으로 증권·부동산 또는 실물자산 등 금전 외의 자산으로 납입(즉, 현물 납입)할 수 있다(법 제249조의8 제3항, 동법 시행령 제271조의 11 제1항). 이외에도 자산운용(파생상품·집합투자증권 운용 한도), 환매, 평가, 공시, 보고, 회계 처리 등에 있어서 규제가 배제되거나 완화된다(법 제249조 의8 제1항). 또한 앞서 서술한 바와 같이 집합투자규약에 따라 투자자에 대한 손익의 분배 또는 손익의 순위 등에 관한 사항을 정할 수 있다(법 제249조 의8 제7항).

제 2 절 「부동산투자회사법」상의
부동산투자회사를 이용한 부동산금융

I 개　념

　　'부동산투자회사'라 함은 "자산을 부동산에 투자하여 운용하는 것을 주된 목적으로 「부동산투자회사법」에 따라 적합하게 설립된 회사"를 말한다(「부동산투자회사 법」제2조 제1호). 여기서 "투자하여 운용한다"는 것은 "부동산의 취득·관리·개량 및 처분, 부동산 개발 사업, 부동산의 임대차, 증권의 매매, 금융기관에의 예치, 지상권·임차권 등 부동산 사용에 관한 권리의 취득·관리·처분, 신탁이 종료된 때에 신탁재산 전부가 수익자에게 귀속하는 부동산 신탁의 수익권의 취득·관리 및 처분 등"을 포함한다(법 제 21조).

　　부동산투자회사의 설립·운용 등은 2000년 7월 24일 입법예고를 거쳐 2001년 4월 7일 제정되고 2001년 7월 1일부터 시행된 「부동산투자회사법」(법률 제 6471호)에 근거하고 있다. 이 법의 제정 목적은 "다수의 투자자로부터 모은 자금을 부동산에 투자한 후, 그 수익을 투자자에게 배분하는 부동산투자회사의 설립과 운영에 관한 사항을 정함으로써, 소액 투자자가 부동산에 간접적으로 투자할 수 있는 기회를 확대하고 건전한 부동산 투자를 활성화"하려는 데 있다.[1] 부동산투자회사는 여러 간접(집합)투자기구(vehicle) 중의 하나이며, 본질적으로 운용 대상의 측면에서 보면 미국의 '부동산투자신탁(Real Estate Investment Trusts: REITs)'과 '부동산뮤추얼펀드(Real Estate Mutual Fund)'의 각 요소를 포함하고 있다고 볼 수 있다.[2]

---

1 「부동산투자회사법」(법률 제6471호) 제정 이유(www.moleg.go.kr).

2 미국에서 부동산 관련 간접투자기구로서 부동산투자신탁(REITs)과 부동산뮤추얼펀드(Real Estate Mutual Fund)를 들 수 있는데, REITs는 「1933년 증권법」(Securities Act of 1933)에 의해

Ⅱ 부동산투자회사의 유형 및 구조

1. 유   형

(1) 개관 및 연혁

부동산투자회사는 3가지 유형이 있다. 우선 자산운용 전문인력을 포함한 임·직원을 상근으로 두고 자산의 투자·운용을 직접 수행하는 회사인 '자기관리부동산투자회사'가 있고(법 제2조 제1호 가목), 자산의 투자·운용을 자산관리회사에 위탁하는 회사인 '위탁관리부동산투자회사'(법 제2조 제1호 나목), 기업이 채권금융기관에 대한 부채 등 채무를 상환하기 위하여 매각하는 부동산, 채권금융기관과 재무구조 개선을 위한 약정을 체결하고 당해 약정이행 등을 위하여 매각하는 부동산, 「채무자 회생 및 파산에 관한 법률」에 의한 회생절차에 따라 매각하는 부동산 등 기업구조조정 관련 부동산을 투자 대상으로 하며 자산의 투자·운용을 자산관리회사에 위탁하는 회사인 '기업구조조정부동산투자회사'가 있다(법 제2조 제1호 다목, 법 제49조의2 제1항).

「부동산투자회사법」 제정 당시 도입한 '자기관리부동산투자회사'는 기술한 바와 같이 회사 실체가 있는 실질 회사로서 법인세가 부과되는 상법상의 주식회사인 반면에, '기업구조조정부동산투자회사'는 실체가 없는 명목회사로서 「자산유동화에 관한 법률」상 유동화전문회사와 마찬가지로 임직원이 없이 자산 관리를 자산관리회사에 위탁하여 관리·운영하며 일정한 경우 법인세 감면 혜택이 있다는 점이 다르다. '자

규율되며 부동산에 직접 투자하는 지분형 REITs와 부동산 관련 대출 또는 주택저당채권(MBS)에 투자하는 주택저당형 REITs, 그리고 이를 혼합한 혼합형 REITs로 대별되고, 부동산뮤추얼펀드는 「1940년 투자회사법」(Investment Company Act of 1940)에 의해 규율되며 부동산 관련 유가증권에 전문적으로 투자하는 펀드라는 점에서 차이가 있다. REITs는 1960년대에 「내국세법」(Internal Revenue Code)에 의해 일정한 요건을 구비하는 경우, 조세 도관체(conduit)로 인정되어 이중 과세가 면제되었으며, 그 후 세법 개정을 통하여 요건이 완화되었고, 「1981년 경제회복조세법」(Economic Recovery Tax Act of 1981)과 「1986년 조세개혁법」(Tax Reform Act of 1986)의 제정으로 투자조합에 비해 상대적으로 유리해졌으며, 「1999년 부동산투자신탁현대화법」(Real Estate Investment Trust Modernization Act of 1999) 제정과 「2003년 부동산투자신탁개선법」(Real Estate Investment Trust Improvement Act of 2003)의 제정에 의해 더욱 활성화되었다. 박연우, "부동산집합투자기구의 한미간 비교와 국내 부동산집합기구 발전에 대한 시사점," 『자본시장 Weekly』 제2009－22호, 한국자본시장연구원, 2009. 6. 2~6. 8, 3면.

기관리부동산투자회사'가 수익성의 한계로 설립이 거의 없자, 정부는 사실상 법인세 감면이 가능한 '위탁관리부동산투자회사' 제도를 도입했던 것이다.

(2) 유형별 비교

위 세 가지 유형을 그 특징을 중심으로 하여 비교해보면 다음 [표 5 – 4]와 같다. 자세한 내용은 뒤의 Ⅳ.에서 설명하고 있다.

표 5-4 ▶ **부동산투자회사의 유형별 비교**

구 분		자기관리 부동산투자회사	위탁관리부동산투자회사	기업구조조정 부동산투자회사
투자 대상		부동산, 부동산개발사업, 부동산 사용에 관한 권리(지상권, 임차권 등), 부동산 신탁의 수익권, 증권, 채권 등(법 제21조)	좌동	기업구조조정 관련 부동산 (법 제49조의2 제 1 항)[1]
자산 구성		매 분기말 총자산의 100분의 80 이상 부동산, 부동산 관련 증권 및 현금으로 구성(법 제25조 제 1 항) 이 중 총자산의 100분의 70 이상은 부동산으로 구성(건축 중인 건축물 포함)(법 제25조 제 1 항)	좌동	기업구조조정 관련 부동산에 총자산의 100분의 70 이상 투자(법 제49조의2 제 1 항, 제 3 항)

---

1 '기업구조조정 관련 부동산'의 범위는 "기업이 채권금융기관에 대한 부채 등 채무를 상환하기 위하여 매각하는 부동산, 채권금융기관과 재무구조 개선을 위한 약정을 체결하고 당해 약정이행 등을 위하여 매각하는 부동산, 「채무자 회생 및 파산에 관한 법률」에 의한 회생절차에 따라 매각하는 부동산, 기타 기업의 구조조정을 지원하기 위하여 금융위원회가 필요하다고 인정하는 부동산"을 말한다(법 제49조의2 제 1 항 제 1 호 내지 제 4 호).

자산운용 제한	부동산 처분	나대지(裸垈地) 상태에서의 처분 제한(법 제24조 제 2 항)[1] 부동산 단기 처분 제한 (1년)(국외 소재 부동산인 경우 5년 이내에서 정관이 정한 기간 이내에서 처분 금지)(법 제24조 제 1 항, 시행령 제26조 제 1 항)	좌동	적용 배제(법 제49조의2 제 3 항)
	부동산 개발 사업 투자	총자산 중 부동산개발사업에 대한 투자비율은 주주총회의 특별결의로 정함(법 제12조 제 1 항 제 4 의2호)	좌동	좌동
	증권	원칙적으로 다른 회사 의결권 있는 주식의 100분의 10 초과 취득 금지 (법 제27조 제 1 항)[2]	좌동	좌동

---

1 "부동산투자회사는 건축물이나 그 밖의 공작물이 없는 토지(제 2 조 제 4 호 나목에 따라 조성된 토지는 제외한다)는 해당 토지에 부동산개발사업을 시행한 후가 아니면 그 토지를 처분하여서는 아니 된다. 다만, 부동산투자회사의 합병, 해산 등 투자자 보호를 위하여 대통령령으로 정하는 경우에는 그러하지 아니하다."(법 제24조 제 2 항).

2 다만 다음의 경우에는 예외를 두고 있다. 즉, (i) 특정 부동산 개발을 위해 존립 기간을 정하여 설립된 회사의 주식을 취득하는 경우, (ii) 다른 회사와 합병하는 경우, (iii) 다른 회사의 영업 전부를 양수하는 경우, (iv) 부동산투자회사의 권리 실행 상 목적을 달성하기 위해 필요한 경우, (v) 부동산투자회사가 소유하는 부동산 또는 부동산 관련 권리(지상권, 지역권, 전세권, 사용대차 또는 임대차에 관한 권리, 그 밖에 대통령령으로 정하는 권리를 말한다)를 임차하여 해당 부동산 또는 그 시설을 관리하거나 「관광진흥법」에 따른 관광숙박업 등 대통령령으로 정하는 사업을 영위하는 회사의 주식을 취득하는 경우, (vi) 투자자 보호나 자산의 안정적 운용을 해할 우려가 없는 경우로서 대통령령이 정하는 경우(「사회기반시설에 대한 민간투자법」 제14조가 규정한 민간투자사업법인의 주식 취득, 다른 부동산투자회사의 주식 취득, 부동산투자회사의 일반적인 시설의 관리나 운영의 위탁을 위한 시설관리회사의 설립 또는 인수하기 위한 주식 취득, 총자산의 100분의 80 이상이 부동산으로 구성된 법인의 발행주식의 100분의 50을 초과하여 취득하는 경우, 「사회기반시설에 대한 민간투자법」 제26조에 따른 사회기반시설의 관리운영권을 가진 회사의 주식을 취득하는 경우, 「사회기반시설에 대한 민간투자법」 제41조에 따른 사회기반시설투융자회사의 주식을 취득하는 경우, 「유료도로법」 제10조에 따른 유료도로관리권을 가진 회사의 주식을 취득하는 경우)이다(법 제27조 제 1 항 단서 제 1 호 내지 제 5 호, 시행령 제31조).

자금차입 및 사채발행		자기자본의 2배 이하 (주주총회 특별 결의하에 자기자본의 10배 이하로 차입 가능) (법 제29조 제2항)	좌동	좌동
회사의 성격		실질회사 (법 제2조 제1호 가목)	명목회사 (법 제2조 제1호 나목, 제11조의2)	명목회사 (법 제2조 제1호 다목, 제49조의2 제4항)
회사의 형태		주식회사 (제3조 제1항)	주식회사 (제3조 제1항)	주식회사 (제3조 제1항)
설립 요건	설립자본금	5억 원 이상 (법 제6조 제1항)[1]	3억원 이상 (법 제6조 제2항)	3억원 이상 (법 제6조 제2항)
	영업 인가일 또는 등록일로부터 6개월 이후 자본금	70억 원 이상(법 제10조 제1호)	50억 원 이상 (법 제10조 제2호)	50억 원 이상 (법 제10조 제2호)
	주식공모	영업인가일 또는 등록일로부터 2년 이내에 발행주식 총수의 100분의 30 이상을 일반 공모 의무(법 제14조의8 제1항)[2]	좌동	적용 배제 (법 제49조의2 제3항)
	주식분산 요건 (주주 1인과 특별관계자)	발행주식 총수의 100분의 50 이하 소유 가능 (법 제15조 제1항)[3]	좌동	적용 배제 (법 제49조의2 제3항)

---

1 영업인가를 받거나 등록을 하고 최저자본금 이상을 갖추기 전에 현물출자를 받는 방식으로 신주를 발행할 수는 없으며(법 제19조 제1항), 영업인가 또는 등록 후에 상법 제416조 제4호에 따라 현물출자하는 것은 가능하다. 이 때 재산은 부동산, 지상권·임차권 등 부동산 사용에 관한 권리, 신탁이 종료된 때에 신탁재산 전부가 수익자에게 귀속하는 부동산 신탁의 수익권, 부동산소유권의 이전등기청구권, 「공익사업을 위한 토지 등의 취득 및 보상에 관한 법률」 제63조 제1항 단서에 따라 공익사업의 시행으로 조성한 토지로 보상을 받기로 결정된 권리인 대토보상권이어야 한다(법 제19조 제2항).

2 부동산투자회사는 영업인가를 받거나 등록을 하기 전(제12조 제1항 제4호의2에 따른 투자비율이 100분의 30을 초과하는 부동산투자회사의 경우에는 그가 투자하는 부동산개발사업에 관하여 관계 법령에 따른 시행에 대한 인가·허가 등이 있기 전)까지는 발행하는 주식을 일반의 청약에 제공할 수 없다.

3 주주 1인과 그 특별관계자는 최저자본금 준비 기간(영업인가일이나 등록일로부터 6개월까지의 기간, 법 제10조)이 끝난 후에는 부동산투자회사의 발행주식 총수의 100분의 50을 초과하여 주식을 소유하지 못한다(법 제15조 제1항). 그러나 국민연금공단과 대통령령이 정하는 주주(대

	자산운용 전문인력	영업인가시 3인 이상, 영업인가후 6개월 경과 시 5인 이상(법 제22조, 시행령 제18조)	자산관리회사에게 자산운용업무 위탁 (법 제22조의2)	좌동 (법 제49조의2 제4항)
설립방식		발기설립(법 제5조 제1항) 원칙: 현물출자 설립 불가능(법 제5조 제2항) 예외: 영업인가 후 최저자본금 요건 구비 시 현물출자 가능(법 제19조 제1항)[1]	좌동	좌동
배당		해당연도 이익 배당 한도의 100분의 50 이상 배당 의무(법 제28조 제1항) 상법 제458조에 의한 이익준비금 적립 가능(법 제28조 제2항)	해당연도 이익배당 한도의 100분의 90 이상 배당의무 (단 이익 초과 배당 가능)(법 제28조 제3항) 상법 제458조에 의한 이익준비금 확립 의무 없음(법 제28조 제1항)	좌동 (법 제49조의2 제4항)
세제 혜택	법인세 감면	해당 없음	배당가능이익의 90% 이상 배당 시 배당금액 소득공제 (법인세법 제51조 의2 제1항 제4호)	좌동
주식 상장		상장 의무 있음(법 제20조)[2]	좌동	좌동
반대주주의 주식매수청구권		일정한 사유에 해당하는 경우 인정됨(법 제20조의2)	좌동	좌동

한지방행정공제회, 새마을금고중앙회(공제 사업에 한함), 군인공제회, 한국교직원공제회 등)에 대해서는 예외가 적용된다(법 제16조 제1항, 시행령 제13조 제1항).

1 현물출자 가능 재산은 부동산, 지상권임차권 등 부동산사용에 관한 권리, 신탁이 종료된 때에 신탁재산 전부가 수익자에게 귀속하는 부동산 신탁의 수익권, 부동산소유권의 이전등기청구권, 대토보상권 등이다(법 제19조 제2항).

2 「자본시장과 금융투자업에 관한 법률」상 상장규정의 상장 요건을 구비한 때에는 지체 없이 주식을 상장하여 거래되도록 해야 한다(법 제20조 제1항). 만일 정당한 사유 없이 이를 지체하는 경우에는 국토교통부장관은 상장 이행 명령을 할 수 있다(법 제20조 제2항).

2. 구　조

(1) 개　관

　　자기관리부동산투자회사는 실체 회사이며, 위탁관리부동산투자회사 및 기업구조조정부동산투자회사는 명목회사이다. 그리고 부동산투자회사에 관련된 회사(기관)는 자산관리회사, 부동산투자자문회사, 자산보관기관 및 '일반사무 등 위탁기관'이 있는데, 이 중 자산보관기관 및 부동산투자자문회사는 모든 유형의 부동산투자회사에 대해서 관계되는 회사 또는 기관이 되지만, 자산관리회사 및 '일반사무 등 위탁기관'은 명목회사인 위탁관리부동산투자회사 및 기업구조조정부동산투자회사에 대해서만 관계되는 회사 또는 기관이 된다. 이하에서 자세히 살펴본다.

(2) 자기관리부동산투자회사의 구조

　　자기관리부동산투자회사는 실체 회사로서 그 자산을 투자·운용함에 있어서 일

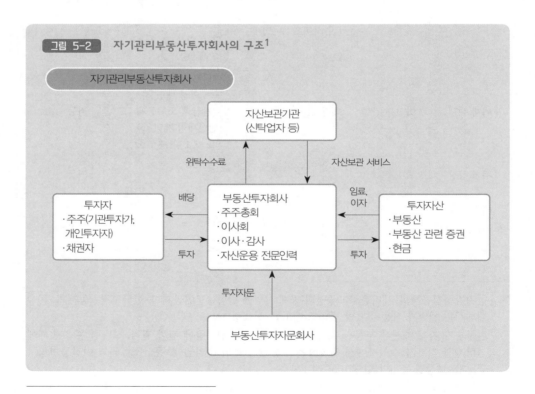

그림 5-2　자기관리부동산투자회사의 구조[1]

---

　1 이경돈·전경준·한용호, 앞의 글, 40면의 그림을 다소 수정한 것이다.

정한 자격 요건을 갖춘 자산운용 전문인력을 영업인가시 3명 이상, 영업인가를 받은 후 6개월 경과시 5인 이상 확보하여야 한다(^{법 제22조, 시}_{행령 제18조}). 그리고, 앞서 언급한 것처럼, 자기관리부동산투자회사에 관계되는 회사 또는 기관은 자산보관기관 및 부동산투자자문회사이다. 이들 회사 또는 기관들에 대한 자세한 내용은 다음 Ⅲ.에서 살펴보기로 한다.

위의 [그림 5-2]은 자기관리 부동산투자회사의 구조를 나타낸 것이다.

(3) 위탁관리부동산투자회사 및 기업구조조정 부동산투자회사의 구조

위탁관리부동산투자회사와 기업구조조정부동산투자회사는 명목회사이기 때문에 자산의 투자·운용 업무는 자산관리회사에게 위탁하여야 하고, 주식발행 업무 및 일반적인 사무 업무는 '일반사무 등 위탁기관'에 위탁하여야 한다(^{법 제22조의2 제 1 항,}_{제49조의2 제 4 항}). 자산관리회사는 일정한 요건[1]을 구비하여 국토교통부장관의 인가를 받은 회사이어야 한다(^{법 제22조}_{의3 제 1 항}). 주식발행 업무 및 판매 업무의 위탁을 받고자 하는 기관(즉, 판매회사)은 「자본시장과 금융투자업에 관한 법률」 제12조에 따른 투자매매업 또는 투자중개업의 인가를 받은 자이어야 한다(^{시행령 제19}_{조 제 1 항}). 그리고 일반적인 사무[2]를 위탁받고자 하는 기관(즉, 사무수탁회사)은 「자본시장과 금융투자업에 관한 법률」 제254조[3]에 따른 일반사무관리회사이어야 한다(^{시행령 제19}_{조 제 2 항}). 이들 관계 회사 내지 기관들에 대한 자세한 내용은 아래 Ⅲ.에서 다루기로 한다.

---

1 자본금 70억 원 이상, 자산운용 전문인력 5인 이상 확보, 이해상충(conflict of interests)을 방지하기 위한 체계와 전산설비, 그 밖의 물적설비를 갖출 것 등이다(법 제22조의3 제 1 항, 시행령 제20조의2).

2 일반사무수탁회사의 업무 범위는 "부동산투자회사의 운영에 관한 업무, 회사자산의 계산, 법령 또는 정관에 의한 통지 및 공고, 이사회 또는 주주총회의 소집 및 개최에 관한 업무, 그 밖에 회사로부터 위탁 받은 업무"이다(시행령 제19조 제 3 항).

3 (i) 「상법」에 따른 주식회사, 명의개서대행회사 또는 그 밖에 대통령령으로 정하는 금융기관에 해당할 것, (ii) 5억원 이상으로서 대통령령으로 정하는 금액 이상의 자기자본을 갖출 것, (iii) 상근 임직원 중 대통령령으로 정하는 기준의 전문인력을 보유할 것, (iv) 전산설비 등 대통령령으로 정하는 물적 설비를 갖출 것, (v) 임원이 「금융회사의 지배구조에 관한 법률」 제 5 조에 적합할 것, (vi) 대통령령으로 정하는 이해상충방지체계를 구축하고 있을 것(대통령령으로 정하는 금융업을 영위하고 있는 경우에 한한다)이다.

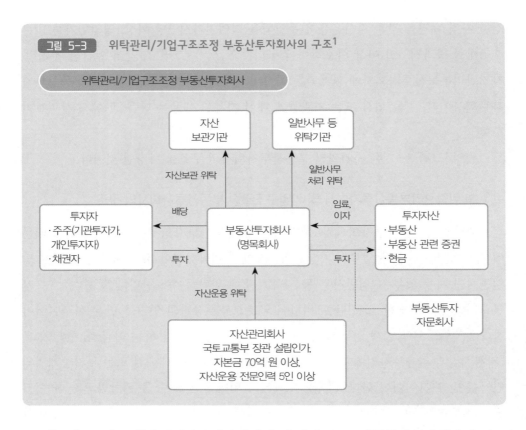

그림 5-3　위탁관리/기업구조조정 부동산투자회사의 구조[1]

위탁관리/기업구조조정 부동산투자회사

자산
보관기관

일반사무 등
위탁기관

자산보관 위탁

일반사무
처리 위탁

투자자
·주주(기관투자가,
개인투자자)
·채권자

배당

투자

부동산투자회사
(명목회사)

임료,
이자

투자

투자자산
·부동산
·부동산 관련 증권
·현금

자산운용 위탁

자산관리회사
국토교통부 장관 설립인가,
자본금 70억 원 이상,
자산운용 전문인력 5인 이상

부동산투자
자문회사

[그림 5-3]는 위탁관리부동산투자회사 및 기업구조조정부동산투자회사의 구조
를 나타낸 것이다.

Ⅲ　부동산투자회사의 관계 기관(회사)

1. 서　　설

부동산투자회사에 관련된 기관(회사)은 자산관리회사, 부동산투자자문회사, 자산
보관기관 및 '일반사무 등 위탁기관'이 있다. 앞서 본 것처럼, 이 중 자산보관기관 및
부동산투자자문회사는 모든 유형의 부동산투자회사에 대해서 관계되는 회사 또는 기

---

1 이경돈 · 전경준 · 한용호, 앞의 글, 40면의 그림을 다소 수정한 것이다.

관이지만, 자산관리회사 및 '일반사무 등 위탁기관'은 위탁관리부동산투자회사 및 기업구조조정부동산투자회사에 대해서만 관계되는 회사 또는 기관이다. 이하에서는 이들 기관 내지 회사에 대해 자세히 살펴보기로 한다.

2. 자산보관기관

(1) 자산보관기관의 범위

'자산보관기관'은 자산의 보관과 이와 관련된 업무를 수행하는 기관으로서, 「자본시장과 금융투자업에 관한 법률」에 따른 신탁업자, 한국토지주택공사, 한국자산관리공사, 주택도시보증공사가 이 업무를 수행할 수 있다(법 제35조 제 1 항). 그리고 부동산(지상권·전세권 등 「자본시장과 금융투자업에 관한 법률」제103조에 따라 신탁의 인수가 가능한 부동산 사용에 관한 권리를 포함)은 취득하는 즉시 부동산투자회사 명의로 이전 등기와 함께 신탁업자, 신탁업을 겸영하는 금융기관, 한국토지주택공사, 한국자산관리공사 또는 주택도시보증공사에 신탁하여야 하며(시행령 제37조 제 1 항 제 1 호),[1] 증권이나 현금의 경우에는 신탁업자 또는 신탁업을 겸영하는 금융기관에 보관을 위탁하여야 한다(시행령 제37조 제 1 항 제 2 호).

(2) 증권의 예탁

증권의 보관을 위탁받은 자산보관기관은 보관을 위탁받은 증권 중 「자본시장과 금융투자업에 관한 법률」제308조에 따른 예탁대상증권 등으로 지정된 증권을 지체 없이 한국예탁결제원에 예탁하여야 한다(법 제35조 제 3 항, 시행령 제37조 제 4 항).

(3) 자산보관계약의 체결

부동산투자회사가 자산보관기관과 체결하는 자산보관계약에는 다음의 사항이 포함되어야 한다(시행령 제38조 제 1 항). 즉, (i) 자산보관기관의 상호, (ii) 자산보관기관의 업무 범위·책임 및 권한에 관한 사항, (iii) 자산의 보관 방법에 관한 사항, (iv) 자산보관기관이 받는 수수료의 계산방법과 지급시기, (v) 자산보관계약의 해지 또는 해제에 관한

---

1 한국토지주택공사 및 한국자산관리공사가 부동산의 보관 업무를 수행하려면 「자본시장과 금융투자업에 관한 법률」에 따른 신탁업의 인가를 받아야 하며, 이 경우 「자본시장과 금융투자업에 관한 법률」제24조는 적용하지 아니한다(법 제35조 제 2 항).

사항, (vi) 자산보관 기간을 정한 경우에는 그 기간, (vii) 증권이나 현금을 신탁업자나 신탁업을 겸영하는 금융기관에게 신탁하는 경우에는 「자본시장과 금융투자업에 관한 법률」 제109조 각 호의 사항이 포함되어야 한다(^{시행령 제38조 제1항}
제1호 내지 제7호). 자산보관기관은 자산보관계약을 체결한 때에는 부동산투자회사로부터 다음의 서류를 제출받아 이를 보관 또는 예탁하여야 한다(^{시행령 제38}
조 제2항). 즉, (i) 법인등기사항증명서, (ii) 정관, (iii) 사업자 등록증 사본, (iv) 대표이사의 법인인감증명서, (v) 거래인감신고서, (vi) 이사회 의사록, (vii) 증권 실물, (viii) 그 밖에 신탁등기에 필요한 서류이다(^{시행령 제38조 제2항}
제1호 내지 제8호).

부동산투자회사가 부동산을 지정 자산보관기관에 신탁하는 경우 이 신탁은 자산보관계약을 체결하는 방법으로 하며 자금을 외부에서 지정 금융기관 등에서 차입할 때에 채무를 불이행하면 수탁자가 해당 자산의 공매 등을 통한 매각대금을 그 금융기관에 우선적으로 배분하는 내용의 계약(실무상 담보신탁계약)을 포함하여 체결할 수 있도록 규정하여 종래 외부 자금차입시 담보물권(근저당권) 설정 방식의 담보제공 이외에 담보신탁을 통한 담보제공이 가능하게 되었다(^{시행령 제37}
조 제2항).

(4) 자산보관기관의 의무

1) 선량한 관리자의 의무

자산보관기관은 부동산투자회사를 위하여 법령 및 자산보관계약에 따라 선량한 관리자로서 그 업무를 성실히 수행하여야 한다(^{법 제36조}
제1항).

2) 임직원의 직무수행 절차 및 기준 제정 의무

자산보관기관은 법령을 준수하고 자산운용을 건전하게 하기 위하여 임직원이 그 직무를 수행할 때 따라야 할 기본적인 절차와 기준을 정하여야 하는데(^{법 제36조}
제2항), 다음과 같은 사항이 포함되어야 한다. 즉, (i) 임·직원이 자산 보관 업무와 관련하여 알게 된 정보나 자료를 해당 부동산투자회사의 승인 없이 제3자에게 제공하거나 업무 외의 용도로 사용하지 못한다는 뜻, (ii) 자산보관기관의 임·직원은 위탁받은 보관자산을 자산보관기관의 고유재산을 위하여 이용할 수 없다는 뜻, (iii) 자산보관기관은 자산보관업무와 관련한 기록을 유지하고 장부를 갖추어 보관에 관한 사무처리 및 계산을 명백히 하여야 한다는 뜻이 포함되어야 한다(^{시행령}
제39조).

3) 자산 구분 관리 의무

자산보관기관은 위탁받은 부동산투자회사의 자산을 그 고유재산이나 제 3 자로부터 보관을 위탁받은 자산과 구분하여 관리하여야 한다(법 제36조 제 3 항).

4) 손해배상책임 의무

자산보관기관은 법령 또는 자산보관계약에 위반된 행위를 하거나 그 임무를 게을리하여 부동산투자회사에 손해를 입힌 경우에는 그 손해를 배상할 책임이 있다(법 제36조 제 4 항).

3. 부동산투자자문회사

(1) 국토교통부장관에의 등록

부동산투자자문회사는 "부동산투자회사의 위탁으로 그 자산의 투자, 운용에 관한 자문 및 평가 등의 업무"를 행하는 자로서 일정한 요건을 갖추어 국토교통부장관에게 등록하여야 한다(법 제23조 제 1 항).

(2) 등록 요건

등록 요건으로는 자본금이 5억원 이상으로서 대통령령으로 정하는 금액(현재 10억원) 이상이어야 하고, 자산운용 전문인력을 대통령령으로 정하는 수(현재 3인) 이상 상근으로 두어야 한다(법 제23조 제 2 항, 시행령 제24조 제 1 항, 제 2 항).

자산운용 전문인력의 자격 요건은 다음과 같다. 즉, (i) 감정평가사 또는 공인중개사로서 해당 분야에 5년 이상 종사한 사람, (ii) 부동산 관련 분야의 석사학위 이상의 소지자로서 부동산의 투자·운용과 관련된 업무에 3년 이상 종사한 사람, (iii) 그 밖에 (i) 또는 (ii)에 준하는 경력이 있는 사람으로서 "대통령령으로 정하는 사람"이어야 한다(법 제23조 제 2 항 제 2 호, 제22조 제 1 항). "대통령령으로 정하는 사람"의 범위는 (i) 부동산투자회사, 자산관리회사, 부동산투자자문회사, 그 밖에 이에 준하는 부동산 관계 회사나 기관 등에서 5년 이상 근무한 자로서 부동산의 취득·처분·관리·개발 또는 자문 등의 업무에 3년 이상 종사한 경력이 있는 자, (ii) 부동산 자산의 투자·운용 업무를 수행하는 외국의 부동산투자회사 또는 이와 유사한 업무를 수행하는 기관에서 5년 이상 근무한 자로서 부동산의 취득·처분·관리·개발 또는 자문 등의 업무에 3년 이상 종사한 경력이 있는 자, (ⅲ) 「자본시장과 금융투자업에 관한 법률」 제286조 제 1 항 제 3 호 다목[1]에 해당하는 자이다($^{법\,제22조\,제1항,\,시}_{행령\,제18조\,제2항}$).

(3) 등록 취소

1) 등록 취소 사유

다음의 경우에는 등록 취소가 된다($^{법\,제23조}_{제3항}$). 즉 (ⅰ) 속임수나 그 밖의 부정한 방법으로 부동산투자자문회사의 등록을 한 경우, (ⅱ) 등록 요건을 갖추지 못하게 된 경우(다만, 일시적으로 등록 요건에 미달하는 경우로서 대통령령으로 정하는 경우는 제외한다), (ⅲ) 부동산투자자문회사가 「부동산투자회사법」 또는 「부동산투자회사법」에 따른 명령이나 처분을 위반하여 국토교통부장관이 내린 업무의 전부 또는 일부의 정지나 임직원의 해임 또는 징계의 요구, 그 밖에 위반 사항의 시정에 필요한 조치($^{법\,제39조}_{제2항}$)를 정당한 사유 없이 이행하지 아니한 경우, (ⅳ) 「부동산투자회사법」 또는 「부동산투자회사법」에 따른 명령이나 처분을 위반하여 업무 수행이 곤란하다고 인정되는 경우이다($^{법\,제23조}_{제3항}$).

2) 청문 절차

국토교통부장관은 부동산투자자문회사의 등록을 취소하는 처분을 하려면 「행정절차법」에 따라 청문을 하여야 한다($^{법\,제48조}_{제1호}$).

(4) 상　　호

국토교통부장관에 등록을 하지 아니한 자는 그 상호에 부동산투자자문이라는 명칭을 사용하여서는 아니 된다($^{법\,제23조}_{제4항}$).

(5) 업무의 범위

부동산투자자문회사는 (ⅰ) 부동산자산의 투자 · 운용에 관한 주주총회 또는 이사회의 의사 결정에 필요한 조사 · 분석 및 정보 제공 업무와 (ⅱ) 부동산 자산의 투자 · 운용에 관한 자문 및 평가 등의 업무를 위탁받아 수행한다($^{시행령}_{제25조}$).

---

1 투자운용인력(집합투자재산 · 신탁재산 또는 투자일임재산을 운용하는 업무를 수행하는 자)을 말한다.

4. 자산관리회사

앞서 언급한 바와 같이, 위탁관리부동산투자회사와 기업구조조정부동산투자회사는 명목회사이므로 그 자산 관리를 자산관리회사에게 위탁하여야 한다.

(1) 업무 범위

자산관리회사는 위탁관리부동산투자회사와 기업구조조정부동산투자회사의 위탁을 받아 자산의 투자·운용 업무를 수행한다(법 제22조의2 제1항 전단). 그러한 자산의 투자·운용 업무의 범위는 (i) 부동산의 취득·개발·개량 및 처분, (ii) 관리(시설운영 포함), 임대차, 전대차, (iii) 부동산개발사업을 목적으로 하는 법인 등에 대하여 부동산에 대한 담보권 설정 등의 방법에 따른 대출, 예치 업무이다(법 제21조 제2항).

(2) 국토교통부장관의 설립 인가

1) 인   가

자산관리회사를 설립하려는 자는 일정한 요건을 갖추어 국토교통부장관의 인가를 받아야 하며, 인가받은 사항을 변경하려는 경우에도 변경 인가를 받아야 한다(법 제22조의3 제1항).

2) 인가 요건

인가 요건은 다음과 같다. 첫째, 자본금이 70억 원 이상이어야 하며, 둘째, 법 제22조[1]에 따른 상근 자산운용 전문인력을 5명 이상 확보하여야 하며, 셋째, 자산관리회사와 투자자 간, 특정 투자자와 다른 투자자 간의 이해상충을 방지하기 위한 체계와 전산 설비, 그 밖의 물적 설비를 갖추어야 한다(법 제22조의3 제1항제1호 내지 제3호, 시행령 제20조의2).

3) 예비인가

국토교통부장관의 설립 인가를 받으려는 자는 부동산투자회사가 발행하는 주식

---

1 제22조(자기관리부동산투자회사의 자산운용 전문인력) ① 자기관리부동산투자회사는 그 자산을 투자·운용할 때에는 전문성을 높이고 주주를 보호하기 위하여 대통령령으로 정하는 바에 따라 다음 각 호에 따른 자산운용 전문인력을 확보하여야 한다.
  1. 감정평가사 또는 공인중개사로서 해당 분야에 5년 이상 종사한 사람
  2. 부동산 관련 분야의 석사학위 이상의 소지자로서 부동산의 투자·운용과 관련된 업무에 3년 이상 종사한 사람
  3. 그 밖에 제1호 또는 제2호에 준하는 경력이 있는 사람으로서 대통령령으로 정하는 사람

의 인수 전에 미리 국토교통부장관의 예비인가를 받아야 한다($^{법\ 제22조}_{의3\ 제\ 4\ 항}$). 국토교통부장관은 예비인가 여부를 결정할 때 경영의 건전성 확보 및 투자자 보호에 필요한 조건을 붙일 수 있다($^{법\ 제22조}_{의3\ 제\ 5\ 항}$).

① 예비인가 신청서　　　자산관리회사의 예비인가를 받고자 하는 자는 다음의 사항이 기재된 예비인가 신청서를 작성하여 국토교통부장관에게 제출하여야 한다($^{시}_{행}$ $^{령\ 제22}_{조\ 제\ 1\ 항}$). 즉, (i) 회사의 상호 및 소재지, (ii) 자기자본에 관한 사항, (iii) 발기인에 관한 사항, (iv) 자산운용 전문인력에 관한 사항, (v) 업무 수행의 방법이 기재되어야 한다($^{시행}_{령\ 제}$ $^{22조\ 제\ 1\ 항}_{제\ 1\ 호\ 내지\ 제\ 5\ 호}$).

② 예비인가 첨부서류　　　예비인가신청서에는 (i) 정관안, (ii) 발기인 회의 의사록, (iii) 주요 출자자의 현황 및 출자 계획, (iv) 시설계획서(전산설비, 점포, 내부시설 등), (v) 업무 개시 후 3개 사업연도의 사업계획서, (vi) 발기인 및 자산운용 전문인력의 이력서 및 경력증명서, (vii) 법 제47조 제 1 항의 규정에 의한 내부통제기준안을 첨부하여야 한다($^{시행령\ 제22조\ 제\ 2\ 항}_{제\ 1\ 호\ 내지\ 제\ 7\ 호}$).

③ 예비인가 시 확인 사항　　　예비인가 여부를 결정하는 경우에는 (i) 사업계획의 타당성, (ii) 출자자의 적정성, (iii) 자산관리회사의 고유자산과 위탁받은 자산 간의 구분관리 계획의 적정성, (iv) 경영진의 전문성 및 경영능력을 확인하여야 한다($^{시행령}_{제22조}$ $^{제\ 4\ 항\ 제\ 1\ 호}_{내지\ 제\ 4\ 호}$).

④ (본)인가 신청 기한　　　예비인가를 받은 자는 예비인가를 받은 날부터 3개월 이내에 자산관리회사의 설립을 위한 창립총회를 종료하고 국토교통부장관에게 설립인가를 신청하여야 한다($^{시행령\ 제22}_{조\ 제\ 5\ 항}$).

4) (본)인가

① (본)인가신청서 및 첨부서류　　　자산관리회사의 설립인가를 받고자 하는 자는 다음의 서류를 첨부하여 국토교통부장관에게 설립인가 신청서를 제출하여야 한다($^{시}_{행}$ $^{령\ 제22}_{조\ 제\ 3\ 항}$). 즉 (i) 정관, (ii) 자기자본에 관한 사항을 증명할 수 있는 서류, (iii) 주주의 성명 또는 명칭과 그 소유 주식수를 기재한 서면(주식회사의 경우에 한한다), (iv) 본점ㆍ지점의 명칭 및 위치를 기재한 서류, (v) 업무 개시 후 3개 사업연도의 사업계획서(추정 재무제표를 포함한다) 및 예상 수지계산서, (vi) 대표자ㆍ임원 및 자산운용 전문인력의 이력서 및 경력증명서를 제출하여야 한다($^{시행령\ 제22조\ 제\ 3\ 항}_{제\ 1\ 호\ 내지\ 제\ 6\ 호}$).

② (본)인가 시 확인사항   국토교통부장관은 인가 여부를 결정할 때에는 (i) 사업계획의 타당성, (ii) 출자자의 적정성, (iii) 자산관리회사의 고유자산과 위탁받은 자산 간의 구분관리계획의 적정성, (iv) 경영진의 전문성 및 경영능력을 확인하여야 한다(법제22조의3 제2항 제1호 내지 제4호).

③ 예비인가 조건 확인 및 인가 시 조건 부가   국토교통부장관은 설립인가 신청을 받으면 예비인가 시 부여한 조건의 이행 여부를 확인한 후 설립인가를 하여야 하며, 이 경우 국토교통부장관은 경영의 건전성 확보 및 투자자 보호에 필요한 조건을 붙일 수 있다(법 제22조의3 제6항).

④ 인가 사실 공고   국토교통부장관은 설립인가를 하였을 때에는 그 내용을 관보 및 인터넷 홈페이지 등에 공고하여야 한다(법 제22조의3 제7항).

(3) 임원의 결격 사유

다음의 어느 하나에 해당하는 자는 자산관리회사의 임원이 될 수 없다(법 제22조의3 제9항, 제7조). 즉, (i) 미성년자·피성년후견인 또는 피한정후견인, (ii) 파산선고를 받고 복권되지 아니한 자, (iii)「부동산투자회사법」또는「공인중개사법」,「부동산 거래신고에 관한 법률」,「감정평가 및 감정평가사에 관한 법률」,「자본시장과 금융투자업에 관한 법률」,「형법」제214조부터 제224조까지 및 제347조, 제347조의2, 제348조, 제348조의2, 제349조 부터 제359조까지, 그 밖에 대통령령[1]으로 정하는 금융 관련 법률(이하 "관련 법률")에 따라 벌금형 이상의 형을 선고받고 그 집행이 끝나거나(집행이 끝난 것으로 보는 경우를 포함한다) 면제된 후 5년이 지나지 아니한 자, (iv)「부동산투자회사법」또는 관련 법률에 따라 금고 이상의 형의 집행유예를 선고 받고 그 유예기간 중에 있는 자, (v)「부동산투자회사법」또는 관련 법률에 따라 영업의 허가·인가 또는 등록 등이 취소된 법인의 임직원이었던 자(그 허가·인가 또는 등록 등의 취소 사유의 발생에 관하여 직접적인 책임이 있거나 이에 상응하는 책임이 있는 자로서 대통령령[2]으로 정하는 자만 해당한다)로서 해당 법

---

1 한국은행법, 은행법 등 29개의 금융 관련 법률을 말한다(시행령 제5조 제1항).
2 시행령 제5조 제2항: ② 법 제7조 제1항 제5호에서 "대통령령이 정하는 자"라 함은 영업의 허가·인가 또는 등록 등의 취소사유가 발생한 당시의 임원·직원(「금융산업의 구조개선에 관한 법률」제14조 제2항의 규정에 의하여 허가·인가 등이 취소된 법인 또는 회사의 경우에는 동법 제10조의 규정에 의한 적기시정조치사유의 발생 당시의 임원·직원을 말한다)으로서 다음 각호의 어느 하나에 해당하는 자를 말한다.

인에 대한 취소가 있은 날부터 5년이 지나지 아니한 자, (vi)「부동산투자회사법」또는 관련 법률을 위반하여 해임되거나 면직된 후 5년이 지나지 아니한 자이다($\substack{법\ 제7조\\제1호\ 내\\지\\제6호}$).

(4) 부동산투자회사와 자산관리회사 간의 거래 행위 제한

부동산투자회사[1]와 그 자산의 투자 · 운용 업무를 위탁받은 자산관리회사 및 그 특별관계자는 서로 부동산이나 증권의 거래 행위를 하는 것이 금지된다($\substack{법\ 제22조의2\ 제3항\\본문,\ 제49조의\\2\\제4항}$). 다만, 주주의 이익을 침해할 우려가 없는 경우로서 "대통령령으로 정하는 거래"는 허용된다($\substack{법\ 제22조의2\\제3항\ 단서}$). "대통령령으로 정하는 거래"의 범위는 (i) 일반분양 · 경쟁입찰 및 이와 유사한 방식에 의한 거래, (ii) 부동산투자회사가 보유하고 있는 부동산을 이사회가 정한 가격 이상으로 임대하는 거래, (iii) 시행령 제15조 제1호 각 목[2]의 방법에 따라 산정한 자산가액의 100분의 90부터 100분의 110 이내에서 결정된 가격에 의한 거래, (iv) 부동산투자회사의 합병 · 해산 · 분할 또는 분할합병에 의한 불가피한 거래, (v) 법 제20조의2의 규정[3]에 의한 주식의 매수 청구가 발생하여 보유하고 있

---

1. 감사 또는 감사위원회의 위원
2. 허가 · 인가 또는 등록 등의 취소사유의 발생과 관련하여 위법 · 부당한 행위로 인하여 국토해양부장관 · 금융위원회 또는「금융위원회의 설치 등에 관한 법률」에 의하여 설립된 금융감독원의 원장으로부터 주의 · 경고 · 견책 · 직무정지 · 해임요구 그 밖의 조치를 받은 임원
3. 허가 · 인가 또는 등록 등의 취소사유의 발생과 관련하여 위법 · 부당한 행위로 인하여 국토해양부장관 · 금융위원회 또는 금융감독원장으로부터 정직요구 이상에 해당하는 조치를 받은 직원
4. 제2호 또는 제3호의 규정에 해당되는 제재 대상자로서 그 제재를 받기 전에 사임 또는 사직한 자

1 여기서 부동산투자회사라 함은 위탁관리부동산투자회사뿐만 아니라 기업구조조정부동산투자회사도 포함된다(법 제49조의2 제4항 참조). 자산관리회사와 관련되는 부동산투자회사에 대해서는 동일하게 적용된다.

2 1. 부동산의 경우는「감정평가 및 감정평가사에 관한 법률」에 의한 감정평가업자(이하 "감정평가업자"라 한다)가 제16조의 규정에 의하여 산정하는 방법. 다만, 취득후 1년 이내의 경우에는 취득가액을 기준으로 할 수 있다.
　2. 증권의 경우에는「자본시장과 금융투자업에 관한 법률 시행령」제260조의 규정을 준용하여 산정하는 방법. 이 경우 "평가기준일"은 "산정기준일"로 본다.
　3. 금융기관에의 예치금의 경우에는 원금과 산정기준일까지의 이자를 가산하는 방법
　4. 그 밖의 자산의 경우에는 대차대조표상에 나타난 금액에 의하는 방법

3 법 제20조의2(부동산투자회사에 대한 주주의 주식매수청구권) ① 다음 각 호의 어느 하나에 해당하는 사항에 관하여 부동산투자회사 이사회가 결의한 경우 그 결의에 대하여 반대하는 주주

는 증권(주식을 제외한다)을 매도하는 것이 불가피하여 이루어진 거래, (vi) 부동산투자회사의 이사회의 승인 및 「상법」 제434조에 따른 특별결의에 의한 주주총회의 승인을 얻은 거래가 해당된다($\genfrac{}{}{0pt}{}{시행령}{제20조}$).

(5) 겸영업무의 제한

1) 원칙적인 겸영업무 제한

자산관리회사는 위탁관리부동산투자회사 및 기업구조조정부동산투자회사로부터 위탁받은 업무 외의 다른 업무를 겸영(兼營)하여서는 아니 된다($\genfrac{}{}{0pt}{}{법 제22조의}{3 제 3 항 본문}$).

2) 예   외

다만, 자산관리회사는 다음의 경우에는 다른 업무를 겸영할 수 있다($\genfrac{}{}{0pt}{}{법 제22조의}{3 제 3 항 단서}$). 즉, (i) 「부동산투자회사법」 또는 다른 법률에 따라 겸영이 허용된 경우, (ii) 다른 법률에 따라 법 제21조 각 호의 어느 하나에서 정하는 업무(즉, 자산의 투자·운용 업무)를 위탁받아 할 수 있는 자로서 투자자 보호에 지장이 없다고 인정되어 국토교통부장관의 자산관리회사 설립 인가를 받은 경우, (iii) 위탁받은 자산의 투자·운용과 투자자 보호에 지장이 없는 경우로서 "대통령령으로 정하는 경우"에는 다른 업무를 겸영할 수 있다($\genfrac{}{}{0pt}{}{법 제22조의3 제 3 항}{제 1 호 내지 제 3 호}$). "대통령령이 정하는 경우"란 다음의 어느 하나에 해당하는 경우를 말한다. 즉, (i) 「자본시장과 금융투자업에 관한 법률」에 따른 신탁업(다만, 「자본시장과 금융투자업에 관한 법률」 제103조 제 1 항 제 4 호부터 제 6 호까지의 규정에 해당하는 재산의 신탁업무와 그 부수업무 및 같은 조 제 4 항에 따른 신탁업무와 그 부수업무에 한한다), (ii) 「자본시장과 금융투자업에 관한 법률」 제229조 제 2 호에 따른 부동산집합투자기구의 집합투자재산을 운용하는 집합투자업(부동산집합투자기구 집합투자업의 인가를 받거나 등록을 한 자가 같은 법에 따라 인가를 받거나 등록한 다른 업무를 포함하되, 제 1 호에 따른 신탁업 외의 신탁업은 제외한다), (iii) 「조세특례제한법」 제104조의31 제 1 항에 해당하는 법인(즉, 프로젝트금융 투자회사(PFV)를 말함)

는 해당 사항에 관한 주주총회 전에 부동산투자회사에 서면으로 그 결의에 반대한다는 의사를 알리고, 주주총회의 결의일로부터 20일 이내에 주식의 종류와 수를 적은 서면으로 자기가 소유한 주식의 매수를 청구할 수 있다.
1. 주식의 매수를 제한하거나 회사의 존립기간을 연장하는 정관의 변경. 다만, 보유 자산의 매각이 존립기간 내에 불가능하여 1년 이내의 범위에서 존립기간을 1회 연장하는 경우는 제외한다.
2. 다른 부동산투자회사와의 합병
3. 제19조에 따른 현물출자에 의한 신주의 발행

의 자산관리 및 운용 업무(다만, 자산관리회사가 「조세특례제한법 시행령」 제104조의28 제 2 호의 요건을 충족한 경우만 해당한다), (iv) 다른 법인으로부터 위탁받은 부동산의 취득 · 관리 및 처분과 관련된 업무(다만, 「자산유동화에 관한 법률」 제 2 조 제 5 호의 규정에 의한 유동화전문회사의 자산관리를 겸영할 수 없다), (v) 부동산 또는 부동산 관련 증권의 취득 · 관리 · 처분 및 개발에 대한 자문 업무(다만, 부동산투자자문회사의 업무를 제외한다), (vi) 법 제19조 제 3 항의 규정에 의한 사무수탁회사의 업무, (vii) 부동산 임대관리업무를 말한다(^{시행령 제21조}_{제 1 항}).

　　그러나, 「부동산투자회사법」 제22조의3 제 3 항 제 2 호의 규정에 의하여 국토교통부장관으로부터 자산관리회사의 인가를 받은 법인(즉, 다른 법률에 따라 법 제21조의 업무(즉, 자산 투자 · 운용 업무)를 위탁받아 영위할 수 있는 자로서 투자자 보호에 지장이 없다고 인정되어 국토교통부장관으로부터 자산관리회사의 인가를 받은 법인)은 부동산투자회사로부터 위탁받은 업무 외에 시행령 제22조 제 1 항 각 호의 업무(즉, 위에 열거한 7개 업무)에 해당하는 업무를 겸영할 수 없다(^{시행령 제21조}_{제 5 항 본문}). 다만, 시행령 제22조 제 1 항 각 호의 업무가 다른 법령에 의하여 당해 법인에게 허용된 경우는 겸영할 수 있다(^{시행령 제21조}_{제 5 항 단서}).

3) 신탁업무와의 구분 운용 의무

　　자산관리회사가 위탁받은 자산의 투자 · 운용 업무와 「자본시장과 금융투자업에 관한 법률」에 따른 신탁업을 겸영하는 경우에는 그 위탁받은 업무와 신탁업무의 회계 · 조직 및 인력을 구분하여 운영하여야 한다(^{시행령 제21조}_{제 2 항}).

4) 수탁업무의 우선

　　자산관리회사는 부동산투자회사로부터 위탁받은 업무를 수행하지 아니하고 시행령 제22조 제 1 항의 업무를 겸영업무로서 영위해서는 아니 된다(^{시행령 제21조}_{제 3 항}).

5. 일반사무 등 위탁기관

(1) 서　　설

　　위탁관리부동산투자회사 및 기업구조조정부동산투자회사는 임직원이 없는 명목회사이므로 주식의 발행 업무 및 일반적인 사무는 타 기관(회사)에 위탁하여야 한다. 이에 따라 「부동산투자회사법」은 이러한 업무를 수행하는 '일반사무 등 위탁기관'에게 관련 업무를 위탁하도록 하고 있는데(^{법 제22조}_{의2 제 1 항}), 2가지 유형이 있다. 주식 판매 업무를 위탁받아 수행하는 '판매회사'가 있고, 일반 사무관리 업무를 위탁받아 수행하는 '사무수탁회사'가 있다(^{시행령 제19조}_{제1항, 제2항}).

(2) 판매회사의 자격 요건

주식을 판매하는 판매회사는 「자본시장과 금융투자업에 관한 법률」 제12조에 따른 투자매매업 또는 투자중개업의 인가를 받은 자이어야 한다(^{시행령 제19}_{조 제1항}).

(3) 사무수탁회사의 자격 요건

사무수탁회사는 「자본시장과 금융투자업에 관한 법률」 제254조에 따른 일반사무관리회사이어야 하는데(^{시행령 제19}_{조 제2항}), 다음과 같은 요건을 갖추어야 한다. 즉 (i) 「상법」에 따른 주식회사, 명의개서대행회사 또는 그 밖에 대통령령으로 정하는 금융기관에 해당할 것, (ii) 5억원 이상으로서 대통령령으로 정하는 금액 이상의 자기자본을 갖출 것, (iii) 상근 임직원 중 대통령령으로 정하는 기준의 전문인력을 보유할 것, (iv) 전산설비 등 대통령령으로 정하는 물적 설비를 갖출 것, (v) 임원이 「금융회사의 지배구조에 관한 법률」 제5조에 적합할 것, (vi) 대통령령으로 정하는 이해상충방지체계를 구축하고 있을 것(대통령령으로 정하는 금융업을 영위하고 있는 경우에 한한다)이다.

(4) 사무수탁회사의 업무범위

사무수탁회사의 업무범위는 (i) 부동산투자회사의 운영에 관한 업무, (ii) 부동산투자회사 자산의 계산, (iii) 법령 또는 정관에 의한 통지 및 공고, (iv) 이사회 또는 주주총회의 소집 및 개최에 관한 업무, (v) 그 밖에 부동산투자회사로부터 위탁받은 업무이다(^{시행령 제19}_{조 제3항}).

Ⅳ 부동산투자회사에 대한 규제 내용 및 특징

여기서는 부동산투자회사에 대한 주요 규제 내용과 특징에 대하여 살펴보기로 한다.

1. 법적 성격 및 형태

앞서 언급한 것처럼, 「부동산투자회사법」은 3가지 유형의 부동산투자회사를 허용하고 있는데, 자기관리부동산투자회사는 임직원을 둘 수 있는 실체회사이며($_{제2조}^{법}$ $_{가목}^{제1호}$), 자기관리 및 기업구조조정 부동산투자회사는 명목회사 형태로 설립하도록 하고 있다($_{제49조의2 제4항}^{법 제11조의2,}$). 그리고 회사의 형태는 주식회사의 형태로 설립하도록 하고 있다($_{제1항}^{법 제3조}$). 따라서 부동산투자회사에 대해서는 「부동산투자회사법」에 특별히 정한 경우를 제외하고는 상법이 적용된다($_{제2항}^{법 제3조}$).

부동산투자회사는 그 상호에 부동산투자회사라는 명칭을 사용하여야 하며 ($_{제3항}^{법 제3조}$), 「부동산투자회사법」에 따른 부동산투자회사가 아닌 자는 부동산투자회사 또는 이와 유사한 명칭을 사용하는 것이 금지된다($_{제4항}^{법 제3조}$).

2. 설　　립

(1) 설립 방법

부동산투자회사는 발기설립의 방법으로 하여야 한다($_{제1항}^{법 제5조}$). 다만, 부동산투자회사는 「상법」 제290조 제 2 호에도 불구하고 현물출자에 의한 설립을 할 수 없다 ($_{제2항}^{법 제5조}$).

(2) 설립 자본금

자기관리 부동산투자회사의 설립 자본금은 5억원 이상이어야 하며($_{제1항}^{제6조}$), 위탁관리 및 기업구조조정 부동산투자회사의 경우에는 3억원 이상이어야 한다($_{제2항}^{제6조}$).

(3) 발기인의 결격 요건

「부동산투자회사법」은 부동산투자회사 설립 시의 주도적인 역할을 하는 발기인의 중요성을 감안하여 다음과 같이 그 결격 요건을 규정하고 있다. 즉, (i) 미성년자·피성년후견인 또는 피한정후견인, (ii) 파산선고를 받고 복권되지 아니한 자, (iii) 「부동산투자회사법」 또는 「공인중개사법」, 「부동산 거래신고에 관한 법률」, 「감정평가 및 감정평가사에 관한 법률」, 「자본시장과 금융투자업에 관한 법률」, 「형법」 제214조부터 제224조까지 및 제347조, 제347조의2, 제348조, 제348조의2, 제349조부터 제359조까지, 그 밖에 대통령령으로 정하는 금융 관련 법률[1] (이하 "금융 관련 법률"이라 한다)에 따라 벌금형 이상의 형을 선고 받고 그 집행이 끝나거나(집행이 끝난 것으로 보는 경우를 포함한다) 면제된 후 5년이 지나지 아니한 자, (iv) 「부동산투자회사법」 또는 관련 법률에 따라 금고 이상의 형의 집행유예를 선고 받고 그 유예기간 중에 있는 자, (v) 「부동산투자회사법」 또는 금융 관련 법률에 따라 영업의 허가·인가 또는 등록 등이 취소된 법인의 임직원이었던 자(그 허가·인가 또는 등록 등의 취소 사유의 발생에 관하여 직접적인 책임이 있거나 이에 상응하는 책임이 있는 자로서 "대통령령으로 정하는 자"[2]만 해당한다)로서 해당 법인에 대한 취소가 있은 날부터 5년이 지나지 아니한 자, (vi) 「부동산투자회사법」 또는 금융 관련 법률을 위반하여 해임되거나 면직된 후 5년이 지나지 아니한 자는 발기인이 될 수 없다(법 제7조).

---

1 은행법, 한국은행법 등 29개의 금융 관련 법률을 말하는데, 시행령 제 5 조 제 1 항이 규정하고 있다.

2 시행령 제 5 조 제 2 항에 규정되어 있는데, "대통령령이 정하는 자"라 함은 영업의 허가·인가 또는 등록 등의 취소사유가 발생한 당시의 임원·직원(「금융산업의 구조개선에 관한 법률」 제14조 제 2 항의 규정에 의하여 허가·인가 등이 취소된 법인 또는 회사의 경우에는 같은 법 제10조의 규정에 의한 적기시정조치사유의 발생 당시의 임원·직원을 말한다)으로서 다음 각호의 어느 하나에 해당하는 자를 말한다.
  1. 감사 또는 감사위원회의 위원
  2. 허가·인가 또는 등록 등의 취소사유의 발생과 관련하여 위법·부당한 행위로 인하여 국토교통부장관·금융위원회 또는 「금융위원회의 설치 등에 관한 법률」에 의하여 설립된 금융감독원의 원장으로부터 주의·경고·견책·직무정지·해임요구 그 밖의 조치를 받은 임원
  3. 허가·인가 또는 등록 등의 취소사유의 발생과 관련하여 위법·부당한 행위로 인하여 국토교통부장관·금융위원회 또는 금융감독원장으로부터 정직요구 이상에 해당하는 조치를 받은 직원
  4. 제 2 호 또는 제 3 호의 규정에 해당되는 제재대상자로서 그 제재를 받기 전에 사임 또는 사직한 자

(4) 정관 기재 사항

부동산투자회사의 정관은 발기인이 다음의 사항을 포함하여 작성하고 발기인 모두가 기명날인하거나 서명하여야 한다($^{법 제8조}_{제1항}$). 즉, (i) 목적, (ii) 상호, (iii) 발행할 주식의 총수, (iv) 1주(株)의 금액, (v) 설립할 때에 발행하는 주식의 총수, (vi) 자산의 투자·운용에 관한 사항, (vii) 자산평가에 관한 사항, (viii) 이익 등의 배당에 관한 사항, (ix) 본점의 소재지, (x), 공고 방법, (xi) 법인이사 및 감독이사를 두는 경우에는 법인이사 및 감독이사를 둔다는 내용, (xii) 이사(법인이사는 제외) 및 감사의 보수에 관한 기준, (xiii) 자산보관기관과 체결할 자산보관계약의 개요, (xiv) 자산의 투자·운용 업무에 관한 위탁계약을 체결하려는 경우에는 그 위탁계약의 개요, (xv) 발기인의 성명, 주민등록번호 및 주소, (xvi) 그 밖에 "대통령령으로 정하는 사항"이다. "대통령령으로 정하는 사항"이라 함은 (i) 주주총회 및 이사회에 관한 사항, (ii) 임원에 관한 사항, (iii) 회계에 관한 사항, (iv) 현물출자에 관한 사항, (v) 주식 매수 청구에 관한 사항, (vi) 투자자 보호에 관한 사항이다($^{시행령}_{제7조}$).

그리고 설립할 때 발행할 주식의 총수는 그 상한과 하한을 두는 방법으로 정할 수 있다($^{법 제8조}_{제2항}$).

3. 영업 인가 또는 등록

(1) 영업인가

1) 국토교통부장관으로부터의 영업 인가

부동산투자회사가 법 제21조 제 1 호 내지 제 4 호 및 제 6 호 및 제 7 호의 업무(즉, 부동산의 취득·관리·개량 및 처분, 부동산 개발 사업, 부동산의 임대차, 증권의 매매, 지상권·임차권 등 부동산 사용에 관한 권리의 취득·관리·처분, 신탁이 종료된 때에 신탁재산 전부가 수익자에게 귀속하는 부동산 신탁의 수익권의 취득·관리 및 처분 업무)를 영위하려면 부동산투자회사 유형별(자기관리, 위탁관리, 기업구조조정 부동산투자회사별)로 국토교통부장관으로부터 인가를 받아야 한다($^{법 제9조}_{제1항}$). 인가 사항을 변경하고자 하는 경우에도 동일하게 인가를 받아야 한다($^{법}_{제40}$ $^{조 제1항}_{제5호}$).

2) 인가 요건

「부동산투자회사법」은 국토교통부장관이 영업 인가 여부를 결정하려고 하는 경우 법이 규정하는 일정한 사항을 "확인"하여야 한다고 규정하고 있는데(법 제9조,제2항), 법이 "확인"이라는 용어를 사용하고 있지만 이는 인가 요건으로 이해해도 좋을 것으로 본다. 그러한 사항은 다음과 같다. 즉, (i) 부동산투자회사가 법 제 3 조부터 제 8 조까지,[1] 제11조의2[2] 및 제45조[3]에 적합하게 설립되었는지 여부, (ii) 사업계획의 타당성 및 적정성, (iii) 기업구조조정 부동산투자회사가 제49조의2 제 1 항에 적합하게 자산을 구성하였는지 여부, (iv) 신주 발행 계획의 적정성(다만, 영업인가일부터 6개월 이내에 발행하는 신주로 한정한다), (v) 부동산투자회사가 업무를 위탁하는 경우 위탁계획의 적정성, (vi) 법 제19조 제 1 항[4] 및 법 제29조 제 1 항[5] 위반 여부, (vii) 자산의 투자·운용에 있어서 투자자보호 방안에 관한 사항이다(법 제9조 제2항,시행령 제8조 제4항).

3) 인가 시 조건 부과 등

국토교통부장관은 영업 인가를 하는 경우 경영의 건전성 확보와 투자자 보호에 필요한 조건을 붙일 수 있다(법 제9조제3항). 그리고 부동산투자회사는 영업 인가 전에는 주주가 아닌 자에게 배정하는 방식으로 신주를 발행할 수 없다(법 제9조제4항).

4) 감정평가업자의 부동산 감정평가 결과서 제출

2013년 7월 10차 개정된 「부동산투자회사법」은 감정평가업자의 부동산 감정평가 결과서를 영업 인가 신청 시 제출하도록 하고 있다. 즉 부동산투자회사가 영업 인가를 받으려는 경우에는 감정평가업자(「감정평가 및 감정평가사에 관한 법률」에 따른 감정평가업자를 말한다)가 사업 대상 부동산에 대하여 실시한 감정평가 결과를 국토교통부장관에게 제출하여야 한다(법 제9조제6항 본문). 다만, 국가·지방자치단체 또는 대통령령으로 정하

---

1 제 3 조는 법인격, 제 4 조는 업무 범위, 제 5 조는 설립, 제 6 조는 설립 당시의 자본금, 제 7 조는 발기인 결격 요건 및 제 8 조는 정관 기재 사항에 각각 관련되는 내용이다.
2 위탁관리부동산투자회사의 지점 설치 금지에 관한 내용이다. 기업구조조정부동산투자회사에 대하여 이를 준용하고 있는 법 제49조의2 제 4 항도 마찬가지로 적용하고 있다.
3 설립 등기에 관련된 사항이다.
4 "부동산투자회사는 영업인가를 받거나 등록을 하고 제10조에 따른 최저자본금 이상을 갖추기 전에는 현물출자를 받는 방식으로 신주를 발행할 수 없다"는 내용이다.
5 "부동산투자회사는 영업 인가를 받거나 등록을 한 후에 자산을 투자·운용하기 위하여 또는 기존 차입금 및 발행사채를 상환하기 위하여 대통령령으로 정하는 바에 따라 자금을 차입하거나 사채를 발행할 수 있다"는 내용이다.

는 기관으로부터 입찰 · 경매 또는 그 밖에 대통령령으로 정하는 방식으로 사업 대상 부동산을 매입하는 경우에는 감정 평가를 실시하지 아니할 수 있다(법 제9조 제6항 단서).

5) 인가 사실의 공고 등

국토교통부장관은 영업 인가를 하였을 때에는 그 내용을 관보 및 인터넷 홈페이지 등에 공고하여야 한다(법 제9조 제5항). 또한 국토교통부장관은 그 인가 사실과 내용을 금융위원회에 통보하여야 한다(시행령 제8조 제10항).

6) 영업 인가 후 최저 자본금

영업 인가를 받은 날부터 6개월(부동산투자회사 및 이해관계자 등이 다른 법령에서 정한 방법 및 절차 등을 이행하기 위하여 소요되는 기간으로서 국토교통부장관이 인정하는 기간은 제외한다)이 지난 후 부동산투자회사의 자본금은 자기관리부동산투자회사의 경우 70억 원 이상, 위탁관리부동산투자회사 및 기업구조조정부동산투자회사의 경우 각각 50억 원 이상이 되어야 한다(법 제10조).

⑵ 영업 등록

제13차 개정 「부동산투자회사법」(2016. 1. 19. 개정)은 진입 규제 완화 차원에서 종전의 인가제와 더불어 등록제를 도입하였다. 이러한 등록제는 위탁관리 부동산투자회사 및 기업구조조정 부동산투자회사에만 적용된다(법 제9조의2 제1항). 그러면 위탁관리 부동산투자회사 및 기업구조조정 부동산투자회사에 대해서는 등록제만 적용되는지 의문이 들 수 있는데, 해석상 등록 요건을 갖추지 못한 위탁관리 부동산투자회사 및 기업구조조정 부동산투자회사의 경우에는 여전히 영업 인가를 받아 설립할 수 있다고 보아야 할 것이다. 이러한 해석은 인가 요건을 규정하는 법 제 9 조가 여전히 인가 요건 중에 기업구조조정 부동산투자회사의 경우에 적용되는 내용이 있기 때문이고, 해석상으로도 등록 요건에 해당하지 않은 경우에는 인가를 받아 설립할 수 있다고 보아야 할 것이다.

1) 등록 요건

위탁관리 및 기업구조조정 부동산투자회사가 부동산의 투자 · 운용 업무를 영위하기 위하여 국토교통부장관에 등록하기 위한 요건은 다음과 같다. (i) 「부동산투자회사법」에 따라 적법하게 설립되었을 것, (ii) 위탁관리 부동산투자회사의 경우 「국민연금법」 제24조에 따라 설립된 국민연금공단이나 법 제14조의8 제 3 항 제 1 호에 따른 주주가 단독이나 공동으로 발행주식의 100분의 30 이상을 취득할 것, (iii) 기업구조조정 부동산투자회사의 경우 법 제49조의2 제 1 항의 기준에 적합하게 자산을 구성할 것, (iv) 총자산 중 부동산개발사업에 대한 투자비율이 100분의 30을 초과하지 아니할 것, (v) 그 밖에 대통령령으로 정하는 요건을 갖출 것이다(법 제9조의2 제1항). 등록 후 등록 사항이 변경되면 동일하게 변경 등록을 하여야 한다(법 제40조 제1항 제5호).

2) 등록 거부 사유

국토교통부장관은 일정한 사유에 해당하지 않는 한 등록을 거부할 수 없다. 국토교통부장관이 등록 거부할 수 있는 사유는 다음과 같다. (i) 등록 요건을 갖추지 아니한 경우, (ii) 등록신청서를 거짓으로 작성한 경우, (iii) 등록신청서에 흠결이 있는 경우 국토교통부장관이 신청인에게 보완을 요구했을 때 그러한 보완 요구를 이행하지 아니한 경우에 한한다(법 제9조의2 제5항).

3) 등록 시 조건 부과 등

영업 인가 시와 마찬가지로 국토교통부장관은 등록을 결정하는 경우 경영의 건전성 확보와 투자자 보호에 필요한 조건을 붙일 수 있다(법 제9조의2 제6항, 제9조 제3항). 그리고 부동산투자회사는 등록 전에는 주주가 아닌 자에게 배정하는 방식으로 신주를 발행할 수 없다(법 제9조의2 제6항, 제9조 제4항).

4) 감정평가업자의 부동산 감정평가 결과서 제출

등록할 때도 영업 인가와 마찬가지로 감정평가업자가 사업 부동산에 대하여 실시한 감정 평가 결과를 국토교통부장관에게 제출하도록 하고 있다(법 제9조의2 제6항, 제9조 제6항).

5) 등록 사실의 공고 등

영업 인가와 마찬가지로 국토교통부장관은 등록 내용을 관보 및 인터넷 홈페이지 등에 공고하여야 한다(법 제9조의2 제6항, 제9조 제5항).

6) 등록 후 최저 자본금

등록을 한 날 이후 6개월(부동산투자회사 및 이해관계자 등이 다른 법령에서 정한 방법 및 절차 등을 이행하기 위하여 소요되는 기간으로서 국토교통부장관이 인정하는 기간은 제외한다)이 지난 후 위탁관리 및 기업구조조정 부동산투자회사의 자본금은 50억 원 이상이 되어야 한다(법 제10조).

4. 부동산투자회사의 기관: 주주총회, 이사회, 감사

부동산투자회사도 주식회사 형태이므로 상법상 요구되는 주주총회, 이사회 및 감사의 기관을 두게 된다. 「부동산투자회사법」은 이러한 기관에 대한 몇 가지 규제 사항을 규정하고 있는데, 그 이외의 사항은 여전히 상법이 적용될 것이다. 여기서는 「부동산투자회사법」이 규정하고 있는 규제 사항에 대하여 살펴보기로 한다.

(1) 주주총회

1) 주주총회 결의 사항

「부동산투자회사법」은 주주총회의 결의를 거쳐야 하는 사항을 규정하고 있다. 즉, (i) 해당 연도의 사업 계획의 확정, (ii) 해당 연도의 차입 계획 및 사채 발행 계획, (iii) 자산의 투자·운용에 관한 중요한 계약의 체결 또는 변경 체결에 관한 사항, (iv) 부동산 개발 사업 계획의 확정 또는 확정된 부동산개발사업계획의 목적·대상·범위 등 대통령령으로 정하는 중요한 부분의 변경에 관한 사항, (v) 총자산 중 부동산개발 사업에 대한 투자비용, (vi) 부동산의 현물출자에 관한 사항, (vii) 자산보관기관과의 자산보관계약의 체결 또는 변경 체결에 관한 사항은 주주총회의 결의를 얻어야 한다(법 제12조 제1항). 다만 위의 (iv), (v) 및 (vi)의 사항은 주주총회 특별결의를 얻어야 한다(법 제12조 제1항 단서).

2) 연기 주주총회

부동산투자회사는 주주총회의 회의 개시 예정시각에서 1시간이 경과할 때까지 출석한 주주가 소유한 주식의 총수가 발행된 주식 총수의 과반수에 미달하는 경우 주주총회를 연기할 수 있는데, 이 경우 부동산투자회사는 그 날부터 2주 이내에 연기된 주주총회를 소집하여야 한다(법 제12조 제2항). 연기 주주총회의 회의 개시 예정 시각에서 1시간이 경과할 때까지 출석한 주주가 소유한 주식 총수가 발행된 주식 총수의 과반수에 미달하는 경우에는 출석한 주주의 주식 총수로써 주주총회가 성립된 것으로 본다(법 제12조 제3항 전단). 이 경우 연기 주주총회의 결의는 출석한 주주의 의결권의 과반수로 하지만, 위의 (iv), (v) 및 (vi)의 사항에 대한 연기 주주총회의 특별결의는 출석한 주주의 의결권의 3분의 2 이상의 수로써 한다(법 제12조 제3항 후단 및 단서).

(2) 이사회 결의 사항

이사회에서 결의해야 하는 사항은 다음과 같다. 즉, (i) 부동산의 취득이나 처분 등 운용에 관한 사항, (ii) 대통령령으로 정하는 일정 금액(부동산투자회사의 총자산의 100분의 10에 해당하는 금액을 말한다)(시행령 제10조) 이상의 증권의 취득이나 처분에 관한 사항, (iii) 차입 및 사채 발행에 관한 사항, (iv) 법 제47조에 따른 내부통제기준의 제정 · 개정 및 준법 감시인의 임면(任免)에 관한 사항이다(법 제13조 제1항). 그리고 이사는 이사회 개최 7일 전에 이사회의 개최 일시, 장소 및 안건 등을 감사에게 송부하여야 한다(법 제13조 제2항).

(3) 이사의 자격 요건

부동산투자회사의 이사는 법 제 7 조가 규정하고 있는 발기인 결격 요건에 해당해서는 아니 된다(법 제14조 제1항). 더 나아가 위탁관리부동산투자회사의 이사에 대해서는 추가적인 결격 요건이 적용된다(법 제14조 제2항). 즉, (i) 자산의 투자 · 운용을 위탁받은 자산관리회사의 특별관계자(「자본시장과 금융투자업에 관한 법률」 제133조 제 3 항에 따른 특별관계자[1]를 말한다), (ii) 자산의 투자 · 운용을 위탁받은 자산관리회사로부터 계속적으로 보수를 지급받고 있는 사람 및 (iii) 이사로서의 중립성을 훼손할 우려가 있는 사람으로서 대통령령으로 정하는 사람(위의 (i) 또는 (ii)의 배우자 또는 직계 존 · 비속을 말한다)(시행령 제11조 제1항)이 결격 요건에 해당한다.

(4) 감사의 자격 요건

부동산투자회사의 감사는 「공인회계사법」에 따른 공인회계사이어야 한다(법 제14조의2 제1항). 감사의 결격 요건은 다음과 같다. 즉, (i) 법 제 7 조 각 호의 어느 하나에 해당하는 사람(즉 발기인의 결격 요건에 해당하는 사람), (ii) 「공인회계사법」에 따라 업무정지 기간

---

1 「자본시장과 금융투자업에 관한 법률」은 시행령에서 정하도록 하고 있는데, 시행령 제141조가 규정하고 있다. 제141조(특별관계자의 범위) ① 법 제133조 제 3 항 본문에서 "대통령령으로 정하는 특별한 관계가 있는 자"란 특수관계인과 공동보유자를 말한다.
② 제 1 항에서 "공동보유자"란 본인과 합의나 계약 등에 따라 다음 각 호의 어느 하나에 해당하는 행위를 할 것을 합의한 자를 말한다.
1. 주식 등을 공동으로 취득하거나 처분하는 행위
2. 주식 등을 공동 또는 단독으로 취득한 후 그 취득한 주식을 상호 양도하거나 양수하는 행위
3. 의결권(의결권의 행사를 지시할 수 있는 권한을 포함한다)을 공동으로 행사하는 행위

중에 있는 회계법인에 소속된 사람, (iii) 「공인회계사법」에 따라 직무정지 기간 중에 있는 사람, (iv) 감사로서의 중립성을 훼손할 우려가 있는 사람으로서 "대통령령으로 정하는 사람"은 감사가 될 수 없다(법 제14조의2 제2항). "대통령령으로 정하는 사람"이라 함은 (i) 당해 부동산투자회사의 이사, (ii) 당해 부동산투자회사의 주요주주(주식을 100분의 10 이상 소유하고 있는 주주를 말한다), (iii) 당해 부동산투자회사의 업무를 위탁받은 자산관리회사ㆍ자산보관기관으로부터 계속적으로 보수를 지급받고 있는 자, (iv) 위의 (i) 내지 (iii)에 해당하는 자의 배우자 또는 직계 존ㆍ비속, (v) 당해 부동산투자회사와 관련하여 「공인회계사법」 제21조의 규정에 의하여 감사가 제한되는 자 또는 같은 법 제33조의 규정에 의하여 감사가 제한되는 회계법인에 소속된 자이다(시행령 제12조 제1항).

(5) 법인이사 및 감독이사

위탁관리 부동산투자회사 및 기업구조조정 부동산투자회사의 경우에는 이사로서 법인이사와 감독이사를 둘 수 있다(제14조의3 제1항; 제49조의2 제4항). 다만, 법인이사는 자산관리회사만이 될 수 있다(제14조의3 제1항). 법인이사와 감독이사를 두게 되면 이사와 감사를 둘 수 없다(법 제14조의3 제1항 후단). 법인이사는 위탁관리 및 기업구조조정 부동산투자회사를 대표하고 부동산투자회사의 업무를 집행하며(제14조의5 제1항), 감독이사는 법인이사의 업무집행을 감독한다(제14조의7). 그리고 위탁관리 및 기업구조조정 부동산투자회사가 법인이사와 감독이사를 두는 경우에는 법인이사 1인과 감독이사 2인 이상을 선임하여야 한다(제14조의3 제2항). 감독이사에 대하여는 법 제14조의 이사 자격 요건이 적용되며, 감독이사 중 1인 이상은 공인회계사로서 법 제7조에 규정된 결격 요건에 해당하지 않는 자이어야 한다(제14조의6 제3항).

5. 주식 발행

(1) 주식의 공모

부동산투자회사는 영업인가를 받거나 등록을 한 날로부터 2년 이내에 발행되는 주식 총수의 100분의 30 이상을 일반의 청약에 제공하여야 한다(법 제14조의8 제2항). 그러나 (i) 국민연금공단, 공무원연금공단 또는 사립학교교직원연금공단 등 대통령령으로 정하는 주주[1]가 단독 또는 공동으로 부동산투자회사의 영업인가일 또는 등록일로부터 2년 이내에 부동산투자회사가 발행하는 주식 총수의 100분의 50 이상을 인수 또는 매수하는 경우, (ii) 부동산투자회사가 보유하거나 개발할 건축물 연면적의 100분의 70 이상을 임대주택(「민간임대주택에 관한 특별법」에 따른 민간임대주택 및 「공공주택 특별법」에 따른 공공임대주택을 말한다)으로 제공하는 경우에는 이러한 일반 청약제공 의무가 적용되지 않는다(법 제14조의8 제 3 항).

(2) 주식 소유 한도

1) 주식 분산의 원칙

주주 1인과 그 특별관계자[2](이하 "동일인")는 최저 자본금 준비 기간이 끝난 후에는 기업구조조정 부동산투자회사를 제외한 부동산투자회사의 발행주식 총수의 100분의 50을 초과하여 주식을 소유하지 못한다(법 제15조 제 1 항). 2017년 10월 법 개정으로 기업구조조정 부동산투자회사에게는 적용 제외하였다(법 제49조의2 제 3 항). 동일인이 주식 소유 한도를 위반하여 부동산투자회사의 주식을 소유하게 된 경우 그 주식의 의결권 행사 범위는 위의 동일인 주식 소유 한도로 제한된다(법 제15조 제 2 항). 국토교통부장관은 주식 소유 한도를 위반하여 동일인이 그 주식 소유 한도를 초과하여 주식을 소유하는 경우에는 6개월 이내의 기간을 정하여 동일인 주식 소유 한도를 초과하는 주식을 처분할 것을 명할 수 있다(법 제15조 제 3 항).[3]

2) 주식 소유 한도의 예외

그러나 국민연금공단과 그 밖에 대통령령[4]으로 정하는 주주에 대하여는 위의 주식 소유 한도 규제가 적용되지 않는다(법 제16조 제 1 항).

---

1 시행령 제12조의3이 규정하고 있다.
2 「자본시장과 금융투자업에 관한 법률 시행령」 제141조가 규정하고 있는 특별관계자를 말한다 (법 제14조 제 2 항 제 1 호).
3 그러나 국토교통부장관은 동일인이 현물출자로 인하여 그 주식 소유 한도를 초과하여 주식을 소유하는 경우에는 현물출자에 따른 주식의 발행일부터 1년 이상 1년 6개월 이하의 기간을 정하여 주식소유한도를 초과하는 주식을 처분할 것을 명할 수 있다(법 제15조 제 4 항).
4 시행령 제13조 제 1 항이 대한지방행정공제회 등의 기관을 열거하고 있다.

(3) 주식청약서 및 투자설명서 제공 의무

부동산투자회사의 영업 인가 또는 등록 후에 주식을 발행하는 경우에는 법 제17조 제 1 항이 규정하는 사항[1]을 기재한 주식청약서를 작성하여 해당 주식을 인수하려는 자에게 제공하여야 한다($^{법 제17조}_{제1항}$). 부동산투자회사는 발행하는 주식의 인수 청약을 권유할 때에는 부동산투자회사의 설립 취지, 투자 계획 및 투자위험에 관한 사항 등 대통령령으로 정하는 사항[2]을 기재한 투자설명서를 상대방에게 제공하여야 한다($^{법 제17조}_{제2항}$). 부동산투자회사는 투자설명서를 주식의 인수 청약을 권유하는 상대방에게 제공할 때 그 주요 내용을 설명하여야 한다($^{시행령 14조}_{제3항}$).

(4) 주식 발행 조건

부동산투자회사는 그 성립 후에 주식을 발행하는 경우 동일한 날짜에 발행되는 같은 종류의 주식에 대해서는 발행가액이나 그 밖의 발행조건을 균등하게 정하여야 한다($^{법 제18조}_{제1항}$). 주식의 발행가액은 해당 부동산투자회사의 시장가치, 자산가치 및 수익가치에 기초하여 대통령령으로 정하는 방법($^{시행령}_{제15조}$)[3]으로 산정하여야 한다($^{법 제18조}_{제2항}$).

(5) 현물출자

부동산투자회사는 영업 인가를 받거나 등록을 하고 최저 자본금 이상을 갖추기 전에는 현물출자를 받는 방식으로 신주를 발행할 수 없다($^{제19조}_{제1항}$). 부동산투자회사의 영업 인가나 등록 후에 「상법」 제416조 제 4 호에 따라 부동산투자회사에 현물출자를 하는 재산은 (i) 부동산, (ii) 지상권·임차권 등 부동산 사용에 관한 권리, (iii) 신탁이

---

1 주식청약서 기재 사항은 (i) 법 제 8 조 제 1 항 제 1 호부터 제10호, 제10호의2, 제11호부터 제13호까지의 사항, (ii) 정관으로 존립기간 또는 해산사유를 정한 경우에는 그 내용, (iii) 주금(株金) 납입을 맡을 금융기관과 납입 장소, (iv) 최저 자본금 준비 기간이 끝난 후에 자본금이 최저 자본금보다 적은 경우 영업 인가나 등록이 취소될 수 있다는 사실, (v) 그 밖에 대통령령으로 정하는 사항(현물출자가 있는 경우 현물출자 대상 부동산의 내역과 그에 대하여 부여할 주식의 수를 말한다. 시행령 제14조 제 1 항)이다.

2 시행령 제14조 제 2 항이 규정하고 있는데, 상호, 설립 취지, 소재지, 발행할 주식의 수 및 1주의 금액, 청약 기간 및 청약 장소, 납입 기일 및 납입 장소, 투자원금이 보장되지 아니한다는 사실 등 투자위험에 관한 사항 등이다.

3 주식발행가액은 원칙적으로 「자본시장과 금융투자업에 관한 법률 시행령」 제176조의8 제 2 항에 따라 산정한 가격 이상이어야 한다(시행령 제15조).

종료된 때에 신탁재산 전부가 수익자에게 귀속하는 부동산 신탁의 수익권, (iv) 「공익 사업을 위한 토지 등의 취득 및 보상에 관한 법률」 제63조 제1항 단서에 따라 공익 사업의 시행으로 조성한 토지로 보상을 받기로 결정된 권리인 대토보상권이어야 한 다(법 제19조 제2항). 현물출자하는 재산의 가액은 감정평가업자 둘 이상이 평가하여야 하는 데,[1] 자세한 재산 평가 방법은 시행령 제16조가 규정하고 있다(법 제19조 제5항).

(6) 주식의 상장

부동산투자회사는 「자본시장과 금융투자업에 관한 법률」 제390조 제1항에 따른 상장규정의 상장 요건을 갖추게 된 때에는 지체 없이 증권시장에 주식을 상장하여 그 주식이 증권시장에서 거래되도록 하여야 한다(법 제20조 제1항). 국토교통부장관은 부동산 투자회사가 정당한 사유 없이 상장을 이행하지 아니하는 경우에는 기간을 정하여 상장을 명할 수 있다(법 제20조 제2항). 그리고 국토교통부장관이 상장 명령을 하려는 경우에는 미리 금융당국인 금융위원회의 의견을 들어야 한다(법 제20조 제3항), 이러한 상장 명령 제도는 부동산투자회사의 주식 상장이 활성화되어 일반 투자자들이 부동산에 대한 간접 투자를 보다 많이 할 수 있도록 기회를 주기 위한 것이라고 할 수 있다.[2]

---

1 대토보상권인 경우에는 「공익사업을 위한 토지 등의 취득 및 보상에 관한 법률」 제68조에 따라 산정하여 토지소유자가 사업시행자로부터 토지로 보상받기로 한 금액이다(법 제19조 제4항 제2호).

2 국토교통부와 금융위원회는 개인투자자의 리츠 투자 접근성을 개선하고 리츠에 수익성·안전 성 높은 자산이 유인되도록 규제 환경을 개선하며 개인 투자가의 리츠 투자 매력도를 향상시키 기 위한 리츠 공모·상장 활성화 방안을 발표하였다(2018. 12. 19). 구체적으로 보면 상장규정 의 정비(상장 심사기간 단축, 우선주 상장 허용 등), 주택도시기금 여유자금의 리츠 투자 확대, 특정금전신탁펀드의 리츠 재투자 규제 완화(법 시행령 제12조의3 개정, 2018. 11. 15 시행), 모 자 리츠를 통한 공모상장 리츠 활성화((법 시행령 제12조의3 개정, 2018. 11. 15 시행), 리츠 신 용평가제도 도입(법 제25조의3, 2020. 2. 21 시행), 리츠의 검사·감독 체계 개선, 리츠의 대출 자산 투자 허용(법 제21조 제2항 제3호, 2020. 2. 21 시행), 리츠의 자산보관 관련 비용 개선 (담보신탁 설정 허용) 등이다. 관련 후속 조치로서 경제활력대책회의(2019. 9. 11)을 거쳐 관계 부처 합동으로 "경제활성화 및 국민의 소득증대를 위한 「공모형 부동산간접투자 활성화 방 안」"을 발표하였다. 구체적인 주요 내용으로는 공공시설의 민간 사업자 선정 시, 공모 리츠· 부동산펀드 사업자 및 공모자금 조달 사업자에 우대 조치 마련, 공공개발 통해 조성된 상업용 부동산을 리츠·부동산펀드 또는 공모자금 활용 사업자에게 우선 공급, 공모형 리츠 부동산펀 드에 투자하는 투자자에 대한 세제혜택 지원, 리츠의 신용평가 및 공시, 공모 리츠·부동산펀 드에 투자하는 앵커 리츠(주택도시기금, 각종 연기금, 토지주택공사 등) 조성하여 개인들의 안 정적 투자 도모, 상품의 다양화 및 사업성 강화(공모 재간접 리츠가 자산의 80% 이상을 사모 리츠·부동산펀드에 투자하는 경우 투자자 합산 제외, 부동산·특별자산 재간접펀드의 사모

(7) 반대주주의 주식매수청구권

「부동산투자회사법」이 정한 일정한 사항에 관하여 이사회가 결의한 경우 그 결의에 대하여 반대하는 주주는 해당 사항에 관한 주주총회 전에 부동산투자회사에 서면으로 그 결의에 반대한다는 의사를 알리고, 주주총회의 결의일부터 20일 이내에 주식의 종류와 수를 적은 서면으로 자기가 소유한 주식의 매수를 청구할 수 있다(^{법 제}_{20조의} ²_{제1항}). 주식매수청구권을 행사할 수 있는 사항은 (i) 주식의 매수를 제한하거나 회사의 존립 기간을 연장하는 정관의 변경(다만, 보유 자산의 매각이 존립 기간 내에 불가능하여 1년 이내의 범위에서 존립 기간을 1회 연장하는 경우는 제외한다), (ii) 다른 부동산투자회사와의 합병, (iii) 현물출자에 의한 신주의 발행의 경우이다(^{법 제20조의2 제1항}_{제1호 내지 제3호}).

부동산투자회사는 주식의 매수청구를 받으면 매수청구기간이 끝난 날부터 20일 이내에 해당 주식을 매수하여야 한다(^{법 제20조의2}_{제2항 전단}).[1] 그러나 부동산투자회사가 매수 자금이 부족하여 매수에 응할 수 없는 경우에는 국토교통부장관의 승인을 받아 주식의 매수를 연기할 수 있다(^{법 제20조}_{의2 제3항}).

6. 자산의 투자 · 운용 업무

(1) 자산의 투자·운용 대상

「부동산투자회사법」은 부동산투자회사의 자산의 투자 · 운용 방법을 규정하고 있다. 즉, 부동산투자회사는 그 자산을 부동산, 부동산개발사업, 지상권, 임차권 등 부동산 사용에 관한 권리, 신탁이 종료된 때에 신탁 재산 전부가 수익자에게 귀속하는 부동산 신탁 수익권, 증권, 채권, 현금(금융기관의 예금 포함)에 투자하여야 하며 (i) 취득 · 개발 · 개량 및 처분, (ii) 관리(시설운영 포함), 임대차 및 전대차, (iii) 부동산개발사업을 목적으로 하는 법인 등에 대하여 부동산에 대한 담보권 설정 등 일정한 방법에 다른 대출, 예치 등의 방법으로 투자 · 운용하여야 한다(^{법 제21조}_{제2항}).

여기서 "부동산 개발 사업"이라 함은 "토지를 택지 · 공장용지 등으로 개발하거

리츠에 대한 투자 한도 확대, 입지규제 최소구역 활용, 개발밀도 완화 입체 복합개발 권고 등) 등이다(2019. 9. 11 국토교통부, 보도자료 1005, http://www.molit.go.kr).

1 해당 주식의 매수가격, 매수대금의 지급방법 등 필요한 사항은 시행령 제17조가 자세히 규정하고 있다.

나 공유수면을 매립하여 토지를 조성하는 사업 또는 건축물이나 그 밖의 인공구조물을 신축하거나 재축(再築)하는 사업"을 말한다($\frac{법 제2조}{제4호}$). 그리고, "증권"이라 함은 「자본시장과 금융투자업에 관한 법률」 제4조 제1항의 증권(채무증권, 지분증권, 수익증권, 투자계약증권, 파생결합증권 및 증권예탁증권을 말한다) 및 같은 법 제5조 제2항의 장내파생상품을 말한다($\frac{법 제2조}{제2호}$).

(2) 자기관리부동산투자회사의 자산운용 전문인력 요건

「부동산투자회사법」은 부동산투자회사의 자산을 투자·운용할 때 전문성을 높이고 주주를 보호하기 위하여 자산운용 전문인력의 자격 요건을 규정하고 있다. 그 자격 요건은 (i) 감정평가사 또는 공인중개사로서 해당 분야에 5년 이상 종사한 사람, (ii) 부동산 관련 분야의 석사학위 이상의 소지자로서 부동산의 투자·운용과 관련된 업무에 3년 이상 종사한 사람, (iii) 부동산투자회사, 자산관리회사, 부동산투자자문회사, 그 밖에 이에 준하는 부동산관계 회사나 기관 등에서 5년 이상 근무한 자로서 부동산의 취득·처분·관리·개발 또는 자문 등의 업무에 3년 이상 종사한 경력이 있는 자, (iv) 부동산자산의 투자·운용 업무를 수행하는 외국의 부동산투자회사 또는 이와 유사한 업무를 수행하는 기관에서 5년 이상 근무한 자로서 부동산의 취득·처분·관리·개발 또는 자문 등의 업무에 3년 이상 종사한 경력이 있는 자, (v) 「자본시장과 금융투자업에 관한 법률」 제286조 제1항 제3호 다목[1]에 해당하는 자이다 ($\frac{법 제22조, 시행령}{제18조 제2항}$).

그리고 자기관리부동산투자회사는 이러한 자격 요건을 충족하는 자산 운용 전문인력을 영업인가시에는 3명 이상, 영업인가를 받은 후 6개월 경과시에는 5인 이상 확보하여야 한다($\frac{시행령 제18}{조 제1항}$). 자산운용 전문인력은 자산운용에 관한 사전 교육을 이수하여야 한다($\frac{법 제22조}{제2항}$).

(3) 부동산의 처분에 대한 제한

1) 1년(국내 부동산) 또는 5년 이내(국외 부동산)의 처분 기한 제한
부동산투자회사는 부동산을 취득한 후 국내에 소재하는 부동산은 원칙적으로 1

---

1 집합투자재산·신탁재산 또는 투자일임재산을 운용하는 업무를 수행하는 자를 말한다.

년 이내에 처분할 수 없다. 국내에 있는 부동산 중 「주택법」 제 2 조 제 1 호에 따른 주택의 경우에는 1년 이내에 처분할 수 없는데, 다만 부동산투자회사가 미분양주택(「주택법」 제54조에 따른 사업주체가 같은 조에 따라 공급하는 주택으로서 입주자 모집공고에 따른 입주자의 계약일이 지난 주택단지에서 분양계약이 체결되지 아니하여 선착순의 방법으로 공급하는 주택을 말한다)을 취득하는 경우에는 정관에서 정하는 기간 이내에 처분할 수 없으며(그러나 이 정관으로 정하는 기간도 5년을 초과할 수 없다. 법 제24조 제 1 항), 국내에 있는 부동산 중 「주택법」 제 2 조 제 1 호에 따른 주택이 아닌 부동산의 경우는 1년 이내에 처분할 수 없다(시행령 제26조 제 1 항 제 1 호, 제 2 호). 국외에 소재하는 부동산은 5년의 범위에서 정관으로 정하는 기간 이내에는 처분해서는 안 된다(법 제24조 제 1 항, 시행령 제26조 제 1 항). 다만, 부동산 개발 사업으로 조성하거나 설치한 토지 · 건축물 등을 분양하는 경우나 부동산투자회사가 합병 · 해산 · 분할 또는 분할합병을 하는 경우는 이 처분 기한이 적용되지 않는다(법 제24조 제 1 항 단서, 시행령 제26조 제 2 항).

2) 나대지(裸垈地)의 처분 제한

부동산투자회사는 건축물이나 그 밖의 공작물이 없는 토지(공유수면을 매립하여 조성된 토지는 제외)는 해당 토지에 부동산 개발 사업을 시행한 후가 아니면 그 토지(즉, 나대지(裸垈地))를 처분해서는 아니 된다(법 제24조 제2항). 다만, 부동산투자회사의 합병 · 해산 등 투자자 보호를 위하여 "대통령령으로 정하는 경우"에는 나대지(裸垈地) 상태에서 처분할 수 있다(법 제24조 제 2 항 단서). 그러한 "대통령령이 정하는 경우"는 부동산 개발 사업을 하기 위하여 토지를 취득한 후 관련 법규의 제정 · 개정 또는 폐지 등으로 인하여 사업성이 현저히 저하됨으로써 부동산 개발 사업을 수행하는 것이 곤란하다고 객관적으로 입증되어 당해 토지의 처분이 불가피한 경우나 부동산투자회사가 합병 · 해산 · 분할 또는 분할합병을 하는 경우이다(시행령 제26조 제 3 항).

3) 실사보고서의 작성 의무

부동산투자회사는 부동산을 취득하거나 처분할 때에는 해당 부동산의 현황, 거래 가격 등이 포함된 실사보고서(實査報告書)를 작성하여 국토교통부장관에게 미리 제출하고 이를 본점에 갖추어 두어야 한다(법 제24조 제 3 항).[1]

---

1 실사보고서에는 (i) 당해 부동산의 현황 · 거래 가격 및 거래 비용, (ii) 당해 부동산과 관련된 재무 자료, (iii) 당해 부동산의 수익에 영향을 미치는 요소, (iv) 그 밖에 당해 부동산의 거래 여부를 결정함에 있어 필요한 사항으로서 국토교통부령이 정하는 사항이 포함되어야 한다(시행령 제26조 제 4 항).

(4) 자산 구성

부동산투자회사는 최저 자본금 준비기간(즉 영업인가나 등록 후 6개월)이 끝난 후에는 매 분기 말 현재 총자산의 100분의 80 이상을 부동산, "부동산 관련 증권" 및 현금으로 구성하여야 한다($^{법~제25조}_{제1항~전단}$). 이 경우 총자산의 100분의 70 이상은 부동산(건축 중인 건축물을 포함한다)이어야 한다($^{법~제25조}_{제1항~후단}$).[1]

여기서 "부동산 관련 증권"이라 함은 (i) 부동산투자회사의 주식 및 사채, (ii) 「자본시장과 금융투자업에 관한 법률」 제9조 제21항의 집합투자증권 중 부동산과 관련되는 것으로서 대통령령으로 정하는 것(「자본시장과 금융투자업에 관한 법률」 제229조 제2호에 따른 부동산집합투자기구가 발행하는 집합투자증권을 말한다)($^{시행령}_{제2조~제1항}$), (iii) 「자산유동화에 관한 법률」에 따른 유동화증권 중 부동산과 관련되는 것으로서 대통령령으로 정하는 것,[2] (iv) 「주택저당채권유동화회사법」 및 「한국주택금융공사법」에 따른 주택저당채권담보부채권 및 주택저당증권, (v) 「주택도시기금법」에 따른 국민주택채권, (vi) 「도시철도법」에 따른 도시철도채권, (vii) 그 밖에 부동산과 관련되는 증권으로서 대통령령으로 정하는 것[3]이다($^{법~제2조}_{제3호}$).

---

1 자산의 구체적인 내용 및 산정기준은 시행령 제27조가 자세히 규정하고 있다.
2 시행령 제2조 제2항. 다음 각 호에 해당하는 자산의 가액의 합계액이 유동화자산(「자산유동화에 관한 법률」 제2조 제3호의 규정에 의한 유동화자산을 말한다)의 가액중 100분의 70 이상 포함된 당해 유동화자산을 기초로 발행된 유동화증권을 말한다.
　　1. 부동산
　　2. 부동산매출채권(부동산의 매각·임대 등에 의하여 발생한 매출채권을 말한다)
　　3. 부동산담보부채권
3 시행령 제2조 제3항. "대통령령이 정하는 것"이라 함은 다음 각 호의 어느 하나에 해당하는 주식 및 채권을 말한다.
　　1. 「국토의 계획 및 이용에 관한 법률」 제47조 제2항의 규정에 의한 도시·군계획시설채권
　　2. 「도시개발법」 제23조 제1항에 따른 토지상환채권
　　3. 「주택법」 제69조 제1항의 규정에 의한 주택상환사채
　　4. 「택지개발촉진법」 제20조 제2항의 규정에 의한 토지상환채권
　　5. 「공익사업을 위한 토지 등의 취득 및 보상에 관한 법률」 제63조 제7항에 따라 발행되는 채권
　　6. 부동산담보부채권
　　7. 「법인세법」 제51조의2 제1항 제9호의 요건에 해당하는 법인의 채권. 다만, 이 영 제27조 제1항 제1호 나목에 해당되는 사채를 제외한다.
　　8. 「사회기반시설에 대한 민간투자법」 제14조에 따른 민간투자사업법인의 주식 및 채권 또는 같은 법 제41조에 따른 사회기반시설투융자회사의 채권. 다만, 이 영 제27조 제1항 제1호 다목에 해당되는 주식 및 사채를 제외한다.

그리고 자산의 구성 비율을 계산할 때 (i) 설립 시 납입된 주금(株金), (ii) 신주 발행으로 조성한 자금 및 (iii) 부동산투자회사 소유 부동산의 매각 대금은 최저 자본금 준비기간의 만료일, 신주 발행일 또는 부동산 매각일부터 2년 이내에는 부동산으로 본다(법 제25조 제2항).

(5) 증권에의 투자 제한

1) 원칙적으로 다른 회사 주식의 10% 이내 투자

부동산투자회사는 원칙적으로 다른 회사의 의결권 있는 발행주식의 100분의 10을 초과하여 취득하여서는 아니 된다(법 제27조 제1항).

2) 예   외

위의 10% 한도는 다음과 같은 예외가 적용된다(법 제27조 제1항 단서). 즉, (i) 특정 부동산을 개발하기 위하여 존립 기간을 정하여 설립된 회사의 주식을 취득하는 경우, (ii) 다른 회사와 합병하는 경우, (iii) 다른 회사의 영업 전부를 양수하는 경우, (iv) 부동산투자회사의 권리를 행사할 때 그 목적을 달성하기 위하여 필요한 경우, (v) 부동산투자회사가 소유하는 부동산 또는 부동산 관련 권리(지상권, 지역권, 전세권, 사용대차 또는 임대차에 관한 권리, 그 밖에 대통령령으로 정하는 권리를 말한다)를 임차하여 해당 부동산 또는 그 시설을 관리하거나 「관광진흥법」에 따른 관광숙박업 등 대통령령으로 정하는 사업을 영위하는 회사의 주식을 취득하는 경우, (vi) 투자자 보호나 자산의 안정적 운용을 해칠 우려가 없는 경우로서 대통령령으로 정하는 경우[1]에는 예외이다. 그러나 부동산투자회사

---

1 시행령 제31조 제2항: "대통령령이 정하는 경우"란 다음 각 호의 어느 하나에 해당하는 경우를 말한다.
　1. 「사회기반시설에 대한 민간투자법」 제14조의 규정에 의한 민간투자사업법인의 주식을 취득하는 경우
　2. 다른 부동산투자회사 또는 부동산집합투자기구(다음 각 목의 기관 등을 포함한다)가 발행한 주식을 취득하는 경우
　　가. 외국의 부동산투자회사 또는 부동산집합투자기구
　　나. 가목에 따른 회사 또는 기구의 업무를 수행하는 외국의 부동산투자 관련 기관
　3. 부동산투자회사의 일반적인 시설의 관리나 운영의 위탁을 위한 시설관리회사를 설립 또는 인수하기 위하여 주식을 취득하는 경우
　4. 제27조 제1항 제4호에 따라 총자산의 100분의 80 이상이 부동산(법 제27조 제1항 제1호부터 제3호까지 및 제5호부터 제7호까지에 따른 자산을 포함한다)으로 구성된 법인의 발행 주식 총수의 100분의 50을 초과하여 취득하는 경우
　5. 「사회기반시설에 대한 민간투자법」 제26조에 따른 사회기반시설의 관리운영권을 가진 회사

는 위의 (ii)부터 (iv)의 경우에도 초과 취득하게 된 날부터 6개월 이내에 위 10% 투자한도에 적합하도록 하여야 한다($_{제 2 항}^{법 제27조}$).

3) 동일인 발행 증권의 총자산의 5% 초과 취득 금지

부동산투자회사는 동일인이 발행한 증권을 총자산의 100분의 5를 초과하여 취득하여서는 아니 된다($_{제 3 항}^{법 제27조}$). 다만, 국채, 지방채, 그 밖에 대통령령으로 정하는 증권[1]에 대하여는 예외가 적용된다($_{제 3 항}^{법 제27조}$). 그리고 부동산투자회사가 소유하는 부동산 또

의 주식을 취득하는 경우
6. 「사회기반시설에 대한 민간투자법」 제41조에 따른 사회기반시설투융자회사의 주식을 취득하는 경우
7. 「유료도로법」 제10조에 따른 유료도로관리권을 가진 회사의 주식을 취득하는 경우
1 시행령 제31조 제 3 항: 법 제27조 제 3 항 본문에서 "대통령령이 정하는 증권"이란 다음 각 호의 어느 하나에 해당하는 증권을 말한다.
  1. 「공공기관의 운영에 관한 법률」 제 4 조에 따른 공공기관에서 발행한 채권
  2. 제33조 제 1 항 제 1 호 내지 제10호의 규정에 의한 금융기관이 발행한 채권
  3. 제33조 제 1 항 제 1 호 내지 제10호의 규정에 의한 금융기관이 보증한 채권(「자본시장과 금융투자업에 관한 법률」 제 9 조 제 7 항에 따른 모집의 방법에 의하여 발행된 채권에 한한다)
  4. 「주택저당채권유동화회사법」 및 「한국주택금융공사법」에 의하여 발행되는 주택저당채권담보부채권 및 주택저당증권
  5. 회사가 다른 회사를 합병하거나 「독점규제 및 공정거래에 관한 법률」 제 2 조 제 3 호의 규정에 의한 계열회사로 편입(이하 이 조에서 "기업인수ㆍ합병"이라 한다)하기 위한 자금을 조달할 목적으로 회사 또는 그 다른 회사(이하 이 조에서 "인수ㆍ합병회사등"이라 한다)가 발행하는 증권(기업인수ㆍ합병을 위한 자금을 조달할 목적으로 발행되는 증권에 투자하는 것을 내용으로 하는 정관에 따라 부동산투자회사가 취득하는 것에 한한다)
  6. 기업인수ㆍ합병을 위한 자금을 조달할 목적으로 인수ㆍ합병회사 등의 자산을 기초로 하여 「자산유동화에 관한 법률」 제31조의 규정에 의하여 발행되는 사채
  7. 「자본시장과 금융투자업에 관한 법률」 제324조에 따른 증권금융회사가 발행한 채권 또는 채무증서
  8. 제27조 제 1 항 제 4 호에 따라 총자산의 100분의 80 이상이 부동산(법 제27조 제 1 항 제 1 호부터 제 3 호까지 및 제 5 호부터 제 7 호까지에 따른 자산을 포함한다)으로 구성된 법인 또는 조합의 발행 지분증권 총수의 100분의 50을 초과하여 취득하는 경우 그 지분증권
  9. 제27조 제 1 항 제 1 호 나목에 따라 부동산개발을 위하여 설립되고 「법인세법」 제51조의2 제 1 항 제 9 호의 요건에 해당하는 법인의 주식 및 사채(해당 법인의 담보부사채만 해당한다)를 취득하는 경우 그 주식 및 사채
  10. 「사회기반시설에 대한 민간투자법」 제41조에 따른 사회기반시설투융자회사의 주식 및 사채(해당 회사의 담보부 또는 보증사채만 해당한다)를 취득하는 경우 그 주식 및 사채
  11. 「사회기반시설에 대한 민간투자법」 제26조에 따른 사회기반시설의 관리운영권을 가진 회사의 주식 및 사채를 취득하는 경우 그 주식 및 사채
  12. 「유료도로법」 제10조에 따른 유료도로관리권을 가진 회사의 주식 및 사채를 취득하는 경우 그 주식 및 사채

는 부동산 관련 권리를 임차하여 해당 부동산 또는 그 시설을 관리하거나 관광숙박업 등의 사업을 영위하는 회사의 주식을 취득하는 경우에는 부동산투자회사 총자산의 100분의 25를 초과하여 취득하여서는 아니 된다(법 제27조 제3항 단서, 제27조 제1항 제4호의2). 부동산투자회사는 보유하고 있는 증권이 이 투자 한도(즉, 5%)를 초과하게 된 경우에는 초과 취득하게 된 날부터 6개월 이내에 이 투자 한도에 적합하도록 하여야 한다(법 제27조 제4항).

(6) 배　　당

1) 이익배당한도의 90% 이상 배당 의무

부동산투자회사는 「상법」 제462조 제1항에 따른 해당 연도의 이익배당한도의 100분의 90 이상을 주주에게 배당하여야 한다(법 제28조 제1항 전단). 이 경우 「상법」 제458조에 따른 이익준비금은 적립하지 아니한다(법 제28조 제1항 후단). 다만, 자기관리 부동산투자회사의 경우 2018년 12월 31일까지 「상법」 제462조 제1항에 따른 해당 연도 이익배당 한도의 100분의 50 이상을 주주에게 배당하여야 하며 「상법」 제458조에 따른 이익준비금을 적립할 수 있다(법 제28조 제2항 전단). 이 경우 「상법」 제462조 제2항 단서에도 불구하고 다음 구분에 따른 방법으로 이익배당을 정한다. 즉 (i) 「상법」 제462조 제1항에 따른 해당 연도 이익배당한도의 100분의 50 이상 100분의 90 미만으로 이익배당을 정하는 경우에는 「상법」 제434조에 따른 주주총회의 특별결의, (ii) 「상법」 제462조 제1항에 따른 해당 연도 이익배당한도의 100분의 90 이상으로 이익배당을 정하는 경우에는 「상법」 제462조 제2항 본문에 따른 주주총회의 보통결의로 이익배당을 정한다(법 제28조 제2항 후단).

2) 이익 초과 배당 가능

위탁관리부동산투자회사 및 기업구조조정부동산투자회사가 이익을 배당할 때에는 「상법」 제462조에도 불구하고 이익을 초과하여 배당할 수 있다(법 제28조 제3항 전단, 제49조의2 제4항). 초과 배당을 하고자 하는 경우 초과 배당금의 분배 절차 및 시기 등을 포함하여 필요한 사항을 정관으로 미리 정하여야 한다(시행령 제32조 제1항). 초과 배당은 당해 연도의 감가상각비의 범위 안에서 배당하되, 초과 배당으로 인하여 전기(前期)에서 이월된 결손금은 당기의 배당가능이익 산정 시 포함하지 아니한다(시행령 제32조 제2항). 초과 배당은 금전으로 배당하여야 한다(시행령 제32조 제3항).

(7) 회계 처리

부동산투자회사는 부동산 등 자산의 운용에 관하여 회계 처리를 할 때에는 금융위원회가 정하는 '회계처리기준'에 따라야 한다($^{법\ 제25조}_{의2\ 제1항}$). 금융위원회는 회계처리기준의 제정을 민간 회계기준제정기구에 위탁할 수 있는데($^{법\ 제25조}_{의2\ 제2항}$), 현재 사단법인 한국회계연구원에 위탁하고 있다($^{시행령}_{제28조}$).

7. 자금 조달: 금전차입 및 사채발행 허용

(1) 금전차입 및 사채발행의 제한

부동산투자회사는 영업인가를 받거나 등록을 한 후에 자산을 투자·운용하기 위하여 또는 기존 차입금 및 발행 사채를 상환하기 위하여 금융기관으로부터 자금을 차입하거나 사채를 발행할 수 있다($^{법\ 제29조}_{제1항}$). 차입은 원칙적으로 은행 등 금융기관($^{시행령\ 제33}_{조\ 제1항}$)[1]으로부터 하여야 하나, 부동산투자회사의 정관이나 「상법」 제434조에 따른 주주총회의 특별결의로 달리 정하는 경우에는 거기에 따라 차입할 수 있다($^{시행령\ 제33조}_{제1항\ 단서}$). 부동산투자회사가 부동산을 취득함에 있어 당해 부동산에 담보된 부채를 인수하는 경우는 차입으로 본다($^{시행령\ 제33}_{조\ 제2항}$). 부동산투자회사가 사채를 발행하는 경우에는 부동산투자회사의 정관이나 주주총회의 특별결의에 따른다($^{시행령\ 제34}_{조\ 제3항}$).

(2) 금전차입 및 사채발행의 한도

합계금액은 부동산투자회사 자기자본의 2배를 초과할 수 없다($^{법\ 제29조}_{제2항\ 전단}$). 다만, 「상법」 제434조의 결의 방법에 따른 주주총회의 특별결의를 한 경우에는 자기자본의 10배 범위에서 자금 차입 및 사채발행을 할 수 있다($^{법\ 제29조}_{제2항\ 후단}$).

8. 부동산 개발 사업 투자

(1) 부동산 개발 사업 투자비율

부동산투자회사는 주주총회 특별결의를 거쳐 총자산 중 부동산개발사업에 대한

---

1 차입 가능 금융기관 및 기타 기관의 범위는 시행령 제33조 제1항이 자세히 규정하고 있다.

투자비율을 정하여 부동산개발사업에 투자할 수 있다($\substack{\text{법 제12조}\\\text{제1항 제4호의2}}$). 여기서 총자산은 부동산 개발 사업에 대한 투자를 결의한 주주총회 개최일 전날을 기준으로 하여 직전 분기 말 현재의 대차대조표상의 자산총액을 말한다($\substack{\text{법 제26조}\\\text{제1항}}$). 그리고 부동산 개발 사업의 투자비율을 산정할 때 건축물을 신축하거나 재축하는 부동산 개발 사업의 경우에는 부동산투자회사가 소유한 토지의 가액은 총자산에는 산입하되, 부동산 개발 사업의 투자액에서는 제외한다($\substack{\text{법 제26조}\\\text{제2항}}$).

(2) 개발 사업계획서의 작성 의무

부동산투자회사가 부동산 개발 사업에 투자하려면 개발 대상 토지, 개발 방법, 그 밖에 "대통령령으로 정하는 사항"이 포함된 사업계획서를 작성하여 부동산투자자문회사의 평가를 거쳐야 하며, 이 평가서를 부동산개발사업에 투자하기 1개월 전에 국토교통부장관에게 제출하여야 한다($\substack{\text{법 제26조}\\\text{제3항}}$). "대통령령이 정하는 사항"은 (i) 개발 대상 토지, 개발 방법, 사업의 추진 일정 및 건축 계획 등이 포함된 사업계획에 관한 사항, (ii) 자금의 조달ㆍ투자 및 회수에 관한 사항, (iii) 추정 손익에 관한 사항, (iv) 사업의 위험에 관한 사항, (v) 공사 시공 등 외부 용역에 관한 사항, (vi) 그 밖에 투자자를 보호하기 위하여 필요한 사항이다($\substack{\text{시행령}\\\text{제30조}}$).

9. 부동산투자회사의 겸업 제한 등의 규제

(1) 부동산투자회사의 겸업 제한

부동산투자회사는「부동산투자회사법」또는 다른 법령에 따른 경우를 제외하고는 다른 업무를 영위해서는 안 된다($\substack{\text{법 제31조}\\\text{제1항}}$). 이는 부동산 투자를 주 목적으로 하는 특수한 회사라는 점을 감안하여 부동산 투자를 전업을 하여야 한다는 취지인 것으로 이해할 수 있다. 또한 부동산투자회사의 상근 임원도 다른 회사의 상근 임직원이 되거나 다른 사업을 하는 것이 금지된다($\substack{\text{법 제31조}\\\text{제2항}}$).

(2) 임직원 및 주요주주 등 이해관계자와의 거래 제한

「부동산투자회사법」은 부동산투자회사의 이해관계자와의 일정한 거래를 금지하고 있다. 이는 이해관계자와의 거래의 경우 공정하지 못한 거래가 이루어질 가능성이 높아 이를 막기 위한 것이라고 이해할 수 있다. 즉, 부동산투자회사는 해당 부동산투자회사의 임직원 및 그 특별관계자[1]와 주요주주(해당 부동산투자회사의 주식을 100분의 10 이상 소유하고 있는 주주) 및 그 특별관계자와 법 제21조의 어느 하나에 해당하는 거래(즉, 자산 투자·운용 거래)를 하는 것이 금지된다(법 제30조 제1항). 다만, 다음과 같은 거래는 허용된다. 즉 (i) 일반분양·경쟁입찰 및 이와 유사한 방식으로 거래당사자를 선정하는 거래, (ii) 부동산투자회사가 보유하고 있는 부동산을 이사회가 정한 가격 이상으로 임대하는 거래(다만, 부동산투자회사의 임직원 및 그 특별관계자와의 거래를 제외한다), (iii) 부동산투자회사의 합병·해산·분할 또는 분할합병에 의한 불가피한 거래, (iv) 이사회의 승인 및 주주총회의 승인(상장된 부동산투자회사가 아닌 경우에는 「상법」 제434조에 따른 특별결의에 따른 주주총회의 승인을 말한다)을 받은 부동산 매매거래는 허용된다(법 제30조 제2항, 시행령 제34조). 그리고 상장된 부동산투자회사가 해당 부동산투자회사의 임직원 및 그 특별관계자 또는 주요주주 등과 부동산 매매거래를 하는 경우 매매가격은 대통령령으로 정하는 기관 또는 단체가 추천하는 둘 이상의 감정평가업자에게 받은 감정평가액을 기준으로 산정하여야 한다(법 제30조 제3항 전단). 이 경우 부동산투자회사가 매도하는 가격은 둘 이상의 감정평가액 중 높은 금액 이상으로 하고, 매수하는 가격은 둘 이상의 감정평가액 중 낮은 금액 이하로 한다(법 제30조 제3항 후단).

(3) 미공개 자산운용 정보의 이용 금지

「부동산투자회사법」은 부동산투자회사의 임직원이나 주요주주 등 이해관계자가 부동산투자회사의 미공개 자산운용 정보를 이용하여 부동산이나 증권의 매매 거래를 하거나 타인에게 이용하도록 하는 것을 금지하고 있다(법 제32조). 이는 부동산투자회사의 이해관계자가 미공개 정보를 이용하여 이득을 취하는 것을 막기 위한 규정으로 이해할 수 있다.

1) 금지 행위 대상자

그 대상자는 다음과 같다. (i) 해당 부동산투자회사의 임직원 또는 대리인, (ii) 주

---

1 「자본시장과 금융투자업에 관한 법률 시행령」 제141조가 규정하고 있는 특별관계자를 말한다 (법 제14조 제2항 제1호).

요주주, (iii) 해당 부동산투자회사와 자산의 투자·운용 업무에 관한 위탁계약을 체결한 자, (iv) 위 주요주주나 자산 투자·운용 업무 위탁계약을 체결한 자의 대리인 또는 사용인, 그 밖의 종업원(주요주주나 위 위탁계약을 체결한 자가 법인인 경우에는 그 임직원 및 대리인)이 미공개 자산운용 정보 이용 금지 대상이 된다(법 제32조 제1호 내지 제4호). 이외에도 위의 자의 자격에 해당하지 아니하게 된 날부터 1년이 지나지 아니한 자도 포함된다(법 제32조).

2) 미공개 자산운용 정보의 범위

"미공개 자산운용 정보"라 함은 "투자자의 판단에 중대한 영향을 미치는 것으로서 법 제17조 제2항에 따른 투자설명서 및 법 제37조에 따른 투자보고서에 의하여 공개되지 아니한 정보로서 부동산투자회사가 그 자산으로 특정한 부동산이나 증권을 매도 또는 매수하고자 하는 정보"를 말한다(법 제32조).

3) 금지 대상 행위

위의 금지 대상자가 부동산투자회사의 미공개 자산운용 정보를 이용하여 부동산 또는 증권을 매매하거나 타인에게 이용하도록 하는 행위가 금지된다(법 제32조).

(4) 임직원의 행위 준칙

부동산투자회사의 임직원은 자산의 투자·운용 업무와 관련하여 제3자의 이익을 도모하는 행위 등 일정한 행위를 하는 것이 금지된다(법 제33조). 구체적인 금지 행위는 "(i) 투자를 하려는 자에게 일정한 이익을 보장하거나 제공하기로 약속하는 행위, (ii) 자산의 투자·운용과 관련하여 자기의 이익이나 제3자의 이익을 도모하는 행위, (iii) 부동산 거래 질서를 해치거나 부동산투자회사 주주의 이익을 침해할 우려가 있는 행위로서 '대통령령으로 정하는 행위'이다"(법 제33조 제1호 내지 제3호). "대통령령으로 정하는 행위"는 "(i) 탈세를 목적으로 소유권 보존등기 또는 이전등기를 하지 아니한 부동산이나 관계 법령의 규정에 의하여 전매 등 권리 변동이 제한된 부동산을 취득하거나 처분하는 행위, (ii) 보유하고 있는 부동산이나 증권의 시세를 인위적으로 조작하기 위하여 자산을 운용하는 행위"를 말한다(시행령 제36조).

(5) 임직원 등의 손해배상책임

부동산투자회사의 임직원이 법령이나 정관을 위반한 행위를 하거나 그 임무를 게을리하여 부동산투자회사에 손해를 입힌 경우에는 손해를 배상할 책임이 있다($\substack{\text{법 제34조} \\ \text{제1항}}$). 부동산투자회사의 임직원이 부동산투자회사에 손해배상책임을 지는 경우 관련 이사, 감사, 자산의 투자·운용 업무를 위탁 받은 자 또는 자산보관기관에도 책임질 사유가 있을 때에는 이들이 연대하여 손해배상책임을 진다($\substack{\text{법 제34조} \\ \text{제2항}}$).

10. 정보의 공시 의무

(1) 투자보고서의 작성 및 제출 의무

영업인가를 받거나 등록을 한 부동산투자회사(기업구조조정 부동산투자회사의 경우는 자산관리회사)는 매 분기 및 결산기의 투자보고서를 작성하여야 하며, 국토교통부장관과 금융위원회에 결산기 투자보고서의 경우 매 결산기 종료일 후 90일 이내, 매분기 투자보고서의 경우 매분기 종료일 후 45일 이내까지 해당되는 투자보고서를 제출하여야 한다($\substack{\text{법 제37조 제1항 본문,} \\ \text{시행령 제40조 제2항}}$). 투자보고서에는 자산운용과 관련된 중요한 사항이 포함되어야 하는데, 회사의 개황, 자산의 구성 현황 및 변경 내역, 총수입 금액·수입 구조 및 수익률 등이 포함되어야 한다($\substack{\text{법 제37조 제2항, 시} \\ \text{행령 제40조 제1항}}$).[1]

(2) 투자 관련 정보의 공시 의무

부동산투자회사는 해당 부동산투자회사의 자산 운용 현황 등 투자에 관한 사항을 투자자에게 공시해야 할 의무가 있다. 우선 부동산투자회사(기업구조조정 부동산투자회사의 경우는 자산관리회사)는 매 분기 또는 결산기에 작성하고 감독당국에 제출한 투자보고서를 공시해야 하며($\substack{\text{법 제37조} \\ \text{제1항}}$), 일정한 사항이 발생한 경우에는 지체 없이 공시해야 한다($\substack{\text{법 제37조} \\ \text{제3항}}$). 그러한 경우는 (i) 부동산투자회사 및 그 자산관리회사의 자산운용 전문 인력에 변경이 있는 경우 그 사실과 변경된 자산운용 전문 인력의 경력, (ii) 일정한 금액 이상의 금융사고나 부실자산이 발생한 경우, (iii) 부동산투자회사의 주주총회 결의 내용, (iv) 투자설명서의 변경 등이다($\substack{\text{법 제37조 제3항,} \\ \text{동법 시행령 제40조}}$).

그리고 이러한 공시는 다음의 방법으로 해야 한다. 즉 (i) 부동산투자회사(위탁관리 부동산투자회사 또는 기업구조조정 부동산투자회사인 경우 해당 자산관리회사를 말함)의 인터넷 홈페

---

1 중요한 사항의 구체적인 내용은 시행령 제40조 제1항에 규정되어 있다.

이지를 이용하여 공시하는 방법, (ii) 부동산투자회사의 주주에게 서면 또는 전자우편으로 통보하는 방법, (iii) 국토교통부장관이 구축·운영하는 부동산투자회사 정보시스템(법 제49조의6 제1항)을 통하여 공시하는 방법이다(법 제37조 제4항). 2018년 8월 법 개정 전에는 부동산투자회사의 본점이나 지점에 게시하는 방법도 허용했으나 정보 전달력이 부족하다는 비판이 제기되면서 이러한 방법은 폐지되었다.

11. 부동산투자회사 등에 대한 감독·검사

(1) 서   설

부동산투자회사 및 관련 기관(회사)(자산보관기관 등)에 대해서는 국토교통부와 금융위원회 두 기관이 감독을 수행한다는 점이 특이한 점이다. 이는 부동산투자회사가 '부동산'에 투자하는 전문회사라는 점에서 토지 등 국토 개발을 관장하는 국토교통부가 소관 부처가 되는 한편, 부동산투자회사는 금융과도 관련이 있어 금융을 관장하는 금융위원회가 소관 정부기관이 되어 두 기관으로부터 감독을 받는 것으로 이해되는데, 이는 이중규제 감독이라는 점에서 피규제기관에게 부담을 주는 제도라고 할 수 있다. 향후 감독의 일원화를 위한 제도 개선이 이루어질 필요가 있다고 본다.[1]

(2) 국토교통부장관의 감독·검사권

1) 부동산투자회사 등의 업무 또는 재산 등에 대한 감독·검사권

국토교통부장관은 공익을 위하여 또는 부동산투자회사의 주주를 보호하기 위하여 필요한 경우 부동산투자회사, 자산관리회사, 부동산투자자문회사, 자산보관기관 또는 '일반사무 등 위탁기관'(이하 "부동산투자회사 등"이라 한다)에 「부동산투자회사법」에 따른 업무 또는 재산 등에 관한 자료의 제출이나 보고를 명할 수 있으며, 소속 공무원 및 전문가로 하여금 그 업무 또는 재산 등을 검사하게 할 수 있다(법 제39조 제1항).

2) 제재 조치권

국토교통부장관은 부동산투자회사 등이 「부동산투자회사법」 또는 「부동산투자

---

1 이러한 이중 규제의 문제점과 대안 제시로는 고동원, 앞의 글(부동산금융), 122~123면. 같은 논의는 진홍기, "부동산개발 금융의 법적 쟁점," 「일감부동산법학」 제1호(건국대학교 법학연구소, 2007), 189면.

회사법」에 따른 명령이나 처분을 위반하거나, 공모부동산투자회사 또는 자산관리회사(공모부동산투자회사가 아닌 부동산투자회사로부터만 자산의 투자·운용을 위탁받은 자산관리회사는 제외한다)가 「자본시장과 금융투자업에 관한 법률」 또는 같은 법에 따른 명령이나 처분을 위반한 경우에는 제재 조치를 취할 수 있다($\frac{법 제39조}{제2항}$). 그러한 제재 조치로서는 (i) 업무의 전부 또는 일부를 6개월 이내의 범위에서 정지하는 조치, (ii) 임직원의 해임 또는 징계의 요구, (iii) 당해 부동산투자회사 등에 대한 경고 또는 주의, (iv) 보유 자산의 처분 명령 등 시정 또는 변상의 요구이다($\frac{법 제39조 제2항, 시}{행령 제41조 제4항}$).

(3) 금융위원회의 감독·검사권

1) 금융감독 관련 업무에 관한 감독·검사권

금융위원회는 공익을 위하여 또는 부동산투자회사의 주주를 보호하기 위하여 필요한 경우 부동산투자회사 등에 "금융감독 관련 업무"에 관한 자료 제출이나 보고를 명할 수 있으며, 금융감독원 원장으로 하여금 그 업무에 관하여 검사하게 할 수 있다($\frac{법 제39조}{의2 제1항}$). 금융위원회의 감독·검사권은 "금융감독 관련 업무"에 관한 것에 한하고 있으나, "금융감독 관련 업무"의 범위가 명확하지 않기 때문에 사실상 국토교통부장관의 감독·검사권과 중복될 가능성이 많은 것이다.

2) 국토교통부장관에 대한 제재 조치 요구권

금융위원회는 부동산투자회사 등이 「부동산투자회사법」 또는 「부동산투자회사법」에 따른 명령이나 처분을 위반하거나, 공모부동산투자회사 또는 자산관리회사(공모부동산투자회사가 아닌 부동산투자회사로부터만 자산의 투자·운용을 위탁받은 자산관리회사는 제외한다)가 「자본시장과 금융투자업에 관한 법률」 또는 같은 법에 따른 명령이나 처분을 위반한 경우에는 국토교통부장관이 취할 수 있는 제재 조치(즉, 법 제39조 제2항 각 호의 어느 하나에 해당하는 제재 조치)를 하도록 국토교통부장관에게 요구할 수 있고, 국토교통부장관은 특별한 사유가 없으면 요구에 따라야 하며, 이 경우 국토교통부장관은 그 조치 내용을 금융위원회에 통보하여야 한다($\frac{법 제39조}{의2 제2항}$). 이처럼 금융위원회는 제재 조치를 직접 취할 수는 없고 국토교통부장관에게 제재 조치를 요구할 수 있는 권한만을 보유하고 있다.

(4) 국토교통부장관의 기타 인가 내지 등록사항

부동산투자회사가 영업 인가를 받거나 등록한 후에 정관의 변경 등 일정한 행위를 하고자 하면 국토교통부장관으로부터 인가를 받거나 등록을 하여야 한다. 그러한 사항은 (i) 정관의 변경, (ii) 부동산투자회사의 합병, (iii) 영업 전부의 양수 또는 양도, (iv) 영업인가 사항이나 등록사항의 변경이다(법 제40조 제1항
제1호 내지 제3호). 다만 정관의 변경 사항 중 대통령령이 정하는 경미한 사항[1]을 변경하는 경우에는 인가나 등록을 필요로 하지 않는다(법 제40조
제1항 단서). 국토교통부장관은 위의 인가나 등록 내용을 관보 및 인터넷 홈페이지 등에 공고하여야 한다(법 제40조 제2항,
제9조 제5항).

(5) 영업 인가 및 설립 인가의 취소

1) 인가 취소 사유

국토교통부장관은 부동산투자회사 및 자산관리회사에 일정한 사유가 발생했을 때에는 영업 인가, 등록 및 설립 인가를 취소할 수 있는데, 일정한 사항인 경우에는 반드시 취소하여야 한다.

인가나 등록의 취소 사유는 다음과 같다. (i) 속임수나 그 밖의 부정한 방법으로 법 제9조에 따른 영업 인가, 법 제9조의2에 따른 등록 및 법 제22조의3에 따른 설립 인가를 받은 경우, (ii) 법 제10조를 위반하여 자본금이 최저 자본금보다 적은 경우, (iii) 법 제25조를 위반하여 자산의 구성 비율을 준수하지 아니한 경우, (iv) 영업 인가, 등록 또는 설립 인가의 요건에 적합하지 아니하게 되거나 영업인가, 등록 또는 설립 인가의 조건을 위반한 경우(다만, 일시적으로 영업 인가, 등록 또는 설립 인가의 요건에 미달하는 등 대통령령으로 정하는 경우는 제외한다), (v) 법 제39조 제2항에 따른 국토교통부장관의 제재 조치를 정당한 사유 없이 이행하지 아니한 경우, (vi) 자산관리회사가 최근 3년간 법 제22조의2 제1항에 따라 자산의 투자·운용업무를 위탁받은 실적이 없는 경우, (vii) 자기자본의 전부가 잠식된 경우, (viii) 최저자본금을 준비한 후 현금·은행예금 등 대통령령으로 정하는 운영자금이 2개월 이상 계속하여 5천만 원 이하인 경우, (ix)「상법」 제628조에 따른 납입 또는 현물출자의 이행을 가장하는 행위가 발생

---

1 시행령 제42조의2 제1항: 1. 관계법령이 제정·개정 또는 폐지됨에 따라 정관을 변경하는 경우, 2. 법 제8조 제1항 제1호·제3호 내지 제8호·제10호·제11호·제14호 및 제15호에서 규정한 사항을 변경하는 경우.

한 경우이다(^{법 제42조 제1항} ^{제1호 내지 제8호}). 이 중에서 (i)이나 (iv)의 사유가 발생하면 국토교통부장관은 반드시 인가나 등록을 취소해야 한다(^{법 제42조} ^{제1항 단서}).

2) 청문 절차

국토교통부장관은 영업 인가, 등록 및 설립 인가를 취소하는 처분을 하려면 「행정절차법」에 따라 청문을 하여야 한다(^{법 제48조} ^{제2호}).

3) 인가 취소 사실의 공고

국토교통부장관은 인가나 등록 취소를 하였을 때에는 그 내용을 관보 및 인터넷 홈페이지 등에 공고하여야 한다(^{법 제42조 제2항,} ^{제9조 제5항}).

(6) 국토교통부장관에 대한 보고 사항

부동산투자회사의 국토교통부장관에 대한 보고 사항은 다음과 같다. 보고 시기는 보고 사유가 발행한 날로부터 10일 이내이다(^{법 제41조} ^{제1항}). 즉, (i) 법 제19조 제2항에 따른 현물출자, (ii) 임원의 변경, (iii) 법 제30조 단서에 해당하는 거래의 체결, (iv) 부동산투자회사의 해산, (v) 법 제10조에 따라 최저 자본금 준비기간 이내에 최저 자본금 이상을 확보한 사실, (vi) 법 제50조부터 제53조까지의 규정에 따라 처벌을 받은 사실, (vii) 당해 부동산투자회사가 업무에 관하여 중대한 영향을 미칠 소송의 당사자로 된 사실, (viii) 당해 부동산투자회사에 관하여 파산의 신청이나 선고가 있는 사실, (ix) 당해 부동산투자회사에 관하여 회생 절차의 개시의 신청·인가 또는 폐지가 있는 사실, (x) 경매·공매 등을 통하여 부동산을 취득하거나 공개모집 등을 통하여 사업자의 지위가 확정된 사실이다(^{법 제41조 제1항 제1호 내지 제4호,} ^{시행령 제43조 제2항 제1호 내지 제6호}).

국토교통부장관은 보고받은 내용이 관계 법령에 위배되거나 주주의 권익을 침해한다고 인정되는 경우에는 해당 부동산투자회사에 그 시정이나 보완을 명할 수 있다(^{법 제41조} ^{제2항}).

12. 부동산투자회사의 합병 및 해산

(1) 합병 대상의 제한

부동산투자회사는 일정한 요건을 충족한 경우가 아니면 다른 회사와 합병할 수 없다($\substack{법 제43 \\ 조 제1항}$). 즉, 다음의 요건을 모두 충족하여야 합병할 수 있다. 즉 "(i) 다른 부동산투자회사를 흡수합병의 방법으로 합병할 것, (ii) 합병으로 인하여 존속하는 부동산투자회사와 합병으로 인하여 소멸되는 부동산투자회사가 법 제 2 조 제 1 호 각 호에서 정하는 같은 종류의 부동산투자회사일 것, (iii) 합병으로 인하여 존속하는 부동산투자회사와 합병으로 인하여 소멸되는 부동산투자회사 중 하나가 공모를 완료한 부동산투자회사인 경우 나머지 부동산투자회사도 공모를 완료하였을 것"이라는 3가지 요건을 모두 충족하면 합병할 수 있다($\substack{제43조 \\ 제1항}$).

(2) 해산 사유

부동산투자회사의 해산 사유는 다음과 같다. (i) 정관으로 정한 존립 기간이 끝나거나 그 밖의 해산 사유의 발생, (ii) 주주총회의 해산결의, (iii) 합병, (iv) 파산, (v) 법원의 해산명령 또는 해산판결, (vi) 법 제42조에 따른 영업 인가나 등록의 취소, (vii) 자기관리 부동산투자회사가 법 제 8 조의2 제 4 항에서 정하는 기간 내(설립등기일로부터 6개월 이내)에 영업 인가를 신청하지 아니한 경우, (viii) 법 제 3 조부터 제 7 조까지의 규정을 위반하여 영업인가 또는 등록이 거부된 경우, (ix) 설립 후 1년 6개월 이내에 영업인가를 받지 못하거나 등록을 하지 못한 경우이다($\substack{법 제 \\ 44조}$).

(3) 청산 시 채권자에 대한 최고

청산인은 취임한 날부터 1개월 이내에 부동산투자회사의 채권자에 대하여 일정한 기간 이내에 그 채권을 신고할 것과 그 기간 이내에 신고하지 아니하면 청산에서 제외된다는 사실을 2회 이상 공고함으로써 최고(催告)하여야 하며, 그 신고 기간은 1개월 이상으로 하여야 한다($\substack{법 제44 \\ 조의2}$).

13. 부동산투자회사의 설립 등기 및 해산 등기

(1) 설립 등기

1) 설립 등기 기한
부동산투자회사의 설립 등기는 「상법」 제299조 및 제300조에 따른 절차를 마친 날부터 2주 이내에 하여야 한다($\frac{법 \ 제45조}{제 \ 1 \ 항}$).

2) 설립 등기 사항

설립 등기 사항은 다음과 같다. 즉, (i) 법 제 8 조 제 1 항 제 1 호부터 제 5 호까지, 제 9 호 및 제10호에 관한 사항, (ii) 정관으로 부동산투자회사의 존립 기간 또는 해산 사유를 정한 경우에는 그 기간 또는 사유, (iii) 이사와 감사의 성명 및 주민등록번호, (iv) 대표이사의 성명, 주민등록번호 및 주소, (v) 2명 이상의 대표이사가 공동으로 부동산투자회사를 대표하기로 정한 경우에는 그 사실, (vi) 위탁관리 부동산투자회사에 법인이사 및 감독이사를 두는 경우에는 법인이사의 법인명, 법인등록번호, 본점 주소, 감독이사의 성명 및 주민등록번호이다($\frac{법 \ 제45조}{제 \ 2 \ 항}$).

3) 설립 등기 시 첨부서류

설립등기를 신청할 때에는 정관 등 대통령령으로 정하는 서류를 첨부하여야 한다($\frac{법 \ 제45조 \ 제 \ 3 \ 항,}{시행령 \ 제44조}$).

(2) 해산 등기의 촉탁

국토교통부장관은 영업 인가나 등록의 취소로 부동산투자회사가 해산한 경우에는 부동산투자회사의 소재지를 관할하는 등기소에 해산 등기를 촉탁하여야 한다($\frac{법 \ 제46조}{제 \ 1 \ 항}$). 국토교통부장관은 해산 등기를 촉탁하는 경우에는 등기 원인을 증명하는 서면을 첨부하여야 한다($\frac{법 \ 제46조}{제 \ 2 \ 항}$).

14. 내부통제기준의 제정 및 운영

(1) 자기관리부동산투자회사 및 자산관리회사의 내부통제기준 제정 의무와 그 내용

1) 내부통제기준의 제정 및 시행 의무

'내부통제기준'을 제정하여 시행해야 할 의무가 적용되는 회사는 자기관리부동산투자회사 및 자산관리회사에 한한다($\frac{법 \ 제47조}{제 1 항}$). '내부통제기준'이라 함은 "법령을 준수하고 자산운용을 건전하게 하며 주주를 보호하기 위하여 임직원이 따라야 할 기본적인 절차와 기준"을 말한다($\frac{법 \ 제47조}{제 1 항}$).

2) 내부통제기준에 포함되어야 할 사항

내부통제기준에는 다음 사항이 포함되어야 한다. 즉, (i) 업무의 분장 및 조직 구조에 관한 사항, (ii) 자산의 운용 또는 업무의 영위 과정에서 발생하는 위험의 관리에 관한 사항, (iii) 임원 또는 직원이 업무를 수행함에 있어서 반드시 준수하여야 하는 절차에 관한 사항, (iv) 경영 의사 결정에 필요한 정보가 효율적으로 전달될 수 있는 체제 구축에 관한 사항, (v) 임원 또는 직원의 내부통제기준 준수 여부를 확인하는 절차·방법 및 내부통제기준을 위반한 임원 또는 직원의 처리에 관한 사항, (vi) 임원 또는 직원의 증권 거래 내역의 보고 등 불공정 거래 행위를 방지하기 위한 절차나 기준에 관한 사항, (vii) 내부통제기준의 제정 또는 변경 절차에 관한 사항, (viii) 준법감시인의 임면 절차에 관한 사항에 관한 사항이다(법 제47조 제3항, 시행령 제45조 제1항).

(2) 준법감시인의 설치 의무 및 자격 요건 등

1) 준법감시인 설치 의무

자기관리부동산투자회사 및 자산관리회사는 내부통제기준의 준수 여부를 점검하고 내부통제기준을 위반한 경우 이를 조사하여 감사에게 보고하는 준법감시인을 상근으로 두어야 한다(법 제47조 제2항).

2) 준법감시인의 자격 요건

준법감시인의 자격 요건은 다음과 같다. 즉, (i) 한국은행 또는 「금융위원회의 설치 등에 관한 법률」 제38조의 규정에 의한 검사대상기관(이에 상당하는 외국금융기관을 포함한다)에서 10년 이상 근무한 경력이 있는 자, (ii) 부동산, 금융 또는 법무관계 분야의 석사학위 이상의 학위 소지자로서 연구기관 또는 대학에서 연구원 또는 전임강사 이상의 직에 5년 이상 근무한 경력이 있는 자, (iii) 변호사·공인회계사의 자격을 가진 자로서 당해 자격과 관련된 업무에 5년 이상 종사한 경력이 있는 자, (iv) 기획재정부·국토교통부·금융위원회·금융감독원에서 5년 이상 근무한 경력이 있는 자로서 당해 기관에서 퇴임 또는 퇴직한 후 5년이 경과된 자, (v) 부동산, 건설 또는 법무 관련 법인에서 10년 이상 근무한 자로서 당해 법인의 법무, 준법감시 또는 투자자 보호와 관련된 업무에 3년 이상 종사한 자, (vi) 법 제7조 각 호의 어느 하나(즉, 발기인의 결격 요건)에 해당되지 아니한 자, (vii) 최근 5년간 법 제7조 제3호의 규정에 의한 금융 관련 법률을 위반하여 국토교통부장관·금융위원회 또는 금융감독원장으로부터 주의·경고의 요구 이상에 해당하는 조치를 받은 사실이 없는 자이어야 한다(법 제47조 제 3 항, 시
행령 제46조 제 1 항).

3) 준법감시인의 직무 범위

준법감시인은 선량한 관리자의 주의로 그 직무를 수행하여야 한다(시행령 제46조
제 3 항). 그리고 준법감시인은 자산운용에 관한 업무 및 그에 부수하는 업무 및 투자자문에 관한 업무를 수행해서는 안 된다(시행령 제46조 제 3 항
제 1 호 내지 제 2 호).

15. 부동산투자회사 출자(투자)관련 각종 법령상 규제

부동산투자회사에 대한 이해를 돕기 위해 [그림 5 – 4]와 같이 가상 설립 및 투자 구도를 설정해 보았다. 이 구조는 「독점규제 및 공정거래에 관한 법률」상 기업집단의 지주회사가 보유하는 각종 부동산 자산을 유동화 등의 목적으로 부동산투자회사를 이용할 경우에 일반적으로 검토할 수 있는 구조이다. 부동산개발업자는 지주회사의 100% 자회사이며 자산관리회사는 개발업자의 100% 자회사이고 지주회사의 손자회사이다.

금융기관이나 여타 출자자가 부동산투자회사에 투자하는 단계(①), 부동산개발업자가 건설투자자로서 부동산투자회사에 투자하는 단계(②), 부동산개발업자의 100% 자회사인 자산관리회사(금융투자업자 혹은 기타 금융업자)가 부동산투자회사에 출자하고 자산관리계약에 따라 자산관리업무를 수행하는 단계(③, ④), 지주회사가 보유하는 부동산을 부동산투자회사에 현물출자 하거나 매각(Sales &Lease Back 조건이 포함된 경우와 그렇지 않은 경우로 구분 가능)하는 단계(⑤, ⑥)로 구분하고 각 단계와 관련되는 검토사항 내지는 법적 쟁점에 대해 간략히 설명하고자 한다.

(1) 출자 ①

「부동산투자회사법」에 따른 위탁관리부동산투자회사는 배당가능이익의 100분의 90 이상을 배당한 경우 그 금액은 해당 배당을 결의한 잉여금 처분의 대상이 되는 사업연도의 소득금액에서 공제한다(「법인세법」 제51조
의2 제 1 항 제 4 호). 배당가능이익의 산정방식은 「법인세법 시행령」 제86조의3 제 1 항에서 구체적으로 규정하고 있다. 따라서 「조세특례제한법」에서 규정하고 있는 프로젝트금융투자회사(실무상 PFV)의 요건과는 별도로 「부동

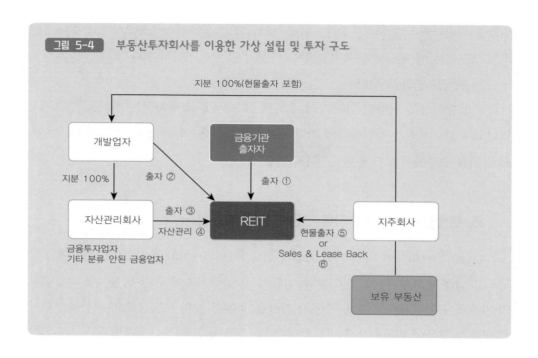

그림 5-4 | 부동산투자회사를 이용한 가상 설립 및 투자 구도

산투자회사법」의 적용을 받는다고 볼 수 있다. 그러므로 같은 법 시행령에서 규정하고 있는 프로젝트금융투자회사의 출자 관련 발기인 요건, 출자비율 요건 등과는 별개로 본다(「조세특례제한법」 제104조의31, 「조세특례제한법 시행령」 제104조의28).

은행이 위탁관리부동산투자회사에 출자하는 경우 「은행법」 규정에 따라 의결권 있는 지분증권의 100분의 15를 초과하는 지분증권을 소유할 수 없으나(법 제37조 제1항) 은행의 자회사업종(은행법 제37조 제2항, 「은행업감독규정」 제49조)에 출자하는 경우에는 출자총액에 대한 규제 한도 내에서 의결권 있는 지분증권의 100분의 15를 초과하여 소유할 수 있다. 여기서 「은행업감독규정」 제49조 제11호에는 「사회기반시설에 대한 민간투자법」 제8조의2에 따라 주무관청에 의하여 지정을 받은 민간투자대상사업(「법인세법」 제51조의2 제1항 제9호에 해당하는 회사를 통하여 영위하는 경우에 한한다)을 자회사업종으로 포함시키고 있으나 「법인세법」 제51조의2 제1항 제9호 조항은 삭제되어 적용대상이 불분명해진 결과를 초래했다. 「은행업감독규정」의 개정이 필요해 보인다.

보험회사의 경우에는 다른 회사의 의결권 있는 발행주식(출자지분을 포함) 총수의 100분의 15를 초과하는 주식을 소유할 수 없다(「보험업법」 제109조). 다만 금융위원회의 승인을 받은 경우에는 일정한 업무를 주로 하는 회사의 주식 15%를 초과하여 소유(즉 자회사로 소유)할 수 있는데(「보험업법」제115조 제 1 항, 시행령 제59조 제 2 항) 예외적으로 자산운용과 밀접한 관련이 있는 업무로서 「부동산투자회사법」에 따른 부동산투자회사의 업무를 주로 하는 회사는 금융위원회의 승인을 받지 않고 사후보고로 갈음할 수 있다(법 제115조 제 3 항, 시행령 제59조 제 4 항 제 2 호). 금융기관과 같은 기업집단에 속하는 금융기관(동일계열금융기관)이 다른 회사의 의결권 있는 발행주식 총수의 100분의 20 이상을 소유하게 되는 경우와 다른 회사의 의결권 있는 발행주식 총수의 100분의 5 이상을 소유하고 사실상 지배(주식소유비율이 1위이거나 주식의 분산도를 고려했을 때 주주권 행사에 의한 지배관계가 형성되는 경우)하는 것으로 인정되는 경우에는 사전 금융위원회의 승인을 받아야 한다(「금융산업의 구조개선에 관한 법률」제24조, 시행령 제6조 제 2 항).

(2) 출자 ②, ③, ⑤

동일인 단독 혹은 동일인관련자가 다른 회사의 발행주식 100분의 30 이상을 소유하는 경우로서 최다출자자인 경우 또는 회사의 경영에 지배적 영향력을 행사하고 있다고 인정되는 경우에는 기업집단으로서 자회사 편입신고를 해야 한다(「독점규제 및 공정거래에 관한 법률」(이하 '공정거래법') 제 2 조 제11호, 시행령 제 4 조, 「금융회사의 지배구조에 관한 법률 시행령」제 3 조). 일정한 자산총액 또는 매출액 기준에 해당하는 회사 또는 그 특수관계인이 일정한 기준의 다른 회사의 의결권 있는 주식 20% 이상(「자본시장법」상 주권상장법인은 15%)을 소유하게 되는 경우 공정거래위원회에 기업결합신고를 해야 한다(법 제9조, 제11조, 시행령 제14조). 하지만 「부동산투자회사법」제 2 조 제 1 호에 따른 부동산투자회사의 경우에는 신고대상에서 제외된다(법 제11조 제 3 항 제 3 호 '라목'). 다만 이 경우에도 법상 상호출자의 금지, 채무보증의 금지 등의 규제는 적용된다(법 제21조, 제24조).

(3) 자산관리 ④

「자본시장법」상 금융투자업자는 대주주와의 거래 등이 제한되는데 여기에는 대주주 발행의 증권 소유, 특수관계인 중 지정된 자가 발행한 주식, 채권 및 약속어음의 소유, 금융투자업자의 건전한 자산운용을 해할 우려가 있는 행위 등이 포함된다(법 제34조, 시행령 제 2 조 제 4 호, 제37조).

(4) Sales & Lease Back 거래 ⑥

이 경우 공정거래법상 불공정영업행위 중 "부당하게 특수관계인 또는 다른 회사를 지원하는 행위"에 해당되지 않도록 유의해야 한다(법 제45조 제 1 항 제 9 호).

Ⅴ 부동산투자회사에 대한 특례

1. 기업구조조정부동산투자회사에 대한 특례

(1) 기업구조조정 관련 부동산에 대한 투자 전문 목적의 부동산투자회사

기업구조조정부동산투자회사는 「부동산투자회사법」에서 정한 부동산투자회사의 요건을 갖추고 총자산의 100분의 70 이상을 기업구조조정 관련 부동산으로 구성하여야 한다(법 제49조의2 제1항). 그러한 부동산은 (i) 기업이 채권금융기관에 대한 부채 등 채무를 상환하기 위하여 매각하는 부동산, (ii) 채권금융기관과 재무구조 개선을 위한 약정을 체결하고 해당 약정이행 등을 하기 위하여 매각하는 부동산, (iii) 「채무자 회생 및 파산에 관한 법률」에 따른 회생절차에 따라 매각하는 부동산, (iv) 그 밖에 기업의 구조조정을 지원하기 위하여 금융위원회가 필요하다고 인정하는 부동산에 한정된다(법 제49조의2 제1항 제1호 내지 제4호).

(2) 국토교통부장관의 영업 인가 시의 금융위원회의 의견 수렴 의무

국토교통부장관은 기업구조조정부동산투자회사(공모부동산투자회사인 기업구조조정부동산투자회사는 제외한다)의 등록을 하려는 경우에는 미리 금융위원회의 의견을 들어야 한다(법 제49조의2 제2항).

(3) 자산 구성 의무 규정 등의 적용 배제

기업구조조정부동산투자회사에 대하여는 주식공모 의무 규정(법 제14조의8), 주주 1인의 주식 소유 제한(발행주식 총수의 50% 이하, 법 제15조 제1항), 부동산 처분 제한(나대지 처분 제한 포함) 규정(법 제24조 제1항·제2항), 자산 구성 의무 규정(총자산의 80% 이상을 부동산, 부동산 관련 증권 및 현금으로 구성해야 하고, 이 중 70% 이상은 부동산으로 구성해야 한다는 의무 규정, 법 제25조 제1항)을 적용하지 아니한다(법 제49조의2 제3항).

(4) 위탁관리부동산투자회사 적용 규정의 동일한 적용

위탁관리부동산투자회사에 적용되는 일부 규정들, 즉, 지점 설치 금지 규정(법 제

$\binom{11\text{조}}{\text{의}2}$), 이사 결격 요건 규정$\binom{\text{법 제}14\text{조}}{\text{제}2\text{항}}$), 법인이사 및 감독이사에 관한 규정$\binom{\text{법 제}14\text{조의}3\text{부}}{\text{터 제}14\text{조의}7\text{ 까지}}$), 업무 위탁 규정$\binom{\text{법 제}22}{\text{조의}2}$), 이익 초과 배당 가능 규정$\binom{\text{법 제}28\text{조}}{\text{제}3\text{항}}$), 위탁관리부동산투자회사 해산의 특례규정$\binom{\text{법 제}44}{\text{조의}3}$), 법인이사 및 감독이사를 둔 경우 상법 제393조 적용 배제 규정$\binom{\text{법 제}49}{\text{조 제}4\text{항}}$)은 기업구조조정부동산투자회사에도 동일하게 적용된다$\binom{\text{법 제}49\text{조}}{\text{의}2\text{ 제}4\text{항}}$).

(5) 은행 등 금융기관의 출자 시 관련 법령상의 출자 한도 제한 등의 적용 제외

은행, 보험회사, 종합금융회사가 기업구조조정부동산투자회사에 출자하는 경우 그 출자에 대하여는 관련 법에 따른 출자 한도 제한, 재산 운용 제한 및 투자 제한 등[1]을 적용하지 아니한다$\binom{\text{법 제}49\text{조}}{\text{의}2\text{ 제}5\text{항}}$).

(6) 은행의 자회사인 기업구조조정부동산투자회사에 대한 신용공여 한도 적용 제외

기업구조조정부동산투자회사가 은행의 자회사에 해당하는 경우 「은행법」 제37조 제 3 항에 따른 자회사에 대한 신용공여 한도를 산출할 때에는 해당 기업구조조정부동산투자회사를 은행의 자회사로 보지 아니한다$\binom{\text{법 제}49\text{조}}{\text{의}2\text{ 제}6\text{항}}$).

2. 공모부동산투자회사 및 자산관리회사에 대한 특례

(1) 「자본시장과 금융투자업에 관한 법률」상의 일부 규정 적용 배제

공모부동산투자회사[2]와 그 자산관리회사도 「자본시장과 금융투자업에 관한 법률」상의 집합투자기구 및 집합투자업자에 해당하게 되므로 이 법이 원칙적으로 적용되어야 하지만, 「부동산투자회사법」은 공모부동산투자회사와 그 자산관리회사(공모부동산투자회사가 아닌 부동산투자회사로부터만 자산의 투자 · 운용을 위탁받은 자산관리회사는 제외)에 대하여 「자본시장과 금융투자업에 관한 법률」상의 일부 규정의 적용을 배제하는 특칙을 두고 있다.

즉, 공모부동산투자회사와 그 자산관리회사는 「자본시장과 금융투자업에 관한

---

1 「은행법」 제37조 제 1 항 및 제 2 항, 「보험업법」 제106조, 제108조 및 제109조, 「자본시장과 금융투자업에 관한 법률」 제344조, 대통령령으로 정하는 법률이다(법 제49조의2 제 5 항).

2 「자본시장과 금융투자업에 관한 법률」 제 9 조 제19항의 사모집합투자기구에 해당하지 아니하는 부동산투자회사를 말한다(법 제49조의3 제 1 항).

법률」상 금융투자업 인가 관련 규정, 지배구조 관련 규정, 건전성 관련 규정, 대주주 거래 제한, 공통 영업행위 규제 또는 집합투자업자의 영업행위 규제, 운용상의 규제, 집합투자기구에 대한 규제 일부, 투자회사에 관한 규정, 감독에 관한 규정 등의 적용을 받지 않는다(법 제49조 의3 제1항).[1] 또한 「금융회사의 지배구조에 관한 법률」도 적용되지 아니한다(법 제49조 의3 제1항).

(2) 영업 인가 또는 설립 인가 시 금융위원회와의 협의 의무

국토교통부장관은 기업구조조정부동산투자회사를 등록하는 경우에 미리 금융위원회의 의견을 들어야 하나 공모의 경우에는 제외한다(법 제49조 의2 제2항).

3. 보상을 목적으로 제공한 토지에 대한 개발 사업 투자의 특례

(1) 대토보상권(代土報償權)의 현물출자 가능

「공익사업을 위한 토지 등의 취득 및 보상에 관한 법률」 제63조 제1항 단서에 따라 공익사업의 시행으로 조성한 토지로 보상을 받기로 결정된 권리(이하 "대토보상권"이라 한다)를 현물출자할 수 있다(법 제19조 제2항 제5호).

(2) 대토보상권의 가액 결정 방법

현물출자하는 대토보상권의 가액은 「공익사업을 위한 토지 등의 취득 및 보상에 관한 법률」 제68조에 따라 산정하여 토지 소유자가 사업시행자로부터 토지로 보상받기로 한 금액으로 한다(법 제19조 제4항 제2호).

---

1 적용이 배제되는 「자본시장과 금융투자업에 관한 법률」의 규정은 제11조부터 제16조까지, 제22조부터 제28조까지, 제28조의2, 제29조부터 제43조까지, 제48조, 제50조부터 제53조까지, 제56조, 제58조, 제60조부터 제65조까지, 제80조부터 제84조까지, 제85조 제2호·제3호 및 제6호부터 제8호까지, 제86조부터 제95조까지, 제181조부터 제187조까지(제184조 제4항은 제외한다), 제194조부터 제206조까지, 제229조부터 제234조까지, 제234조의2, 제235조부터 제249조까지, 제249조의2, 제250조부터 제253조까지 및 제415조부터 제425조까지의 규정이다(법 제49조의3 제1항).

(3) 법 적용의 예외

부동산투자회사가 대토보상권을 현물출자받아 토지의 개발사업에 투자할 목적으로 설립되는 경우에는 법 제14조의8, 제15조, 제20조, 「상법」 제422조 및 「부동산등기 특별조치법」 제2조를 적용하지 아니한다($^{법 제26조}_{의3 제3항}$).

4. 세제 특례

법인세 감면 혜택이 있다. 명목회사의 형태를 취하고 있는 위탁관리부동산투자회사와 기업구조조정부동산투자회사의 경우 배당가능이익의 90% 이상을 배당할 때는 그 배당금액을 당해 사업연도의 소득금액에서 공제한다($^{「법인세법」 제51조}_{의2 제1항 제4호}$). 그러나 자기관리부동산투자회사의 경우에는 당해연도 이익배당한도($^{「상법」}_{제462조}$)의 50% 이상 배당의무가 있지만($^{법 제28조}_{제2항}$), 법인세 감면 대상은 되지 않는다.

5. 상법 일부 규정의 적용 배제

부동산투자회사는 주식회사의 형태로 설립하여야 하므로($^{법 제3조}_{제1항}$), 「부동산투자회사법」이 특별히 정하고 있지 않은 사항에 대해서는 「상법」이 적용되게 된다($^{법 제3조}_{제2항}$). 이와 관련하여 「부동산투자회사법」은 「상법」의 일부 규정 적용을 배제하고 있다. 즉, 부동산투자회사에 대해서는 「상법」 제415조의2 및 제542조의8부터 제542조의12까지의 규정을 적용하지 아니하며($^{법 제49조}_{제1항}$), 최저 자본금 준비기간이 지나지 아니한 부동산투자회사에 대하여는 「상법」 제418조부터 제420조까지 및 제420조의2부터 제420조의4까지의 규정을 적용하지 아니한다($^{법 제49조}_{제2항}$). 그리고 「상법」 제290조에도 불구하고 같은 조 제3호에 따른 약정은 부동산투자회사에 대하여는 효력이 없다($^{법 제49조}_{제3항}$). 또한, 위탁관리 부동산투자회사가 법인이사 및 감독이사를 두는 경우에는 「상법」 제393조는 위탁관리 부동산투자회사에 적용하지 아니한다($^{법 제49}_{조 제4항}$).

Ⅵ 다른 유사 기구와의 비교

1. 부동산투자회사와 부동산집합투자기구의 비교

「부동산투자회사법」에 의한 위탁관리 및 기업구조조정 부동산투자회사와 「자본시장과 금융투자업에 관한 법률」에 의한 부동산 관련 집합투자기구를 이용하여 부동산에 투자하는 방식은 간접적으로 투자기구(vehicle)를 이용하여 부동산에 투자한다는 점에서는 같으나, 구체적인 면을 살펴보면 [표 5-6]에서 보는 것처럼 다소 차이가 있다. [표 5-5]은 그 차이점과 유사점에 대해 정리하고 있다.

표 5-5 부동산집합투자기구와 부동산투자회사의 비교

항목	부동산집합투자기구	부동산투자회사
설정(설립) 요건	1. 공모집합투자기구 　: 금융위 등록 2. 일반 사모집합투자기구 　: 사후보고	인가 vs 등록(2016. 7. 20. 시행) • 사모위탁관리, 사모기업구조조정 • 위탁관리: 기관투자가 30%이상 • 개발비중 30% 이하
상장	• 의무 없음	• 상장요건 구비 시 지체없이 상장
1인당 투자 한도	• 2015년부터 단독 사모펀드 불가 • 2인 이상에서 1인으로 변동 시 1개월 이내 해지 혹은 해산	• 주식분산요건 • 위탁관리: 1인당 발행주식 총수의 50%
투자가능 시점	1. 공모: 신고서 효력발생 시 등록 간주 2. 사모: 사후보고로서 사전투자 가능 3. 투자유한회사: 등록 전 투자 불가	• 발기설립시 최저자본금(위탁관리 및 기업구조조정 3억, 자기관리 5억) • 최저자본금(위탁관리 및 기업구조조정 50억, 자기관리 70억)/ 영업인가일로부터 6개월 이후 • 2년 이내 30% 이상 공모
투자자 (수익자, 주주)간 차별	• 일반 사모집합투자기구 가능	• 가능(보통주와 우선주)
투자방법	1. 원칙 : 금전 2. 예외 : 현물 • 일반 사모집합투자기구 • 객관적 가치평가 가능 • 다른 투자자 불이익 없음	1. 원칙: 금전 2. 예외: 현물 • 시기: 영업인가 득 & 최저자본금요건 충족 후 • 한도 없음 (과거 50%)

	• 집합투자재산평가위원회 평가액 • 증권,부동산,실물자산 등	• 대상: 부동산, 지상권, 임차권 등 부동산관련권리, 부동산신탁수익권, 부동산이전등기청구권, 대토보상권 • 「부동산가격공시 및 감정평가에 관한 법률」: 2인 이상 감정평가업체 평가 및 이사전원 동의
투자대상/ 한도	• 설정 후 1년 이내 • 집합투자재산 50% 초과 • 지정 혹은 미지정 가능 • 전문투자형 사모는 제외	• 없음

개발사업	1. '투자회사': 독자진행 가능
	2. 그 외: 지주공동사업
	    – 사업계획서
	    – 감정평가업자 확인
	    – 인터넷 공시
	    – 사모는 배제
		• 독자진행가능
		    – 사업계획서
		    – 평가서
		    – 상장 후 가능
		    – 한도: 주총결의사항

금전차입	• 순자산 2배 이내(집합투자총회서 달리 정할 수 있음) • 취득 시 → 취득 및 운용 시	• 자기자본 2배 이내(주총에서 10배 이하에서 결정 가능) • 설립 혹은 운용 시 • 대출자 제한(령 제35조 제 1 항)
담보제공	• 근저당권 설정 • 예금반환청구권 근질권 • 담보신탁: 투자신탁의 경우 재신탁 쟁점	• 좌동 • 좌동 • 담보신탁 가능
운용대상	• 법 제229조 / 령 제240조 • 법 제80조, 제81조 / 령 제80조 • 2016년 추가 운용규제 완화	• 령 제26조 제 1 항, 제 2 항

대출	1. 직접대출: 개발사업법인(PFV, 신탁, REITs, 타 REF)
	• 공모: 담보권설정, 시공사 지급보증 등 자금회수 적절한 수단
	• 전문투자형사모: 요건 배제가능
	
	2. 대출채권매입
	• (종래) 차주 → 브리지은행 → 펀드(펀드가 직접 차주 물건에 담보권설정) // 특별자산펀드
	• (현재) 차주 → 브리지은행 → 펀드(저당권이전의 부기등기, 대항요건 구비, 사업약정서 상 관련자 동의 등) // 부동산집합투자기구
		1. 대출대상
		• 부동산 개발법인, 신탁업자, 부동산투자회사(리츠), 타집합투자기구 등에 금전 대여 가능
		2. 대출방법
		• 공모: 담보권 설정, 시공사의 지급보증 등 자금회수 위한 적절한 수단 확보 요건(령 제97조 제 3 항)
		• 사모: 적용 배제
		3. 한도: 순자산의 100%까지
		4. 기타
		• 대출채권매입 가능
		• 부동산담보부대출채권 매입은 부동산 투자 간주(담보권 이전, 약정서상 관련자 동의 등 필수)

세제	• 명목회사: 이중과세 조정	• 좌동
	• 지방세 특례 (미분양주택, 3배중과 배제 등)	
	• 배당소득과세요건 구비 → 배당소득 (소득유형의 변환)	• N/A
	• 원천징수 → 과세이연	• N/A
	• 외국납부세액공제(투자신탁의 법인간 주 → 법인세 없어 유리)	• 좌동(법인세 존재)

2. 부동산투자회사와 유동화전문회사의 비교

부동산투자회사 중 위탁관리부동산투자회사와 기업구조조정부동산투자회사는 「자산유동화에 관한 법률」상의 유동화전문회사와 회사의 성격, 즉 명목회사(paper company)라는 면에서 본질적으로 동일하나 [표 5-6]과 같이 몇 가지 면에서 차이가 난다. 이하에서는 여기에 초점을 맞추어 차이점에 대해 살펴보기로 한다.

표 5-6 **부동산투자회사와 유동화전문회사의 비교**

구 분	부동산투자회사	유동화전문회사
설립 요건	국토교통부장관의 영업 인가 또는 등록 (법 제9조 제1항, 제9조의2 제1항)	금융위원회 등록 (법 제3조 제1항)
설립 형태	주식회사(법 제3조 제1항, 제6조 제2항)	주식회사 또는 유한회사(법 제17조 제1항)
최저 자본금 준비기간 이후의 최저 유지 자본금[1]	위탁관리 및 기업구조조정 부동산투자회사: 50억 원(법 제10조)	제한 없음
자산 구성	위탁관리 및 기업구조조정 부동산투자회사의 경우: 매 분기말 기준 부동산, 부동산 관련 증권 및 현금 의무보유 비율 존재(부동산 70% 이상, 증권 및 현금 포함 80% 이상)(법 제25조 제1항)	보유 비율 제한 없음

---

1 영업인가를 받거나 등록을 한 날로부터 6개월(최저 자본금 준비기간)이 경과한 후의 자본금을 말한다(법 제10조).

부동산 개발 사업 투자	주주총회 특별결의로 총자산 중 부동산개발사업에 대한 투자 비율을 정할 수 있음(법 제12조 제 1 항 제 4 호의2)[1]	불가[2]
자금 차입	사채 발행 포함하여 자기자본의 2배 이내 차입 가능(법 제29조 제 2 항)(주주총회 특별결의 시는 10배 이내 자금 차입 가능)(법 제29조 제 2 항 단서)	유동화증권의 원리금 상환 등에 필요한 자금의 일시 차입 가능(법 제22조 제 1 항 제 5 호)
유 형	자기관리형, 위탁관리형, 기업구조조정형 부동산투자회사 가능	위탁관리형 유동화전문회사만 허용
법인세 감면	위탁관리부동산투자회사 및 기업구조조정 부동산투자회사의 경우: 배당금액의 소득공제(배당 가능 이익의 90% 이상 배당 시) (「법인세법」 제51조의2 제 1 항 제 4 호)	배당금액의 소득 공제 (배당가능이익의 90% 이상 배당 시)(「법인세법」 제51조의2 제 1 항 제 1 호)

---

1 그 외 부동산개발사업에 투자하는 프로젝트금융투자회사(PFV) 주식의 취득, 신축 중인 건축물의 양수 등을 통해 간접적인 부동산 개발사업 참여가 가능할 것이다(이경돈 · 전경준 · 한용호, 앞의 글, 41면 〈표 2〉).
2 명시적인 금지 규정은 없지만, 부동산 자산유동화의 목적이 자산보유자의 자금 조달을 위한 유동화에 있는 것이지 부동산을 개발하는데 있는 것이 아니라는 감독당국의 입장에 근거한 것이다(위의 글, 38면 각주 11), 14)).

부동산 투자·금융 관련 조세 제도

Real Estate
Finance Law

제1절 ▶ 총 설

부동산 프로젝트금융, 자산유동화, 부동산집합투자기구 및 부동산투자회사의 경우 각각 해당 장에서 관련 조세 및 조세특례 제도에 대해 언급하였고, 해외 부동산 개발 내지 투자와 관련해서는 제7장에서 국경 간(cross-border) 거래 관련 조세 제도에 대해 설명한다. 이 장에서는 일반적 관점에서 부동산 금융과 부동산 투자 거래와 관련하여 제기되는 조세 관련 법적 쟁점 등에 대해 재조명해 보고 정리해 본다.

앞서 살펴본 것처럼, 부동산금융을 위해서는 유동화전문회사, 집합투자기구(일부), 부동산투자회사 등 명목회사(paper company)를 이용하는 방법이 많이 이용되는데, 그 목적 중의 하나가 이 기구를 통하여 각종 조세 혜택을 누릴 수 있다는 점이다. 즉 일정한 요건을 충족하는 경우(배당가능이익의 90% 이상 배당시)에는 법인세를 감면하거나 이러한 투자기구를 통하여 부동산을 취득하는 경우에는 취득세 및 등록면허세가 한시적으로 일부 감면되는 조세 특례 제도가 적용된다는 점이다. 이러한 점들 때문에 직접 부동산을 취득하는 경우보다 조세면에서 유리하므로 간접투자기구를 이용한 부동산금융이 활성화되어 왔다는 점을 부인할 수 없다.

더 나아가 이러한 간접투자기구를 이용하여 부동산에 투자하는 경우 관련되는 여러 가지 조세 제도(취득세, 등록면허세, 양도소득세, 재산세, 종합부동산세, 부가가치세, 법인세, 종합소득세 등)도 관심을 둘 필요가 있다.

이 장에서는 이러한 특성과 관련된 조세 제도에 대해 개괄적으로 살펴보기로 한다.

제 2 절 ｜ 부동산투자 관련 조세 제도

Ⅰ 부동산투자와 조세

부동산에 직접 투자하여 얻는 소득으로는 크게 양도소득과 임대소득으로 구분되며, 일반적으로 여기에 관련되는 세금으로는 부동산 취득 시의 취득세(농어촌특별세 및 지방교육세 부가), 부동산 투자·운용 시의 부가가치세, 부동산 보유 시의 재산세(지방교육세 부가), 종합부동산세(농어촌특별세 부가), 부동산 양도 시의 양도소득세 및 법인세(지방소득세 부가) 등이 있다.

Ⅱ 집합투자기구를 이용한 부동산투자와 조세

1. 서   설

부동산 집합투자는 일정한 집합투자기구에 투자하고 이 투자자금을 부동산 등에 운용하여 얻은 소득(수익)을 투자자에게 분배하는 구조를 취하는데, 이러한 집합투자기구로서는 신탁형으로서 「자본시장과 금융투자업에 관한 법률」상의 부동산집합투자기구의 한 형태인 '투자신탁', 그리고 회사형으로서 '투자회사' 및 「부동산투자회사법」상의 '부동산투자회사'를 각각 들 수 있다.[1]

---

1 「자본시장과 금융투자업에 관한 법률」상 집합투자기구의 형태로 투자신탁 및 투자회사 이외에 투자유한회사, 투자유한책임회사, 투자익명조합, 투자합자조합, 투자합자회사가 있는데(법

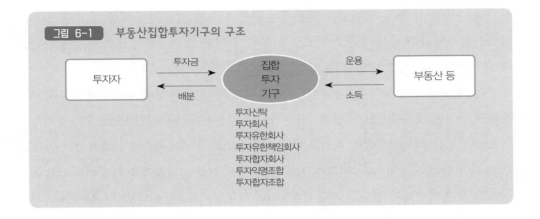

그림 6-1 부동산집합투자기구의 구조

투자자 → 투자금 → 집합 투자 기구
집합 투자 기구 → 배분 → 투자자
집합 투자 기구 → 운용 → 부동산 등
부동산 등 → 소득 → 집합 투자 기구

투자신탁
투자회사
투자유한회사
투자유한책임회사
투자합자회사
투자익명조합
투자합자조합

부동산 집합투자 구조에서 조세법적 쟁점이 되는 것은 첫째, 운용 단계에서 집합투자기구의 소득과 배분 단계에서 투자자에게 귀속되는 소득이 어떻게 구분되는 것인가의 문제, 둘째, 투자자의 소득에 대한 과세 시점이 소득 발생 시점이냐 아니면 분배 시점이냐의 문제(즉, 소득의 귀속 시기에 대한 문제), 셋째, 집합투자 단계와 투자자 단계에서의 이중 과세 문제를 들 수 있다.

이하에서는 부동산집합투자기구인 투자신탁에서 있어서의 유형별 및 단계별로 관련 조세법적 쟁점을 살펴보기로 한다.

2. 부동산집합투자기구(투자신탁) 관련 세제

(1) 설정 단계[1]

1) 현물납입 시의 양도소득세, 취득세

부동산집합투자기구 중 투자신탁의 경우에 설립 단계에서 쟁점이 되는 것은 투자자의 현물납입의 경우이다. 「자본시장과 금융투자업에 관한 법률」에 따르면, 전문투자형 사모집합투자기구의 경우에 있어서 객관적인 가치 평가가 가능하고 다른 투

제 9 조 제18항), 이 중 명목회사의 형태를 취하는 것은 투자회사, 투자유한회사, 투자유한책임회사, 투자합자회사이다. 여기서는 기본적 형태로서 신탁형인 투자신탁과 회사형인 투자회사를 중심으로 기술한다.

1 법인인 투자회사를 설립하는 경우에는 등록면허세(지방교육세 부가)가 발생한다. 단, 대도시 지역내 법인 등기에 대해 적용되는 3배 등록면허세 중과 규정이 2021년 12월 31일까지 적용이 배제된다(「지방세특례제한법」 제180조의2 제 2 항 제 1 호).

자자의 이익을 해할 우려가 없는 경우에는 다른 투자자 전원의 동의를 얻고 '집합투자재산평가위원회'에서 정한 가격으로 납부하게 되면 증권·부동산 또는 실물자산 등 금전 외의 자산으로 납입할 수 있다(법 제249조의8 제 3 항, 시행령 제271조의11).

이 때, 현물납입자의 경우에는 양도소득세 문제가, 투자신탁의 경우에는 취득세 문제가 쟁점이 될 수 있다. 이 경우「자본시장과 금융투자업에 관한 법률」상의 투자신탁 구조가「신탁법」상의 일반적인 신탁관계라는 견해를 취하게 되면, '형식상의 취득'으로 보아 관련 세금이 모두 비과세가 될 것이나, 이러한 신탁관계를 부정하는 입장을 취하게 되면 과세해야 한다는 결론이 나온다. 실무상으로는「신탁법」상 신탁의 경우에는 신탁 등기가 병행되지만, 투자신탁 구조에 있어서는 신탁재산의 소유권이 투자자로부터 수탁회사로 이전되는 경우에「신탁법」상의 신탁 등기가 병행되지 않는 점에 근거하여(즉,「신탁법」상의 신탁관계로 보지 않아) 과세된다고 보는 것이 통설(通說)이며, 이 때 현물납입자를 양도소득세의 납세의무자, 수탁회사를 취득세 납세의무자로 본다.[1]

2) 사업자 등록과 부가가치세

투자신탁의 경우에 토지를 제외한 부동산의 거래 및 부동산 임대 소득에 대한 부가가치세와 관련해서는「부가가치세법」상 명문의 규정이 없다. 다만, 국세청 예규에 따르면, 부가가치세의 납세의무자는 자산운용회사이며, 부동산 소재지를 사업장으로 하고, 자산운용회사의 지점 명의로 사업자 등록을 하되, 자산운용회사가 자산운용협회(현재의 한국금융투자협회)에 운용 전문인력으로 등록한 자를 대표자로 하는 것이라고 하고 있다.[2] 그런데 실무상으로는 투자신탁 자체가 사업자가 되어 세금계산서 발급 및 부가세 신고와 납부를 하며, 투자신탁별로 사업자등록번호가 생성된다(즉, 운용 전문인력의 지시에 의해 투자신탁 명의계좌에서 직접 출금된다).

한편, 이와 관련하여 투자신탁을 법인으로 의제하여 투자신탁 자체를 납세 의무자로 하자는 견해가 있는데, 이러한 주장에 대해「부가가치세법」제 2 조 제 2 항의 "법인격 없는 사단, 재단, 기타 단체"가 부가가치세 납세 의무자가 되는 것이 가능하

---

1 박훈, "부동산 간접투자에 따른 과세 문제," 『BFL』 제21호(서울대학교 금융법센터, 2007. 1), 57면. 다만 종래「간접투자자산 운용업법」상 상장지수형 간접투자기구의 경우에 현물납입을「신탁법」상의 신탁으로 본 예는 있다(국세청 재산－209, 2002. 11. 5.).
2 국세청 서면3팀－1497, 2004. 7. 26.; 국세청 서면3팀－1634, 2004. 8. 12.

므로 구태여 법인으로 의제하는 논리를 주장할 필요는 없다는 반론이 있다.[1]

(2) 자산운용 단계

투자신탁의 경우 부동산 등의 취득, 보유, 처분 등 자산운용 단계에서의 관련 세제는 다음의 [표 6 – 1]과 같이 정리할 수 있다.

표 6-1 투자신탁 자산운용 관련 세제

구분	세금	내용	특기 사항	납세 의무자
취득	취득세		수도권 과밀 억제권역 3배 중과 적용 배제 (「지방세특례제한법」 제181조의2 제 1 항)	투자신탁
보유	재산세	과세 대상은 토지, 건축물, 주택(「지방세법」 제105조)	토지는 별도합산과세 대상토지, 분리과세 대상토지, 종합합산과세 대상토지로 구분 (「지방세법」 제106조)	투자신탁(종전 자산운용업자 기준에서 변경) (「지방세법」 제107조 제 1 항 제 3 호)
	종합 부동산세	합산 과세 (나대지, 주택)		
처분	배당 소득세 · 양도 소득세	투자자에게 배당 시 배당과세요건 구비 시 배당소득 과세 배당과세요건 미구비 시 일반신탁으로 보아 소득의 내용에 따라 구분하여 과세 (「소득세법」 제 4 조 제 2 항, 제17조 제 1 항 제 5 호)	개인이 아니므로 양도소득세 예정 신고 의무 없음	투자신탁

(3) 소득분배 단계

부동산 투자신탁의 투자자가 이익을 실현하는 방식으로는 환매청구권 행사, 분배금 수령, 수익증권의 양도 등을 들 수 있다. 여기서는 소득분배 단계에서의 조세법적 쟁점을 살펴본다.

---

1 박훈, 앞의 글, 57면.

1) 신탁재산의 납세 의무 여부

여기서 특히 분배금 수령과 관련하여 신탁재산 자체를 납세의무자로 볼 것인가에 대해 우리나라의 경우 신탁재산을 별도의 납세의무자로 간주하지 않지만($\begin{smallmatrix}\ulcorner 소득 \\ 세법 \rfloor\end{smallmatrix}$ 제 2 조의2 제 6 항, 「법인세법」 제 5 조), 미국의 경우 신탁재산을 별도의 납세의무자로 보고 있고($\begin{smallmatrix}연방 \ 내국세 \\ 법 \ 제641(a)조\end{smallmatrix}$),[1] 일본에서는 일반적인 경우에는 납세 의무를 인정하지 않지만 불특정 다수의 투자 매체가 된 신탁재산에서 생기는 소득에 대해서는 바로 법인세를 부과하여 수탁자로부터 세금을 수령한다(일본 「법인세법」 제 7 조의2, 제82조의2 이하).[2]

납세 의무를 인정하는 경우에는 신탁재산 단계에서 과세할 뿐만 아니라 수익자에게도 과세하는 문제가 발생하는데, 미국의 경우 수익자에게 지급한 금액을 공제하고 남은 차액에 대해서만 과세하고 있으며($\begin{smallmatrix}연방 \ 내국세법 \ 제 \\ 651(a)조, 제662(a)조\end{smallmatrix}$),[3] 예외적으로 위탁자가 신탁재산에 대해 지배권을 보유하는 경우에는 신탁재산에서 발생하는 소득을 위탁자의 소득으로 보아 바로 과세한다($\begin{smallmatrix}연방 \ 내국세법 \\ 제672조 \ 이하\end{smallmatrix}$).[4]

납세 의무를 부정하는 경우에는 신탁재산에서 발생한 소득을 수탁자에게 일단 과세할 것인지, 아니면 수익자 또는 위탁자에게 과세할 것인지, 후자의 경우에 소득 발생 시점에 과세할 것인지 아니면 분배 시점에 과세할 것인지가 문제가 된다. 여기서 「신탁법」상의 소유권을 기준으로 하면 수탁자에게, 실질적 소득의 귀속을 기준으로 하면 수익자 또는 위탁자에게 과세하는 형태를 취하게 되는데, 우리나라의 경우에는 후자의 입장에서 수익자 또는 위탁자에게 과세하고 있다. 다만, 이 경우에도 과세 시점은 소득 발생 시점이 아닌 분배 시점에 과세하게 되어 실질적으로 과세의 이연(移延)효과가 발생한다.[5] 실무적으로는 부동산 투자신탁으로부터 수익을 분배받는 투자자에게 소득을 분배하는 자가 원천 징수하게 된다.[6]

---

1 위의 글, 59면.

2 위의 글, 59면.

3 위의 글, 59면.

4 이것을 '위탁자신탁(grantor trust)'라고 하며, 수탁자 대신 위탁자나 수익자가 자산의 관리·운용에 대한 결정권을 보유하므로 당해 신탁은 단순한 지분에 불과하여 따로 과세되지 않고 신탁의 수익증권 소지자가 수익자로서 과세된다(자산유동화실무연구회, 『금융혁명 ABS - 자산유동화의 구조와 실무 - 』, 한국경제신문사, 1999, 91면 각주 8); 위의 글, 59면 각주 17)).

5 박훈, 앞의 글, 39면.

6 위의 글, 59면. 이와 달리 소득이 귀속될 때 원천징수하는 경우가 있는데, 채권 등 이자소득에 대한 원천징수의 경우가 바로 그것이다(「소득세법」 제46조 제 1 항).

우리나라도 일정한 경우에는 투자신탁을 법인으로 간주하는데, 투자신탁 단계에서 원천징수를 해야 하는 예외적인 경우에 있어서 세법상 투자신탁을 법인으로 간주할 수 밖에 없는 경우(「법인세법」제73조 제2항)와 투자신탁에 대한 외국납부세액 환급과 관련하여 투자신탁을 투자회사와 마찬가지로 법인으로 간주하는 경우가 있다(「법인세법」제57조의2 제3항).

2) 소득 유형의 변환: 배당소득으로 과세

부동산투자신탁에 귀속되는 소득과 투자자에게 이전되는 소득의 유형이 동일한가에 대해서는 투자신탁의 성격을 어떻게 볼 것인가에 따라 변환 여부가 결정될 것인데,「소득세법」에 따르면, 부동산투자신탁에 귀속되는 소득이 어떠한 소득(양도소득, 임대소득, 이자소득, 배당소득 등)이더라도 투자자에게 분배될 때에는 일정한 요건을 갖춘 경우 소득 유형이 변환되어 배당소득으로 과세된다(「소득세법」제17조 제1항 제5호). 즉「소득세법」제17조 제1항 제5호에 의하면,「자본시장과 금융투자업에 관한 법률」에 따른 집합투자기구가 일정한 요건을 갖춘 경우에는 집합투자기구로부터의 이익은 배당소득으로 보고 있다. 그러한 요건으로는 첫째, 해당 집합투자기구의 설정일로부터 매년 1회 이상 결산·분배하여야 하고, 둘째, 금전으로 위탁받아 금전으로 환급(금전 외의 자산으로 위탁받아 환급하는 경우로서 당해 위탁가액과 환급가액이 모두 금전으로 표시된 것을 포함)해야 한다(「소득세법 시행령」제26조의2 제1항). 다만, 국외에서 설정된 신탁의 경우에는 이러한 요건이 요구되지 않는다(「소득세법 시행령」제26조의2 제2항).

한편 국내 집합투자기구가 상기의 요건(즉,「소득세법 시행령」제26조의2 제1항에 규정된 요건)을 갖추지 아니하는 경우에는,「자본시장과 금융투자업에 관한 법률」에 따른 투자신탁·투자조합·투자익명조합으로부터의 이익은「소득세법」제4조 제2항에 따른 '집합투자기구 외의 신탁의 이익'으로 보아 과세하며,「자본시장과 금융투자업에 관한 법률」에 따른 투자회사·투자유한회사·투자합자회사로부터의 이익은「소득세법」제17조 제1항 제1호의 '법인으로부터 받는 이익이나 잉여금의 배당 또는 분배금'으로 보아 과세한다(「소득세법 시행령」제26조의2 제3항). 여기서, '집합투자기구 외의 신탁의 이익'은「신탁법」제2조에 따라 수탁자에게 이전되거나 그 밖에 처분된 재산권에서 발생하는 소득의 내용별로 구분한다(「소득세법」제4조 제2항).

구「간접투자자산 운용업법」상 설정되었던 1인 사모부동산투자신탁은 현행「자본시장과 금융투자업에 관한 법률」상으로는 존재할 수 없게 되었지만, 실제적으로 어떠한 사유에 의해 존재하고 있다면 이것은 기술한 '집합투자기구 외의 신탁의 이익'과 같이 취급되어 소득의 유형별로 구분하여 과세될 수 있다고 본다.[1]

한편 부동산투자신탁의 경우 소득 유형의 변환을 일괄적으로 모두 인정한다면, 직접투자의 경우에는 과세되지 않는 소득까지 모두 과세되는 문제가 있으므로, 직접투자와 간접투자 간에 조세 중립성이 문제가 될 수 있다. 따라서 일정한 손익을 과세대상에서 제외하여 계산한 소득을 투자신탁의 이익으로 과세하는데, 일정한 증권[2] 또는 장내파생상품의 거래나 평가로부터 발생한 손익은 포함되지 않는다(「소득세법 시행령」 제26조의2 제4항). 신탁재산으로부터 받는 이익은 수익자가 만일 법인이라면 이 법인의 익금(益金)에 산입된다(「법인세법」 제15조 제3항, 시행령 제11조 제10호). 왜냐하면 신탁재산 자체는 법인세 납세 의무가 없으므로 이중 과세 조정이 필요하지 않기 때문이다.

3) 수익증권의 양도

부동산투자신탁의 수익증권은 「소득세법」상 양도소득 과세 대상으로 열거되어 있지 않으므로 원칙적으로 그 양도 차익에 대해 과세하지 않는다.[3]

---

1 2009년 2월 4일 「자본시장과 금융투자업에 관한 법률」의 시행 전에는 명시적인 규정이 존재하였다(개정 전 소득세법 시행령 제23조 제8항).
2 이러한 증권의 범위는 "상장증권(채권, 외국집합투자기구의 주식 또는 수익증권 제외), 「벤처기업의 육성에 관한 특별 조치법」상 벤처 주식 또는 출자지분, 증권을 대상으로 하는 장내파생상품"이다(「소득세법 시행령」 제26조의2 제4항 제1호 내지 제3호).
3 박훈, 앞의 글, 60면.

제 3 절 부동산금융 관련 조세 제도

I 명목회사와 부동산금융

1. 명목회사와 부동산금융

지금까지 설명했던 「자산유동화에 관한 법률」상의 유동화전문회사, 「부동산투자회사법」상의 위탁관리부동산투자회사와 기업구조조정부동산투자회사, 「법인세법」상의 프로젝트금융투자회사(PFV), 「사회기반시설에 대한 민간투자법」상의 사회기반시설투융자회사, 「자본시장과 금융투자업에 관한 법률」상의 부동산집합투자기구 중 투자회사·투자유한회사·투자합자회사는 명목회사(paper company)로서 특수목적법인으로 활용되고 있다. 기술한 바와 같이 이러한 명목회사의 공통점은 상근 임직원을 두지 않고, 본점 이외의 영업소를 두고 있지 않고 있으며, 단일 사업만을 영위하고, 자산관리회사 또는 업무수탁회사 등 외부 기관에 회사의 업무를 위탁한다는 점이다.

이러한 명목회사를 이용하는 이유는 첫째, 사업수행자의 여타 사업과 단절함으로써 상호 위험의 영향을 배제하여 사업의 독립성을 유지할 수 있다는 점, 둘째, 당해 사업에 대한 투자자의 책임을 유한 책임으로 한정할 수 있다는 점, 셋째, 상근 임직원을 두지 않음으로써 피고용인에 의한 불법행위 등으로 인한 책임을 부담하지 않아 궁극적으로 파산의 위험을 방지할 수 있다는 점, 넷째, 업무를 제3의 전문기관에 위탁함으로써 전체 프로젝트 수행의 전문성을 제고할 수 있다는 점, 마지막으로 가장 중요한 것으로서 명목회사에 대한 각종 조세 혜택을 누릴 수 있다는 점 등이다.[1]

---

1 이경돈·전경준·한용호, "부동산거래 유형과 쟁점," 『BFL』 제21호(서울대학교 금융법센터,

2. 명목회사의 관련법상의 쟁점

명목회사와 관련하여 특별법에 따라 규제·관리·감독할 수 있는 경우에는 투자자 보호 등의 문제가 적지만, 특별법이 아닌 법의 일부 규정을 기반으로 하는 경우 (예로서 프로젝트금융투자회사(PFV)의 경우에 있어서의 「법인세법」의 일부 규정) 등은 관련 규정의 미비로 인한 불확실성과 투자자 보호 문제가 있을 수 있다. 실무상으로 명목회사와 관련하여 지금까지 제기된 쟁점들을 살펴보면 다음과 같다.[1]

(1) 「집합건물의 소유 및 관리에 관한 법률」상의 쟁점

이 법에 따르면, 집합건물을 건축하여 분양한 자에게 「민법」상 담보책임을 부과하고 있는데(법 제9조 제1항, 「민법」 제667조, 제671조), 이 담보책임에 관한 규정은 이 법상 강행법규이다 (법 제9조 제2항). 그런데 명목회사가 집합건물을 건축하여 분양하는 경우에 실제 의사결정 및 업무집행은 자산관리자 내지 명목회사의 주주들이 하지만, 형식상 분양자는 명목회사가 되며, 이 명목회사는 사업 종료 후에 바로 청산하여 잔여 재산을 주주에게 분배하는 것을 예정하고 있으므로, 청산 후 분양을 받은 자(受分讓者)들이 담보책임 기간 동안 이 법상의 담보책임을 추궁할 수 있는 법적 상대방과 담보자산이 없어지는 문제가 발생한다.

(2) 「주택법」상의 사업자등록 요건 관련 쟁점

명목회사를 통하여 부동산 개발 사업 중 주택 개발 사업을 하는 경우에 「주택법」상의 사업자 등록의 요건이 문제가 된다. 「주택법」상 연간 20세대 이상의 공동주택 건설 사업을 시행하고자 하는 자는 일정한 인적·물적 요건을 구비하여 국토해양부장관에게 등록해야 하는데(법 제9조 제1항, 시행령 제10조), 명목회사는 상근 임직원이 없으므로 이 경우 명목회사는 「주택법」에 의한 주택건설 사업의 등록을 한 자와 공동사업 형태로 진행할 수 밖에 없게 된다(「주택법」 제10조 제1항).[2]

명목회사인 프로젝트금융투자회사(PFV)가 주택건설 등록사업자와 공동으로 주택

2007), 50면.

1 위의 글, 50~52면.

2 토지소유자와 주택사업등록자와의 공동사업 형태를 예로 들 수 있다.

사업을 할 경우에 「법인세법」상 세제 혜택을 받을 수 있는지에 대해 과거에 명확한 규정이 없었으나, 앞서 기술한 바와같이 2007년 2월 28일 「법인세법 시행령」을 개정하여 「주택법」에 따라 주택건설사업자와 공동으로 주택건설사업을 수행하는 경우로서 그 자산을 주택건설사업에 운용하고 해당 수익을 주주에게 배분하는 때에는 혜택을 받을 수 있도록 명문화했으며, 주택 임대사업의 경우에도 「임대주택법 시행령」 제 9 조 제 2 항 제 5 호에서 프로젝트금융투자회사(PF)가 임대사업자 등록을 할 수 있도록 하고 있다.

(3) 「신용정보의 보호 및 이용에 관한 법률」상의 채권추심업무 관련 쟁점

명목회사의 경우 상근 임직원이 없어 채권(임대료, 대출채권 원리금 등)을 추심하는 업무를 자산관리자 등에게 위탁하여야 하는데, 이 경우 자산관리자가 채권추심을 위탁받아 업무를 하는 것은 「신용정보의 보호 및 이용에 관한 법률」상의 채권추심업에 해당하는 것으로 해석될 수 있으며, 따라서 채권추심업자에 해당하지 않는 자산관리자 등은 명목회사로부터 채권추심업무를 위탁받을 수 없다는 문제가 생긴다.

이 법상 '채권추심 업무'의 정의를 "채권자의 위임을 받아 변제하기로 약정한 날까지 채무를 변제하지 아니한 자에 대한 재산조사, 변제의 촉구 또는 채무자로부터의 변제금 수령을 통하여 채권자를 대신하여 추심채권을 행사하는 행위"로 하고 있는데(법 제2조 제10호), 이 법상 "채권자"의 범위를 제한하고 있지 않아 명목회사도 여기에 해당될 수 있다. 따라서, 이들로부터 상거래 채권의 추심을 위임받을 경우 이 법상의 채권추심업자에 한해서 채권추심을 위임받을 수 밖에 없는 결과가 된다. 이와 같은 불확실성을 피하기 위해 「자산유동화에 관한 법률」은 유동화전문회사의 자산관리자에게 채권추심업무를 명시적으로 허용하고 있기도 하다(법 제10조 제 2 항).

(4) 「대부업의 등록 및 금융 이용자 보호에 관한 법률」상의 대부업 등록 관련 쟁점

기술한 명목회사들은 일정한 제한하에 외부로부터 자금의 차입을 할 수 있다. 이 경우에 상근 임직원이 없으므로 자산관리회사 등이 대출자들과 차입 조건 등을 협의하고 절차를 수행하게 되는데, 이러한 행위가 이 법상 금전의 대부 중개에 해당하는지 여부가 논란의 대상이 되며, 만약 여기에 해당한다면 이 법상의 대부업 등록이 필요하게 된다(법 제2조 제1호, 제3조 제1항,).

(5) 「세무사법」상의 세무대리업무 관련 쟁점

명목회사는 상근 임직원이 없으므로 각종 장부의 작성이나 세무신고 등의 업무를 외부의 제3자에게 위탁해야 하는데, 「세무사법」은 변호사(「변호사법」 제3조)나 공인회계사를 제외하고는 기획재정부에 등록한 세무사만이 세무대리 업무(「세무사법」 제2조)를 수행하도록 하고 있다(「세무사법」 제20조). 따라서, 이러한 제3자의 업무가 세무대리 업무에 해당된다고 해석될 수 있으므로 등록 세무사 등에게 이 업무를 위탁하는 것이 바람직할 것으로 보인다.

(6) 「국세기본법」 및 「국제조세조정에 관한 법률」상의 조세 쟁점

주요 조세 법규, 즉, 「국세기본법」이나 「국제조세조정에 관한 법률」에서도 명시하고 있듯이, 조세를 부과하는 경우의 과세의 기본 원칙 중의 하나로서 '실질 과세의 원칙'을 규정하고 있다. 명목회사의 경우 인적 · 물적 시설이 없고 실질적 의사 결정은 배후의 주주 등에 의해 이루어지므로 명목회사의 행위는 실질적으로 주주 등에게 귀속되게 된다. 이 경우 과세가 명목회사가 아닌 주주 등에게 부과되거나 일정한 경우에 '법인격 부인의 법리'가 원용될 가능성이 매우 높아진다.

Ⅱ 명목회사와 조세 혜택

기술한 특별법 내지 일반법상으로 규정되어 있는 각종 명목회사들의 경우 각각 그 해당 법이나 규정의 취지를 살리기 위해 일정한 조세 혜택을 부여하여 법이나 제도의 목적을 실현하고 이를 활성화시키고 있다. 각종 조세법상 규정되어 있는 조세 혜택들을 요약하면 다음과 같이 정리할 수 있다.

1. 「법인세법」상의 조세 혜택

(1) 이중 과세 해결 방식

명목회사인 간접투자기구를 이용하여 투자하는 경우에는 이중 과세(즉, 명목회사의 소득에 대한 과세와 투자자에 대한 이익배당금 지급에 대한 과세)의 문제가 발생하게 된다. 이러한 이중 과세 문제를 해결하는 방식으로는 다음과 같은 방식을 고려할 수 있다.

1) 동일세율 방식

법인세율과 개인소득세율을 동일하게 하여 투자자 단계에서 배당소득에 대해 비과세하는 방식이 있을 수 있다.[1]

2) 배당금 손금산입 방식

법인 소득 중에서 일정 부분을 배당금으로 지급할 경우에 그 배당금액을 손금(損金)에 산입하는 방식이다. 이 경우 손금에 산입하는 배당금액만큼은 이중 과세가 해소되나, 나머지 유보이익과 관련하여 누진세 제도하에서는 고소득자에게 상대적으로 과세 부담이 적어진다는 문제점과 추후 유보 이익을 배당할 경우 이미 납부한 법인세를 환급해야 하는 문제점이 있게 된다.[2]

미국의 '규제투자회사(Regulated Investment Company)'(연방 내국세법 제851조), '부동산투자신탁(REITs)'(연방 내국세법 제856조), 일본의 '투자법인'(조세특별조치법 제67조의15), 우리나라의 「자산유동화에 관한 법률」상의 유동화전문회사, 「자본시장과 금융투자업에 관한 법률」상의 투자회사, 투자합자회사 및 투자유한회사, 「부동산투자회사법」상의 기업구조조정부동산투자회사 및 위탁관리 부동산투자회사의 경우에 적용된다.[3]

3) 배당금 세액공제 방식(법인세 주주귀속 방식)

투자자(주주)가 수령하는 배당금의 일정 비율 또는 일정 금액을 소득세액에서 공제하는 방식이다. 이 방식에 의하면 배당의 이중 과세 구제금액이 소득 계층의 여하를 불문하고 일정하게 되나, 이중 과세 구제율은 고소득층일수록 높아지는 특성이 있다.[4] 법인세는 주주가 낼 세금을 선납한 것으로 보며, [(종합소득 + 배당금 + 배당금 해당

---

1 박훈, 『부동산투자회사제도의 법적 구조와 세제』(경인문화사, 2007. 2), 217면.
2 위의 책, 217면.
3 위의 책, 218면.
4 위의 책, 218면.

법인세) × 세율 − 배당금 해당 법인세액]의 방식으로 산출되고, 'Imputation Method'라고도 한다.[1] 이 때 법인세 부담과 배당금 세액 공제율이 동일한 경우를 '법인세 주주귀속 방식,' 서로 다른 경우를 '부분적 법인세 주주귀속 방식'이라고도 한다.[2]

[참고] 배당에 대한 이중 과세 조정 방식

[종합소득금액 + 배당소득 가산액(배당소득 × 가산율[3])] × 기본세율 − 배당세액공제(배당소득가산액)

---

4) 배당금 소득공제 방식

투자자가 받는 배당금의 일정 비율 또는 일정 금액을 소득금액에서 공제하는 방식이다. 법인 주주가 출자회사로부터 받은 수입배당금의 일정 부분을 익금(益金)에 산입하지 않는 방식(「법인세법」제18조의3)도 여기에 포함된다. 이 방식은 누진율 세제하에서 세부담의 경감이 고액 소득자에게 크다는 문제가 있다.[4]

(2) 명목회사의 이중 과세 조정

명목회사의 도관으로서의 성격을 강조하여 간접투자(개발) 주체는 명목회사이지만 관리·운용 등은 외부기관에 위탁하는 점 등을 감안하여, 실체가 있는 회사와 다른 방식으로 명목회사에 대해 이중 과세를 조정한다. 예를 들어,「부동산투자회사법」상 자기관리부동산투자회사의 경우는 실체가 있는 일반 법인이며, 위탁관리부동산투자회사나 기업구조조정부동산투자회사는 상근 임직원이 없는 명목회사이다. 전자의 경우 일반 법인과 같이 '배당금 세액공제 방식(부분적 법인세 주주귀속 방식)'에 따라, 후자의 경우 명목회사로서 별도의 규정에 의거하여 '배당금 손금산입 방식'에 따라 이중

---

1 위의 책, 219면; 박훈, 앞의 글, 64면.

2 위의 책, 219면; 위의 글, 64면. '법인세 주주귀속 방식'의 경우에 있어서는 금융종합소득 세제에 따라 14% 분리 과세의 적용을 받는 주주의 경우 이중 과세 조정의 혜택을 받지 못하고, 금융종합소득 과세의 적용을 받는 주주의 경우 이중 과세 조정의 혜택을 받는 문제가 있다. 상세한 내용은 이창희,『세법강의』(박영사, 2006), 448~459면 참조.

3 가산율(gross−up)은 종래 15%[0.13/(1−0.13)](과표 1억 원 이하 법인세율 13% 적용)이었으나, 현재는 2009년 이후부터 2010년까지의 소득 부분은 12%(과표 2억 원 이하 법인세율 11% 적용), 2011년 이후 소득 부분은 11%(과표 2억 원 이하 법인세율 10% 적용)이다(소득세법 제17조 제 3 항).

4 박훈, 앞의 책, 220면.

과세가 조정된다(「법인세법」 제51조의2). 또한 후자의 경우 명목회사의 국외 원천소득에 대해 국내에서 과세될 때에는 법인세를 납부하지 않게 되어 '외국납부세액 공제'에 의한 국제적 이중 과세 조정을 받지 못할 수 있는 단점이 있다.[1] 전자의 경우 주주가 외국인이라든가 기타 이유로 해서 법인세 부담을 일부만 제거해 주는 세제를 만들려고 할 때 이용할 수 있는 쉬운 방안이 되며, 후자의 경우 주주가 누구이더라도 관계없이 모든 주주에게 법인세 부담을 없애주는 방법이 된다.[2]

2. 「지방세특례제한법」상의 조세혜택

「수도권정비계획법」제 6 조의 과밀억제권역(대도시)내에서 사업용 부동산의 취득은 원칙적으로 취득세 3배 중과의 대상이나(「지방세법」 제13조 제 1 항) 「부동산투자회사법」제 2 조 제 1 호에 따른 부동산투자회사가 취득하는 재산, 「자본시장과 금융투자업에 관한 법률」제229조 제 2 호에 따른 부동산집합투자기구의 집합투자재산으로 취득하는 재산, 「법인세법」제51조의2 제 1 항 제 8 호에 해당하는 회사(프로젝트금융투자회사) 등의 경우에는 2024년 12월 31일까지 취득하는 재산에 대해서는 3배중과 규정의 적용이 배제된다(「지방세특례제한법」 제181조의2 제 1 항).

또한 「자본시장과 금융투자업에 관한 법률」상 투자회사, 「부동산투자회사법」상의 위탁관리부동산투자회사 및 기업구조조정부동산투자회사, 「법인세법」상 프로젝트금융투자회사 등의 경우 설립등기(설립 후 5년 이내에 자본 또는 출자액을 증가하는 경우를 포함한다)에 대해서는 2024년 12월 31일까지 「지방세법」제28조 제 2 항, 제 3 항의 등록면허세 3배 중과세율을 적용하지 않는다(「지방세특례제한법」 제 180조의2 제 2 항).

---

1 박훈, 앞의 글, 65면.
2 이창희, 앞의 책, 449면.

참고 문헌

참고문헌은 QR코드를 스캔하시면 볼 수 있습니다.

색인

공저자 약력

■ 노상범(盧尙範)

서울대학교 법과대학(사법학과) 졸업
연세대학교 대학원 법학과 졸업(법학석사)
한국투자증권(구 동원증권, 한신증권) 국제금융팀장
법무법인 세화 금융 · 증권 · 부동산 전문위원
법무법인 지성 금융 · 증권 · 부동산 전문위원
법무법인 지평지성 금융 · 증권 · 부동산 전문위원
법무법인 지평 비상근 고문
자산운용협회 「신종간접투자기구 과정」 강사
건국대학교 상경대학 「국제재무론」 강사
메디파트너(주) 부사장
에버원메디컬리조트(주) 부사장
한국채권연구원 「고급 PF 전문가 과정」 강사
한국채권연구원 「아시아 신흥시장 전문가 과정」
　강사
건국대학교 상경대학 「국제법과 국제비즈니스」
　강사
고려대학교 법무대학원 「부동산금융과 법」 강사
단국대학교 행정법무대학원 강사
법무법인 한결한울 금융 · 증권 · 부동산 전문위원

현 건국대학교 부동산대학원 겸임교수
　서강대학교 경제대학원 대우교수
　단국대학교 행정법무대학원 강사
　법무법인 한결 금융 · 증권 · 부동산 · 의료
　　전문위원
　크림치과 경영부원장
　금융투자교육원 강사(「PF 과정」, 「부동산개발 과정」,
　　「부동산금융법규 과정」, 「부동산 투자자산운용사 과정」,
　　「부동산신탁 실무 과정」)
　한국금융연수원 강사(「부동산금융 일반 과정」,
　　「부동산금융 전문 과정」, 「신탁업무의 이해와 활용 과정」,
　　「국내 PF 과정」)

■ 고동원(高東源)

서울대학교 법과대학(사법학과) 졸업
고려대학교 대학원 법학석사
미국 보스톤대학교 법학석사
미국 튤레인대학교 법학석사
미국 듀크대학교 법학박사(SJD)
미국 뉴욕주 변호사
한국은행
김 · 장 법률사무소 미국변호사
건국대학교 법과대학 조교수
한국예탁결제원 증권파생상품자문위원
금융위원회 금융발전심의위원회 위원
예금보험공사 자문위원
(사) 한국금융소비자학회 부회장
(사) 은행법학회 회장
(사) 한국상사판례학회 회장
현 성균관대학교 법학전문대학원 교수

〈저서 및 주요 논문〉
『국제법무학개론』(동림사, 2000, 공저)
『금융규제와 법』(박영사, 2008)
"외국은행 국내지점의 설립에 대한 규제 내용 및
　그 법적 문제점에 관한 고찰"
"은행 경영지배구조의 법제도적 문제점과 개선
　방향"
"은행 설립제도의 법제도적 개선 방향"
"증권회사 업무범위 규제의 법제도적 개선 방향"
"보험회사의 파생금융상품 거래 규제에 관한 법
　적 검토"
"「금융산업의 구조 개선에 관한 법률」 제24조의
　쟁점과 개선 과제"
"부동산 금융의 유형 및 특징과 과제" 외 다수

제5판
부동산금융법 — 이론과 실무 —

초판발행	2010년 8월 30일
제5판발행	2024년 2월 28일

공저자	노상범 · 고동원
펴낸이	안종만 · 안상준

편 집	김선민
기획/마케팅	정연환
표지디자인	Ben Story
제 작	고철민 · 조영환

펴낸곳	(주) **박영사**
	서울특별시 금천구 가산디지털2로 53, 210호(가산동, 한라시그마밸리)
	등록 1959. 3. 11. 제300-1959-1호(倫)
전 화	02)733-6771
f a x	02)736-4818
e-mail	pys@pybook.co.kr
homepage	www.pybook.co.kr
ISBN	979-11-303-4679-3 93360

정 가   34,000원